陕西省考古研究院田野考古报告第 65 号

陕西省明长城资源调查报告

陕西省考古研究院　编著

第二册

文物出版社

第三章

榆阳区明长城资源

第一节　榆阳区明长城大边综述

一　榆阳区环境

榆阳区地处毛乌素沙漠与黄土高原的交接地带。地势为东北高西南低，由东向西呈倾斜状，海拔1000~1300米。地貌以长城和榆溪河为分界线，大致可分为三大类型，长城以北为广阔无际的风沙草滩区，中南部为黄土河谷山地，东南部为黄土丘陵沟壑区。属中温带干旱半干旱大陆性季风气候，春季干旱多大风，夏季高温多雷雨，秋季凉爽而短促，冬季干冷且漫长，雨热同季。年平均气温7.9℃~11.3℃，无霜期134~169天。年降水量316~513毫米，多集中在7、8、9三个月。光照充足，温差大，气候干燥，四季明显。主要河流有无定河及其支流榆溪河、海流兔河等。农作物主要有杂豆、韭菜、向日葵、水稻等。

二　榆阳区沿革

秦代属上郡，秦始皇统一中国后，区境南部属上郡肤施县，北部属九原郡，设县不详。

汉代南部属上郡肤施，北部归匈奴。汉元朔二年收复，设属国都尉治所，汉武帝太初四年（前101年），本境设有龟兹县（属国都尉治所，今牛家梁乡古城滩）。境南属肤施县，境东属鸿门县。东汉袭旧，永初二年（108年），羌、南匈奴反叛，五年（111年），上郡治所由肤施迁至衙县，肤施、龟兹俱废。永建四年（129年），上郡治所复迁至肤施。永和五年（140年），南匈奴再反叛，上郡治所迁至夏阳。本境被羌、南匈奴占领，相继属后赵、大夏。

北魏始光四年（427年），北魏破大夏，设统万镇，本区属之。太和十一年（487年），统万镇改为夏州，本区南部属化政郡革融县，北部属代郡。西魏文帝大统十二年（546年），化政郡改成弘化郡。

隋大业十三年（617年），梁师都叛乱，建梁国，本区属之。

唐贞观二年（628年）灭梁。唐末、五代至宋初，榆阳区一直为党项定难军割据地。

宋太平兴国七年（982年），党项定难军留后李继迁捧献银、夏、绥、宥、静州归宋。后李继迁叛宋，长期控制银、夏州等地，后来宋夏之间互相争夺控制此地。

金时，本区东部属佳州，南部属米脂县，西北部为蒙古势力范围，无建置。

元代，本区长城以南属陕西行中书省延安路绥德州米脂县，以北无建置，为蒙古游牧地。

明洪武四年（1371年），置绥德卫，九年（1376年），绥德卫千户刘宠率领军民屯驻榆林庄（亦称榆林寨，今榆林城普惠泉北）戍守，设千户所，统辖榆林庄附近十八军寨。正统二年（1437年），为抗御蒙古鞑靼、火筛等部南犯，延绥镇都督王桢率领军民始筑榆林城堡，并相继将榆林千户所领辖的鱼河、岔河儿（常乐）、水地湾寨（双山）及响水堡、高家堡等寨堡，或改建或增建为城堡。

明正统二年（1437年）筑榆林城，明成化七年（1471年）设榆林卫，成化八年镇治迁到榆林，置镇守延绥都督府，设总兵官一员，辖本镇三路及各营兵马。此后，城内相继增设火器局、左营衙门、右营衙门、游击衙门、城守营都司。

经成化年间三次拓建成为现在的榆林古城。1949年6月榆林城区和平解放，设榆林市。1950年4月，榆林市并入榆林县，1988年9月，榆林撤县设市，2000年7月，榆林地区撤区建市，原县级榆林市改为榆阳区。

榆阳区辖7个街道、12个镇、12个乡，总人口46万。

三　榆阳区明长城概况

榆阳区明长城大边先后四次大规模修筑，增筑烽火墩台、堡寨。长城各部分均系土筑，明嘉靖至万历年间，境内保宁堡至常乐堡段长城及所见营堡、戍楼大部分外部用砖包砌。民国以来，长城上的砖逐渐被当地群众拆除，至20世纪70年代，拆除殆尽。

榆阳区明长城呈东北—西南走向，东北接神木县明长城，西南接横山县明长城。共有墙体168793米、单体建筑240座、关堡24座。（地图四）

榆阳区明长城大边资源的调查工作由段清波、牛新龙、李增社、刘晓东、刘澄宇、李超、朱园田、乔建军、郭富强、张振峰、冯永荣、李峰、霍海鹏、赵传国等完成，调查时间为2008年5～7月。

榆阳区明长城整体保存差。对长城造成破坏的自然因素主要是流沙侵蚀掩埋，但流沙的掩埋同时也保护了长城不再受到外界的破坏，人为因素主要是修建道路、房屋。目前对于长城存在的威胁主要是长城附近的人类活动日渐增多，风沙的危害也在持续。

榆阳区明长城属区文物管理委员会办公室管理，现有编制6人。只有镇北台被公布为国家级文物保护单位，其他保护单位的保护标志、保护范围、建设控制地带及记录档案目前均无。

第二节　榆阳区明长城大边

榆阳区明长城大边东北接神木县明长城大边，西南接横山县明长城大边，全长78603米，整体呈东北—西南走向。由墙体、单体建筑、关堡和相关遗存组成，墙体长77311米，有单体建筑216座、关堡24座、相关遗存3处。

榆阳区明长城大边位于沙漠区，部分遗迹被流沙掩埋。在十八墩水库南岸有战国秦长城与明长城大边歧合，秦长城处于明长城北侧。在十八墩村还发现明长城沿用前代长城迹象。

黄沙七墩村南1千米处为秦长城与明长城大边分歧点，由此点开始向西南，明大边与战国秦长城分离，战国秦长城位于明大边西北，二者走向基本平行。

一　墙体

榆阳区明长城大边墙体分为土墙、河险两种类型，共63段，计78603米，占陕西省明长城大边总长的13.7%，其中，保存52087米、消失26516米，整体呈东北—西南走向。

土墙77311米，占该县墙体总长的98.4%，占全部大边土墙长度的15.5%，其中，保存一般的2951米、较差的9980米、差的39156米，消失26516米。墙体大部分为自然基础上用黄土夹杂料礓石夯筑而成，个别地段墙体夯土中夹杂有沙石、黑垆土、红胶土及草木灰，夯层厚0.05～0.3米，以0.08～0.2米为主。墙体底宽1～11.2米，以1.8～5.8米为主，个别如兰家峁村长城、赵家峁村长城2段等超过10米；顶宽大部分不足2米，部分如兰家峁村长城、新墩村长城2段、谢家梁村长城等顶宽2.5～4.2米；墙体内高大部分0.3～4米，个别如赵家峁村长城2段、谢家梁村长城等为4～5.5米；外高多不足5米，个别如新墩村长城2段、谢家梁村长城等为5.5～9米。本区明长城部分段如常乐堡村长城1段、常乐堡村长城2段、三台界村长城等，以黑色沙土夯筑长城墙芯，两侧外包夯土，因同一段墙体的内外部分的土质和夯筑方式有明显区别，故可能为不同时期夯筑，调查者认为墙芯可能是隋代所筑，明代以隋长城墙体为墙芯修筑了该段长城。

河险1292米，仅占该县长城墙体总长的1.6%，占全部大边河险总长的10.2%。

各段墙体分述如下。

（一）海则沟村长城1段（610802382101170001）

设段墙体位于大河塔乡大河塔村海则沟村（组）东北的毛乌素沙漠中。周围是丘陵沟壑地带，梁峁起伏，沟壑纵横，水土流失严重。整体呈东北—西南走向，长420米，为土墙。

墙体起点位于大河塔乡大河塔村海则沟村东北2.2千米（即神木县水掌村2号敌台），高程1194.3米；止点位于大河塔乡大河塔村海则沟村东北，高程1158.1米。（图七七二）

墙体整体保存差。墙体起点西0.018千米处有一条宽5米的乡村土路呈南北向通过墙体，为断点1；起点西0.207千米处的墙体基本消失，长45米，分别为断点2和断点3。墙体部分段被风沙侵蚀，呈驼峰状，栽种有毛头柳、杨树、柠条等。

墙体为自然基础上用黄土夹杂沙石、料礓石夯筑而成，夯层厚0.15～0.21米。墙体底宽1.8、顶宽0.5、高0.9米。（图七七三）

墙体起点为神木县水掌村长城墙体2段止点，起点西南0.252千米处有海则沟村1号（0075号）马面。

该段墙体西2千米处为海则沟，沟内仍有小股水流。当地有几处泉眼，水资源较为丰富，可供给当地居民用水。沟边有一条土路，西南约2.5米处有一条柏油路。海则沟村有居民130余人。

（二）海则沟村长城2段（610802382101170002）

该段墙体位于大河塔乡大河塔村海则沟村（组）东北的毛乌素沙漠中。由于沙漠化的侵袭造成墙

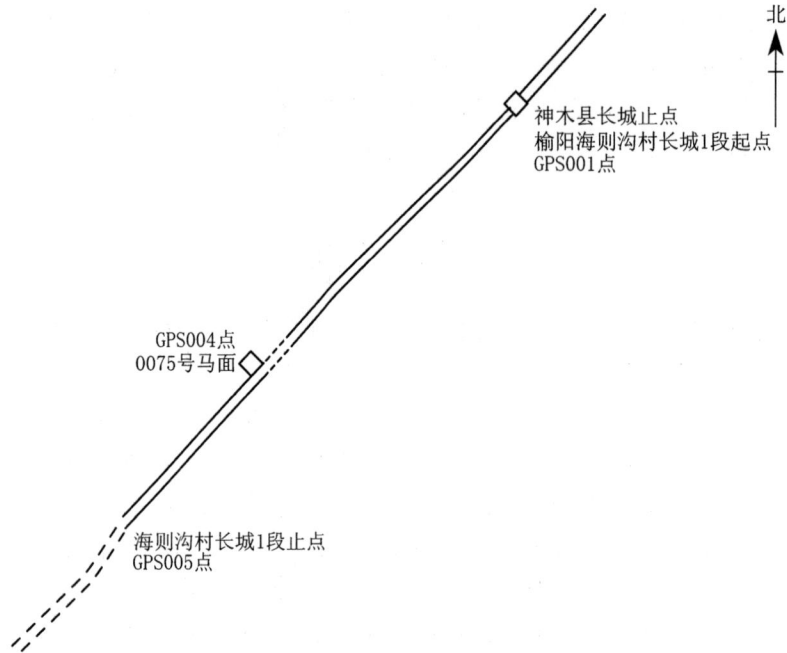

图七七二 海则沟村长城 1 段位置示意图

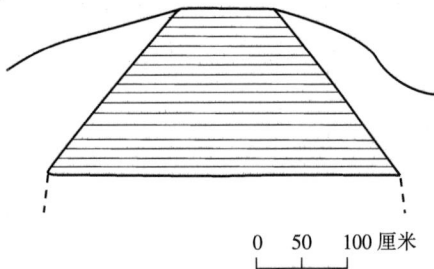

0　50　100厘米

图七七三 海则沟村长城 1 段墙体剖面图

体时断时续，起点南北两侧为沙丘形成的坡和沟，止点处由于海则沟的存在而消失，海则沟所处区域坡度较为陡峭。墙体周围和墙体上多生长有稀疏的沙生植被。整体呈东北—西南走向，长 1729 米，为土墙。

墙体起点位于大河塔乡大河塔村海则沟村东北 1.8 千米处，高程 1158.1 米；止点位于大河塔乡大河塔村海则沟村东北 0.065 千米处，高程 1143 米。（图七七四）

墙体整体保存差，仅存顶部，下部被风沙掩埋，夯层不详。

墙体用黄土夹杂料礓石夯筑而成，止点处用砂石和黄土逐层夯筑，黄土层中包含料礓石，夯层厚 0.05～0.15 米。墙体底宽 10.5、顶宽 3、高 2.5 米。（图七七五）

墙体起点为海则沟村长城 1 段墙体止点，西南 0.182 千米处有海则沟村 2 号（0076 号）马面，0.399 千米处有海则沟村 3 号（0077 号）马面，0.544 千米处有海则沟村 4 号（0078 号）马面，0.744 千米处有海则沟村 5 号（0079 号）马面，1.014 千米处有海则沟村 6 号（0080 号）马面，1.234 千米处有海则沟村 7 号（0081 号）马面西南，西南 1.234 千米北 1 千米处有海则沟村 2 号（0173 号）烽火台，北 1.51 千米处有海则沟村 1 号（0172 号）烽火台。

该段墙体止点为海则沟，沟内仍有水流，当地居民利用其灌溉农田，沟内有土路通过，南约 1.5 千米处有柏油路。

（三）海则沟村河险（610802382107170003）

该河险位于大河塔乡大河塔村海则沟村（组）。长城修到该处利用了当地险要的河道，为季节性河流，河床平坦，两岸山峰起伏，坡度较大，河水蜿蜒而前，河道内水流较小。整体呈东北—西南走向，长 209 米。

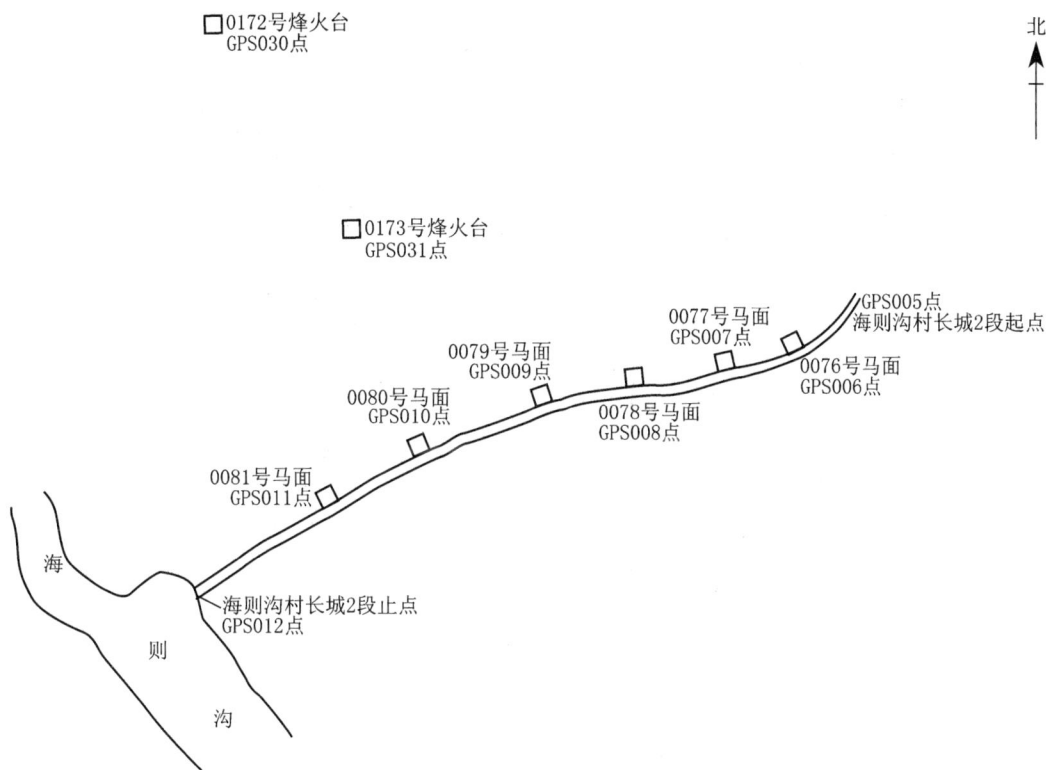

图七七四　海则沟村长城 2 段位置示意图

河险起点位于大河塔乡海则沟村东北 0.065 千米处，高程 1143 米；止点位于大河塔乡大河塔村海则沟村西南 0.135 千米处，高程 1093 米。（图七七六）

该段河险起点为海则沟村长城 2 段止点，止点为海则沟村长城 3 段起点。止点东距海则沟村 7 号（0081 号）马面 0.77 千米。地处沙漠草滩地带，海则沟坡度较为陡峭，沟底有村庄和耕地、土路，较为平坦；止点北约 0.12 千米、西北 0.16 千米处为山梁，坡度陡峭。

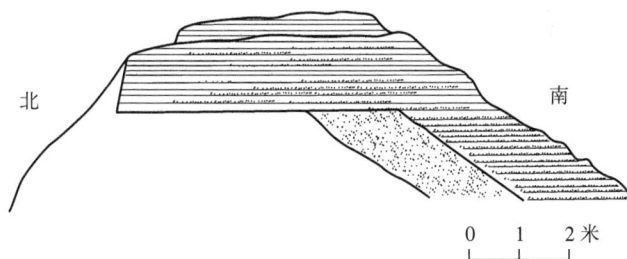

图七七五　海则沟村长城 2 段墙体剖面图

海则沟内有水流，水源较为丰富，当地居民利用其灌溉农田，沟内有一条乡村土路，呈南—北走向穿行。海则沟村有居民 130 余人。

（四）海则沟村长城 3 段（610802382101170004）

该段墙体位于大河塔乡大河塔村海则沟村西南的山梁上和沙漠中。墙体随山势高低起伏。整体呈东北—西南走向，长 813 米，为土墙。

墙体起点位于大河塔乡大河塔村海则沟村西南 0.135 千米处，高程 1093 米；止点位于大河塔乡兰家峁村东 0.05 千米处，高程 1145.3 米。（图七七七）

墙体整体保存差。由于受到风沙影响，部分段墙体被风沙掩埋。起点西南 0.777 千米处墙体上栽有电线杆，部分段墙体上栽种有毛头柳和榆树等。起点西南 0.291 千米处墙体消失 60 米为断点 1，0.351 千米处为断点 2，0.451 千米处墙体消失 116 米为断点 3，0.567 千米处为断点 4，0.813 千米处为止点。

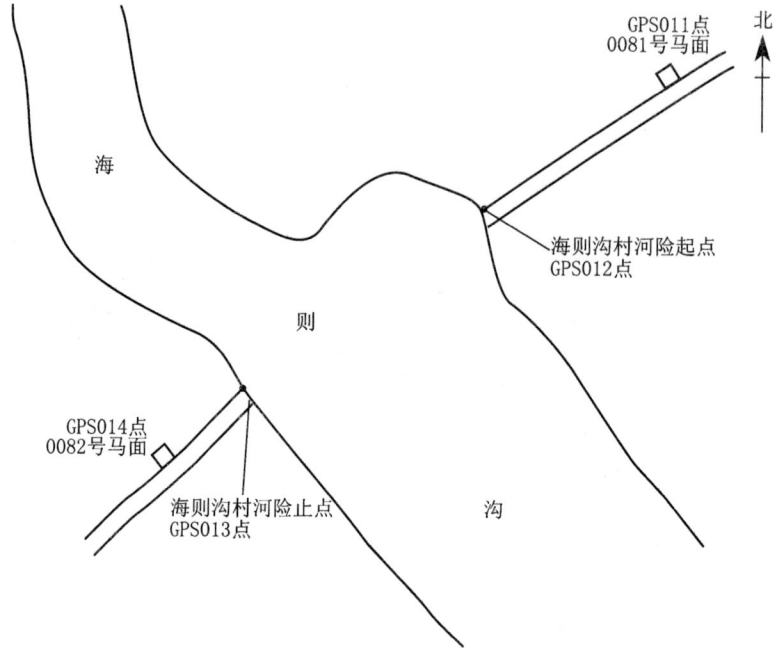

图七七六　海则沟村河险位置示意图

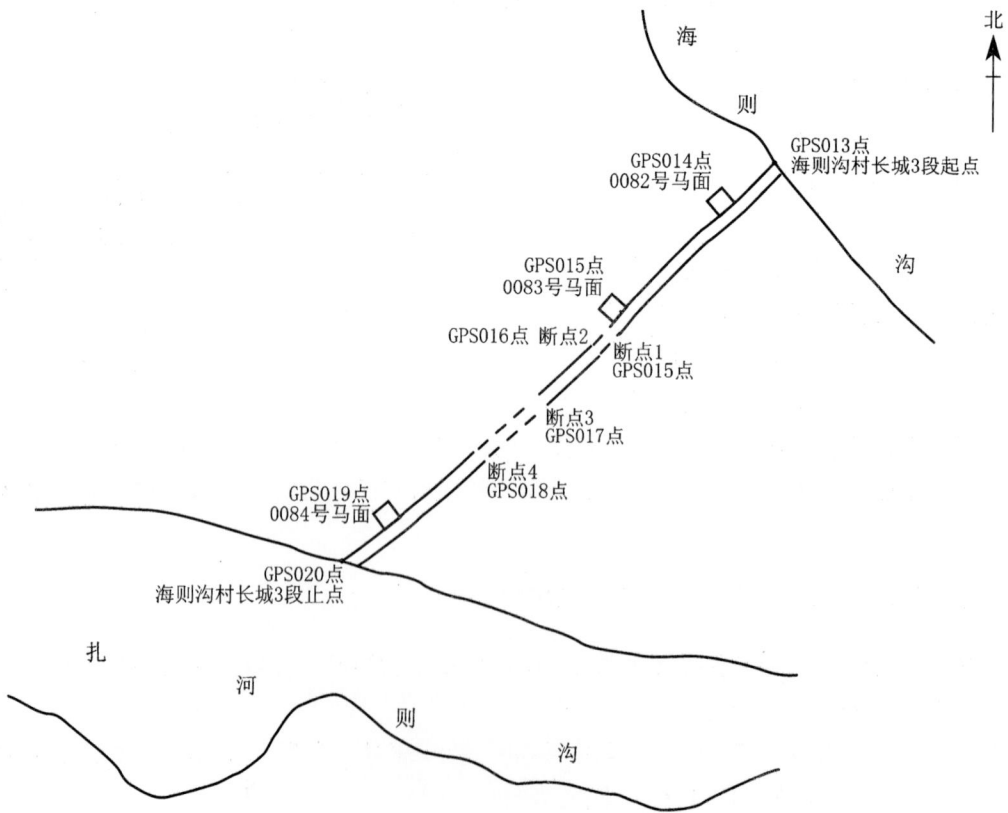

图七七七　海则沟村长城 3 段位置示意图

墙体为自然基础上用黄土夹杂料礓石夯筑而成，夯层厚 0.09～0.2 米。墙体底宽 2.4、顶宽 0.2、高 2 米。（图七七八）

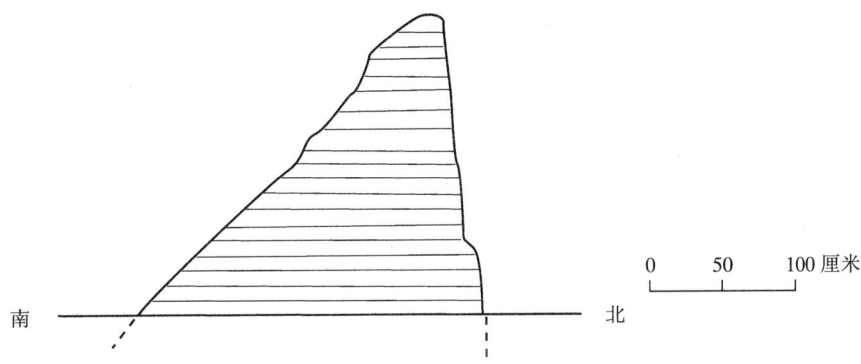

图七七八　海则河村长城 3 段墙体剖面图

该段墙体起点西南 0.085 千米处有海则沟村 8 号（0082 号）马面，0.291 千米处有海则沟村 9 号（0083 号）马面，0.717 千米处有海则沟村 10 号（0084 号）马面。海则沟内有水流，水源较为丰富，当地居民利用其灌溉农田，沟内有土路通过，南约 2 千米处有柏油马路。

（五）兰家峁村河险（610802382107170005）

该段河险位于大河塔乡兰家峁村扎河则沟。长城修到该处利用了当地险要的河道，该地属于沙漠草滩地带，沟壑坡度陡峭，沟内有水流，宽 20 余米，附近为山地沟壑区。止点西南 0.02 千米处为沙梁，南 0.04 千米内较为平坦，南 0.04 千米外为山沟，北侧为缓坡，东侧距沟底 80 米。整体呈东北—西南走向，长 533 米。

墙体起点位于大河塔乡兰家峁村东 0.05 千米，高程 1145.3 米；止点位于大河塔乡兰家峁村扎河则村西 0.24 千米，高程 1161.4 米。（图七七九）

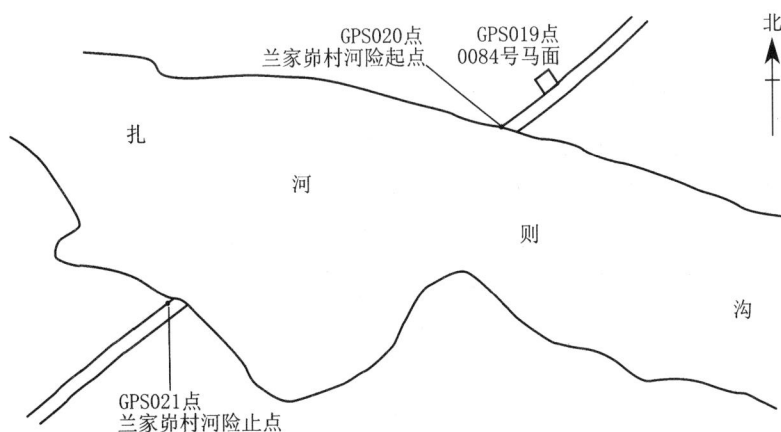

图七七九　兰家峁村河险位置示意图

河险整体保存一般。山体塌陷和水土流失造成河道逐渐加大，人为在海则沟内建造房屋和开垦耕地对河险造成一定损坏。

该段河险起点为海则沟村长城 3 段墙体止点，止点为兰家峁村长城墙体起点，起点东距海则沟村

10号（0084号）马面0.096千米。兰家峁村扎河则沟内有水流，水资源较为丰富，河险底部有乡村土路通行。兰家峁村有居民22户，92人。

（六）兰家峁村长城（610802382101170006）

该段墙体位于大河塔乡兰家峁村的山梁上。墙体随山势高低起伏，部分段被沙土掩埋，整体呈东北—西南走向，长1374米，为土墙。

墙体起点位于大河塔乡兰家峁村扎河则村西0.24千米，高程1161.4米；止点位于大河塔乡赵家峁移民新村中，高程1181.3米。（图七八〇）

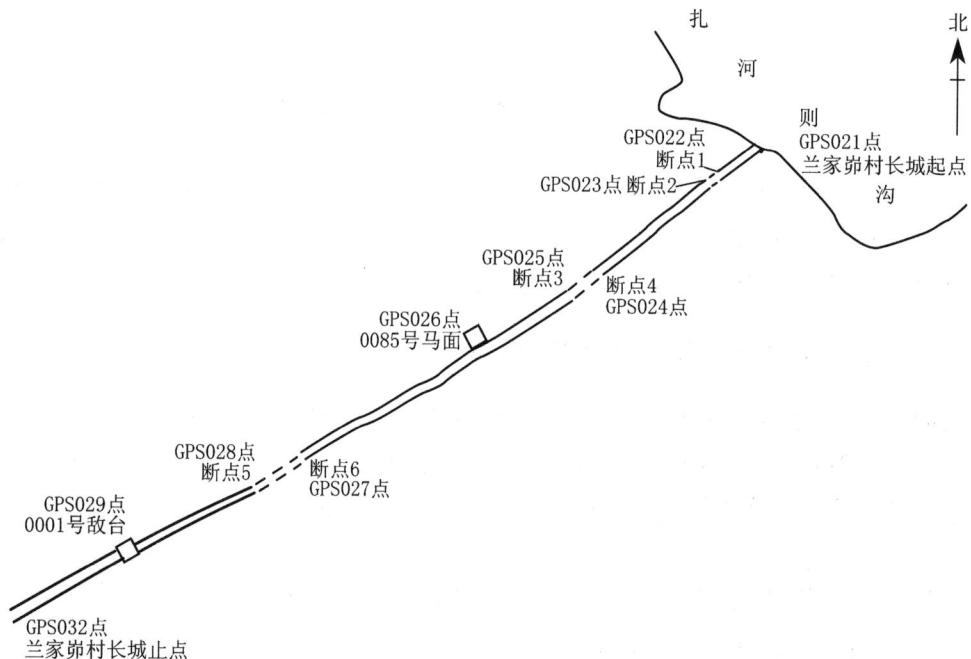

图七八〇　兰家峁村长城位置示意图

墙体整体保存差。墙体起点西南0.018千米处保存有墙体，为断点1，前行墙体消失43米；0.061千米处为断点2；0.291千米处为断点3，墙体消失85米；0.376千米处为断点4，有140米墙体保存较差；0.824千米处为断点5，墙体消失90米；0.914千米处为断点6；1.374千米处为止点。断点1南侧较为平坦，北侧陡峭；断点2南侧为缓坡，北侧为陡坡，植被稀疏；断点3附近为较平坦的沙漠；断点4北侧为沙梁地，西侧有土路；断点5北0.025千米处有沙梁形成的小沟，东侧较为平坦，南侧有多处沙丘；断点6东侧为沙丘，南0.08千米内较为平坦，南0.08千米外为沙丘形成的小沟；止点处较为平坦，附近有移民新村和榆（林）西（沟）公路。

墙体为自然基础上用黄土夹杂料礓石夯筑而成，夯层厚0.08~0.2米。墙体底宽3.2、顶宽0.7、内高1.5、外高3.4米。（图七八一）

该段墙体起点北侧西南0.486千米处有兰家峁村（0085号）马面，1.141千米处有赵家峁村1号（0001号）敌台。

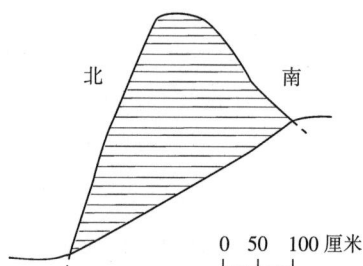

图七八一　兰家峁村长城墙体剖面图

兰家峁村中扎河则沟内仍有水流，水资源较为丰富。

（七）赵家峁村长城 1 段（610802382101170007）

该段墙体位于大河塔乡赵家峁村西的山梁上。墙体随山势高低蜿蜒起伏，整体呈东北—西南走向，长 1302 米，为土墙。

墙体起点位于大河塔乡赵家峁移民新村中，高程 1181.3 米；止点位于大河塔乡赵家峁移民新村西 1.178 千米，高程 1217.1 米。（图七八二）

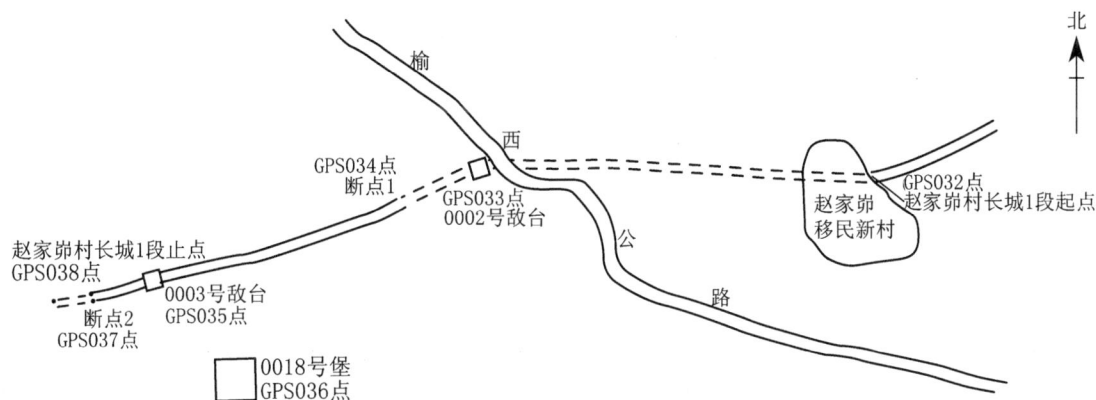

图七八二　赵家峁村长城 1 段位置示意图

墙体整体保存差。由于赵家峁移民新村、榆（林）西（沟）公路、乡村土路和水冲沟的存在造成部分墙体消失。墙体呈驼峰状，起点西南 0.75 千米处为断点 1，起点处由于赵家峁移民新村、榆（林）西（沟）公路和乡村土路的建造造成墙体消失 750 米；起点西南 1.24 千米处由于水冲深沟的原因造成墙体消失 62 米为断点 2，1.302 千米处为止点。

墙体为自然基础上用黄土夹杂料礓石夯筑而成，夯层 0.8 ~ 0.17 米。墙体底宽 2.2、顶宽 0.5、内高 2.5、外高 1.8 米。（图七八三）

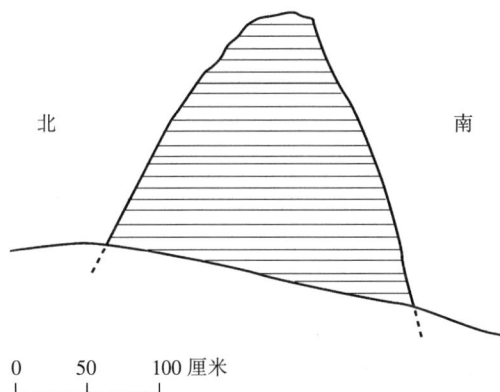

图七八三　赵家峁村长城 1 段墙体剖面图

墙体起点西 0.6 千米处有赵家峁村 2 号（0002 号）敌台，1.14 千米处有赵家峁村 3 号（0003 号）敌台，1.14 千米南 0.22 千米处有为赵家峁村（0018 号）堡。

该段墙体地处沙漠草滩地带，随山势高低起伏，起点处较为平坦，由于移民新村、公路和耕地的存在造成墙体消失。断点 1 南侧为山梁，与墙体之间形成小沟，北侧为山坡，坡度较缓，断点 2 处由于水冲深沟存在造成墙体消失，保存部分两侧为山坡，坡度较缓，断点 3 北侧 0.2 千米处有一片杨树林。赵家峁村有 300 余人口。

（八）赵家峁村长城 2 段（610802382101170008）

该段墙体位于大河塔乡赵家峁村的山梁上。整体呈东北—西南走向，长 1445 米，为土墙。

墙体起点位于大河塔乡赵家峁移民新村西 1.178 千米，高程 1217.1 米；止点位于大河塔乡赵家峁村黄水沟村北 2.05 千米，高程 1286.6 米。（图七八四）

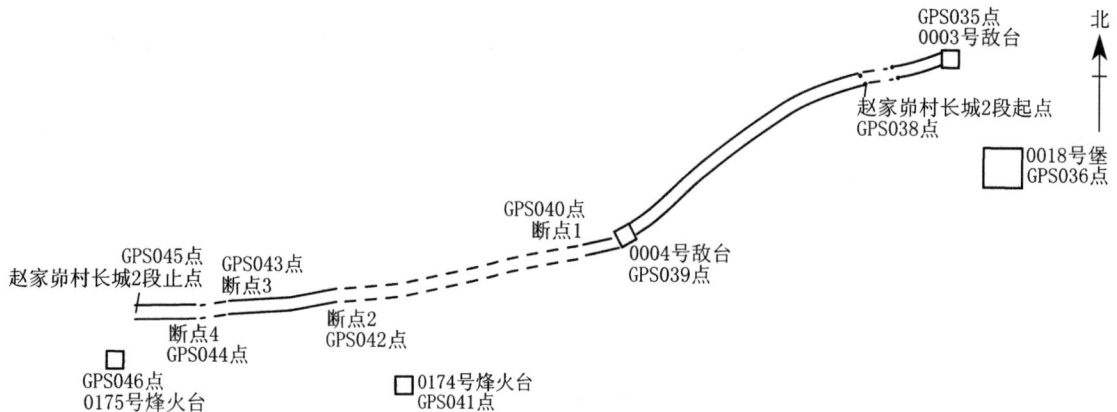

图七八四　赵家峁村长城 2 段位置示意图

墙体整体保存差。墙体起点西 0.105 千米处有乡村土路占用墙体作为路基，西南 0.538 千米处有赵家峁村 4 号（0004 号）敌台，台体西 0.085 千米处墙体基本被耕地占据，仍可看出墙体走向；起点西南 0.675 千米处由于深沟破坏墙体消失 452 米为断点 1；前行向西南 0.452 千米处为断点 2，1.29 千米处墙体消失 65 米为断点 3，1.355 千米处为断点 4。止点处土路以墙体为路基，路宽 8 米，起点西南 1.445 千米处为止点。

墙体为自然基础上用黄土夹杂料礓石夯筑而成，夯层厚 0.14～0.2 米。墙体底宽 1.2～11.2、顶宽 0.3～1.5、高 0.4～5 米。（图七八五）

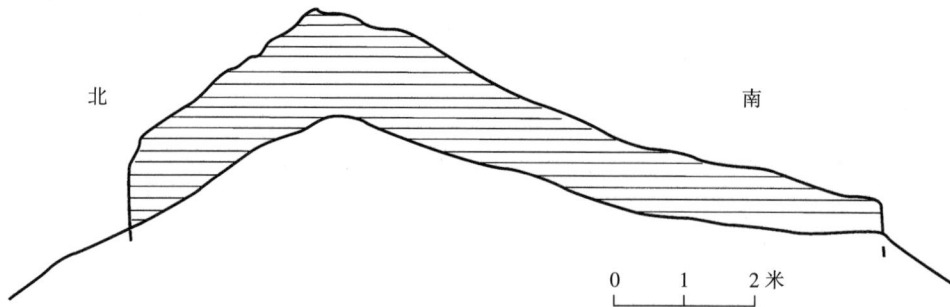

图七八五　赵家峁村长城 2 段墙体剖面图

墙体起点西南 0.538 千米处有赵家峁村 4 号（0004 号）敌台，0.675 千米南 0.38 千米处有赵家峁村（0174 号）烽火台；止点西南 0.152 千米处有黄水沟村 1 号（0175 号）烽火台。

该段墙体地处沙漠草滩地带，起点部分被作为土路，坡度较缓；起点至断点 1 随山势高低起伏；断点 1 处有深沟造成墙体消失，沟内较平坦；断点 2、3 处由于沙漠覆盖造成墙体消失；止点西侧为深沟，沟壑坡度陡峭，南、北侧为坡耕地。

（九）黄水沟村长城（6108023821011 70009）

该段墙体位于麻黄梁镇黄水沟村的山梁上。墙体随山势高低起伏，整体呈东—西走向，长 1554 米，为土墙。

墙体起点位于大河塔乡赵家峁村黄水沟村北 2.05 千米，高程 1286.6 米；止点位于麻黄梁镇李家峁村新墩村东北 0.65 千米。高程 1320.2 米。（图七八六）

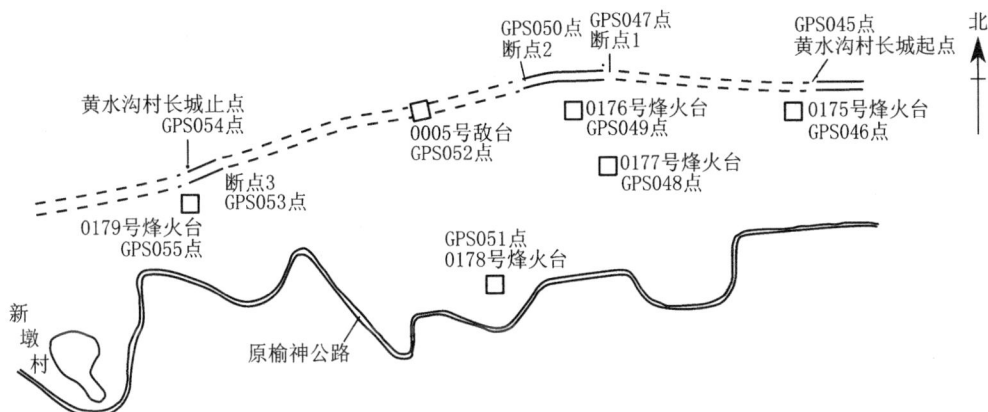

图七八六　黄水沟村长城位置示意图

墙体整体保存差。墙体起点西 0.512 千米处为断点 1，之间由于水冲深沟墙体消失，保存部分由于雨水冲刷侵蚀墙体剥落，断点 1 前行保存部分呈驼峰状；0.709 千米处为断点 2，之间墙体存 197 米；1.472 千米处为断点 3，之间墙体消失 763 米；1.532 千米处由于人为挖开墙体作为道路，豁口宽 2 米，仅存墙基；1.554 千米处为止点。

墙体为自然基础上用黄土夹杂料礓石夯筑而成，夯层厚 0.08～0.13 米。墙体底宽 2.4、顶宽 0.2、高 2.2 米。（图七八七）

墙体起点西 0.709 千米南 0.052 千米处有黄水沟村 2 号（0176 号）烽火台，南 0.348 千米处有黄水沟村 3 号

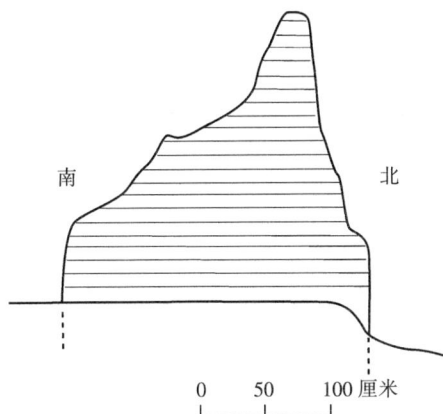

图七八七　黄水沟村长城墙体剖面图

（0177 号）烽火台；西 0.979 千米处有黄水沟村（0005 号）敌台，东南 0.53 千米处有黄水沟村 4 号（0178 号）烽火台。止点南 0.108 千米处有新墩村 1 号（0179 号）烽火台。

该段墙体地处黄土高原丘陵沟壑地带，黄水沟村长城起点处由于水冲深沟造成墙体消失，沟壑较深，坡度陡峭。断点 3 东、北侧为沟，坡度陡峭，深约 90 米。止点南 3 米处为沟，深 70 米，北侧紧邻深沟，造成墙体消失。墙体南侧有一条乡村土路，止点有山间小路。黄水沟村有居民 30 余户，140 余人。

（一〇）新墩村长城 1 段（6108023821011700l0）

该段墙体位于麻黄梁镇新墩村的山梁上。墙体随山势而建，整体呈东北—西南走向，长 1215 米，为土墙。

墙体起点位于麻黄梁镇李家峁村新墩村东北 0.65 千米，高程 1320.2 米；止点位于麻黄梁镇李家峁村新墩村中，高程 1299.3 米。（图七八八；彩图一七〇）

墙体整体保存差。起点西 0.55 千米处为断点 1，之间由于深沟存在造成墙体消失；0.756 千米处为断点 2，之间墙体保存一般段 206 米，其中 0.699 千米处有一个底宽 2、顶宽 4 米人为挖掘的豁口；

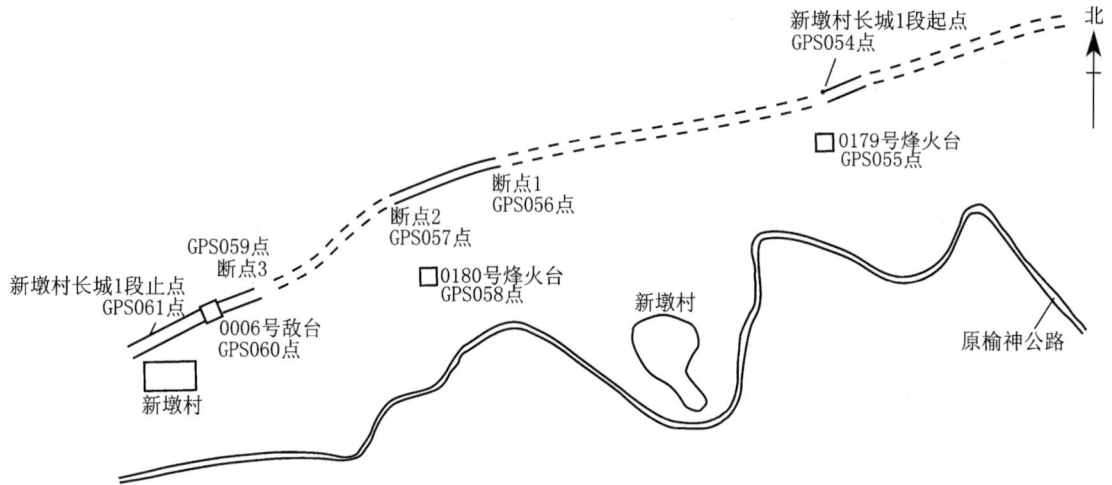

图七八八　新墩村长城 1 段位置示意图

1.057 千米处为断点 3，之间消失 301 米；1.215 千米处为止点，之间墙体保存 158 米，保存一般。止点处有新墩村一户人家，直接将房屋建在墙体边，对墙体造成一定程度的损坏。

墙体为在自然基础上用黄土夹杂料礓石夯筑而成，夯层厚 0.11～0.15 米。墙体底宽 2.5～4.6、顶宽 0.6～1.6、高 2.2～4 米。（图七八九）

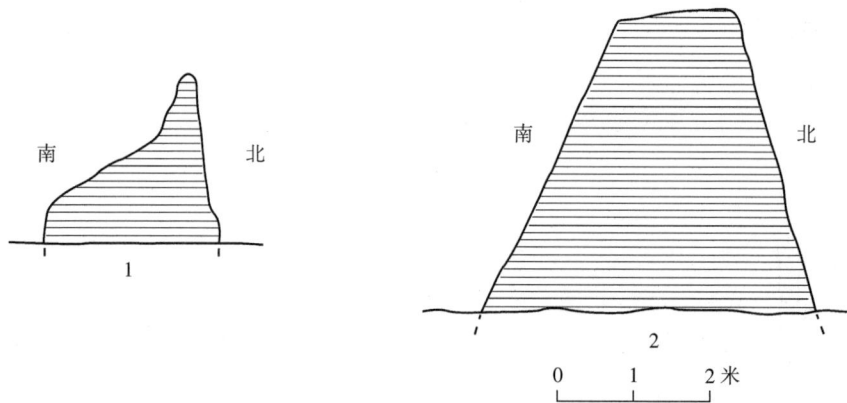

图七八九　新墩村长城 1 段墙体剖面图

墙体起点西 0.72 千米南 0.137 千米处有新墩村 2 号（0180 号）烽火台，西 1.093 千米处有新墩村 1 号（0006 号）敌台。

该段墙体地处黄土高原丘陵沟壑地带，起点处由于水冲深沟造成墙体消失，断点 1 南侧沟宽约 20、深 13 米，北侧沟宽 26、深 32 米，断点 1 呈上坡趋势，断点 2 至断点 3 由于水冲沟存在墙体消失，沟深约 40 米，止点较为平坦，西北侧有耕地，东侧呈上坡趋势。墙体南侧有一条土路，止点有一条小道。新墩村有居民 3 户，20 余口人。

（一）新墩村长城 2 段（610802382101170011）

该段墙体位于麻黄梁镇新墩村的山梁上。整体呈东北—西南走向，长 1355 米，为土墙。

墙体起点位于麻黄梁镇李家峁村新墩村，高程1299.3米；止点位于麻黄梁镇李家峁村谢家梁村东南0.68千米。高程1371.9米。（图七九〇）

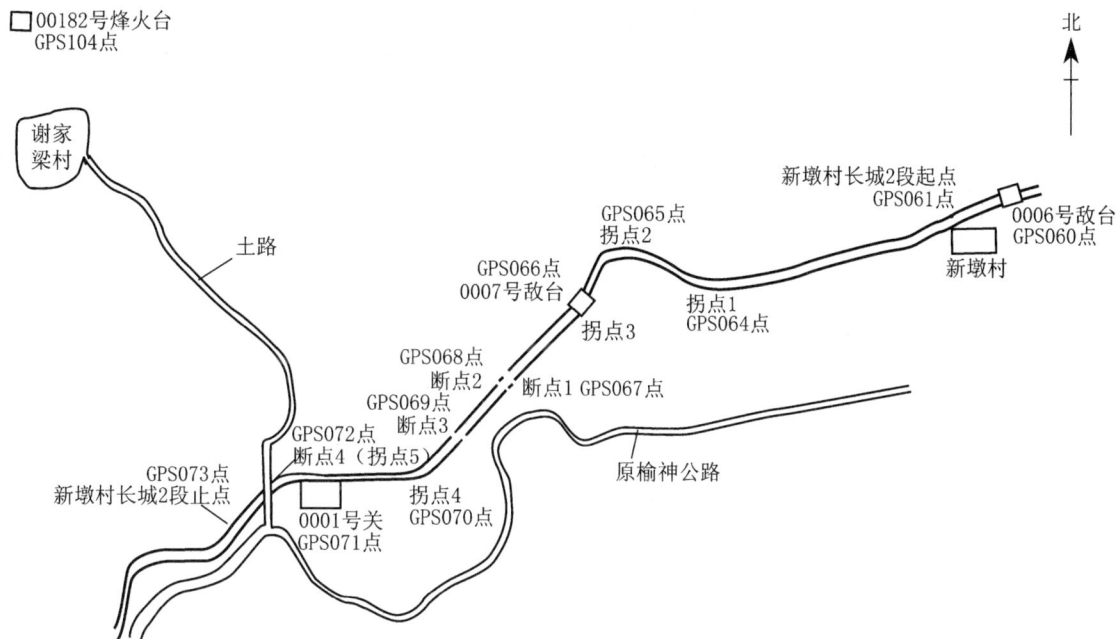

图七九〇　新墩村长城2段位置示意图

墙体整体保存一般。起点西0.323千米处拐点1，由呈东—西走向转为东南—西北走向；0.505千米处为拐点2，走向转呈东北—西南；西0.573千米处有新墩村2号（0007号）敌台、拐点3，呈东北—西南走向；0.737千米处由于水冲深沟墙体消失30米为断点1，0.767千米处为断点2；0.805千米处由于水冲沟墙体消失13米，为断点3；0.948千米处为拐点4，转呈东—西走向；1.227千米处有人为挖开墙体，消失9米，为断点4、拐点5，走向由东—西拐为东北—西南；0.969千米处人为挖开墙体2米，仅存墙基；1.355千米处为止点，由于土路挖断墙体，消失8米。

墙体为自然基础上用黄土夹杂料礓石夯筑而成，夯层0.07～0.15米。墙体保存一般段底宽5.8米、顶宽3.5、内高4、外高9（图七九一：2）；保存差段底宽2.8、顶宽0.5、高1.6米。（图七九一：1）

该段墙体起点西0.573千米处有新墩村2号（0007号）敌台，西1.14千米处有谢家梁村（0001号）关。墙体地处黄土高原丘陵沟壑地带，起点处较为平缓，拐点1北侧0.02千米有水冲沟，南侧为荒坡地，南0.08千米处有水冲深沟，拐点1前行呈上坡趋势；拐点2东

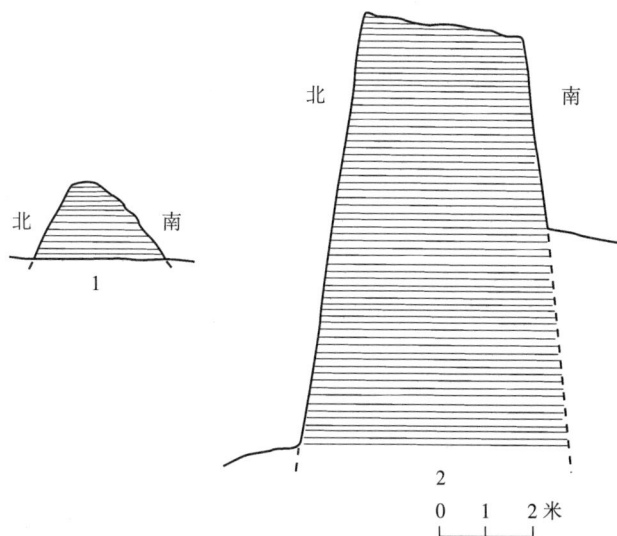

图七九一　新墩村长城2段墙体剖面图

0.015 千米有水冲深沟，坡度陡峭，北 0.015 千米处为水冲深沟，西 0.03 千米处为水冲沟；断点 1、2、3 处由于水冲深沟墙体消失；止点北侧为深沟，深 40 余米，南侧有小山梁。墙体起点和止点处有土路。

（一二）谢家梁村长城（610802382101170012）

该段墙体位于麻黄梁镇李家峁村千树塔村（组）的山梁上。整体呈东北—西南走向，长 1254 米，为土墙。

墙体起点位于麻黄梁镇李家峁村谢家梁村（组）东南 0.68 千米，高程 1371.9 米；止点位于麻黄梁镇李家峁村千树塔村（组）西北端，高程 1362.7 米。（图七九二）

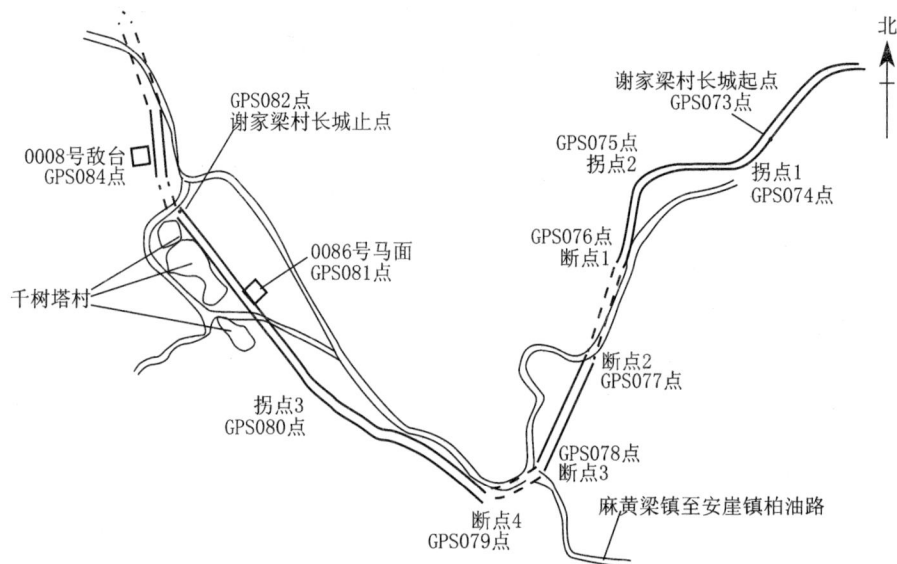

图七九二　谢家梁村长城位置示意图

墙体整体保存差。起点西 0.06 千米处为拐点 1，由呈东北—西南走向转呈东—西走向；0.19 千米处为拐点 2，转呈北—南走向。起点西南 0.32 千米处墙体由于土路穿过消失 116 米，为断点 1，拐点 1 至断点 1 保存差，长 260 米；0.436 千米处为断点 2；0.591 千米处由于榆（林）西（沟）公路消失 85 米，为断点 3；0.676 千米处为断点 4；1.007 千米处为拐点 3，转呈南—北走向；1.254 千米处为止点。

墙体为自然基础上用黄土夹杂料礓石夯筑而成，夯层厚 0.08～0.18 米。墙体保存较差部分底宽 5.2、顶宽 2.5、内高 2.4、外高 6 米（图七九三：2）；保存差部分底宽 4.2、顶宽 1.5、高 5.5 米。（图七九三：1）

墙体起点为新墩村长城 2 段墙体止点，西南 1.084 千米处东侧有千树塔村 1 号（0086 号）马面。

该段墙体地处黄土高原丘陵沟壑地带，拐点 1 处南侧为缓坡，有一片松树林，北侧 0.04 千米处有深沟；拐点 2 西侧为杏树林，断点 1 处路边有深沟，路东有水冲沟，其他部分基本在山梁上，止点西侧 0.015 千米处有沟，深 18～70 米，东侧较为平坦。墙体附近有一条乡村土路，榆（林）西（沟）公路穿过墙体。谢家梁村有居民约十五六户，70 余口人。

（一三）千树塔村长城 1 段（610802382101170013）

该段墙体位于麻黄梁镇千树塔村（组）的山梁上。整体呈东南—西北走向，长 1269 米，为土墙。

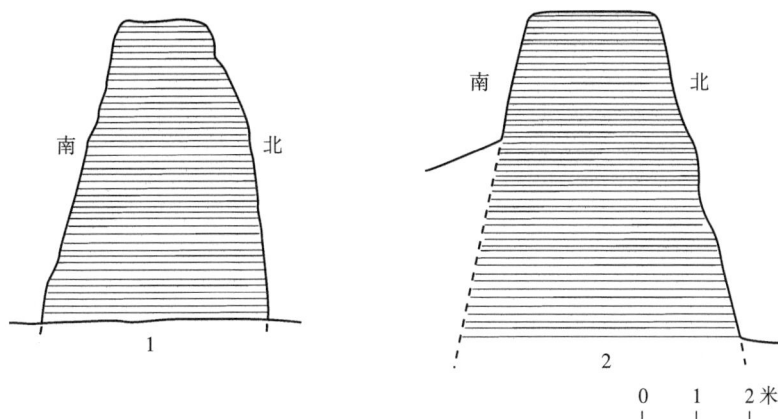

图七九三　谢家梁村长城墙体剖面图

墙体起点位于麻黄梁镇李家峁村千树塔村西北端，高程 1362.7 米；止点位于麻黄梁镇李家峁村白草峁村西 0.75 千米，高程 1373.4 米。（图七九四）

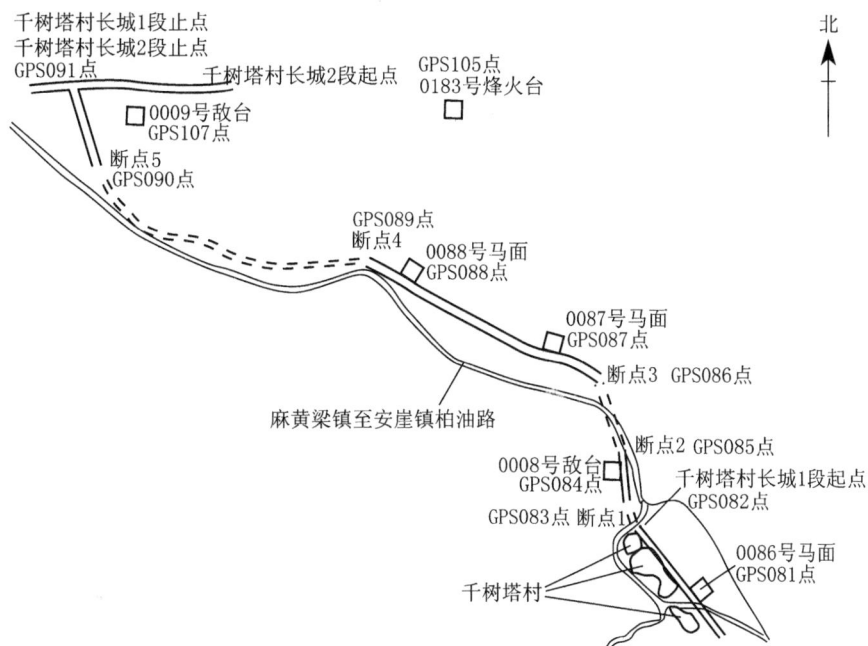

图七九四　千树塔村长城 1 段位置示意图

墙体整体保存差。由于雨水冲刷侵蚀部分段墙体呈刃状。起点处由于土路和千树塔村道路的修筑，墙体消失 47 米，为断点 1。起点北 0.126 千米处由于修筑公路墙体消失 115 米，为断点 2（起点至断点 2 之间，由于千树塔道路围墙借用长城墙体，墙体呈弧形）；0.241 千米处为断点 3，0.666 千米处为断点 4，由于公路呈斜向通过墙体消失 0.423 千米；1.089 千米处为断点 5，1.27 千米处为止点，与千树塔村长城 2 段墙体（作为辅助边墙）交叉于止点。

墙体为自然基础用黄土夹杂黑垆土和料礓石夯筑而成，夯层厚 0.08~0.2 米。墙体底宽 4、顶宽 0.3~1.4、高 1.7~3.9 米。（图七九五）

墙体起点为谢家梁村长城墙体止点，起点北 0.86 千米西 0.28 千米处有千树塔村 1 号（0008 号）敌台，西北 0.327 千米处墙北侧有千树塔村 2 号（0087 号）马面，0.598 千米处墙体北侧有千树塔

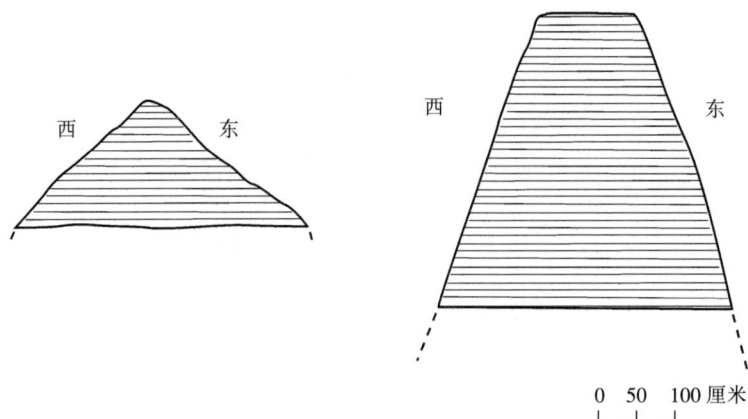

图七九五　千树塔村长城 1 段墙体剖面图

村 3 号（0088 号）马面。

　　该段墙体地处黄土高原丘陵沟壑地带，起点西 0.03 千米处为深沟；断点 2、3 处东侧为公路，路东为深沟，西侧由于深沟造成墙体消失；断点 4 处较为平坦，断点 5 北 0.015 千米处为深沟，南侧为榆（林）西（沟）公路，路南为松树林，南 0.05 千米处为深沟，西侧为山梁。墙体附近公路为麻黄梁镇至安崖的柏油路，有一条土路。千树塔村约有居民 12 余户，50 余人。

（一四）千树塔村长城 2 段（610802382101170015）

　　该段墙体位于麻黄梁镇李家峁村千树塔村（组）。起点东侧为水冲深沟，东南 0.03 千米处有沟，西侧为上坡趋势，北侧为山梁，坡度较缓，止点处较为平缓。整体呈东南—西北走向，长254 米，为土墙。

　　墙体起点位于麻黄梁镇李家峁村千树塔村（组）西北 1 千米，高程 1343.2 米；止点位于麻黄梁镇李家峁村白草峁村东 0.75 千米，高程 1373.4 米。（图七九六）

　　墙体整体保存差。墙体受雨水冲刷侵蚀严重，基本呈刃状，止点处由于水冲沟墙体消失 14 米。墙

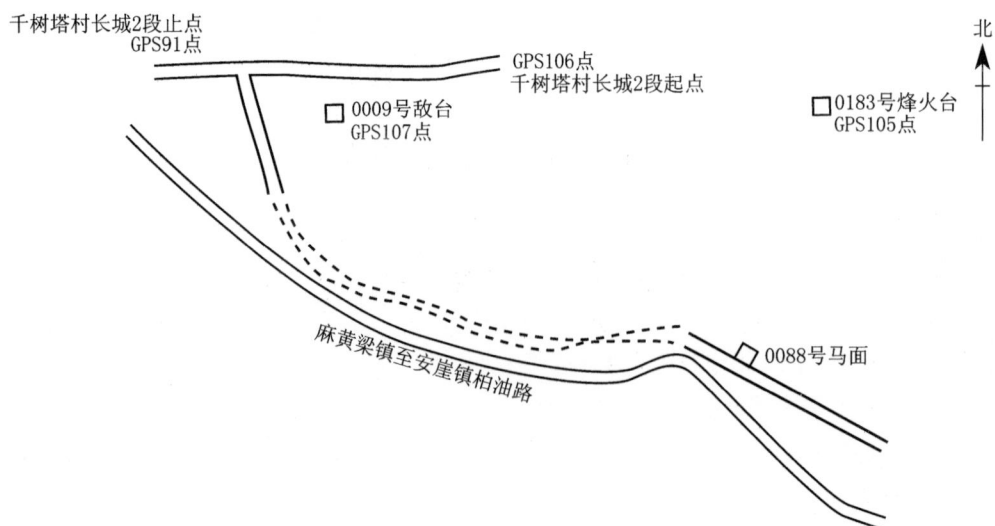

图七九六　千树塔村长城 2 段位置示意图

体上栽种有大量柠条。

墙体为在自然基础上用黄土夹杂黑垆土和料礓石夯筑而成，夯层厚0.12~0.17米。墙体底宽4、顶宽0.2、高3米。（图七九七）

该段墙体起点西0.144千米南0.016千米处有千树塔村2号（0009号）敌台。该段墙体（作为辅助的第二道边墙）与千树塔村长城1段墙体交叉，作为止点。墙体止点南侧有榆（林）西（沟）公路。

（一五）新墩村长城3段（610802382101170014）

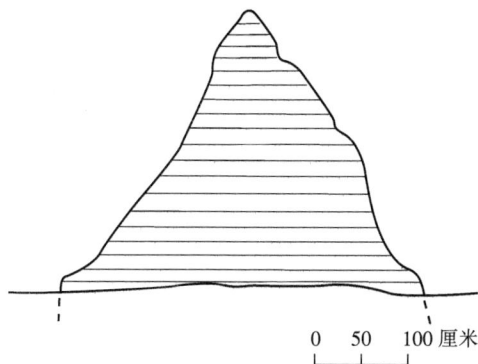

图七九七 千树塔村长城2段墙体剖面图

该段墙体位于麻黄梁镇新墩村的山梁上的新墩村长城1段正北。整体呈东南—西北走向，长677米，为土墙。

墙体起点位于麻黄梁镇李家峁村新墩村北0.6千米，高程1269.5米；止点位于麻黄梁镇李家峁村新墩村西北0.94千米；高程1306.9米（图七九八）

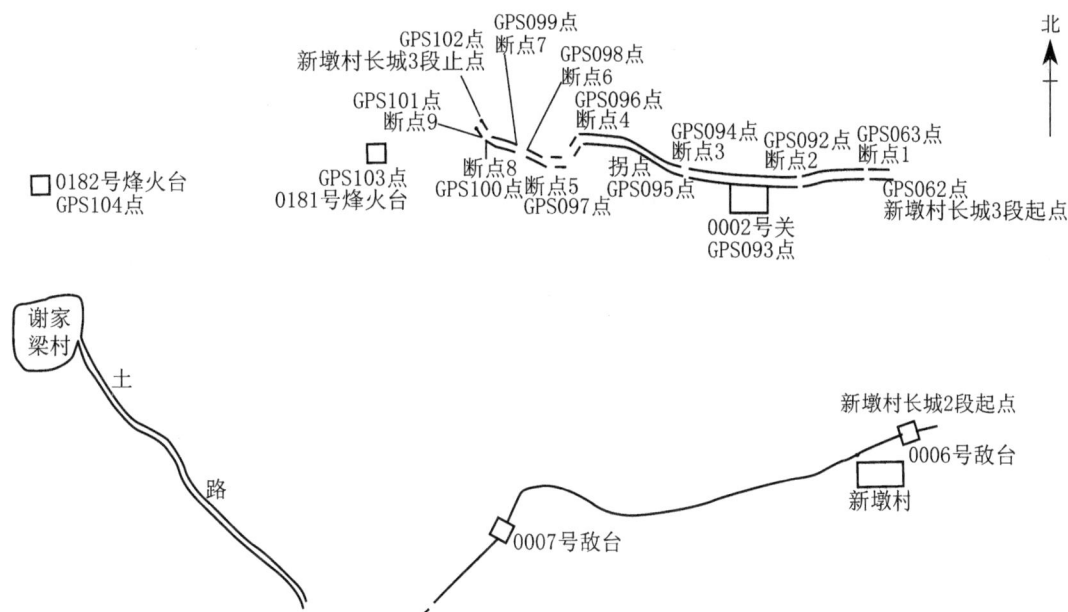

图七九八 新墩村长城3段位置示意图

墙体整体保存差。墙体起点西0.14千米处墙体由于水冲沟消失12米为断点1，0.202千米处由于水冲沟消失9米为断点2，0.258千米处因为土路穿过墙体消失5米为断点3；0.373千米处为拐点，由呈东—西转呈东南—西北走向，0.445千米处由于水冲深沟墙体消失86米为断点4，0.531千米处为断点5；西北0.551千米处为断点6，由于水冲沟墙体消失41米，为断点7；西0.643千米处为断点8，由于水冲沟存在墙体消失25米；0.668千米处为断点9，0.677千米为止点。

墙体为自然基础上用黄土夹杂料礓石夯筑而成，夯层厚0.13~0.2米。墙体底宽2.8~3、顶宽0.3~0.6、内高2.3、外高4.2米。（图七九九）

墙体起点西0.23千米处有新墩村（0002号）关。止点西南0.227千米处有新墩村3号（0181号）烽火台，0.881千米处有谢家梁村（0182号）烽火台。墙体位于新墩村长城1段墙体北，为主墙体外

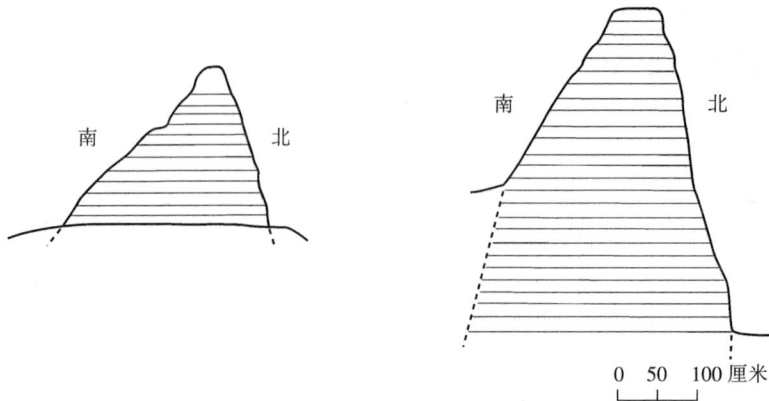

图七九九　新墩村长城 3 段墙体剖面图

边墙，可认为是一道辅助性的边墙，附近有几座墩台。

　　该段墙体地处黄土高原丘陵沟壑地带建在新墩村北的山梁上，部分墙体由于水冲深沟消失，沟壑较多，坡度较陡峭，附近由于沙漠化，部分墙体被沙土掩埋。新墩村有居民 3 户，20 余人。

（一六）白草峁村长城（610802382101170016）

　　该段墙体位于麻黄梁镇李家峁村白草峁村（组）。整体呈东北—西南走向，长 1318 米，为土墙。

　　墙体起点位于麻黄梁镇李家峁村白草峁村（组）东 0.75 千米，高程 1373.4 米；止点位于麻黄梁镇李家峁村李家峁村（组）北 0.3 千米，高程 1370.3 米。（图八〇〇）

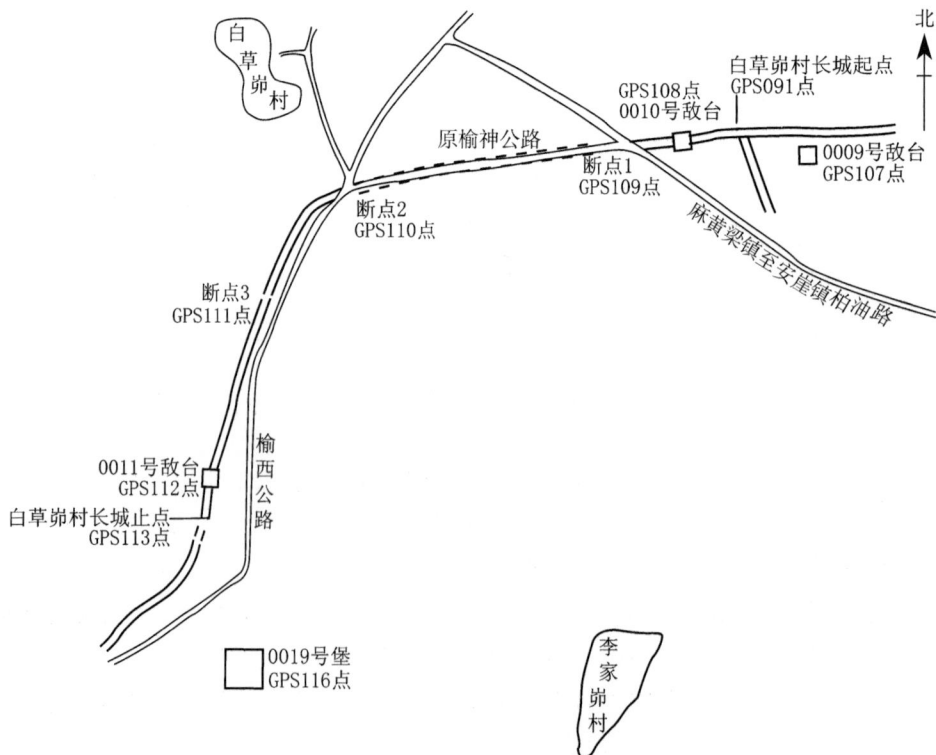

图八〇〇　白草峁村长城位置示意图

墙体由于雨水冲刷侵蚀、动物洞穴和植物根系破坏、人为开挖、修筑道路、栽种松树等原因，整体保存差。起点西7米处墙体被人为挖开5米宽，仅存墙基，0.15千米处由于榆（林）西（沟）公路和土路墙体消失520米处为断点1，0.66千米处为断点2。起点西南0.987千米处由于土路通过墙体消失5米为断点3；1.214千米处有一条土路通过墙体，仅存墙基，路宽3米；1.318千米处为止点。

墙体为自然基础上用黄土夹杂料礓石夯筑而成，夯层厚0.12~0.17米。墙体底宽4、顶宽0.3、高2.7米。（图八〇一）

墙体起点为千树塔村长城1段和千树塔村2长城段止点，起点西0.09千米处有白草峁村1号（0010号）敌台，西南1.217千米处有白草峁村2号（0011号）敌台。

该段墙体地处黄土高原丘陵沟壑地带。墙体部分段被公路和土路覆盖，地势较为平坦，断点3东侧为公路，路边有沟，深约30米，西侧为育林地，止点处由于水冲沟造成墙体消失，沟深约40米，北侧为缓坡。墙体基本与榆（林）西（沟）公路平行。白草峁村有居民13余户，80余人。

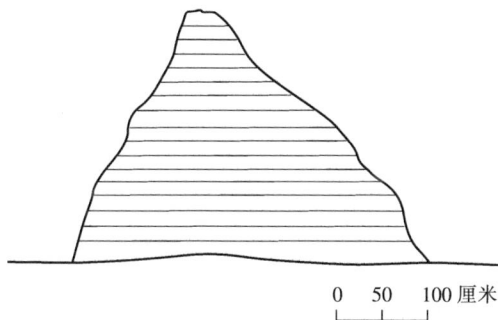

图八〇一　白草峁村长城墙体剖面图

（一七）李家峁村长城1段（610802382101170017）

该段墙体位于麻黄梁镇李家峁村的山梁上。整体呈东北—西南走向，长1140米，为土墙。

墙体起点位于麻黄梁镇李家峁村北0.3千米，高程1370.3米；止点位于麻黄梁镇李家峁村西南0.85千米，高程1353.6米。

墙体由于雨水冲刷侵蚀、动物洞穴和植物根系破坏、人为开挖、修筑道路、栽种松树等原因，整体保存差。自墙体起点起由于水冲沟消失62米，为断点1。起点西南0.168千米处由于人为挖开墙体开路消失3米，为断点2；0.315千米处由于人为挖开墙体消失18米，为断点3；0.333千米处为断点4；0.407千米处由于土路通过墙体消失13米，为断点5；0.61千米处为拐点，由东北—西南走向转呈北—南走向；0.767千米处由于人为挖开墙体修路消失6米，为断点6；0.991千米处由于榆（林）西（沟）公路通过消失149米，为断点7；1.14千米处为止点。（图八〇二；彩图一七一、一七二）

墙体为自然基础上用黄土夹杂料礓石夯筑而成，夯层厚0.08~0.19米。墙体底宽5、顶宽2.4、高3.6米。（图八〇三）

墙体起点为白草峁村长城墙体止点，南0.102千米东南0.167千米处有李家峁村堡（0019号），西南0.493千米处有李家峁村1号（0012号）敌台。

该段墙体地处黄土高原丘陵沟壑地带，墙体大部分与榆（林）西（沟）公路平行，断点1南侧为松树林，北侧为山坡，有松树林，其他部分较为平缓，断点5北侧有深沟，南侧水冲沟直接对墙体造成威胁，拐点西3米处有水冲沟，0.01千米处沟较大，沟宽20、深30米，东侧为山坡，有松树林，断点6至断点7路边有水冲沟，止点山坡上沟壑较多。墙体附近有榆（林）西（沟）公路。李家峁村有居民20余户，90余人。

（一八）李家峁村长城2段（610802382101170018）

该段墙体位于麻黄梁镇李家峁村的山梁上。整体呈东—西走向，长1051米，为土墙。

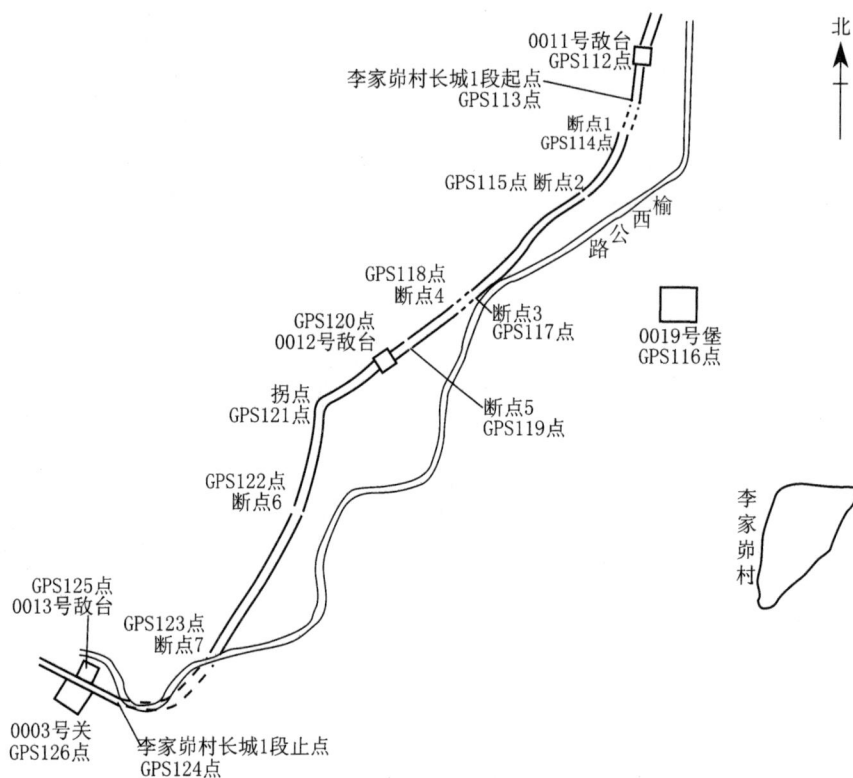

图八〇二　李家峁村长城1段位置示意图

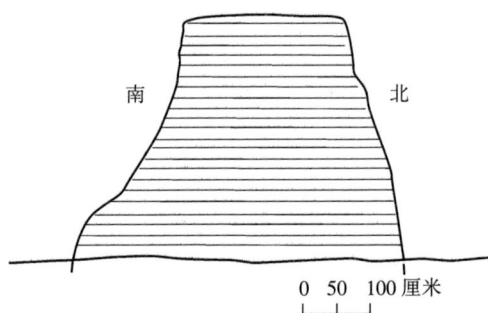

图八〇三　李家峁村长城1段墙体剖面图

墙体起点位于麻黄梁镇李家峁村西南 0.85 千米，高程 1353.6 米；止点位于麻黄梁镇断桥村中，高程 1352.9 米。

墙体起点至断点 3 呈东南—西北走向，断点 3 至断点 5 呈东—西走向，断点 5 至断点 6 呈东北—西南走向，断点 6 至断点 7 呈东北—西南走向，断点 8 至止点呈东北—西南走向（该段墙体虽无拐点，但有平缓弯曲，所述各个断点距起点距离均为墙体长度，参看位置示意图）。

墙体由于雨水冲刷侵蚀、动物洞穴和植物根系破坏、人为开挖、修筑道路、栽种松树等原因，整体保存差。墙体起点西北 0.383 千米处由于人为挖开墙体消失 3 米，为断点 1，挖开处南侧有水冲沟，豁口有不断扩大的趋势；0.414 千米处由于水冲沟造成墙体消失 5 米，为断点 2；0.479 千米处由于打煤井挖开墙体 4 米，为断点 3；0.763 千米处由于水冲深沟消失 48 米，为断点 4；0.811 千米处为断点 5；0.83 千米处由于榆（林）西（沟）公路通过墙体消失 13 米，为断点 6；0.951 千米处由于水冲沟墙体消失 49 米，为断点 7；1 千米处为断点 8；1.051 千米处为止点，止点处由于榆（林）西（沟）公路墙体消失。（图八〇四）

墙体为自然基础上用黄土夹杂料礓石夯筑而成，夯层厚 0.12～0.2 米。墙体底宽 3.2、顶宽 0.6、高 3 米。（图八〇五）

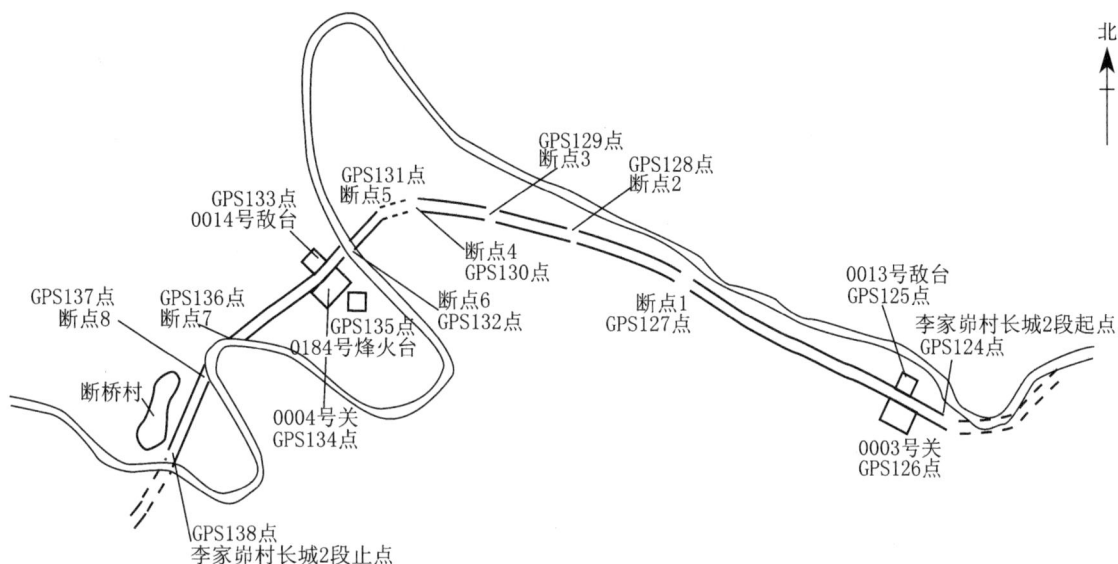

图八〇四　李家峁村长城 2 段位置示意图

墙体起点为李家峁村长城墙体止点，西北 0.03 千米处有李家峁村（0003 号）关，0.042 千米处有李家峁村 2 号（0013 号）敌台，0.698 千米处有断桥村（0004 号）关，0.708 千米处有断桥村（0014 号）敌台，0.708 千米南 0.036 千米处有断桥村（0184 号）烽火台。

该段墙体地处黄土高原丘陵沟壑地带。由于水冲深沟造成部分墙体消失，断点 5 处沟壑纵横，北侧沟底有羊肠小道；断点 7 南侧为榆（林）西（沟）公路，路边为沟壑，西 0.03 千米处为沟，深约 20 米，断点 8 处墙体底部有村庄，止点处为榆（林）西（沟）公路，路边有深沟。墙体基本上与榆（林）西（沟）公路平行。

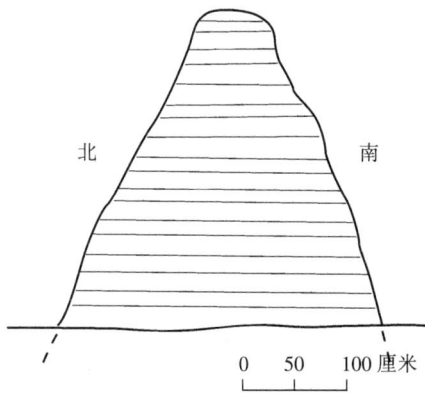

图八〇五　李家峁村长城 2 段墙体剖面图

（一九）断桥村长城 1 段（6108023821011 70019）

该段墙体位于麻黄梁镇断桥村的山梁上。整体呈东北—西南走向，长 943 米，其中，保存差 105、消失 838 米，为土墙。

墙体起点位于麻黄梁镇断桥村断桥村中，高程 1352.9 米；止点位于麻黄梁镇断桥村毛羊圈村西北 0.775 千米，高程 1376.6 米。（图八〇六）

墙体整体保存差。起点至西南 0.084 千米处由于土路和榆（林）西（沟）公路墙体消失 84 米，为断点 1；0.133 千米处由于水冲深沟和土路墙体消失 337 米，为断点 2，0.47 千米处为断点 3；0.485 千米处由于土路墙体消失 5 米，为断点 4；0.531 千米处由于水冲深沟墙体消失 412 米为断点 5，0.943 千米处为止点。

墙体为自然基础上用黄土夹杂料礓石夯筑而成，夯层厚 0.13～0.17 米。墙体底宽 2.4、顶宽 0.2、高 2 米。（图八〇七）

墙体起点为李家峁村长城 2 段墙体止点，西南 0.485 千米处有断桥村（0020 号）堡。断点 1 前行 0.014

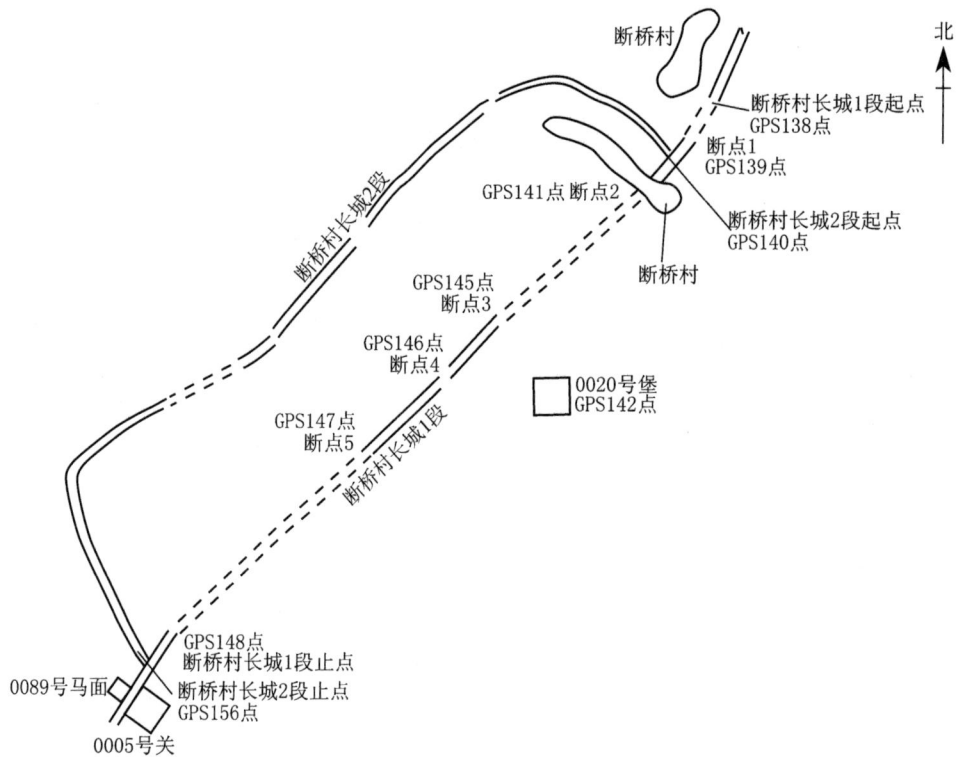

图八〇六　断桥村长城1段位置示意图

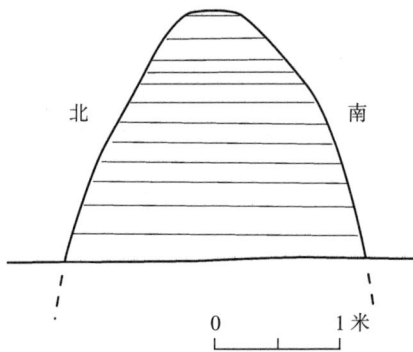

图八〇七　断桥村长城1段墙体剖面图

千米出现一段墙体，称为辅助墙体，为断桥村长城2段墙体，断点后14米墙体与断桥村长城2段墙体起点交叉；止点西南0.022千米处墙体与断桥村长城2段墙体交叉。

该段墙体地处黄土高原丘陵沟壑地带，起点处由于榆（林）西（沟）公路墙体消失，公路两侧紧邻深沟，其他各个断点因水冲深沟墙体消失，沟深30～60米，附近有三北防护林。墙体与榆（林）西（沟）公路并行，公路两次穿过墙体，部分段由于土路墙体消失。断桥村有居民十四五户，60余人。

（二〇）断桥村长城2段（6108023821017170020）

该段墙体位于麻黄梁镇断桥村的山梁上。整体呈东北—西南走向，长1240米，其中，保存差901米、消失339米，为土墙。

墙体起点位于麻黄梁镇断桥村断桥村东北0.035千米，高程1356.1米；止点位于麻黄梁镇断桥村毛羊圈村西北0.76千米，高程1400.3米。（图八〇八）

墙体整体保存差。墙体起点西北0.186千米处为拐点1，由呈东南—西北走向转呈东北—西南走向；0.256千米处由于榆（林）西（沟）公路和土路墙体消失123米，为断点1；0.379千米处为断点2；0.489米处由于村庄土路通过墙体消失28米，为断点3；0.517千米处为断点4；0.562千米处由于土路消失5米，为断点5；0.692千米处由于榆（林）西（沟）公路通过墙体消失183米，有土路通过，为断点6；0.875千米为断点7；1.03千米处为拐点2，由东北—西南走向转呈北—南走向；1.235千米处为止点。

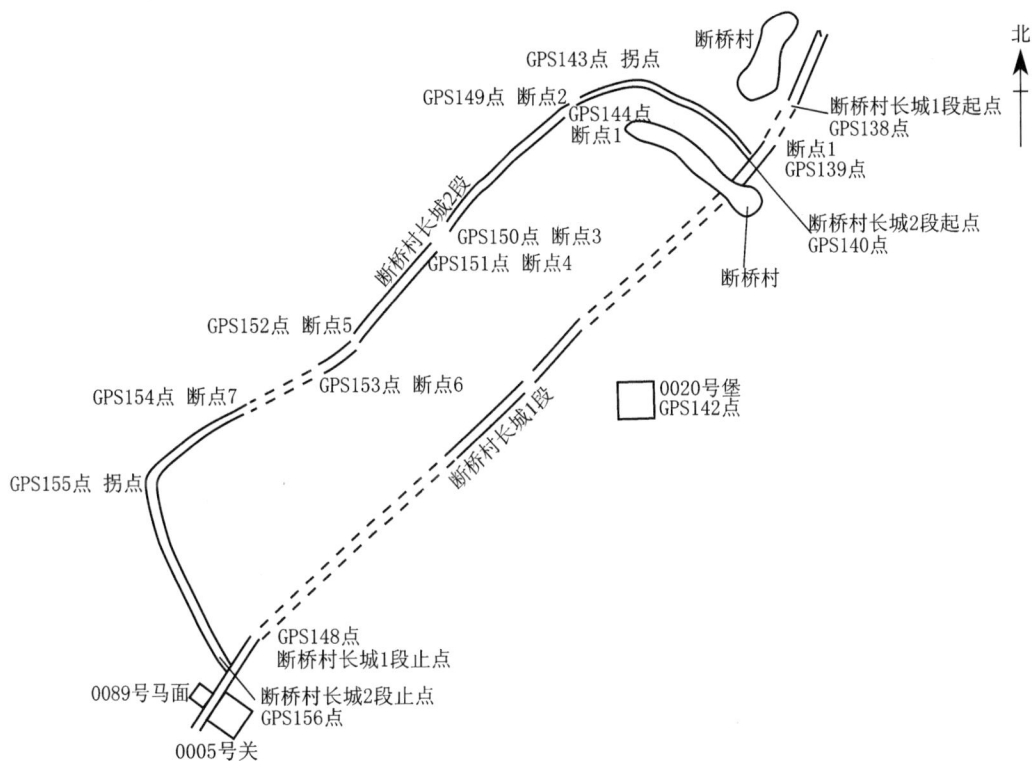

图八〇八　断桥村长城 2 段位置示意图

墙体为自然基础上用黄土夹杂料礓石夯筑而成，夯层厚 0. 15～0. 2 米。墙底宽 3～3. 9、顶宽 0. 2～0. 7、内高 5. 4、外高 5. 2 米。（图八〇九）

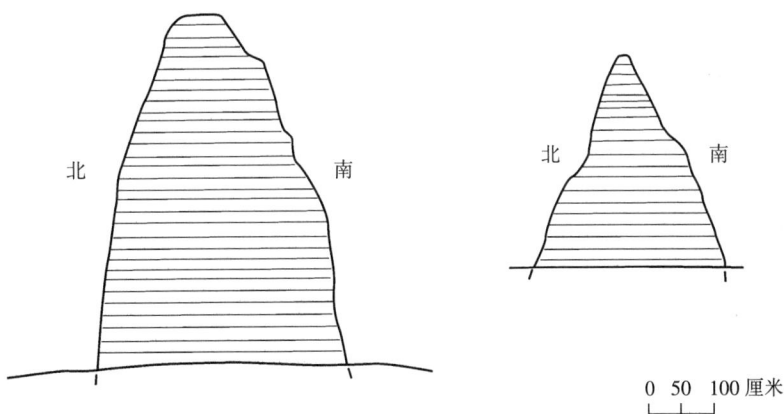

图八〇九　断桥村长城 2 段墙体剖面图

墙体起点为断桥村长城 1 段墙体断点 1 后 14 米。作为断桥村长 1 城 1 段墙体的辅助墙体，止点与毛羊圈村长城 1 段墙体在西南 0. 022 千米处交叉。

该段墙体地处黄土高原丘陵沟壑地带，附近为三北防护林，榆（林）西（沟）公路穿过墙体，路两侧有深沟，其他处在山梁上和村庄附近，地势较为平缓。

（二一）毛羊圈村长城 1 段（610802382101170021）

该段墙体位于麻黄梁镇毛羊圈村的山梁上。整体呈东北—西南走向，长 866 米，为土墙。

墙体起点位于麻黄梁镇断桥村毛羊圈村西北 0.775 千米，高程 1376.6 米；止点位于麻黄梁镇断桥村毛羊圈村西 1 千米，高程 1323.3 米。（图八一〇）

图八一〇　毛羊圈村长城 1 段位置示意图

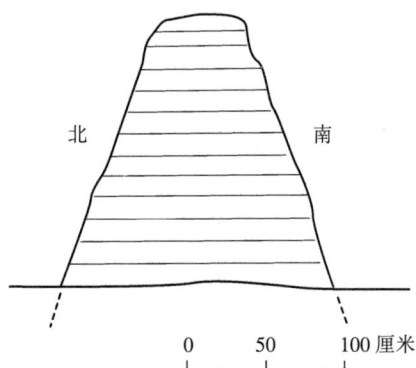

图八一一　毛羊圈村长城 1 段墙体剖面图

墙体整体保存差。墙体起点西南 0.19 千米处由于水冲深沟墙体消失 80 米，为断点 1；0.27 千米处为断点 2；0.585 千米处由于水冲沟墙体消失 60 米，为断点 3；0.645 千米处为断点 4；0.843 千米处由于水冲沟墙体消失 23 米，为断点 5；0.866 千米处为止点。

墙体为自然基础上用黄土夹杂料礓石夯筑而成，夯层厚 0.12~0.18 米。墙体底宽 1.8、顶宽 0.6、高 1.7 米。（图八一一）

墙体起点为断桥村长城 1 段墙体止点，起点西南 0.059 千米处有毛羊圈村（0005 号）关；0.545 千米处有毛羊圈村 2 号（0006 号）关，0.074 千米处有毛羊圈（0089 号）马面，0.72 千米处有毛羊圈关 3 号（0007 号）关，0.732 千米处有毛羊圈 2 号（0090 号）马面。

该段墙体地处黄土高原丘陵沟壑地带，附近为三北防护林油松林区，起点北 4 米处有水冲沟，对墙体有威胁；断点 1 南 0.035 千米处有沟，宽 3、深 2 米；断点 3 和断点 4 处有水冲沟，沟内沙化严重；止点东侧为水冲沟，深 8 米，南侧山梁较为平缓。墙体与榆（林）西（沟）公路平行。毛羊圈村有居民七、八户，30 余人。

（二二）毛羊圈村长城 2 段（610802382101170022）

该段墙体位于麻黄梁镇毛羊圈村的山梁上。整体呈东北—西南走向，长 1164 米，为土墙。

墙体起点位于麻黄梁镇断桥村毛羊圈村西 1 千米，高程 1323.3 米；止点位于麻黄梁镇大圪垯村麻黄梁村东北 0.47 千米，高程 1363.9 米。（图八一二）

图八一二　毛羊圈村长城 2 段位置示意图

墙体整体保存差。部分段墙体呈刃状和驼峰状，栽种有油松和柠条等，起点西南 0.231 千米处由于水冲深沟墙体消失 68 米为断点 1，0.299 千米处为断点 2，1.029 千米处由于水冲深沟墙体消失 135 米为断点 3，1.164 千米处为止点。

墙体为自然基础上用黄土夹杂料礓石夯筑而成，夯层厚 0.12~0.18 米。墙体底宽 2.4、顶宽 0.5、内高 2、外高 1.6 米。（图八一三）

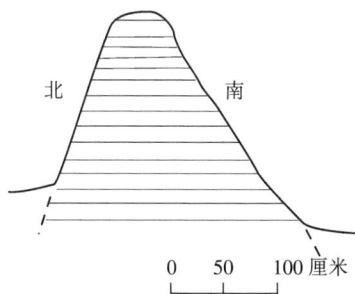

图八一三　毛羊圈村长城 2 段墙体剖面图

墙体起点西南 0.132 千米处有毛羊圈村（0015 号）敌台，0.132 千米东南 0.76 千米处有毛羊圈村（0185 号）烽火台，0.811 千米处有麻黄梁村 1 号（0016 号）敌台，0.829 千米东南 0.137 千米处有麻梁村（0186 号）烽火台，0.829 千米东南 1.3 千米处有万家梁墕村（0021 号）堡。

该段墙体地处黄土高原丘陵沟壑地带，断点 1 处由于水冲深沟消失，沟内较湿润，深约 30 米；断点 2 东、南侧为沟，沟宽 68、深约 40 米；断点 3 东侧为深沟，消失 135 米，坡度较为陡峭。墙体与榆（林）西（沟）公路平行。毛羊圈村有居民七八户，30 余人。

（二三）麻黄梁村长城1段（610802382101170023）

该段墙体位于麻黄梁镇大圪垯村麻黄梁村（组）。整体呈东南—西北走向，长50米，为土墙。

墙体起点位于麻黄梁村大圪垯村麻黄梁村（组）东北0.49千米，高程1359.4米；止点位于麻黄梁镇大圪垯村麻黄梁村（组）东北0.47米，高程1363.9米。（图八一四）

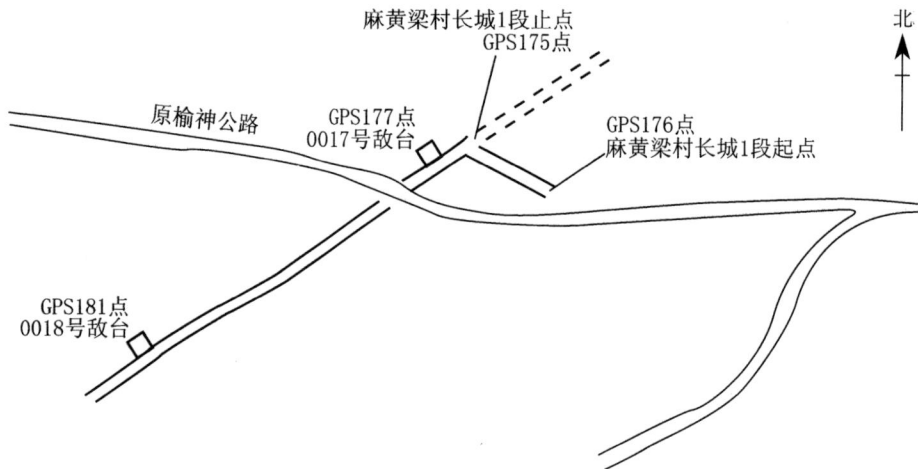

图八一四　麻黄梁村长城1段位置示意图

墙体由于雨水冲刷侵蚀、植物根系破坏等原因，整体保存较差。起点西北0.021千米处墙体上部有一个底宽1.1、口宽3、高1.5米的豁口，0.042千米处墙体上部有底宽2.4、口宽4、高2.1米的豁口。

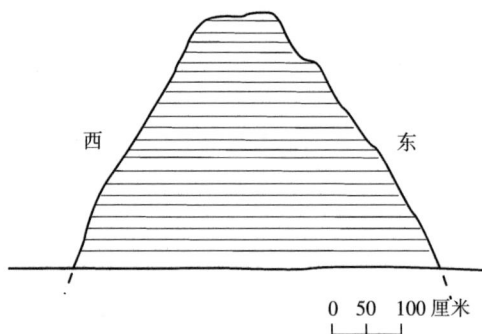

图八一五　麻黄梁村长城1段墙体剖面图

墙体位于麻黄梁村的山梁上，与毛羊圈村长城2段走向截然不同，应当为一段晚于毛羊圈村长城2段的辅助墙体，交叉于毛羊圈村长城2段止点，当时的起点不可知，只能依现起点为准。墙体处于三北防护林区，附近栽有松树、柠条等。墙体因挖掘形成豁口。

墙体为自然基础上用黄土夹杂料礓石夯筑而成，夯层厚0.1～0.15米。墙体底宽5.5、顶宽1.1、高3.6米。（图八一五）

该段墙体为辅助墙体，止点与主墙体止点交叉。地处黄土高原丘陵沟壑地带，东侧紧邻深沟，沟深约28米，南侧为土路，路南为三北防护林区，西侧为土路，北侧山地沟壑较多。墙体南侧有一条土路。麻黄梁村约有居民20余户，70余人。

（二四）麻黄梁村长城2段（610802382101170024）

该段墙体位于麻黄梁镇大圪垯村麻黄梁村（组）的山梁上。整体呈东北—西南走向，长822米，为土墙。

墙体起点位于麻黄梁镇大圪垯村麻黄梁村（组）东北0.47千米，高程1363.9米；止点位于麻黄梁镇大圪垯村麻黄梁村（组）西0.14千米，高程1296.1米。（图八一六；彩图一七三）

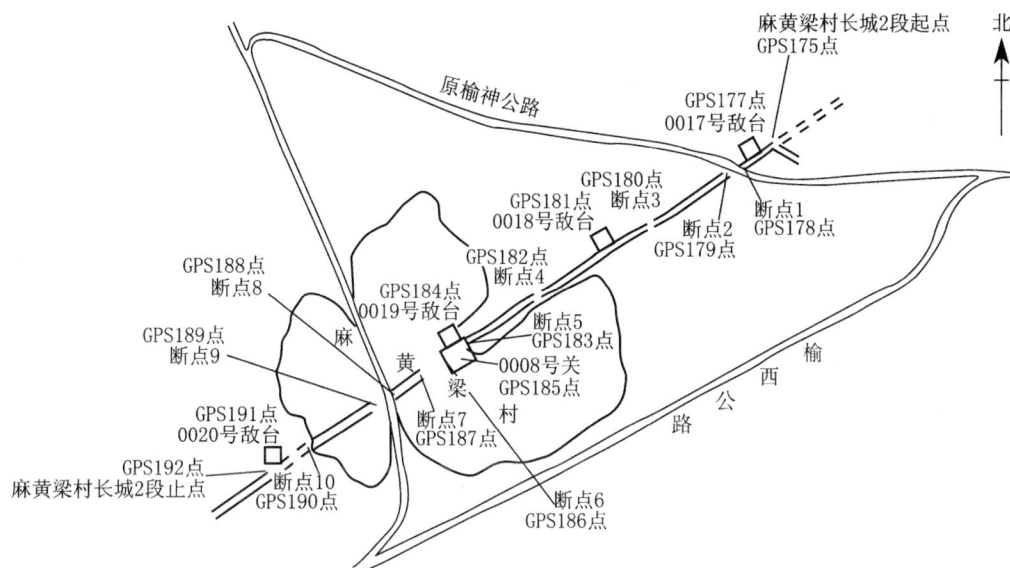

图八一六　麻黄梁村长城 2 段位置示意图

墙体整体保存差。起点西南 0.055 千米处由于土路通过墙体消失 26 米为断点 1，0.81 千米处为断点 2，0.215 千米处由于雨水冲刷沟造成墙体消失 10 米为断点 3，0.456 千米处由于人为挖开墙体消失 4 米为断点 4，0.523 千米处由于人为挖开墙体消失 9 米为断点 5，0.527 千米处由于挖开墙体消失 3 米为断点 6，0.557 千米处由于人为挖开墙体消失 5 米为断点 7，0.612 千米处由于由于土路墙体消失 22 米为断点 8，0.634 千米处为断点 9，0.761 千米处由于水冲沟造成墙体消失 61 米为断点 10，0.822 千米处为止点。

墙体为自然基础上用黄土夹杂料礓石夯筑而成，夯层厚 0.12～0.2 米。墙体底宽 3.6、顶宽 1.2、内高 1.1、外高 2.1 米。麻黄村 2 号（0017 号）敌台南 0.022 千米处有一段夯土墙，长 8、底宽 2.3、顶宽 0.4～0.6、内高 0.8、外高 1.7 米，用途不详。（图八一七）

墙体起点为麻黄梁村长城墙体止点。起点西南 0.023 千米处有麻黄梁村 2 号敌台，0.282 千米处有麻黄梁村 3 号（0018 号）敌台，0.522 千米处有麻黄梁村 1 号（0008 号）关，0.532 千米处有麻黄梁村 4 号（0019 号）敌台，西南 0.795 千米处有麻黄梁村 5 号（0020 号）敌台。

该段墙体地处黄土高原丘陵沟壑地带，地处三北防护林区，断点 2 南侧较高，北侧较低，西侧山梁较为平缓，断点 3 处有水冲沟，部分段山势较为平缓，断点 9 以西墙体北侧有坡耕地，西

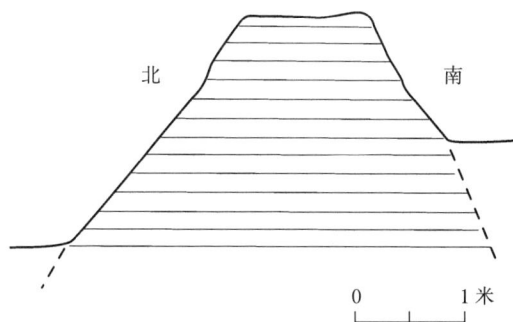

图八一七　麻黄梁村长城 2 段墙体剖面图

侧有大量榆树，北侧有大量杨树，断点 10 处有水冲沟，沟底有杨树、毛头柳等，至止点处有水冲深沟。墙体附近及墙体上有人为开挖的多条土路。

（二五）麻黄梁村长城 3 段（610802382101170025）

该段墙体位于麻黄梁镇大圪垯村麻黄梁村（组）。整体呈东北—西南走向，长 824 米，其中，保存

差 319 米、消失 505 米，为土墙。

墙体起点位于麻黄梁镇大圪垯村麻黄梁村（组）西 0.14 千米，高程 1296.1 米；止点位于麻黄梁镇西头，高程 1295.7 米。（图八一八）

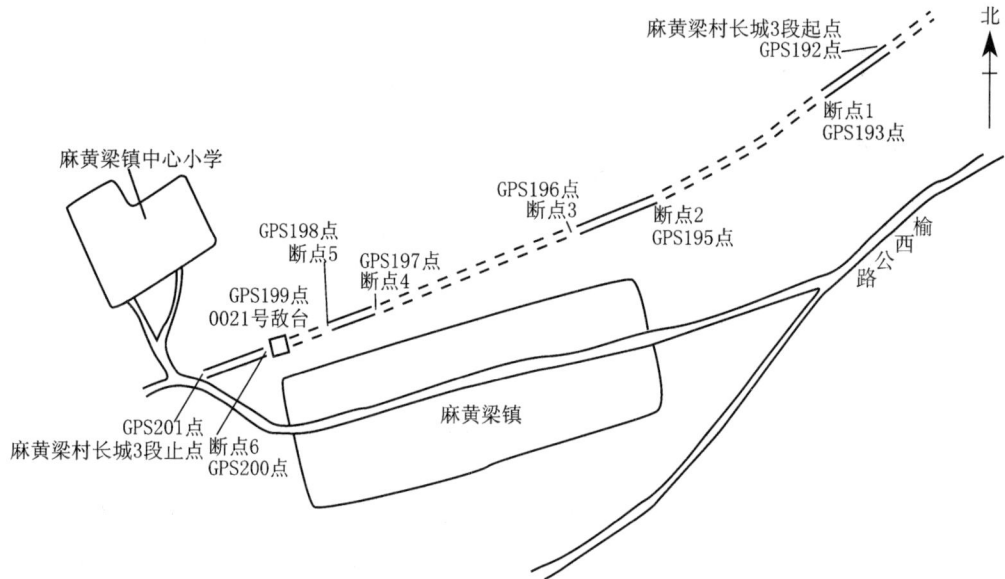

图八一八　麻黄梁村长城 3 段位置示意图

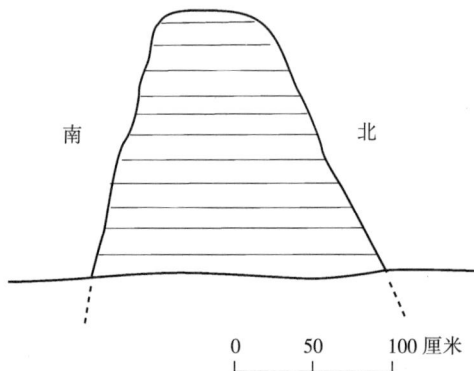

图八一九　麻黄梁村长城 3 段墙体剖面图

墙体为自然基础上用黄土夹杂料礓石夯筑而成，夯层厚 0.11～0.2 米。墙体底宽 1.9、顶宽 0.6、高 1.6 米。（图八一九）

墙体整体保存差。起点西南 0.08 千米处由于沟和耕地墙体消失 223 米，为断点 1；0.303 千米处为断点 2；0.403 千米处由于土路修建和村民建房造成墙体消失 208 米，为断点 3；0.611 千米处为断点 4；0.665 千米处由于麻黄梁镇村民房屋造成墙体消失 74 米，为断点 5；0.739 千米处为断点 6；0.824 千米处为止点。

墙体起点为麻黄梁村长城 2 段墙体止点，0.729 千米处有麻黄梁村 6 号（0021 号）敌台。

该段墙体地处黄土高原丘陵沟壑地带。起点向西墙体所处山梁坡度较为平缓，断点 1 处由于沟壑的存在消失，沟深约 11 米，南 0.09 千米处有一座预制厂，其他处在麻黄梁镇中，较为平缓。墙体处在麻黄梁镇中，多段被房屋和土路占据。

（二六）麻黄梁村长城 4 段（6108023821011170026）

该段墙体位于麻黄梁镇大圪垯村麻黄梁村（组）西山梁上。整体呈东北—西南走向，长 1336 米，其中，保存差 415 米、消失 921 米，为土墙。

　　墙体起点位于麻黄梁镇西头，高程1295.7米；止点位于麻黄梁镇大圪垯村西河村北1.9千米，高程1317米。（图八二〇）

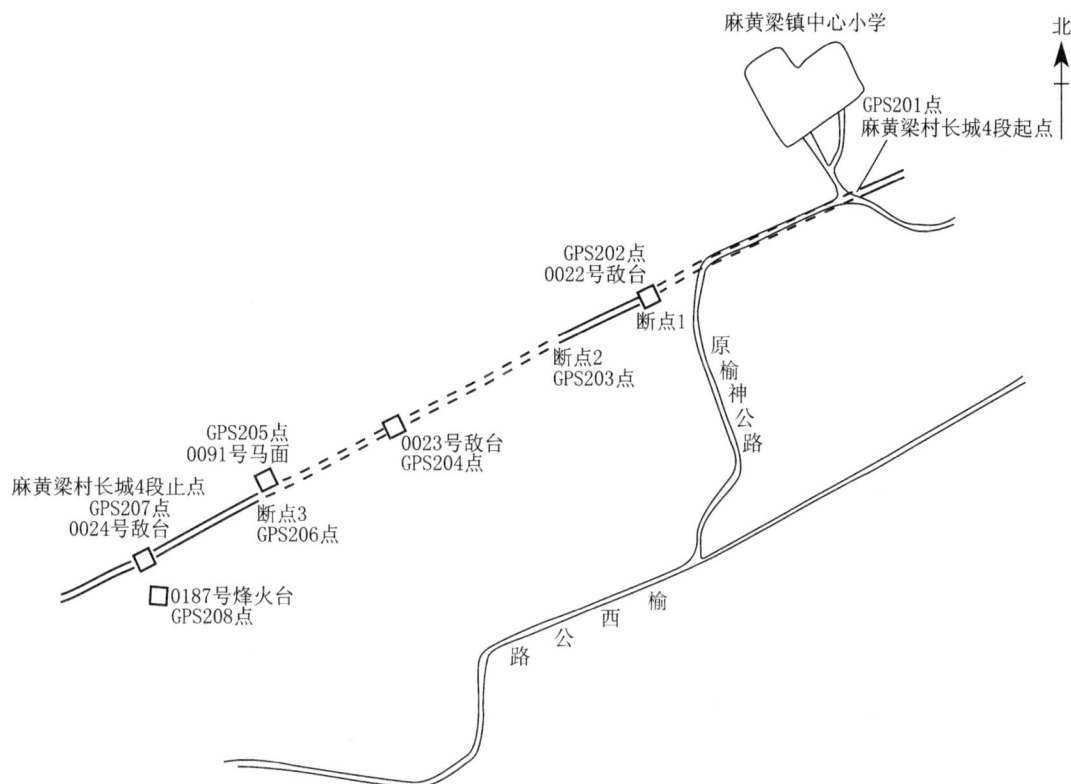

图八二〇　麻黄梁村长城4段位置示意图

　　墙体由于沙化、人为踩踏成道路及墙体上和附近沙漠中栽种沙柳和柠条等原因，整体保存差。起点处由于土路和沙化造成墙体消失（据当地居民说土路应当为墙体），起点西南0.396千米处有麻黄梁村7号（0022号）敌台，之间墙体时断时续，可看出大概走向。

　　墙体起点西南0.396千米处为断点1，与麻黄梁村7号（0022号）敌台间墙体消失396米；0.591千米处为断点2，与断点1间墙体存在195米；0.856千米处有麻黄梁村8号（0023号）敌台，1.116千米处为断点3，之间墙体消失525米；1.336千米处为止点。

　　墙体为自然基础上用黄土夹杂料礓石夯筑而成，沙化严重，部分墙体顶部保存有大量料礓石，夯层不详。墙体底宽4.2、顶宽0.7、内高0.7、外高1.1米。（图八二一）

　　墙体起点为麻黄梁村长城3段墙体止点，起点西南0.396千米处有麻黄梁村7号（0022号）敌台，0.856千米处有麻黄梁村8号（0023号）敌台，

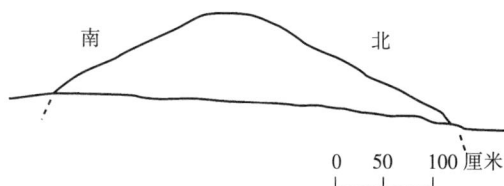

图八二一　麻黄梁村长城4段墙体剖面图

1.096千米处有麻黄梁村1号（0091号）马面；止点处有西河村1号（0024号）敌台，南0.045千米处有西河村7号（0187号）烽火台。

　　该段墙体地处黄土高原丘陵沟壑地带，基本处于沙漠中，南侧有榆（林）西（沟）公路。墙体部分段受沙化影响，时断时续存在，部分被沙土掩埋，附近沙丘较多。

（二七）西河村长城 1 段（610802382101170027）

该段墙体位于麻黄梁镇西河村北的沙丘山梁中。整体呈东北—西南走向，长 1105 米，为土墙。

墙体起点位于麻黄梁镇大圪垯村西河村（组）北 1.9 千米，高程 1317 米；止点位于麻黄梁镇大圪垯村西河村西北 1.78 千米，高程 1302.2 米。（图八二二）

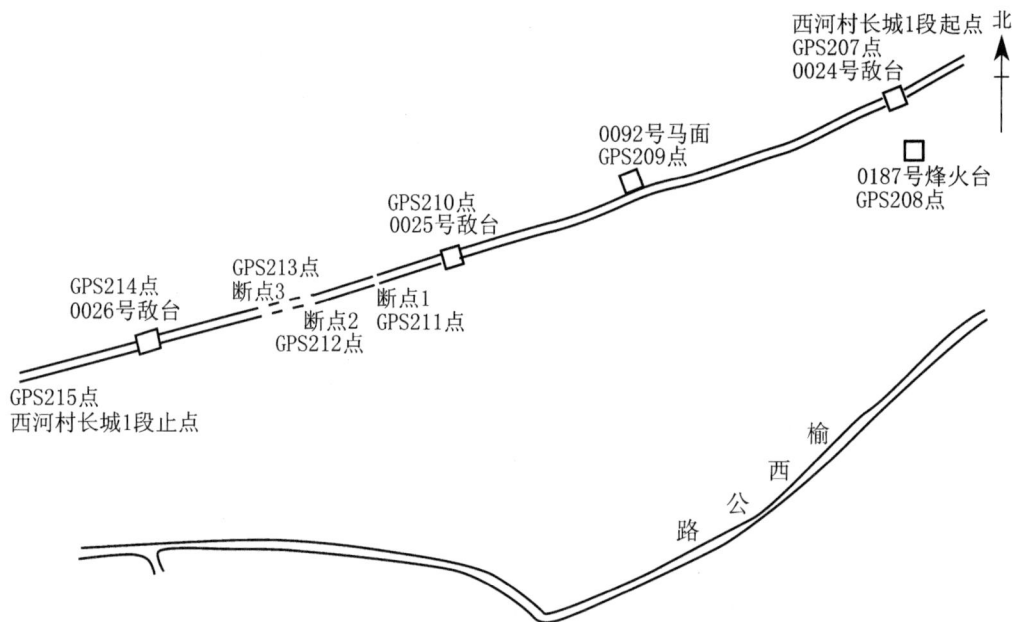

图八二二　西河村长城 1 段位置示意图

墙体由于风沙的侵蚀，整体保存差。墙体部分段仅存顶部略见其走向。

墙体起点西南 0.638 千米处由于通往三卜树河砖场的土路通过，墙体消失 8 米，为断点 1；0.732 千米处墙体消失 24 米为断点 2；0.756 千米处为断点 3，墙体呈驼峰状或刃状存在；1.105 千米处为止点。

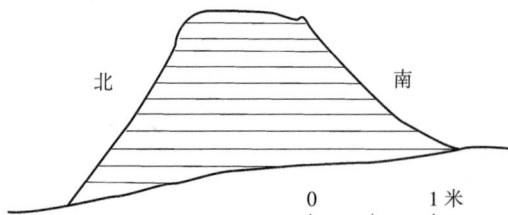

图八二三　西河村长城 1 段墙体剖面图

墙体为自然基础上用黄土夹杂料礓石夯筑而成，夯层厚 0.1～0.15 米。墙体底宽 3.3、顶宽 1、高 1.6 米。（图八二三）

墙体起点为麻黄梁村长城 4 段墙体止点，起点西南 0.332 千米处有西河村（0092 号）马面，0.572 千米处有西河村 2 号（0025 号）敌台，0.957 千米处有西河村 3 号（0026 号）敌台。

该段墙体地处沙漠草滩地带，起点处较平缓；断点 1 南、北侧为耕地，东 0.023 千米处有一座沙梁穿过墙体，分布于墙体两侧；断点 3 处有沙丘山梁；止点处为水冲深沟，东、西侧较为平缓。南侧有榆（林）西（沟）公路平行。西河村约有十六七户，60 余人。

（二八）西河村长城 2 段（610802382101170028）

该段墙体位于麻黄梁镇西河村的山梁上。整体呈东北—西南走向，长 1068 米，其中，保存差 640 米、消失 428 米，为土墙。

墙体起点位于麻黄梁镇大圪塔村西河村（组）西北 1.78 千米，高程 1302.2 米；止点位于麻黄梁镇十八墩村七山村东北 1.55 千米，高程 1308.8 米。（图八二四）

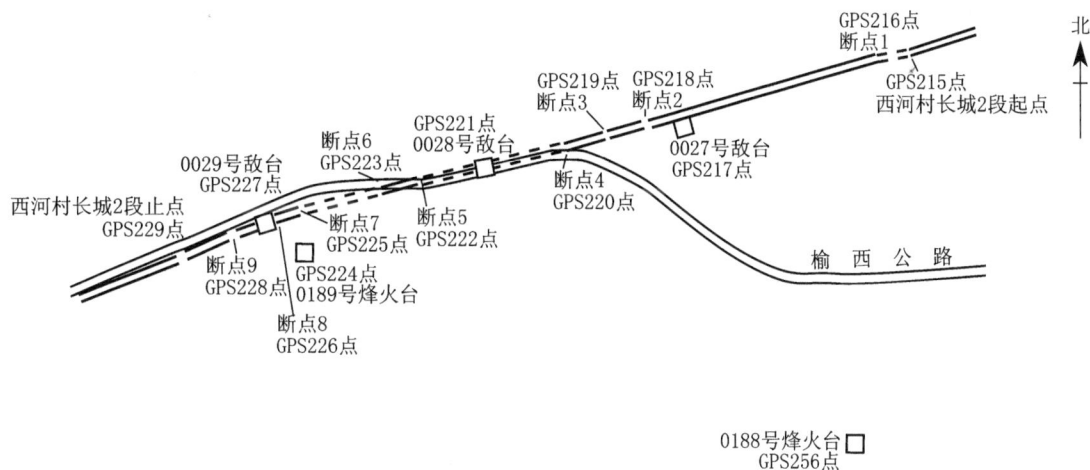

图八二四　西河村长城 2 段位置示意图

墙体由于水冲深沟、沙化、人为挖开墙体、修筑榆（林）西（沟）公路、在墙体上栽电线杆等原因，整体保存差。墙体顺山势高地起伏，起点处为水冲沟墙体消失 55 米，为断点 1；起点西南 0.456 千米处由于水冲沟存在墙体消失 10 米，为断点 2；0.504 千米处由于土路存在墙体消失 2 米，为断点 3；0.539 千米处由于榆（林）西（沟）公路墙体消失 225 米，为断点 4，榆（林）西（沟）公路基本建在长城墙体上；0.764 千米处为断点 5；0.807 千米由于人为破坏、栽种柠条和用推土机挖开墙体消失 122 米，为断点 6；

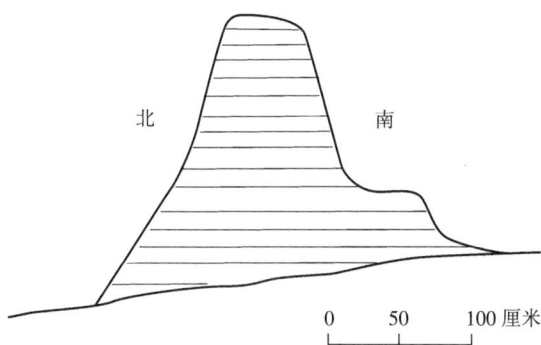

图八二五　西河村长城 2 段墙体剖面图

0.929 千米处为断点 7；0.941 千米处由于土路使墙体消失 4 米，为断点 8；1.02 千米处由于人为挖开墙体消失 10 米，为断点 9；1.068 千米处为止点。

墙体为自然基础上用黄土夹杂料礓石夯筑而成，夯层厚 0.11～0.17 米。墙体底宽 2.7、顶宽 0.5、内高 1.6、外高 2.6 米。（图八二五）

墙体起点西南 0.354 千米处有西河村 4 号（0027 号）敌台，0.354 千米南 1.1 千米处有西河村 2 号（0188 号）烽火台，0.664 千米处有七山村 1 号（0028 号）敌台，0.945 千米南 0.054 千米处有七山村（0189 号）烽火台，0.965 千米处有七山村 2 号（0029 号）敌台。

该段墙体地处沙漠草滩地带。起点处有水冲沟，附近沟壑较多，断点 1 处北侧为沟壑，沟深 25 米；断点 2 处有水冲沟，北侧为缓坡；断点 3 处北侧为山坡，0.09 千米处有一个沙梁，南侧为榆（林）西（沟）公路，之后榆（林）西（沟）公路穿过墙体，坡度较缓，沙漠化严重。墙体南侧与榆

（林）西（沟）公路平行。西河村约有 16～17 户，60 余人。

（二九）七山村长城（610802382301170029）

该段墙体位于麻黄梁镇十八墩村七山村（组）东北。地处黄土高原丘陵沟壑地带，整体呈东北—西南走向，长 2130 米，为土墙。

墙体起点位于麻黄梁镇十八墩村七山村（组）东北 0.155 千米，高程 1308.8 米；止点位于麻黄梁镇十八墩村六墩村（组）东北 0.95 千米，高程 1259.9 米。（图八二六）

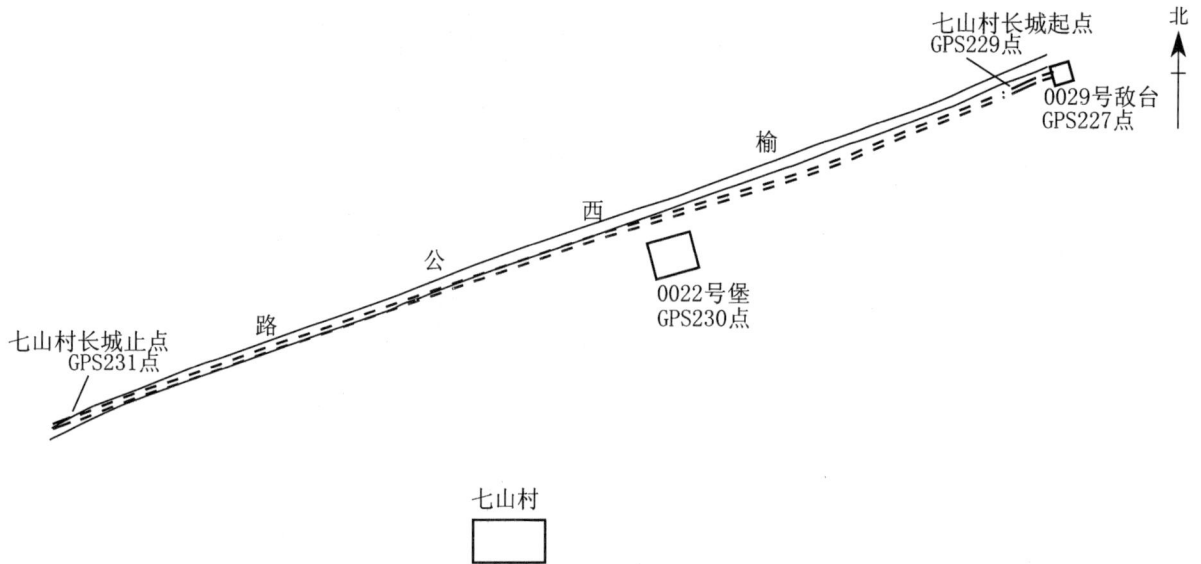

图八二六　七山村长城位置示意图

墙体由于有沟壑存在，榆（林）西（沟）公路、七山煤矿和通往煤矿的柏油路的建造，以及路边栽种有大量杨树，附近长有大量柠条，地面长有沙生植被如沙蒿等原因，整体保存差，基本全部消失。

该段墙体起点为西河村长城 2 段墙体止点，止点为六墩村长城 1 段墙体起点，起点西南 0.93 千米处有七山村（0022 号）堡。墙体附近有榆（林）西（沟）公路和通往煤矿的柏油路。七山村约居民 20 余户，110 余人。

（三〇）六墩村长城 1 段（610802382101170030）

该段墙体位于麻黄梁镇六墩村的山梁上。整体呈东北—西南走向，长 1183 米，其中，保存差 862 米、消失 321 米，为土墙。

墙体起点位于麻黄梁镇十八墩村六墩村（组）东北 0.95 千米，高程 1259.9 米；止点位于麻黄梁镇十八墩村六墩村中，高程 1248.7 米。（图八二七）

墙体整体保存差。由于雨水冲刷侵蚀、沙化造成墙体剥落严重，部分段呈刃状，人为挖开墙体、修建榆（林）西（沟）公路及墙体上建造房屋等对墙体造成损害。墙体起点西南 0.161 千米处由于榆（林）西（沟）公路和通往二墩煤矿的柏油路而消失，路南侧有一排商品房，为断点 1；0.269 千米处为断点 2；0.305 千米至六墩村 1 号（0030 号）敌台间墙体消失 37 米，为断点 3；0.627 千米处由于土路使墙体消失 3 米，为断点 4；0.698 千米处由于人为挖开形成土路使墙体消失

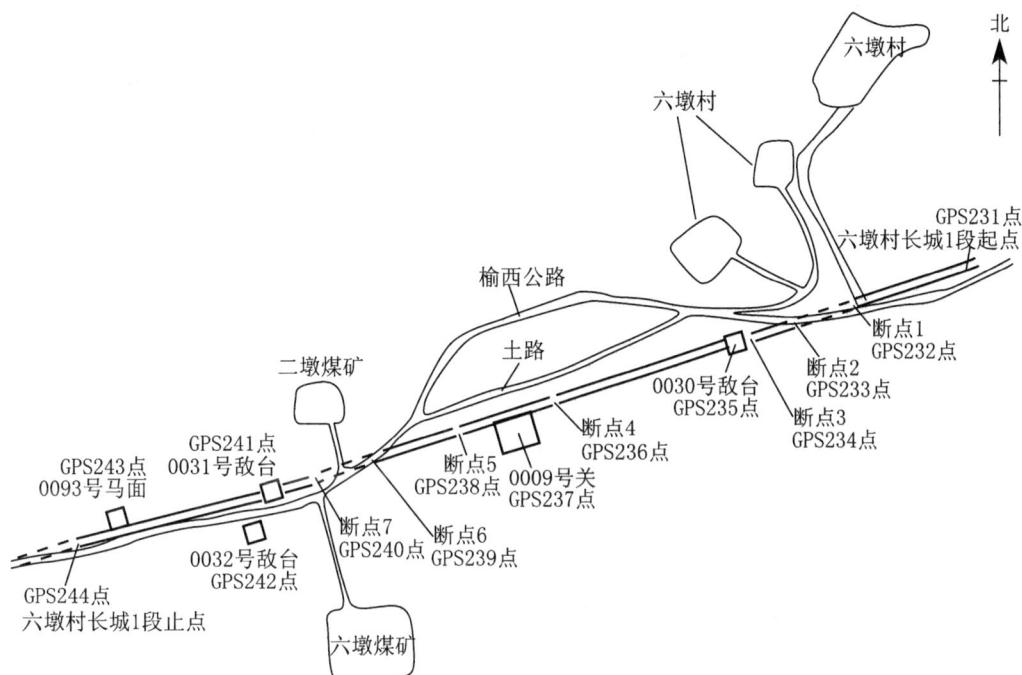

图八二七　六墩村长城 1 段位置示意图

6 米，为断点 5；0.729 千米处由于土路和居民房屋使墙体消失 167 米，为断点 6；0.896 千米处为断点 7；1.183 千米处为止点。

墙体为自然基础上用黄土夹杂料礓石夯筑而成，夯层厚 0.1～0.19 米。墙体底宽 3.3、顶宽 0.4、高 3.4 米。（图八二八）

墙体起点为七山村长城墙体止点，起点西南 0.342 千米处有六墩村 1 号（0030 号）敌台，0.654 千米处有六墩村（0009 号）关，0.964 千米处有六墩村 2 号（0031 号）敌台，0.987 千米南 0.02 千米处有六墩村 3 号（0032 号）敌台。

该段墙体地处黄土高原丘陵沟壑地带。墙体所处山梁坡度较平缓，坡底有二墩煤矿和六墩煤矿，断点 7 处东侧有榆（林）西（沟）公路，南侧地势较低，西侧呈上坡趋势，北侧有一道沟，深约 7 米。部分段墙体被榆（林）西（沟）公路和通往煤矿的柏油路穿过。六墩村有居民 40 余户，200 余人。

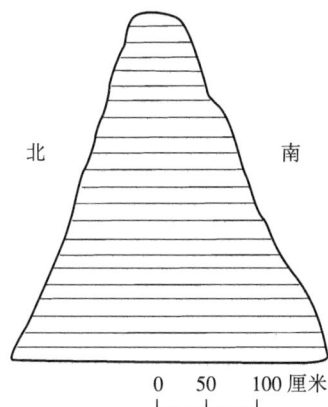

图八二八　六墩村长城
1 段墙体剖面图

（三一）六墩村长城 2 段（6108023821011170031）

该段墙体位于麻黄梁镇六墩村的山梁上。整体呈东北—西南走向，长 1248 米，其中，保存差 949 米、消失 299 米，为土墙。

墙体起点位于麻黄梁镇十八墩村六墩村（组）中，高程 1248.7 米；止点位于麻黄梁镇十八墩村十八墩煤矿门口，高程 1232.6 米。（图八二九）

墙体整体保存差。墙体起点由于榆（林）西（沟）公路建在墙基上，消失 219 米，为断点 1；起点西南 0.311 千米处由于土路穿过墙体消失 4 米，为断点 2；0.441 千米处由于水冲沟造成墙体消失 23

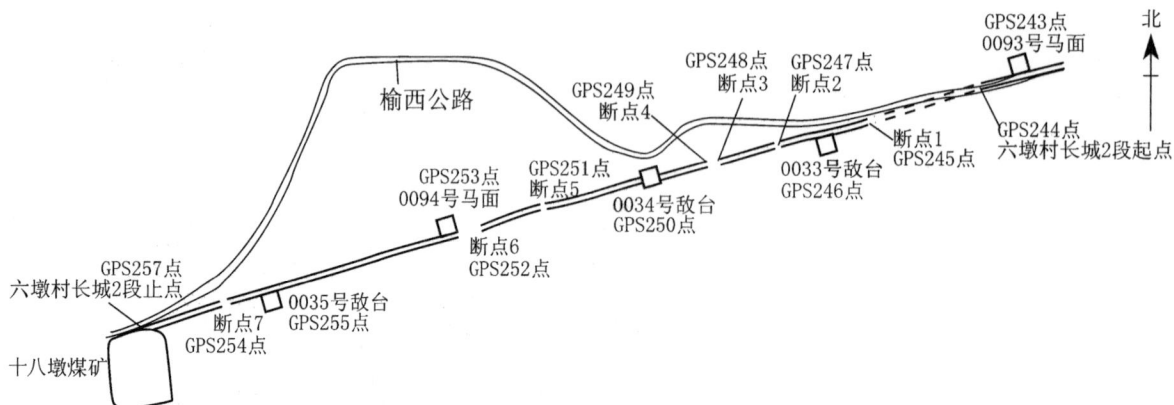

图八二九　六墩村长城 2 段位置示意图

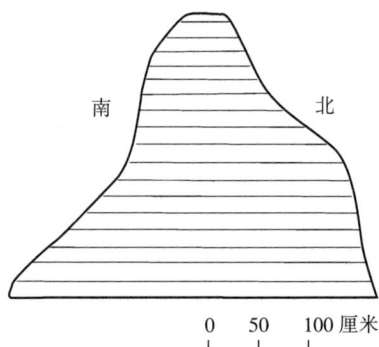

图八三〇　六墩村长城 2 段墙体剖面图

米，为断点 3；0. 464 千米处为断点 4；0. 75 千米处由于人为挖开墙体通行消失 9 米，为断点 5；0. 792 千米至十八墩村 1 号（0094 号）马面由于水冲沟存在造成墙体消失 39 米，为断点 6；1. 12 千米处由于人为挖开墙体作为道路通行消失 5 米，为断点 7；1. 248 千米处为止点。

墙体为自然基础上用黄土夹杂料礓石夯筑而成，夯层厚 0. 1 ~ 0. 2 米。墙体底宽 3. 8、顶宽 0. 5、高 2. 8 米。（图八三〇）

墙体起点为六墩村长城 1 段墙体止点，0. 273 千米处有六墩村 4 号（0033 号）敌台，0. 519 千米处有六墩村 4 号（0034 号）敌台，0. 809 千米处有十八墩村 1 号（0094 号）马面，1. 093 千米处有十八墩村 1 号（0035 号）敌台。

该段墙体地处黄土高原丘陵沟壑地带。墙体起点处由于公路穿过造成墙体消失，公路两侧地势较低，西侧有村庄。断点 2 处路南为山坡，路北为榆（林）西（沟）公路，北 0. 09 千米有一座庙；断点 3 处沟宽 23、深约 11 米；断点 5 处北侧为沟，宽 5 ~ 10、深 12 米；断点 6 处沟宽 39、深 20 ~ 30 米；止点处有十八墩煤矿。

（三二）十八墩村长城 1 段（6108023821011170032）

该段墙体位于麻黄梁镇十八墩村的山梁上。整体呈东北—西南走向，长 1127 米，其中，保存差 572 米、消失 555 米，为土墙。

墙体起点位于麻黄梁镇十八墩村十八墩煤矿门口，高程 1232. 6 米；止点位于麻黄梁镇十八墩村十八墩村（组）中，高程 1196. 5 米。（图八三一）

墙体由于雨水冲刷侵蚀、植物根系破环、人为挖开墙体、墙体上修路等原因，整体保存差。墙体起点处由于十八墩煤矿和榆（林）西（沟）公路造成墙体消失，至断点 1、十八墩村 2 号（0095 号）马面之间墙体消失 180 米；起点西南 0. 23 千米处为断点 2，由于榆（林）西（沟）公路和土路造成墙体消失 190 米；0. 42 千米为断点 3；0. 558 千米处由于人为挖开墙体形成土路消失 10 米，为断点 4；0. 598 千米处由于人为挖开墙体消失 10 米，为断点 5；0. 629 千米处由于水冲沟造成墙体消失 5 米，为

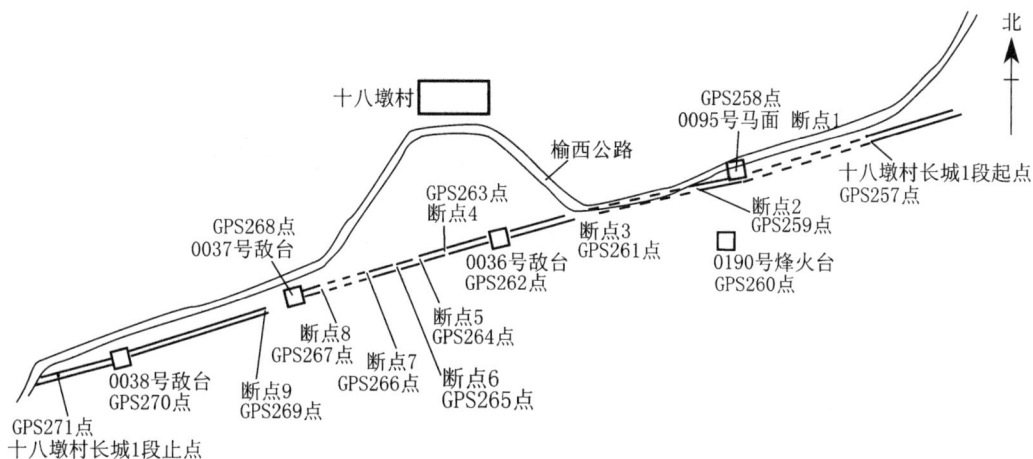

图八三一　十八墩村长城1段位置示意图

断点6；0.657千米处由于水冲沟等原因造成墙体消失，为断点7；0.782千米处墙体消失125米，为断点8；十八墩村3号（0037号）敌台至0.836千米处为断点9，由于人为挖掘造成墙体消失35米；1.127千米处为止点。

墙体为自然基础上用黄土夹杂料礓石夯筑而成，夯层厚0.15~0.3米。墙体底宽4.6、顶宽0.6、高2.8米。（图八三二）

墙体起点为六墩村长城2段墙体止点，起点西南0.18千米处墙体北侧有十八墩村2号（0095号）马面，0.49

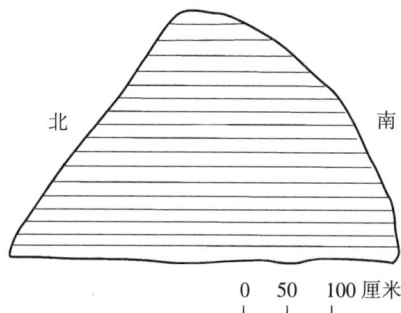

图八三二　十八墩村长城1段墙体剖面图

千米处有十八墩村2号（0036号）敌台，0.23千米南0.07千米处有十八墩村1号（0190号）烽火台，0.801千米处有十八墩村3号（0037号）敌台，1.038千米处有十八墩村4号（0038号）敌台。

该段墙体地处黄土高原丘陵沟壑地带。墙体附近较平缓，断点4南侧为沙坡，0.07千米处有一道沟，北侧6米处有一道沟，宽3~7、深约5米；断点5处为水冲沟，北侧6米处有沟，宽2~5、深3~6米。墙体多次被榆（林）西（沟）公路穿过。十八墩村有80余户，400余人。

（三三）十八墩村长城2段（610802382101170033）

该段墙体位于麻黄梁镇十八墩村的山梁上。整体呈东北—西南走向，长783米，其中，保存差424米、消失359米，为土墙。

墙体起点位于麻黄梁镇十八墩村十八墩村（组）中，高程1196.5米；止点位于麻黄梁镇十八墩村十八墩村（组）南，高程1188.5米。（图八三三）

墙体整体保存差。墙体起点处由于榆（林）西（沟）公路消失35米，至0.035千米处为断点1；起点西南0.081千米处由于土路通过造成墙体消失8米，为断点2；0.131千米处由于土路和打谷场，造成墙体消失62米，为断点3；0.193千米处为断点4；0.223千米处由于耕地造成墙体消失230米，为断点5；0.453千米处为断点6；0.501千米处为拐点，由呈东北—西南走向转呈北—南走向；0.677千米处由于土路通过造成墙体消失24米，为断点7；0.783千米处为止点。

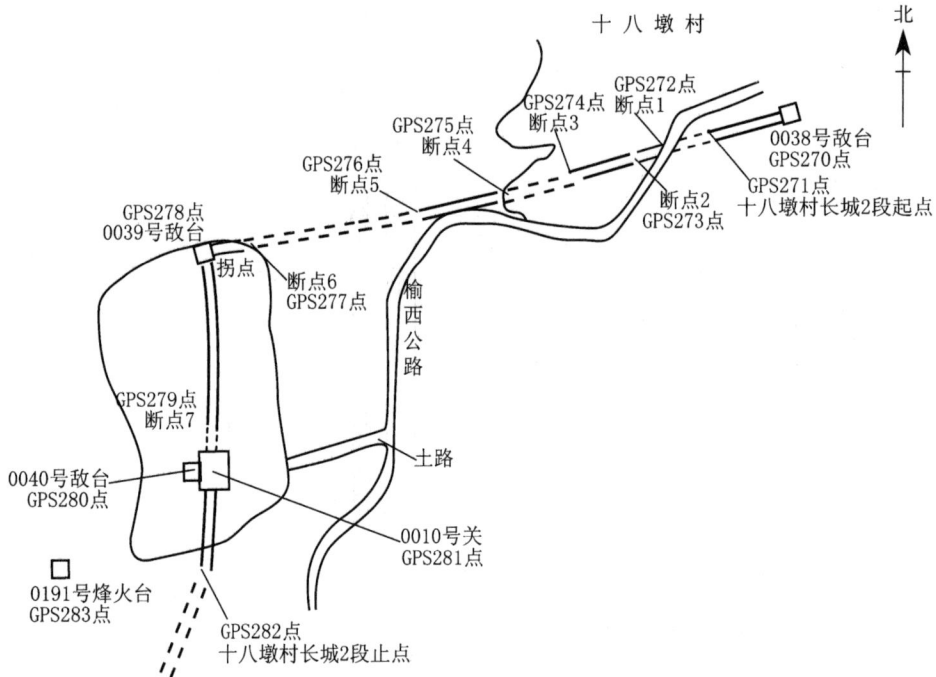

图八三三　十八墩村长城 2 段位置示意图

墙体为自然基础上用黄土夹杂料礓石夯筑而成，夯层厚 0.1～0.15 米。墙体底宽 4 米、顶宽 0.4，内高 2、外高 3.4 米。（图八三四）

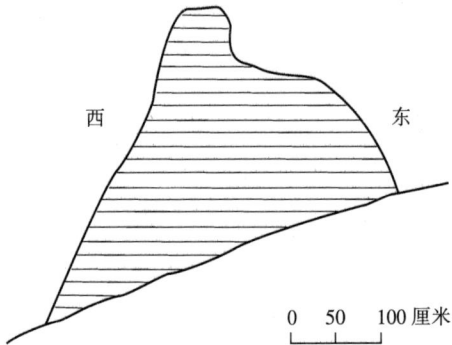

图八三四　十八墩村长城 2 段墙体剖面图

墙体起点为十八墩村长城 1 段墙体止点，起点西南 0.501 千米处有十八墩村 5 号（0039 号）敌台，0.689 千米处有十八墩村（0010 号）关，0.701 千米处有十八墩村 6 号（0040 号）敌台。止点西 0.193 千米处有十八墩村 2 号（0191 号）烽火台。

该段墙体地处黄土高原丘陵沟壑地带。墙体所处山梁坡度较缓，断点 5 东侧为山坡，南侧为榆（林）西（沟）公路和坡底，西侧 0.07 千米处为坡耕地。部分墙体位于十八墩村中，坡度较缓，沟壑较少。墙体多次被榆（林）西（沟）公路穿过。

（三四）十八墩村长城 3 段（6108023821X01170034）

该段墙体大部位于牛家梁镇常乐堡村石峁村东北。整体呈北—南走向，长 1888 米，其中，保存差 353 米、消失 1535 米，为土墙。

墙体起点位于麻黄梁镇十八墩村十八墩村（组）南，高程 1188.5 米；止点位于牛家梁镇常乐堡村石峁村东北 1.86 千米，高程 1212 米。（图八三五）

墙体整体保存差。墙体起点位于十八墩村的沙漠中，据当地居民讲，当时为了开垦耕地，将长城墙体破坏，现为耕地和十八墩水库，造成墙体消失 523 米。起点南 0.523 千米处为断点 1；0.591 千米处墙体消失 143 米，为断点 2；0.734 千米处墙体仅存 3 米，为断点 3，后段墙体由于运煤专线墙体消

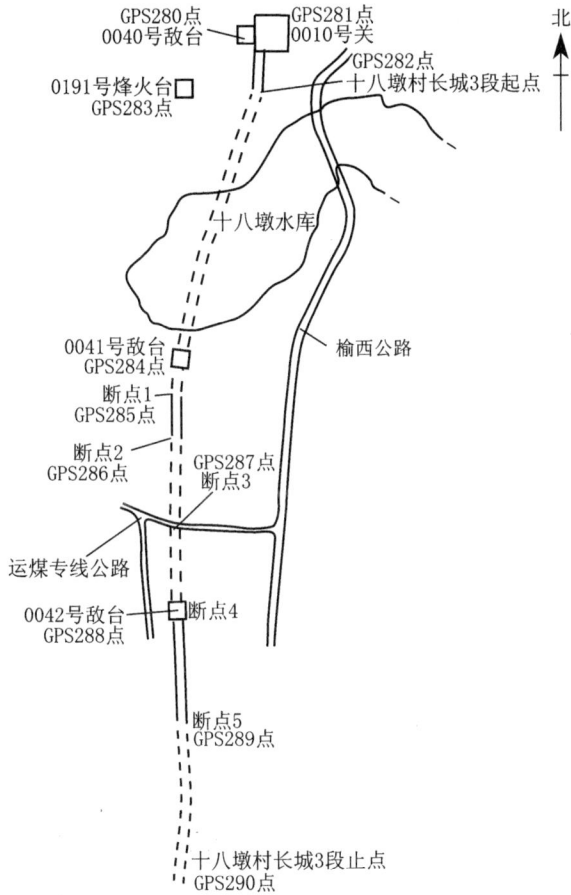

图八三五　十八墩村长城 3 段位置示意图

墙体整体保存差。墙体起点处由于人为挖开墙体，为通往坟丘的土路，尚存墙基；起点南 0.176 千米处由于通往沙炭湾煤矿的路通过造成墙体消失 27 米，为断点 1；0.203 千米处为断点 2；0.619 千米处由于榆（林）西（沟）公路造成墙体消失 31 米，为断点 3；0.65 千米处为止点。

墙体为自然基础上用黄土夹杂料礓石夯筑而成，夯层厚 0.15～0.2 米。墙体底宽 3.8、顶宽 0.4、高 2.2 米。（图八三八）

墙体起点为十八墩村长城 3 段墙体止点；起点南 0.011 千米处墙体西侧有石峁村 1 号（0096 号）马面，0.261 千米处有石峁村 1 号（0043 号）敌台；起点西南 0.421 千米处有石峁村 2 号（0044 号）敌台，0.605 千米处有石峁村 3 号（0045 号）敌台。

该段墙体地处沙漠草滩地带，位于石峁村的沙漠中，地势较平缓，坡度较小，附近有多处沙丘。墙体被榆（林）西（沟）公路和通往沙炭湾煤矿土路通过，附近有运煤专线。石峁村有居民 40 余户，200 余人。

失 162 米；0.899 千米处为断点 4；1.181 千米处为断点 5，之间墙体保存 282 米，后段墙体由于沙炭湾煤矿造成墙体消失 707 米；1.888 千米处为止点。

墙体为自然基础上用黄土夹杂料礓石夯筑而成，夯层厚 0.08～0.15 米。墙体底宽 3.9、顶宽 0.3、高 3.3 米。（图八三六）

墙体起点为十八墩村长城 2 段墙体止点；起点南 0.463 千米处有十八墩村 7 号（0041 号）敌台，0.899 千米处有十八墩村 8 号（0042 号）敌台。

该段墙体地处沙漠草滩地带，起点处由于耕地和十八墩水库造成墙体消失，后段墙体受沙漠化影响，有多处沙丘，较平缓。墙体被榆（林）西（沟）公路和运煤专线穿过。

（三五）石峁村长城 1 段
（610802382101170035）

该段墙体位于牛家梁镇石峁村的沙漠中。整体呈东北—西南走向，长 650 米，其中，保存差 592 米、消失 58 米，为土墙。

墙体起点位于牛家梁镇常乐堡村石峁村（组）东北 1.86 千米，高程 1212 米；止点位于牛家梁镇常乐堡村石峁村东 1 千米，高程 1209.9 米。（图八三七）

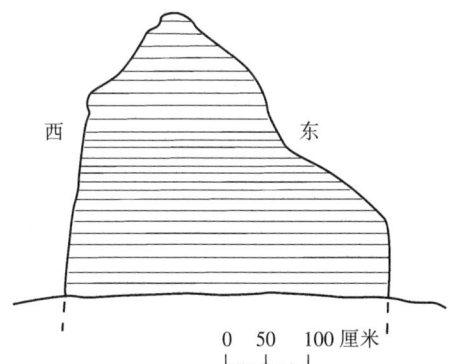

图八三六　十八墩村长城 3 段墙体部面图

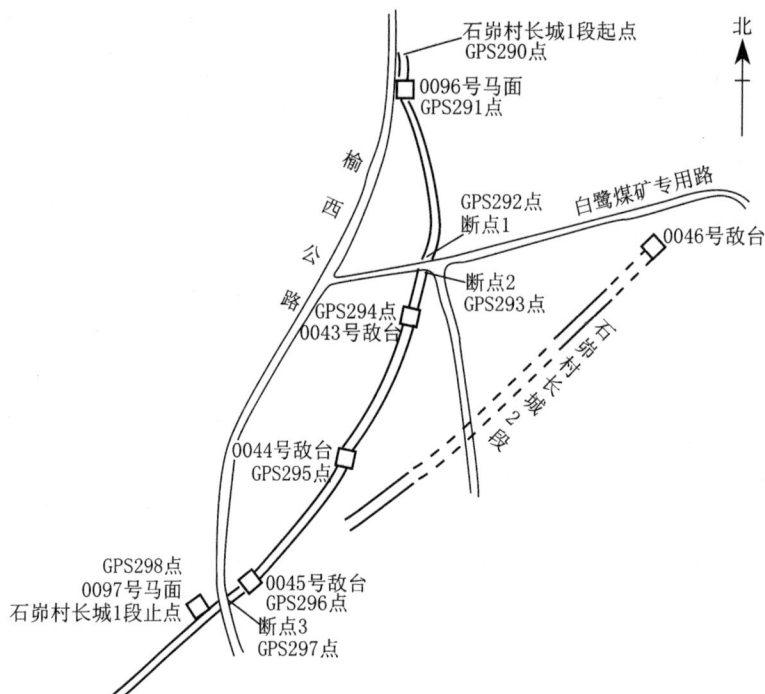

图八三七　石峁村长城 1 段位置示意图

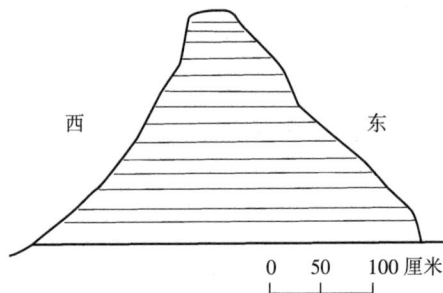

图八三八　石峁村长城 1 段墙体剖面图

（三六）石峁村长城 2 段（6108023382101170036）

该段墙体位于牛家梁镇石峁村的沙梁上。整体呈东北—西南走向，长 456 米，其中，保存差 169 米、消失 287 米，为土墙。

墙体起点位于牛家梁镇常乐堡村石峁村（组）东北 2 千米，高程 1233.2 米；止点位于牛家梁镇常乐堡村石峁村（组）东北 1.62 千米，高程 1216.5 米。（图八三九）

墙体整体保存差。墙体起点至 0.076 千米处由于多处坟丘造成墙体消失 76 米，为断点 1。起点西南 0.086 千米处由于人为挖开墙体造成墙体消失 11 米，为断点 2；0.159 千米处由于通往基泰阳光发电公司的柏油路和人为取土破坏造成墙体消失 134 米，为断点 3；0.293 千米处为断点 4；0.302 千米处为断点 5；0.365 千米处墙体消失 63 米，为断点 6；0.435 千米处由于沙路穿过造成墙体消失 3 米，为断点 7；0.456 千米处为止点。

墙体为自然基础上用黄土夹杂料礓石夯筑而成，夯层厚 0.13～0.2 米。墙体底宽 2.8、顶宽 0.3、高 1.2 米。（图八四〇）

该段墙体起点西南 0.261 千米处有石峁村长城 1 段墙体上的石峁村 1 号（0043 号）敌台，止点西距石峁村长城 1 段墙体 0.021 千米，西北距石峁村 2 号（0044 号）敌台 0.062 千米。墙体被通往基泰阳光发电公司的柏油路穿过，有砂石路穿过墙体。

（三七）常乐堡村长城 1 段（6108023382101170037）

该段墙体位于牛家梁镇常乐堡村西北的波状沙丘地带。西北有石峁水库，东南有常乐堡河川，起

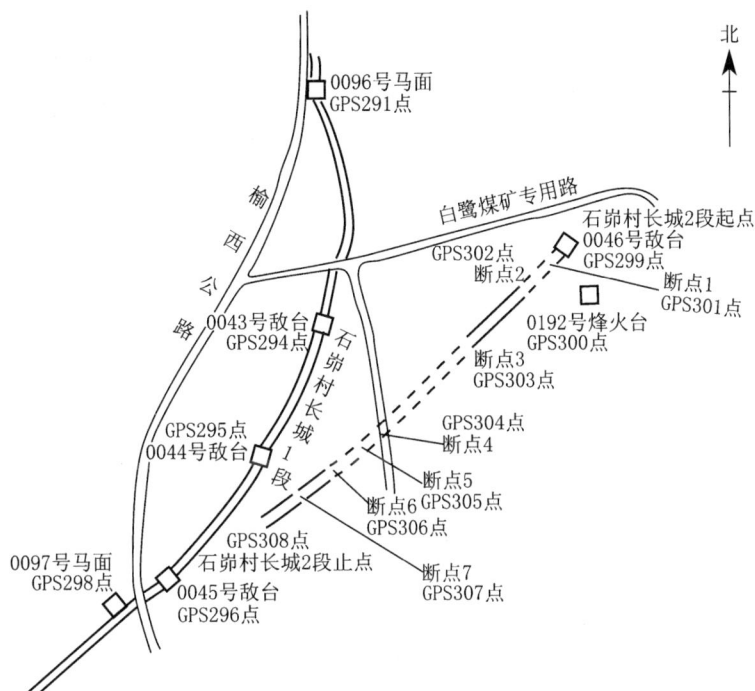

图八三九　石峁村长城 2 段位置示意图

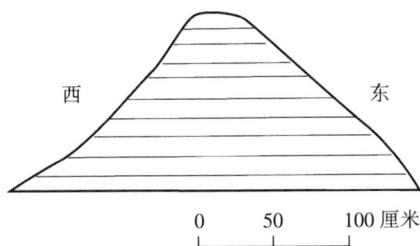

图八四〇　石峁村长城 2 段墙体剖面图

点处有榆（林）麻（黄粱乡）公路穿过。整体呈东北—西南走向，长 630 米，其中，保存差 230 米、消失 400 米，为土墙。

墙体起点位于牛家梁镇石峁村东 1 千米，高程 1209.9 米；止点位于牛家梁镇长乐堡村西北 0.3 千米，高程 1180.8 米。（图八四一；彩图一七四、一七五）

墙体整体保存差。墙体大部分消失，保存墙体断断续续，呈低矮的土梁状。墙体起点处有石峁村 2 号（0097 号）马面，马面西 5 米处有一条宽 8 米的防洪水泥路穿过墙体通向石峁水库，该马面与常乐堡村 1 号（0098 号）马面间有长 35、高 1.2 ~ 1.5 米的土脊状墙体裸露地表；常乐堡村 1 号（0098 号）马面与常乐堡村 2 号（0099 号）马面间有一段 200 多米长的墙体，走向清晰，呈土梁状，该段墙体中部有一个豁口，夯层清晰，有墙芯，夯土为黑沙土，质地坚硬；其余墙体消失，墙基尚存。

墙体有墙芯，两侧有外包夯土，土质和夯筑方式有明显区别，可能为不同时期夯筑（墙芯可能为隋长城）。墙芯夯层厚 0.1 ~ 0.12 米，夯土以黑沙土为主，质地细密、纯净、异常坚硬，墙芯底宽 1.3、顶宽 0.8、高 1.8 米；外包夯土呈斜坡状，夯层厚 0.1 ~ 0.16 米，用黄沙土混杂料礓石夯筑而成，土质疏松。墙体止点处断层明显，高 4、底宽 7 米，夯层厚 0 ~ 0.16 米，夯土为黄沙土。

该段墙体起点处有石峁村 2 号（0097 号）马面，位于榆（林）麻（黄粱乡）公路西。起点至 0.315 千米处有常乐堡村 1 号（0098 号）马面；0.532 千米处有常乐堡村 2 号（0099 号）马面；0.63 千米处为常乐堡河川，是墙体止点，也是常乐堡村河险起点。常乐堡村北有榆（林）麻（黄粱乡）公路，呈东南—西北走向，为原榆（林）神（木）公路。常乐堡村有居民 2000 多人，以汉族为主。

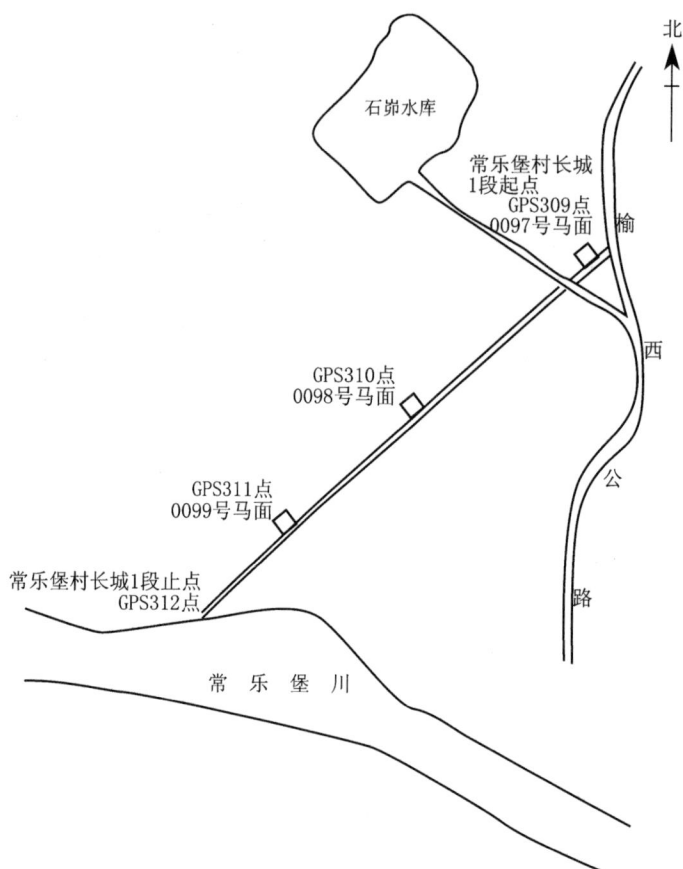

图八四一　常乐堡村长城1段位置示意图

（三八）常乐堡村河险（610802382107170038）

该段河险位于牛家梁镇常乐堡村北的常乐堡沟川。河岸北侧有波状沙丘，南侧有常乐堡村。整体呈东北—西南走向，长330米。

墙体起点位于牛家梁镇常乐堡村西北0.3千米，高程1180.8米；止点位于牛家梁镇常乐堡村西北0.2千米，高程1173.8米。（图八四二；彩图一七六）

河险整体保存一般。河险水流较小，河床内大部分被开垦为耕地，主要种植有玉米，生长有杨树、柳树等；河岸两侧的流沙滑落到河床，造成长城墙体临沟段坍塌滑落，形成断面。

河险河床狭长，河岸落差大，宽100～400米，落差10～15米。河险起点处断层明显，断面高4、底宽7米。

该段河险起点处为常乐堡村长城1段墙体止点，止点距常乐堡村3号（0100号）马面0.25千米。常乐堡村北有榆（林）麻（黄梁乡）公路，呈东南—西北走向，为原榆（林）神（木）公路。

（三九）常乐堡村长城2段（610802382101170039）

该段墙体位于牛家梁镇常乐堡村西北的波状沙丘地带。所处地势较平缓，北侧有常乐堡河川，南侧有榆林～麻黄梁乡公路（榆（林）西（沟）公路）。整体呈东北—西南走向，长1490米，其中，保存差1000米、消失490米，为土墙。

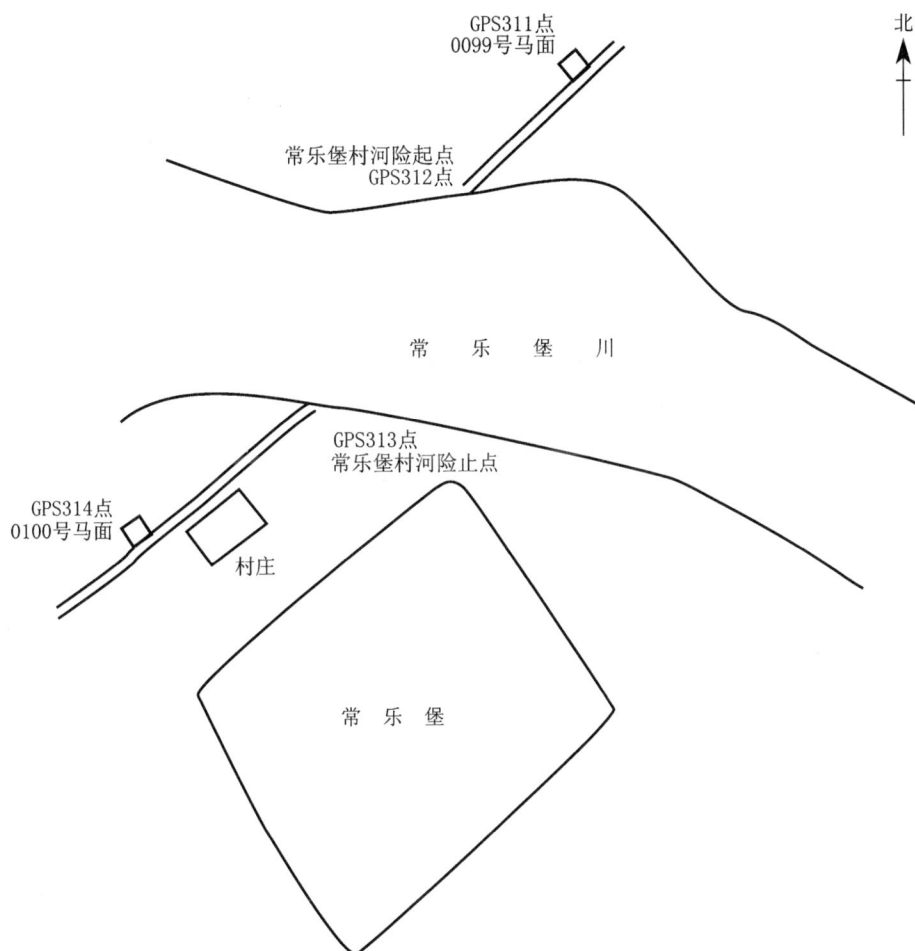

图八四二　常乐堡村河险位置示意图

　　墙体起点位于牛家梁镇常乐堡村西北 0.2 千米，高程 1173.8 米；止点位于牛家梁镇刘家房子村西 1 千米，高程 1171.17 米。（图八四三）

　　墙体整体保存差。墙体断断续续，呈低矮的土梁状，部分被流沙侵蚀消失。墙体起点西南 0.26 千米处为断点 1、常乐堡村 3 号（0100 号）马面；0.44 千米处为断点 2、刘家房子村 2 号（0101 号）马面，之间墙体消失 180 米；0.68 千米处为断点 3、刘家房子村 2 号（0102 号）马面，与断点 2 间墙体消失 240 米；1.42 千米处为断点 4、刘家房子村 2 号（0048 号）敌台，墙体消失 70 米；1.49 千米处为止点，有刘家房子村 4 号（0104 号）马面。

　　墙体有墙芯，两侧有外包夯土，土质和夯筑方式有明显区别，可能为不同时期夯筑（墙芯可能为隋长城）。从刘家房子村 2 号（0048 号）敌台东侧保存的墙体可明显辨别出墙芯夯土以黑沙土为主，质地细密、纯净、异常坚硬，底宽 2、顶宽 0.4、高 3 米，夯层厚 0.17 ~ 0.2 米。墙体底宽 1 ~ 3、顶宽 0.3 ~ 0.7 米，内高 1 ~ 2、外高 1 ~ 3 米。沿墙体散落有零星瓷片和砖瓦块，流沙侵蚀段是否覆盖了部分墙基尚有疑问。

　　墙体起点 0.26 千米处有常乐堡村 3 号（0100 号）马面，起点至 0.44 千米处有刘家房子村 2 号（0101 号）马面，0.68 千米处有刘家房子村 2 号（0102 号）马面，0.88 千米处有刘家房子村 3 号（0103 号）马面，1.11 千米处有刘家房子村 1 号（0047 号）敌台，1.42 千米处有刘家房子村 2 号

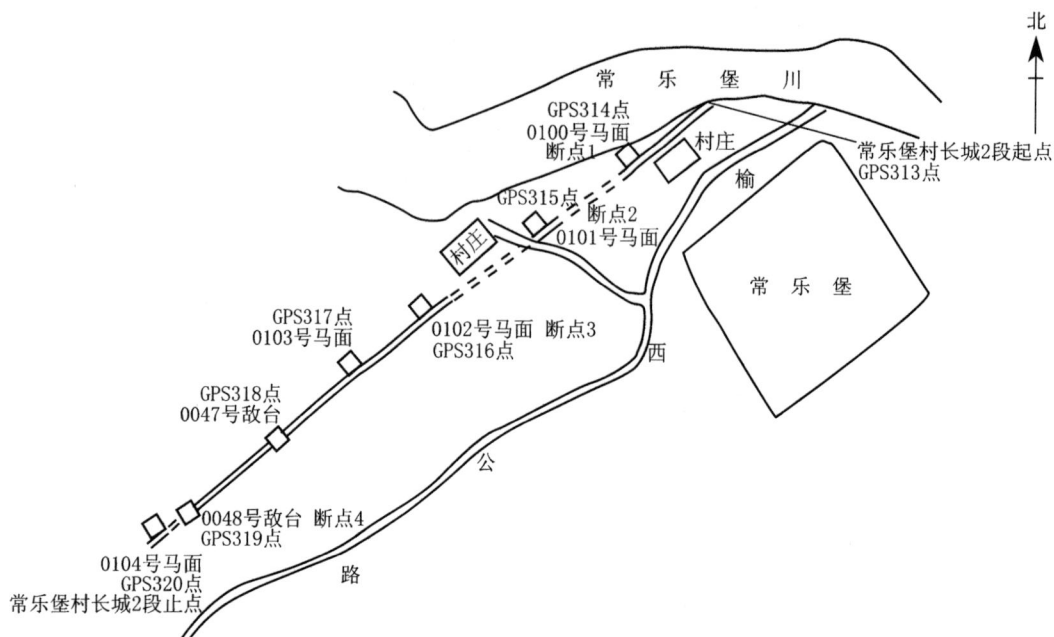

图八四三　常乐堡村长城2段位置示意图

（0048号）敌台，1.49千米处有刘家房子村4号（0104号）马面，为墙体止点。常乐堡村北有榆（林）麻（黄梁乡）公路，呈东南—西北走向，为原榆（林）神（木）公路。

（四〇）三台界村长城（610802382101170040）

该段墙体位于牛家梁镇三台界村南的波状沙丘地带。西半部穿过村子，地势南高北低，北侧为塌崖畔水库，东北有榆（林）麻（黄梁乡）公路穿过墙体。整体呈东北—西南走向，长1658米，其中，保存差958米、消失700米，为土墙。

墙体起点位于牛家梁镇刘家房子村西1千米，高程1171.17米；止点位于牛家梁镇三台界村中，高程1172.4米。（图八四四）

墙体整体保存差，或被沙丘掩埋或有道路、房屋阻断。墙体起点处有刘家房子村4号（0104号）马面，与三台界村1号（0105号）马面之间墙体大部分裸露于地表，呈驼峰状，墙体上有宽1~3米的豁口；三台界村1号马面与三台界村2号（0106号）马面之间墙体呈高1.2~2.5米的土脊状；三台界村2号马面与三台界村3号（0107号）马面之间墙体坍塌呈尖刃状，由于北侧沙沟地势低有很多夯土塌落北侧，三台界村3号马面西0.075千米处有一户居民房屋紧靠墙体修建；三台界村4号（0108号）马面与三台界村1号（0049号）敌台之间墙体由于房屋、榆麻公路、土路等穿过而消失；三台界村3号敌台与三台界村4号（0050号）敌台之间墙体有一条土路穿过形成豁口，有电线杆呈斜线栽过墙体。墙体大部分位于三台界村中，与村中建筑物相混杂；少部分墙体位于村西北的波状沙丘地带，西北地势较低，东南较高，呈东南—西北走向。起点西南1.162千米处为断点1、西侧有榆（林）麻（黄梁乡）公路穿过；1.345千米处为断点2。村中墙体由于村民建房、修路等原因破坏，有多处1~10米消失段，总计500余米，当地居民对墙体的破坏仍未停止。

该段墙体结构同常乐堡村长城两段墙体，由墙芯和外包夯土组成，两者土质和夯筑方式有明显区

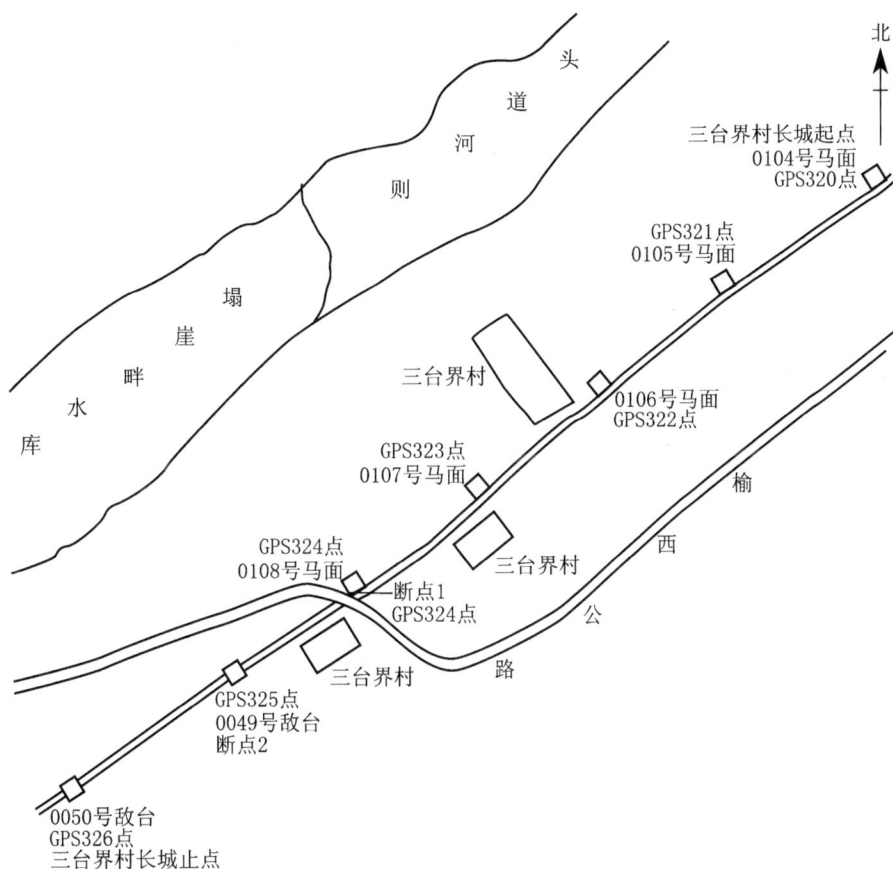

图八四四　三台界村长城位置示意图

别。墙芯夯层厚 0.1～0.12 米，夯土以黑沙土为主，质地细密、纯净、异常坚硬，墙芯底宽 1.3、顶宽 0.8、高 1.8 米；两侧外包夯土呈斜坡状，夯层厚 0.1～0.16 米，以黄沙土混杂料礓石夯筑而成，土质疏松。墙体底宽 2～3、顶宽 0.8～2、高 1～3 米。

该段墙体起点处有刘家房子村 4 号（0104 号）马面，西南 0.345 千米处有三台界村 1 号（0105 号）马面，0.605 千米有三台界村 2 号（0106 号）马面，0.871 千米处有三台界村 3 号（0107 号）马面，1.162 千米处有三台界村 4 号（0108 号）马面，1.345 千米处有三台界村 1 号（0049 号）敌台，1.658 千米处有三台界村 2 号（0050 号）敌台为墙体止点。墙体附近有零散的瓷片和砖。墙体在村中损毁严重，濒临消失，呼吁有关部门立即采取措施加强保护。三台界村北有榆（林）西（沟）公路，呈东南—西北走向，为原榆（林）～神（木）公路。三台界村有居民 180 多人，以汉族为主。

（四一）塌崖畔村长城（6108023821011700041）

该段墙体位于牛家梁镇塌崖畔村的波状沙丘地带。所处地势南高北低，北部低洼处有塌崖畔水库。北侧有榆（林）西（沟）公路，大致与墙体平行。整体呈东北—西南走向，长 1952 米，其中，保存差 1552 米、消失 400 米，为土墙。

墙体起点位于牛家梁镇三台界村中，高程 1172.4 米；止点位于古城滩村中，高程 1142 米。（图八四五）

墙体整体保存差。墙体被人为破坏形成 1～5 米长的消失段多处，共约 50 米。墙体起点处有三台界村 2 号（0050 号）敌台，与塌崖畔村 1 号敌台之间墙体呈驼峰状，北侧建有房屋；塌崖畔村 1 号

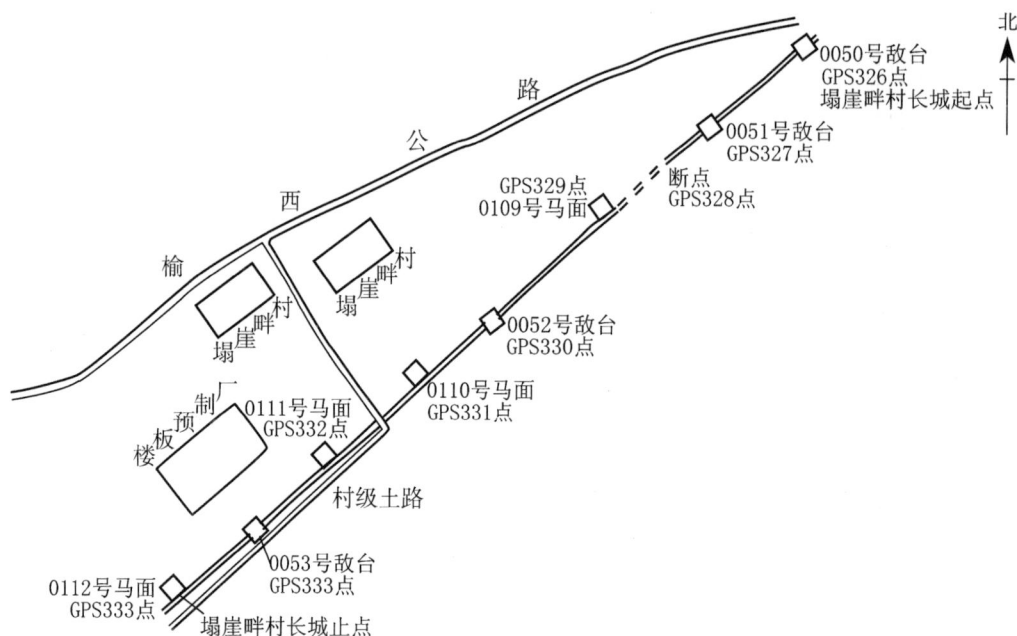

图八四五　塌崖畔村长城位置示意图

（0051 号）敌台东侧墙体有宽 5 米的雨水冲沟，与塌崖畔村 1 号（0109 号）马面之间墙体西 0.23 千米处有一户居民的房屋建在原墙体的位置，有土路、水渠、耕地阻断墙体，形成断点；塌崖畔村 1 号马面与塌崖畔村 2 号（0052 号）敌台之间墙体被沙土掩埋严重，人工挖掘的水渠紧靠墙体北侧底部，有杨树林穿过墙体；塌崖畔村 2 号敌台西 0.094 千米处墙体呈锯齿状，至塌崖畔村 2 号马面墙体被耕地侵占，基本消失；塌崖畔村 2 号（0110 号）马面与塌崖畔村 3 号（0111 号）马面之间墙体较平直，坍塌成断续的小土堆，有土路穿过或平行于墙体，有两排杨树林紧靠墙体南侧；塌崖畔村 3 号（0111 号）马面与古城滩村（0053 号）敌台之间墙体北侧建有一座现代大型楼板厂，墙体上有挖掘的豁口和土路穿过形成的缺口；古城滩村（0053 号）敌台与古城滩村 1 号（0112 号）马面之间墙体大部分穿过林场，墙体上或附近种植有松树、杨树等。

墙体为自然基础上夯筑而成，夯土以黄土为主，有少量红胶土，夹杂有料礓石，夯层厚 0.15～0.2 米，夯土土质疏松。墙体剖面呈梯形，底宽 1～4、顶宽 0.3～2、高 1～3 米。塌崖畔村 3 号马面至古城滩村敌台段墙体位于牛家梁林地中，在古城滩村敌台上有一通水泥碑，上面刻有"日本绿色募捐支援沙漠绿化农林场"，此碑立于 1997 年 4 月 27 日。村庄中的墙体破坏严重，濒于消失，建议有关部门立即采取措施加强保护。

该段墙体距起点 0.246 千米处有塌崖畔村 1 号敌台，0.593 千米处有塌崖畔村 1 号马面，0.869 千米处有塌崖畔村 2 号敌台，1.12 千米处有塌崖畔村 2 号马面，1.435 千米处有塌崖畔村 3 号马面，1.698 千米处有古城滩村敌台，1.952 千米处有古城滩村马面为墙体止点。塌崖畔村北有榆（林）西（沟）公路，呈东南—西北走向，为原榆（林）神（木）公路。塌崖畔村有居民 180 多人，以汉族为主。

（四二）古城滩村长城（6108023821011170042）

该段墙体位于牛家梁镇古城滩村的平缓滩地上。西、南侧为波状沙丘地，北部低洼处有塌崖畔水库。整体呈东北—西南走向，长 2300 米，其中，保存差 484 米、消失 1816 米，为土墙。

墙体起点位于古城滩村中，高程 1142 米；止点位于牛家梁镇边墙村中，高程 1121.9 米。（图八四六）

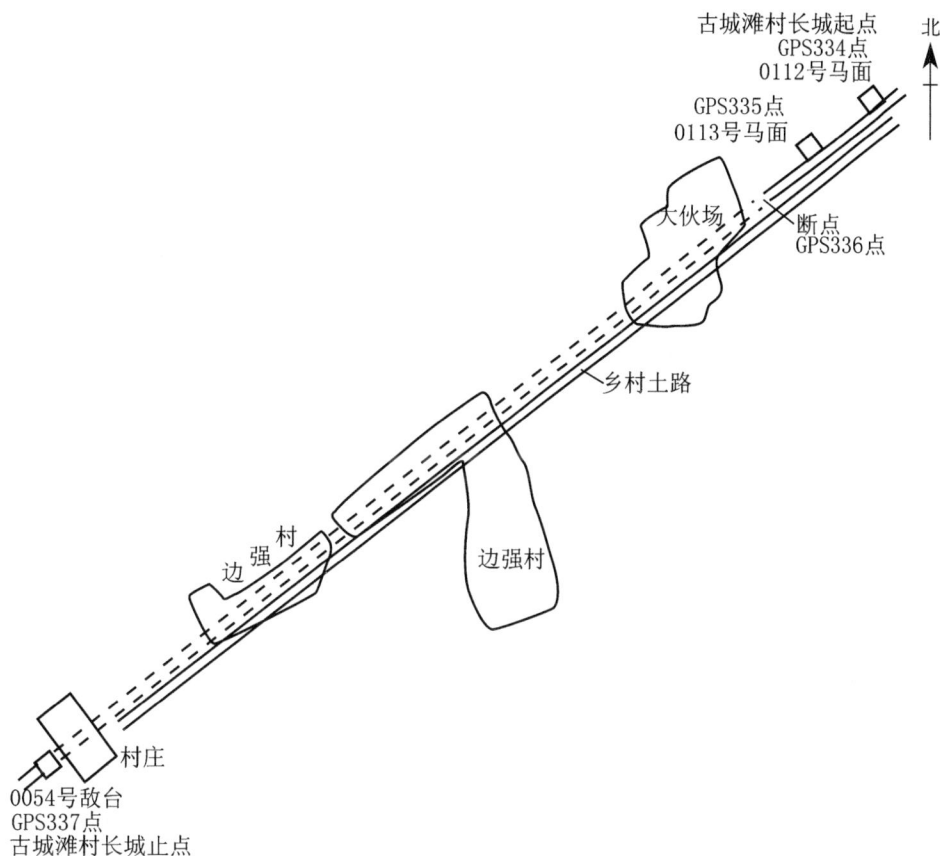

图八四六　古城滩村长城位置示意图

墙体整体保存差。距起点0.5千余米处墙体保存较差，其他段墙体因穿过大伙场村和边墙村及耕地消失，无迹可寻。墙体起点与古城滩村2号（0113号）马面之间因流沙掩埋，墙体与地面齐平，上面栽满杨树。起点西0.23千米处墙体呈低矮土梁状，有人为挖掘的坑，用来堆放生活垃圾；再向西是大伙场村和边墙村，墙体消失。起点西南0.366千米以西墙体被居民房屋破坏消失，为断点；古城滩村2号马面西侧与断点之间230米墙体上有人为挖掘的坑，向西是大伙场村和边墙村，墙体基本消失，共1816米。

墙体为自然基础上用黄土夹杂料礓石夯筑而成，夯层厚0.14~0.2米。墙体起点处有古城滩村1号（0112号）马面。距起点0.254千米处有古城滩村2号（0113号）马面，马面西0.23千米后墙体消失；2.3千米处有边墙村1号（0054号）敌台，为墙体止点。墙体底宽2~4、顶宽0.3~1.5、高1~2米。大伙场村中有一段长20米的夯土，夹杂有砖、瓦片等。古城滩村北有榆（林）西（沟）公路，呈东南—西北走向，为原榆（林）~神（木）公路。古城滩村有居民2000多人，以汉族为主。

（四三）走马梁长城1段（610802382101170043）

该段墙体位于牛家梁镇走马梁的梁峁沙丘地带。所处地势中间高两边低，走马梁1号（0114号）马面（拐点）所在地为制高点。整体呈东北—西南走向，长1745米，为土墙。

墙体起点位于牛家梁镇边墙村中，高程1121.9米；止点位于牛家梁镇走马梁汉墓群，高程1142.6米。（图八四七；彩图一七七）

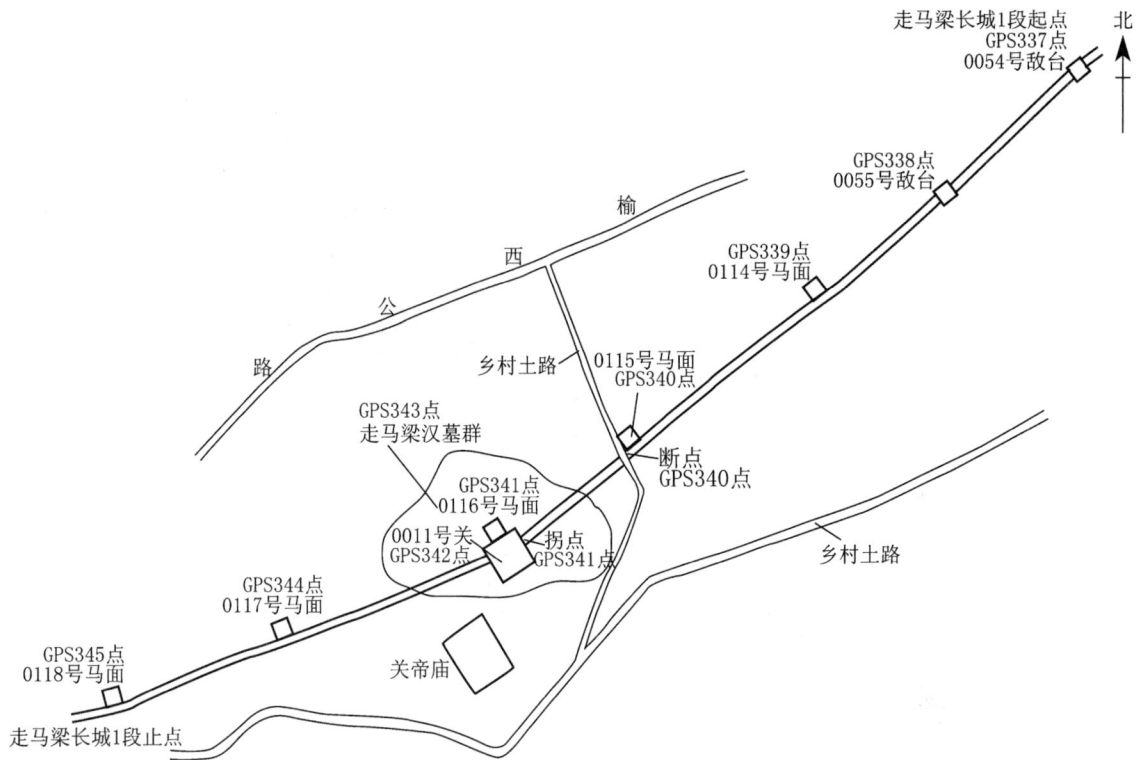

图八四七　走马梁长城1段位置示意图

墙体整体保存较差。墙体呈低矮土梁状，起点至边墙村2号（0055号）敌台之间墙体上有2座现代烧砖窑，顶部因挖掘取土形成宽4、长130米的沟槽；边墙村2号敌台与走马梁1号（0114号）马面之间墙体部分被流沙掩埋，墙体两侧和墙体上有现代坟墓，走马梁1号马面东侧有一条土路穿过墙体，形成宽3米的豁口；走马梁1号马面与走马梁3号（0116号）马面之间墙体呈低矮的土梁状，走马梁2号（0115号）马面西侧有一条土路穿过墙体，形成8米宽的豁口，墙体南侧及走马梁（0011号）关内多为现代墓地；走马梁3号马面至走马梁4号（0117号）马面之间墙体南侧为牛家梁林场，走马梁3号马面西0.157千米处有土路穿过，形成豁口；起点西南0.823千米处有走马梁2号（0115号）马面为断点，1.128千米处为拐点，墙体呈东北—西南偏西走向。墙体损坏严重，当地居民在墙体上修筑有砖窑、坟墓等，顶部有挖掘机取土形成的沟槽。

墙体为自然基础上用黄土夹杂料礓石夯筑而，夯层厚0.13～0.17米。墙体底宽2～5、顶宽0.3～1.5、高2～3米。墙体两侧为榆阳区走马梁汉墓群保护地带。

该段墙体起点处有边墙村1号（0054号）敌台，0.278千米处有边墙村2号（0055号）敌台，0.53千米处走马梁1号（0114号）马面，0.857千米处有走马梁2号（0115号）马面，1.147千米处有走马梁3号（0116号）马面（马面在走马梁村关内），1.468千米处有走马梁4号（0117号）马面，1.745千米处有走马梁5号（0118号）马面为墙体止点。古城滩村北有榆（林）西（沟）公路，呈东南—西北走向，为原榆（林）神（木）公路。古城滩村有居民2000多人，以汉族为主。

（四四）走马梁长城2段（610802382101170044）

该段墙体位于牛家梁镇走马梁西侧的梁峁沙丘地带。所处地势东高西低。墙体呈波状，整体呈东北—西南走向，长1950米，其中，保存差1750米、消失200米，为土墙。

墙体起点位于牛家梁镇走马梁汉墓群，高程 1142.6 米；止点位于榆阳镇孙家沟村中，高程 1143.5 米。（图八四八）

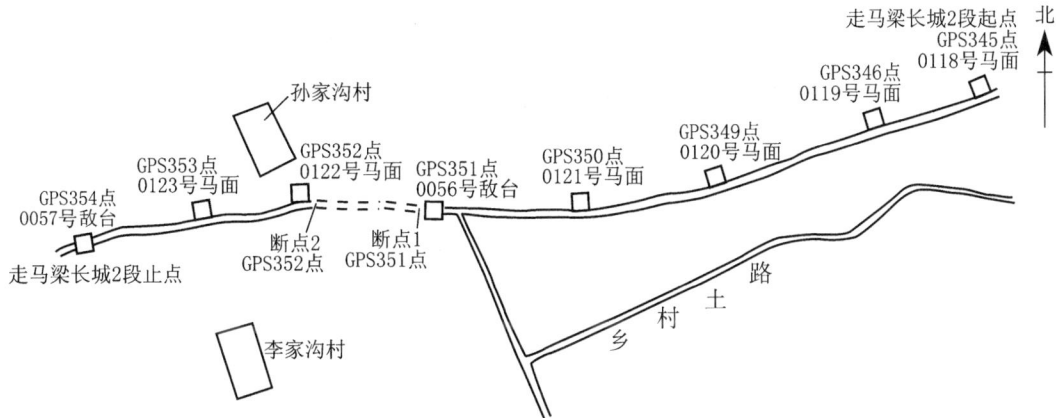

图八四八　走马梁长城 2 段位置示意图

墙体整体保存较差。墙体大部分呈锯齿状，起点至走马梁 6 号（0119 号）马面之间墙体流沙掩埋严重，墙体上生长有杨树，有雨水冲槽；走马梁 6 号马面与走马梁 7 号（0120 号）马面之间墙体受风蚀严重，顶部平滑光秃；走马梁 7 号（0120 号）马面与走马梁 8 号（0121 号）马面之间墙体起伏较大，在沙坑处被一条土路断开，形成豁口；走马梁 8 号马面与走马梁（0056 号）敌台之间墙体平直，呈锯齿状，有高压线从上空穿过；走马梁敌台与孙家沟村 1 号（0122 号）马面之间墙体东高西低，西端位于雨水冲沟的低洼处，形成断面，墙体坍塌呈尖刃状；孙家沟村 1 号马面至墙体止点之间有土路和水渠穿过，形成宽 20 米的豁口；孙家沟村 2 号（0123 号）马面西 0.1 千余米处有杨树林地，墙体破坏严重；孙家沟村 1 号（0057 号）敌台上有一座关帝庙，东侧墙体上有一条土路穿过。

墙体为自然基础上用黄土夹杂料礓石夯筑而成，夯层厚 0.17 ~ 0.2 米，土质疏松。墙体底宽 3 ~ 5、顶宽 0.2 ~ 2、高 2 ~ 3 米。

墙体起点处有走马梁 5 号（0118 号）马面，0.278 千米处有走马梁 6 号（0119 号）马面，0.532 千米处有走马梁 7 号（0120 号）马面，0.825 千米处有走马梁 8 号（0121 号）马面，1.251 千米处有走马梁（0056 号）敌台，1.451 千米处有孙家沟村 1 号（0122 号）马面，1.667 千米处有孙家沟村 2 号（0123 号）马面，1.95 千米处有孙家沟村 1 号（0057 号）敌台为墙体止点。孙家沟村北有榆（林）西（沟）公路，呈东南—西北走向，为原榆（林）神（木）公路。

（四五）镇北台长城（610802382101170045）

该段墙体位于镇北台与红石峡之间的梁峁沙丘地。所处地势东高西低，北侧红石峡水库，西端有红石峡、榆溪河。墙体呈波状，整体呈东北—西南走向，长 1942 米，其中，保存差 1400 米、消失 542 米，为土墙。

墙体起点位于榆阳镇孙家沟村中，高程 1143.5 米；止点位于北岳庙村红石峡东岸，高程 1102.1 米。（图八四九；彩图一七八）

墙体因生产、生活破坏严重，断点多，消失多，整体保存差。墙体起点与孙家沟村 3 号（0124 号）马面之间墙体因洪水冲沟断开，豁口宽 30 米，冲沟东岸断面有 5 孔废弃的窑洞，西岸保存部分墙体，底

北

GPS357点
断点3
GPS359点
0125号马面
GPS361点
0126号马面
0127号马面
GPS364点
GPS365点
0128号马面　断点5

断点2
GPS356点
0124号马面
0057号敌台
GPS354点
镇北台长城起点
0012号关
0058号敌台
GPS358点
断点1
GPS355点
断点4
GPS360点

GPS366点
断点6
GPS367点
0060号敌台
拐点1
GPS368点
断点7

0013号关
GPS362点
0059号敌台
GPS363点

榆神公路

GPS373点
红石峡0002号遗存

断点8
GPS370点
0129号马面

拐点2
GPS369点

断点9
0061号敌台
GPS371点

GPS374点
镇北台长城止点

GPS372点
易马城0023号堡

GPS387点
0194号烽火台

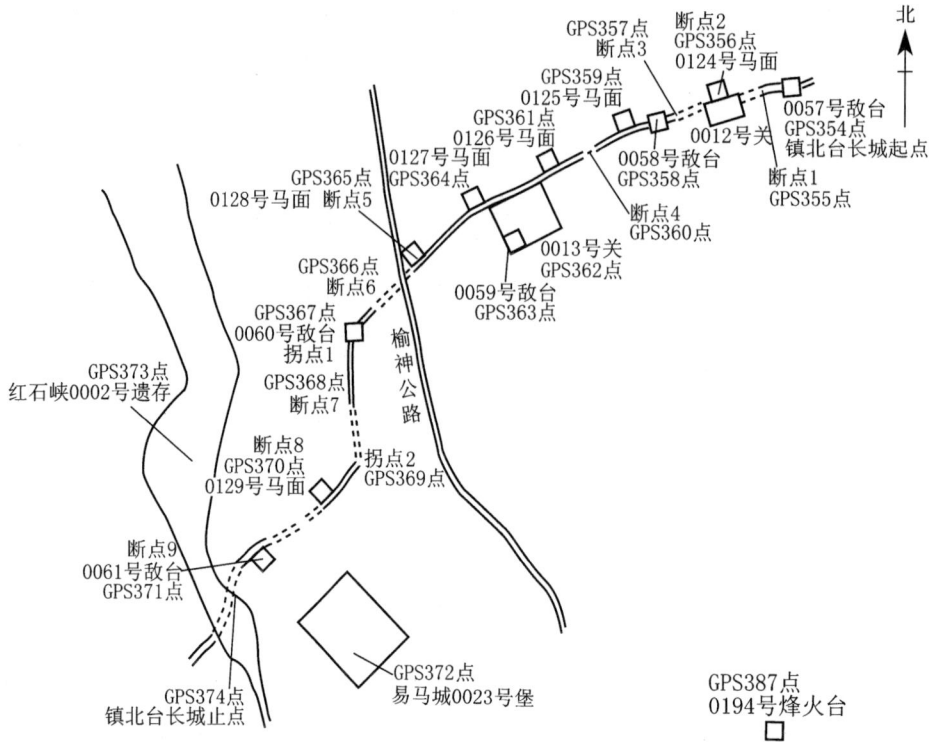

图八四九　镇北台长城位置示意图

宽2、高2.4米，夯层厚0.08～0.14米；孙家沟村3号马面与孙家沟村2号（0058号）敌台之间有一座废弃的大型现代砖瓦厂，厂内堆积有大量废土坯，墙体被挖掘消失，形成宽95米的豁口，墙体南侧山体因取土烧砖挖掘严重，濒临消失；孙家沟村（0012号）关所在山体下部因过度开采，敌台处于悬空状态；孙家沟村2号敌台与孙家沟村4号（0125号）马面之间墙体长42米，内高2、外高3.5米，墙体上有两条雨水小冲槽；孙家沟村4号（0125号）马面与吴家梁村1号（0126号）马面之间墙体呈锯齿状，墙体上有多处雨水冲开的1～2米的小豁口，墙体最低处有一条水渠和一条洪水冲沟穿过墙体，形成断点，豁口宽20米；吴家梁村1号马面与吴家梁村2号（0127号）马面之间墙体为款贡城（0013号）关北墙，沿墙体有一条土路，因修路铲削墙基夯层裸露；吴家梁村3号（0128号）马面与北岳庙村（0129号）马面、北岳庙村1号（0060号）敌台之间墙体因房屋、榆（林）西（沟）公路、水渠、耕地等破坏消失150米；北岳庙村1号敌台南0.074千米处为焦煤厂，墙体消失30米，被现代夯筑的土墙代替，西侧低洼处有育苗基地，墙体处于悬空状态；北岳庙村马面处向西墙体因红石峡生态公园断开，消失175米；北岳庙村2号（0061号）敌台西侧为红石峡，榆溪河从峡中流过，墙体断开220米。

墙体因水雨水冲沟、建厂、修路、水渠等破坏多处断开。距起点、孙家沟村1号（0057号）敌台0.1千米处为断点1，水冲沟造成墙体消失30米；0.164千米处为断点2、孙家沟村3号（0124号）马面、孙家沟村（0012）关；0.259千米处为断点3，之间墙体被砖瓦厂挖土破坏，消失95米；0.604千米处为断点4，墙体因水冲沟消失20米；1.026千米处为断点5；1.176千米处为断点6，之间墙体因房屋、榆（林）西（沟）公路、水渠、耕地等破坏消失150米；1.236千米处为拐点1、北岳庙村1号敌台；1.314米处为断点7，因焦煤厂破坏墙体消失30米；1.575千米处为拐点2；1.725千米处为断点8，因修建红石峡生态公园墙体消失175米；1.9千米处为断点9；1.942千米处为止点，之间墙体消失42米。

墙体为自然基础上用黄土夹杂料礓石夯筑而成，夯层厚 0.14~0.17 米，夯土土质疏松。墙体底宽 2.5~4、顶宽 0.3~1.5、高 1~3 米。墙体南侧多附属建筑；镇北台位于墙体南侧山峁制高点上，东侧为款贡城；北岳庙村西南 1 千米处为易马城。

该段墙体起点至 0.164 千米处有孙家沟村 3 号马面（北岳庙村关），0.358 千米处有孙家沟村 2 号敌台，0.4 千米处有孙家沟村 4 号马面，0.644 千米处有吴家梁村 1 号马面、款贡城（0013 号）关，0.846 千米处有吴家梁村 2 号马面、镇北台（0059 号）敌台，1.026 千米处有吴家梁村 3 号马面，1.236 千米为北岳庙村 1 号敌台，1.725 千米处有北岳庙村马面，马面南侧 0.182 千米处有易马城（0023 号）堡，1.9 千米处有北岳庙村 2 号敌台，1.942 千米处有红石峡。北岳庙村东有榆（林）西（沟）公路，呈东南—西北走向，为原榆（林）神（木）公路。北岳庙村有居民 2000 多人，以汉族为主。

（四六）红石峡河险（610802382107170046）

该段河险为红石峡，也是榆溪河。上游是红石峡水库，东岸为黄土梁峁地，西岸为波状沙丘地，东北岸上为红石峡生态公园，河险内两岸为红石峡摩崖石刻。整体呈东北—西南走向，河险宽 220、长 133 米，落差 10~13 米。

该段河险起点位于榆阳镇北岳庙村红石峡东岸，高程 1102.1 米；止点位于榆阳镇北岳庙村红石峡西岸，高程 1077 米。（图八五〇）

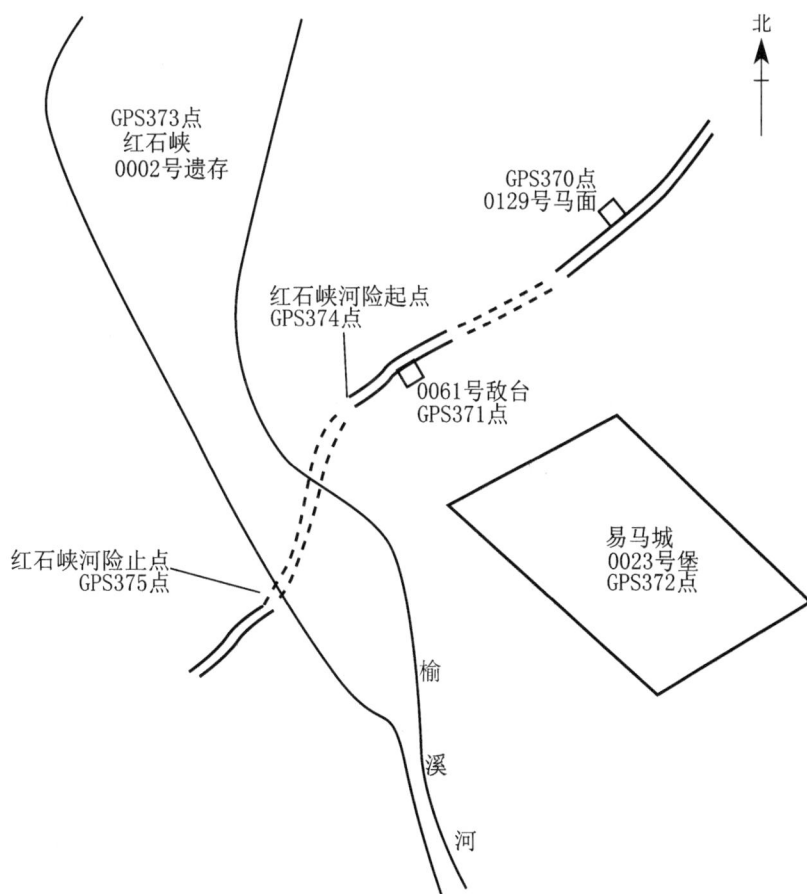

图八五〇　红石峡河险位置示意图

河险由于流沙滑落、洪水及人为的不合理开发利用等原因，整体保存一般。河床内长年有水流，两岸石壁上有红石峡摩崖石刻。河险水流较大，上游是红石峡水库，河床内有沙石，旱季水流较小，河床裸露成沙滩；岸边沙滩地上生长有柳树、杨树、沙柳等；河险被开发为红石峡旅游区，河床内建有一座石桥、一座钢丝桥，西岸建有凉亭；西侧流沙滑落到河床，长城墙体临沟段被雨水冲刷侵蚀严重，在河西岸形成断面。

该段河险起点为镇北台长城墙体止点，河险内有红石峡摩崖石刻，距河险东岸 0.1 千米的山峁上有易马城堡。北岳庙村东有榆（林）西（沟）公路，呈东南—西北走向，为原榆（林）神（木）公路。

（四七）麻地湾村长城（610802382101170047）

该段墙体位于位于榆阳镇红石峡西侧的麻地湾村。整体呈东北—西南走向，长 1777 米，其中，保存差 1400 米、消失 377 米，为土墙。

墙体起点位于榆阳镇红石峡西岸，高程 1077 米；止点位于榆阳镇口子队村中，高程 1100.2 米。（图八五一）

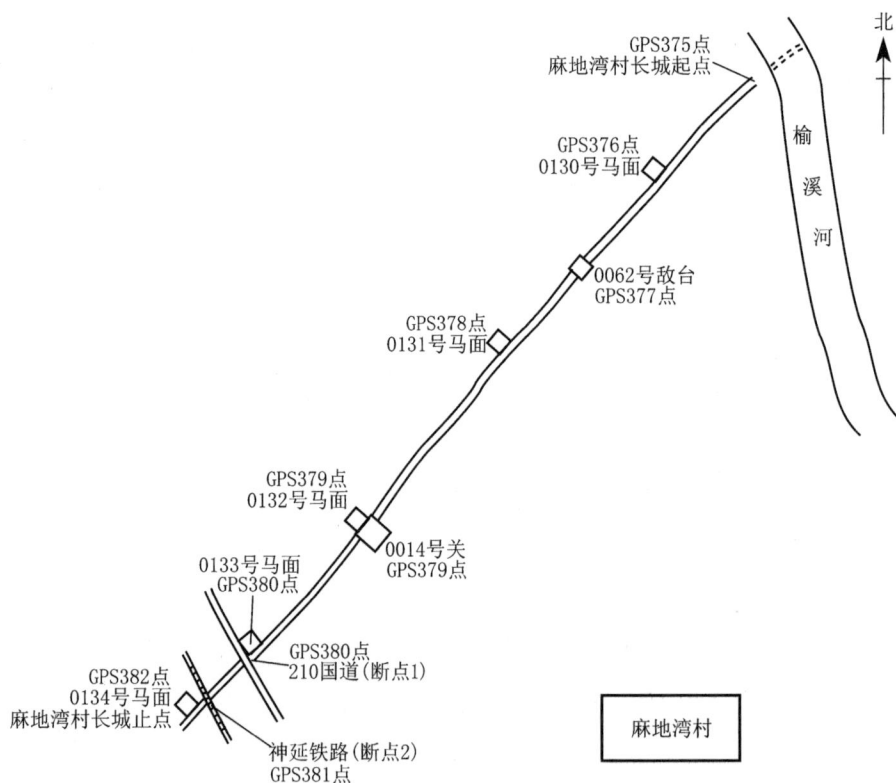

图八五一　麻地湾村长城位置示意图

墙体整体保存差。墙体起点西南 1.527 千米处有 210 国道穿过墙体，为断点 1；1.587 千米处有神（木）延（安）铁路穿过，为断点 2，之间墙体消失 60 米。墙体受流沙掩埋严重，呈断续的土梁状。墙体上有多处被挖掘等因素破坏形成的长度不一的断口，导致墙体消失总计 300 多米。墙体被红石峡隔断，顶部堆积大量石块。起点至麻地湾村 1 号（0130 号）马面之间墙体呈低矮的土梁状，上面长满杂草，外侧流沙掩埋严重；麻地湾村1号马面与麻地湾村（0062号）敌台之间墙体大部分被流沙掩埋，顶部断续裸露，长满柠条等；麻地湾村敌台与麻地湾2号（0131号）马面之间墙体呈低矮的土梁状，风蚀严重，土质疏松，麻地湾村敌台被人为挖掘取土，形成土坑，麻地湾村2号马面被盗掘成矩形土坑，台体坍塌消失，四周堆积大量砖和石块；麻地湾村2号马面、麻地湾村3号（0132号）马面与麻地湾村（0014号）关之间墙体被流沙掩埋，麻地湾村3号马面东侧有192米墙体裸露，底宽2、高1～2米，顶部呈刃状；麻地湾村3号马面与麻地湾村4号（0133号）马面之间墙体北侧有一条沙土路与墙体平行，紧靠麻地湾村4号马面西侧为210国道穿过墙体，断开豁口宽60米；麻地湾村4号马面西侧墙体呈断续的土丘状，墙体上栽有电线杆；口子队村1号（0134号）马面东侧0.06千米处有神（木）延（安）铁路穿过墙体，断开18米。

墙体为自然基础上用黄土夹杂料礓石夯筑而成，麻地湾村3号马面东侧裸露墙体夯层较清晰，夯层厚0.07～0.1米，土质疏松。墙体豁口断面呈梯形，底宽3～5、顶宽0.3～1、高1～3米。墙体上的麻地湾村3号马面同时也是麻地湾村关的马面，麻地湾村关骑长城墙体而建。

墙体起点处为红石峡西岸断崖。距起点0.251千米处有麻地湾1号马面，0.507千米处有麻地湾村敌台，0.727千米处有麻地湾村2号马面，1.77千米处有麻地湾3号马面，1.527千米处有麻地湾村4号马面（210国道穿过墙体），1.777千米处有口子队村1号马面为墙体止点。

该段墙体位于红石峡西侧波状沙丘地。地势较平坦，墙体北侧为榆林沙生植物园，种植有松、柏、沙柳等耐旱植物；南侧有居民房屋、焦化厂等；麻地湾村4号马面西侧有210国道，口子队村1号马面东侧有神（木）延（安）铁路穿过墙体。麻地湾村东有榆（林）西（沟）公路，村西有210国道和神（木）延（安）铁路。麻地湾村有居民3000多人，以汉族为主。

（四八）口子队村长城1段（6108023821101170048）

该段墙体位于榆阳镇口子队村。整体呈东北—西南走向，长811米，其中，保存差531米、消失280米，为土墙。

墙体起点位于榆阳镇口子队新村中，高程1100.2米；止点位于榆阳镇口子队旧村中，高程1104.4米。（图八五二）

墙体整体保存差，两侧为弃耕地，消失段较多。墙体位于210国道西侧平缓沙丘地，起点、口子队村1号（0134号）马面西0.266千米处为断点1、口子队村（0063号）敌台，墙体断开，消失280米；0.546千米处为断点2，0.811千米处为止点。墙体起点与口子队村敌台之间墙体被沙丘掩埋严重，紧靠墙体北侧有一条砖铺小路，平行于墙体，沿墙体栽有电线杆，因修路铲削墙体北侧夯土裸露，夯层疏松；口子队村敌台与口子队村2号（0135号）马面之间墙体损坏严重，被奶牛场、房屋、耕地等侵占消失，紧靠口子队村敌台南侧为一户居民的房屋，南侧被铲削三分之一；口子队村2号马面与口子队村3号（0136号）马面之间墙体因耕地修整呈平坦堤岸状，上面生长有杨树等，夯土疏松，植物根系穿透墙体夯土而裸露。

墙体在自然基础上用黄土夹杂料礓石夯筑而成。口子队村1号（0134号）马面西侧因修路挖掘使墙体裸露，夯层较清晰，夯层厚0.12～0.2米。墙体断面呈梯形，底宽3～5、顶宽2～4、高1～2米。口子队村1号敌台骑长城墙体而建，有围墙。

距墙体起点0.26千米处有口子队村敌台，0.54千米处有口子队村2号马面，0.811千米处有口子队村3号马面为墙体止点。

该段墙体位于210国道西侧平缓沙丘地。地势平坦，墙体两侧为新建的居民区，房屋密集，紧靠

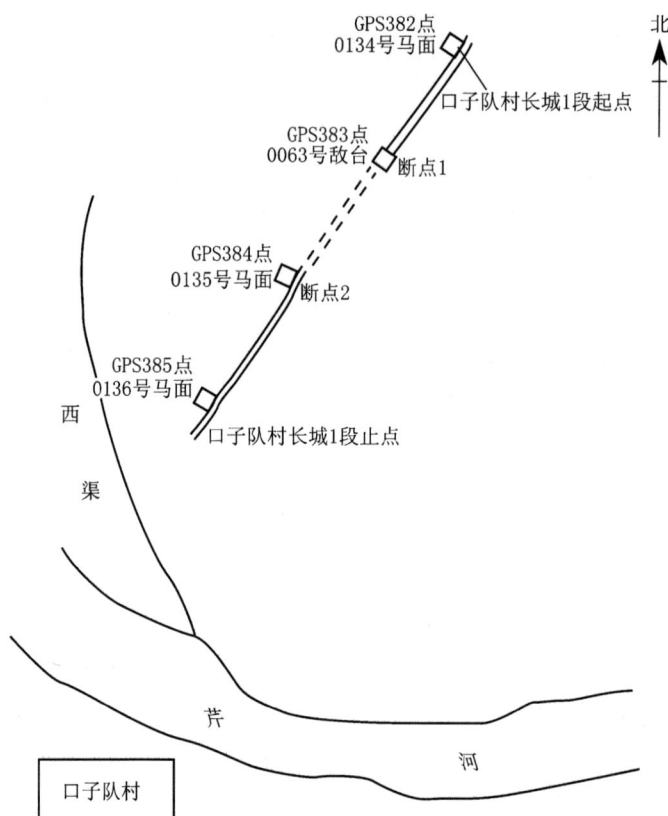

图八五二　口子队村长城 1 段位置示意图

北侧有一条砖铺的路平行于墙体通向村中。口子队村敌台西侧有一家奶牛场，墙体止点西侧有包（头）茂（名）高速公路和居民区，墙体消失。口子队村为包（头）茂（名）高速公路、小纪汗乡、芹河乡等乡镇公路的汇聚点。口子队村有居民 10000 多人，以汉族为主。

（四九）口子队村长城 2 段（610802382301170049）

该段墙体位于榆阳镇口子队村的平缓沙丘地。所处地势平坦，整体呈东北—西南走向，长 2300 米，为土墙。

墙体起点位于榆阳镇口子队旧村中，高程 1104.4 米；止点位于榆阳镇口子队村西 0.7 千米，高程 1100.6 米。（图八五三）

墙体因居民区建设、榆林市区至昌汗界机场的公路建设、芹河阻断、开垦农田、包（头）茂（名）高速公路修筑等原因全部消失。

该段墙体起点有口子队村 3 号（0136 号）马面，2.3 千米处有口子队村 4 号（0137 号）马面为墙体止点。口子队村为包（头）茂（名）高速公路、小纪汗乡、芹河乡等乡镇公路的汇聚点。

（五〇）谷地峁村长城 1 段（610802382101170050）

该段墙体位于榆阳镇谷地峁村南的波状沙丘地。所处地势南高北低，南侧有榆（林）靖（边）高速公路，北侧有一条新建的榆芹公路与墙体平行，紧靠墙体两侧的沙丘上长满柠条、沙柳等沙生植物。整体呈东北—西南走向，长 1264 米，其中，保存差 664 米、消失 600 米，为土墙。

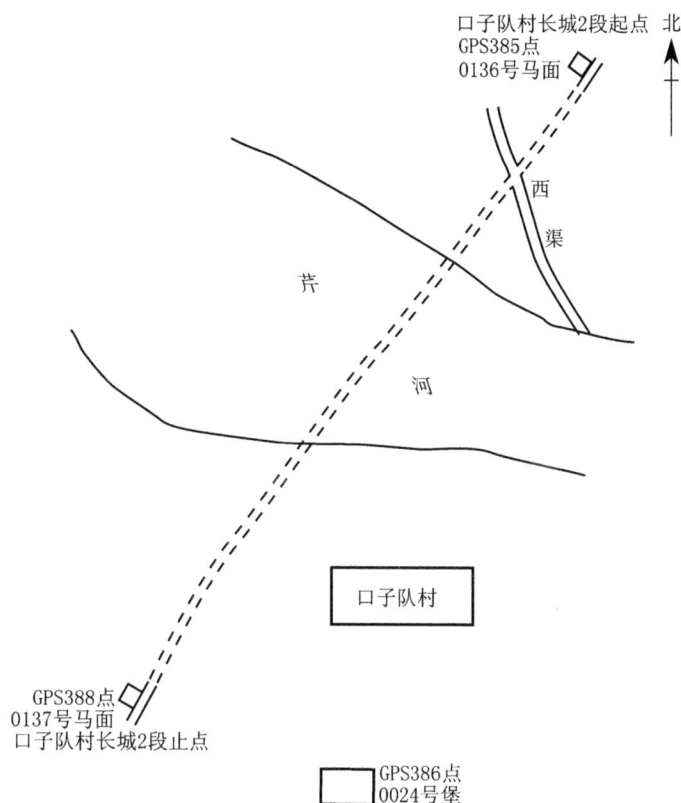

图八五三　口子队村长城 2 段位置示意图

墙体起点位于榆阳镇口子队村西 0.7 千米，高程 1100.6 米；止点位于榆阳镇谷地峁村西南 1.6 千米，高程 1178 米。（图八五四）

墙体整体保存差。墙体被沙丘掩埋严重，呈断续低矮的土梁状，有高速公路穿过。起点西 0.26 千米处为断点 1；0.86 千米处为断点 2，之间因榆（林）靖（边）高速公路穿过墙体而断开，形成 2 个断点；1.264 千米处为止点。墙体起点与口子队村 5 号（0138 号）马面之间墙体内侧被流沙掩埋严重，呈土梁状；口子队村 4 号（0137 号）马面东侧有高压电线杆，与口子队村 6 号（0139 号）马面之间墙体轮廓清晰，内侧被流沙掩埋堆积，地势内高外低，低洼处裸露墙体夯土被风蚀，土质疏松，夯土滑落；口子村队村 6 号马面与谷地峁村 1 号（0140 号）马面之间有关公庙建在墙体上，庙西侧有榆（林）靖（边）高速公路穿过墙体，形成宽 600 米的豁口；谷地峁村 1 号马面与谷地峁村 2 号（0141 号）马面之间墙体大部被流沙掩埋，沙丘起伏，谷地峁村 1 号马面西 0.05 千米部分墙体裸露，呈高 0.3～1.2 米的土梁状，上面长满柠条、沙柳等，墙体北侧有一条正在修建的榆芹公路与墙体平行；谷地峁村 2 号马面与谷地峁村 3 号（0142 号）马面（谷地峁村 1 号（0064 号）敌台）之间有 98 米墙体呈断续的土丘状。

墙体为自然基础上夯筑而成，夯土以黄土为主，夹杂有料礓石和少量红胶土，谷地峁村 1 号敌台与谷地峁村 2 号（0065 号）敌台之间裸露墙体夯层厚 0.1～0.15 米。墙体剖面呈梯形，底宽 2～3、顶宽 0.4～1、高 0.3～2 米。

该段墙体起点处有口子队村 4 号马面。距起点 0.13 千米处有口子队村 5 号马面，0.26 千米处有口子队村 6 号马面，0.86 千米处有谷地峁村 1 号马面，1.076 千米处有谷地峁村 2 号马面，1.264 千米处有谷地峁村 3 号马面和谷地峁村 1 号（0064 号）敌台为墙体止点。谷地峁村 1 号敌台位于谷地峁村 3

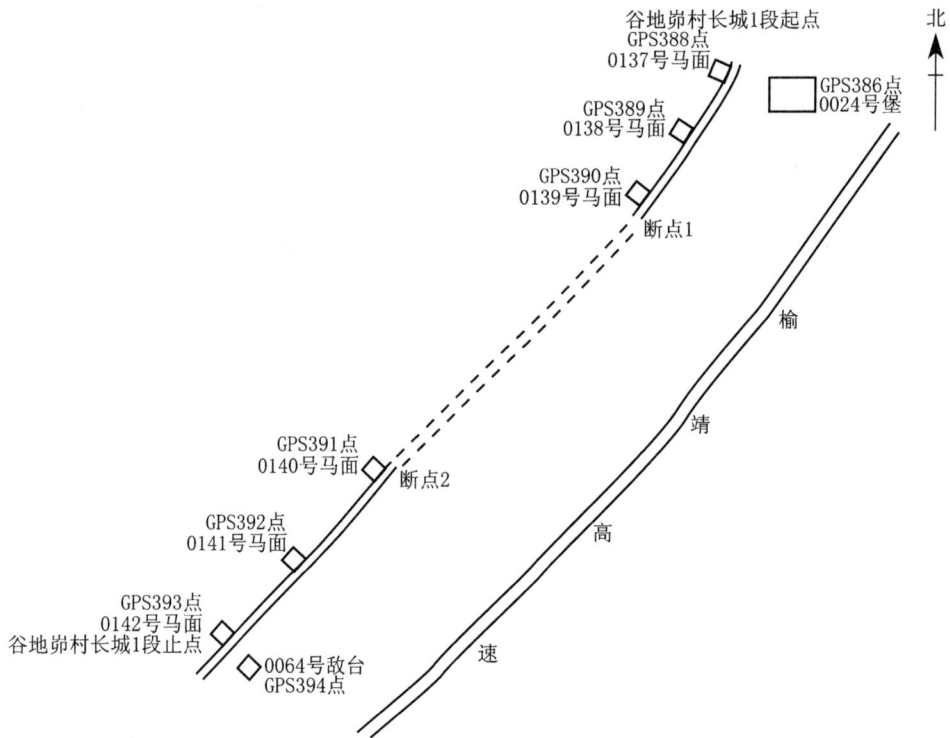

图八五四　谷地峁村长城 1 段位置示意图

号马面南侧，相距 0.045 千米。谷地峁村为包（头）茂（名）高速公路、神（木）延（安）铁路、小纪汗乡、芹河乡等乡镇公路的汇聚点。谷地峁村有居民 3000 多人，以汉族为主。

（五一）谷地峁村长城 2 段（610802382101170051）

该段墙体位于榆阳镇谷地峁村南的波状沙丘地地。地处无人区，地势南高北低。南侧有榆（林）靖（边）高速公路，北侧栽有电线杆，基本与墙体平行。谷地峁村 2 号（0065 号）敌台与麻界村 1 号（0146 号）马面之间墙体南侧地表被雨水冲开许多沟壑，地貌支离破碎。整体呈东北—西南走向，长 1415 米，其中，保存差 1115 米、消失 300 米，为土墙。

墙体起点位于榆阳镇谷地峁村西南 1.6 千米，高程 1178 米；止点位于芹河乡麻界村东北约 2.05 千米，高程 1199.6 米。（图八五五）

墙体整体保存差。墙体被风雨侵蚀、沙丘掩埋严重，呈锯齿状或驼峰状。起点西 0.517 千米处墙体因雨水冲刷消失约 300 米，为断点；1.415 千米处为止点。墙体起点与谷地峁村 4 号（0143 号）马面之间墙体由东向西逐渐走低，呈土脊状，谷地峁村 4 号马面为最低点，墙体两侧有现代坟墓，有羊肠小道穿过墙体；谷地峁村 4 号马面与谷地峁村 5 号（0144 号）马面之间墙体由东向西逐渐走高，墙体被风雨侵蚀呈底宽 2、高 1.5 米的驼峰状，南侧底部有大量现代坟墓；谷峁村 5 号马面与谷地峁村 2 号（0065 号）敌台之间墙体大部分位于平缓沙丘地，中部南侧生长有一小片杨树林，人为在墙体底部挖掘有坟墓；谷地峁村 2 号敌台与谷地峁村 6 号（0145 号）马面之间墙体上有许多雨水冲刷的小沟壑，墙体南侧地貌支离破碎使墙体悬空，中间部分有一个冲开的小豁口。

墙体为自然基础上夯筑而成，夯土以黄土为主，夹杂有料礓石和少量红胶土，土质疏松，夯层厚

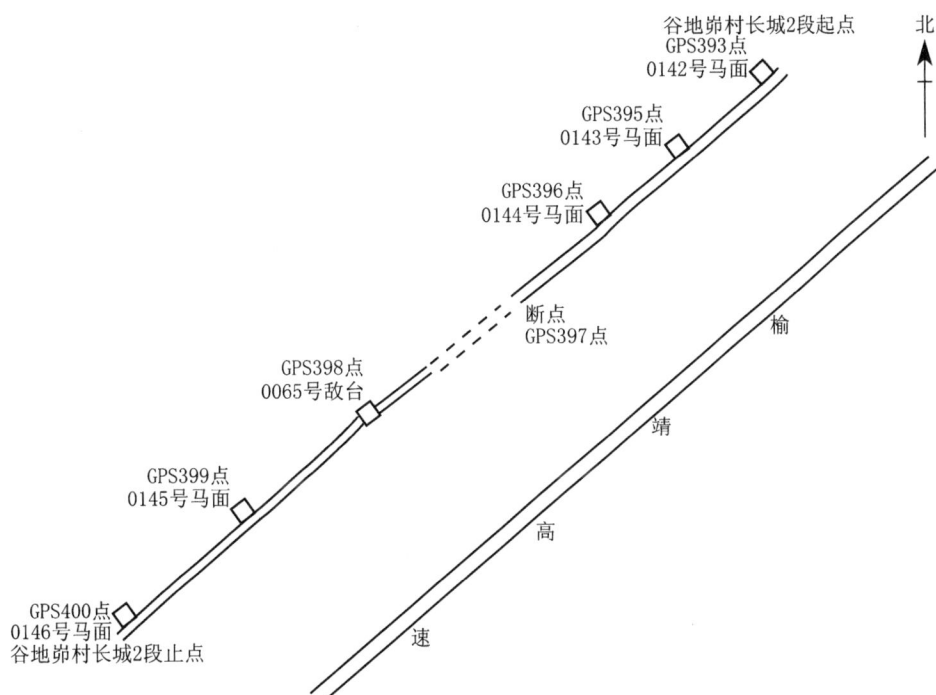

图八五五 谷地峁村长城 2 段位置示意图

0.08～0.12 米。墙体剖面呈梯形，底宽 1～3、顶宽 1～2.5、高 1～2 米。

该段墙体起点处有谷地峁村 3 号（0142 号）马面（谷地峁村 1 号（0064 号）敌台），0.2 千米处有谷地峁村 4 号马面，0.367 千米处有谷地峁村 5 号马面，0.887 千米处有谷地峁村 2 号敌台，1.147 千米处有谷地峁村 6 号马面，1.415 千米处有麻界村 1 号（0146 号）马面为墙体止点。谷地峁村为包（头）茂（名）高速公路、神（木）延（安）铁路、小纪汗乡、芹河乡等乡镇公路的汇聚点，有居民 3000 多人，以汉族为主。

（五二）麻界村长城 1 段（610802382101170052）

该段墙体位于西芹河乡麻界村东北的沙漠草滩地带。两侧是较为平缓的坡状沙丘，起点处缓坡上有一条沿墙体底部的流水冲沟，其余平坦处两侧生长有大量沙漠植被，有多片林区，主要生长有松树、杨树、沙蒿、柠条、沙棘等。整体呈东北—西南走向，长 1205 米，其中，保存较差 887 米、差 202 米，消失 116 米，为土墙。

墙体起点位于芹河乡麻界村东北约 2.05 千米，高程 1199.6 米；止点位于芹河乡麻界村北 0.89 千米，高程 1177.5 米。（图八五六）

墙体整体保存较差。墙体因受风雨侵蚀、沙漠掩埋和道路通过的破坏消失 116 米、沙漠掩埋 202 米。墙体上和两侧生长有杂草，表面有放牧啃噬的凹坑和虫蚁洞穴。起点西南 0.08 千米处为断点 1，0.42 千米处为断点 2，0.624 千米处为断点 3，0.669 千米处为拐点，0.679 千米处为断点 4，0.874 千米处为断点 5，1.205 千米处为止点。

墙体为自然基础上夯筑而成。部分墙体呈锯齿状，底宽 3、顶宽 1.4、内高 1.4、外高 3.2 米。（图八五七）

该段墙体起点处有麻界村 1 号（0146 号）马面，起点西南 0.183 千米处有麻界村 2 号（0147 号）马

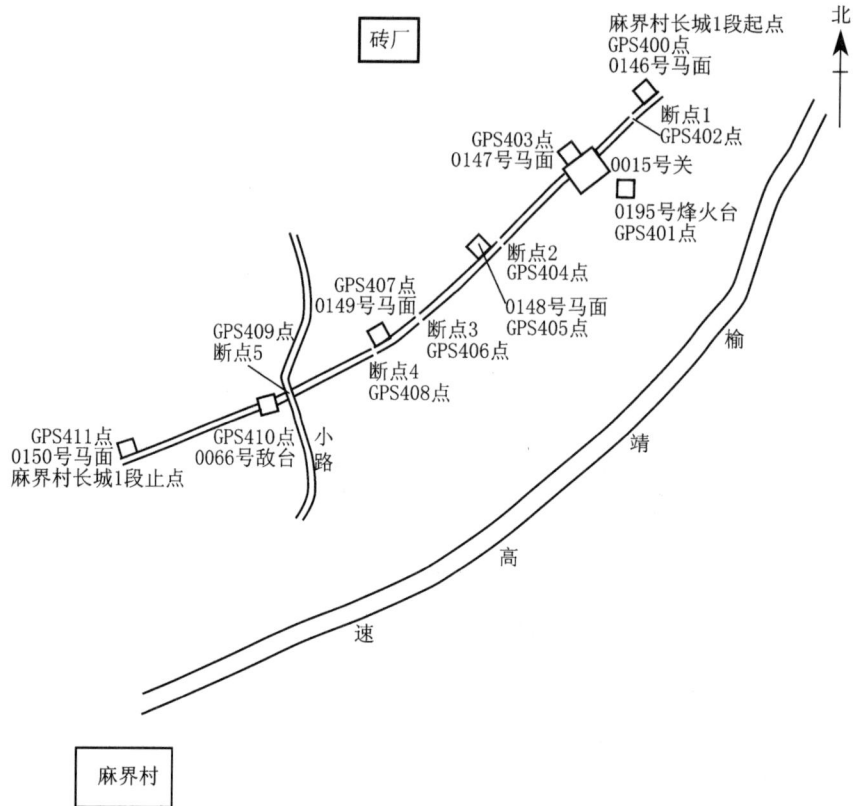

图八五六　麻界村长城1段位置示意图

面，再向西南0.252千米处有麻界村3号（0148号）马面，前行0.234千米有麻界村4号（0149号）马面，前行0.235千米有麻界村1号（0066号）敌台，前行0.294千米有麻界村5号（0150号）马面为墙体止点、麻界村长城2段墙体起点。麻界村有居民110余人，以汉族为主，附近有多条乡村土路。

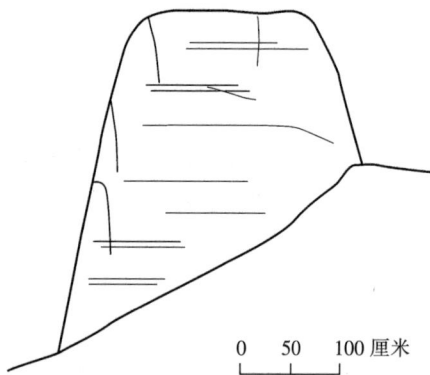

图八五七　麻界村长城1段墙体立面图

（五三）麻界村长城2段（6108023821011 70053）

该段墙体位于芹河乡麻界村东南的沙漠草滩地带。两侧是波状沙丘地貌，生长有大量柠条、沙柳等沙漠植被，部分地表与墙体相连呈斜坡状，墙体表面生长有柠条。麻界村7号（0152号）马面东北约0.04千米处有一块矩形耕地。整体呈东北—西南走向，长1004米，其中，保存较差979米、消失25米，为土墙。

墙体起点位于芹河乡麻界村北约0.85千米，高程1177.5米；止点位于芹河乡麻界村东南1.3千米，高程118米。（图八五八）

墙体整体保存较差。墙体起点西南约0.09千米处墙体被沙漠掩埋为断点1，0.853千米处为断点2，1.004千米处为止点。墙体两侧剥落严重，因受风雨侵蚀、沙漠掩埋和道路通过的破坏消失25米、沙漠掩埋20米、道路断口5米。墙体上和两侧生长有杂草，表面有多个锯齿状的豁口、多条裂缝、多个凹坑等。麻界村7号马面东0.071千米处墙体上有一个铲削形成的凹坑。

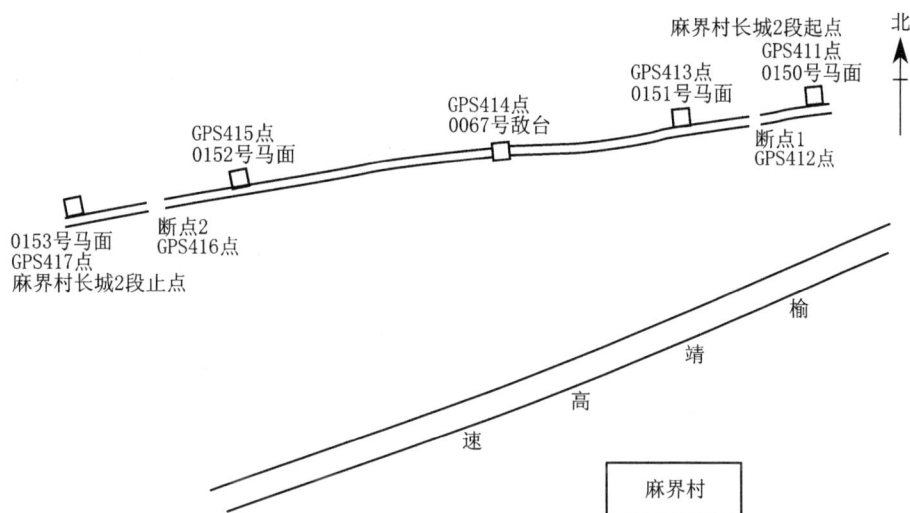

图八五八　麻界村长城2段位置示意图

墙体为自然基础上夯筑而成。部分墙体呈锯齿状，底宽3、顶宽0.4米，内高1.2、外高3米。（图八五九）

该段墙体起点西南0.174千米处有麻界村6号（0151号）马面，前行0.25千米有麻界村2号（0067号）敌台，前行0.345千米有麻界村7号（0152号）马面，再向西南0.235千米有麻界村8号（0153号）马面为墙体止点、麻界村长城3段墙体起点。

麻界村附近有多条乡村土路，有长庆管线用路穿越长城墙体，南0.5～1千米处有榆（林）靖（边）高速公路。

（五四）麻界村长城3段（610802382101170054）

该段墙体位于芹河乡麻界村附近。地处沙漠草滩地带，两侧是波状沙丘地貌。附近多为沙漠，墙体仅存上部或被沙漠掩埋，部分地段种植有杨树，根系露出地表，沙蒿等

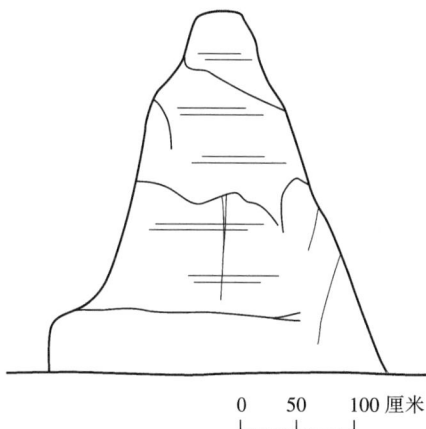

图八五九　麻界村长城2段墙体立面图

植被有枯萎迹象，起点到止点地势逐步抬高。整体呈东北—西南走向，长1630米，保存较差1388米、消失242米，为土墙。

墙体起点位于芹河乡麻界村东南1.3千米，高程118米；止点位于芹河乡前湾滩村南约1.1千米，高程1219.9米。（图八六〇）

墙体整体保存较差。墙体两侧剥落严重，受沙土掩埋和侵蚀严重，仅存部分墙体上部，两侧多为沙漠，顶部有较多的昆虫洞穴。起点西南约0.6千米处是断点1，墙体消失155米；前行0.326千米为拐点1；前行0.022千米为拐点2；前行0.093千米是断点2，墙体消失87米。

墙体为自然基础上夯筑而成。部分墙体呈锯齿状，底宽3.1、顶宽0.2、高3米，推测沙梁下可能保存墙基。（图八六一）

该段墙体起点西南0.3千米处有麻界村3号（0068号）敌台，前行0.626千米有前湾滩村（0069号）敌台，敌台西南0.53千米处有前湾难村1号（0154号）马面；前行0.251千米有前湾滩村2号

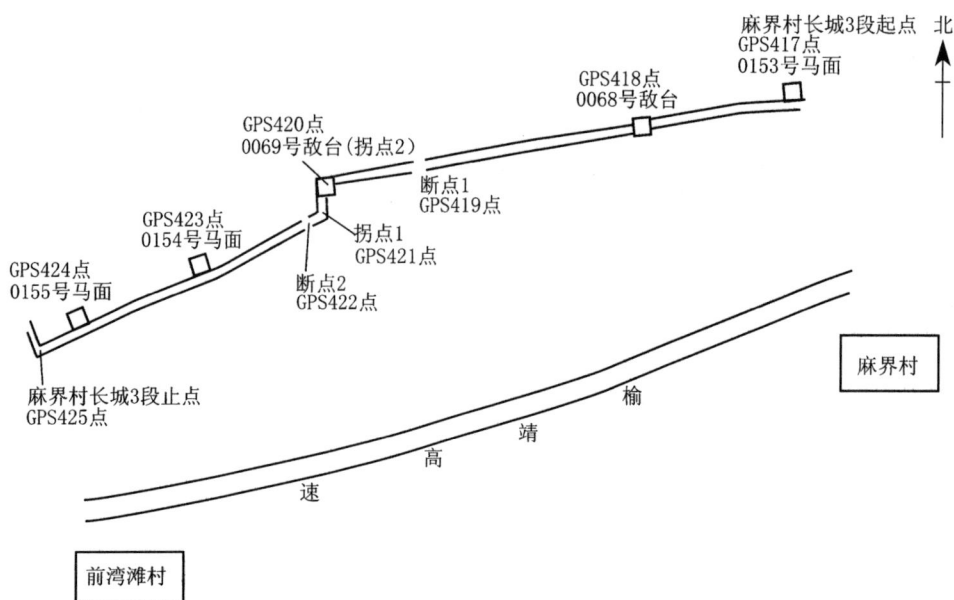

图八六〇　麻界村长城 3 段位置示意图

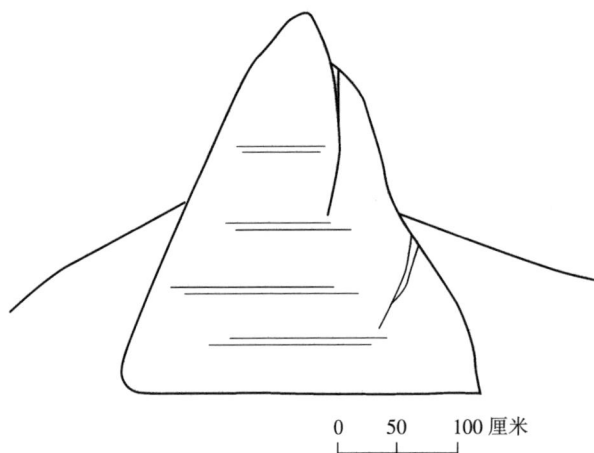

图八六一　麻界村长城 3 段墙体立面图

（0155 号）马面，马面西南 0.11 千米处为墙体止点、十六台村长城 1 段墙体起点。麻界村有居民 110 余人，以汉族为主。附近有多条乡村土路，有长庆管线用路穿越长城墙体，南 0.5 ~ 1 千米内有榆（林）靖（边）高速公路。

（五五）十六台村长城 1 段 （610802382101170055）

该段墙体位于芹河乡十六台村附近。地处沙漠草滩地带，起点处是一个山峁，有一片杨树林区；向西南逐步降低为平坦的沙漠，覆盖有沙蒿、柠条等植被，部分墙体上生长有大量柠条，使墙体和地表连为一体。整体呈东北—西南走向，长 978 米，其中，保存较差 970 米、消失 8 米，为土墙。

墙体起点位于芹河乡前湾滩村南约 1.1 千米，高程 1219.9 米；止点位于芹河乡十六台村中，高程 1201.2 米。（图八六二；彩图一七九）

墙体整体保存较差。墙体起点西北 0.121 千米处是拐点；西南 0.773 千米处是断点，0.978 千米处是止点。墙体两侧壁面剥落严重，因道路破坏消失 8 米。墙体两侧地势较为平坦，大致相连。墙体上有多个豁口，使墙体呈锯齿状，外侧与地表呈斜坡状，内侧较高，植被生长对墙体破坏极大。

墙体为自然基础上夯筑而成。墙体底宽 3、顶宽 0.5、内高 4、外高 4.5 米。（图八六三）

该段墙体起点西北 0.121 千米处有十六台村 1 号（0156 号）马面和十六台村（0016 号）关，前行 0.227 千米有十六台村 2 号（0157 号）马面，前行 0.42 千米有十六台村 3 号（0158 号）马面。十六台村 3 号马面东南 0.043 千米处有十六台村（0196 号）烽火台；西南 0.21 千米处有十六台村 4 号

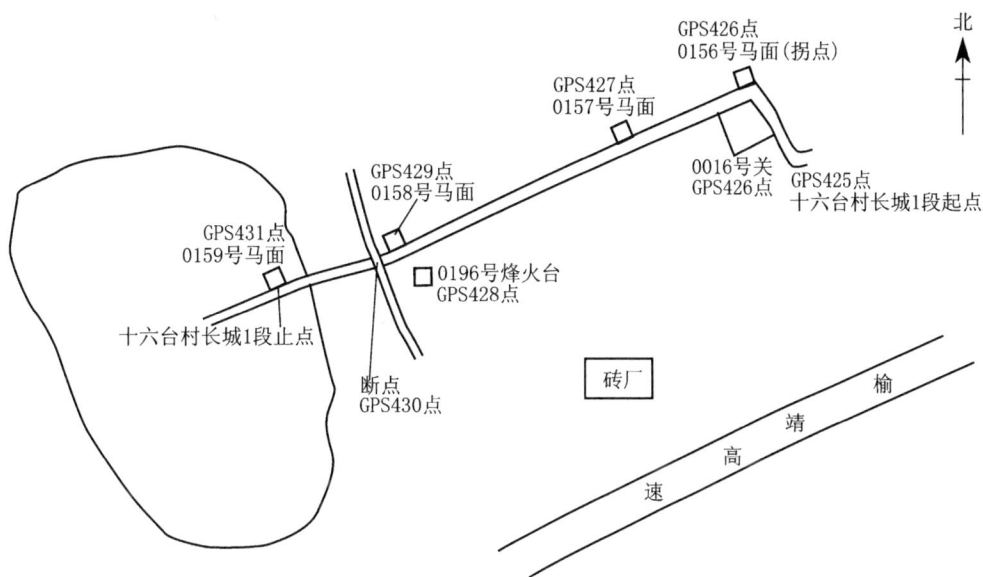

图八六二 十六台村长城 1 段位置示意图

（0159 号）马面，为墙体止点、十六台村长城 2 段墙体起点。十六台村有条多乡村土路，南 0.5～1 千米内有榆（林）靖（边）高速公路。十六台村有居民 300 余人，以汉族为主。

（五六）十六台村长城 2 段（610802382101170056）

该段墙体位于芹河乡十六台村附近。整体呈东北—西南走向，长 1238 米，其中，保存较差 944 米、消失 294 米，为土墙。

墙体起点位于芹河乡十六台村中，高程 1201.2 米；止点位于芹河乡十六台村西南 1 千米，高程 1182.1 米。（图八六四）

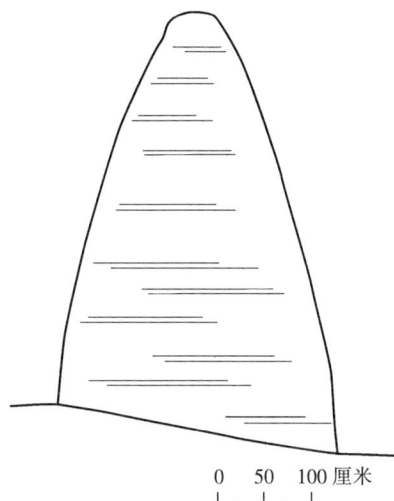

图八六三 十六台村长城 1 段墙体立面图

墙体整体保存较差。墙体两侧壁面剥落严重，因耕地占用消失 294 米。墙体两侧地势较为平坦，墙体上有墓葬和堆积的庄稼等。起点、十六台村 4 号（0159 号）马面西南 0.417 千米处为断点 1，前行 0.294 千米耕地区是断点 2；1.238 千米处为止点。

墙体为自然基础上夯筑而成。墙体顶部剥落严重，呈刀刃状分布。

墙体起点西南 0.991 千米处有十六台村 5 号（0160 号）马面，前行 0.247 千米有十六台村（0070号）敌台，为止点、二十台村长城墙体起点。

该段墙体地处榆阳区西部的沙漠草滩地带，起点处是十六台村中的平坦地带，起点到断点 1 墙体两侧有十六台村居民区，墙体两侧有多块铲平的"场"，用于堆放杂草或打粮。断点 2 处墙体北侧有一条小河，周边长满水草，断开的墙体被清理为平坦的耕地，有多条水渠，有大量树木等植被。十六台村有居民 300 余人，以汉族为主。十六台村附近有条多乡村土路，南 0.5～1 千米内有榆（林）靖（边）的高速公路。

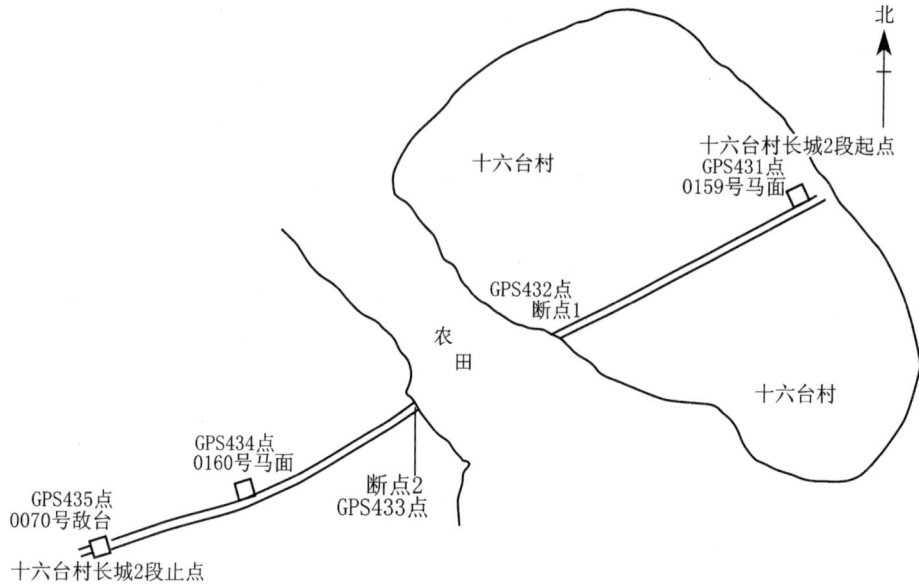

图八六四　十六台村长城 2 段位置示意图

（五七）二十台村长城（610802382101170057）

　　该段墙体位于芹河乡二十台村及其附近。地处沙漠草滩地带，两侧是较为平缓的沙漠丘陵地貌，西南地势较高，沿墙体生长有柳树、柠条等植被，两侧黄沙流动与墙体呈斜坡状。部分地段黄沙裸露，植被较少。整体呈东北—西南走向，长 1480 米，其中，保存差 1300 米、消失 180 米，为土墙。

　　墙体起点位于芹河乡十六台村西南约 1 千米，高程 1182.1 米；止点位于芹河乡三十台村东约 0.6 千米处，高程 1193.8 米。（图八六五）

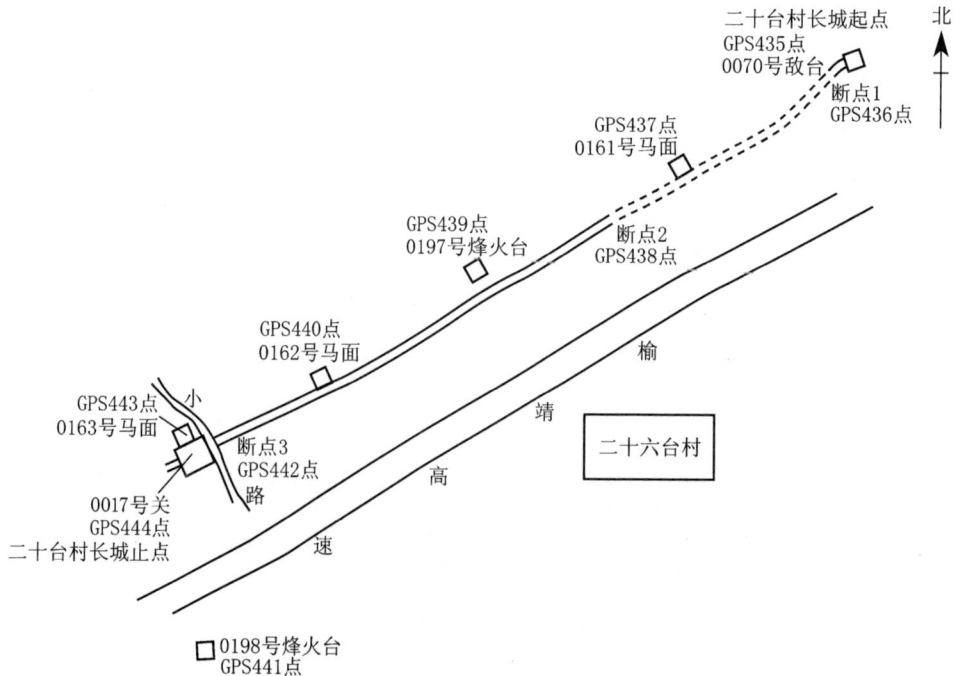

图八六五　二十台村长城位置示意图

墙体整体保存差。墙体起点西南 0.013 千米处为断点 1，是长庆天然气管线用路造成，宽 10 米，该点西南墙体消失 162 米，至断点 2；位于二十台村（0197 号）烽火台东北 0.165 千米处有一条宽 3 米的乡村土路；断点 3 位于止点、三十台村（0017 号）关东侧，是一条宽约 5 米的大车路。墙体两侧有大量沙漠植被，部分在墙体上生长。墙体仅存上部，两侧呈斜坡状与地面相连。二十台村 1 号（0161 号）马面西南 0.131 千米处有 28 米墙体被挖掘成槽状，用于种植杨树。墙体上有 3 处断点，共消失约 180 米。

墙体为自然基础上夯筑而成，夯层厚约 0.1 米，夯土为黄土和红胶土夹杂大量白色料礓石。墙体底宽 4~8、高 3 米，推测沙梁下可能保存墙基。（图八六六）

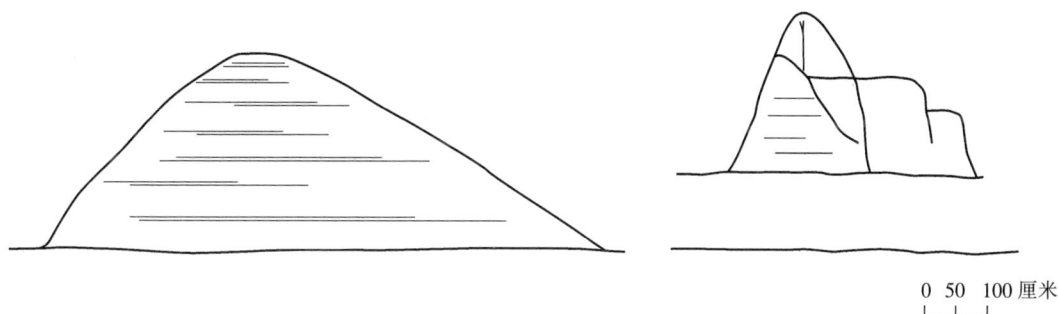

0　50　100 厘米

图八六六　二十台村长城墙体立面图

该段墙体起点处有十六台村（0070 号）敌台，西南 0.322 千米处二十台村 1 号（0161 号）马面，前行 0.562 千米有二十台村（0197 号）烽火台，前行 0.324 千米为二十台村 2 号（0162 号）马面，前行 0.259 千米有三十台村关和三十台村 1 号（0163 号）马面，为止点、三十台村长城 1 段墙体起点。墙体西南距榆（林）靖（边）高速公路约 0.3 千米。二十台村有居民 60 余人，以汉族为主。

（五八）三十台村长城 1 段（6108023821 01170058）

该段墙体位于芹河乡三十台村附近的沙漠丘陵地貌。由东北—西南地势逐渐升高，两侧植被较少，部分地表黄沙裸露。整体呈东北—西南走向，长 1367 米，其中，保存较差 1196 米、消失 171 米、为土墙。

墙体起点位于芹河乡三十台村东 0.6 千余米，高程 1193.8 米；止点位于芹河乡外三十台村北 0.258 千米，高程 1190.1 米。（图八六七）

墙体整体保存较差。墙体起点西南 0.74 千米处为断点 1，0.89 千米处为断点 2，1.027 千米处为断点 3，1.367 千米处为止点。墙体两侧壁面剥落严重，两侧由于沙漠流动呈斜坡状，仅存上部，部分墙体上生长有柠条，有 171 米消失。墙体顶部剥落呈刀刃状，三十台村 5 号（0167 号）马面和三十台村 6 号（0168 号）马面之间墙体上有大量用于植树的坑槽。

墙体为自然基础上夯筑而成，夯层厚 0.8~0.12 米，夯土质地较粗糙，夯土内含有料礓石、草木灰等，推测沙梁下可能保存墙基。

该段墙体起点处有三十台村（0017 号）关，西南 0.314 千米处有三十台村 2 号（0164 号）马面，前行 0.225 千米有三十台村 3 号（0165 号）马面，前行 0.316 千米有三十台村 4 号（0166 号）马面，前行 0.275 千米有三十台村 5 号（0167 号）马面，再向西南 0.237 千米处有三十台村 6 号（0168 号）马面，为墙体止点、三十台村长城 2 段墙体的起点。墙体南侧有高速公路。三十台村有居民 240 余人，以汉族为主。

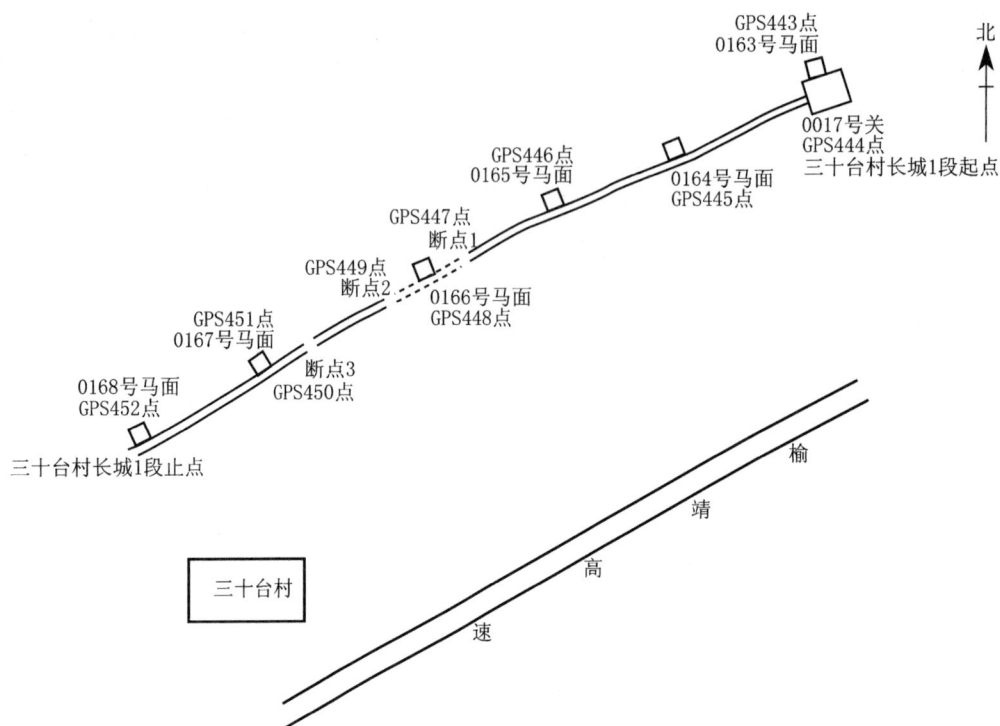

图八六七 三十台村长城1段位置示意图

（五九）三十台村长城2段（610802382101170059）

该段墙体位于芹河乡外三十台村附近的沙漠丘陵地带。所处地势较为平坦，起点处植被旺盛，主要生长有杏、枣树林和杨、柳树林，其余大部分墙体两侧植被较少，部分地表黄沙裸露。整体呈东北一西南走向，长2168米，其中，保存较差1993米、消失175米，为土墙。

墙体起点位于芹河乡外三十台村北0.258千米，高程1190.1米；止点位于芹河乡外三十台村西南约1.7千米，高程1178.1米。（图八六八）

墙体整体保存差。墙体被一条土路占用，仅存墙基断面，有175米的消失段，分别是一条土路和榆（林）靖（边）高速公路形成的断口。

墙体起点西南0.416千米处为断点1，有长36米的土路，位于三十台村7号（0169号）马面西南；断点2位于三十台村1号（0071号）敌台西南0.343千米处，断点3位于三十台村2号（0072号）敌台东北0.395千米处，之间是榆（林）靖（边）高速公路及其绿化带形成的断口。

该段墙体为自然基础上夯筑而成。墙体起点处有三十台村6号（0168号）马面，西南0.38千米处有三十台村7号马面，墙体在马面西南的土路上向西南偏转，前行0.619千米有三十台村8号（0170号）马面，前行0.256千米有三十台村1号（0071号）敌台，前行0.877千米有三十台村2号敌台，为墙体止点、三十台村长城3段墙体的起点。墙体被高速公路穿越，一条土路占用了墙体。

（六〇）三十台村长城3段（610802382101170060）

该段墙体位于芹河乡外三十台村附近。整体呈东北一西南走向，长3267米，其中，保存差2263米、消失1004米，为土墙。

墙体起点位于芹河乡外三十台村西南约1.7千米，高程1178.1米；止点位于芹河乡黄沙七墩村西

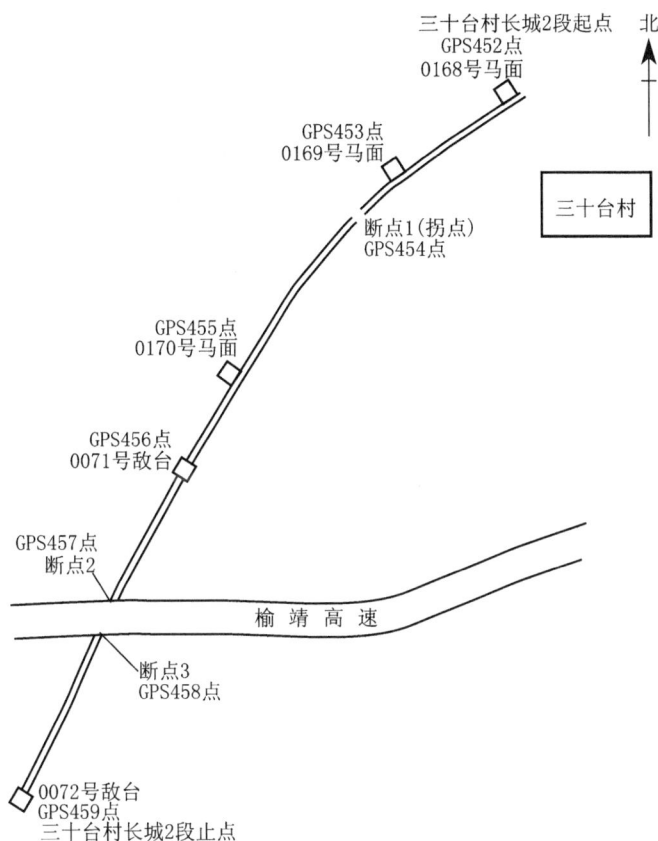

图八六八　三十台村长城 2 段位置示意图

南端，高程 1162.8 米。（图八六九）

　　墙体整体保存差。墙体被一条土路占用，仅存墙基断面，有 1004 米的消失段，是黄沙七墩村所在位置，村中树木旺盛，道路纵横，有多块平整的耕地。起点西南 2.263 千米处为断点，断点至止点是黄沙七墩村，止点处发现长城墙体，之间距离约 1.004 千米。

　　墙体为自然基础上夯筑而成。墙体起点西南 0.833 千米处有三十台村 9 号（0171 号）马面，前行 0.876 千米有黄沙七墩村（0199 号）烽火台，烽火台西南 1.558 千米是墙体止点、黄沙土墩村长城 1 段墙体起点。

　　该段墙体位于榆阳区西南部的沙漠丘陵地区，地势较为平坦。外三十台村中有多条土路交错纵横，墙体被一条土路占用，土路两侧地势平坦，AB 段周边是荒漠，植被较少；BC 段是黄沙七墩村，村中有多片柳树林和平坦的耕地。

（六一）黄沙七墩村长城（610802382101170061）

　　该段墙体位于芹河乡黄沙七墩村附近的沙漠地带。墙体起点处是黄沙七墩村，村中植被旺盛，环境较好，其余大部分黄沙裸露，地势较为平缓，沙丘上长有黄蒿、柠条等植被。整体呈东北—西南走向，长 1836 米，为土墙。

　　墙体起点位于芹河乡黄沙七墩村西南端，高程 1162.8 米；止点位于芹河乡黄沙七墩村西南 1.836 千米，高程 1164.9 米。（图八七〇）

三十台村长城3段起点
GPS459点
0072号敌台

北

C

GPS460点
0171号马面

GPS461点
0199号烽火台

黄沙七墩村

断点
B
GPS462点

A

GPS463点
三十台村长城3段止点

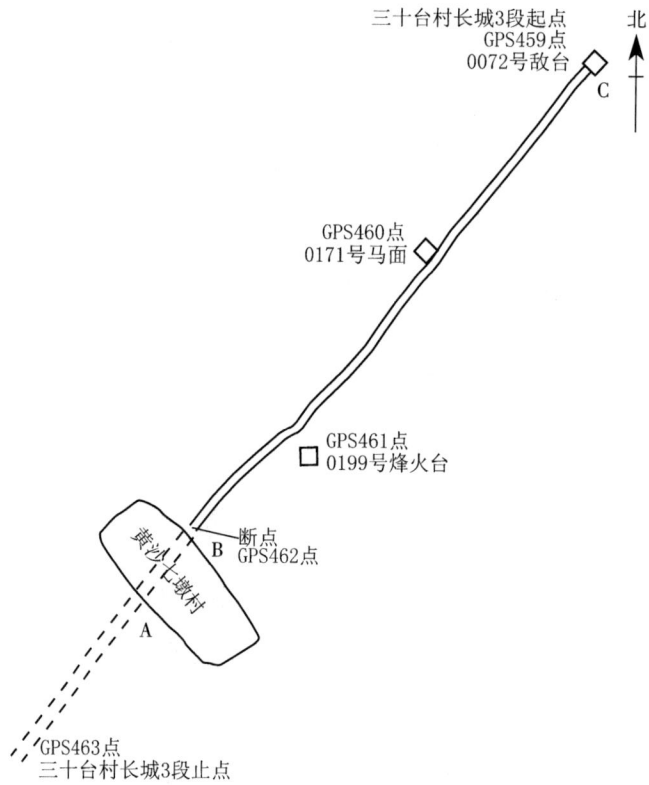

图八六九　三十台村长城3段位置示意图

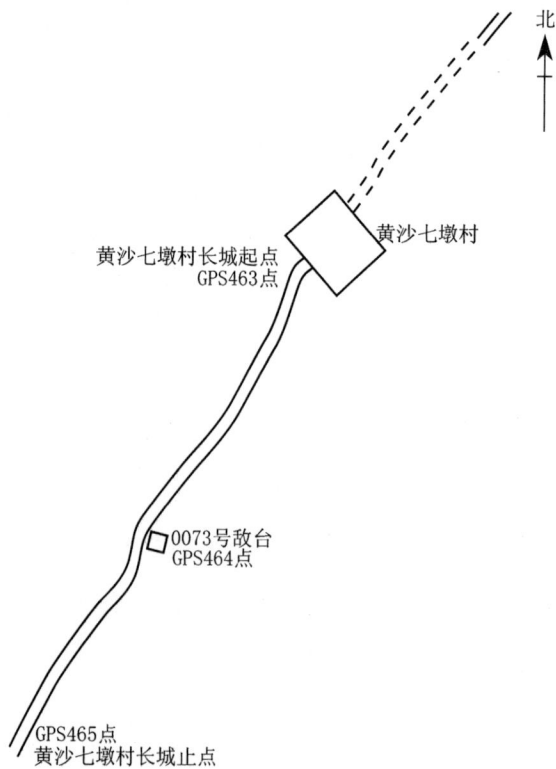

北

黄沙七墩村长城起点
GPS463点

黄沙七墩村

0073号敌台
GPS464点

GPS465点
黄沙七墩村长城止点

图八七〇　黄沙七墩村长城位置示意图

墙体整体保存差。墙体基本消失，起点处有一段墙体轮廓，大部分被黄沙掩埋，其余被一条道路占用，墙体顶部为路面，部分地段有铲削后保留的墙体。

墙体夯筑而成，大部分被铲削。该段墙体起点西南约 1.001 千米处有黄沙七墩村（0073 号）敌台，止点连接横山县龙泉墩长城 1 段墙体起点。黄沙七墩村有居民 600 余人，以汉族为主。

（六二）郑窑则村长城（610802382101170062）

该段墙体位于红石桥乡郑窑则村附近与横山县交界处的黄土沟壑地带。周边地势起伏较大，植被较少，两侧有铲削平整的土地，有墓葬区，土地多荒芜，林木枯萎较多。整体呈东北—西南走向，长1276 米，其中，保存差 1124 米、消失 152 米，为土墙。

墙体起点位于红石桥乡郑窑则村东 1.35 千米，高程 1126.2 米；止点位于红石桥乡郑窑则村东南1.2 千米，高程 1100.3 米。（图八七一；彩图一八〇）

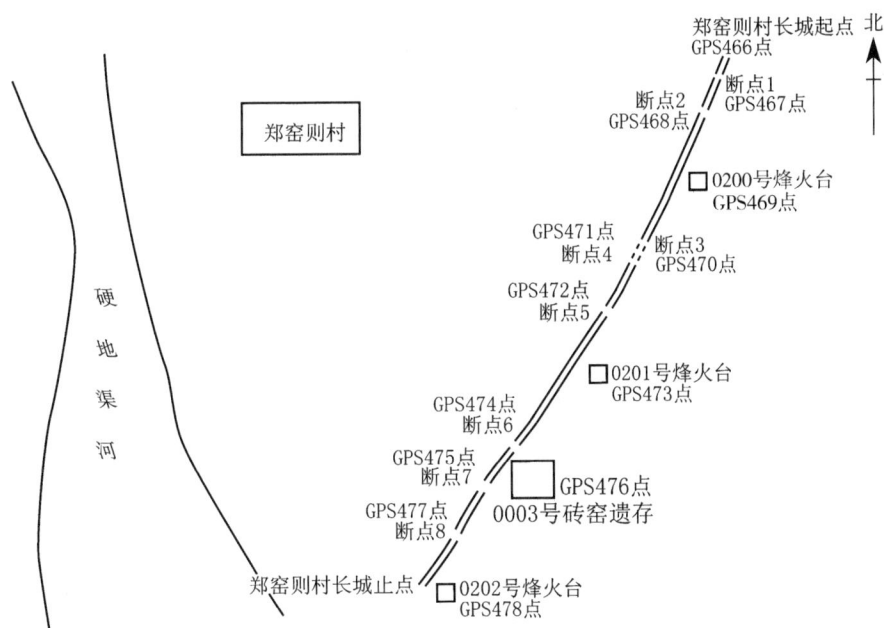

图八七一　郑窑则村长城位置示意图

墙体整体保存较差。墙体起点为榆阳区和横山县界碑处，界碑位于墙体上。起点西南 0.015 千米处为断点 1，是一个宽约 40 米的冲蚀断口；前行 0.089 千米为断点 2，是一条穿越长城墙体的土路，宽 3 米；前行 0.22 千米为断点 3，与断点 4 之间是宽 62 米的冲蚀断口，中间有一条土路；前行 0.083千米是断点 5，为宽约 3 米土路断口；前行 0.423 千米为断点 6，为宽 20 米的冲沟；前行 0.078 千米为断点 7，是宽 17 米的土路断口；断点 8 位于止点、郑窑则村 3 号（0202 号）烽火台东北 0.112 千米处，是宽约 31 米的冲蚀断口。墙体起伏较大，两壁剥落严重，顶部呈刀刃状，有 152 米的消失段，为冲蚀断口和土路断口。墙体周边植被较少，土壤较干旱，墙体上有很多昆虫洞穴。部分段墙体上生长有柠条，有多处被挖掘。

墙体为自然基础上夯筑而成，夯层厚 0.1 ~ 0.15 米，夯土较为纯净。墙体底宽 3、内高 1.8、外高2.5 米。（图八七二）

该段墙体起点东北连接横山县沙界沟 ~ 榆（阳区）横（山县）界碑段长城止点，起点西南 0.245

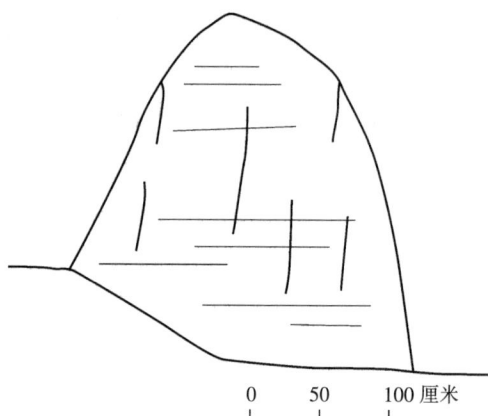

图八七二　郑窑则村长城墙体立面图

千米墙体内侧有郑窑则村 1 号（0200 号）烽火台，前行 0.44 千米墙体内侧有郑窑则村 2 号（0201 号）烽火台，前行 0.591 千米墙体内侧有郑窑则村 3 号（0202 号）烽火台，为墙体止点、长城峰村长城起点。墙体西 0.034 千米处有一条南北向的乡村土路。郑窑则村有居民 400 余人，以汉族为主。

（六三）长城峰村长城（610802382101170063）

　　该段墙体位于红石桥乡长城峰村附近与横山县交界处的黄土沟壑地带。部分地表沙漠化严重，部分段墙体两侧地势起伏较大，植被发育较差。部分段墙体在长城峰村中，大部分消失，地势较平坦，有一座砖厂，另有平整的耕地和密集的院落。整体呈东北—西南走向，长 1575 米，其中，保存差 749 米、消失 826 米，为土墙。

　　墙体起点位于红石桥乡郑窑则村东南 1.2 千米，高程 1100.3 米；止点位于红石桥乡长城峰村中，高程 1048.9 米。（图八七三；彩图一八一）

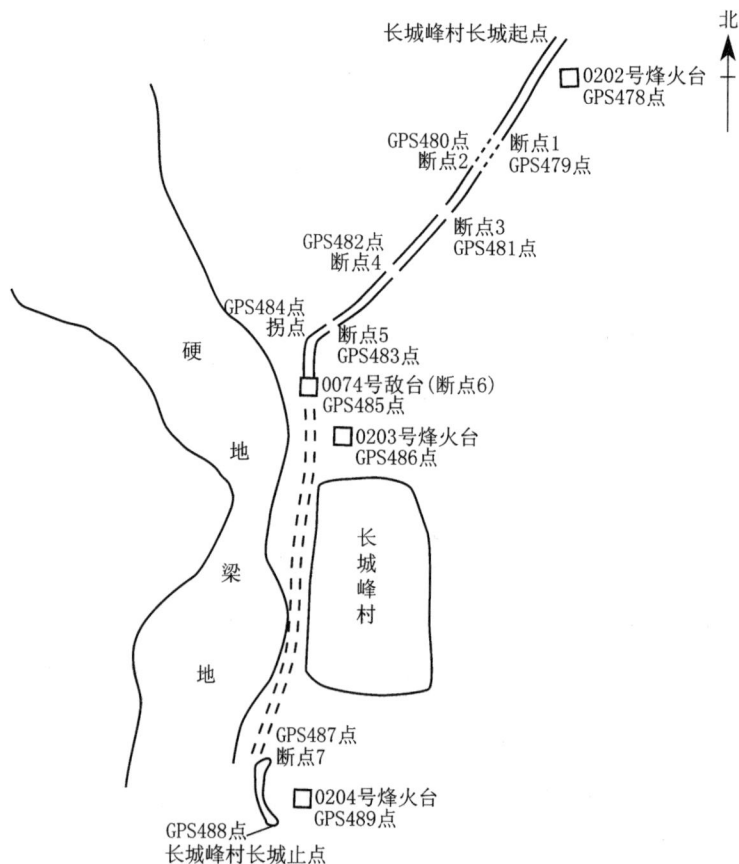

图八七三　长城峰村长城位置示意图

墙体整体保存较差。墙体起点西南 0.225 千米处为断点 1，与断点 2 之间为雨水冲刷形成的断口，宽 70 米；前行 0.026 千米有一条宽 11 米的大车路，为断点 3；前行 0.193 千米为断点 4，有一条宽 17 米的沙沟，生长有 2 棵榆树；前行 0.115 千米是宽 25 的深沟为断点 5；前行 0.057 千米是拐点；前行 0.033 千米处的断点 6、长城峰村（0074 号）敌台南侧起是长 700 米的消失段，之间有居民区和砖厂等，该消失段终点为断点 7，止点处是硬地梁河东岸。该段墙体消失较多，由于冲蚀和土路断口消失 126 米，由于山体滑坡、当地居民生产生活活动

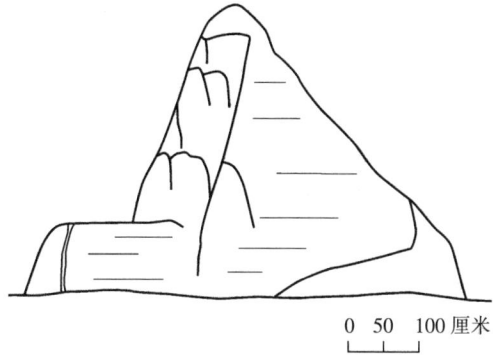

图八七四　长城峰村长城墙体立面图

消失 700 米。其余墙体两侧壁剥落严重，与地表呈斜坡状，顶部呈刀刃状，部分墙体上生长有柠条等植被，墙体断面上有较多的昆虫洞穴。

墙体为自然基础上夯筑而成，夯层厚 0.10～0.15 米，夯土土质较为纯净。墙体底宽 6.4、顶宽 0.4、高 4 米。（图八七四）

该段墙体起点西南 0.772 千米处有长城峰村敌台，长城峰村敌台东南 0.091 千米处有长城峰村 1 号（0203 号）烽火台。起点南 0.785 千米处为墙体止点，止点东 0.067 千米处有长城峰村 2 号（0204 号）烽火台，止点西南连接横山县无定河河险起点。

二　单体建筑

榆阳区明长城大边单体建筑主要分为敌台、马面和烽火台三大类。此次共调查单体建筑 216 座，其中，敌台 74 座、马面 97 座、烽火台 45 座。

敌台有 74 座，台体皆用黄土夹杂料礓石（部分敌台夯土中夹杂有红胶土、石块、砖、瓦片、瓷片、草木灰等）夯筑而成，夯层厚 0.04～0.21 米。其中，有台基者 39 座，占敌台总数的 53.42%；带围墙者有 26 座，占敌台总数的 35.61%；有券洞者 4 座，占敌台总数的 5.47%；包砖者有 25 座，占敌台总数的 34.25%，包砖均被拆除。台体平面呈矩形者有 40 座，占敌台总数的 54.79%；呈圆形者有 8 座，占敌台总数的 11%；呈其他形状者有 25 座。现存敌台的尺寸各不相同，除六墩村 3 号敌台、镇北台敌台较大外，其余底部边长多小于 20 米；顶部边长 2～14.8 米，除镇北台敌台外，其余现存高度均小于 8.8 米。敌台均有不同程度的损毁，其中镇北台敌台经修缮后保存完好。

马面有 97 座，台体皆用黄土夹杂料礓石（部分马面夯土中夹杂有红胶土、石块、砖、瓦片等）夯筑而成，夯层厚约 0.05～0.24 米，以 0.05～0.18 米为主。其中，有台基者仅 1 座，占马面总数的 1.03%；有券洞者 9 座，占马面总数的 9.28%；有包砖者 68 座，占马面总数的 70.10%，大部分包砖被拆除。台体平面呈矩形者有 83 座，占马面总数的 85.57%；呈圆形者 1 座，占马面总数的 1.03%；呈其他形状者有 13 座。现存马面尺寸各不相同，底部边长 2.9～12、顶部边长 0.5～9.92、高 1.6～12.15 米。马面均有不同程度的损毁。

烽火台有 45 座，台体皆用黄土夹杂料礓石（部分烽火台夯土中夹杂有石块、砖等）夯筑而成，夯层厚 0.04～0.25 米。其中，带围墙者 6 座，占烽火台总数的 13.33%；有券洞者 7 座，占烽火台总数的 15.56%；包砖者 5 座，占烽火台总数的 11.11%，大部分包砖被拆除；有台基者 17 座，占烽火台总数的的 37.78%。台体平面呈矩形者 31 座，占烽火台总数的 68.89%；呈圆形者 8 座，占烽火

17.78%；呈其他形状者6座。现存烽火台尺寸各不相同，底部边长4~25米，以6~15米为主，个别如麻界村1号烽火台、马圈沟村1号烽火台、三十台村烽火台、郑窑则村2号烽火台、海则沟村1号烽火台底部边长超过20米；顶部边长1~16米，以2~8米为主，有3座超过10米，三十台村烽火台顶部边长达16米；高1.4~11米，以2~9米为主。烽火台均有不同程度的损毁。

各单体建筑分述如下。

（一）赵家峁村1号敌台（6108023521011700001）

该敌台位于大河塔乡赵家峁移民新村北0.67千米的山峁上。地处沙漠草滩地带。东侧0.1千米处为山坡，坡度较缓，之外坡度较为陡峭；南侧5米处为沙梁，之间为沟；西侧为墙体所在，坡度较小；北侧为斜坡，坡度陡峭，0.12千米处有沙丘。高程1199.9米。

敌台因雨水冲刷侵蚀、动物洞穴和植物根系破坏、在台体附近栽种有柠条等原因，整体保存差。台体顶部坍塌，东高西低，西南角有一个深坑，长3.2、宽2.3、高1米；南壁坍塌宽2.6米，高达顶部，进深0.5米；北壁坍塌，可由此登顶。台体坍塌处呈斜坡状。

台体用黄土夹杂料礓石夯筑而成，夯层厚0.08~0.12米。台体平面呈近矩形，剖面呈梯形，底部东、西均长8、南面长8.3、北面长8.5米；顶部坍塌，东高西低，南面长5.5米，东面残存部分长3.4、宽0.6~1、高1.5米；东壁高7.5、西壁高5.8米。台体东壁有登台券洞，券洞口略呈梯形，券洞口顶宽0.5、底宽1.2、高1米，进深1.5米，由于内部坍塌，不能由券洞登顶。夯土基座平面呈矩形，底部东西22.6、南北18米，顶部东西19.6、南北15米，高1~3米。台体周围散落有残砖和瓦片等，砖宽20、厚6厘米，瓦片厚1.5厘米。（图八七五）

该敌台位于兰家峁村长城墙体上，东北距兰家峁村马面0.66千米，南距榆（林）西（沟）公路0.3千米，南0.15千米处有一条土路。赵家峁移民新村已建成，尚未有人居住。

（二）赵家峁村2号敌台（6108023521011700002）

该敌台位于大河塔乡赵家峁移民新村（组）西0.476千米。地处沙漠草滩地带。西、北侧为耕地，较为平坦；南侧0.1千米处为山坡，呈上坡趋势；西侧为墙体所在，呈上坡趋势，坡度平缓。高程1205.3米。

敌台由于雨水冲刷侵蚀、动物洞穴、人为在台体上挖掘、台体附近开垦耕地、拆除台体包砖等原因，整体保存较差。台体东壁顶部有宽6米的豁口，坍塌呈斜坡状，进深2.2，可由此登；南壁底部有窑洞，宽1、高1.5、进深4.5，洞内有火炕；西壁底部有动物洞穴，外大内小，外侧洞宽1.6、高2、进深1米，内侧洞宽0.7、高0.4、进深不详，顶部有豁口，宽1.4、高1.5、进深1.2米，豁口底部为水冲沟，直达底部；北壁底部有人为挖掘的近矩形的坑，长4.8、宽2、高1.8米，对台体造成威胁，为当时拆除台体包砖石所形成。

台体内部用黄土、石块、砖夹杂料礓石夯筑而成，夯层厚0.1~0.17米。台体包石砖被当地居民拆除。台体平面呈矩形，剖面呈梯形，底部东西11、南北11.7，顶部东西7.5、南北7.8米，高6.4米。夯土基座平面呈矩形，东西20、南北23米，高3.2米，坍塌呈斜坡状。台体顶部和周围散落有大量残砖、瓦片等，塌土内夹杂有砖等，砖宽21、厚7厘米，瓦片厚1.8厘米。（图八七六）

该敌台东距赵家峁村敌台0.86千米，西南距赵家峁村堡0.51千米，东0.115千米处有榆（林）西（沟）公路，0.04千米处有乡村土路。

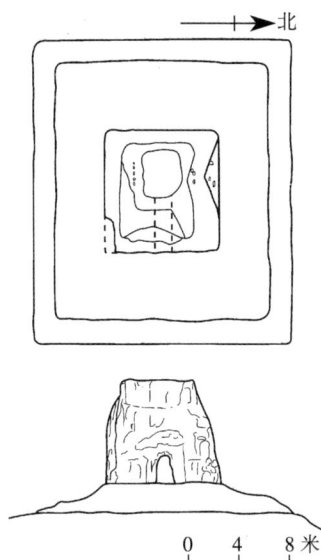

图八七五　赵家峁村1号敌台平、立面图

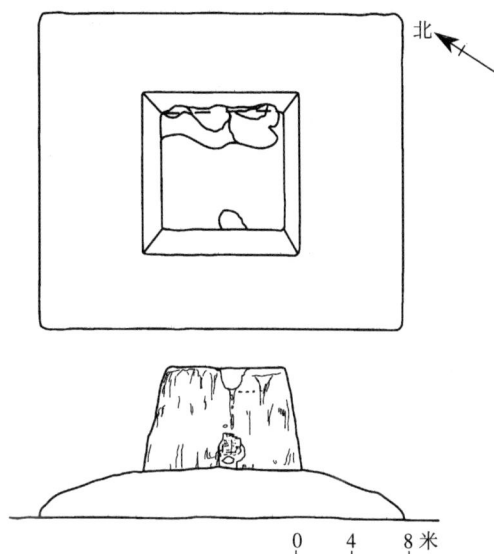

图八七六　赵家峁村2号敌台平、立面图

（三）赵家峁村3号敌台（610802352101170003）

该敌台位于大河塔乡赵家峁移民新村西1.06千米的山梁上。地处沙漠草滩地带，东0.01千米处有沟，沟宽2~8、高4.6米，沟边为乡村土路；南侧为缓坡；西0.1千米处有深沟，坡度陡峭；北0.03千米外为沟，附近为荒草地。高程1216.9米。

敌台整体保存较差。台体底部有深槽，据当地村民讲，深槽主要是因为拆除台体底部石条而形成，槽宽0.6、深1.2米，与台体同长。台体包砖被当地居民拆除，周围散落有大量残砖及堆积土。台体北壁顶部有豁口，宽1.2、高1.8、进深0.6米。

台体内部用黄土夹杂料礓石、石块夯筑而成，夯层厚0.09~0.13米。台体外部下层包石上层包砖，已无存。台体平面呈矩形，剖面呈梯形，底部东西8.7、南北9.6米，顶部东西7.5、南北8.4米，高7米。台体南壁高3米处有登台券洞，洞口略呈梯形，顶宽1、底宽1.4、高1.5米，进深1.7米，洞内呈圆形，直径3、高4米。台体附近发现有两种类型的砖和瓦片，一种砖宽17、厚5.5厘米，另一种砖宽20、厚7厘米，瓦片厚1.5厘米。据当地居民讲，拆除的石条需要20个青年才能抬起，可想当时修建敌台时需要的人力和物力。（图八七七；彩图一八二）

该敌台位于赵家峁村长城1段墙体上，东南距赵家峁村堡0.222千米，东约0.6千米处有榆（林）西（沟）公路，北0.162千米处有乡村土路。

（四）赵家峁村4号敌台（610802352101170004）

该敌台位于大河塔乡赵家峁移民新村西1.76千米的山峁上。地处沙漠草滩地带，东侧为耕地和土路，0.08千米处有一条沟；南侧为坡耕地；西侧被坡耕地占据；北侧附近为坡耕地，0.1千米处为山沟，坡度陡峭，沟内较为平坦，栽种有毛头柳、杨树等。高程1259.7米。

敌台整体保存差。台体由于雨水冲刷侵蚀和人为破坏的影响呈坟丘状（据当地百姓讲，敌台原呈矩形，台体顶部原有建筑，被人为破坏后呈坟丘状）。台体顶部有人为挖掘的豁口，呈近圆形，直径3.8米，北侧高于南侧，北侧高2、南侧高1米，内部有一个直径1、高1.7米的圆形盗洞。

台体用黄土夹杂料礓石、石块夯筑而成，夯层厚度不详。台体平面呈近圆形，剖面呈不规则形，底部直径 16、顶部直径 4.6、高 5~6 米。夯土基座东侧仅存 10 米；南侧无存；西侧仅存 8 米，其余为耕地；北侧较为完整，长 30、高 3.1 米。台体周围散落有石块、砖、瓦片，顶部有一块宽 60、厚 24 厘米的残石，散落的砖有两种类型，一种砖宽 20、厚 9 厘米，一种砖宽 17、厚 7 厘米，瓦片厚 1.7 厘米。（图八七八）

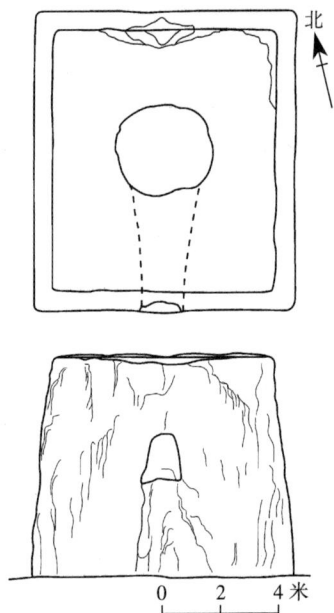

图八七七　赵家峁村 3 号敌台平、立面图

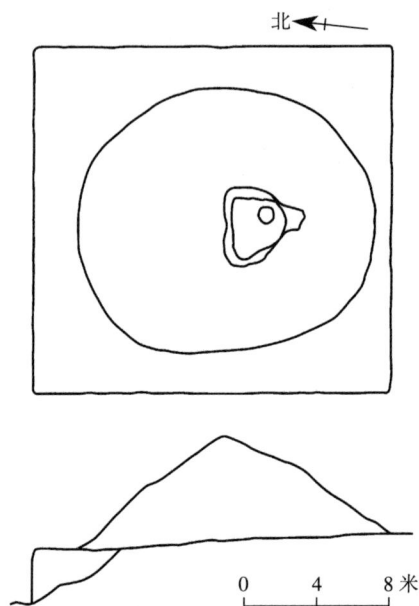

图八七八　赵家峁村 4 号敌台平、立面图

该敌台东北距赵家峁村堡 0.731 千米、赵家峁村敌台 0.655 千米，东侧紧贴一乡村土路。

（五）黄水沟村敌台（610802352101170005）

该敌台位于大河塔乡赵家峁村黄水沟村（组）西北 2.5 千米的山峁上。地处黄土高原丘陵沟壑地带，东侧为陡坡，东 0.02 千米处有深沟，东南 0.05 千米处有水冲深沟，较为陡峭；南 0.03 千米处有沙梁；西侧为沙坡，坡度陡峭，0.03 千米处有水冲深沟；北 0.05 千米处为两山之间夹杂的深沟，沟比较深、较为陡峭。高程 1216.6 米。

敌台由于雨水冲刷侵蚀、人为拆除台体包石、砖等原因，整体保存差。台体东壁有豁口，宽 4.3、高 7、进深 2 米；由于雨水冲刷侵蚀，各壁均有水冲裂缝，其中东壁有 3 处，东北角裂缝几乎与台体分离，裂缝宽 0.04~0.2 米，高达顶部；西壁有宽 1.8、高 3、进深 1 米的豁口。台体顶部建筑及外部包石、砖被当地居民拆除。

台体内部用黄土夹杂料礓石、石块夯筑而成，夯层厚 0.65~0.11 米。台体外部包砖无存。台体平面呈近矩形，剖面呈梯形，底部边长 8.2、顶部边长 6.2、高 8.3 米。台体顶部有 0.4 米厚的土盖层，内夹杂砖、瓦片和石灰渣。台体周围散落有残砖、瓦片，砖宽 17、厚 7 厘米；瓦片厚 1.5 厘米，有花纹。（图八七九）

该敌台东南距黄水沟村 4 号烽火台 0.53 千米，南 0.621 千米处有一条土路。

（六）新墩村 1 号敌台（610802352101170006）

该敌台位于麻黄梁镇李家峁村新墩村（组）东 0.084 千米的山峁上。地处黄土高原丘陵沟壑地带，东侧为坡地，坡度陡峭，约0.1千米处为两山梁之间的深沟；南侧为山坡，呈上坡趋势，有一片松树林；西南侧坡地较为平缓，有一户人家，西北约0.2千米处为耕地；北侧为山梁，较为平缓。高程1337米。

敌台整体保存差。台体南壁券洞顶部有豁口，呈倒梯形，上宽1.6、下宽0.5、高1.5米；顶部基本坍塌，西侧有宽4.3、高2.6、进深3.4米的豁口，仅存东南角和西南角。矩形夯土基座上有围墙，东墙有一个豁口，底宽1.8、顶宽3、高1.9米；南墙有三个豁口，从东向西尺寸依次为底宽2.4、顶宽4、高2米，底宽1.8、顶宽3、高2米，底宽1.4、顶宽2、高1.7米；北墙基本坍塌，有两个豁口，靠东豁口底宽2.4、顶宽3.3、高2.8、进深4.2米，中部豁口底宽3、顶宽3.4、高2、进深5.4米。

台体围墙平面呈矩形，东西24、南北27.5米；长城墙体将东墙分为两部分，南侧超出北侧3米，墙体底宽2、顶宽0.7、内高1.2、外高2米；南墙底宽2、顶宽0.2~0.6、高2米；西墙基本保存；北墙仅存西北角4.5米，底宽2、顶宽0.3、高1.2米。台体用黄土夹杂料礓石夯筑而成，夯层厚0.07~0.12米。台体平面呈矩形，剖面呈梯形，底部东西9.7、南北11.1米，顶部东西6、南北6.4米，高约7米。台体南壁中部有登台券洞，洞宽0.9、高1.1、进深2.45米。台体周围散落有残砖、瓦片等，砖宽12.5、厚8厘米，瓦片厚2厘米。（图八八〇；彩图一八三）

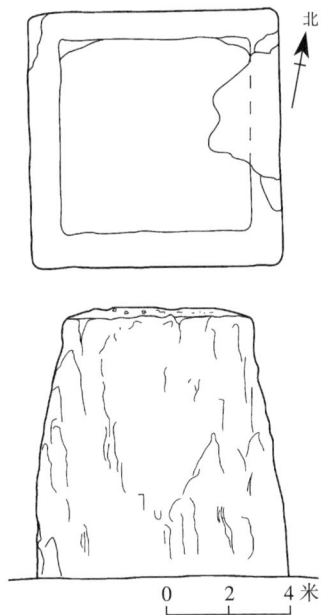

图八七九　黄水沟村敌台平、立面图

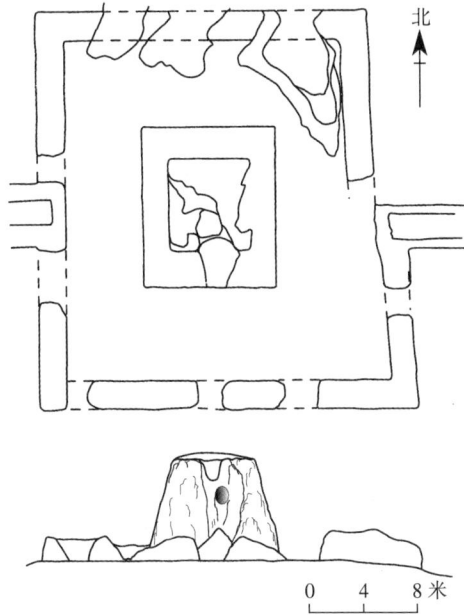

图八八〇　新墩村1号敌台平、立面图

该敌台位于新墩村长城1段墙体上，东距新墩村2号烽火台0.403千米，东南0.272千米处有一条土路。

（七）新墩村2号敌台（6108023521011700007）

该敌台位于麻黄梁镇李家峁村新墩村（组）西0.402千米的山峁上。地处黄土高原丘陵沟壑地带，东侧有宽2~5、深5~10米的水冲沟，西南0.06千米处有一水冲沟，较深较陡峭，西北0.03千米处有一道水冲沟，宽7、深23米；北侧呈下坡趋势，0.07千米处有深沟。

敌台整体保存差。围墙东墙有2个豁口，靠北豁口底宽0.9、顶宽4.8、高2.2米，靠南豁口底宽3、顶宽5.4、高5米，豁口内墙基有宽3~7.6、进深3.5、高2米的水冲沟；南墙中部借用长城墙体，有宽1.6、高0.7米的豁口，西北角有坍塌，水冲裂缝造成部分墙体几乎分离，顶宽0.4~1.2、底宽

2.6 米；西墙基本无存，靠西豁口宽 2.2、高 1、进深 2 米，靠北豁口宽 0.4～1.2、内高 0.3、外高 1.5、进深 1 米，西北角坍塌部分宽 5、高 1.6、进深 1.5 米；北墙西北角豁口宽 2.2、高 2.7、进深 3 米，西端与长城墙体相接处豁口底宽 1.3、顶宽 3、高 1.9 米，墙体上有人为挖掘的 2 个洞，靠东的洞顶宽 0.65、底宽 1.27、高 0.57、进深 3 米，靠西的洞宽 1、高 0.2 米，由于坍塌进深不详，靠东豁口底宽 1.3、顶宽 2.3、高 1.1 米。台体东壁有豁口，坍塌处呈斜坡状；南壁坍塌部分宽 2 米，高达顶部，进深 0.8 米；北壁坍塌呈斜坡状，宽 3 米，高达顶部，进深 1.5 米。

台体围墙建于基座上，平面呈矩形，东西 36.4、南北 34.3 米；墙体底宽 3.6、顶宽 0.2～0.6、内高 2.2、外高 3 米；东墙中部有一个豁口，可能为东门；南、北墙与长城墙体相接处有修筑围墙的痕迹，应当为先修长城墙体再夯筑围墙。台体用黄土夹杂料礓石夯筑而成，夯层厚 0.07～0.16 米。台体平面呈矩形，剖面呈梯形，底部东西 12.3、南北 13 米，顶部东西 8.3、南北 9 米，高 7.2 米。台体顶部原可能有建筑，有厚约 0.4 米的土堆积，夹杂有砖块、瓦片和石灰渣。台体底部散落有残砖、瓦片等，砖长 36、宽 13、厚 7.5 厘米，瓦片厚 1.8 厘米。（图八八一）

该敌台位于新墩村长城 2 段墙体上，东北距新墩村 1 号敌台 0.53 千米，南 0.216 千米处有一土路。

（八）千树塔村 1 号敌台（610802352101170008）

该敌台位于麻黄梁镇李家峁村千树塔村（组）北 0.142 千米的山峁上。地处黄土高原丘陵沟壑地带，东侧较为平缓，东 0.015 千米处与墙体之间为沟；南侧为千树塔村道班（废弃），道班南侧为深沟，深约 60～70 米；西南 0.06 千米处有电线杆，0.06 千米外为深沟；北侧较为平坦，北 0.015 千米有沟，深约 30 米。高程 1379.8 米。

台体由于长期雨水冲刷侵蚀、长满野生枸杞、周围栽种柠条等原因，整体保存差。台体坍塌呈坟丘状，西壁坍塌呈斜坡状，西低东高，可由西壁登台。

台体用黄土和料礓石夹杂夯筑而成，夯层厚 0.12～0.15 米。台体平、剖面呈不规则形，底部东西 5.3、南北 6.5 米，顶部东西 2.6、南北 2.3 米，东壁高 3.1、西壁高 1.7 米。台体周围发现有两种类型的砖，一种砖长 39、宽 17.5、厚 7 厘米，一种砖宽 20、厚 8.5 厘米。（图八八二）

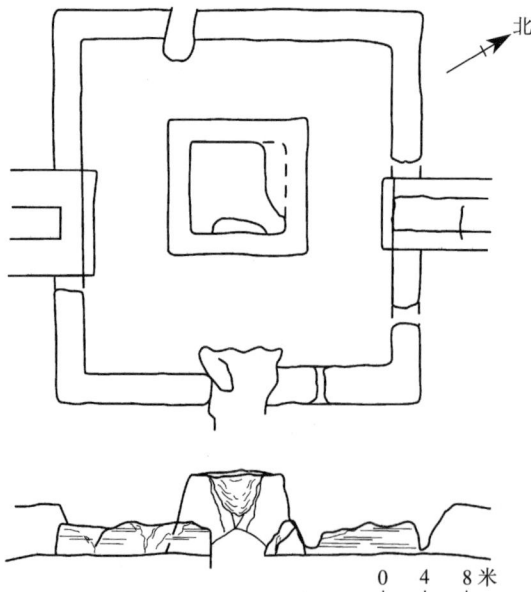

图八八一　新墩村 2 号敌台平、立面图　　　　　图八八二　千树塔村 1 号敌台平、立面图

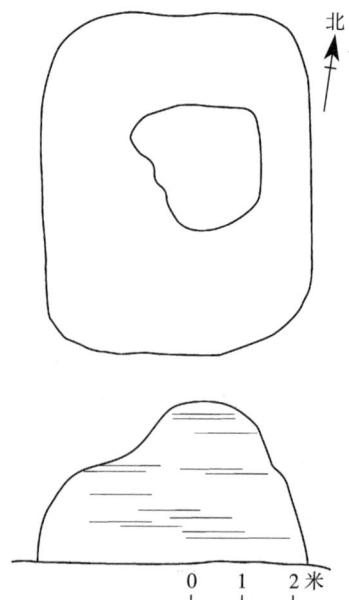

该敌台东距千树塔村长城 1 段 0.028 千米，东南距千树塔村 1 号马面 0.238 千米，东距榆（林）西（沟）公路 0.053 千米。

（九）千树塔村 2 号敌台（610802352101170009）

该敌台位于麻黄梁镇李家峁村千树塔村（组）西北 1.05 千米。地处黄土高原丘陵沟壑地带，东侧为山坡，东南 0.06 千米处有沟；南侧较为平缓，0.03 千米处有深沟，深 15 米；西侧较为平缓，栽种大量柠条；北侧为缓坡。高程 1371.9 米。

敌台整体保存差。台体由于雨水冲刷侵蚀，呈厘字形，仅存东、南壁，西、北壁无存。

台体用黄土夹杂料礓石夯筑而成，夯层厚 0.12~0.2 米，夯窝直径 0.05 米。台体平、剖面呈不规则形，底部东西 5.7、南北 4 米，顶部东西 3.6、南北 3.2 米，东壁高 1.4、南壁高 2.8 米。台体周围散落有砖，砖长 39、宽 20、厚 8 厘米。（图八八三）

该敌台北距千树塔村长城 2 段墙体 0.016 千米，东侧有榆（林）西（沟）公路，东距千树塔村烽火台 0.51 千米。

（一〇）白草峁村 1 号敌台（610802352101170010）

该敌台位于麻黄梁镇李家峁村白草峁村（组）东 0.67 千米。地处黄土高原丘陵沟壑地带，东侧为墙体所在；南侧较平缓，种植有杨树和松树林；西侧较平缓；北侧山坡较平缓。

敌台整体保存差。台体由于人为挖掘破坏呈坟丘状，基本无存，四壁由于铲削在台基上形成土堆。高程 1377.4 米。

台体用黄土夹杂料礓石夯筑而成，夯层不详。台体平、剖面呈矩形，高 1 米。围墙内侧边长 6.4 米，外侧东西 16、南北 15、高 1.4 米。（图八八四）

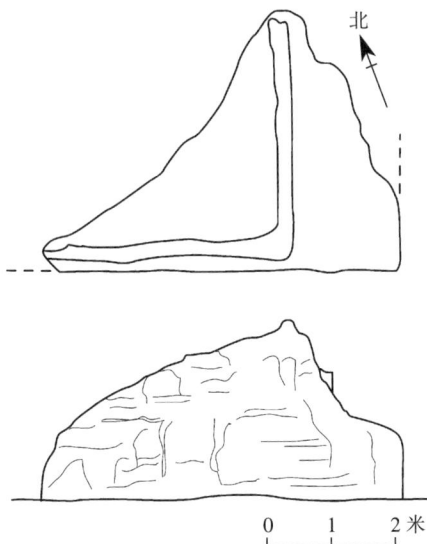

图八八三　千树塔村 2 号敌台平、立面图　　　　图八八四　白草峁村 1 号敌台平、立面图

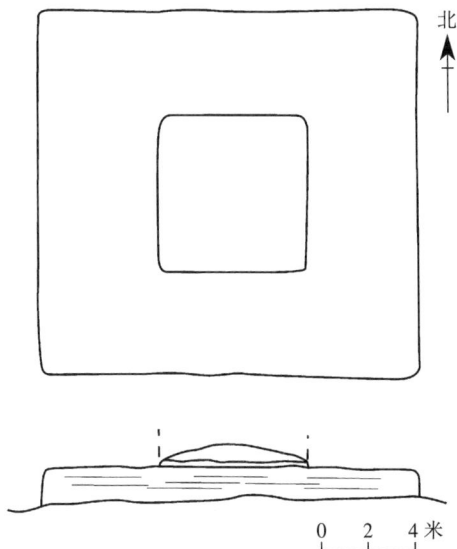

该敌台位于白草峁村长城 1 段墙体上，东距千树塔村 2 号敌台 0.19 千米，西距榆（林）西（沟）公路 0.03 千米。

（一一）白草峁村2号敌台（610802352101170011）

该敌台位于麻黄梁镇李家峁村白草峁村（组）西南0.55千米的山峁上。地处黄土高原丘陵沟壑地带，东侧为山坡，栽种有大量松树；南侧为山坡，有多处沟壑；西0.045千米处有沟，深约18米；北侧较为平缓，0.06千米处有深沟。高程1397.1米。

敌台由于雨水冲刷侵蚀、植物根系破坏，人为在台体附近栽种有大量柠条、臭柏、松树、杏树、苜蓿等原因，整体保存差。夯土基座东、南侧由于土路通过遭到破坏，北侧坍塌呈斜坡状。台体顶部北侧豁口底宽1.4、顶宽3、高1.8、进深0.8米，西北角豁口底宽1.3、顶宽2.8、高1.4、进深1.3米。

台体用黄土夹杂料礓石夯筑而成，夯层厚0.13~0.17米。台体平面呈圆形，剖面呈梯形，底部直径12、顶部直径10.2、高4.3米。台体东壁残存长3.1、宽1.2、高1.6米，西壁高2.7米。基座平面呈矩形，东西25、南北27米，东、南侧由于土路穿过受到一定破坏，东侧高4、南侧高1.6米。（图八八五）

该敌台位于白草峁村长城墙体上，南距李家峁村堡0.31千米，南侧有榆（林）西（沟）公路通过。

（一二）李家峁村1号敌台（610802352101170012）

该敌台位于麻黄梁镇李家峁村李家峁村（组）西0.546千米。地处黄土高原丘陵沟壑地带，距围墙东4米处有2道水冲沟，直接对围墙造成威胁，0.08千米处有较大水冲沟；南侧有一条沟，宽30、深9米；西侧为山坡，呈下坡趋势，西北角有宽5、深3米的水冲沟；北侧为缓坡，0.13千米处有沟。高程1395.4米。

敌台由于雨水冲刷侵蚀、植物根系破坏及人为在台体附近、台基上栽种柠条、松树、杏树等原因，整体保存较差。围墙北墙靠西豁口底宽0.5、顶宽3、高1、进深1.4米，靠东豁口底宽0.2、顶宽1.6、高0.6米；西北角坍塌，宽2、进深0.8米。台体南壁基本坍塌，外宽6、内宽3.3、进深3.6、高1.8米，有登台的踩踏处；西南角呈刃状，西壁顶部有宽1、高0.6、进深0.9米的豁口，西壁由于雨水冲刷侵蚀有剥落的大小洞6个。

台体建在夯土基座上，有围墙。基座平面呈矩形，东西20、南北25米。围墙建在基座上，东墙底宽1、顶宽0.2~0.6、内高1、外高2.5米；南墙借用长城墙体；西墙底宽1、顶宽0.1~0.5、内高0.8、外高3.6米；北墙底宽1、顶宽0.2~0.5、内高0.6、外高2.7米。台体用黄土夹杂料礓石夯筑而成，夯层厚0.08~0.2米。台体平面呈近矩形，剖面呈梯形，底部东西11、南北9.4米，顶部南侧坍塌呈刃状，东西6.4、南北5.6、高7米。台体顶部可能有建筑物，有0.3米厚的土盖层，土盖层内包含有瓦片和石灰渣。台体附近散落有瓦片。（图八八六）

该敌台位于李家峁村长城1段墙体上，东距李家峁村约0.39千米、榆（林）西（沟）公路0.125千米。

（一三）李家峁村2号敌台（610802352101170013）

该敌台位于麻黄梁镇李家峁村李家峁村（组）西南0.82千米。地处黄土高原丘陵沟壑地带，东侧为下坡，0.03千米处有榆（林）西（沟）公路，路边有水冲沟；南侧为李家峁村关，较为平缓，0.1千米处有水冲深沟；西侧为山梁，坡度较小；北侧为陡坡，5米处有榆（林）西（沟）公路通过，路北有宽约30、深约25米的水冲沟，沟底栽有毛头柳、杨树、榆树、杏树等。高程1379.4米。

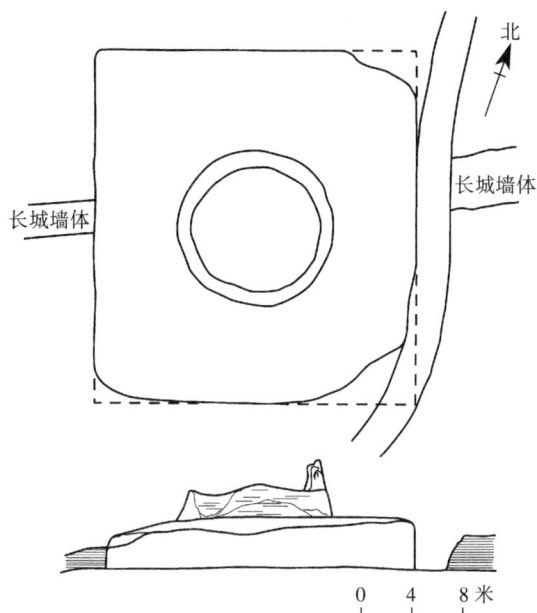

图八八五　白草峁村 2 号敌台平、立面图

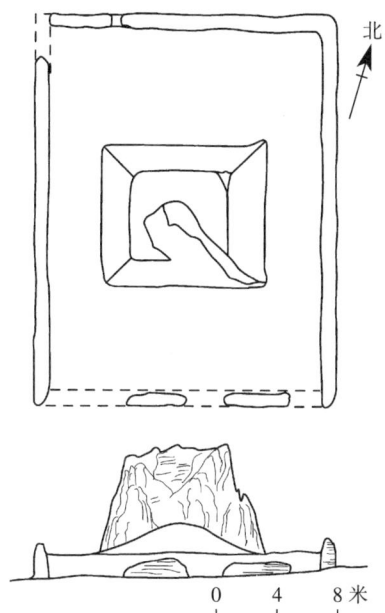

图八八六　李家峁村 1 号敌台平、立面图

敌台整体保存差。台体由于雨水冲刷侵蚀和人为破坏呈坟丘状。台基西侧生长有 2 棵榆树，台体南壁被人为挖开一个长 6.9、宽 4.7、高 1.3 米的豁口。

台体用黄土夹杂料礓石夯筑而成，夯层厚 0.07～0.13 米。台体平呈面近矩形，剖面呈梯形，底部东西 11、南北 9 米，顶部东西 7.7、南北 7.4 米，高 4 米。夯土基座平面呈矩形，东西 24、南北 20.3、高 1.4 米。（图八八七）

该敌台南依李家峁村长城 2 段墙体，东北距李家峁村 1 号敌台 0.61 千米、李家峁村堡 0.952 千米。

（一四）断桥村敌台（6108023521011700014）

该敌台位于麻黄梁镇断桥村东北 0.34 千米的山峁上。地处黄土高原丘陵沟壑地貌，属于三北防护林区，东侧有榆（林）西（沟）公路，路东有深沟；南侧为山梁，坡度较平缓；西侧为下坡趋势，且沟壑较多，西 0.015 千米处为深沟，沟深约 40 米；北侧较为平缓，为松树林。高程 1391 千米。

敌台整体保存差。台体由于雨水冲刷侵蚀和人为破坏南北仅存宽 2.9 米；东壁坍塌严重，保存部分长 6.6、宽 2.9、高 2.8 米；北壁坍塌严重，东北角坍塌宽 3、高 1.6、进深 1 米，顶部有多处水冲裂缝，几乎与台体分离，裂缝宽 0.05～0.2 米，高达顶部，进深不详；西壁顶部有水冲裂缝，宽 0.05～0.6 米，几乎与台体分离。

台体用黄土夹杂料礓石、砖块夯筑而成，南壁夯土内夹杂有碎砖，夯层厚 0.07～0.21 米。台体平、剖面呈不规则形，底部东西 9.7、南北 5.8 米；顶部坍塌严重，仅存西侧部分，东西 3、南北 2.9、高 1.8 米，东壁保存部分长 6.6、宽 2.9、高 2.8 米；高 2.2～7.2 米。台体周围散落有砖、瓦片，砖长 39、宽 20、厚 8 厘米，瓦片厚 1.5 厘米。（图八八八）

该敌台南依李家峁村长城 2 段墙体，正对断桥村关，西 0.05 千米处有榆（林）西（沟）公路，西北 0.075 千米处有一条土路。

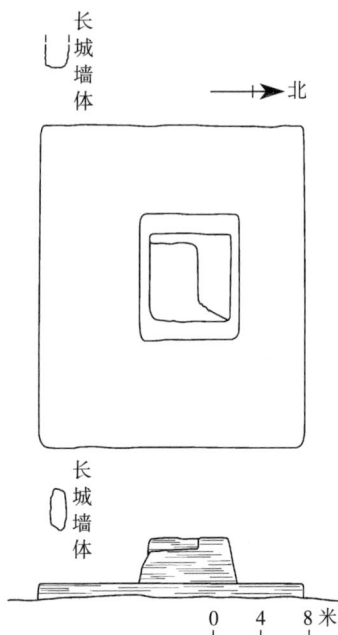

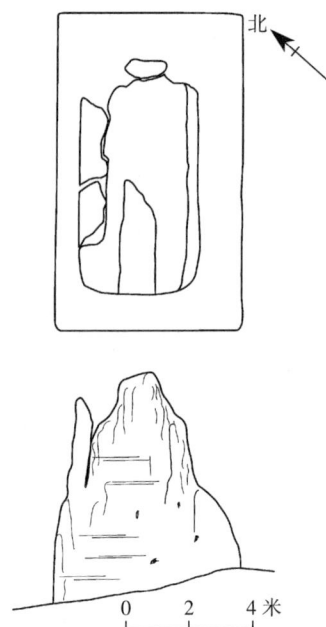

图八八七　李家峁村 2 号敌台平、立面图　　　　图八八八　断桥村敌台平、立面图

（一五）毛羊圈村敌台（610802352101170015）

该敌台位于麻黄梁镇断桥村毛羊圈村（组）西 1.1 千米的山梁上。地处黄土高原丘陵沟壑地带，东侧呈下坡趋势，坡度较缓，0.132 千米处有一道沟，深约 8 米；南侧有一座山梁，附近为三北防护林；西侧有 2 道沟，深约 13 米；北侧较为平缓，0.13 千米处有一道沟，沟内生长有毛头柳和松树等。高程 1333.6 米。

敌台由于雨水冲刷侵蚀、人为在台体上踩踏、台体上和台体附近栽种有松树、柠条等原因，整体保存差。台体东北角坍塌，豁口宽 2.2、高 1.3、进深 1~1.5 米；西壁有 2 个豁口，靠北侧豁口宽 1.3 米，高达顶部，进深 0.7 米；靠南侧有宽 1.2、高 0.9、进深 0.8 米的水冲裂缝；西南角坍塌呈斜坡状，可由东南和西南角坍塌处登台。

台体用黄土夹杂碎料礓石、砖夯筑而成，夯层厚 0.07~0.15 米。台体平、剖面呈不规则形，底部东西 6.8、南北 10.8 米；顶部西南角坍塌，北高南低，东西 1.4~3、南北 7.8 米，高 4.3 米。台体底部散落有残砖、瓦片和瓷片等，砖厚 7.5 厘米，筒瓦厚 1.8 厘米，瓦片厚 1.5 厘米，瓷片厚 0.4 厘米。（图八八九）

该敌台南距毛羊圈村烽火台 0.076 千米、榆（林）西（沟）公路 0.416 千米，东北距毛羊圈村 2 号马面 0.249 千米。

（一六）麻黄梁村 1 号敌台（610802352101170016）

该敌台位于麻黄梁镇大圪垯村麻黄梁村（组）西南 0.807 千米。地处黄土高原丘陵沟壑地带，东侧为山坡，呈下坡趋势，3 米处有一道宽 8、深 3 米的沟；南侧为山梁，坡度较缓，西南 0.13 千米有一道沟；西、北侧较缓，处在三北防护林的油松林中。高程 1397.4 米。

敌台由于雨水冲刷侵蚀、动物洞穴破坏、台体附近栽种油松、台体上挖掘盗洞等原因，整体保存差。台体被人为盗掘严重，西北角有盗洞，入口处宽 1.4 米，呈斜坡进入盗洞，长 5、深 1~3 米；洞口呈矩形，长 1.20、宽 0.9 米，洞口南有一个宽 0.5、高 0.4、进深 1.3 米的洞；盗洞深约 10 米，有 7

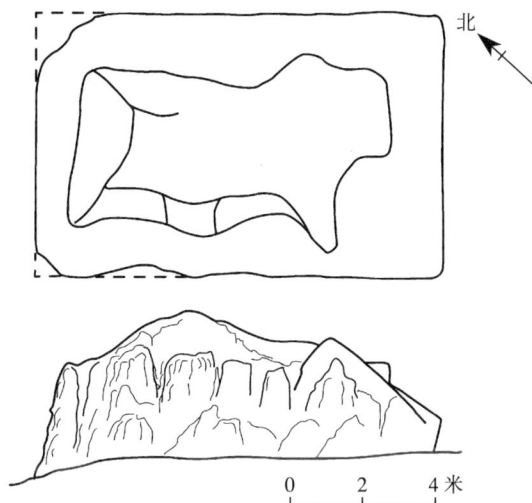

图八八九　毛羊圈村敌台平、立面图

级台阶，洞底有两个洞分别朝东、南，朝东洞深 2、朝南洞深约 1 米。台体中间被挖掘掏空成一个长 5、宽 3~3.8、高 2.5 米的坑，坑北有一个长 2、宽 1.2、高 0.6~0.8 米的矩形通道，坑东靠矩形通道处有长 1.8、宽 1.6、高 1.4 米的洞。矩形夯土基座东侧基本消失；南侧靠西有豁口，宽 2.8、高 0.9、进深 1.8 米；西侧有 2 个豁口，由北向南依次为宽 3.8、高 0.9、进深 1.2 米，宽 1.2、高 0.4、进深 0.6 米，西侧长城墙体北侧基本不存；北侧被人为挖掘的盗洞土堆积掩埋，仅略见东北角和西北角。

台体基座平面呈矩形，东西 37、南北 32 米。围墙位于基座上，东墙基本消失，东北角高 1.6 米；南墙底宽 1.2、顶宽 0.2~0.5、内高 0.7、外高 1~2.5 米；西墙底宽 1.2、顶宽 0.3、内高 0.2~0.5、外高 1~2 米；南墙中部豁口可能为门所在位置，宽 6.2 米。台体内部用黄土夹杂料礓石、碎砖夯筑而成，夯层厚 0.08~0.16 米；单独的石灰夯层厚 0.05~0.13 米。台体外部包砖被当地居民拆除。台体平、剖面呈不规则形，底部边长 9 米，顶部不规则，高 4.5 米。台体周围散落有残砖和瓦片，砖宽 18.5、厚 7 厘米，瓦片厚 2.2 厘米。（图八九〇）

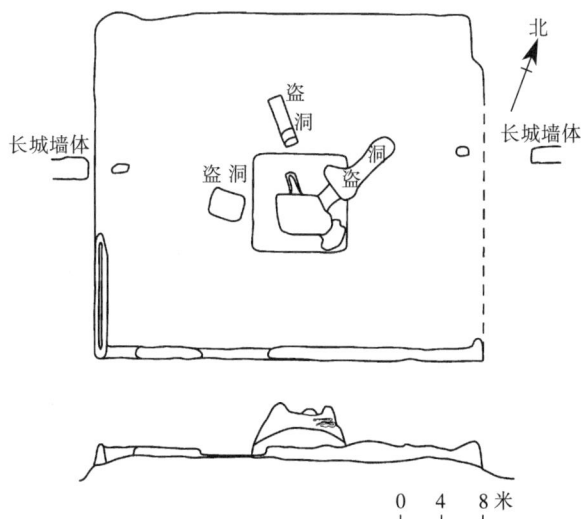

图八九〇　麻黄梁村 1 号敌台平、立面图

该敌台位于毛羊圈村长城 2 段墙体上，东南距麻黄梁村烽火台 0.137 千米，南距榆（林）西（沟）公路 0.553 千米。

（一七）麻黄梁村 2 号敌台（610802352101170017）

该敌台位于麻黄梁镇大圪垯村麻黄梁村（组）西南 0.468 千米的山梁上。地处黄土高原丘陵沟壑地带、三北防护林区，东 0.015 千米处有沟，沟深约 60 米；南侧为松树林；西侧呈下坡趋势；北侧沟壑较多，北 0.02 千米有沟，深 10 米，沟底栽种有杨树。高程 1364.1 米。

敌台整体保存较差。台体东壁有水冲裂缝，将东南角分离，裂缝宽 0.1~0.4、高 3.4、进深 0.8 米；南壁有人为挖掘的洞，长 1.4、宽 1.2、深 0.8 米；西壁有 2 处水冲裂缝，宽 0.05~0.2 米，靠南侧裂缝高达顶部，靠西侧裂缝高 1.2 米，进深不详；东、西壁底部有人为挖取台体包石形成的深槽，有大量的堆积土。

台体夯土基座基本坍塌成斜坡，平面呈矩形，顶部东西 17.3、南北 16 米，底部东西 18.1、南北 16.4 米，高 2 米。台体内部用黄土夹杂料礓石夯筑而成，夯层厚 0.04~0.14 米。台体外部包砖石无存。台体平面呈矩形，剖面呈梯形，底部边长 9 米，顶部东西 7、南北 6.5 米，高 7 米。台体顶部有 2 层白灰，层厚 0.05 米，中间夹杂有夯土层；有 0.2 米厚的土盖层，土盖层内夹杂有瓦片和石灰渣，说明顶部原有建筑。台体南壁有登台踏步，入口处底宽 1、顶宽（外宽）3、中宽 2、内宽 3.4 米，进深 4 米，坍塌呈斜坡状。台体周围散落有残砖和瓦片，砖宽 20、厚 70 厘米，瓦片厚 1.7 厘米。（图八九一；彩图一八四）

该敌台南依麻黄梁村长城 2 段墙体，东距麻黄梁村烽火台 0.394 千米，西距榆（林）西（沟）公路 0.388 千米，南 0.023 千米处有一条土路。

（一八）麻黄梁村 3 号敌台（610802352101170018）

该敌台位于麻黄梁镇大圪垯村麻黄梁村（组）西南 0.218 千米的山梁上。地处黄土高原丘陵沟壑地带，地处三北防护林区，东侧为山梁，较为平缓；南侧山梁底部有土路，路边有沟，深约 6 米；西侧呈下坡趋势，北 0.017 千米有沟，沟宽 10~23、深 15~30、长约 300 米。

敌台由于雨水冲刷侵蚀、台顶生长有野生枸杞、人为拆除台体包砖、在台体周围栽种苜蓿等原因，整体保存差。台体西壁坍塌严重，宽约 4 米，高达顶部，坍塌成斜坡，可由坍塌处登台；东、西壁底部有人为挖取台体包石的深槽，有大量的土堆积。

台体内部用黄土夹杂料礓石、碎砖和瓦片夯筑而成，夯层厚 0.09~0.15 米。台体外部包砖石无存。台体平、剖面呈不规则形，底部东西 7.5、南北 6.5 米，顶部东西 4.4、南北 3.8 米，高 2.4~3.8 米。台体南壁夯土层中间夹杂有一层厚 0.05 米的石灰，南壁有外宽 2.7、内宽 0.6、高 2.4、进深 2 米的登台踏步。台体周围散落有砖，砖厚 7 厘米（图八九二）。

该敌台南依麻黄梁村长城 2 段墙体，东北距麻黄梁村 2 号敌台 0.25 千米，北 0.017 千米处有一道宽 10~23、深 15~30、长约 300 米的沟，南距榆（林）西（沟）公路 0.303 千米，南 0.033 千米处有一条土路。

（一九）麻黄梁村 4 号敌台（610802352101170019）

该敌台位于麻黄梁镇大圪垯村麻黄梁村（组）中。地处黄土高原丘陵沟壑地带，东侧为山梁，坡度较缓；南 0.016 千米处有沟，深约 4 米，沟边有一条土路；西侧坡度较平缓，0.18 千米处有沟，沟底有坡耕地；北侧较为平缓，有窑洞和砖筑房屋。高程 1312.5 米。

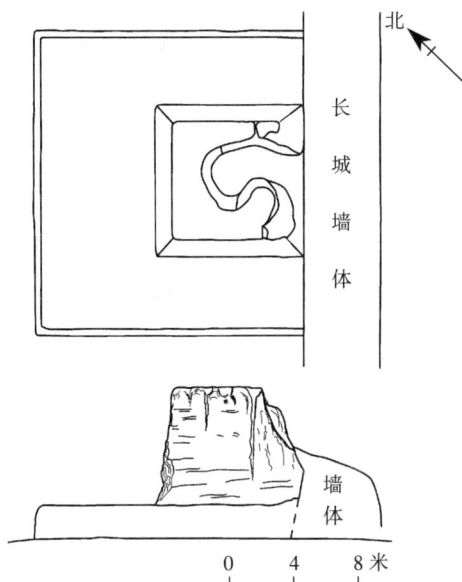

图八九一　麻黄梁村 2 号敌台平、立面图

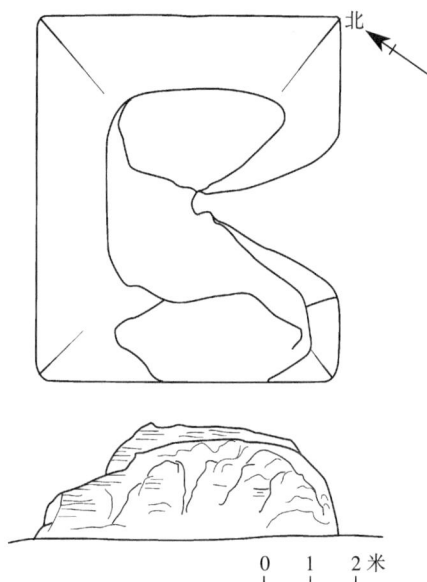

图八九二　麻黄梁村 3 号敌台平、立面图

敌台整体保存较差。台体包石、砖及顶部建筑被拆除（村民房屋附近仍可见拆除的包砖），东壁有豁口，宽 2.5、高 3、进深 2 米；西壁坍塌宽 2.3 米，高达顶部，进深 2.2 米，有 2 条宽 0.05 ~ 0.2 米的水冲裂缝，高达顶部，进深不详；北壁水冲裂缝在底部宽 0.2 ~ 1.1 米，几乎与台体分离，裂缝有逐渐扩大的趋势。基座西北角坍塌，外宽 3、内宽 0.8、高 1.9、进深 3 米；北侧豁口外宽 2.6、内宽 1.6、高 1.8、进深 1.8 米。

台体夯土基座平面呈矩形，东西 23、南北 13、高 1.8 米。台体用黄土夹杂料礓石夯筑而成，夯层厚 0.08 ~ 0.14 米。台体平面呈矩形，剖面呈梯形，底部边长 8.5 米，顶部东西 6、南北 7 米，高 6 米，南壁登台踏步宽 1.4、高 1.2、进深 2 米。台体周围散落有砖、筒瓦等，砖长 40、宽 20、厚 8.5 厘米，筒瓦厚 2 厘米。（图八九三）

该敌台南壁紧贴麻黄梁村长城 2 段墙体，东北距麻黄梁村 3 号敌台 0.25 千米，南距榆（林）西（沟）公路 0.181 千米，东、南、西侧有乡村土路通过。

（二〇）麻黄梁村 5 号敌台（610802352101170020）

该敌台位于麻黄梁镇大圪垯村麻黄梁村（组）中。地处黄土高原丘陵沟壑地带，东 5 米处有一条水冲沟，沟内较为平坦，有耕地；南侧为缓坡，坡底为耕地；西、北侧较为平坦，有耕地。高程 1300.7 米。

敌台整体保存差。台体由于雨水冲刷侵蚀顶部呈不规则形，西高东低；北壁坍塌，底部豁口宽 2、高 1、进深 0.8 米；西北角坍塌宽 1、高 1.3 米，西壁有大量塌土；东、北壁有挖掘台体的土堆积，应该为挖取台体条石所致。

台体内部用黄土夹杂碎砖、料礓石夯筑而成，中上部夯土层中夹杂有 2 层石灰，石灰层厚 0.03 ~ 0.8 米，黄土夯层厚 0.07 ~ 0.13 米。台体外部包石、砖无存。台体平、剖面呈不规则形，底部边长 8.3 米，顶部东面长 3、南面长 5.8、西面长 4.7、北面长 4.8 米，东面高 4、西面高 4.5 米。台体南壁中部有豁口，应为登台步道，外宽 4.2、内宽 2.4、高 2、进深 2.6 米。台体周围散落有砖、瓦片，砖宽 18、厚 7.5 厘米，瓦片厚 2 厘米。（图八九四）

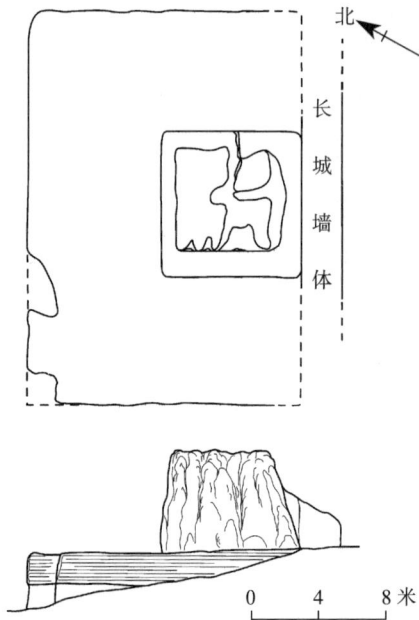

图八九三　麻黄梁村 4 号敌台平、立面图

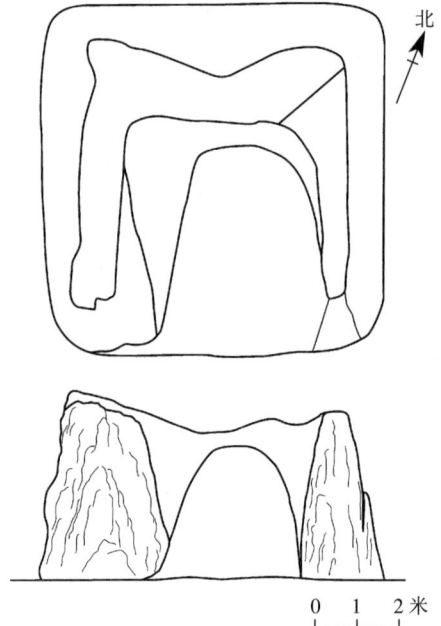

图八九四　麻黄梁村 5 号敌台平、立面图

该敌台西南距麻黄梁村长城 3 段起点 0.027 千米，东北距麻黄梁村 4 号敌台 0.263 千米，南 0.123 千米处有一条土路。

（二一）麻黄梁村 6 号敌台（610802352101170021）

该敌台位于麻黄梁镇大圪垯村麻黄梁村（组）中。地处黄土高原丘陵沟壑地带，地势较平坦，东侧有居民房屋和耕地，南侧有耕地，西侧有土路，北 0.064 千米处有麻黄梁镇中心小学，东北 0.2 千米处有一道沟，沟内种植有杨树林。高程 1298.7 米。

敌台由于雨水冲刷侵蚀造成台体剥落并有多处水冲裂缝、台体北侧 0.064 千米处麻黄梁镇中心小学的学生经常攀爬台体、台体被踩踏出通行土路等原因，整体保存差。台体呈不规则形，顶部坍塌严重，东高西低，南壁中部有坍塌，宽 2.6、高 3.4、进深 2.2 米。台体四角坍塌，仅存土台，各壁由夯层处坍塌剥落，剥落处比较平坦，有水冲裂缝。

台体用黄土夹杂料礓石夯筑而成，夯层厚 0.09～0.14、夯窝直径 0.06 米。台体平、剖面呈不规则形，底部东西 6.2、南北 5.7 米，顶部坍塌不规则，东高西低，东侧高 6、西侧高 3.4 米。台体周围散落有残砖，砖宽 17、厚 7 厘米。（图八九五）

该敌台东北距麻黄梁村 5 号敌台 0.725 千米，南侧底部有土路通行，西 0.087 千米处有通往中心小学和麻黄梁镇初级中学的砖路。

（二二）麻黄梁村 7 号敌台（610802352101170022）

该敌台位于麻黄梁镇大圪垯村麻黄梁村（组）西南 0.528 千米的沙漠中。地处黄土高原丘陵沟壑地带，东侧较平缓，为荒沙地；南侧生长有柠条等，有小沙丘；西侧有多处沙丘；北侧较平缓，有耕地。高程 1284.9 米。

敌台整体保存差。台体四周有挖取台体包石的深槽，有大量的堆积土。台体由于长期雨水冲刷侵蚀和人为破坏顶部坍塌呈坟丘状，底部东北角有人为挖掘宽 1.2、高 0.6、进深 1.4 米的小坑。

台体内部用黄土夹杂砖和料礓石夯筑而成，由于台体上长满杂草，夯层厚度不详。台体及顶部建筑被当地居民拆除。台体平、剖面呈不规则形，底部边长7.4米，顶部东西3、南北2.2米，高2米。台体顶部厚约0.3米的土盖层内夹杂有砖和石灰渣，周围散落有砖、筒瓦和瓷片，砖宽19、厚7.5厘米，筒瓦厚2.5厘米，瓷片厚3厘米。（图八九六）

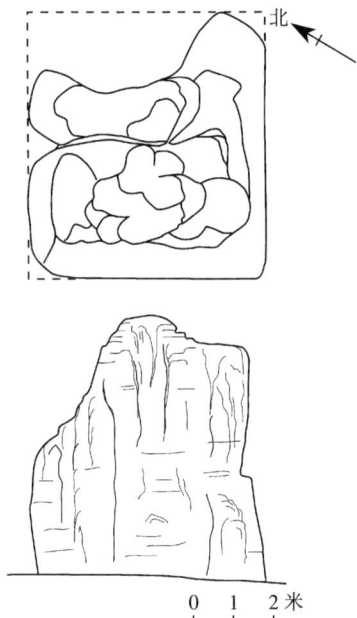

图八九五　麻黄梁村6号敌台平、立面图　　　　图八九六　麻黄梁村7号敌台平、立面图

该敌台位于麻黄梁村长城1段墙体上，东北距麻黄梁村6号敌台0.493千米，东0.1千米处有一条土路。

（二三）麻黄梁村8号敌台（610802352101170023）

该敌台位于麻黄梁镇大圪垯村麻黄梁村（组）西南0.988千米的沙漠中。地处黄土高原丘陵沟壑地带，东3米处为沙丘山梁；南侧为沙丘山梁间的沟；西、北0.02千米内较为平缓，有沙丘山梁。

敌台整体保存差。台体上生长有大量的防沙柠条，西壁顶部有宽1、高1.1、厚0.9米的豁口。由于雨水冲刷侵蚀台体四壁坍塌呈斜坡状。

台体用黄土夹杂料礓石夯筑而成，夯层厚0.08～0.17米。台体平面呈近矩形、剖面呈梯形，底部边长8米，顶部东西3、南北2米，高3.9米。台体顶部原可能有建筑，约0.4米厚土盖层内夹杂砖、瓦片和石灰渣，北壁底部可能为建筑倒塌形成的坍塌土；各壁底部散落有料礓石颗粒。台体周围散落大量残砖和瓦片；残砖被风沙侵蚀，棱角不明显，砖上有多处侵蚀孔，砖宽19、厚7.5厘米，瓦片厚1.8厘米。（图八九七）

该敌台东北距麻黄梁村7号敌台0.46千米，南距榆（林）西（沟）公路0.38千米。

该敌台附近没有长城墙体，与西河村1号敌台和麻黄梁村7号敌台平行。

（二四）西河村 1 号敌台（610802352101170024）

该敌台位于麻黄梁镇大圪塔村西河村（组）北 1.9 千米的山峁上。地处沙漠草滩地带，东侧呈下坡趋势，有多处沙丘；南、西、北侧较为平坦，北 0.08 千米处有沙丘；东北侧为坡度较缓的山坡。高程 1317 米。

敌台整体保存差。夯土基座上围墙无存，基座东侧坍塌呈斜坡状，靠南豁口内宽 1.6、外宽 5.5、高 2、进深 6.4 米；南侧中部豁口宽 2、高 0.6、进深 2.6 米；西侧仅存西南角，其余坍塌呈斜坡状，西台基北侧墙体无存；北侧仅存东北角，其余坍塌呈斜坡状。台体东南壁豁口内宽 1、外宽 2.3、高 2.2、进深 1.8 米；南壁坍塌呈斜坡状；北壁长满杂草。台体各角坍塌，保存部分呈近矩形，斜向位于长城墙体上；西、北壁有马蜂洞穴，西南角马蜂窝宽 1、高 0.4 米，进深不详；西北角马蜂窝宽 0.9、高 0.3 米，进深不详。

台体用黄土夹杂料礓石夯筑而成，夯层厚 0.08~0.14 米。台体底部东西 10.6、南北 10 米，顶部东西 7、南北 2.5 米，高 5.2 米。基座平面呈矩形，东西 25、南北 37 米，东侧高 2、南侧高 1.1 米。台体周围发现少量砖，砖宽 19、厚 6.5 厘米。（图八九八）

图八九七　麻黄梁村 8 号敌台平、立面图

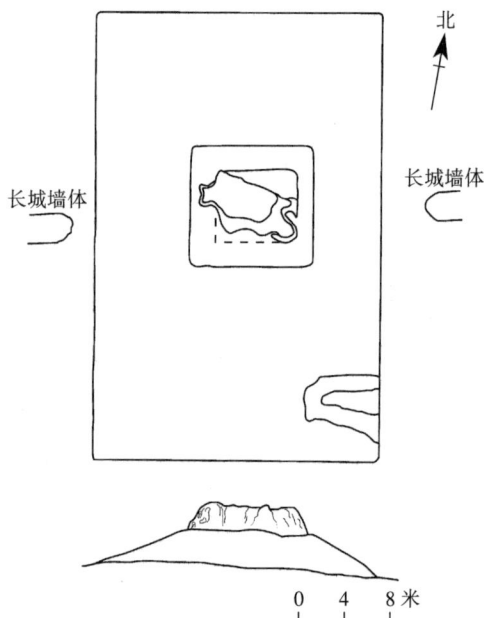

图八九八　西河村 1 号敌台平、立面图

该敌台位于麻黄梁村长城 4 段墙体上，南距西河村 1 号烽火台 0.045 千米，东北距麻黄梁村马面 0.24 千米，南距榆（林）西（沟）公路 0.275 千米。

（二五）西河村 2 号敌台（610802352101170025）

该敌台位于麻黄梁镇大圪塔村西河村（组）北 1.75 千米的山梁上。地处沙漠草滩地带，东侧为山梁，坡度较缓，东南 0.02 千米处有 2 处沙梁；南 0.06 千米内较为平缓，外有沙梁和榆（林）西（沟）公路；西南侧有耕地和通往三卜树河砖厂的土路；西 0.053 千米处有沙梁；西北侧有耕地，北 0.1 千米处有沙梁，植被较为丰富。高程 1313.2 米。

敌台整体保存差。台体受雨水冲刷侵蚀和沙漠化影响四壁有不同程度的剥落，坍塌呈斜坡状。台体上长满杂草、人为踩踏、在台基上种植柠条等因素对台体造成损害。台体西壁有豁口，靠南豁口外宽1.7、内宽0.7、高1.4、进深1.4米；西北角坍塌，宽1.4、高1.3、进深1米；北壁有人为踩踏的登台小路。

台体夯土基座平面呈近矩形，东西13、南北20米；长城墙体北侧基座无存，仅可看出其走向。台体用黄土夹杂料礓石夯筑而成（基座南侧夯土内夹杂有骨头、瓷片等），夯层厚0.07~0.1米。台体平面呈矩形，剖面呈梯形，底部东西5.8、南北6.3，顶部东西2.5、南北2.8米，高3.8米。台体周围散落有砖、瓦片，砖宽20、厚8厘米，瓦片厚1.5、直径15厘米。（图八九九）

该敌台位于西河村长城墙体上，西距西河村3号敌台0.385千米，西南0.076千米处有通往三卜树河砖场的土路。

（二六）西河村3号敌台（6108023521011700026）

该敌台位于麻黄梁镇大圪垯村西河村（组）西北1.74千米的沙漠中。地处沙漠草滩地带，东0.186千米处有一条沙梁穿过墙体，南0.04千米处有一座沙丘，西0.19千米处有一道水冲沟，北侧有坡度较平缓的沙梁。高程1322.8米。

敌台由于长期雨水冲刷侵蚀、风沙化侵蚀、植被根系生长、人为在台体附近栽种柠条等原因破坏，整体保存差。台体顶部呈近圆形，四壁坍塌呈斜坡状，上长满杂草。

台体用黄土夯筑而成，夯层无法测量。台体平面呈近圆形，剖面呈近梯形，底部直径11、顶部直径2、高2.2米。台体周围散落有砖，砖宽20.5、厚7.5厘米。（图九〇〇）

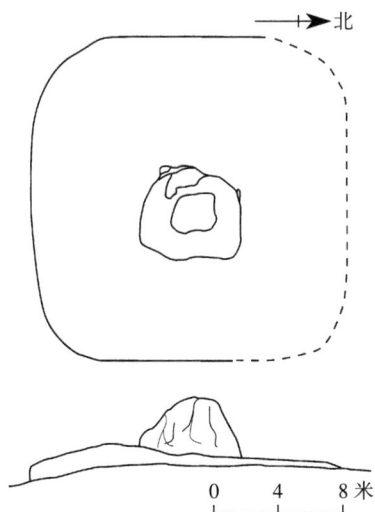

图八九九　西河村2号敌台平、立面图　　　　图九〇〇　西河村3号敌台平、立面图

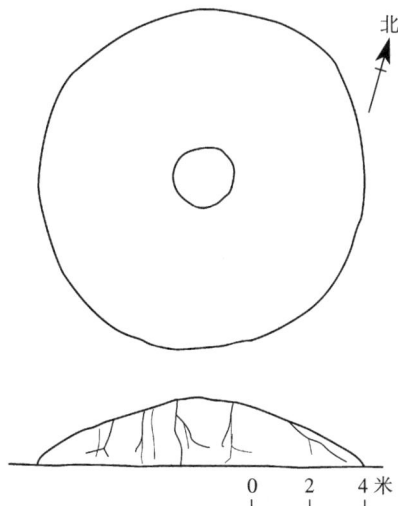

该敌台位于西河村长城2段墙体上，东距西河村2号敌台0.385千米，附近无土路，南侧有榆（林）西（沟）公路。

（二七）西河村4号敌台（6108023521011700027）

该敌台位于麻黄梁镇大圪垯村西河村（组）西北1.9千米的山峁上。地处沙漠草滩地带，东侧为山梁，0.06 千米处有沟；东南侧为缓坡，0.18 千米处有水冲沟；南 0.018 千米处有一道沟，至榆（林）西（沟）公路之间为缓坡；西 0.08 千米处有一道沟，西北 0.04 千米处有一道沙梁；北侧为缓坡，0.21 千米处有一道沟。高程 1320.7 米。

敌台由于雨水冲刷侵蚀、台体上长满杂草、动物洞穴破坏、人为拆除台体包砖石、台体和台基上栽有防沙柠条等原因，整体保存差。台体各壁底部有人为挖掘条石的深槽，周围堆土内夹杂有石灰渣、砖、瓦片。台体由于长期雨水冲刷侵蚀，顶部呈不规则形；东壁仅存东南角，其余坍塌呈斜坡状；西壁顶部豁口外宽 1.2、内宽 0.3、高 1.5、进深 1.5 米。

台体矩形夯土基座边长 22 米，东侧靠长城墙体处保存长 7、高 1 米，东侧部分和南侧被沙漠掩盖，略见其大概位置；西侧靠长城墙体处保存长 3、高 1.8 米。台体内部用黄土夹杂料礓石夯筑而成，夯层厚 0.11～0.17 米，夯窝直径 0～0.8 米。台体包砖、石被当地居民拆除。台体平、剖面呈不规则形，底部东西 6.8、南北 6.4 米；顶部坍塌，东面仅存东北角，南面长 2.8、西面长 2.7、北面长 0.8 米，高 2.4 米。台体周围散落有砖、筒瓦，砖宽 21、厚 7 厘米，筒瓦厚 2.3 厘米。（图九〇一）

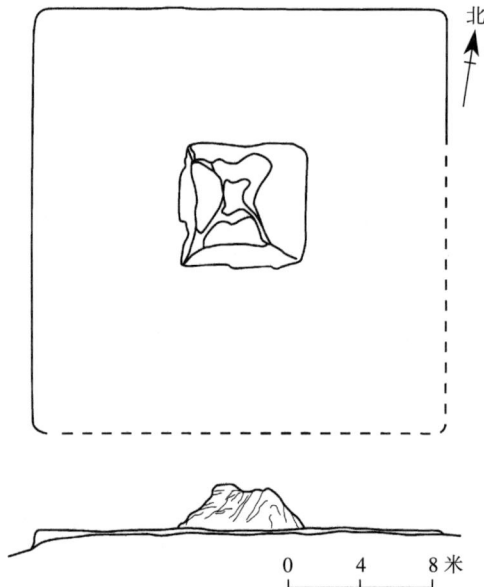

图九〇一　西河村 4 号敌台平、立面图

该敌台北距西河村长城 2 段墙体 6.8 米，东距西河村 3 号敌台 0.512 千米，南距榆（林）西（沟）公路 0.118 千米。

（二八）七山村 1 号敌台（610802352101170028）

该敌台位于麻黄梁镇十八墩村七山村（组）东北 1.84 千米的平缓地带。地处黄土高原丘陵沟壑地带，东侧较低较平坦；南侧紧贴榆（林）西（沟）公路，路南较平缓，0.3 千米处有一道沟，西南 0.2 千米处有一道山梁；西侧有榆（林）西（沟）公路；北 0.02 千米处有一道沟，宽约 3、深约 1.7 米。高程 1322.8 米。

敌台整体保存较差。台体北壁有人为踩踏的小路，由东向北螺旋而上，东北角坍塌；南壁坍塌严重，坍塌处宽 5、高 3、进深 1.3 米；北壁坍塌豁口宽 3.8、高 1.5、进深 1.1 米，北壁坍塌处夯土内夹杂有砖；西壁顶部坍塌，有 6 条水冲裂缝，马蜂洞穴较多；南壁紧贴长城墙体（由于榆（林）西（沟）公路紧贴长城墙体通过，墙体消失）；底部有人为挖掘掏取包石的深槽，有大量的堆积土。

台体内部用黄土夹杂料礓石、碎砖夯筑而成，夯层厚 0.1～0.15 米。台体外部包砖石无存。台体平面呈矩形，剖面呈梯形，底部东西 11.6、南北 7 米，顶部东西 6、南北 1.8 米，高 5.5 米。台体附近散落有砖、瓦片等。（图九〇二）

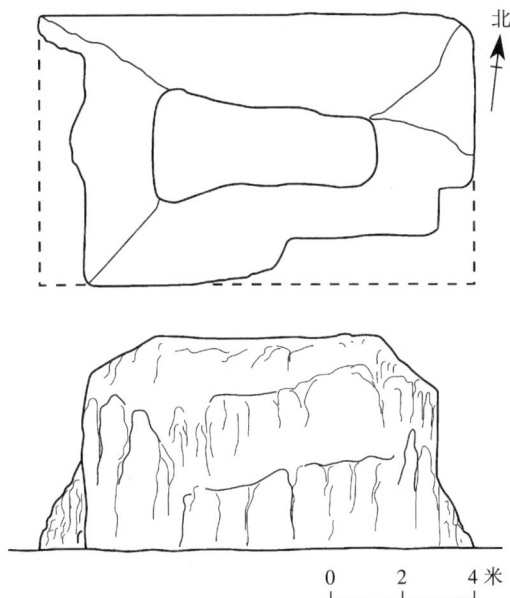

图九〇二　七山村 1 号敌台平、立面图

该敌台东距西河村 4 号敌台 0.31 千米，南侧紧靠榆（林）西（沟）公路。

（二九）七山村 2 号敌台（610802352101170029）

该敌台位于麻黄梁镇十八墩村七山村（组）东北 1.64 千米的山梁上。地处黄土高原丘陵沟壑地带，东侧为墙体走向；南 0.12 千米内较为平缓，外为山坡；西侧为缓坡；北侧有榆（林）西（沟）公路，路边有小山梁，坡底有一座砖厂。高程 1326.2 米。

敌台整体保存差。台基东侧基本坍塌呈斜坡状，仅存东南角，北端由于人为挖开和榆（林）西（沟）公路建设而消失；南侧仅存西南角围墙，其他坍塌呈斜坡状；西侧靠南 5 米处有宽 3、高 1.2、进深 6 米的豁口，栽有电线杆；北侧基本被榆（林）西（沟）公路破坏，有挖掘机挖开的痕迹。

台体夯土基座东西 24 米，南北以长城墙体为界（基座东侧），北侧长 14 米，南侧保存部分长 23、高 0.8 米，南侧残存围墙。围墙存长约 6 米，中部可能为门所在，宽 7 米。台体用黄土夹杂料礓石夯筑而成，由于长满杂草，夯层不详。台体平面呈矩形，剖面呈梯形，底部边长 15、顶部边长 11、高 3 米。台体顶部有一个人为挖开的长 8、深 0.1～0.7 米的矩形坑，内有一座直径约 4.5 米的圆丘，可能为建筑遗存，南侧中部有宽 1.5 米的豁口，可能为门的位置。台体周围散落有砖等。（图九〇三）

该敌台位于西河村长城 2 段墙体上，东南距七山村烽火台 0.065 千米，北侧有榆（林）西（沟）公路。

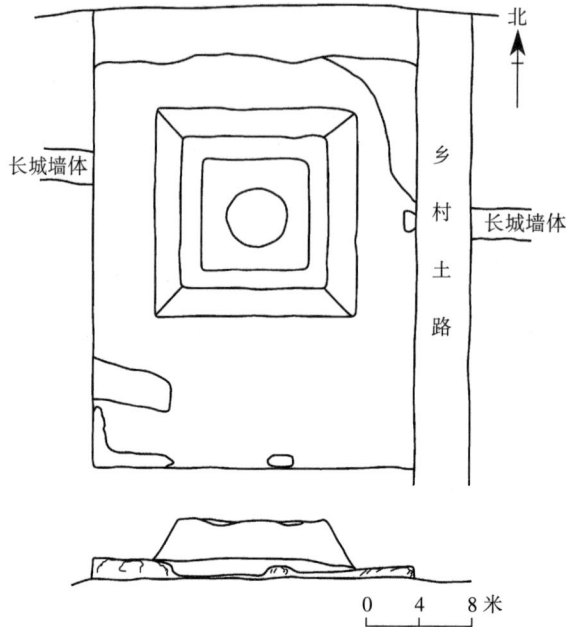

图九〇三　七山村 2 号敌台平、立面图

（三〇）六墩村 1 号敌台（610802352101170030）

该敌台位于麻黄梁镇十八墩村六墩村（组）东北 0.58 千米的山梁上。地处黄土高原丘陵沟壑地带，东侧为榆（林）西（沟）公路，较为平缓，有一排商品房；南侧为沙坡，西南 0.5 千米处有六墩煤矿；西侧为墙体所在和榆（林）西（沟）公路；北侧较为平坦，0.3 千米处有二墩煤矿，煤矿北有沙梁。高程 127.1 米。

敌台整体保存差。台体东南角坍塌，有登台小路，坍塌处宽 1.4、高 1.3、进深 1.8 米；北壁顶部豁口顶宽 0.9、底宽 0.4、高 0.7 米；南壁顶部有人为挖掘的小洞，底宽 0.6、顶宽 0.15、高 0.7、进深 1.1 米。台体顶部中心有一个矩形坑，坑长 2.2、宽 2、深 1.50 米，坑内有一个直径 0.23、深 0.4 米的圆形洞；南壁底部豁口内宽 0.9、外宽 2 米，高 1.1、进深 2.1 米。台体南壁有 2 处人为踩踏的小路，呈倒"Y"形通往台顶；西壁有水冲裂缝，造成台体坍塌；南壁坍塌严重，坍塌长 8、宽 2.4、高 3.5 米。台体底部有人为挖掘掏取条石的深槽，有大量堆积土。

台体夯土基座平面呈矩形，东西 30、南北 33、高 1.5 米，东侧受风沙影响坍塌，形状不明显；北侧由于榆（林）西（沟）公路存在，呈斜坡状，高 1.8 米；南侧距长城墙体 0.018 千米。台体内部用黄土夹杂料礓石夯筑而成，夯层厚 0.06～0.13 米。包砖石被当地居民拆除。台体平面呈不规则形，剖面略呈梯形，底部东西 8.2、南北 9.1 米，顶部中空，东侧长 2.5、南侧长 2、西侧长 4.1、北侧长 4 米，高 6.3 米。台体周围散落有砖等，砖宽 21、厚 7 厘米。（图九〇四）

该敌台位于六墩村 1 段长城墙体上，北侧有榆（林）西（沟）公路，西距六墩村关 0.312 千米。

（三一）六墩村 2 号敌台（610802352101170031）

该敌台位于麻黄梁镇十八墩村六墩村（组）中的山梁上。地处黄土高原丘陵沟壑地带，东侧为山坡，坡底栽种有杏树；南侧为缓坡，有居民房屋和一座庙；西侧为山坡，坡度较缓；北侧山坡较陡峭，有深沟，沟边有土路和居民房屋。高程 1269.3 米。

图九〇四　六墩村1号敌台平、立面图

敌台整体保存差。台体由于人为破坏坍塌成土堆，栽有电线杆，种植有大量杏树。据当地居民讲，台体原来有建筑，被人为拆除。基座东侧与长城墙体相接处有豁口，底宽5、顶宽7、高1.6米。围墙东墙靠北豁口顶宽2.6、底宽0.6、高1.5、进深1.3米，东南角坍塌，坍塌处南侧长3.4、东侧长2.5、高1.5米，可由坍塌处登台；南墙基本保存。基座西侧长城墙体南侧基本坍塌，与地面齐平；北侧仅存西北角，其余坍塌呈斜坡状；北侧围墙无存，坍塌呈斜坡状。

台体夯土基座平面呈矩形，内侧东西28、南北31米，外侧东西34、南北37米；西、北侧无存，坍塌呈斜坡状，高3.6米。围墙位于基座上，东墙底宽3、顶宽0.2~0.6、内高0.3~1.1、外高1.4~4米；南墙底宽3、顶宽0.2~0.4、内高0.2~0.5、外高2.5~3.5米。台体用黄土夯筑而成，夯层不详。台体平面呈近矩形，剖面略呈梯形，底部边长19、顶部边长13.9、高1.4米。台体周围散落有砖，砖宽21、厚7厘米。（图九〇五）

该敌台位于六墩村长城1段墙体上，西南距六墩村3号敌台0.02千米，南侧有榆（林）西（沟）公路。

（三二）六墩村3号敌台（6108023521101170032）

该敌台位于麻黄梁镇十八墩村六墩村（组）中。地处黄土高原丘陵沟壑地带，东侧为山坡，坡度较平缓，东南约0.4千米处有六墩煤矿；南0.1千米内较平缓，有一座庙，外为坡度较陡峭的沟；西侧为榆（林）西（沟）公路，较平缓；北约0.13千米处为缓坡，0.25千米处有一道沟。高程1276米。

敌台整体保存较差。台体西北角底部有宽7、高1.2、进深4.8米的豁口，豁口内有宽1.9、高0.8、进深3.6米的小豁口；东壁有水冲沟，成为登台小路；南壁顶部豁口宽4、高1.2、进深1.4米，坍塌成斜坡，有登台小路。台体顶部有一根GPS水泥柱，无文字。台体东北角坍塌，可由坍塌处登台；底部西北角栽有电线杆；北壁底部生长有柠条；西壁底部有水冲裂缝，宽0.1、长1米，进深不详。台体由于长期雨水冲刷侵蚀和人为破坏顶部不平整。

　　台体用黄土夹杂少量料礓石夯筑而成，夯层厚 0.12~0.21 米。台体平面呈近矩形，剖面略呈梯形，底部东西 23、南北 27 米，顶部东西 8、南北 7.5 米，高 8.8 米。台体周围散落有残砖。（图九〇六）

　　该敌台北距六墩村长城 1 段墙体 0.02 千米，东北距六墩村 2 号敌台 0.02 千米，北侧有榆（林）西（沟）公路。

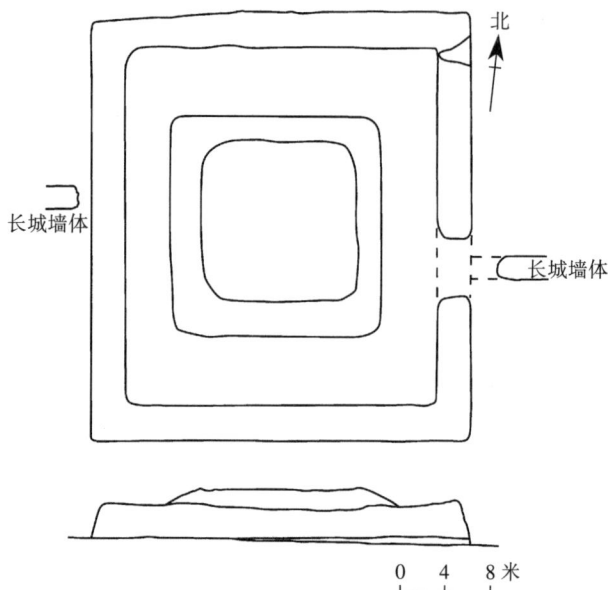

图九〇五　六墩村 2 号敌台平、立面图

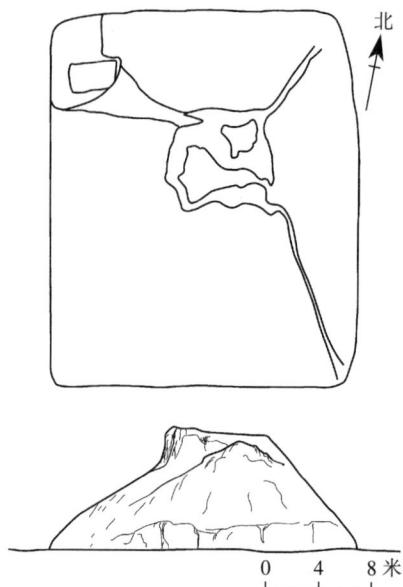

图九〇六　六墩村 3 号敌台平、立面图

（三三）六墩村 4 号敌台（610802352101170033）

　　该敌台位于麻黄梁镇十八墩村六墩村（组）西南 0.22 千米的山梁上。地处黄土高原丘陵沟壑地带，东侧地势较低，有耕地和村庄；南侧较为平缓，有村庄、耕地；西侧为缓坡，有榆（林）西（沟）公路通过；北侧为山坡，种植有杏树林。

　　敌台整体保存差。围墙东墙紧靠长城墙体处有底宽 1.6、顶宽 3、高 0.8、进深 1.6 米的豁口，南墙基本无存。台基南侧有多处水冲豁口，西侧豁口宽 1.3、高 1.2、进深 0.9 米。台体东壁有豁口，宽 0.9、高 1.4、进深 1.3 米，可由豁口登台；南壁坍塌严重，仅存西南角，西侧长 0.8、南侧长 1.3 米，高 1.4 米；北壁坍塌呈斜坡状，可登台。

　　台体围墙位于基座上，基座平面呈矩形，围墙内东西 22.4、南北 16.8 米，围墙外东西 23.8、南北 18.2、高 1.6~2.8 米。围墙南、北、东墙底宽 1.4、顶宽 0.2~0.5、内高 0.1~0.3、外高 1.3~2.8 米；南墙基本无存；西墙底宽 1.4、顶宽 0.3~0.6、内高 0~0.5、外高 0.6~2.8 米；西墙南部保存 6.5 米，靠长城墙体部分消失 10.3 米，底宽 1.4、顶宽 0.3~0.6 米，内侧最高 0.5、外高 0.6~2.8 米；北墙借用长城墙体。台体用黄土夯筑而成，夯土夹杂有料礓石，夯层厚 0.08~0.15 米。台体平面呈不规则形，剖面略呈梯形，底部东西 6.2、南北 6.3 米，顶部东西 4.2、南北 2.8 米，高 3.2 米。台体附近发现有砖、瓦片、筒瓦等，筒瓦厚 2 厘米。（图九〇七）

　　该敌台位于六墩村长城 2 段墙体上，北侧有榆（林）西（沟）公路，东北距六墩村马面 0.303 千米。

（三四）六墩村 5 号敌台（610802352101170034）

　　该敌台位于麻黄梁镇十八墩村六墩村（组）西南 0.5 千米的山梁上。地处黄土高原丘陵沟壑地带，

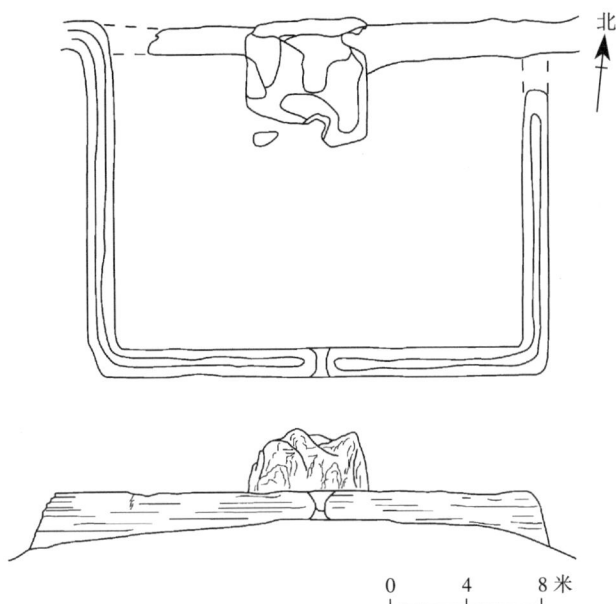

图九〇七　六墩村 4 号敌台平、立面图

东侧为缓坡，0.078 千米处有一道宽 23、深约 11 米的沟；南侧为缓坡，0.04 千米处有一道沟；西 0.13 千米处有一道沟；北侧较平缓。高程 1240.6 米。

敌台整体保存差。台体由于人为挖掘、掏取包石形成深槽，四周有挖掘形成的大量堆积土。台体坍塌呈坟丘状，上面长满杂草，东北角栽有电线杆。

台体内部用黄土夹杂料礓石夯筑而成，夯层不详。台体外部原有包砖、石被当地居民拆除。台体平面、剖面呈不规则形，底部东西 11.5、南北 11 米，顶部东西 2、南北 1.3 米，高 1.8 米。台体周围有砖，砖宽 20、厚 7 厘米。（图九〇八）

该敌台位于六墩村长城 2 段墙体上，南侧有一条土路，北侧有榆（林）西（沟）公路行，东距六墩村 4 号敌台 0.244 千米。

（三五）十八墩村 1 号敌台（610802352101170035）

该敌台位于麻黄梁镇十八墩村煤矿东 0.06 千米的平缓地带。地处黄土高原丘陵沟壑地带，东侧为较为平缓的沙坡，南 0.05 千米栽有大量杨树，西 0.06 千米处正对十八墩煤矿，北 0.28 千米处有一道沟，附近栽种大量杨树、柠条等。高程 1236.6 米。

敌台整体保存差。由于雨水冲刷造成台体剥落，有多处水冲裂缝，几乎与台体分离，有多处马蜂洞穴。台体顶部覆盖有大量煤灰；东壁顶部豁口宽 2、高 2.1、进深 1.2 米；南壁顶部豁口宽 0.70 米，进深 1.2 米，高达顶部；顶部西北角不存。台体四壁坍塌呈斜坡状；南壁有植物根系，水冲裂缝较多，部分几乎与台体分离。

台体用黄土夹杂料礓石夯筑而成，夯层厚 0.07～0.12 米。台体平面呈不规则形，剖面呈近梯形，底部边长 8 米，顶部坍塌严重，东面长 6.6 米，南面长 4.7、宽 1.8 米，北面长 0.3～1.1 米，高 6.5 米。（图九〇九）

该敌台北距六墩村长城 2 段墙体 3 米，西南距十八墩村 2 号马面 0.308 千米，北 0.06 千米处有榆（林）西（沟）公路。

（三六）十八墩村2号敌台（610802352101170036）

该敌台位于麻黄梁镇十八墩村小学南0.06千米的山梁上。地处黄土高原丘陵沟壑地带，东侧呈下坡趋势，0.01千米处有一座坟丘；南侧较为平缓，沙漠化较严重；西侧较平缓，0.07千米处有一道沟；北侧有榆（林）西（沟）公路。高程1231米。

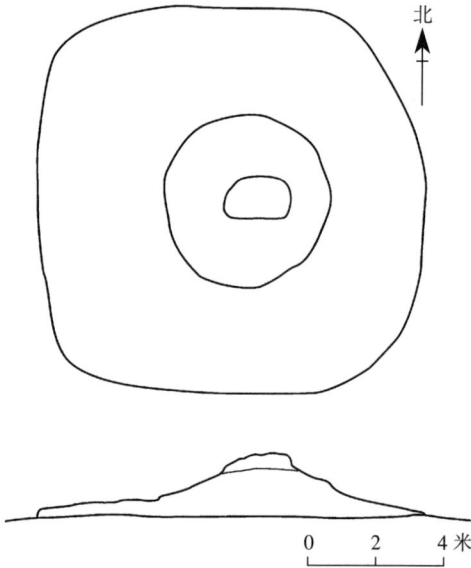

图九〇八　六墩村5号敌台平、立面图

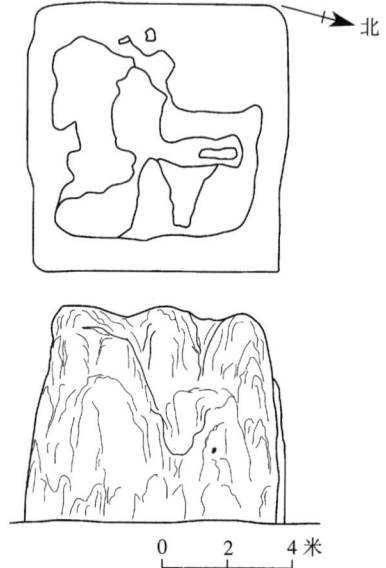

图九〇九　十八墩村1号敌台平、立面图

敌台整体保存差。台体矩形夯土基座位于长城墙体上，东侧豁口由北向南依次为宽2.4、高0.7、进深1.2米，宽5.3、高0.7米，进深呈斜坡状；南侧中部豁口可能为门，底宽2.2、顶宽3、高2.8、进深6米；北侧有围墙，中部豁口顶宽2.8、底宽1.8、进深2.6、高1.6米；中部豁口外宽1.1、内宽0.5米，高0.9、进深0.9米。

台体基座东、西侧长28、南侧长29.4、北侧长27米。围墙位于基座上，东墙无存，基座高1.1~3.6；南侧无围墙，仅存台基，高1~2.8米；西侧长城墙体北侧保存围墙，底宽2、顶宽0.2~0.5米，内高1.4、外高2.3米；北墙底宽2、顶宽0.3~0.5米，内高0.1~0.8、外高2.4~3.2米。台体用黄土夯筑而成，夯土夹杂有少量料礓石，夯层厚0.1~0.2米，夯窝直径0.06米。台体平面呈矩形，剖面呈不规则形，底部东西15、南北13米，顶部东西2、南北2.8米，高3.6米。台体仅存顶部，台基上散落有大量料礓石。台体附近有两种类型的砖，一种砖宽21、厚7.5厘米，一种砖宽17、厚6.5厘米。（图九一〇）

该敌台位于十八墩村长城1段墙体上，东北距十八墩村2号马面0.31千米。

（三七）十八墩村3号敌台（610802352101170037）

该敌台位于麻黄梁镇十八墩村南0.062千米。地处黄土高原丘陵沟壑地带，东侧为山坡，坡度较缓；南侧较平缓，沙漠化严重；西侧较平缓，0.16千米处有一道沟；北侧有榆（林）西（沟）公路，路北有十八墩村。高程1226.2米。

敌台整体保存差。台体由于雨水冲刷侵蚀和人为修路破坏呈不规则形，东北角坍塌，北壁坍塌1.4米、东壁坍塌3米，高3、进深1.5米。雨水冲刷侵蚀和动物洞穴对台体破坏较大，修榆西路对台体进行挖掘造成台基破坏，周围栽种有榆树、杨树等对台体产生破坏。

台体基座东侧坍塌呈斜坡状，保存部分宽 1.6～2.2、高 0.9 米；南侧与地面齐平；西侧保存部分宽 1.6、高 2.4、长 6 米，西北角坍塌不存；北侧保存部分长 4、宽 1.7、高 1.5 米。台体用黄土夯筑而成，夯土内夹杂有少量料礓石，夯层厚 0.07～0.12 米。台体平面呈不规则形，剖面呈近梯形，底部东西 7.2、南北 8 米；顶部北高南低，东西 2.7～3.9、南北 3.6～4.6 米，高 7.4 米。台体南壁有登台踏步，宽 3.5、高 1.7、进深 1.3 米。台体周围散落有瓦片，厚 1.8 厘米。（图九一一；彩图一八五）

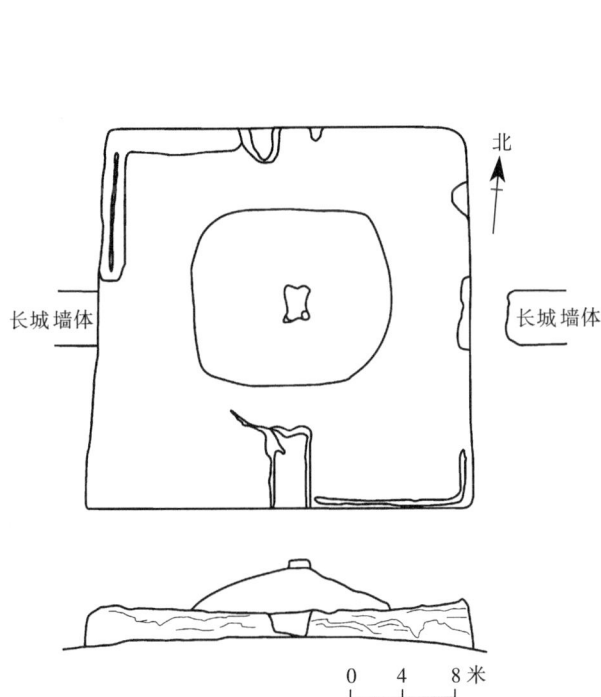

图九一〇　十八墩村 2 号敌台平、立面图

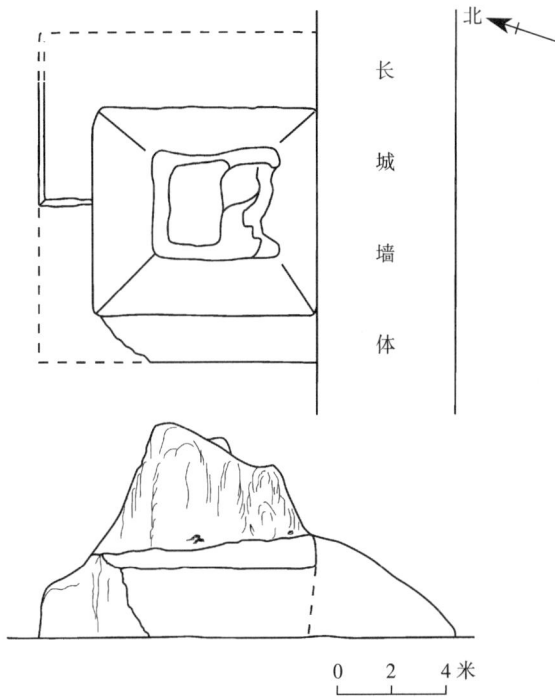

图九一一　十八墩村 3 号敌台平、立面图

该敌台西北 0.09 千米处有一座庙，庙内供奉有"白龙王之神位"，西北 0.1 千米处庙内供奉有"关圣帝君之神位"、"供奉康熙爷之神位"、"供奉玉皇天主之神位"、"供奉黑龙灵官之神位"、"八贤王之神位"、"杨平之之神位"、"供奉真武大帝之神位"、"供奉三皇五帝真君之神位"等，南侧紧贴十八墩村长城 1 段墙体，北侧有榆（林）西（沟）公路，东距十八墩村 2 号敌台 0.283 千米。

（三八）十八墩村 4 号敌台（610802352101170038）

该敌台位于麻黄梁镇十八墩村南 0.05 千米的山梁上。地处黄土高原丘陵沟壑地带，东侧呈上坡趋势；南 0.09 千米处有坟丘，约 0.17 千米处有沟；西侧呈下坡趋势，有榆（林）西（沟）公路；北侧有榆（林）西（沟）公路和十八墩村。高程 1223.3 米。

敌台整体保存差。由于人为破坏仅存台基，作为打谷场。台基西北角有一个长 2.7、宽 2、深 0.8 米的洞，中部有一条土路，西侧接近墙体处有宽 5、高 0.7、进深 2.4 米的豁口。

台体夯土基座平面呈矩形，东西 29、南北 23、东侧高 1.4、南侧高 1.5～2.4 米；西侧长城墙体南侧有围墙，墙体底宽 1、顶宽 0.1～0.5、内高 0.3、外高 0.4～2.4 米，北墙无存；基座北侧高 1.5 米，中部有豁口，可能为门所在，豁口宽 4.5 米，坍塌呈斜坡状。台体用黄土夯筑而成，夯层不详。台体周围散落有砖，砖宽 20、厚 7 厘米。（图九一二）

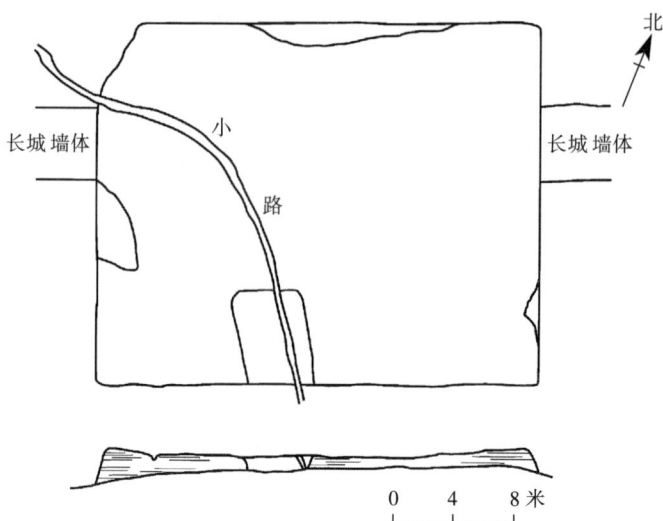

图九一二　十八墩村 4 号敌台平、立面图

　　该敌台位于十八墩村长城 1 段墙体上，东北距十八墩村 3 号敌台 0.237 千米。

（三九）十八墩村 5 号敌台（6108023521011170039）

　　该敌台位于麻黄梁镇十八墩村中的山梁上。地处黄土高原丘陵沟壑地带，东侧为山坡，坡度较缓，坡底有村庄；南侧呈阶梯状逐层递减；西侧坡度较陡峭；北 0.05 千米处有一道沟，约 0.2 千米和 0.3 千米处有沙丘。高程 1206.9 米。

　　敌台整体保存较差。夯土基座北侧中间有一个宽 6、高 1.6、进深 1.2 米的大豁口，往西有一个宽 2.4、高 1.6、进深 1.2 米的豁口；东、南、西侧坍塌呈斜坡状，西侧有一个宽 0.8、高 0.8、进深 1.2 米的豁口。台体东壁顶部有一个低凹处，长约 3.8、宽 0.06～1.2、高 0.3 米；东北角豁口宽 1.6、高 1.8、进深 2 米；东壁豁口宽 2.4 米，高达顶部，进深 1.6 米，豁口底部有盗洞，盗洞入口长 3.8、宽 1.2～1.6，盗洞宽 0.7～1.1、高 1、进深 3 米；西壁有人为踩踏的小路；东南角坍塌，保存部分底宽 1.6、顶宽 0.5、高 2.1 米；南壁坍塌严重，宽 0.6～1.9 米，底部有宽 2.1、高 2.2、进深 2 米的盗洞，洞内有两个小洞，朝东的洞顶宽 0.3、底宽 0.7、高 1.2、进深 1.8 米，朝西的洞顶宽 0.4、底宽 0.6、高 0.5、进深 1.5 米；西壁豁口宽 0.8～1.6、高 2.1、进深 1.8 米；顶部有人为挖掘的四个小洞。

　　台体夯土基座平面呈矩形，边长 22 米，东、西、南侧坍塌呈斜坡状，西北角高 5、北侧高 3 米。台体用黄土夯筑而成，夯土内夹杂有料礓石，夯层厚 0.07～0.14 米。据当地村民说，台体原有包砖，被当地居民拆除。台体平面呈矩形，剖面呈梯形，底部边长 15、顶部边长 11、高 3～3.8 米。台体附近有两种类型的砖，一种砖宽 21、厚 8 厘米，一种砖厚 7 厘米。（图九一三）

　　该敌台位于十八墩村长城 2 段墙体拐角处，南侧有一条土路，南距十八墩村 6 号敌台 0.212 千米，东距榆（林）西（沟）公路 0.22 千米，

（四〇）十八墩村 6 号敌台（6108023521011170040）

　　该敌台位于麻黄梁镇十八墩村中的山梁上。地处黄土高原丘陵沟壑地带，东侧呈阶梯状，有农田和村庄；南侧较平缓，有耕地；西侧呈阶梯状，0.7 千米处有沙丘；北侧山坡较缓。高程 1197 米。

　　敌台由于雨水冲刷侵蚀、动物洞穴破坏、人为在台体上挖掘、拆除台体包砖石等原因，整体保存

较差。台体顶部东侧有豁口，外宽 3.6、内宽 0.8、高 3 米，进深 4.2 米，可由此登台；北壁豁口底宽 3、顶宽 4 米，高达顶部，进深 1.2 米；西北角有水冲裂缝，造成顶部几乎与台体分离；西壁高 1.2 米处有一孔窑洞，宽 1、高 1.2、进深 2.6 米，窑洞内堆积柴草。台体包砖于 20 世纪五六十年代被当地居民拆除，周围散落有残砖，居民房屋上可见拆取的砖。

台体内部用黄土夯筑而成，夯土内夹杂有料礓石，夯层厚 0.09 ~ 0.14 米。台体外部包砖石无存。台体平面呈矩形，剖面呈梯形，底部边长 8.6、顶部边长 6.5、高 7.6 米。台体顶部有 0.6 米厚的堆积层，夹杂有料礓石、石灰渣、砖、瓦片和瓷片等，推测顶部可能原有建筑。台体东壁上部有缺口，外宽 3.6、内宽 0.8、高 3、进深 4.2 米，可能为登台踏步。台体周围有砖，砖长 40、宽 20、厚 7.5 厘米。（图九一四；彩图一八六）

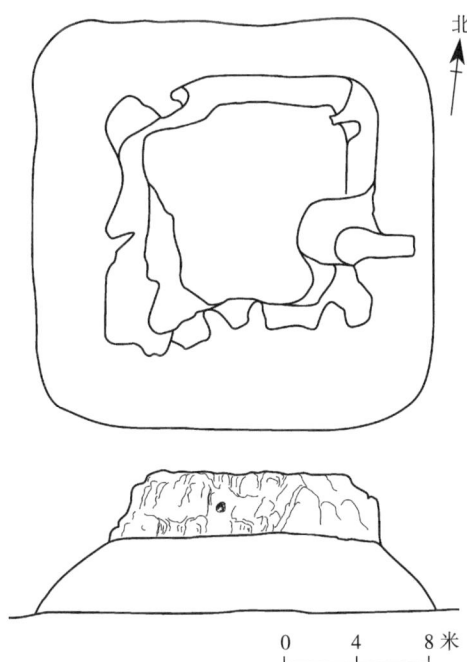

图九一三 十八墩村 5 号敌台平、立面图

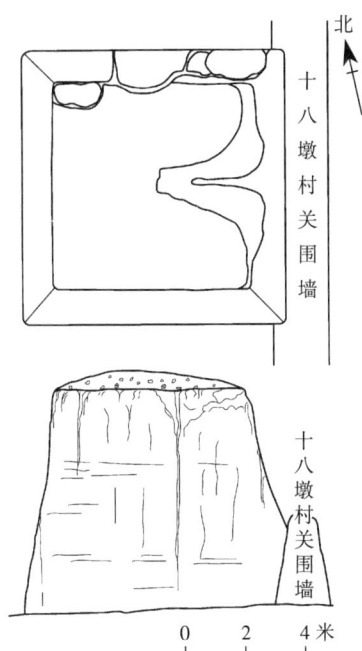

图九一四 十八墩村 6 号敌台平、立面图

该敌台东侧正对十八墩村关，北距十八墩村 5 号敌台 0.212 千米，北侧有一条土路。

（四一）十八墩村 7 号敌台（610802352101170041）

该敌台位于麻黄梁镇十八墩村南 0.463 千米。地处黄土高原丘陵沟壑地带，东侧为荒沙地，有一个沙石场；南侧为长城墙体，0.092 千米处有沙丘，西南 0.03 千米处有沙丘；西、北侧有十八墩水库。高程 1198.3 米。

敌台整体保存差。台体由于雨水冲刷侵蚀、人为破坏以及十八墩水库处在台体附近等原因，保存部分呈“V”形薄片状。台体西壁底部有宽 0.8、高 0.4 米的洞，内部填充有大量的砖；北侧底部有一根 GPS 水泥柱，文字不详。

台体夯土基座仅存东南角。围墙底宽 2.4、顶宽 0.2 ~ 0.9、内高 0.2 ~ 1.2、外高 0.6 ~ 2.6 米，呈圆弧形，长 9.6 米。台体内部用黄沙土、红胶土夯筑而成，夯层厚 0.09 ~ 0.14 米。台体外部包砖石被当体居民拆除，底部存有条石，条石宽 37、厚 23 厘米；底部有一层厚 0.2 米的石灰。台体平、剖面呈不规则形，底部东西 0.6~1.4、南北 3.4 米，高 3.5 米，顶部呈 "V" 形。台体附近有条石、砖，条石宽 37、厚 23 厘米，由于被土掩埋长度不详；砖宽 19.5、厚 7.5 厘米。（图九一五）

该敌台位于十八墩村长城 3 段墙体上，底部有土路，东距榆（林）西（沟）公路 0.21 千米，西距运煤专线 0.29 千米，北距十八墩村 2 号烽火台 0.43 千米。

（四二）十八墩村 8 号敌台（610802352101170042）

该敌台位于麻黄梁镇十八墩村南 0.899 千米的沙漠中。地处沙漠草滩地带，东侧为沙梁，0.07 千米处有沙梁之间形成的沟；南侧为沙梁；西 0.01 千米处有运煤专线，0.142 千米处有一座沙丘；北侧有多座沙丘。高程 1202.6 米。

敌台整体保存差。台体顶部东侧有顶宽 1.5、底宽 0.2、高 1.5、进深 0.9 米的水冲裂缝，北壁豁口顶宽 1.6、底宽 0.3、高 1.8、进深 1.4 米；西壁底部有顶宽 1、底宽 1.7、高 3.1、进深 0.7 米的豁口，南壁水冲裂缝较多，南、西壁马蜂洞穴较多，东壁动物洞穴较多。

台体用黄土、红胶土夹杂料礓石夯筑而成，夯层厚 0.08~0.14 米，夯窝直径 0.04 米，中心间距 0.085 米。台体平面呈近矩形，剖面呈梯形，底部东西 6.8、南北 8 米，顶部西北角较高，其他各侧较低，西北角顶宽 0.5、底宽 1.4、长 1.2、高 1.3 米，顶部东西 4.6、南北 5 米，高 6.8 米。台体北壁有砖夹杂在夯土层中；南壁有宽 2.4、高 0.6、进深 1.7 米的豁口，可能为登台踏步。台体附近有两种类型砖和瓦片，一种砖宽 22.5、厚 7.5 厘米，一种砖宽 20.5、厚 7 厘米，瓦片厚 2 厘米。（图九一六；彩图一八七）

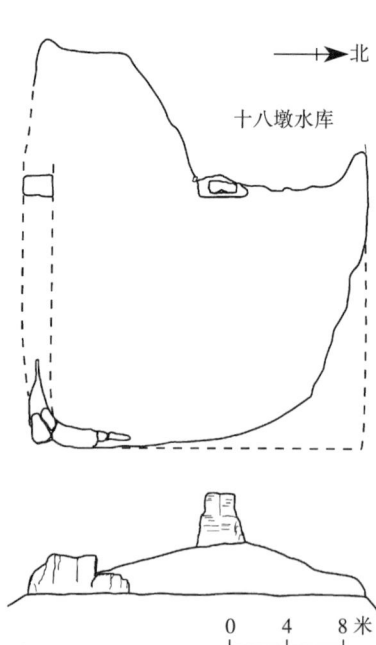

图九一五　十八墩村 7 号敌台平、立面图

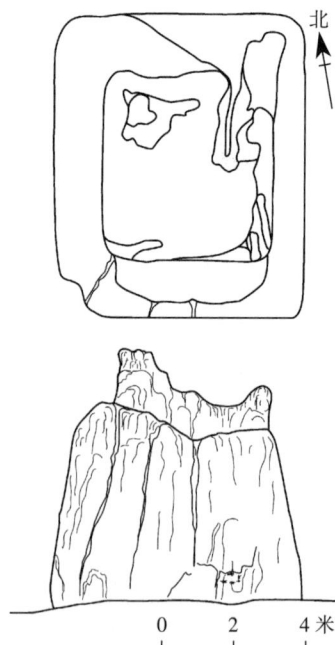

图九一六　十八墩村 8 号敌台平、立面图

该敌台北距十八墩村 7 号敌台 0.436 千米，西 0.01 千米处有运煤专线。

（四三）石峁村 1 号敌台（610802352101170043）

该敌台位于牛家梁镇常乐堡村石峁村（组）东北 1.74 千米处的石山梁上。地处沙漠草滩地带，东侧有通往基泰阳光发电公司的柏油路，坡度较平缓，坡上有一道宽 2、深约 1 米的沟；南侧为山梁，较平缓；西南角 0.03 千米处为一块平地；西侧有榆（林）西（沟）公路，呈下坡趋势；北侧有多处沙丘。高程 1219.9 米。

敌台整体保存较差。台体北壁水冲裂缝造成壁面剥落，保存部分几乎与台体分离，水冲裂缝宽 0.2～0.5、高 1、进深 0.8 米；西壁剥落严重；南壁有豁口，宽 0.85、高 1.9、进深 0.75 米；东壁底部登台券洞处有豁口，宽 2.4 米，高达顶部，进深 0.7 米。夯土基座基本坍塌呈斜坡状。

台体基座平面呈矩形，东西 32.3、南北 31 米。基座西侧凸出于长城墙体 16 米；东南角保存，东侧长 1.4、南侧长 3 米，内高 0.1、外高 0.5 米；西南角保存，西侧长 2.5、南侧长 2.6 米，内高 0.4、外高 1.9 米。台体用黄土夯筑而成，夯土内夹杂有少量料礓石、大量的砖，夯层厚 0.08～0.14 米；夯窝明显，直径 0.09 米，中心间距 0.1 米。台体平面呈矩形，剖面呈梯形，底部东西 9.3、南北 9 米，顶部东西 7.4、南北 6 米；顶部西南角较低，其余较平坦，高 5.2 米。台体东壁底部有登台券洞，坍塌呈斜坡状，洞口顶宽 0.2、底宽 1.4、高 1.35、进深 1.3 米；券洞口坍塌不规则，西侧长 4.6、宽 2、高 0.9 米，北侧长 4.7、宽 2、高 1.2 米。台体顶部原应有建筑，仅存 0.1 米厚的堆积层，堆积层内含石灰渣和瓦片。台体周围散落有砖、瓦片，砖宽 21、厚 8 厘米，瓦片厚 1.8 厘米。（图九一七）

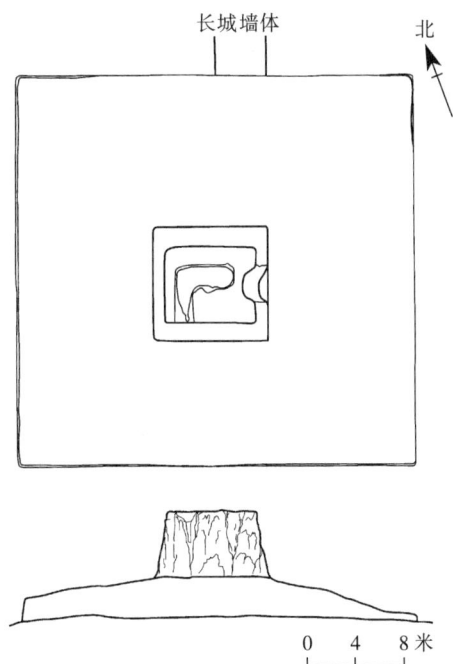

图九一七　石峁村 1 号敌台平、立面图

该敌台位于石峁村长城 1 段墙体上，西南距石峁村 2 号敌台 0.16 千米。

（四四）石峁村 2 号敌台（610802352101170044）

该敌台位于牛家梁镇常乐堡村石峁村（组）东北 1.62 千米的山梁上。地处沙漠草滩地带，东侧较平缓，东 0.13 千米处有沙梁之间形成的沟，南侧较为平缓，西 0.1 千米处有榆（林）西（沟）公路，北侧较平缓。高程 1229.6 米。

敌台整体保存较差。台体顶部西侧有水冲裂缝，宽 0.1～0.3 米，深不详，几乎与台体分离；北侧有水冲裂缝，宽 0.2～0.45 米，深不详，几乎脱离台体。台体北壁底部有洞，顶宽 0.45、底宽 0.8、高 1 米，进深不详；东壁豁口宽 1.4、高 0.8、进深 0.2～1 米；顶部有人为挖掘痕迹，长 0.8、宽 0.7、深 0.3 米；底部有人为挖取石条留下的深槽，有大量的堆积土。台体夯土基座东南角保存，旁边有一座坟丘，呈梯形，长 1.55、宽 0.6～0.9、深 1.15 米，已迁移；东北角保存，其余坍塌呈斜坡状；东侧有一条土路，路宽 5 米，东西向穿过；西侧 2 米处有木制电线杆，西 0.013 千米处有一座坟丘；南 1.5 米处栽有水泥制电线杆。

　　台体基座平面呈梯形，东侧较长，西侧较短；东西长 31、东侧长 28、西侧长 21、东南角长约 1、外高 1 米，内几乎与地面齐平；东北角存在，东侧长 5、北侧长 2.3 米，内与地面齐平，外高 1.5 米；西北角西侧长 1.3、北侧长 2.5、外高 1、内高 0.3 米；西侧有 5 米宽土路通行，其余存在围墙，墙体底宽 1、顶宽 0.2～0.5、内高 0.1～1、外高 0.8～1.7 米；西南角西侧长 2.4 米。台体内部用黄土夯筑而成，夯层厚 0.08～0.14 米。台体包砖石无存。台体平面呈矩形，剖面呈梯形，底部边长 8.5、顶部边长 6.9、高 7.1 米。台体顶部有厚 0.3 米的堆积层，堆积层内含砖、瓦片、石灰渣等，应有建筑；南壁底部存有石条。台体东北 0.034 千米处有一堆石灰，应为当时未用完的石灰堆积，呈不规则形。台体附近有条石、砖、瓦片，条石长 94、宽 27、厚 0.22 厘米，砖宽 21、厚 7 厘米，筒瓦厚 2 厘米。（图九一八）

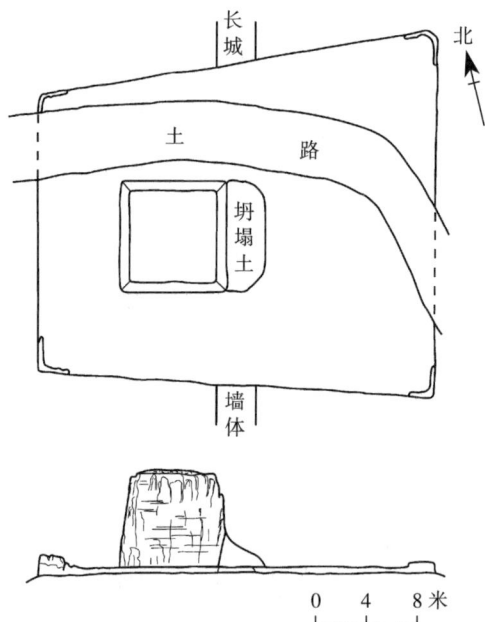

图九一八　石峁村 2 号敌台平、立面图

　　该敌台位于石峁村长城 1 段墙体上，东北距石峁村 1 号敌台 0.16 千米，北侧有土路。

（四五）石峁村 3 号敌台 （610802352101170045）

　　该敌台位于牛家梁镇常乐堡村石峁村（组）东北 1.47 千米的山梁上。地处沙漠草滩地带，东侧较为平坦，为一座煤厂；南 0.018 千米处有榆（林）西（沟）公路；西 0.2 千米处有一学校，0.4 千米处有多处沙丘；北侧较为平缓。高程 1218.6 米。

　　敌台整体保存差。台体由于雨水冲刷侵蚀和人为破坏坍塌严重，顶部呈工字形；西壁底部有水冲裂缝，成为一个洞，呈三角形，底长 0.6、高 1.5 米；与南壁相同，东壁底部有人为挖掘台体后用砖砌成围墙的一座煤场。

台体用黄土夯筑而成，夯土内夹杂有料礓石，夯层厚 0.08～0.12 米。台体平、剖面呈不规则形，底部东西 10、南北 6.1 米，顶部坍塌严重，东部东西 0.5、南北 2.1 米，中部东西 4、南北 1.3 米，西部东西 1.3、南北 1.8 米，东西 5.8 米，高 4～4.4 米。（图九一九）

该敌台东壁紧贴石峁村长城 1 段墙体，东北距石峁村 2 号敌台 0.184 千米。

（四六）石峁村 4 号敌台（610802352101170046）

该敌台位于牛家梁镇常乐堡村石峁村（组）东北 2 千米的山梁上。地处沙漠草滩地带，东侧为山坡，0.02 千米处有一道宽 2、深 2 米的沟，有多处坟丘；南侧为缓坡，坡底有多处坟丘，0.3 千米处有通往基泰阳光发电公司的柏油路，0.4 千米处有一座沙丘；西侧较平缓；北侧呈下坡趋势，有通往白鹭煤矿的砖路，约 0.1 千米处有一座信号塔。高程 1233.2 米。

敌台整体保存差。台体由于长期雨水冲刷侵蚀呈锥状，北壁有人为挖掘的脚踏处，顶部较小，不可登台，表面有煤矿的炭灰覆盖层。

台体用黄土夯筑而成，夯土内夹杂有少量料礓石，夯层厚 0.08～0.11 米，土质疏松。台体平面呈圆状，剖面呈近梯形。台体平面呈圆形，底部直径 3.1、顶部直径 1.6、高 3.4 米。夯土基座仅存西侧，底部东西 6.4、南北 9.4 米，高 0.85 米，其余由于人为破坏无存。（图九二〇）

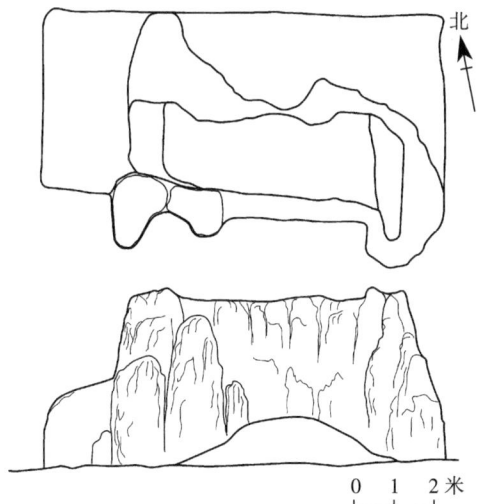

图九一九　石峁村 3 号敌台平、立面图

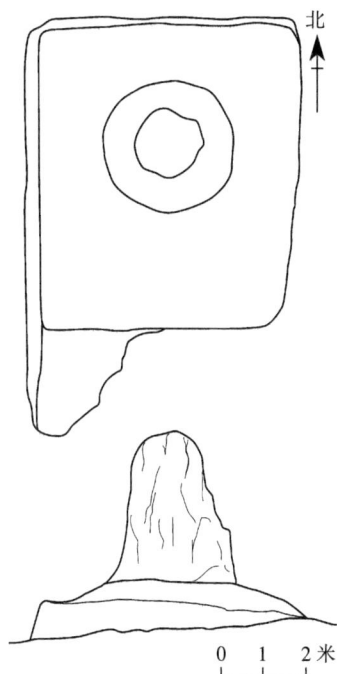

图九二〇　石峁村 4 号敌台平、立面图

该敌台位于石峁村长城 2 段墙体起点，东南距石峁村烽火台 0.035 千米。

（四七）刘家房子村 1 号敌台（610802352101170047）

该敌台位于牛家梁镇刘家房子村。地处波状沙丘地带，北侧有常乐堡河川，南侧有榆（林）麻（黄梁乡）公路。高程 1172.3 米。

　　敌台整体保存较差，台体南壁底部有人工挖掘的土洞，顶部坍塌，洞宽0.9、高0.7、进深1米；西壁风蚀严重，中部有虫穴；北壁有雨水浸蚀的浅沟槽；东壁有裂缝；台顶西部残存厚0.8米的海墁层，生长有杂草。

　　台体位于基座中间，高于长城墙体。台体内部用黄土夹杂料礓石夯筑而成，夯层厚0.08～0.12米。台体外部包砖被人为拆毁。台体平面呈近矩形，剖面呈梯形，底部东西8.5、南北8米，顶部东西6.9、南北6.5米，高5.7米。台体附近散落有大量残砖、白灰渣。（图九二一）

　　该敌台位于常乐堡村长城2段墙体上，东北距刘家房子村马面0.226千米。刘家房子村南有榆（林）麻（黄梁乡）公路，呈东南—西北走向，为原榆（林）神（木）公路。

（四八）刘家房子村2号敌台（6108023521011701170048）

　　该敌台位于牛家梁镇刘家房子村。地处波状沙丘地带，北侧为沙梁，有常乐堡河川；南侧为较平坦的沙滩地，南0.253千米处有榆（林）麻（黄梁乡）公路。高程1721.2米。

　　敌台整体保存较差。台体呈柱状，四壁有裂缝、虫穴，壁面斑驳不平，东壁有人为挖掘的洞穴，底部风蚀严重，顶部生长有杂草。

　　台体位于基座中间，高于长城墙体。台体内部用褐色沙土夯筑而成，夯层较均匀，夯土质地坚硬，夯层厚0.18～0.2米。台体外部包砖被人为拆毁。台体平面呈近圆形，剖面呈梯形，底部直径5.3～5.5、顶部直径1.5、高6米。台体附近散落有大量残砖。（图九二二；彩图一八八）

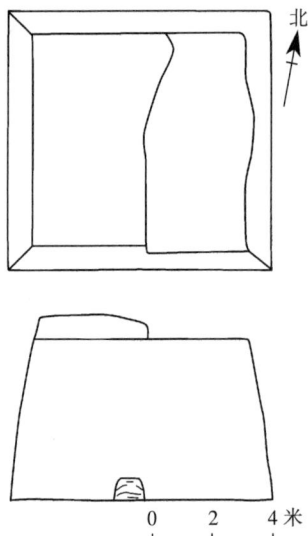

图九二一　刘家房子村1号敌台平、立面图　　　　　图九二二　刘家房子村2号敌台平、立面图

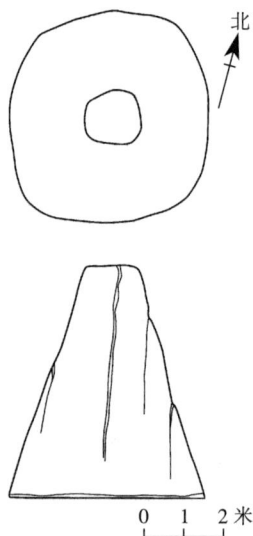

　　该敌台位于常乐堡村长城2段墙体上，东北距刘家房子村1号敌台0.27千米。刘家房子村南有榆（林）麻（黄梁乡）公路，呈东南—西北走向，为原榆（林）神（木）公路。

（四九）三台界村1号敌台（6108023521011701170049）

　　该敌台位于牛家梁镇三台界村。北侧有榆（林）麻（黄梁乡）公路通过，北0.5千米处有塌崖畔水库，南0.05千米处有关公庙。高程1178.3米。

　　敌台由于雨水冲刷、放牧、踩踏、在台体北侧修建窑洞等原因，整体保存较差。基座平面呈矩形，四壁坍塌不规整。围墙仅存西北、东北角，墙体高低不平。台体坍塌成圆土堆，上面长满杂草。

台体位于基座中间，高于长城墙体，基座边缘有围墙。基座平面呈矩形，边长40、高0.5~1.5米。围墙底宽2、顶宽0.4~0.8、内高1、外高3.2米。台体用黄沙土夯筑而成，夯层厚0.18~0.2米。台体呈圆土堆状，底部直径13、顶部直径4、高5米。（图九二三）

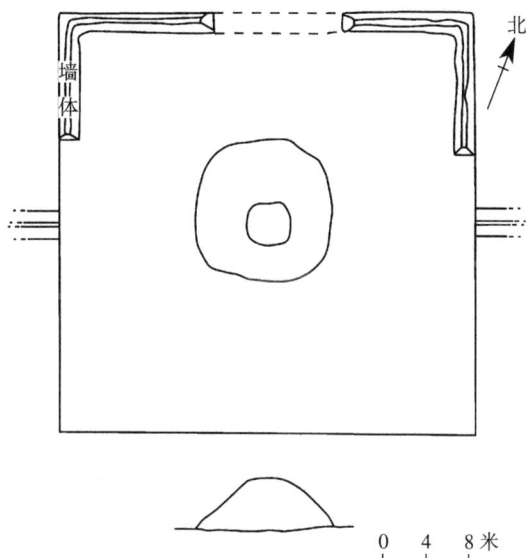

图九二三　三台界村1号敌台平、立面图

该敌台位于三台界村长城墙体上，东北距三台界村4号马面0.167千米。三台界村村北有榆（林）西（沟）公路，呈东南—西北走向，为原榆（林）神（木）公路。

（五〇）三台界村2号敌台（610802352101170050）

该敌台位于牛家梁镇三台界村西0.05千米。北侧地势较平坦，有榆（林）麻（黄梁乡）公路通过，北0.55千米处有塌崖畔水库，南侧为波状沙丘地貌。高程1172.4米。

敌台由于雨水冲刷、植物根系破坏、放牧、踩踏、炸毁、栽电线杆等原因，整体保存差，仅存台基。20世纪70年代架设高压线时台体被炸平，仅存底部。台体顶部生长有3棵柳树及杂草，底部被黄沙掩埋。

台体用黄沙土夯筑而成，夯层厚0.18~0.2米。台体平面呈不规则四边形，底部边长13米，顶部东西9、南北12、高1米。（图九二四）

该敌台位于三台界村长城墙体上，东北距三台界村1号敌台0.324千米。三台界村北有榆（林）西（沟）公路，呈东南—西北走向，为原榆（林）神（木）公路。

（五一）塌崖畔村1号敌台（610802352101170051）

该敌台位于牛家梁镇塌崖畔村。地处波状沙丘地带，地势南高北低。南侧为生长沙柳、柠条等低矮沙生植物的平坦沙滩地；北侧有居民区，东侧有长城墙体，西侧有一户人家，基座上种植有6棵柳树。高程1114米。

敌台整体保存差。台体基座东侧有一条土路穿过长城墙体，基座上有一条土路西南—东北向穿过台

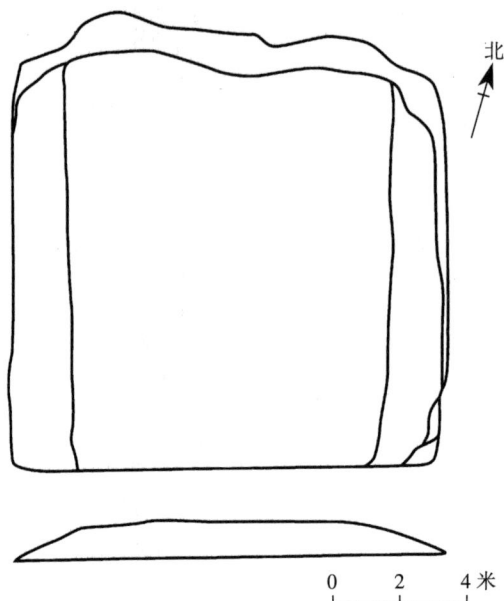

图九二四　三台界村 2 号敌台平、立面图

体，形成豁口。台体坍塌成土堆，上面长满杂草，四周散落有大量残砖。

　　台体基座平面呈矩形，边长 35、高 1.5~2.3 米。基座和台体用黄土夹杂料礓石夯筑而成，夯层厚 0.12~0.16 米。台体底部平面呈近圆形，底部东西 9.6、南北 8.5 米，顶部平面呈近矩形，边长 3 米，高 2.2 米。台体上散落有明代残砖。（图九二五）

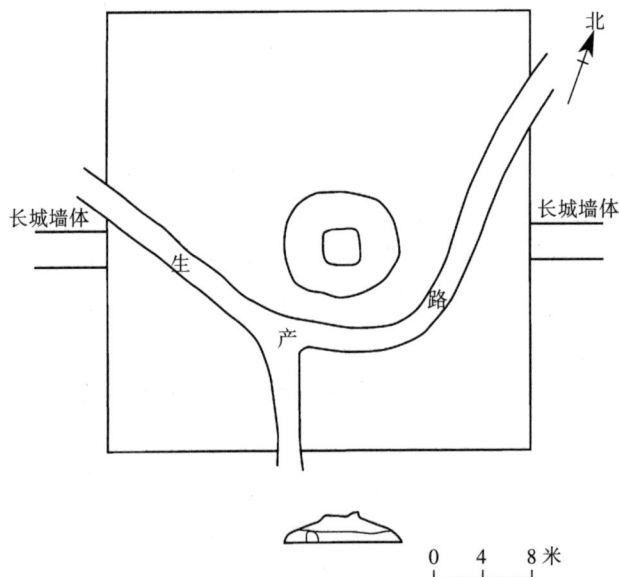

图九二五　塌崖畔村 1 号敌台平、立面图

　　该敌台位于塌崖畔村长城墙体上，东北距三台界村 2 号敌台 0.246 千米。塌崖畔村北有榆（林）西（沟）公路，呈东南—西北走向，为原榆（林）神（木）公路。

（五二）塌崖畔村 2 号敌台（610802352101170052）

该敌台位于牛家梁镇塌崖畔村。地处波状沙丘地带，地势较平坦。南侧为平坦的沙滩地，多生长有沙柳、柠条等低矮沙生植物；北侧为耕地，主要种植有玉米等农作物；东侧有一片杨树林；西侧地势降低，多为耕地。高程 1156.3 米。

敌台整体保存状况。台体基座西壁有许多雨水冲刷的沟槽。围墙大部分坍塌。台体坍塌成土堆，上面长满杂草。

台体基座平面呈矩形，边长 35、高 1.5 ~ 2.2 米。围墙东、北墙底宽 1.5 ~ 3、顶宽 0.4 ~ 0.6、高 0.5 ~ 1.2 米。基座和台体用黄土夹杂料礓石夯筑而成，夯层厚 0.1 ~ 0.14 米。台体平面呈矩形，剖面呈梯形，底部边长 12、顶部边长 5、高 3 米。台体上散落有少量明代残砖。（图九二六）

该敌台位于塌崖畔村长城墙体上，东北距塌崖畔村 1 号马面西南 0.276 千米。塌崖畔村北有榆（林）西（沟）公路，呈东南—西北走向，为原榆（林）神（木）公路。

（五三）古城滩村敌台（610802352101170053）

该敌台位于牛家梁镇古城滩村。地处平缓滩地上，地势较平坦。南侧为牛家梁林场的林草地，种植有大量松树、柏树、杨树等；北侧有古城滩村耕地，主要种植有玉米；东侧有一条土路南北穿过长城墙体；与敌台西侧长城墙体平行有一条土路东西向通向古城滩村。高程 1144.6 米。

敌台整体保存差。台体因人为铲削、挖掘、栽种树木等原因坍塌严重，呈土堆状。基座因造林开垦成三级台阶状，顶部边长 3 米，二级台边长 6 米，底部边长 9 米，一级台高 1.5、二级台高 1、三级台高 0.6 米，栽满松树，杂草丛生。

台体夯土基座平面呈近矩形，东西 33、南北 30、高 1.8 米。台体用黄土和料礓石夹杂夯筑而成，夯层厚 0.11 ~ 0.15 米。台体底部边长 9、顶部边长 3、高 3.1 米。台体上散落有少量明代残砖。（图九二七）

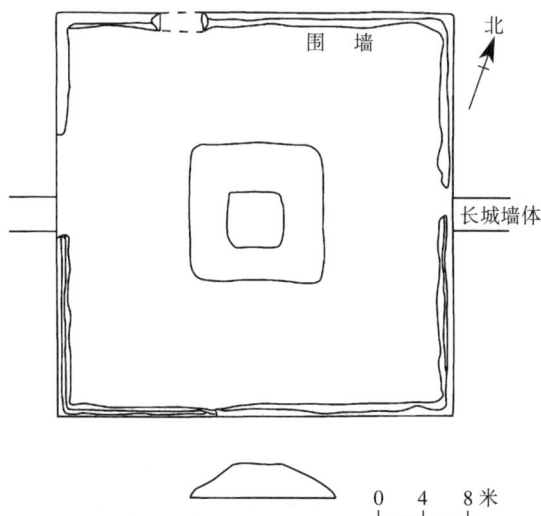

图九二六　塌崖畔村 2 号敌台平、立面图

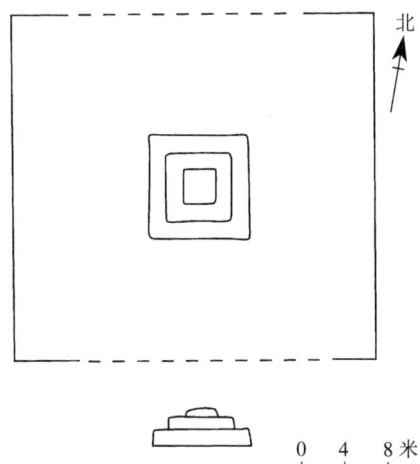

图九二七　古城滩村敌台平、立面图

该敌台位于塌崖畔村长城墙体上，东北距塌崖畔村 3 号马面 0.263 千米。基座上建有一块水泥砖

混质的日本绿色募捐支援沙漠绿化林场纪念碑。古城滩村北有榆（林）西（沟）公路，呈东南—西北走向，为原榆（林）神（木）公路。

（五四）边墙村1号敌台（610802352101170054）

该敌台位于牛家梁镇边墙村中的平缓滩地。所处地势平坦，有耕地，树木较多，植被较好。北、东侧各有一户居民；南0.03千米处有一较大蓄水池，台体南壁底部有几棵杨树和一排篱笆；西侧有一条通往村民房屋的土路，台体西壁底部堆积现代砖和生活垃圾。高程1121.9米。

敌台整体保存差。台体因人为铲削、挖掘坍塌严重，呈不规则土台状。因修建房屋造成东壁坍塌成断面，北侧有房屋院墙紧靠台体西壁，挖掘、铲削西、北壁大量夯土形成与西侧长城墙体的豁口。

台体用黄土夹杂料礓石夯筑而成，上部夹杂有少量白灰渣，夯层厚0.12~0.18米。台体平、剖面呈不规则形，底部东西7.8、南北5.2米，顶部东西6.6、南北4.2米，高3.6米。台体上散落有少量明代残砖。（图九二八）

该敌台位于古城滩村长城墙体止点，西南距边墙村2号敌台0.278千米。边墙村北有榆（林）西（沟）公路，呈东南—西北走向，为原榆（林）神（木）公路。

（五五）边墙村2号敌台（610802352101170055）

该敌台位于牛家梁镇边墙村西0.3千米。地处波状沙丘地带，地势西高东低，北侧为平缓的沙滩地，生长有低矮沙生植物；南侧为牛家梁林场草地，有现代坟墓；东侧长城墙体被人为取土挖掘成凹槽；西侧为低洼波状沙坑地，生长有柳树等。高程1150.1米。

敌台整体保存差。台体坍塌成低矮的不规则土堆，上面长满杂草，东、北壁有人为挖掘的坑洞。

台体用黄土和料礓石夹杂夯筑而成，夯层不清。台体平面呈近圆形，底部东西6.4、南北3米，高1.2米。台体四周散落有少量明代残砖。（图九二九）

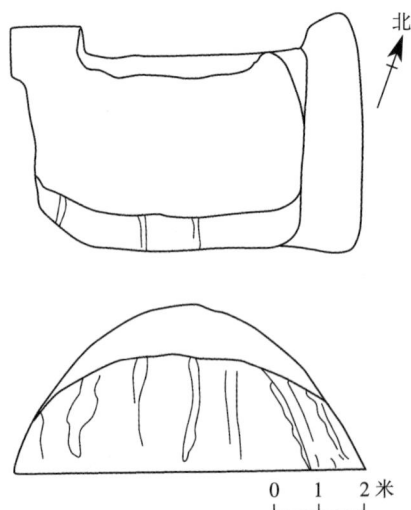

图九二八　边墙村1号敌台平、立面图　　　　图九二九　边墙村2号敌台平、立面图

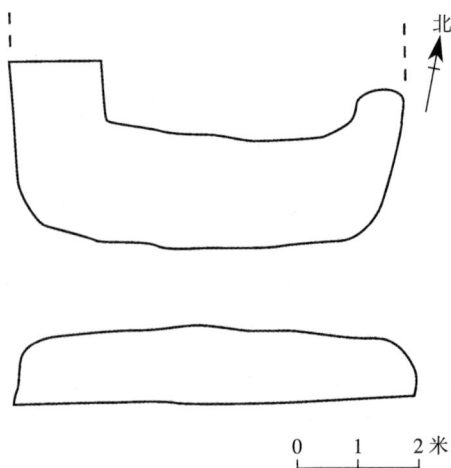

该敌台位于走马梁长城1段墙体上，东北距边墙村1号敌台0.278千米。边墙村北有榆（林）西（沟）公路，呈东南—西北走向，为原榆（林）神（木）公路。

（五六）走马梁敌台（610802352101170056）

　　该敌台位于牛家梁镇边墙村走马梁西的镇北台东侧山峁上。所处地势东高西低，北侧山坡上有一座高压线铁塔；南侧为牛家梁林场草地，有现代坟墓；东侧为缓坡梯田，种植有杏树等；西侧为波状沙丘地带，生长有低矮沙生植物。高程1159.8米。

　　敌台整体保存差。台体围墙上有多处豁口，东、南墙因一条土路南北向穿过有较大的豁口，西、北墙因风雨侵蚀坍塌呈锯齿状。台体坍塌成圆土堆，上面长满杂草，西侧堆积有大量生活垃圾。

　　台体围墙南北对称位于长城墙体上，高于长城墙体。围墙东西32、南北28、高2.2~3.1米。围墙和台体用黄土夹杂料礓石夯筑而成，围墙夯层厚0.1~0.15米；台体夯层不清，包砖被人为拆毁。台体底部平面呈圆形，剖面呈梯形，底部直径14米，顶部平面呈矩形，东西5.8、南北7米，高4米。台体四周散落有明代残砖。（图九三〇）

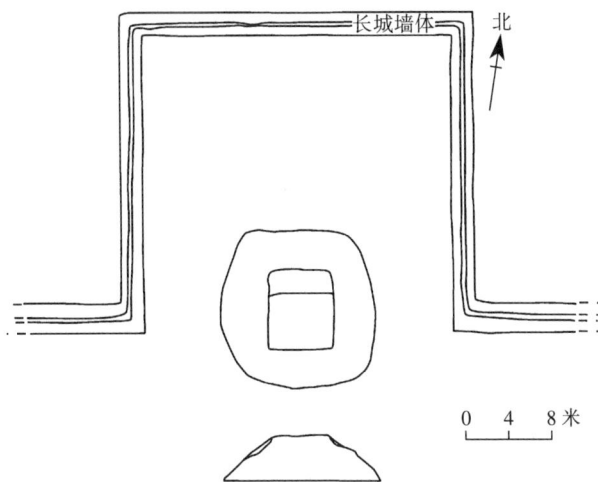

图九三〇　走马梁敌台平、立面图

　　该敌台位于走马梁长城2段墙体上，东北距走马梁8号马面0.291千米。边墙村北有榆（林）西（沟）公路，呈东南—西北走向，为原榆（林）神（木）公路。

（五七）孙家沟村1号敌台（610802352101170057）

　　该敌台位于榆阳镇孙家沟村中。所处地势东高西低，北侧山坡上为孙家沟村；南侧地势较平坦，有一条土路呈南—北走向穿过敌台东南角；东侧有一条土路和一条水渠呈东—西走向到敌台处拐折呈南—北走向；西侧有一条干沟，呈南—北走向，沟东岸断面上有废弃的窑洞。

　　敌台整体保存差。围墙东、南墙因坍塌和开辟乡村土路消失，西、北墙保存较差。台体因坍塌、铲削成矩形土台，顶部被推平；有一座现代砖混结构的关帝庙，坐北朝南，东西3.05、南北5.6、高2.8米。

　　台体围墙平面呈矩形，东西35、南北14.7米；底宽1.8、顶宽0.3~1，内高0.8~2，外高1~3米；西、北墙凸出于长城墙体，南墙借用长城墙体。围墙和台体用黄土和料礓石夹杂夯筑而成，围墙夯层厚0.07~0.14米；台体夯层不清，包砖被人为拆毁。台体底部边长12米，顶部东西7.1、南北8.2米，高3.2米。台体四周散落有明代残砖。（图九三一）

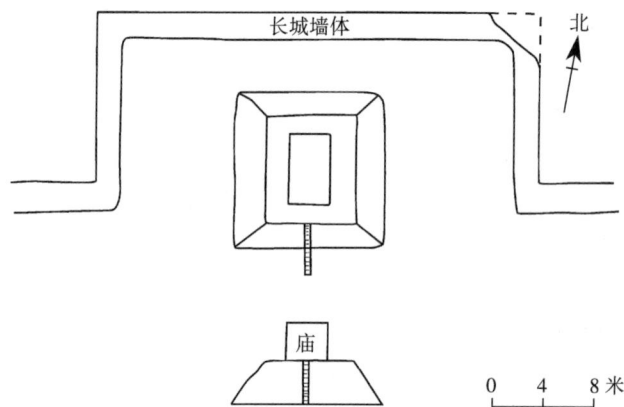

图九三一　孙家沟村 1 号敌台平、立面图

该敌台位于镇北台长城墙体外侧，高于长城墙体，东北距孙家沟村 2 号马面 0.283 千米。孙家沟村北有榆（林）西（沟）公路，呈东南—西北走向，为原榆（林）神（木）公路。

（五八）孙家沟村 2 号敌台（610802352101170058）

该敌台位于榆阳镇孙家沟村中。所处地势南高北低，北侧为镇北台广场空地，未建设，为某驾校练车场地；南侧为杨树林，有现代坟墓挖埋在长城墙体南侧或墙体上；东侧有一座废弃的大型现代砖瓦厂，南部山体被严重挖掘破坏。

敌台整体保存差。可见损毁的基座、台体及西北角残存的部分围墙，与长城墙体相连。基座上靠西侧有一条土路穿过敌台，靠南侧种植有大量杨树；东、北两壁残缺不齐，已坍塌；西北角保存围墙长 8.9、高 2 米。台体坍塌成北高南低的低矮斜坡，上面有少量明代残砖，顶部有人为挖掘的长 6、宽 0.8 ~ 1.3、深 1.5 米的坑道。

台体基座平面呈矩形，东西 32、南北 33、高 1.4 ~ 3.6 米。基座和台体用黄土夹杂料礓石夯筑而成，台体夯层厚 0.12 ~ 0.19 米。台体包砖、底部条石被人为拆毁。台体底部东西 9.4 ~ 1、南北 1 米，顶部东西 7.4、南北 6 米，高 2.4 米。台体四周及坑道内散落有明代残砖及整砖，砖长 40、宽 20、厚 7 厘米。（图九三二）

该敌台位于镇北台长城墙体上，东距孙家沟村 3 号马面 0.194 千米。孙家沟村北有榆（林）西（沟）公路，呈东南—西北走向，为原榆（林）神（木）公路。

（五九）镇北台敌台（610802352101170059）

该敌台位于榆林城北 5 千米（吴家梁村中）款贡城西南角的沙峁上。亦称镇北台，围墙北与明长城墙体相连，北侧为丘陵沟壑，南侧是沙漠、农田耕地。所处坡度较缓，遍植有杨树、松柏树、柠条等植被，花草以草本植物为主。高程 1178.3 米。

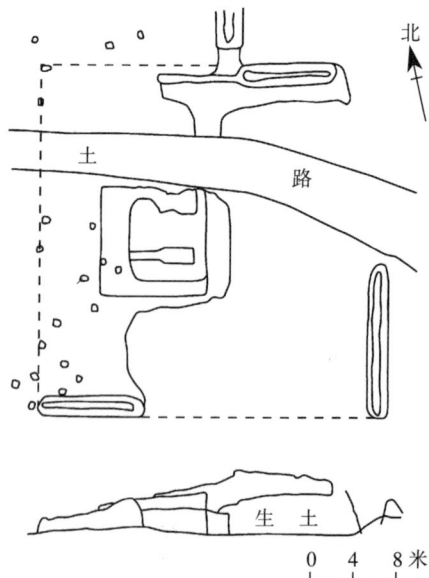

图九三二　孙家沟村 2 号敌台平、立面图

敌台整体保存一般。台体全包砖，包砖尚存，垛口、女墙、射孔、散水等设施齐全。包砖表面多有

风雨侵蚀的小坑、裂缝，壁面砖缝生长有小草，由于风雨侵蚀，砖缝白灰层部分脱落，造成裂缝粗疏，偶有砖脱落形成的凹坑；西北角由于人为攀登使围墙形成一个豁口，被仿制的砖墙堆砌弥补；一层地面砖缝长满杂草，东北、西北角各有一棵榆树；券洞内部和垛口的包砖表面可见游客乱写乱画的痕迹。

镇北台属于长城防御体系之一的观察所，是西北地区长城要塞之一。台体平面呈矩形，分4层，高30余米，内部夯筑而成，外砌砖石，底大顶小，逐层收分，占地5000多平方米。第一层为基座，北侧长82米，与第二层之间进深14.4米；南侧长76、进深5.6米；东侧长64、进深25米；西侧长64、进深11.2米。周围有墙垣，内墙高3.66、女墙高0.5、外墙高1米；东墙南侧置城门，东南内侧置砖铺马道；北墙与长城墙体相连。第二层高11、周长130、进深3米。二层台南壁石砌下中间开设券洞，转东壁外砌石踏步3层，券洞横额石刻"向明"二字，北面石刻"镇北台"（已毁），均为万历时延绥巡抚涂宗浚所书，现"镇北台"三字为当代书法家魏传统所题。第三层高4.3、周长88、进深2.4米，南壁外砌砖石踏步4层。第四层高4.4、周长35.44米。东、西进深2.5、北进深2、南进深4米。正中原建砖木结构矩形瞭望哨棚一间，清末坍塌。各层四壁围以垛口，垛口高1.55米，地面青砖海墁。第一层城垣内屋宇环列，为当年守台戍卒营房，仍存遗址。台体顶部原有木结构矩形瞭望哨棚，第一层有戍卒营房，均被拆毁。（图九三三；彩图一八九）

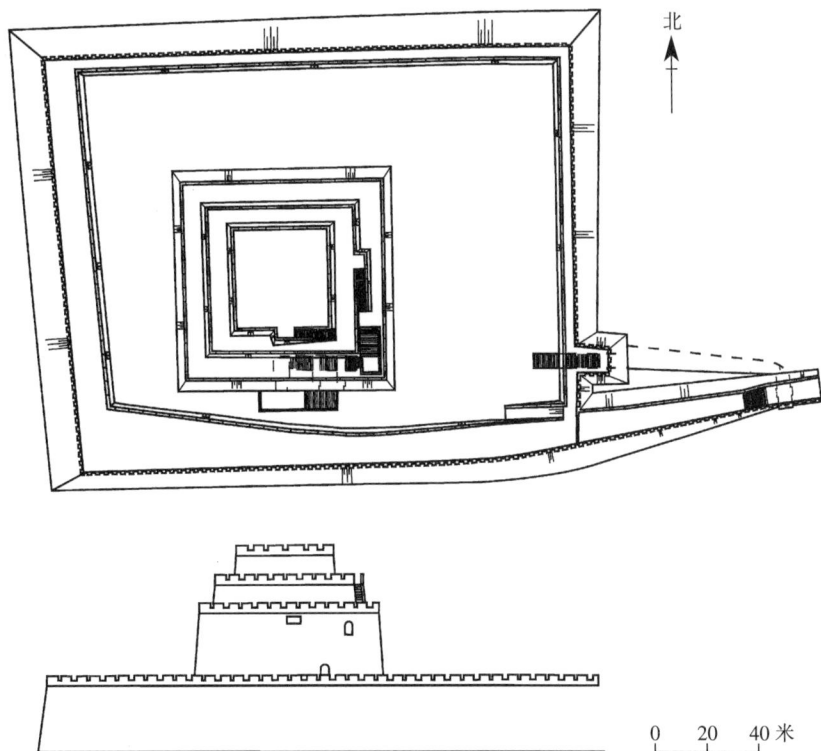

图九三三　镇北台敌台平、立面图

该敌台位于镇北台长城墙体南侧，西0.4千米处有榆（林）西（沟）公路，榆林市内11路公交车可直达镇北台。台体附近散落有大量残砖、白灰渣。

20世纪80年代后，镇北台的保护修复工程按计划分三期进行。第一期修复一层（一台），第二期修复二至四层（二至四台），第三期修复四层顶部建筑和其他附属设施。第一期工程于1982~1987年完成，第二期工程于1988~1990年完成，之后，陕西省文物局又拨款3万元用于镇北台抗洪抢修及基建项目。现镇北台除顶层建筑未恢复外，其余基本修复完好。

（六〇）北岳庙村 1 号敌台（610802352101170060）

该敌台位于榆阳镇北岳庙村中北岳庙北 0.04 千米、镇北台西榆溪河东岸的梁峁上。西临榆溪河，北有红石峡水库，西、北侧临榆溪河深沟，地势险要，占据扼守榆溪河口的重要战略地位。高程 1149.3 米。

敌台整体保存差。围墙大部分坍塌消失，只存北墙部分，因北临榆溪河深沟北、西侧悬空。台体坍塌严重，呈土堆状，四周有人为挖掘宽 1.2、深 1.5 米的的坑道。

台体南北对称骑长城墙体而建。夯土基座平面呈矩形，边长 30、高 2.5 米。基座上建有围墙，只存北墙部分，呈 1～1.5 米高的土梁状。基座和台体用黄土夹杂料礓石夯筑而成，由于台体坍塌严重夯层无法判断。台体包砖、底部条石基石被人为拆毁。台体底部边长 11 米，顶部东西 1.2、南北 1.5 米，高 2.5 米。台体四周及坑道内散落有大量明代残砖、石条。（图九三四）

该敌台位于镇北台长城墙体上，东北距吴家梁村 3 号马面 0.21 千米，南侧有旅游景区柏油马路。北岳庙村东有榆（林）西（沟）公路，呈东南—西北走向，为原榆（林）神（木）公路。

（六一）北岳庙村 2 号敌台（610802352101170061）

该敌台位于榆阳镇北岳庙村镇北台西红石峡东岸的缓坡地带。西临榆溪河，北侧有红石峡生态公园，南 0.15 千米处为易马城堡，紧靠敌台南壁有一条榆林城区通往红石峡和生态公园旅游景区的柏油路。高程 1100.3 米。

敌台整体保存差。基座南壁建有一座烧砖窑（废弃），造成台体残损不全。台体坍塌严重，基本消失。基座及台体上长满杂草，四周散落有少量碎砖，南侧有一条通往红石峡的柏油路，修路铲削了部分台体。

台体基座坍塌严重，呈不规则形，东西最长 35、南北最长 20、高 2.2 米。基座和台体用黄土夹杂料礓石夯筑而成，台体夯层无法判断。台体平面呈不规则形，底部东西 16.6、南北 8 米，顶部东西 9.7、南北 4 米，高 1.5 米。台体附近散落有少量明代残砖。（图九三五）

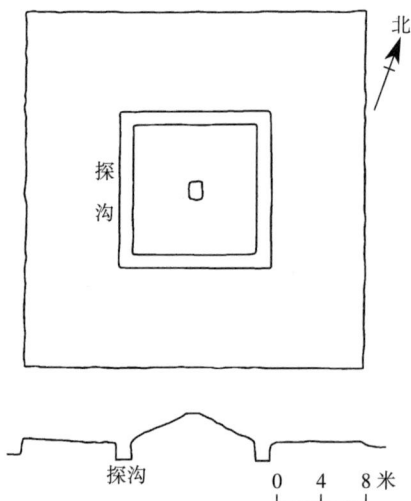

图九三四　北岳庙村 1 号敌台平、立面图　　　图九三五　北岳庙村 2 号敌台平、立面图

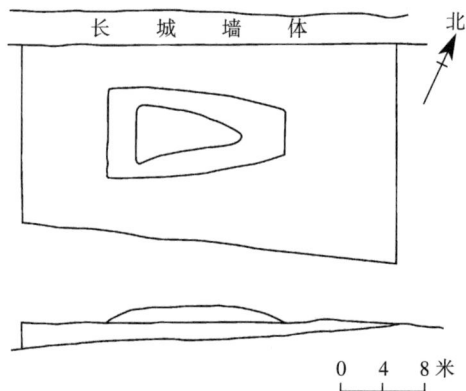

该敌台北依镇北台长城，东北距北岳庙村马面 0.213 千米。北岳庙村东有榆（林）西（沟）公路，呈东南—西北走向，为原榆（林）神（木）公路。

（六二）麻地湾村敌台（610802352101170062）

该敌台位于榆阳镇麻地湾村北 0.8 千米。东临红石峡，北侧有榆林沙生植物园，植物园内种植大量松、柏、沙柳等植物，南侧平缓沙丘地上有一户居民。高程 1098.8 米。

敌台整体保存差。台体坍塌消失，当地村民取土烧砖使台体所处位置形成了一个边长 12 米的矩形土坑，深 1.2 ~ 1.5 米，坑东壁有东西 0.4、南北 12、高 1.5 米以黄土为主的夯土层，夯层厚 0.07 ~ 0.14 米，疑为原台体基础部分。土坑四周散落少量明代残砖、白灰渣。（图九三六）

该敌台位于麻地湾村长城墙体上，东北距麻地湾村 1 号马面 0.256 千米。麻地湾村东有榆（林）西（沟）公路，西有 210 国道和神（木）延（安）铁路。

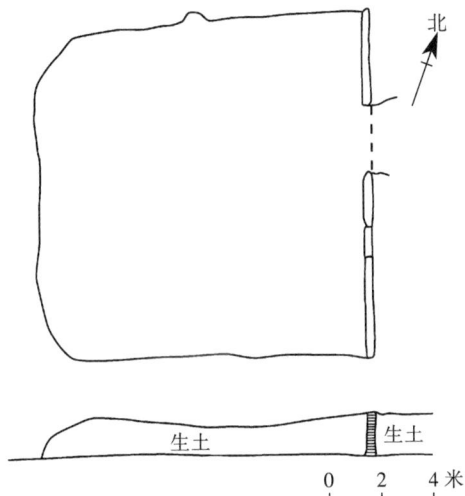

图九三六　麻地湾村敌台平、立面图

（六三）口子队村敌台（610802352101170063）

该敌台位于榆阳镇口子队村中。地处平缓沙丘地，周围居民区较集中，紧靠台体南壁有一户居民房屋，西侧为奶牛场，北侧有未修建的宅基地，为沙滩地。高程 1101.9 米。

敌台整体保存差。基座北、东侧保存部分围墙，南墙及部分台体因修建房屋被铲削消失，西墙被奶牛场侵占消失。台体呈圆堆状，坍塌成斜坡，长满杂草。基座被当地村民开垦为耕地，种植有马铃薯和南瓜。

台体建在矩形夯土基座中间。围墙北墙长 36.5、东墙长 21.5、底宽 1、顶宽 0.2 ~ 0.4、高 0.3 ~ 1 米。台体内部用黄土夯筑而成，夯层不清。台体外部包砖无存。台体底部直径 16 米，顶部东西 4.3、南北 3.9 米，高 5.6 米。台体附近散落有大量明代残砖、石块，砖宽 18 ~ 20、厚 7.5 ~ 8 厘米。（图九三七）

该敌台位于口子队村长城 1 段墙体上，东北距口子队村 1 号马面 0.266 千米。口子队村为包（头）茂（名）高速公路及小纪汗乡、芹河乡等乡镇公路的交汇点。

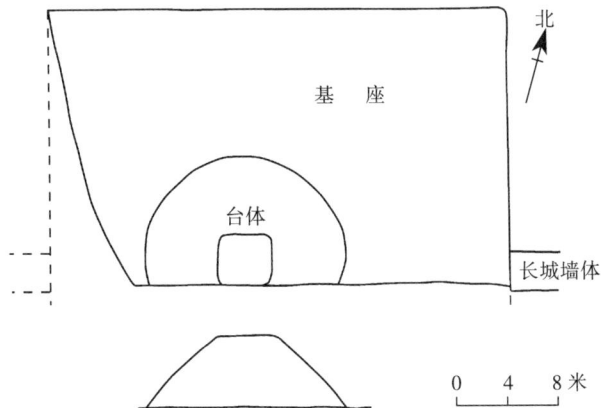

图九三七　口子队村敌台平、立面图

（六四）谷地峁村 1 号敌台（610802352101170064）

该敌台位于榆阳镇谷地峁村南 1.65 千米。所处地势南高北低，北部为沙丘地带，南部逐渐转为黄土沟壑地带。南侧有榆（林）靖（边）高速公路；北侧为低洼的沙窝地，生长有沙蒿、柠条和沙柳等。高程1178.6米。

敌台整体保存较差。基座西、北侧受雨水冲刷损坏较严重，西侧有长11米的豁口，西北角围墙仅存11米墙基；东侧南部有一个人为挖掘的通向台体的土洞，宽1、高1.7、进深4.5米。围墙建在基座上，大部分消失，只存南、北、东墙部分，墙体高0.5～1.7米。台体坍塌严重，东、西壁有人为铲削的登台通道，成为斜坡状凹槽，底部散落有残砖和少量瓷片、瓦片等，壁面因风雨侵蚀而斑驳。

台体基座平面呈矩形，东西34、南北38、高1.5～3米。围墙大部分坍塌，墙体底宽1.8、顶宽0.2～0.4、高0.5～1.7米。台体建在基座中间，基座和台体用黄土夹杂少量料礓石夯筑而成，基座夯层厚0.16～0.19米，台体夯层厚0.10～0.14米。台体平面呈近矩形，剖面呈梯形，底部边长11.5、顶部边长3.6、高6.8米。台体附近散落有大量残砖、白灰渣，砖厚7.5～8、宽18～20厘米。（图九三八）

该敌台位于谷地峁村长城2段墙体南侧，北距谷地峁村3号马面0.045千米。

（六五）谷地峁村2号敌台（610802352101170065）

该敌台位于榆阳镇谷地峁村西南2.3千米。地处波状沙丘地带，附近地势南高北低，北部为沙丘地，南部逐渐转为黄土沟壑地。南侧生长有柠条，北侧生长有沙蒿、沙柳等。高程1095米。

敌台整体保存较差。基座上有多处雨水冲坑，周围散落有残砖、白灰渣。台体四壁有风蚀坑，北壁垮塌呈"V"形；东壁部分垮塌，有雨水冲刷的坑；西壁有多处昆虫洞穴；南壁底部有两个人为挖掘的土洞，洞口呈直径0.5米的近圆形，其中一个从底部倾斜通向顶部，在顶部形成长2.7、宽1.5米的洞口。

台体基座南北对称位于长城墙体上，平面呈矩形，边长34、高1.2～1.8米。台体建在基座中间，高出长城墙体。基座和台体用黄土夹杂料礓石夯筑而成，夯层厚0.09～0.11米。台体包砖被人为拆毁。台体平面呈近矩形，剖面呈梯形，底部东西7.6、南北9米，顶部东西6.8、南北7.4米，高5米。台体附近散落有大量残砖、白灰渣。（图九三九）

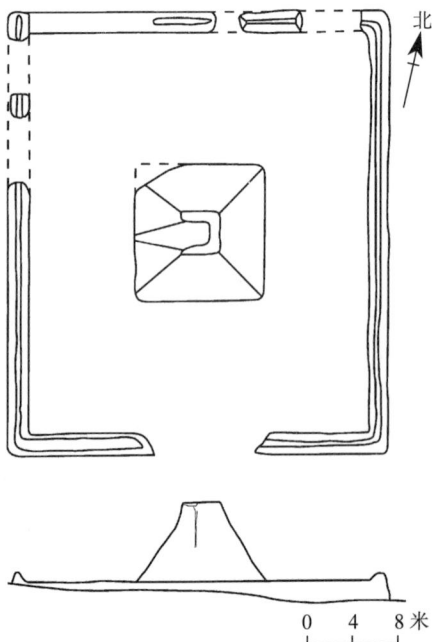

图九三八　谷地峁村1号敌台平、立面图　　　　图九三九　谷地峁村2号敌台平、立面图

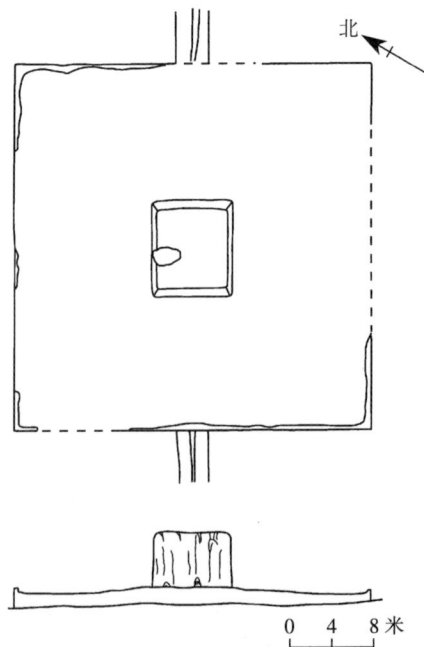

该敌台位于谷地峁村长城 2 段墙体上,东北距谷地峁村 5 号马面 0.52 千米。谷地峁村为包(头)茂(名)高速公路、神(木)延(安)铁路及小纪汗乡、芹河乡等乡镇公路的汇聚点。

(六六)麻界村 1 号敌台 (610802352101170066)

该敌台位于芹河乡麻界村东北 1.05 千米。地处沙漠草滩地带,地势东高西低。南北两侧为缓坡,南 0.012 千米处有许多墓葬;西侧较为平缓,有大量的沙丘,部分地表黄沙裸露,植被主要有柠条、沙蒿、沙柳等。高程 1204.5 米。

敌台整体保存较差。围墙南半部消失,仅存西墙至长城墙体后向南延伸的一段,其余为一个矩形土台;北半部轮廓清晰,中间有一个较大的豁口,宽约 3 米。台体受风沙侵蚀严重坍塌呈土堆状,南壁有一个盗洞,表面生长有柠条、沙蒿等。台体附近散落有大量残砖、石,应为原顶部建筑物被人为拆除或自然剥落所致。

长城墙体在敌台北侧呈矩形拐了一圈继续向西延伸,形成一侧围墙。围墙西墙存 17、北墙存 31、东墙存 17 米。围墙用黄土夯筑而成,夯层厚约 0.09 米,土质较为疏松,夯土内含有残砖、料礓石等。围墙平面呈矩形,边长 31、内高 0 ~ 2.6、外高 0 ~ 4 米;南墙内侧大部分消失。台体用黄土夯筑而成,表面有一层较厚的夹杂碎砖石和白灰的堆积,夯层不明。台体顶部为堆土,底部呈矩形,底部东西 9、南北 10 米,高 2.6 米。台体周边散落有残砖、碎石、石灰渣等。(图九四〇)

该敌台西距麻界村 5 号马面约 0.294 千米,东南 0.025 千米处是两条乡村土路的交叉点,南 0.51 千米处有榆(林)靖(边)高速公路。

(六七)麻界村 2 号敌台 (610802352101170067)

该敌台位于芹河乡麻界村西北约 0.9 千米。地处沙漠草滩地带,四周地势平坦,有较多的波状沙丘。北 0.4 千米处是黄沙裸露的东西向沙梁,生长有沙蒿、柠条、沙棘等植被,北侧有一片杨树林;西北 0.104 千米处有 2 块耕地;西南 0.075 千米处有一座沙丘。高程 1157 米。

敌台整体保存差。围墙仅存东北角,其余消失。台体西壁大量坍塌,有一块宽 0.9、高 2 米的夯土剥落下陷,表面有很多昆虫洞穴,有多条裂缝;北壁仅存两端的条状一角;东壁由于顶部坍塌呈斜坡状;南壁西半部较高、东半部较低;东壁坍塌剥落为 2 层,下层生长有大量沙棘,上层为一个凸起的夯土梁。

台体建在自然基础上,有围墙。围墙平面呈矩形,东西 35、南北 38 米,仅存东北角;北墙存 30、东墙存 15 米,墙体内高 0.4、外高 1.5 米。台体内部用砖、碎石片等夹杂少量白色料礓石夯筑而成,夯层厚 0.08 ~ 0.15 米。台体外部包砖无存。台体平面呈矩形,剖面呈不规则形,底部东西 3、南北 3.5 米,顶部东西 2.2、南北 1.4 米,高 4.5 米。台体周边散落有大量残砖,砖宽 20、厚 7 厘米。(图九四一)

该敌台西南距座界村 7 号马面约 0.345 千米,南 0.261 千米处有一条呈东—西走向的道路,0.7 千米处有呈东—西走向的榆(林)靖(边)高速公路。

(六八)麻界村 3 号敌台 (610802352101170068)

该敌台位于芹河乡麻界村西北约 1.4 千米平缓的沙梁上。地处沙漠草滩地带,地势西高东低,西南有一个弧形的沙梁,北 0.206 千米是裸露的沙峁,南侧地势较为平缓,北侧为较高的缓坡,地表生长有柠条、沙蒿、槐、沙柳等植被。高程 1193.3 米。

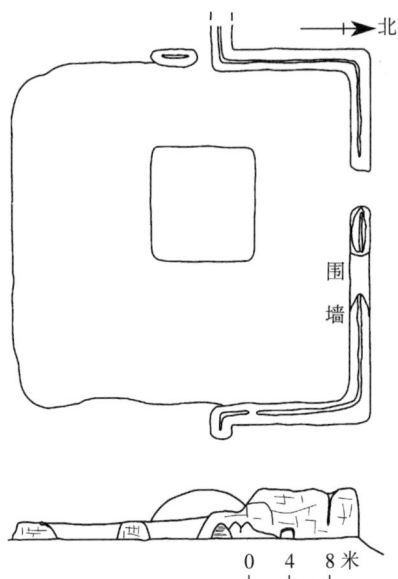

图九四〇　麻界村1号敌台平、立面图

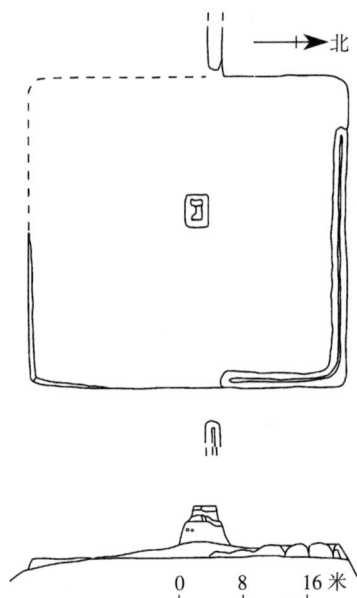

图九四一　麻界村2号敌台平、立面图

敌台整体保存较差。台体南壁中部大部分坍塌，形成一个较大的空心豁口，一直延伸到台体内部，大块夯土塌落，在豁口内和台体下大量堆积；东壁有一块高约2米的塌陷夯土，侧面中间有一个小洞，与顶部凹坑相通；西壁有大量的土蜂洞穴，顶部有2个宽约1米的豁口，其中一个垂直冲蚀为一条裂缝；北壁散落有大量明砖和石灰渣，应是包砖剥落或被人为拆除所致。

台本建在自然基础上，有围墙。部分围墙为长城墙体沿台体北壁呈矩形绕过而形成，北墙长36、东墙长15、西墙长18米。台体内部用黄土夯筑而成，夯层厚0.1米，夯土内含有砖、碎石片等及少量白色料礓石。台体外部包砖被人为拆除和剥落。台体底部平面呈矩形，顶部平面呈凹字形，内部坍塌成空心，剖面呈梯形，底部边长7.8米，顶部东西5.6、南北5.4米，高6.6米。台体顶部原有建筑，周围散落有明砖、屋檐建材残片、少量瓷片。（图九四二）

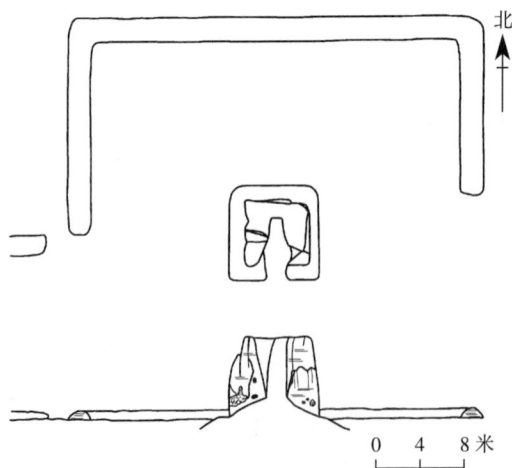

图九四二　麻界村3号敌台平、立面图

该敌台西南距前湾滩村敌台约 0.626 千米，南距榆（林）靖（边）高速公路 0.762 千米。

（六九）前湾滩村敌台（610802352101170069）

该敌台位于芹河乡前湾滩村北 1.47 千米。地处沙漠丘陵地带，地势起伏较大，南北侧各有一条沙梁；北侧大部分黄沙裸露，有一片杨树林和沙盖林；南侧植被较多，主要生长有沙柳、柠条、沙蒿等植被。高程 1192 米。

敌台由于长期的风雨侵蚀、植物根系破坏、昆虫洞穴破坏、人为踩踏等原因，整体保存差。台体坍塌断裂严重，从东壁看分为两半；南壁断裂为较大的豁口，应为登台步道位置，堆积有大量塌土；西壁断口处生长有大量沙棘；顶部中间剥落，坍塌呈空心状，大块夯土散落周边；顶部有碎砖残渣层，厚约 0.3 米。

台体建在自然基础上，长城墙体从台体北壁形成弧形绕过。台体用黄土夯筑而成，夯土内含有少量残砖、瓷片和白色料礓石，夯层厚 0.07～0.11 米。台体平面呈矩形，剖面呈梯形，四角坍塌呈柱状，底部东、南、北长 7.8、西长 5.8 米，顶部不规则，边长 6 米，高 6 米。台体周边有残砖、少量瓷片。（图九四三）

该敌台西距前湾滩村 1 号马面 0.53 千米，南距榆（林）靖（边）高速公路约 0.9 千米。

（七〇）十六台村敌台（610802352101170070）

该敌台位于芹河乡十六台村西南约 1 千米。地处沙漠地带，附近种植有许多杨树、柳树，生长有沙蒿，地势比较平缓。高程 1182.1 米。

敌台由于风雨冲蚀、植物根系破坏、人为铲削取土、剥砖等原因，整体保存差，濒于消失。台体仅存扁平的土堆，顶部有一个平台，棱角处有矩形轮廓。台体南壁有挖掘痕迹，铲削断面上可见夯层。台体表面生长有大量杂草，四周生长有柳树。

台体用黄土夯筑而成，夯层厚约 0.08 米。台体平面呈矩形，剖面呈梯形，底部东西 6、南北 6.6 米，顶部东西 4、南北 4.6 米，高 1.2 米。台体周围有碎砖。（图九四四）

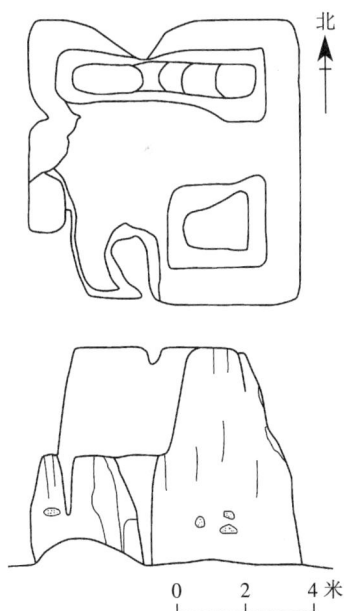

图九四三　前湾滩村敌台平、立面图　　　　　　图九四四　十六台村敌台平、立面图

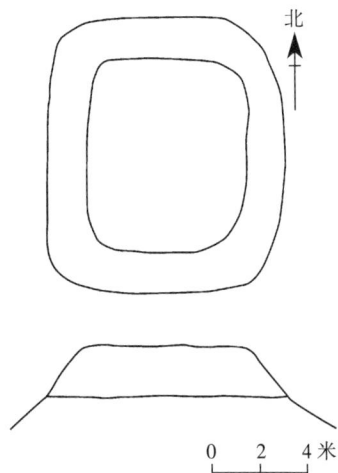

该敌台西南距二十台村 1 号马面 0.37 千米，南侧有一条长庆天然气管线路穿越墙体。

（七一）三十台村 1 号敌台（610802352101170071）

该敌台位于芹河乡外三十台村西南约 1 千米。地处沙漠地带，四周为较平坦的沙漠草滩，北侧有多条裸露的东西向沙梁。高程 1177.7 米。

敌台整体保存差。台体消失，周围有较多明代的砖。

该敌台西南 0.877 千米处有三十台村 2 号敌台，东北距外三十台村约 1 千米，北侧有一条呈东北—西南走向的土路。

（七二）三十台村 2 号敌台（610802352101170072）

该台体位于榆阳区西部的芹河乡外三十台村西南约 1.7 千米。地处沙漠地带，四周是较平坦的沙漠草滩。高程 1178.1 米。

敌台整体保存差。台体消失，仅存矩形基础土台痕迹，上面长满杂草。台体周围有少量的碎砖。

该敌台残迹与长城墙体相连，长城墙体被占用为一条土路，基本消失。西南 0.833 千米处有三十台村 9 号马面，东北距外三十台村约 1.7 千米，北侧有一条呈东北—西南走向的土路。

（七三）黄沙七墩村敌台（610802352101170073）

该敌台位于芹河乡黄沙七墩村西南约 0.927 千米。地处沙漠丘陵地带，地势较为平坦，四周是沙漠，植被较少，大部分黄沙裸露。高程 1160.4 米。

敌台由于植物根系破坏、暴风雨冲刷、人为修造坟墓、随意登台破坏等原因，整体保存差。台体西北、东北角各有一座现代墓葬，拜祭活动对台体基础破坏极大，部分墓穴占用台体，南壁底部有 3 个墓坑。台体表面生长有大量杂草，有很多昆虫洞穴；顶部坍塌严重，中间形成一个凹坑，边缘夯土呈块状凸起。

台体建在自然基础上，黄土夯筑而成，夯土内含大量碎石、草木灰等，夯层不明显。台体平面呈近矩形，剖面呈梯形，底部东西 11.5、南北 14.5 米，顶部边长 4.2 米，高 6.8 米。台体周围散落有少量的砖。（图九四五）

该敌台西南距横山县波罗镇龙泉墩村 1 号马面约 0.835 千米，西北侧有一条乡村土路。

（七四）长城峰村敌台（610802352101170074）

该敌台位于红石桥乡长城峰村北 0.23 千米的硬地梁河东岸山梁断崖边。所处地势平坦，东 7 米处有一条冲沟，东北 0.197 千米处有一处居民区；西侧有一条宽 234 米的沟壑，是硬地梁河所在沟壑，硬地梁河由北向南汇入无定河，河道两侧是耕地，有大片的柳树和杨树林作为耕地防护林，河西岸是沙漠。高程 1073.1 米。

敌台由于风雨侵蚀、植物生长、人为铲削破坏、开垦耕地等原因，整体保存差。台体四壁在平整耕地时被铲削；顶部南侧有一个土坑，长 3、宽 2.2、深约 3 米；东北角剥落严重，与台体底部呈斜坡状。

台体用纯净的黄土夯筑而成，夯层厚约 0.12 米。台体平面呈矩形，剖面呈近梯形，底部边长 10、顶部边长 7.4、高 3 米。台体附近有少量石块及黑、白瓷片等。（图九四六）

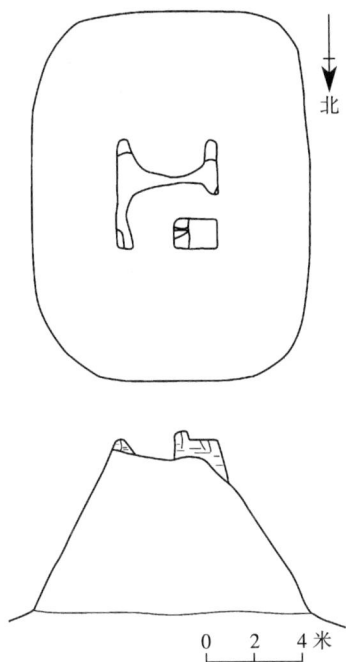

图九四五　黄沙七墩村敌台平、立面图

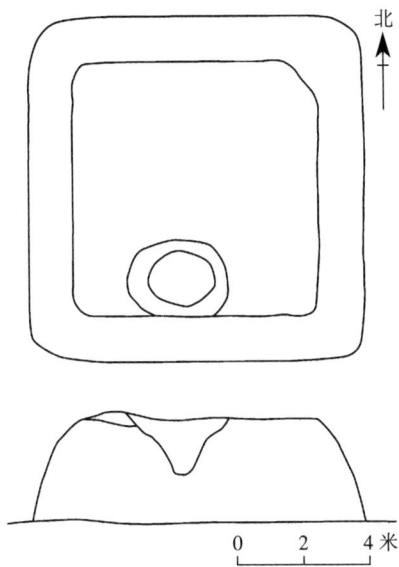

图九四六　长城峰村敌台平、立面图

该敌台西南距长城峰村1号烽火台约0.097千米，附近有多条土路便道。

（七五）海则沟村1号马面（610802352102170075）

该马面位于大河塔乡大河塔村海则沟村（组）东北1.9千米。地处沙漠草滩地带的毛乌素沙漠中，东侧由于沙漠化形成沙梁，与台体之间形成小沟；南、西、北侧为山坡，坡度较缓。高程1168.2米。

马面整体保存较差。台体东北角有豁口，宽1.9米，高达顶部，进深0.9米；南壁有豁口，宽1.7、高1.1、进深2.3米；西壁有2个水冲裂缝，宽0.1米，高达顶部，进深不详，有进一步加大的趋势；北壁坍塌严重，呈斜坡状；顶部有0.6米厚的堆积层，堆积层内含有砖渣、瓦片和白灰渣。台体内部用黄土夹杂料礓石夯筑而成，夯层厚0.09～0.13米。台体外部包砖被人为拆除，周围散落有大量砖、瓦片和白灰渣。台体顶部有一层砖，平铺错缝，用白沙灰砌成。台体平面呈矩形，剖面呈梯形，底部东西8.5、南北6.5米，顶部东西6.3、南北5.6米，高6.3米。台体西南角0.013千米处有人为拆除的大量包砖堆积，砖长41、宽20、厚8厘米，瓦片厚1.8厘米，白灰渣层厚1厘米。（图九四七）

该马面南依海则沟村长城1段墙体，西南距海则沟村2号马面0.35千米。海则沟岸边有一条土路，西南约2.45千米处有一条柏油路。

（七六）海则沟村2号马面（610802352102170076）

该马面位于大河塔乡大河塔村海则沟村（组）东北1.55千米。地处沙漠草滩地带，北侧有一座沙丘；东南0.35千米处为沙梁形成的深沟，坡度陡峭；西0.124千米处栽种有大量杨树，为沙丘山梁；东0.27千米处为深沟。高程1170.9米。

马面整体保存差。台体由于雨水冲刷侵蚀和人为破坏呈锥状，有多处水冲裂缝。台体上和附近栽种有柳树。

台体用黄土夹杂料礓石夯筑而成，夯层厚 0.07 ～ 0.1 米。台体平、剖面呈不规则形，底部东西 3.6、南北 4.4 米，顶部东西 1.7、南北 1.3 米，高 3.5 米。台体底部散落有残砖、瓦片等。（图九四八）

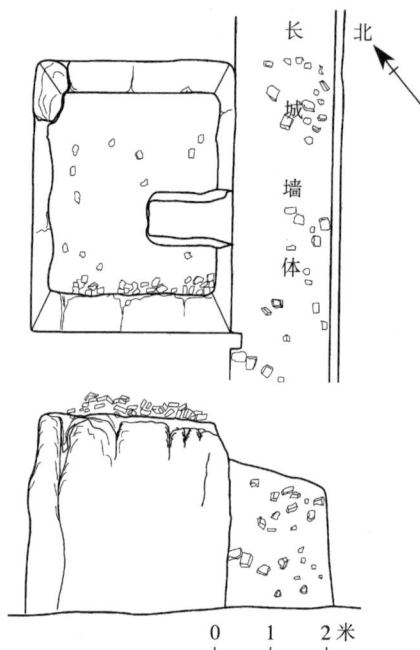

图九四七　海则沟村 1 号马面平、立面图

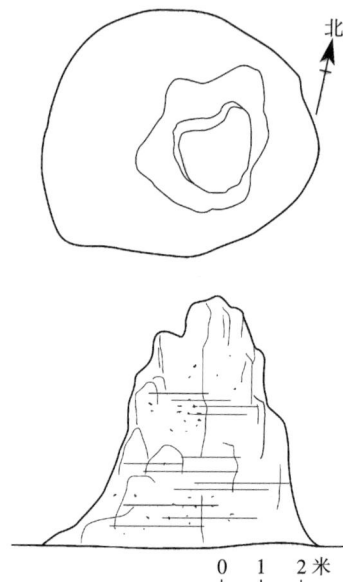

图九四八　海则沟村 2 号马面平、立面图

该马面南依海则沟村长城 2 段墙体，东北距海则沟村 1 号马面 0.35 千米。海则沟岸边有一条土路，西南约 2.15 千米处有一条柏油路。

（七七）海则沟村 3 号马面（6108023521021170077）

该马面位于大河塔乡大河塔村海则沟村（组）东北 1.4 千米的波状沙丘上。地处沙漠草滩地，西、北侧有沙丘间形成的小沟，沟内栽种有杨树；东北侧沙丘坡度较陡峭，附近有多处沙丘地。高程 1187.5 米。

马面整体保存差。台体坍塌严重，东壁坍塌，仅存西壁部分；东壁保存部分宽 2.7 米，其中豁口宽 1.3 米，保存部分宽 1.4、高 1.9 米；南壁有水冲裂缝，周围有大量坍塌土；顶部长满杂草。

台体用黄土和料礓石夹杂夯筑而成，夯层厚 0.08 ～ 0.15 米。台体平、剖面呈不规则形，底部东西 7、南北 5.3 米，顶部边长 4.8 米，高 5 米。台体附近散落有砖、瓦片。（图九四九）

该马面南依海则沟村长城 2 段墙体，东距海则沟村 2 号马面 0.157 千米。海则沟岸边有一条土路，西南约 2 千米处有一条柏油路。

（七八）海则沟村 4 号马面（6108023521021170078）

该马面位于大河塔乡大河塔村海则沟村（组）东北 1.2 千米的沙漠中。地处沙漠草滩地，东侧为沙丘山梁形成的沟，坡度陡峭，沙丘较多；北 0.03 千米处为沙丘山梁形成的沟，沟内栽种有杨树、沙柳等。高程 1193.3 米。

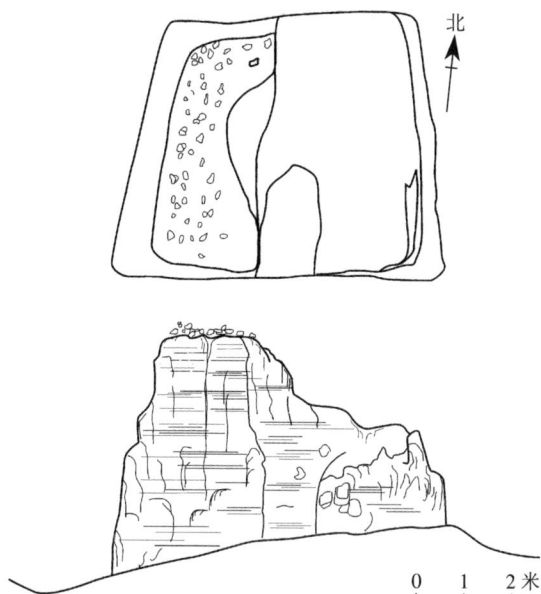

图九四九　海则沟村 3 号马面平、立面图

　　马面整体保存较差。台体南壁有一个洞，呈梯形，顶宽 0.48、底宽 0.77、高 0.73 米，进深不详；西北角坍塌，宽 2.8、进深 1.5 米，高达顶部；北、西壁底部有剥落呈凹字形，西壁有多处马蜂窝；东壁有水冲裂缝，宽 0.2 米，高达顶部，几乎与台体分离；西北角有水冲裂缝，宽0.4 米，进深不详。

　　台体内部用黄土、石块夹杂料礓石夯筑而成，夯层厚 0.08 ~ 0.12 米。台体外部包砖石被当地居民拆除。台体平面呈矩形，剖面呈梯形，底部东西 8.4、南北 7.5 米，顶部东西 5.8、南北5.4 米，高 6.5 米。台体顶部原应有建筑，现存 0.8 ~ 1 米的土盖层，土盖层内夹杂有瓦片、石块和石灰渣。台体周围散落有残砖碎片、石块和瓦片，砖宽 21、厚 8.5 厘米，瓦片厚 1.8 厘米。（图九五〇）

　　该马面南依海则沟村长城 2 段墙体，东距海则沟村 3 号马面 0.205 千米。海则沟岸边有一条土路，西南约 1.65 千米处有一条柏油路。

（七九）海则沟村 5 号马面（6108023521021 70079）

　　该马面位于大河塔乡大河塔村海则沟村（组）东北 1 千米的黄土沙梁上。地处沙漠草滩地，东侧沙丘较多，有沙丘山梁形成的沟，坡度陡峭；南、西侧有沙丘形成的小沟，沟底栽种有杨树等；北0.03 千米处有沙丘山梁形成的沟。高程 1195.2 米。

　　马面整体保存较差。台体南壁有豁口，呈梯形，可由此登顶，下宽 2.7、上宽 1.5、高 5、进深3.8 米；东、西壁有剥落，顶部呈刃状，东南角有水冲裂缝。

　　台体内部用黄土夹杂料礓石夯筑而成，夯层厚 0.08 ~ 0.15 米。台体外部包砖石无存。台体平面呈近矩形，剖面呈梯形，底部东面长 6.8、南面长 6、西面长 7.3、北面长 7.3 米，顶部东面长 6.1、南面长 6、西面长 6.1、北面长 5.8 米，高 5 米。台体顶部有一段墙体，原应有建筑物，仅存的北侧一段土墙东西 2.5、南北 0.4、高 2.2 米，土墙有豁口造成断开，豁口宽 0.3、高 2 米，底部铺有一层砖。台体周围散落有残砖、瓦片，砖宽 21、厚 8.5 厘米，瓦片厚 1.8 厘米。（图九五一）

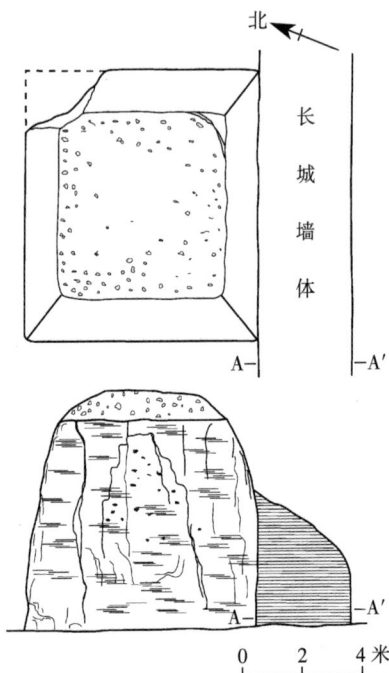

图九五○　海则沟村 4 号马面平、立面图

图九五一　海则沟村 5 号马面平、立面图

该马面南依海则沟村长城 2 段墙体，东距海则沟村 4 号马面 0.2 千米。海则沟岸边有一条土路，西南约 1.45 千米处有一条柏油路。

（八○）海则沟村 6 号马面（610802352102170080）

该马面位于大河塔乡大河塔村海则沟（组）东北 0.6 千米的黄土沙梁上。地处沙漠草滩地带，东、南侧为沙丘山梁，之间坡度较缓；西 0.01 千米处为山梁底部，栽种有毛头柳；北 0.03 千米处为沙丘山梁。高程 1180.3 米。

马面整体保存较差。台体北壁底部有人为挖掘的小洞，宽 1 米，由于坍塌，仅存高 0.4 米，进深不详，洞内有 2 个小洞，分别呈东南和西南走向；北壁坍塌剥落严重，仅存东北、西北角，主要为水冲裂缝所致，裂缝进深 0.8～1.2 米，高达顶部。

台体内部用黄土夹杂料礓石夯筑而成，夯层厚 0.08～0.15 米。台体外部包砖被当地居民拆除，周围散落有残砖、瓦片。台体平面呈近矩形，剖面呈梯形，底部东西 7.3、南北 7.6 米，顶部东西 6、南北 6.3 米，高 6.6 米。台体周围散落有砖、瓦片、瓷片，砖宽 20、厚 8 厘米，瓦片厚 1.6 厘米，瓷片厚 2 厘米。（图九五二；彩图一九○）

该马面南依海则沟村长城 2 段墙体，东北距海则沟村 5 号马面 0.24 千米。海则沟岸边有一条土路，西南约 1 千米处有一条柏油路。

（八一）海则沟村 7 号马面（610802352102170081）

该马面位于大河塔乡大河塔村海则沟（组）村东北 0.55 千米的沙丘山梁上。地处沙漠草滩地带，东 0.03 千米处有沙丘山梁，之间为小沟；南 0.3 千米处有沙梁，之间坡度陡峭；西侧为下坡趋势，坡度较缓，西 0.4 千米处为沙丘山梁。高程 1172.6 米。

马面整体保存较差。台体南壁有豁口，呈倒梯形状，内宽 2.8、外宽 1.1～2 米；北壁有水冲裂缝，

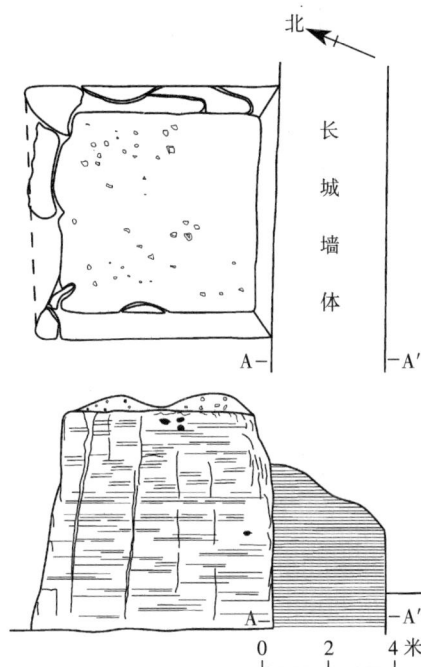

图九五二　海则沟村6号马面平、立面图

宽0.1米，几乎与台体脱离；西北、西南角有水冲裂缝，造成墙体坍塌。台体内部坍塌，西、东壁呈刃状，西壁马蜂洞穴较多。

台体用黄土夹杂料礓石夯筑而成，夯层厚0.08～0.12米。台体平面呈矩形，剖面呈梯形，底部东面长7.6、南面长6.6、西面长7.9、北面长8.7米，顶部东西6、南北5.4米，高5.4米。台体顶部散落有瓦片、残砖和石灰渣等，原应有建筑物；底部散落有残砖、瓦片等，砖宽20、厚8厘米，瓦片厚1.6厘米。（图九五三）

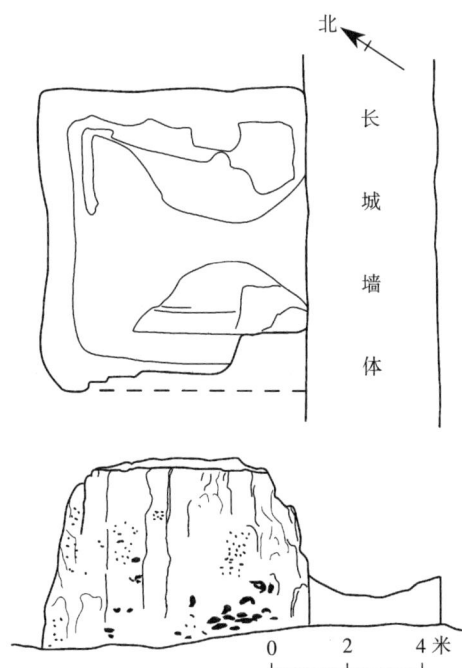

图九五三　海则沟村7号马面平、立面图

该马面台南依海则沟村长城 2 段墙体，东北距海则沟村 6 号马面 0.22 千米。海则沟岸边有一条土路，南约 1 千米处有一条柏油路。

（八二）海则沟村 8 号马面 （610802352102170082）

该马面位于大河塔乡大河塔村海则沟村（组）西南 0.22 千米的山峁上。地处沙漠草滩地带，南 8 米处为较平缓的沙漠；西 0.01 千米处为沙丘山梁，坡度陡峭；东 0.02 千米处为海则沟岸边，坡度陡峭。高程 1158.7 米。

马面整体保存差。台体东壁有一个大豁口，坍塌处呈"V"形，豁口宽 3.5、进深 3、高 3.8 米；南壁底部有豁口，宽 1.2、高 2、进深 0.9 米；西壁有 5 条水冲裂缝，部分与台体几乎分离，宽 2、高 2.4、进深 1.2 米。

台体用黄土夹杂料礓石夯筑而成，夯层厚 0.12～0.2 米。台体平面呈近矩形，剖面呈梯形，底部东西 7.1、南北 7.4 米，顶部东面长 4.4、南面长 5、西面长 6、北面长 4.4 米，高 6.2 米。台体底部散落有残砖、瓦片等，砖宽 19.5、厚 8 厘米，瓦片厚 2 厘米。（图九五四）

该马面南依海则沟村长城 3 段墙体，东北距海则沟村 7 号马面 0.813 千米。海则沟岸边有一条土路，南约 1.2 千米处有一条柏油路。

（八三）海则沟村 9 号马面 （610802352102170083）

该马面位于大河塔乡大河塔村海则沟村（组）西南 0.43 千米的沙梁上。地处沙漠草滩地带，东 6 米处为沙丘山梁，坡度较缓，无植被；南侧较为平坦，0.03 千米处为沙丘山梁；西 8 米处为沙丘；北 0.02 千米处为沙丘山梁，之间为沙沟，坡度陡峭，栽种有柠条、沙柳等。高程 1174.20 米。

马面整体保存差。台体由于雨水冲刷侵蚀坍塌严重呈不规则形；南壁开口宽 2、高 2.8、进深 2.6 米，东侧豁口宽 2、高 2.2、进深 1.4 米，东南角残存，西、北壁坍塌呈斜坡状。

台体用黄土夹杂料礓石夯筑而成，夯层厚 0.09～0.12 米。台体南壁有 2 米宽的豁口，可能为登台步道。台体平、剖面呈不规则形，底部东西 6.6、南北 6.9、高 4.2 米。台体东南角残存，东面宽 1.3、南面宽 2.2 米，高 3 米。台体周围散落有砖、瓦片，砖宽 20、厚 8 厘米。（图九五五）

该马面南依海则沟村长城 3 段墙体，东北距海则沟村 8 号马面 0.206 千米。海则沟岸边有一条土路，南约 1.4 千米处有一条柏油路。

（八四）海则沟村 10 号马面 （610802352102170084）

该马面位于大河塔乡大河塔村海则沟村（组）西南 0.85 千米的沙丘山梁上。地处沙漠草滩地带，东侧较为平坦；南 0.046 千米处为沙丘山梁；西约 0.1 千米处为山坡，坡度较缓；西北 0.01 千米处为沙丘山梁，较为陡峭，之间为沟。高程 1146.7 米。

马面整体保存较差。台体南壁坍塌呈斜坡状，可由斜坡登顶，宽 2.6、进深 1、高 2.1 米；西壁有 3 个水冲裂缝，靠北侧裂缝宽 0.6、高 2.2、进深 0.4 米，中间裂缝宽 0.4、高 2.2、进深 0.3 米，靠南侧裂缝宽 0.3、高 1.3、进深 0.2 米，西壁马蜂窝较多。

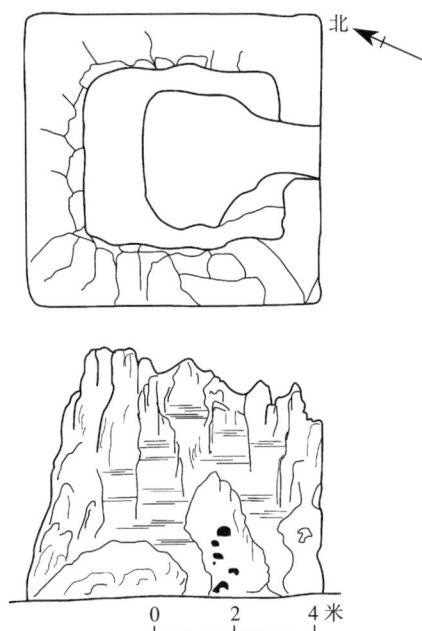

图九五四　海则沟村 8 号马面平、立面图

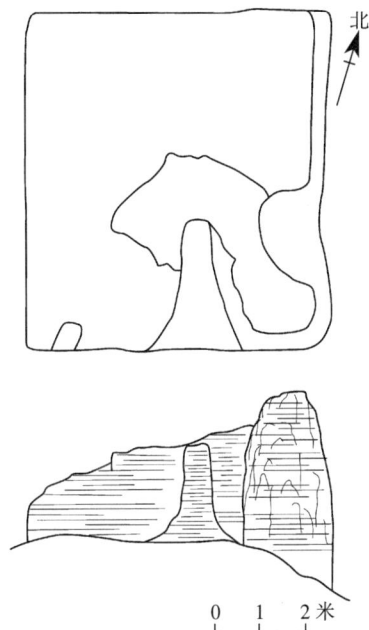

图九五五　海则沟村 9 号马面平、立面图

台体内部用黄土夹杂料礓石夯筑而成，夯层厚 0.05～0.1 米。台体外部包砖被当地居民拆除。台体平面呈矩形，剖面呈梯形，底部东面长 7.8、南面长 7.2、西面长 8、北面长 8.2 米，顶部东面长 6.9、南面长 6.5、西面长 6.5、北面长 7 米，高 5.7 米。台体西壁有登台券洞，内部坍塌，不能从券洞登顶，券洞外小内大，外侧宽 0.6、高 1.25、进深 1.2 米，内侧宽 0.4、高 0.6 米、进深不详，内有木头，不知用途；顶部券洞口直径 0.85 米，内部坍塌。台体顶部有厚 0.7 米的堆积层，原应有建筑物。台体周围散落残砖、瓦片，砖宽 20、厚 6 厘米，瓦片厚 1.8 厘米。（图九五六）

该马面南依海则沟村长城 3 段墙体，东北距海则沟村 9 号马面 0.426 千米。海则沟岸边有一条土路，东南约 1.4 千米处有一条柏油路。

（八五）兰家峁村马面（6108023521021170085）

该马面位于大河塔乡兰家峁村西 0.888 千米的山梁上。地处沙漠草滩地带，东侧较为平缓；北 0.07 千米内较为平坦，外为沙梁，坡度较缓；西 0.03 千米处为沙梁；南 0.345 千米为坡底，坡度较为陡峭。高程 1158.5 米。

马面整体保存较差。台体西壁顶部有豁口，宽 3、高 2.8、进深 2.3 米；西南角高 0.8 米处坍塌，宽 0.8 米，高达顶部。台体底部有刨取条石的 4 道深槽，附近有大量条石和残砖。

台体内部用黄土夹杂料礓石夯筑而成，夯层厚 0.07～0.17 米。台体外部包砖被当地居民拆除。台体平面呈矩形，剖面呈梯形，底部东面长 9.5、南面长 8、西面长 9.7、北面长 8.8 米，顶部东面长 7.6、南面长 5.8、西面长 7.8、北面长 6.6 米，高 7 米。台体南壁底部 1.2 米处有登台券洞，洞内呈斜坡状，底宽 1、中部宽 1.5、高 2.8 米，可由此登台。台体周围散落有残砖、瓦片和石块，砖宽 20、厚 8 厘米，瓦片厚 1.5 厘米，石块厚 24～26 厘米。（图九五七；彩图一九一）

该马面南依兰家峁村长城墙体，西南距兰家峁村 1 号敌台 0.66 千米，南 0.01 千米处有乡村土路。

图九五六　海则沟村 10 号马面平、立面图

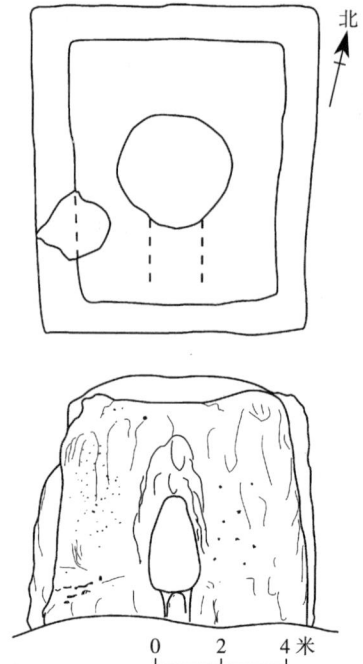

图九五七　兰家峁村马面平、立面图

（八六）千树塔村 1 号马面 （6108023521021700086）

该马面位于麻黄梁镇李家峁村千树塔村（组）中的山梁上。地处黄土高原丘陵沟壑地带，东侧为坡耕地，东 0.07 千米处有榆（林）西（沟）公路，路东为深沟，沟壑纵横；南侧为上坡趋势；西 0.1 千米有深沟，沟边有村民房屋，西北 0.16 千米处为深沟；北侧较为平坦。高程 1382.2 米。

马面整体保存较差。由于雨水冲刷侵蚀台体西低东高，西壁有一个豁口，底小口大，底宽 2.6、顶宽 4.8、高 3.3、进深 5 米；南壁有水冲豁口，宽 1.6、进深 1.2 米，高达顶部；北壁有水冲豁口，宽 1.8、高 0.6、进深 0.4 米。

台体用黄土夹杂料礓石夯筑而成，夯层厚 0.07～0.13 米。台体平面呈矩形，剖面呈梯形，底部东西 11、南北 10.8 米，顶部东西 7.3、南北 7 米，西侧高 3.6、东侧高 8.2 米。台体附近有残砖、瓦片，砖宽 20、厚 8 厘米，瓦片厚 1.5 厘米。（图九五八）

该马面西依谢家梁村长城墙体，西北距千树塔村 1 号敌台 0.238 千米，南侧有一条土路，东 0.07 千米处有榆（林）西（沟）公路。

（八七）千树塔村 2 号马面 （6108023521021700087）

该马面位于麻黄梁镇李家峁村千树塔村（组）西北 0.308 千米的山梁上。地处黄土高原丘陵沟壑地带，东侧为上坡趋势，0.08 千米处为较陡峭的深沟，东北 0.04 千米处为深约 30 米的沟；南侧为榆（林）西（沟）公路，路南为深沟，深约 35 米；西侧为山梁，较为平缓；北侧为荒坡地，0.03 千米处有 4 道沟，最深的约 80 米。高程 1391.9 米。

马面整体保存较差。台体西南角保存，南壁有豁口，下窄上宽，下宽 1.6、上宽 2.4、高 4、进深 2.2 米；西壁豁口下宽 0.3、上宽 3、高 3.3、进深 1.5 米；东南角有豁口，宽 1.3 米，高达顶部，进深 0.8 米。

台体用黄土夹杂料礓石夯筑而成，夯层厚 0.12～0.17 米。台体平面呈矩形，剖面呈梯形，底部东西 11.2、南北 11 米，顶部东西 6.4、南北 6.2 米，高 8.1 米。台体顶部堆积中夹杂有残砖、瓦片，原应有建筑物。台体西壁为当地居民挖开墙体通行，仅存墙基。（图九五九）

该马面南依千树塔村长城 1 段墙体，东南距千村塔村 1 号敌台 0.189 千米，南距榆（林）西（沟）公路 0.055 千米，公路西侧有一条人为挖开墙体通行的道路。

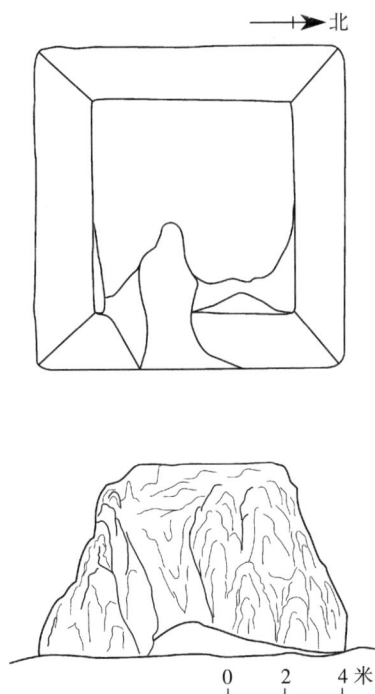

图九五八　千树塔村 1 号马面平、立面图

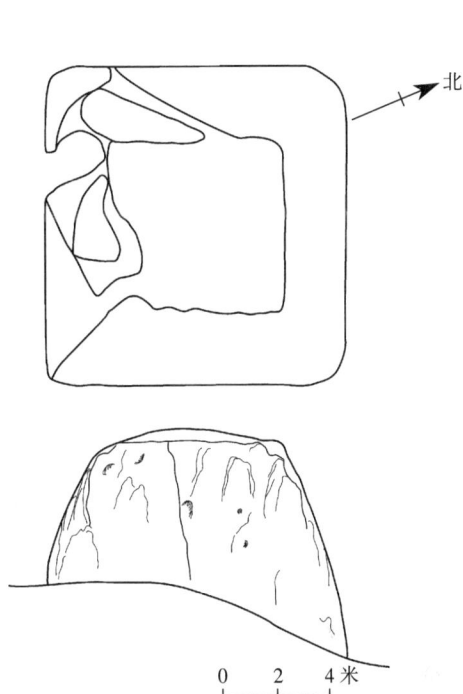

图九五九　千树塔村 2 号马面平、立面图

（八八）千树塔村 3 号马面（610802352102170088）

该马面位于麻黄梁镇李家峁村千树塔村（组）西 0.623 千米的山梁上。地处黄土高原丘陵沟壑地带，东侧为山梁，较为平坦；南 0.02 千米处为榆（林）西（沟）公路，西南角路南为深约 70 米的沟；西侧为荒坡地，较为平缓，0.13 千米处为两山之间的沟；北侧为荒坡地，0.03 千米处为深沟，较为陡峭。高程 1382.3 米。

马面整体保存差。台体由于雨水冲刷侵蚀呈不规则锥状，南壁坍塌严重，仅剩西南角高约 3 米；东南角豁口宽 0.5～2.8 米，高达顶部，进深 2 米；西北角坍塌严重，高 4.2 米。

台体用黄土夹杂料礓石夯筑而成，夯层厚 0.11～0.24 米。台体平、剖面呈不规则形，底部东西 9、南北 9.4 米；顶部仅北侧保存，东西 2.7、南北 1.5 米，高 9.5 米。台体底部散落有残砖、瓦片等，砖宽 17、厚 7 厘米，瓦片厚 2 厘米。（图九六〇）

该马面南依千树塔村长城 1 段墙体，东南距千村塔村 2 号马面 0.271 千米，南 0.02 千米处有榆（林）西（沟）公路。

（八九）毛羊圈村 1 号马面（610802352102170089）

该马面位于麻黄梁镇断桥村毛羊圈村（组）西北 0.72 千米的山梁上。地处黄土高原丘陵沟壑地带、三北防护林区，东侧较平缓，东南 0.09 千米处有沟；西侧较为平缓，西南 0.3 千米处有沟；北

0.04 千米处有一道沟，深约 11 米。高程 1373 米。

马面整体保存差。台体坍塌呈斜坡状，顶部较高，东西两壁较低。台体上长满杂草。

台体用黄土夹杂料礓石、残砖、瓦片夯筑而成，从北壁测量夯层厚 0.14~0.17 米。台体平、剖面呈不规则形，底部东西 6.6、南北 7 米；顶部坍塌呈斜坡状，东西 4.3、南北 4.5 米，北侧高 1.4 米，通高 2 米。台体附近有残砖、瓦片等，砖宽 19.5、厚 7 厘米，瓦片厚 1.8 厘米。（图九六一）

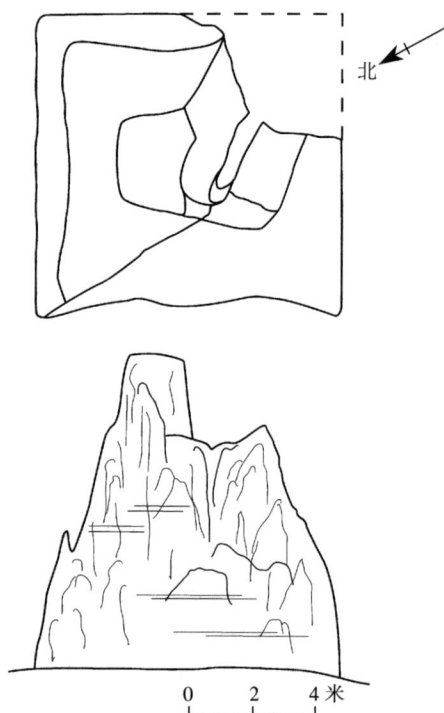

图九六〇　千树塔村 3 号马面平、立面图

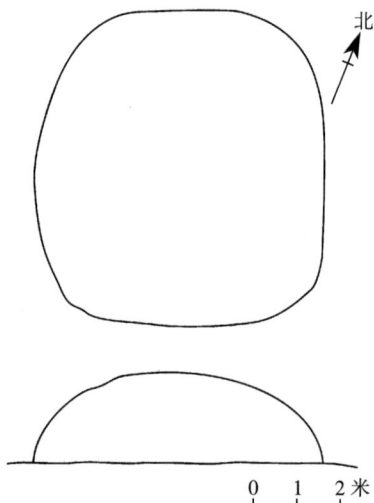

图九六一　毛羊圈村 1 号马面平、立面图

该马面南依毛羊圈村长城 1 段墙体，南侧正对毛羊圈村 1 号关，东距断桥村堡 0.47 千米，北侧 0.014 千米处有土路。

（九〇）毛羊圈村 2 号马面（610802352102170090）

该马面位于麻黄梁镇断桥村毛羊圈村（组）西北 0.88 千米的平缓地带。地处黄土高原丘陵沟壑地带，东 0.04 千米内较为平缓，0.04 千米处有宽 60、深 20 米的水冲沟；南侧为山梁，有松树林；西 0.03 千米处有 2 道沟，一道宽 4、深 2 米，一道宽 15、深 7 米；北侧较为平缓，沙化严重。高程 1335.4 米。

马面整体保存较差。台体西壁有 3 道水冲沟，宽 0.1~0.3 米，高达顶部，进深不详；南壁有豁口，外宽 1、内宽 1.6、高 1、进深 2.8 米；东、西壁底部有长城墙体和台体的坍塌夯土，呈斜坡状。台体底部有掏取条石所挖的深槽，有大量的堆积土。

台体内部用黄土夹杂料礓石夯筑而成，夯层厚 0.06~0.13 米。台体外部包砖被附近居民拆除。台体平面呈矩形，剖面呈梯形，底部边长 8.4、顶部边长 6.2、高 6.8 米。台体顶部约有 0.3 米厚的土盖层，夹杂有砖、瓦片和石灰渣，原应有建筑。台体底部散落有两种类型的砖、筒瓦片，一种砖为边长 30.5 厘米的方砖，一种砖宽 20、厚 6.5 厘米，筒瓦厚 2 厘米。（图九六二；彩图一九二）

该马面南依毛羊圈村长城 1 段墙体，正对毛羊圈村 3 号关，南侧有一条土路。

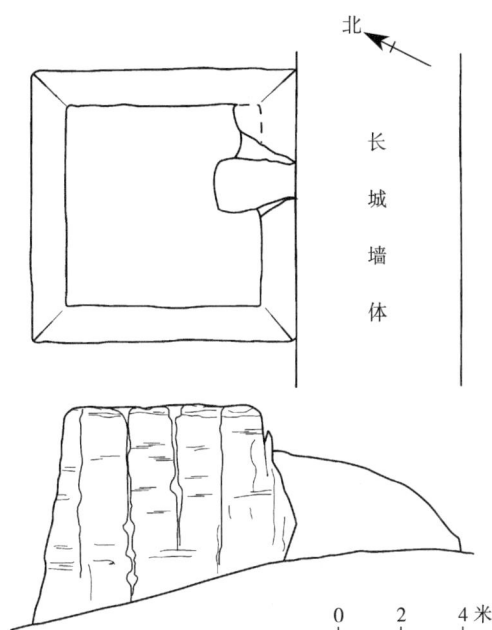

北

长城墙体

0　2　4 米

图九六二　毛羊圈村 2 号马面平、立面图

（九一）麻黄梁村马面（610802352102170091）

该马面位于麻黄梁镇大圪坨村麻黄梁村（组）西南 1.228 千米的沙漠中。地处沙漠草滩地带，东 0.03 千米处有一座沙梁；南 0.013 千米处有一座沙梁，0.013 千米外有沟，栽种有大量沙柳；西侧为墙体走向，呈上坡趋势，坡度较平缓；北 0.04 千米内较平缓，0.04 千米外沙丘较多。高程 1286.8 米。

马面整体保存较差。台体东壁有水冲豁口，宽 2.4 米，高达顶部，进深 0.4 米；东、西、北壁底部有人为挖掘台体包石的深槽，周围有堆土；西、北壁有水冲裂缝。

台体内部用黄土夹杂料礓石夯筑而成，夯层厚 0.08 ~ 0.14 米。台体外部包砖石被附近居民拆除，周围散落有残砖和白灰渣，白灰渣厚 0.011 米。台体平面呈矩形，剖面呈梯形，底部边长 8 米，顶部东西 6、南北 5.1 米，高 5.8 米。台体顶部有厚约 0.4 米的堆积层，夹杂有石灰渣、残砖、瓦片等，原应有建筑物。台体南壁有登台步道，呈斜坡状，宽 3.4、高 1.2、进深 1.8 米。台体附近有砖块，筒瓦等，砖宽 18.5、厚 7 厘米，筒瓦厚 2 厘米。（图九六三）

该马面南依麻黄梁村长城 4 段墙体，东北距麻黄梁村 8 号敌台 0.24 千米，南距榆（林）西（沟）公路 0.38 千米。

（九二）西河村马面（610802352102170092）

该马面位于麻黄梁镇大圪坨村西河村（组）北 1.78 千米的山梁上。地处沙漠草滩地带，东侧较为平缓；南 0.05 千米处有一座沙丘，之间较为平缓；西侧略呈上坡趋势；北侧较为平缓，0.6 千米处有一道沟。高程 1325.1 米。

马面整体保存较差。台体南壁顶部有塌陷，为雨水冲刷侵蚀所致；南壁中部有一个直径 0.4、进深 0.8 米的圆洞，可能为一动物洞穴；西壁有马蜂窝。台体北壁剥落严重，有大量坍塌土，呈斜坡状，有一个水冲裂缝；中部有一个人为挖掘的洞，已坍塌，底宽 0.5、顶宽 0.27、高 0.47 米。

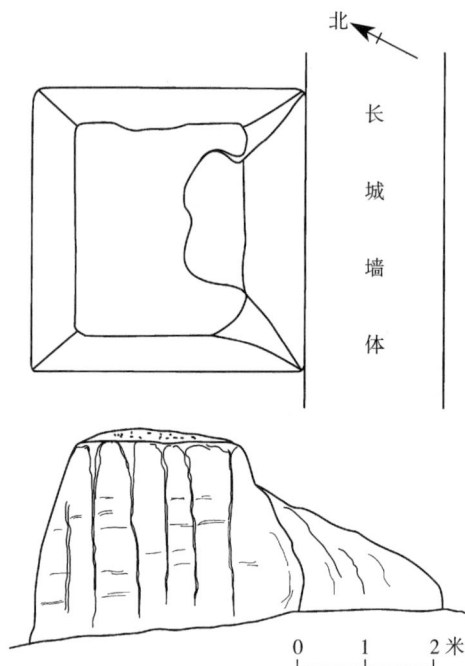

图九六三　麻黄梁村马面平、立面图

台体用黄土夹杂料礓石夯筑而成，夯层厚 0.06～0.1 米。台体平面呈矩形，剖面呈梯形，底部东西 8、南北 6.5 米，顶部东面长 3、南面长 5.1、西面长 3.8、北面长 4.6 米，东侧高 5、西侧高 5.5 米。台体顶部有一层厚 0.09 米的石灰，散落有大量残砖和石灰渣等。台体南壁有豁口，可能为登台步道，外宽 3.6、内宽 1.6、高 2.1、进深 2.6 米。台体周围发现有两种类型的砖和瓦片，一种砖宽 18、厚 8 厘米，一种砖宽 19、厚 8 厘米，瓦片厚 2 厘米。（图九六四；彩图一九三）

该马面南侧可能有一座关，被沙土掩埋，只见其形状，不可测量，无围墙。南依西河村长城 1 段墙体，东北距西河村 1 号敌台 0.332 千米，西南距榆（林）西（沟）公路 0.3 千米。

（九三）六墩村马面（610802352102170093）

该马面位于麻黄梁镇十八墩村六墩村（组）中。地处黄土高原丘陵沟壑地带，东侧为山梁，较平缓，有榆（林）西（沟）公路；南侧较平缓，有居民房屋，0.1 千米外为沟，有多处沙梁；西侧较平坦；西北侧有一道沟，宽约 10、深约 7 米；北侧山坡较平缓。

马面整体保存较差。台体顶部西侧有一个宽 3、高 1、进深 2.2 米的大豁口，内有宽 0.8、高 1.6、进深 1.3 米的小豁口；西壁靠南小豁口宽 0.6 米，高达顶部，进深 0.4 米；顶部有一根人为树立的木条，上有一架犁铧；北壁底部有人为挖开的小路，对台体造成威胁；长城墙体北侧有人为挖开的小路。台体底部有一个马铃薯窖，宽 0.7、高 0.9 米，由于门被锁，进深不详。

台体用黄土夯筑而成，夯层厚 0.08～0.15 米。台体平面呈矩形，剖面呈梯形，底部东西 11.5、南北 9 米，顶部东西 5.2、南北 6.5 米，高 6 米。台体南壁有豁口，可能为登台踏步，宽 4.6、高 2.6、进深 3.5 米。台体周围发现有残砖，砖宽 20、厚 7 厘米。（图九六五）

该马面南依六墩村长城 1 段墙体，东距六墩村 2 号敌台 0.189 千米，南侧有榆（林）西（沟）公路，西、北侧有土路通过。

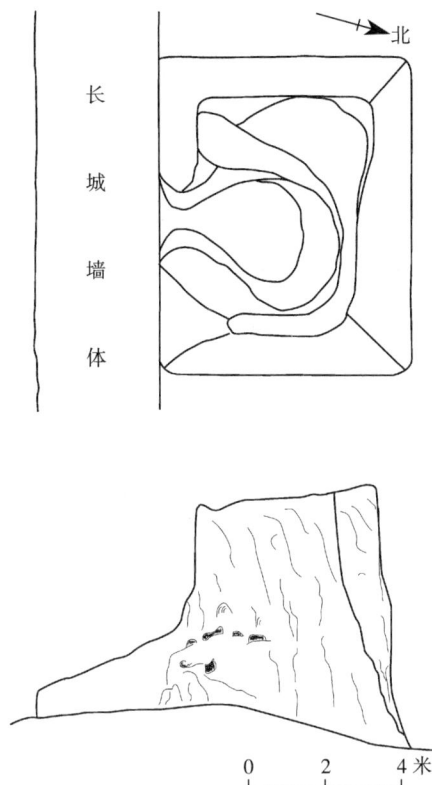

图九六四　西河村马面平、立面图

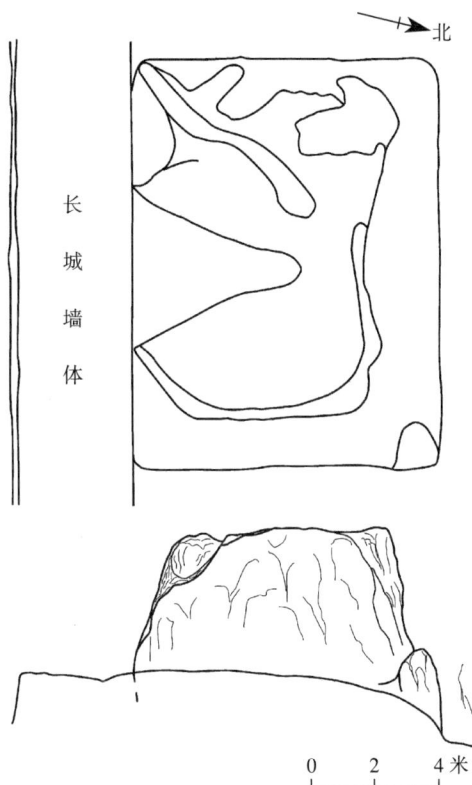

图九六五　六墩村马面平、立面图

（九四）十八墩村1号马面（6108023521021700094）

该马面位于麻黄梁镇十八墩村煤矿东北0.344千米的山梁上。地处黄土高原丘陵沟壑地带，东侧为沟，宽39、深20~30米；南侧为沙坡，坡度较缓；西侧长城墙体呈上坡趋势；北侧有沟，宽10~20、深约8~10米。高程1217.9米。

马面整体保存差。台体东侧长城墙体由于水冲沟而消失，东壁紧邻深沟，剥落严重，生长有一棵榆树；顶部坍塌呈斜坡状；西侧坍塌剥落，中部坍塌有一个洞，宽0.8、高1.2、深0.3米。台体上植物根系较多，有多处水冲裂缝。

台体用黄土夹杂料礓石夯筑而成，夯层厚0.07~0.15米。台体平、剖面呈不规则形，底部东西6、南北9米，顶部坍塌呈刃状，东西0.5~2、南北5~6米，高5.2米。（图九六六）

该马面南依六墩村长城2段墙体，东距六墩村5号敌台0.292千米，北距榆（林）西（沟）公路0.277千米。

（九五）十八墩村2号马面（6108023521021700095）

该马面位于麻黄梁镇十八墩村煤矿大门口的西山梁上。地处黄土高原丘陵沟壑地带，东侧为榆（林）西（沟）公路；南侧有十八墩煤矿；西侧较为平缓，有榆（林）西（沟）公路通行；北侧为缓坡，坡底有十八墩村。高程1240.6米。

马面整体保存较差。台体南壁坍塌呈斜坡状；西壁有多处水冲裂缝，仅存西南、西北角，顶部豁口内宽2.2、外宽2.4、高1.4、进深1.6米，豁口底部有小豁口，小豁口宽0.8~1、高1.4、进深

0.2～1.2米。台体上生长有野生枸杞，有多处动物洞穴。

台体用黄土夯筑而成，夯土内夹杂有少量料礓石，夯层厚0.06～0.12米。台体平面呈矩形，剖面呈梯形，底部东西7.5、南北7米，顶部东西3.2、南北4.7米，高7.2米。台体南壁有豁口，内宽2.2、外宽3.4、高2.6、进深1.6米，可能为登台步道。（图九六七）

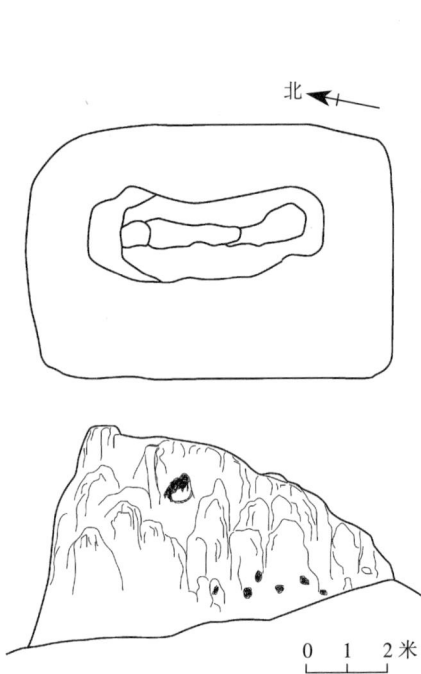

图九六六　十八墩村1号马面平、立面图　　　　　图九六七　十八墩村2号马面平、立面图

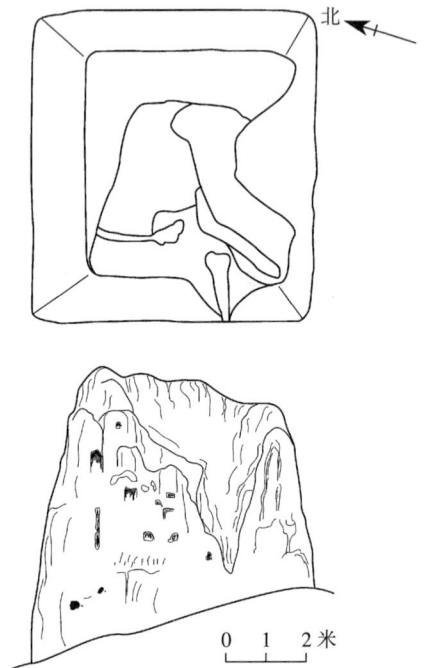

该马面南依十八墩村长城1段墙体，东北距十八墩村1号敌台0.308千米，北侧有榆（林）西（沟）公路，西0.01千米处有"榆西路20"字样的路碑。

（九六）石峁村1号马面（6108023521102170096）

该马面位于牛家梁镇常乐堡村石峁村（组）东北1.85千米的沙梁上。地处沙漠草滩地带，东侧为山坡，坡度较缓，0.08千米处有坟地；南侧为长城墙体，较为平缓；西侧有榆（林）西（沟）公路；北侧呈下坡趋势，有沙炭湾煤矿。高程1212.9米。

马面整体保存差。台体西壁豁口宽2.3米，高达顶部，进深1.3米；北壁顶部有多处水冲裂缝，豁口宽0.8、高0.6、进深0.5米；南壁水冲裂缝宽0.05～0.1米，高达顶部，进深不详；西壁底部有一个洞，已坍塌，宽1.2、高0.1米。台体底部有人为掏取条石所挖的深槽，有大量土堆积。

台体内部用黄土夯筑而成，夯层厚0.08～0.12米。台体外部包石、砖被当地居民拆除。台体平面呈矩形，剖面呈梯形，底部东西6.1、南北8.4米，顶部东西4、南北5.7米，高7.8米。台体顶部有约0.4米厚的堆积层，堆积层内夹杂砖、瓦片，原有建筑被人为拆除。台体周围散落有残砖和残石、瓦片等，条石宽26、厚14厘米，砖宽20、厚8厘米，瓦片厚1.8厘米。（图九六八）

该马面东依石峁村长城1段墙体，南距石峁村1号敌台0.25千米，西侧有榆（林）西（沟）公路。

（九七）石峁村 2 号马面（610802352102170097）

该马面位于牛家梁镇石峁村东 1 千米。所处地势西北高东南低，东侧紧临榆（林）西（沟）公路，西侧有一条水泥路穿过长城墙体通向石峁水库。程 1209.9 米。

马面整体保存差。台体东北角顶部垮塌；西壁有 3 条裂缝，宽 0.05～0.1、长 2～3.2 米，壁面有虫穴，底部有风蚀凹槽；中部裂缝长有柠条；顶部有海墁层。台体四周散落有包砖碎块和塌落的海墁层。

台体内部用黄土夹杂料礓石夯筑而成，夯层厚 0.09～0.15 米，质地细密，夯层清晰。台体外部包砖被拆除。台体平面呈矩形，剖面呈梯形，底部东西 8.6、南北 6.6 米，顶部东西 4.3、南北 3.6 米，高 5.6 米。台体顶部海墁层用白灰渣夹杂小石块夯筑而成，厚 0.6～0.8 米。台体附近有明砖、瓦片。（图九六九）

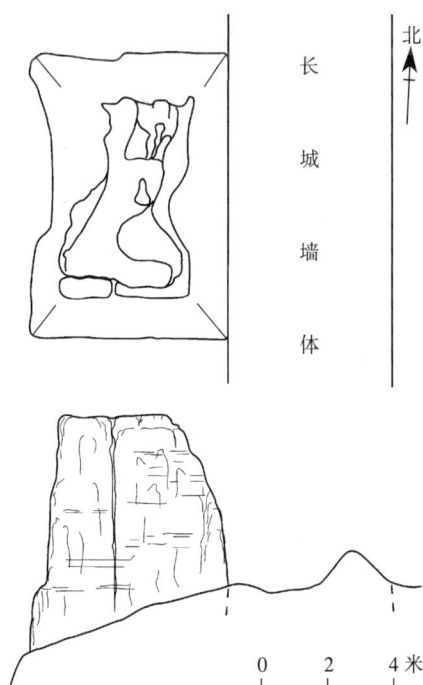

图九六八　石峁村 1 号马面平、立面图　　　　图九六九　石峁村 2 号马面平、立面图

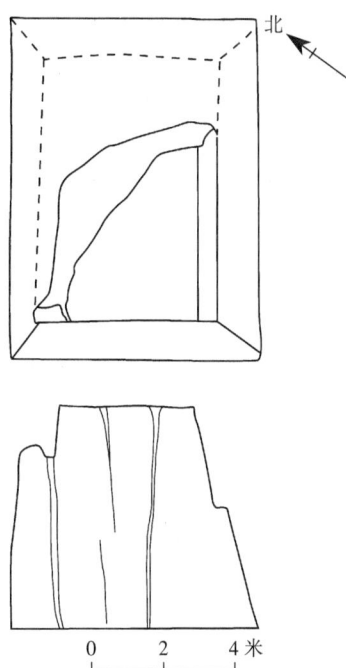

该马面南依常乐堡村长城 1 段墙体起点，西南距常乐堡村 1 号马面 0.315 千米。常乐堡村南有榆（林）西（沟）公路，村北有运煤专线。

（九八）常乐堡村 1 号马面（610802352102170098）

该马面位于牛家梁镇常乐堡村东北 0.232 千米。地处波状沙丘地，地势西北高东南低，南侧低洼处为常乐堡河川，东南有榆（林）西（沟）公路。高程 1195.8 米。

马面整体保存较差。台体四壁有裂缝，西壁有一条宽 0.12～0.15 米的裂缝，长 3.4 米，有风蚀坑；南壁有雨水冲蚀的坑凹；东壁底部生长有一棵榆树，壁面不平整；北壁东部有一道裂缝；顶部海墁层生长有杂草。台体四周散落有包砖碎块和白灰渣。

台体东、西壁有夹墙，长 17、高 1.5～3 米。台体内部用黄土为主夹杂料礓石夯筑而成，夯层厚 0.08～0.15 米，质地细密，夯层清晰，外部包砖被拆除。台体平面呈矩形，剖面呈梯形，底部边长 8.2、顶部边长 6.5 米，高 7 米。台体顶部有海墁层，用白灰渣夹杂小石块夯筑而成，厚 0.6～0.8 米。

台体附近有砖、瓷片。（图九七〇）

该马面南依长城墙体，高于长城墙体，东北距石峁村 2 号马面 0.315 千米。常乐堡村北有榆（林）西（沟）公路，通往麻黄梁镇。

（九九）常乐堡村 2 号马面（6108023521102170099）

该马面位于牛家梁镇常乐堡村北 0.245 千米。地处波状沙丘地，地势西北高、东南低，南侧低洼处为常乐堡河川，东南侧有榆（林）西（沟）公路。高程 1187.6 米。

马面整体保存较差。台体西壁有两道小裂缝，有风蚀小坑和虫穴；北壁上部东北角有一个坍塌缺口，有裂缝、虫穴；东壁南部有两个风蚀坑；南壁上部垮塌；顶部海墁层生长有杂草。台体四周散落有包砖碎块、条石块、白灰渣等。

台体内部用黄土夹杂料礓石夯筑而成，夯层厚 0.08 ~ 0.1 米，夯土质地细密，夯层清晰。台体外部包砖被拆除。台体平面呈矩形，剖面呈梯形，底部东西 8.3、南北 7.2 米，顶部边长 6.3 米，高 7 米。台体顶部海墁层由白灰渣夹杂小石块夯筑而成，厚 0.4 米。台体附近有砖、条石。（图九七一）

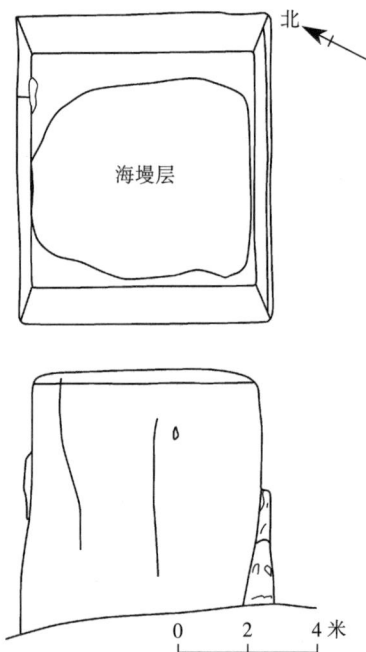

图九七〇　常乐堡村 1 号马面平、立面图　　　　图九七一　常乐堡 2 号马面平、立面图

该马面南依常乐堡村长城 1 段墙体，高于长城墙体，东北距常乐堡村 1 号马面 0.217 千米，常乐堡村北有榆（林）西（沟）公路通向麻黄梁镇。

（一〇〇）常乐堡村 3 号马面（6108023521102170100）

该马面位于牛家梁镇常乐堡村中。地处波状沙丘地上，南侧低洼处为常乐堡川，川内为水浇地，主要种植有玉米、马铃薯等，常乐堡河常年有水，从川内流过；南 0.13 千米处有榆（林）西（沟）公路；东 0.11 千米处有 3 户人家。高程 1170.7 米。

马面整体保存差。台体用黄土夹杂料礓石层层夯筑而成，夯层厚 0.07 ~ 0.11 厘米，夯土质地细密，夯层清晰。台体外部包砖被拆除。台体平面呈矩形，剖面呈梯形，底部东西 5、南北 7.8 米，顶部

坍塌严重，东西 2、南北 3.8 米，高 7 米。台体附近有砖、瓷片。（图九七二）

该马面南依常乐堡村长城 2 段墙体起点，高于长城墙体，东北距常乐堡村 2 号马面 0.217 千米，南距常乐堡 0.15 千米。常乐堡村内有榆（林）西（沟）公路，由西向东通往麻黄梁镇，交通便利。

（一〇一）刘家房子村 1 号马面（610802352102170101）

该马面位于牛家梁镇刘家房子村中较低缓的沙梁上。地处波状沙丘地带，四周地势较平坦，地表杂草丛生，栽种有杨树、榆树等树木，植被较好。北侧低洼处为常乐堡川，川内为水浇地，主要种植有玉米和马铃薯等，常乐堡河常年有水，从川内流过；南距榆（林）西（沟）公路 0.34 千米，南 0.03 千米处有一户村民。高程 1168.1 米。

马面整体保存差，台体坍塌呈土堆状，上面长满柠条、榆树及其他草本植物。台体底部被黄沙掩埋。

台体内部用黄沙土夹杂料礓石夯筑而成，夯层厚 0.09～0.14 米。台体外部包砖无存。台体平面呈近矩形，剖面呈弧拱形，底部东西 24、南北 27 米，高 8 米。台体上及四周散落有残砖、条石、筒瓦和白灰渣，南侧的长城墙体基本被沙土掩埋。（图九七三）

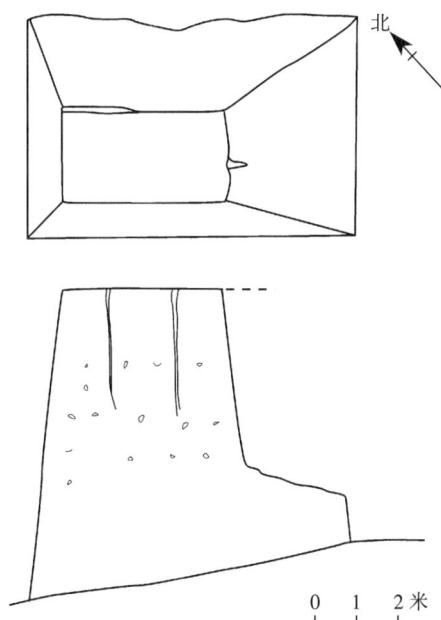

图九七二　常乐堡村 3 号马面平、立面图

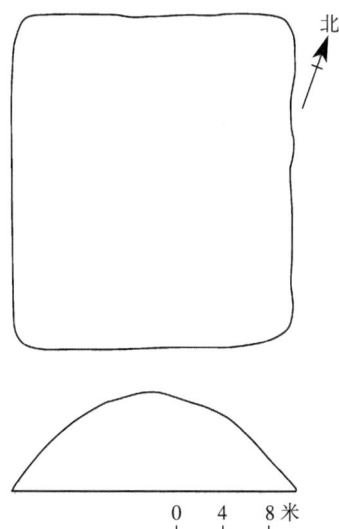

图九七三　刘家房子村 1 号马面平、立面图

该马面南依常乐堡村长城 2 段墙体，东北距常乐堡村 3 号马面 0.18 千米。刘家房子村内有榆（林）西（沟）公路，由西向东通向麻黄梁镇，附近有多条乡村土路，交通便利。

（一〇二）刘家房子村 2 号马面（610802352102170102）

该马面位于牛家梁镇刘家房子村西南 0.24 千米的低缓沙丘上。地处波状沙丘地带，四周地势较平坦，地表杂草丛生，栽种有杨树、榆树等树木，植被较好。北 0.35 千米处为常乐堡川，川内为水浇地，主要种植有玉米和马铃薯等，常乐堡河常年有水，从川内流过。高程 1179.7 米。

该马面整体保存差，台体坍塌成土堆，中部因取土形成一凹槽，土堆上长满柠条等植物。

台体夯筑而成，夯土以黄土为主，包含有料礓石。台体平面呈矩形，剖面呈梯形，底边长8.7～9米，高1.8米。台体四周散落残砖、黑瓷片、筒瓦残片和白灰渣，南侧墙体被沙土掩埋，无法辨认。（图九七四）

该马面南依常乐堡村长城2段墙体，东北距刘家房子村1号马面0.24千米，南距榆（林）西（沟）公路0.36千米。刘家房子村内有榆（林）西（沟）公路，由西向东通往麻黄梁镇，有多条乡村土路，交通便利。

（一〇三）刘家房子村3号马面（610802352102170103）

该马面位于牛家梁镇刘家房子村西南0.49千米低缓的沙梁上。地处波状沙丘地带，地势较平坦，地表杂草丛生，栽种有大片沙柳、柠条，植被较好，有效地改善了土壤沙化的状况。北0.26千米处为常乐堡川，川内为水浇地，主要种植有玉米和马铃薯等，常乐堡河常年有水，从川内流过，榆（林）西（沟）公路从刘家房子村中通过。高程1166.6米。

马面整体保存差。台体坍塌呈土堆状，上面长满柠条、沙柳和其他草本植物。

台体用黄沙土夯筑而成，夯土呈淡黄色，土质较硬，包含有料礓石。台体底部平面呈四边形，边长7～7.8米，顶部呈脊梁状，高2米。台体四周散落残砖、筒瓦残片、白灰渣。该马面与刘家房子村2号马面之间有长2米的墙体，底宽3.2、高1.8米。（图九七五）

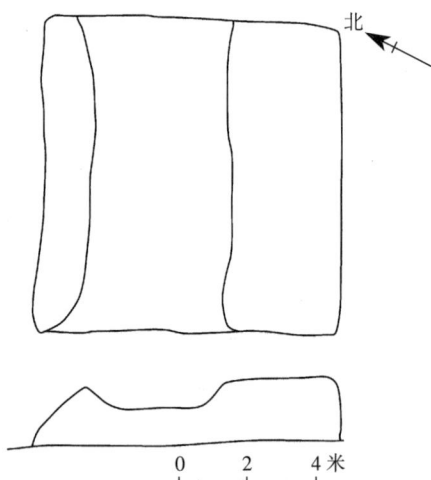

图九七四　刘家房子村2号马面平、立面图　　　图九七五　刘家房子村3号马面平、立面图

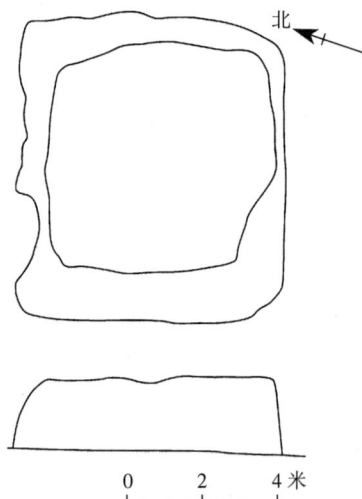

该马面南依常乐堡村长城2段墙体，东北距刘家房子村2号马面0.2千米。刘家房子村内有榆（林）西（沟）公路，由西向东通往麻黄梁镇，附近有多条乡村土路，交通便利。

（一〇四）刘家房子村4号马面（610802352102170104）

该马面位于梁镇刘家房子村西南1千米的低缓沙丘上。地处波状沙丘地带，南侧地势较平坦，北侧是起伏的沙丘，地表杂草丛生，栽种有大片沙柳、柠条、榆树等，植被较好，有效的改善了土壤沙化。北0.8千米处为常乐堡川，川内为水浇地，主要种植有玉米和马铃薯等，常乐堡河常年有水；南0.253千米处为榆（林）西（沟）公路，公路南为焦化厂。高程1171.17米。

马面整体保存较差。台体四壁有多条裂缝，北壁顶部有一较规整的长1.6、宽0.9、深1.2米的豁口；南壁坍塌严重，西壁布满虫穴，顶部长有杂草，底部风蚀严重。

台体内部用黄沙土夯筑而成，夯土内包含有少量料礓石，土质较硬，夯层厚 0.12～0.16 米。台体外部包砖被人为拆除。台体平面呈矩形，剖面呈梯形，底部东西 8.2、南北 8 米，顶部边长 6.4～6.6 米，高 6 米。台体四周散落有残砖、筒瓦、白灰渣。（图九七六；彩图一九四）

该马面位于常乐堡村长城 2 段墙体止点北侧，东距刘家房子村 2 号敌台 0.074 千米。刘家房子村内有榆（林）西（沟）公路，由西向东通往麻黄梁镇，附近有多条乡村土路，交通便利。

（一〇五）三台界村 1 号马面（610802352102170105）

该马面位于牛家梁镇三台界村东 0.526 千米的低缓沙丘上。地处波状沙丘地带，北侧是起伏的沙丘，南侧地势较平坦，地表杂草丛生，生长大片沙柳、柠条、杨树等，植被较好，有效的改善了土壤沙化，附近无明显地表河流，较干旱，南 0.32 千米处有榆（林）西（沟）公路。高程 1163 米。

马面整体保存较差。台体损毁严重，北壁底部有风蚀坑，顶部有一个较规整的豁口；南壁垮塌严重，布满风蚀坑、虫穴，有裂缝；西壁风蚀严重，有许多鸟洞，壁面布满虫穴，有两道宽 0.12～0.15 米的裂缝，从顶部通到底部；东壁底部风蚀严重；顶部海墁层厚 0.5 米，生长有杂草。

台体内部夯筑而成，夯土以黄土为主，土色淡黄，土质较硬，包含有料礓石，夯层厚 0.15～0.2 米。台体外部包砖被人为拆除。台体平面近呈矩形，剖面呈梯形，底部东西 8.2、南北 8 米，顶部东西 5.2、南北 6 米，高 6.7 米。台体附近有残砖、石块、瓦片等，砖宽 19、厚 7 厘米。（图九七七）

图九七六　刘家房子村 4 号马面平、立面图　　　图九七七　三台界村 1 号马面平、立面图

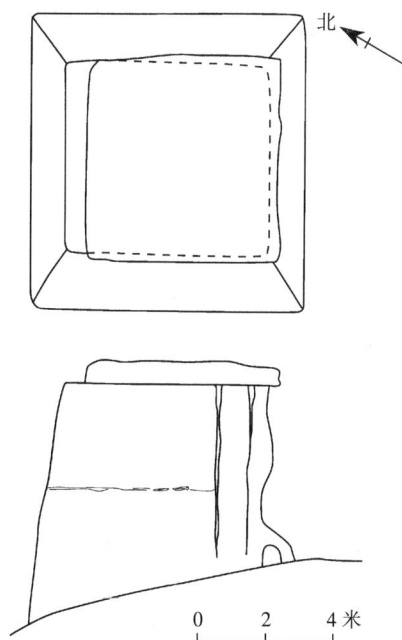

该马面南依三台界村长城墙体，高于长城墙体，东北距刘家房子村 4 号马面 0.356 千米。刘家房子村内有榆（林）西（沟）公路，由西向东通往榆林市区，附近有多条乡村土路，交通便利。

（一〇六）三台界村 2 号马面（610802352102170106）

该马面位于牛家梁镇三台界村东 0.266 千米的起伏较大的沙丘上。地处处波状沙丘地带，生长有大片沙柳、柠条、杨树等，植被较好，土壤沙化有明显的好转。北0.5千米处为塌崖畔水库，南0.35千米处有榆（林）西（沟）公路。高程1169.3米。

马面整体保存较差。台体北壁顶部东北角垮塌；南壁风蚀严重，有多个风蚀坑；西壁有多处虫穴，有细小裂缝；东壁较规整，有虫穴；顶部生长有杂草。

台体内部夯筑而成，夯土以黄土为主，土色淡黄，土质较硬，包含有料礓石，夯层厚0.09~0.14米。台体外部包砖、石、被人为拆除。台体平面呈矩形，剖面呈梯形，底部东西8.2、南北8米，顶部东西6、南北5.3米，高7米。台体底部四周散落有残砖、条石、瓦片和黑色瓷片等，条石长110、宽52、厚31厘米。（图九七八）

该马面南依三台界村长城墙体，东北距三台界村1号马面0.26千米。三台界村内有榆（林）西（沟）公路，由西向东通往榆林市区，附近有多条乡村土路，交通便利。

（一〇七）三台界村3号马面（610802352102170107）

该马面位于牛家梁镇三台界村中的波状沙丘上。北侧为起伏的沙丘，南侧地势较平缓，生长有大片沙柳、柠条、杨树等，植被较好，土壤沙化状况有明显好转。南0.28千米处有2处房屋，北0.32千米处为塌崖畔水库，南0.2千米处有榆（林）西（沟）公路从村中通过。高程1169.5米。

马面整体保存较差。台体北壁有风蚀坑、鸟洞；西壁底部有一个人为挖掘的宽0.6、高0.85、进深1.2米的土洞，壁面有小裂缝、虫穴；东壁顶部有风蚀坑、虫穴；南壁中部坍塌，有不规则的大缺口；顶部海墁层厚0.3米，生长有杂草。

台体内部用黄沙土夯筑而成，夯土内包含有料礓石，夯层厚0.1~0.15米，夯层清晰。台体外部包砖被拆毁。台体平面略呈矩形，剖面呈梯形，底部东西8.4、南北8米，顶部东西6.2、南北5.2米，高7.8米。台体四周散落有砖、瓦片等。（图九七九；彩图一九五）

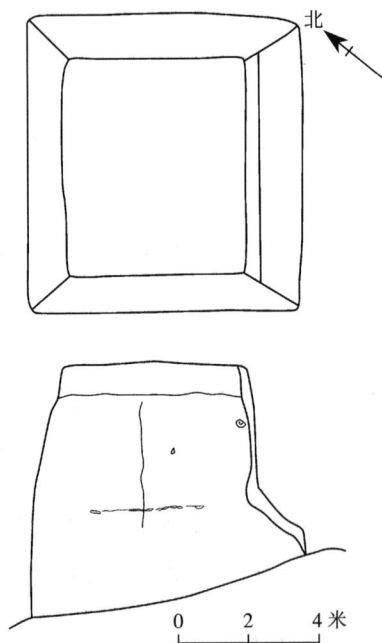

图九七八　三台界村2号马面平、立面图　　　　图九七九　三台界村3号马面平、立面图

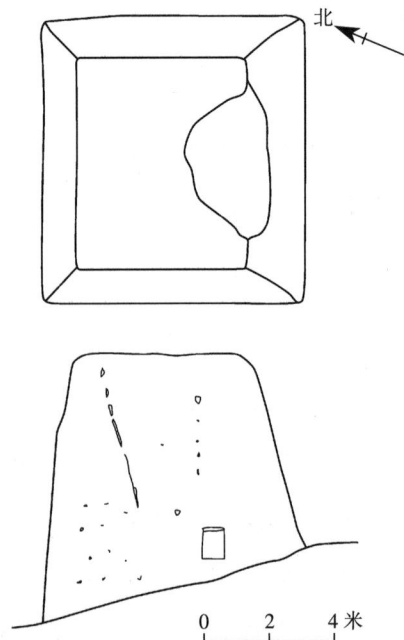

该马面南依三台界村长城墙体，东北距三台界村2号马面0.266千米。三台界村内有榆（林）西（沟）公路，由西向东通往榆林市区，附近有多条乡村土路，交通便利。

（一〇八）三台界村4号马面（610802352102170108）

该马面位于牛家梁镇三台界村中较平坦的台地上。东与村中房屋相临；南0.02千米处有2处房屋，0.025千米处有榆（林）西（沟）公路从村中通过；北0.28千米处为塌崖畔水库，东北0.035千米处有一个猪圈。高程1160.3米。

马面整体保存差。台体坍塌及人为铲削严重，仅存北壁顶部；西壁坍塌，部分被村民开垦成菜地，种植有大白菜；东壁风蚀严重，有人为铲削痕迹；底部有雨水冲刷形成的坑。

台体用黄沙土夯筑而成，夯土内包含有料礓石，夯层厚0.12~0.15米。台体平面呈不规则形，剖面呈不规则锯齿状，底部东西7.8、南北6.5米，顶部坍塌呈凹字形，东西2.5、南北6米，高6.3米。（图九八〇）

该马面南依三台界村长城墙体，东北距三台界村3号马面0.28千米，处于三台界村中，受村民生产生活的破坏较大。三台界村内有榆（林）西（沟）公路，由西向东通往榆林市区，附近有多条乡村土路，交通便利。

（一〇九）塌崖畔村1号马面（610802352102170109）

该马面位于牛家梁镇塌崖畔村中。所处地势平坦，南面为沙滩，生长有杂草、沙柳、柠条、杨树等，植被茂盛，土壤沙化状况有明显的好转；台体北侧断崖下0.02千米有一座村民房屋。高程1160.3米。

马面整体保存差。台体东壁底部由于人为挖掘垮塌，被当地村民改造成羊圈；西壁有3条裂缝，风蚀严重有虫穴；北壁垮塌，凸凹不平；南壁坍塌，出现一个大缺口，成为斜坡通道，可达顶部。

台体内部用黄沙土夹杂料礓石夯筑而成，夯层厚0.08~0.12米。台体外部包砖脱落。台体损毁严重，顶部及南、东、北三壁坍塌。台体平面呈近矩形，底部边长7.6米，顶部东西4.5、南北6.2米，高7米。台体附近有残砖。（图九八一）

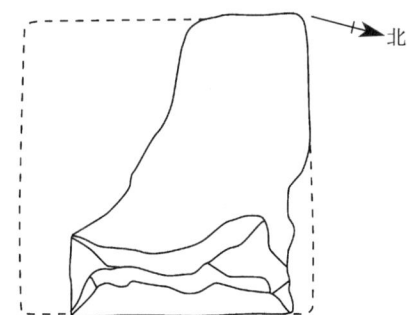

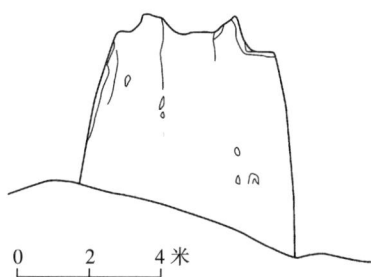

图九八〇　三台界村4号马面平、立面图　　　　图九八一　塌崖畔村1号马面平、立面图

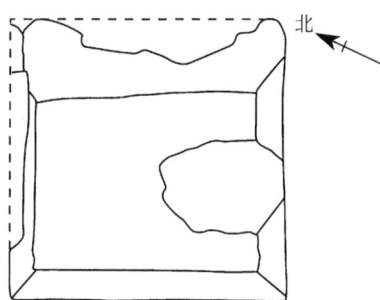

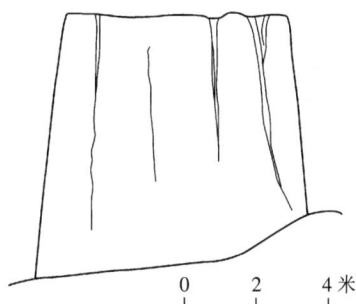

该马面位于塌崖畔村长城墙体北侧，高于长城墙体 2 米，东北距塌崖畔村 1 号敌台 0.347 千米。由于地处塌崖畔村中，受村民生产生活的破坏较大，南侧有村级土路，村内榆（林）西（沟）公路由西向东通往榆林市区，附近有多条乡村土路，交通便利。

（一一〇）塌崖畔村 2 号马面（610802352102170110）

该马面位于牛家梁镇塌崖畔村中的平缓地带。地处风沙滩地，四周地势平坦，北侧为耕地，种植有玉米；南 0.012 千米处有一条乡村土路与长城墙体平行，路南为杨树林；东侧有一段现代土墙，为护田所用。高程 1141.9 米。

马面整体保存差。台体北壁有 3 道裂缝；东壁上部有一道洪水冲槽；南壁紧靠长城墙体，有一个豁口可通向顶部，豁口宽 2、进深 3 米，壁面坍塌严重，有裂缝和虫穴；西壁有裂缝、虫穴、风蚀坑；顶部海墁层部分塌落。

台体内部用黄土夹杂料礓石夯筑而成，夯层厚 0.12~0.16 米，夯土质地细密。台体外部包砖脱落。台体平面呈矩形，剖面呈梯形，底部东西 7.8、南北 7.5 米，顶部东西 6、南北 5.4 米，高 6.6 米。台体顶部海墁层含有白灰渣和碎石块等，厚 0.6 米。台体底部四周散落有残砖。（图九八二）

该马面位于塌崖畔村长城墙体北侧，东北距塌崖畔村敌台 0.251 千米。塌崖畔村北有榆（林）西（沟）公路，村内有多条乡村土路，交通较为便利。

（一一一）塌崖畔村 3 号马面（610802352102170111）

该马面位于牛家梁镇塌崖畔村中的平缓地带。地处风沙滩地，地势平坦，四周栽种有油松、杨树。北 0.02 千米处为耕地，种植有玉米；西 0.11 千米处有一条水渠，用来灌溉树木及耕地；南 0.01 千米处有一条通往古城滩村的土路；北 0.5 千米处有榆（林）西（沟）公路，西北 0.08 千米处有水泥制品预制厂。高程 1152.6 米。

马面整体保存差。台体南壁斑驳，其余三壁有虫穴、裂缝、风蚀坑；底部风蚀严重，有凹槽；顶部有海墁层，厚 0.5 米，生长有杂草。

台体内部用黄土夹杂料礓石夯筑而成，夯层厚 0.1~0.15 米，夯土质地细密。台体外部包砖无存。台体平面呈矩形，剖面呈梯形，底部东西 8.2、南北 8.4 米，顶部东西 6.8、南北 7 米，高 7 米。台体附近有残砖。（图九八三；彩图一九六）

该马面位于塌崖畔村长城墙体北侧，东北距塌崖畔村 2 号马面 0.315 千米，南 0.01 千米处有一条通往古城滩村的土路，北 0.5 千米处有榆（林）西（沟）公路，交通较为便利。

（一一二）古城滩村 1 号马面（610802352102170112）

该马面位于牛家梁镇古城滩村中的平缓地带。地处地势平坦的林场北侧，林场栽种有油松、杨树等。北 0.01 千米处有一条水渠，为林场浇溉树木引水所用；东 0.2 千米处立有"日本绿色募捐支援沙漠绿化林场纪念碑"；南 0.02 千米处有一条通往林场的土路。高程 1142 米。

马面整体保存差。台体东北角、西北角垮塌，南壁垮塌较严重，四壁有裂缝、虫穴、风蚀坑，西壁有多处裂缝和鸟洞。

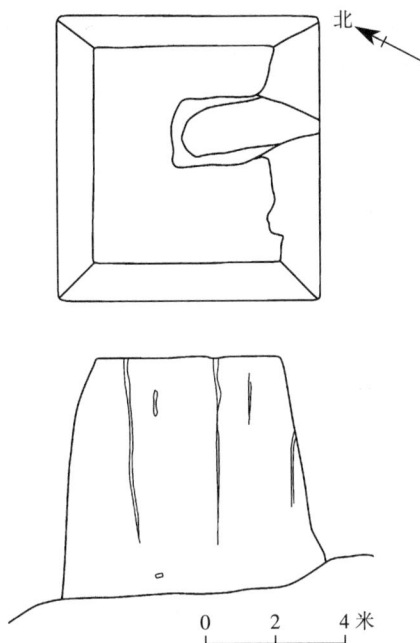

图九八二　塌崖畔村 2 号马面平、立面图　　　　图九八三　坍崖畔村 3 号马面平、立面图

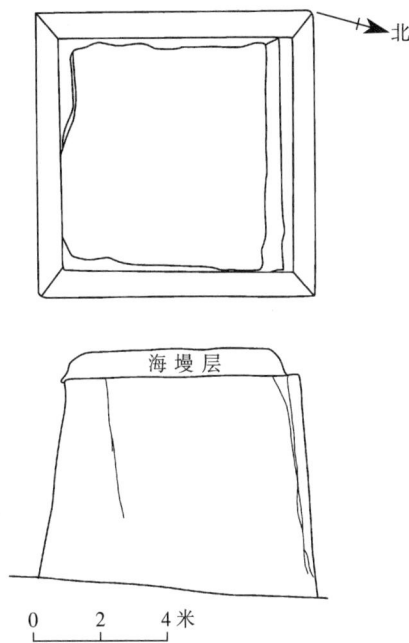

台体内部用黄土夹杂料礓石夯筑而成，夯层厚 0.09～0.15 米，夯土质地细密，没发现夯窝。台体外部包砖脱落。台体平面略呈矩形，剖面呈梯形，底部东西 8.4、南北 7.6 米，顶部东西 6.6、南北 5.8 米，高 7 米。台体附近有残砖。（图九八四）

该马面位于塌崖畔村长城墙体止点（古城滩长城起点）北侧，东北距古城滩村敌台 0.254 千米。榆（林）西（沟）公路沿古城滩村北侧通过，可通往麻黄梁镇，村内有多条乡村土路，交通较便利。

（一一三）古城滩村 2 号马面（610802352102170113）

该马面位于牛家梁镇古城滩村中的平缓地带。地处种植油松和杨树的林场内，植被茂盛。南 0.015 千米处有一条乡村土路，0.1 千米处有榆林市肉羊良种繁育基地。高程 1134.3 米。

马面整体保存差。台体北壁有一道宽 0.06～0.1 米的裂缝，从顶部通到底部；西壁布满风蚀坑，有许多鸟洞虫穴；南壁坍塌较严重，壁面斑驳不平；东壁保存较好；底部风蚀较严重；顶部有海墁层，生长有杂草。

台体内部用黄土夹杂料礓石夯筑而成，夯层厚 0.13～0.17 米，夯土质地细密。台体外部包砖脱落。台体平面呈矩形，剖面呈梯形，底部东西 8.7、南北 8 米，顶部东西 6.6、南北 6.2 米，高 7 米。台体附近有残砖。（图九八五）

该马面位于古城滩长城墙体北侧，高于长城墙体，东北距古城滩村 1 号马面 0.254 千米。榆（林）西（沟）公路沿古城滩村北侧通过，可通往麻黄梁镇，村内有多条乡村土路，交通较为便利。

（一一四）走马梁 1 号马面（610802352102170114）

该马面位于牛家梁镇边墙村走马梁的波状沙丘上。地处牛家梁林场，四周地势开阔，南侧是公墓区，周围植被较好，生长有柠条、杨树、沙柳及其他草本植物。高程 1121.9 米。

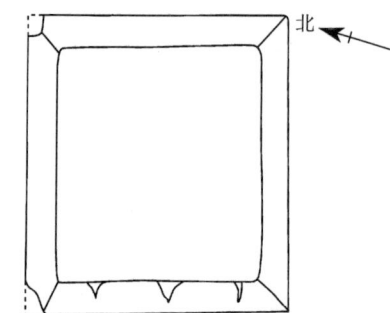

图九八四　古城滩村 1 号马面平、立面图

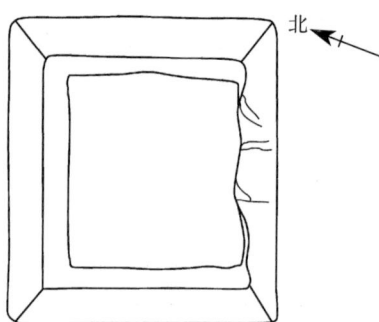

图九八五　古城滩村 2 号马面平、立面图

马面整体保存差。台体四壁有风蚀坑，北壁有一条宽 0.05～0.09 米的雨水冲漕，从顶部直通底部；东壁东南角坍塌；西壁布满虫穴，有大量风蚀坑，底部有风蚀凹槽；南壁坍塌严重，有海墁层，生长有杂草。

台体内部用黄土夹杂料礓石夯筑而成，夯层厚 0.12～0.16 米，夯土质地细密。台体外部包砖脱落。台体平面略呈矩形，剖面呈梯形，底部东西 7.6、南北 7.4 米，顶部东西 6.2、南北 4.8～5.5 米，高 5 米。台体附近有残砖。（图九八六）

该马面位于走马梁长城 1 段墙体北侧，东北距边墙村 2 号敌台 0.252 千米。边墙村北 1 千米处有榆（林）西（沟）公路，可通往麻黄梁镇，村内有多条乡村土路，交通较为便利。

（一一五）走马梁 2 号马面（610802352102170115）

该马面位于牛家梁镇边墙村走马梁的波状沙丘上。地处地牛家梁林场，四周地势开阔，杂草丛生。西侧有一条南北向的土路，南侧是公墓区，植被较好，生长有柠条、杨树、沙柳及其他草本植物。

马面整体保存差。台体四壁有风蚀坑，南壁西南角坍塌，东壁有一条裂缝，北壁顶部有 3 道雨水冲槽，西壁布满虫穴，顶部生长有杂草。高程 1150.5 米。

台体内部用黄土夹杂料礓石夯筑而成，夯层厚 0.09～0.18 米，夯土质地细密。台体外部包砖脱落。台体平面略呈矩形，剖面呈梯形，底部东西 8.8、南北 8.2 米，顶部东西 6.8、南北 6 米，高 7 米。台体四周散落有残砖。（图九八七）

该马面位于走马梁长城 1 段墙体北侧，东北距走马梁 1 号马面 0.327 千米。边墙村北侧 1 千米有榆（林）西（沟）公路，可通往麻黄梁镇，村内有多条乡村土路，交通较为便利。

（一一六）走马梁 3 号马面（610802352102170116）

该马面位于牛家梁镇边墙村走马梁的波状沙丘上。南侧有走马梁庙和现代公墓，四周地势开阔，杂草丛生，周围植被较好，生长有柠条、杨树、沙柳及其他草本植物。高程 1161.7 米。

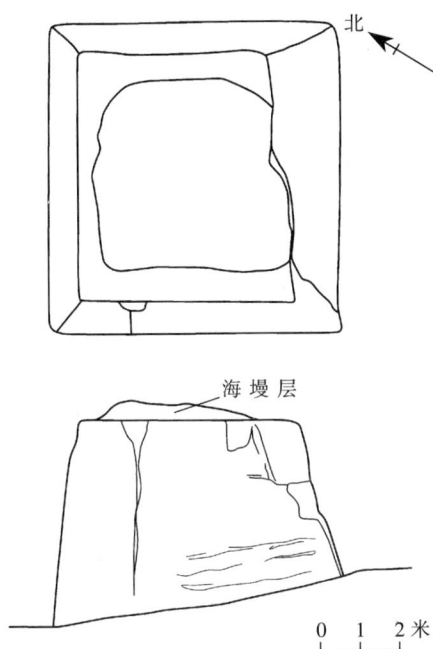

图九八六　走马梁 1 号马面平、立面图

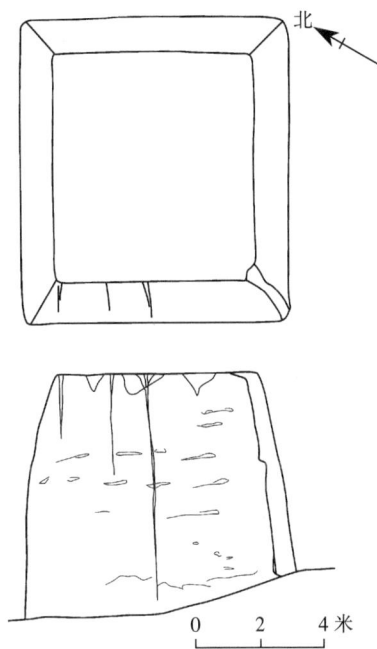

图九八七　走马梁 2 号马面平、立面图

马面整体保存差。台体东、北壁较规整；西壁布满昆虫洞穴，有裂缝；南壁垮塌，有一个缺口可达顶部；顶部生长有杂草。

台体内部用黄土夹杂料礓石夯筑而成，夯层厚 0.12～0.18 米，夯土质地细密，没发现夯窝。台体外部包砖脱落。台体平面呈矩形，剖面呈梯形，底部东西 8.2、南北 7.8 米，顶部东西 6、南北 5.6 米，高 6.6 米。台体四周散落有残砖。（图九八八）

该马面位于走马梁关北侧，东北距走马梁 2 号马面 0.29 千米。边墙村北 1 千米处有榆（林）西（沟）公路，可通往麻黄梁镇，村内有多条乡村土路，交通较为便利。

（一一七）走马梁 4 号马面（610802352102170117）

该马面位于牛家梁镇边墙村走马梁的波状沙丘地上。所处地势南高北低，南侧为牛家梁林区，种植杨树、柠条、沙柳及其他草本植物，杂草丛生，周围植被较好。高程 1139.6 米。

马面整体保存差。台体东壁有 3 道雨水冲槽，壁面有虫穴、风蚀坑；北壁有深 0.5 米的雨水冲槽至台体底部；西壁布满虫穴，有裂缝，上部有雨水冲槽；南壁斑驳；顶部海墁层厚 0.1 米，长满杂草。

台体内部用黄土夹杂料礓石夯筑而成，夯层厚 0.12～0.16 米，夯土质地细密。台体外部包砖脱落。台体平面呈矩形，剖面呈梯形，底部东西 8.2、南北 8.1 米，顶部东西 6.8、南北 6.4 米，高 5.8 米。台体四周散落有大量残砖和白灰渣。（图九八九）

该马面位于走马梁长城 1 段墙体北侧，东距走马梁 3 号马面 0.321 千米。边墙村北 1 千米有榆（林）西（沟）公路，可通往麻黄梁镇，村内有多条乡村土路，交通较为便利。

（一一八）走马梁 5 号马面（610802352102170118）

该马面位于牛家梁镇边墙村走马梁的波状沙丘上。所处地势南高北低，南侧为牛家梁林区，种植有杨树、柠条、沙柳及其他草本植物。周围杂草丛生，植被茂盛。高程 1142.6 米。

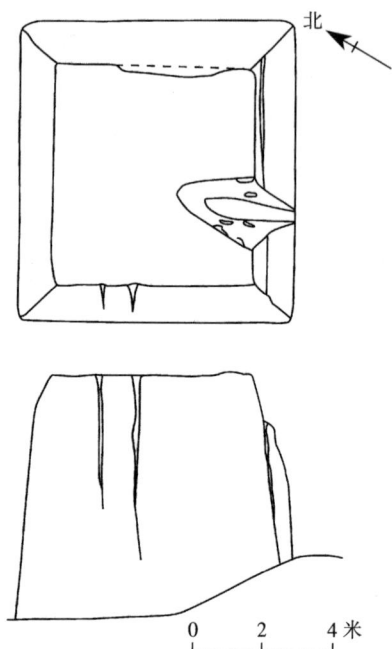

图九八八　走马梁 3 号马面平、立面图

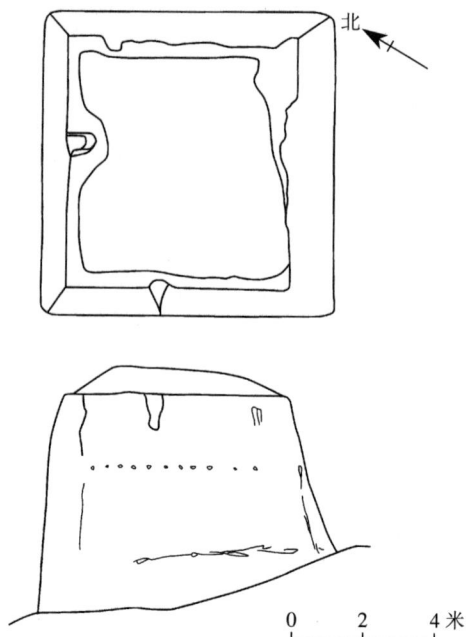

图九八九　走马梁 4 号马面平、立面图

　　马面整体保存差。台体东壁有小裂缝、虫穴，裂缝中生长有杂草；西壁上部有风蚀坑，底部有风蚀槽；北壁有一条较规整的豁口；南壁跨塌，壁面不规整；顶部有海墁层，厚约 1 米，生长有杂草。

　　台体内部用黄土夹杂料礓石夯筑而成，夯层厚 0.1 ~ 0.15 米，夯土质地细密，没发现夯窝。台体外部包砖脱落。台体平面呈近矩形，剖面呈梯形，底部边长 8 米，顶部东西 6、南北 6.2 米，高 6 米。台体附近有残砖。（图九九○；彩图一九七）

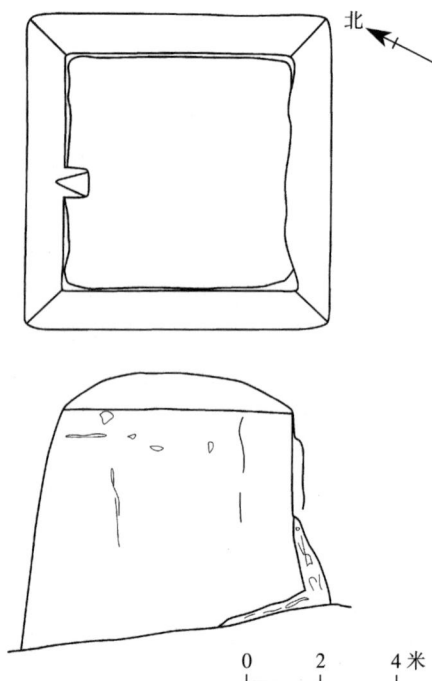

图九九○　走马梁 5 号马面平、立面图

　　该马面位于走马梁长城 1 段墙体北侧，东距走马梁 4 号马面 0.277 千米。边墙村北 1 千米处有榆（林）西（沟）公路，通往麻黄梁镇，村内有多条乡村土路，交通较为便利。

（一一九）走马梁 6 号马面（610802352102170119）

　　该马面位于牛家梁镇边墙村西走马梁的波状沙丘上。南侧为牛家梁林区，种植有杨树、柠条、沙柳及其他草本植物，杂草丛生，周围植被茂盛。高程 1155.3 米。

　　马面整体保存差。台体北壁有 2 道宽 0.6、深 0.4 米的规整土槽，从底部残留包砖可看出其应是加固台体的柱槽，西、东壁各有一道和北壁相同的柱槽，西壁有许多风蚀坑。台体四壁有小裂缝，底部风蚀较严重，顶部有厚 0.4 米的海墁层。

　　台体内部用黄土夹杂料礓石夯筑而成，夯层厚 0.12 ~ 0.18 米，夯土质地细密。台体外部包砖脱落。台体平面呈矩形，剖面呈梯形，底部东西 8.6、南北 7.4 米，顶部东西 7.4、南北 6.4 米，高 6 米。台体四周散落有大量的白灰渣和残砖。（图九九一）

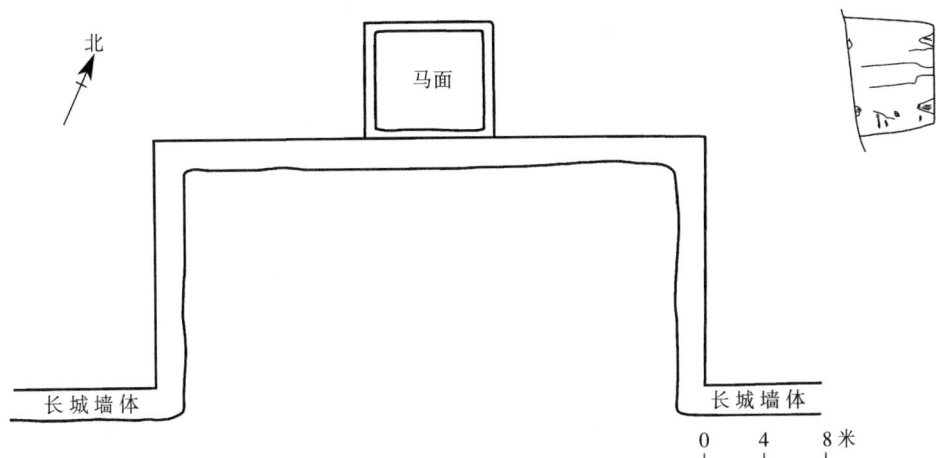

图九九一　走马梁 6 号马面平、立面图

该马面位于走马梁长城 2 段墙体北侧，东北距走马梁 5 号马面 0.278 千米。边墙村北 1 千米有榆（林）西（沟）公路，可通往麻黄梁镇，村内有多条乡村土路，交通较为便利。

（一二〇）走马梁 7 号马面（6108023521102170120）

该马面位于牛家梁镇边墙村西走马梁的波状沙丘上。所处地势南高北低，四周植被较好。南侧为牛家梁林区，种植有杨树、柠条、沙柳及其他草本植物；北侧为坡状沙地，生长有柠条、沙蒿等低矮草本植物。高程 1162.8 米。

马面整体保存差。台体东壁有 4 条裂缝和多个虫穴；北壁有 2 条裂缝和多处昆虫洞穴；西壁雨水冲刷严重，有多条裂缝，有较深的沟槽；南壁斑驳不平；顶部生长有杂草。

台体内部用黄土夹杂料礓石夯筑而成，夯层厚 0.11 ~ 0.17 米，夯土质地细密。台体外部包砖脱落。台体平面呈矩形，剖面呈梯形，底部东西 8.4、南北 8 米，顶部边长 6.4 米，高 6 米。台体四周散落有残砖和白灰渣。（图九九二）

该马面位于走马梁长城 2 段墙体北侧，高于长城墙体，东北距走马梁 6 号马面 0.294 千米。边墙村北 1 千米有榆（林）西（沟）公路，通往麻黄梁镇，村内有多条乡村土路，交通较为便利。

（一二一）走马梁 8 号马面（6108023521102170121）

该马面位于牛家梁镇边墙村西走马梁的波状沙丘上。所处地势南高北低，四周植被茂盛。南侧为牛家梁林区，种植有杨树、柠条、沙柳及其他草本植物；其他三面为沙地，生长有榆树、柠条、沙蒿等植物。

马面整体保存差。台体北壁顶部有一个豁口，有裂缝和多处昆虫洞穴；西壁有风蚀坑、虫穴、裂缝；东、南壁部分垮塌；顶部有厚 0.3 米的海墁层，长满杂草。高程 1151.6 米。

台体内部用黄土夯筑而成，夯层厚 0.12 ~ 0.19 米，夯土质地细密，没发现夯窝。台体外部包砖脱落。台体平面呈近矩形，剖面呈梯形，底部东西 8.1、南北 7.5 米，顶部东西 5.4、南北 5 米，高 4.9 米。台体四周散见大量残砖和白灰渣。（图九九三）

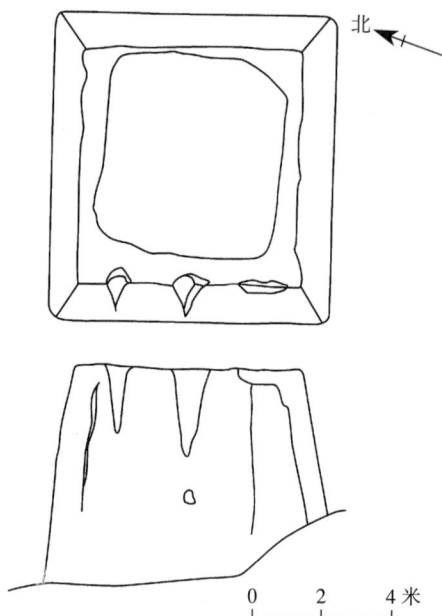

图九九二　走马梁 7 号马面平、立面图　　　图九九三　走马梁 8 号马面平、立面图

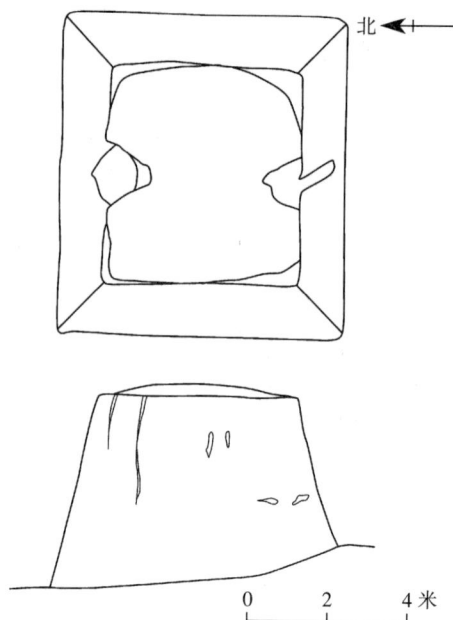

该马面南依走马梁长城 2 段墙体，高于长城墙体，东北距走马梁 7 号马面 0.293 千米。边墙村北 1 千米处有榆（林）西（沟）公路，通往麻黄梁镇，村内有多条乡村土路，交通较为便利。

（一二二）孙家沟村 1 号马面（610802352102170122）

该马面位于榆阳镇孙家沟村东 0.5 千米的波状沙丘上。四周植被旺盛，生长有大片柠条林。东 0.02 千米处有一条干沟，干涸无水；北侧有弃耕地，高压电缆从南北两侧穿过；西 1.2 千米处为镇北台。高程 1140.5 米。

马面整体保存差。台体南、西壁垮塌严重，西壁有裂缝、虫穴，北壁有雨水冲刷的凹槽，南壁坍塌呈斜坡状，底部东北、西南角残缺，顶部生长有杂草。

台体内部用黄土夹杂料礓石夯筑而成，夯层厚 0.12 ~ 0.8 米，夯土质地细密。台体外部包砖脱落。台体平面呈近矩形，剖面呈梯形，底部东西 7.8、南北 7.2 米，顶部东西 4.5、南北 3.6 米，高 5.7 米。台体四周散落有大量残砖和白灰渣。（图九九四）

该马面位于走马梁长城 2 段墙体北侧，东北距走马梁敌台 0.295 千米。孙家沟村内有多条乡村土路，榆（林）西（沟）公路从村北通过，通往麻黄梁镇，交通较为便利。

（一二三）孙家沟村 2 号马面（610802352102170123）

该马面位于榆阳镇孙家沟村东 0.3 千米的平缓地带。地处一片杨树林内，南侧为弃耕地，有一条土路由西向东通过；北侧低洼处有村民的土窑洞。高程 1150.9 米。

马面整体保存差。台体四壁有垮塌，西、南壁较严重，有多条裂缝；西壁底部堆积有大量的坍塌夯土；南壁有一个高 2、宽 1.8 米的土洞，可达顶部；顶部坍塌呈凹字形，有厚 0.35 米的海墁层。

台体内部用黄土夹杂料礓石夯筑而成，夯层厚 0.12 ~ 0.17 米，夯土质地细密。台体外部包砖脱落。台体平面呈近矩形，剖面呈梯形，底部东西 7.8、南北 8.2 米，顶部东西 5.7、南北 5.4 米，高 7.2 米。台体南壁有登台土洞，呈斜坡状可达顶部；土洞呈不规则形，宽 1.8、高 2、长 3.5 米。台体附近有残砖等。（图九九五）

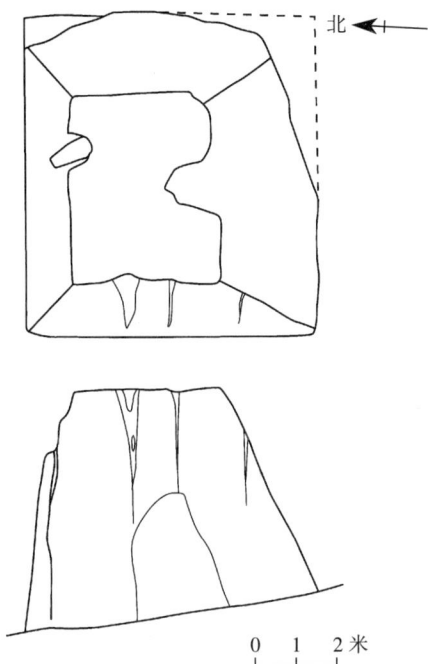

图九九四 孙家沟村 1 号马面平、立面图

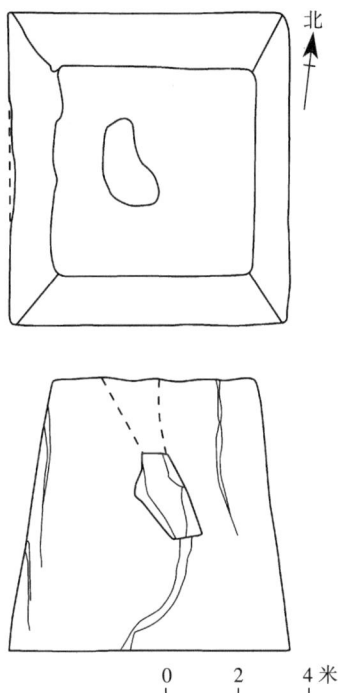

图九九五 孙家沟村 2 号马面平、立面图

该马面位于走马梁长城 2 段墙体北侧，东北距孙家沟村 1 号马面 0.216 千米。孙家沟村内有多条乡村土路，榆（林）西（沟）公路从村北通过，通往麻黄梁镇，交通较为便利。

（一二四）孙家沟村 3 号马面（6108023521021 70124）

该马面位于榆阳镇孙家沟村中一座废弃的砖瓦厂南部。所处地势开阔，北侧下方被砖厂取土挖空，南侧有一座高压输电塔基座，东北 0.02 千米处为村民房屋。高程 1146.3 米。

马面整体保存较差。台体东壁有少量风蚀坑；西壁有凹坑、裂缝，底部有风蚀凹槽，下方被砖瓦厂取土挖空平；南壁上部坍塌有缺口；顶部有残砖，长满杂草。

台体建在关墙上，有夯土基座。基座保存较差，仅存东北角南部。台体内部用黄土和料礓石夹杂夯筑而成，夯层厚 0.12 ~ 0.15 米，夯土质地细密。台体外部包砖脱落。台体平面呈矩形，剖面呈梯形，底部边长 9、顶部边长 7 米，高 6.1 米。台体四周散落有大量残砖、白灰渣。（图九九六）

该马面南依镇北台长城墙体，位于孙家沟村关北墙外侧，东距孙家沟村 1 号敌台 0.164 千米。孙家沟村内有多条乡村土路，榆（林）西（沟）公路从村北通过，通往麻黄梁镇，交通较为便利。

（一二五）孙家沟村 4 号马面（6108023521021 70125）

该马面位于榆阳镇孙家沟村中。地处镇北台东 0.3 千米的沙梁上，与镇北台临沟相望，地势较高，为林草地，地表生长有柠条、沙蒿、杨树等植物；西北有驾校的训练场，0.5 千米处为红石峡水库。高程 1144.1 米。

马面整体保存较差。台体东、西、北壁底部有 3 层包石，包石长 60 ~ 112、宽 53 ~ 60、厚 28 ~ 33 厘米；北壁由西向东 7 米处塌陷，深 0.45 米；东壁存部分包砖，砖长 40、宽 20、厚 7.5 厘米，灰缝厚

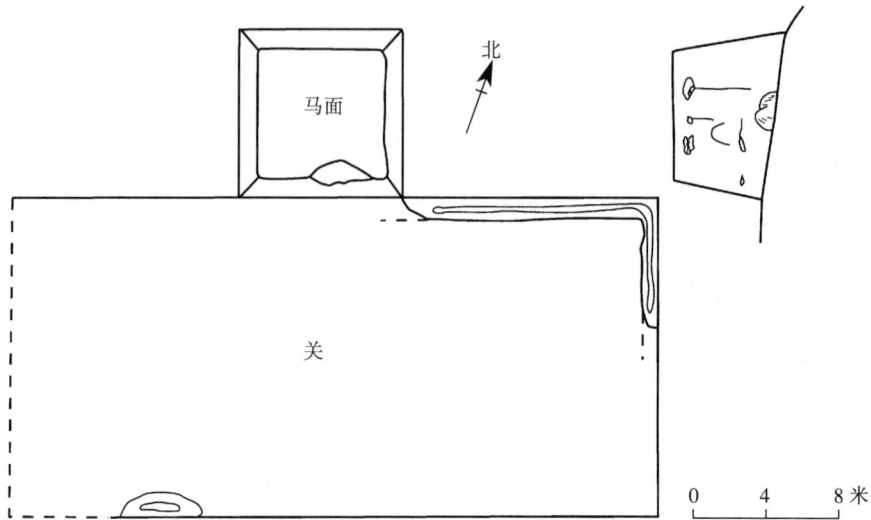

图九九六　孙家沟村 3 号马面平、立面图

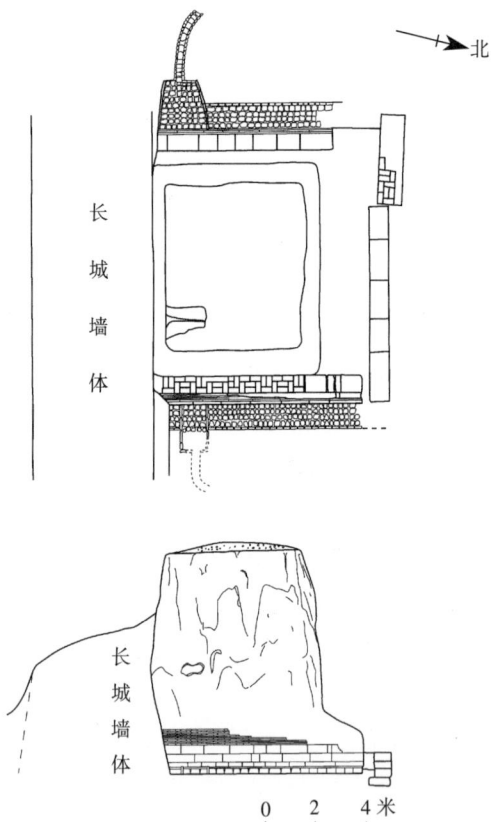

图九九七　孙家沟村 4 号马面平、立面图

0.017 米，错缝平砌，最高 11 层，最低 3 层；东、西壁包石外侧有散水设施，基本完整；顶部有厚 0.3 米的海墁层，生长有杂草。

台体用黄土夹杂料礓石夯筑而成，夯层厚 0.1～0.12 米，夯土质地细密。台体外部包砖、条石大部分被拆除，包石层宽 0.52、高 0.8 米，有 3 层；东壁砖砌部分高 0.9 米，砖长 40、宽 20、厚 7 厘米。台体平面呈矩形，剖面呈梯形，底部东西 9.8、南北 8.6 米，顶部东西 6、南北 5.2 米，高 8 米。（图九九七）

台体东西两壁有排水设施，散水层用残砖南北向 4 排横向错缝平砌，外层用砖横向竖砌，南壁靠近长城墙体处有残砖铺砌的排水槽，槽底顺向平铺，两侧砖侧立，槽长 2.5、宽 0.22、深 0.15 米。台体附近有残砖等。

该马面位于镇北台长城墙体北侧，东距孙家沟村 2 号敌台 0.042 千米。孙家沟村内有多条乡村土路，榆（林）西（沟）公路从村北通过，通往麻黄梁镇，交通较为便利。

（一二六）吴家梁村 1 号马面
（610802352102170126）

该马面位于榆阳镇吴家梁村中西南高东北低的坡地顶部。地处沙漠草滩地带，西侧地形平缓，东、北侧距台体 2～3 米处为 45° 的斜坡。高程 1118.6 米。

马面经过修缮，保存较好。修缮前，台体包砖及顶部建筑无存，仅存底部条石基础，经修缮，有包石砖。

台体内部用黄土夯筑而成，外部包石砖被当地居民破坏。台体平面呈矩形，剖面呈梯形，底部东西13.98、南北12.55米，顶部东西9.58、南北9.3米，高12.15米。2001年，台体按原状修复，底部基础条石局部风化、缺损，修复时用原规格条石填补、更换。台体用青砖砌筑，白灰膏勾缝，缝宽0.01米，补筑顶部拱券建筑、海墁、雉堞。

经过修缮后，台体外层有厚0.8米的包石砖，顶部雉堞高1.7米；有垛口5个，宽0.4、高0.5米；有射孔6个，宽0.2、高0.3米；中上部各侧均有3个瞭望孔，宽0.66、高0.82米（南壁中部瞭望孔较大），顶部呈拱形，高0.22米；下部有3个排水孔，边长0.2米。（图九九八；彩图一九八）

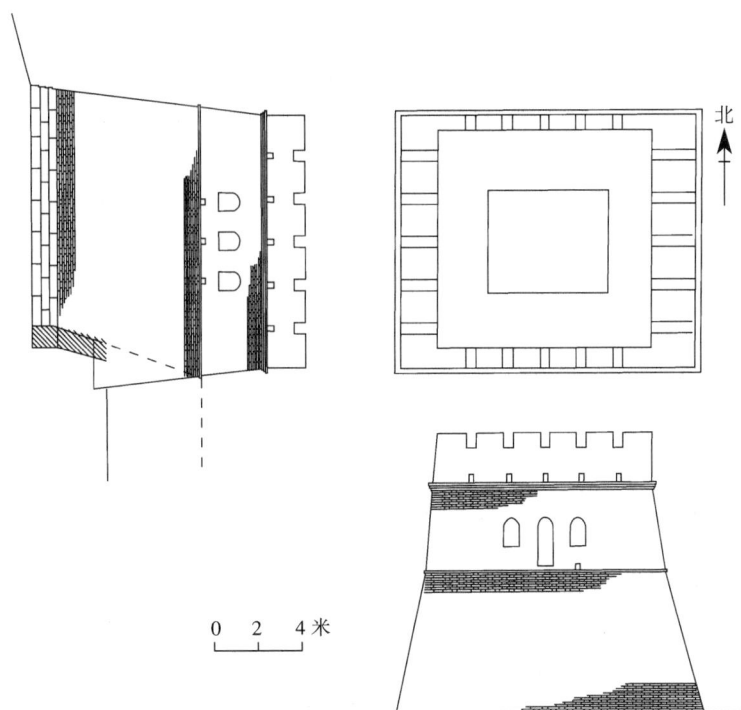

图九九八 吴家梁村1号马面平、立面图

该马面南依镇北台长城墙体，位于镇北台款贡城东北0.025千米，北约0.4千米处有榆（林）西（沟）公路。

（一二七）吴家梁村2号马面（610802352102170127）

该马面位于榆阳镇吴家梁村中。地处沙漠草滩地带，东、南侧较平坦，西、北侧为缓坡。高程1140.3米。

马面经过修缮，保存较好。雨水冲刷侵蚀对台体包砖、石有危害。台体建在镇北台下款贡城西，按照原状修缮后，包石、砖完整。

台体内部用黄土夯筑而成，外部包石砖。整方石水泥砂浆砌筑基础，城砖混合砂浆砌筑包砖墙体，灰浆饱满，白灰膏勾缝。经修缮，台体底部东面长11.3、南面长10.4、西面长11.1、北面长10.9米，顶部东西9.6、南北9.9米，高9.2米。台体顶部海墁层用城砖浆粗墁，灰浆灌缝，下有厚0.6米的灰土防水层，分三步夯实，雉堞用长42、宽21、厚8厘米的城砖混合砂浆砌筑。台体南壁有登台踏道，步高0.165米，立砖水泥砂浆砌筑，踏面宽0.2米，过道拱券高1.7、宽1米；底部有4层包石。（图九九九）

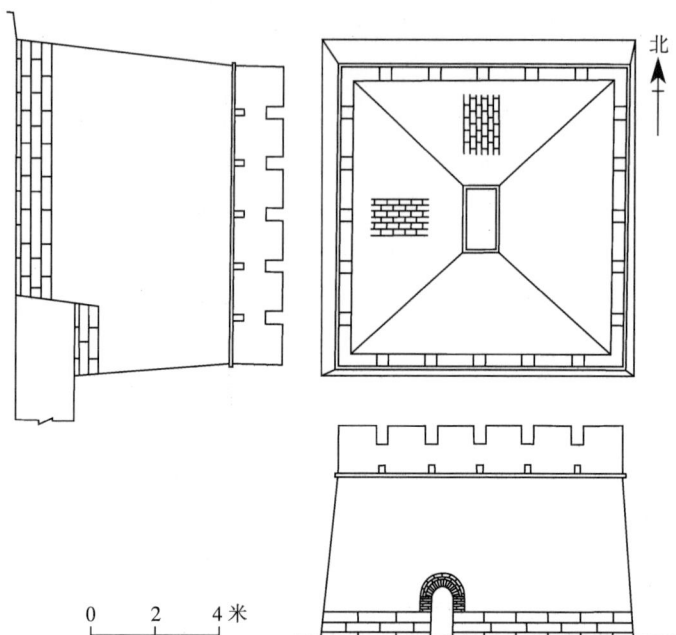

图九九九　吴家梁村 2 号马面平、立面图

该马面南依镇北台长城墙体，北侧有榆（林）西（沟）公路。

（一二八）吴家梁村 3 号马面（610802352102170128）

该马面位于榆阳镇吴家梁村中。地处缓坡上，东高西低，西 0.05 千米处有榆（林）西（沟）公路，北侧有松树林，南侧有杨树林，东侧有一条土路南北穿过长城墙体通向吴家梁村中。高程 1148.1 米。

马面于 2001 年修缮，有仿制的包砖石，保存较好。东西两侧长城墙体消失，为杨树林。由于地面下沉，造成修复后的台体东北角、东南角有裂缝。台体四周长满杨树、松树等。

台体内部用黄土夯筑而成，外部包砖。台体平面呈矩形，剖面呈梯形，修缮后，底部东西 10.42～10.85、南北 10.72 米，顶部东西 9.62、南北 9.92 米，高 5.3～7.48 米。台体底部条石基础用原规格条石更换、填补，条石长 40～43、宽 21～30、厚 19～21 厘米。台体外部用青砖砌筑，砖长 42、宽 20、厚 7.5 厘米，白灰膏勾缝，缝宽 0.01～0.02 米；南壁有登台券洞，高 2、宽 0.8、进深 2.32 米，洞内台阶呈"Z"形。台体顶部有垛墙，高 1.48 米；每壁有垛口 5 个，垛口宽 0.43、深 0.55 米；有射孔 6 个，宽 0.19、高 0.29 米，间距 1.42 米。（图一〇〇〇）

该马面南依镇北台长城墙体，东南距镇北台 0.23 千米，由当地民营企业捐资修复，南壁东南角建有一座纪念碑。

（一二九）北岳庙村马面（610802352102170129）

该马面位于榆阳镇北岳庙村中的沙梁上。北侧地势平缓，建有花木基地，有一条土路；西侧有一条柏油公路通往红石峡生态公园，公园位于马面西北。高程 1111.4 米。

马面整体保存较差。台体底部有 4 层石砌基础，错缝平砌，西、南、北壁基础上部有部分包砖；西壁底部有散水设施，东、北壁包砖被拆除，夯土受雨水冲刷有裂缝；南、西壁底部残存包砖、石条，南壁有高1.9、宽1.5、进深2米、斜坡通长3.6米的土洞，可至台体顶部，洞内坍塌。台体顶部残存铺地砖和高0.2米的砖墙；底部堆积有大量的残砖和白灰渣。

台体内部用黄土夹杂料礓石夯筑而成，夯层厚0.09~0.14米，夯土质地细密。台体外部包砖石大部分脱落；包石宽1.2、高0.95米，有3层；石条长100~112、宽58、厚30厘米，错缝平砌，灰缝厚0.02米；包砖错缝平铺，包砖层厚1.1米，砖长40、宽20、厚7厘米，灰缝厚0.016米。台体平面呈矩形，剖面呈梯形，底部东西11.05、南北10米；顶部呈回字形，东西6.6、南北7米，高8.1米。台体南壁有土洞，洞宽1.5、高1.9、深2米，呈斜坡状通向台顶，斜坡长3.6米；西壁底部可见部分散水设施，长9.1、宽1.2、深0.15米，多被沙土掩埋，高不详；顶部残存铺地方砖，边长32~34、厚7.5厘米。台体附近有砖、条石、铺地方砖。（图一〇〇一）

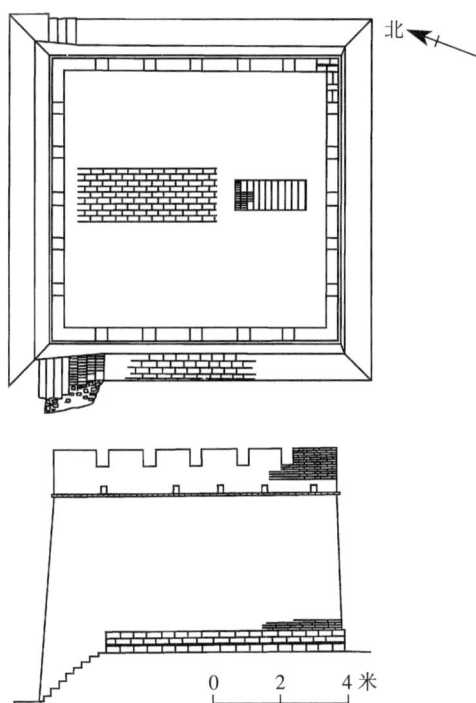

图一〇〇〇 吴家梁村3号马面平、立面图

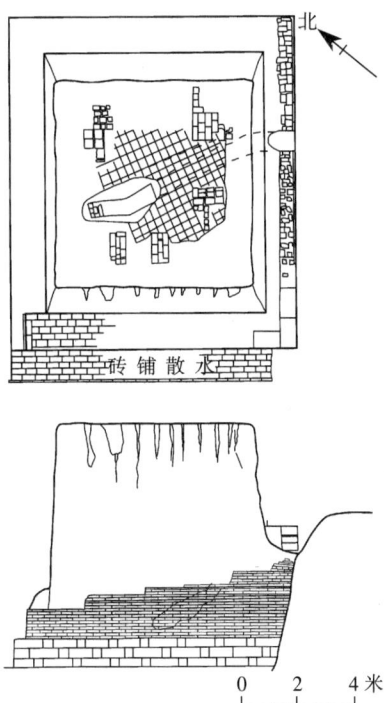

图一〇〇一 北岳庙村马面平、立面图

该马面位于镇北台长城墙体北侧、镇北台西南红石峡南侧的易马城北0.182千米。地势险要，榆（林）西（沟）公路从北岳庙村中通过，可通往榆林市区，交通较为便利。

（一三〇）麻地湾村1号马面（6108023521021701300）

该马面位于榆阳镇麻地湾村北1千米的沙梁上。地处榆林城北的红石峡生态公园内，树木生长茂盛，树种较多，周围环境得到很大的改善。东侧有进入生态公园的柏油路，南侧与镇北台遥遥相望。高程1103.6米。

马面整体保存较差。台体四壁有许多风蚀坑，东壁上部有五道雨水冲槽，底部有风蚀坑；南壁顶部坍塌，有一个缺口，壁面不平整；西壁布满虫穴，有两道裂缝；北壁顶部有一个缺口；顶部海墁层厚0.2~0.4米，存砖和白灰渣，长满杂草。

台体内部用黄土夹杂料礓石夯筑而成，夯层厚0.05~0.11米，夯土质地细密。台体外部包砖脱落。

台体平面呈矩形，剖面呈梯形，底部东西10.8、南北10米，顶部东西8.6、南北8米，高5.2米。（图一〇二）

该马面位于麻地湾长城墙体北侧，东北距北岳庙村2号敌台0.471千米。榆（林）西（沟）公路从麻地湾村中通过，通往榆林市区，交通较为便利。

（一三一）麻地湾村2号马面（610802352102170131）

该马面位于榆阳镇麻地湾村北0.7千米的波状沙丘地带。北侧为红石峡生态公园。高程1096.3米。

马面整体保存差。台体基本消失，仅存基座，北、西壁被盗墓者挖掘成矩形土槽，土槽东西12、南北11、宽1、深1.5米，挖土散堆在台基上；槽内有明砖、白灰渣、碎石及盗墓贼遗留的铁桶、钢丝绳等。

台体基座平面呈矩形，东西12、南北11、高1.2米。从沟槽断面观察，基座内部夯土以黄土为主，夹杂有少量的料礓石，外部包砖被人为拆除。台体基座周围散落有明代残砖、白灰渣等。（图一〇三）

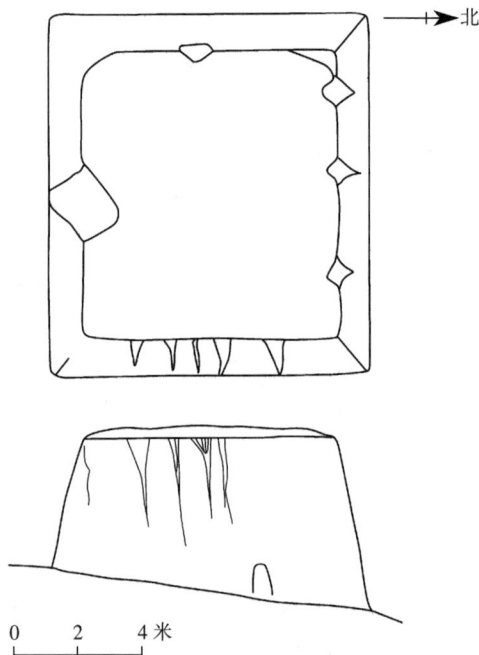

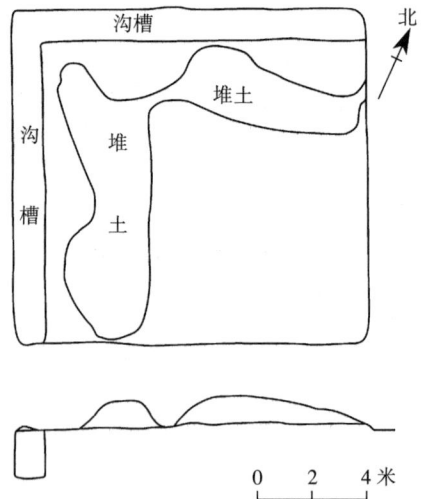

图一〇二　麻地湾村1号马面平、立面图　　　图一〇三　麻地湾村2号马面平、立面图

该马面南依麻地湾村长城墙体，东北距麻地湾村敌台0.22千米。麻地湾村东有榆（林）西（沟）公路，村西有210国道和神（木）延（安）铁路。

（一三二）麻地湾村3号马面（610802352102170132）

该马面位于榆阳镇麻地湾村西北1千米。北侧地势较平缓，为红石峡生态公园，南侧为波状沙丘地貌，北侧有一土路。高程1102.4米。

马面整体保存差，台体坍塌呈多棱柱状，南北坍塌成两半，壁面布满风蚀坑和虫穴，有裂缝。

台体内部用黄土夹杂少量料礓石夯筑而成，夯层厚0.11～0.16米，夯土质地细密。台体外部包砖被人为拆除。台体底部东西8、南北7.5米，高7米。台体周边散落有明代残砖和白灰渣。（图一○○四）

该马面南依麻地湾村长城墙体，东北距麻地湾村2号马面0.45千米。麻地湾村东有榆（林）西（沟）公路，村西有210国道和神（木）延（安）铁路。

（一三三）麻地湾村4号马面（610802352102170133）

该马面位于榆阳镇麻地湾村西北1.3千米。周围地势平缓，西侧长城墙体被210国道截断，北侧有一条土路通往红石峡生态公园，西南侧有焦化厂。高程1106.1米。

马面整体保存较差。台体南壁顶部有一个塌陷坑，东西1.5、南北0.8米；西壁有多道裂缝，最大一条裂缝宽0.06～0.1米，从顶部延伸到底部，布满小虫穴和风蚀坑；北壁上部塌陷，有一个凹坑，壁面有三道裂缝，底部有风蚀坑；东壁底部有风蚀坑，壁面有雨水冲槽；顶部生长有杂草。

台体内部用黄土夹杂少量料礓石夯筑而成，夯层厚0.12～0.15米，夯土质地细密。台体外部包砖被人为拆除。台体平面呈矩形，剖面呈梯形，底部东西8.4、南北7.8米，顶部东西6.2、南北5.8米，高7.2米。台体周围散落有残砖和白灰渣。（图一○○五）

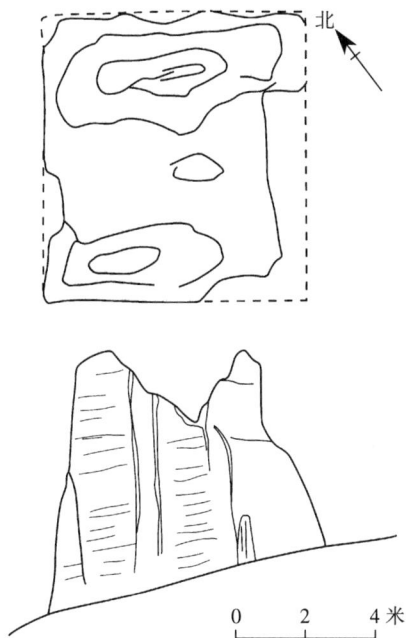

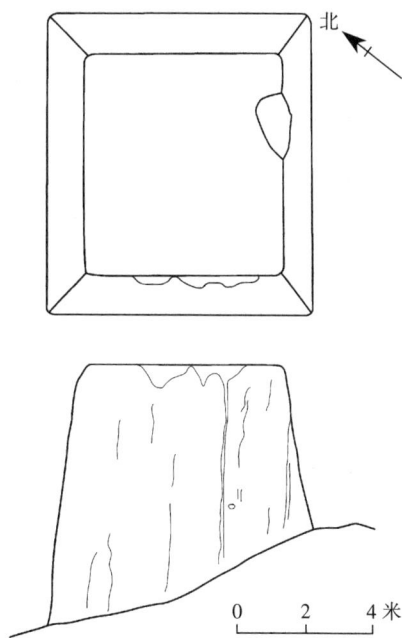

图一○○四　麻地湾村3号马面平、立面图　　　　图一○○五　麻地湾村4号马面平、立面图

该马面南依麻地湾村长城墙体，东北距麻地湾地3号马面0.35千米。麻地湾村东有榆（林）西（沟）公路，村西有210国道和神（木）延（安）铁路。

（一三四）口子队村1号马面（610802352102170134）

该马面位于榆阳镇口子队村内。周围地势平缓，两侧长城墙体被毁。北侧规划为宅基地，0.02千米处有砖铺道路；东侧有高压电线和光缆线杆，0.03千米处有神（木）延（安）铁路，0.26千米处有 210 国道；南 0.03 千米处有一排二层楼房。高程 1100.2 米。

马面整体保存较差，台体南壁风蚀严重，有凹坑；西壁有 3 道裂缝，布满虫穴和风蚀坑；北壁上部塌陷凹坑，壁面有小裂缝；东壁底部有风蚀坑，壁面斑驳不平；顶部沙土堆积厚 0.5 米，长满杂草。

台体内部夯筑而成，夯土以黄土为主，夹杂有少量料礓石，夯层厚 0.09~0.14 米，夯土质地细密。台体外部包砖被人为拆除。台体平面呈矩形，剖面呈梯形，底部东西 8、南北 7 米，顶部东西 5.8、南北 5.2 米，高 4.2 米。台体周边散落有残砖和白灰渣。（图一〇〇六）

该马面位于麻地湾村长城墙体止点（口子队村长城 1 段墙体起点）北侧，东北距口子队村 4 号马面 0.25 千米。

（一三五）口子队村 2 号马面（610802352102170135）

该马面位于榆阳镇口子队村内的治沙所苗种场内。周围地势平缓，两侧长城墙体被毁。西北 0.5 千米处有通往机场的公路，东南 0.8 千米处有 210 国道，东侧有神（木）延（安）铁路。高程 1111.1 米。

马面整体保存较差，台体四壁有裂缝、风蚀坑和虫穴，底部风蚀严重；东南角呈圆弧状，底部可见厚 0.8 米的白灰渣、碎石子、黄土混合的夯筑基础，夯层厚 0.2~0.25 米，有一个人为挖掘的高 1.8、宽 1.3~0.8、进深 1 米的土洞。台体中部内空，呈矩形，边长 4、深 4.2 米。

台体内部用黄土夹杂少量料礓石夯筑而成，夯层厚 0.12~0.14 米，夯土质地细密。台体外部包砖、条石被人为拆除。台体平面呈矩形，剖面呈梯形，底部东西 7.2、南北 7 米，顶部东西 6.4、南北 5.8 米，高 4.8 米。台体周围散落有残砖、条石。（图一〇〇七）

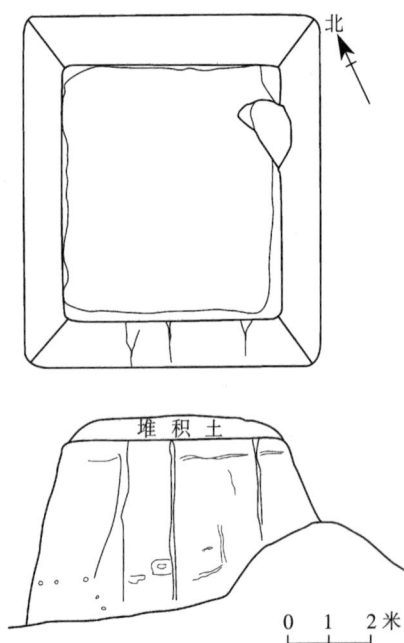

图一〇〇六　口子队村 1 号马面平、立面图　　　图一〇〇七　口子队村 2 号马面平、立面图

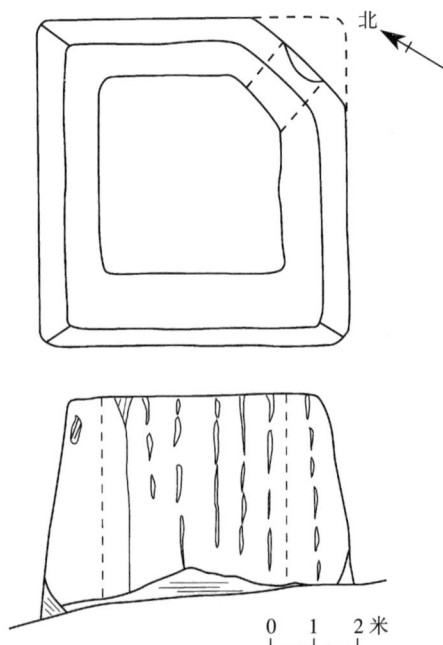

该马面南依口子队村长城 1 段墙体，东北距口子队村 1 号敌台 0.28 千米。口子队村附近有 210 国道、机场公路及神（木）延（安）铁路。

（一三六）口子队村 3 号马面（610802352102170136）

该马面位于榆阳镇口子队村内。周围地势相对平缓，东侧有神（木）延（安）铁路。高程 1104.4 米。

马面整体保存较差。台体底部东北角保存 23 层包砖，错缝平砌，高 1.8、宽 1.2 米；东壁有一个人为挖掘的高 1.3、宽 1.2、进深 1 米的土洞；北壁顶部有裂缝和风蚀坑；西壁布满风蚀坑和虫穴。

台体内部用黄土夹杂少量料礓石夯筑而成，夯层厚 0.12～0.14 米，夯土质地细密。台体外部包砖大部分被人为拆除。台体平面呈矩形，剖面呈梯形，底部东西 8.2、南北 4.6 米，顶部东西 6.2、南北 2.6 米，高 4.8 米。台体附近有大量残砖。（图一○○八；彩图一九九）

该马面南依口子队村长城 1 段墙体，北距口子队村 2 号马面 0.271 千米，东侧有神（木）延（安）铁路。

（一三七）口子队村 4 号马面（610802352102170137）

该马面位于榆阳镇口子队村西 0.7 千米的沙梁上。地处波状沙丘地带，西 0.095 千米处有榆（林）靖（边）高速公路，东约 0.15 千米处有寨城庄沟。高程 1100.6 米。

马面整体保存较差，台体北壁有一个豁口，呈斜坡状，可登台顶，东西 2.4、南北 2.6 米；东壁有裂缝，底部有沙土堆积；西壁有凹坑和裂缝。

台体用黄土夹杂少量料礓石夯筑而成，夯层厚 0.12～0.14 米，夯土质地细密。台体平面呈矩形，剖面呈梯形，底部东西 6.8、南北 6 米，顶部东西 4.3、南北 3.2 米，高 4.2 米。台体附近有少量残砖。（图一○○九）

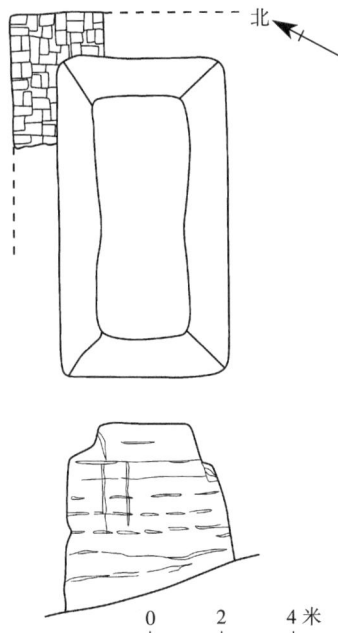

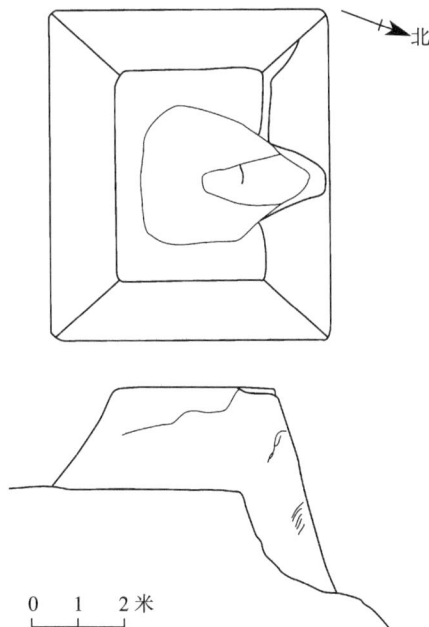

图一○○八　口子队村 3 号马面平、立面图　　图一○○九　口子队村 4 号马面平、立面图

该马面南依谷地峁村长城 1 段墙体，西南距口子队村 5 号马面 0.13 千米，西 0.095 千米处有榆（林）靖（边）高速公路。

（一三八）口子队村 5 号马面（610802352102170138）

该马面位于榆阳镇口子队村西南 0.75 千米的沙梁上。地处波状沙丘地带。高程 1127.6 米。

马面整体保存较差。台体四壁有裂缝，西壁垮塌，顶部生长有杂草。基座南部不存。

台体基座平面呈近半圆形，东西5、南北5.5、高1.5～2.2米。台体用黄土夹杂少量料礓石夯筑而成，夯层厚0.12～0.14米，夯土质地细密。台体平面呈圆形，剖面呈梯形，底部直径2.9、顶部直径1.2、高1.6米。（图一〇一〇）

该马面南依谷地峁村长城1段墙体，高于长城墙体，东北距口子队村4号马面0.13千米，北0.09千米处有榆（林）靖（边）高速公路。

（一三九）口子队村6号马面（610802352102170139）

该马面位于榆阳镇口子队村西南0.8千米的沙梁上。地处波状沙丘地带，地势平坦。高程1148.2米。

马面整体保存较差，台体东壁因雨水冲刷凸凹不平，底部有人为挖的土洞，洞高1.2、宽1.4、深1.6米；西壁有一道雨水冲槽，布满虫穴；北壁顶部有雨水冲槽；顶部海墁层厚0.7米，生长有杂草。

台体内部用黄土夹杂少量料礓石夯筑而成，夯层厚0.12～0.14米，夯土质地细密。台体外部包砖被人为拆除。台体平面呈矩形，剖面呈梯形，底部边长7.6、顶部边长5.6、高6.6米。台体附近有明代残砖。（图一〇一一）

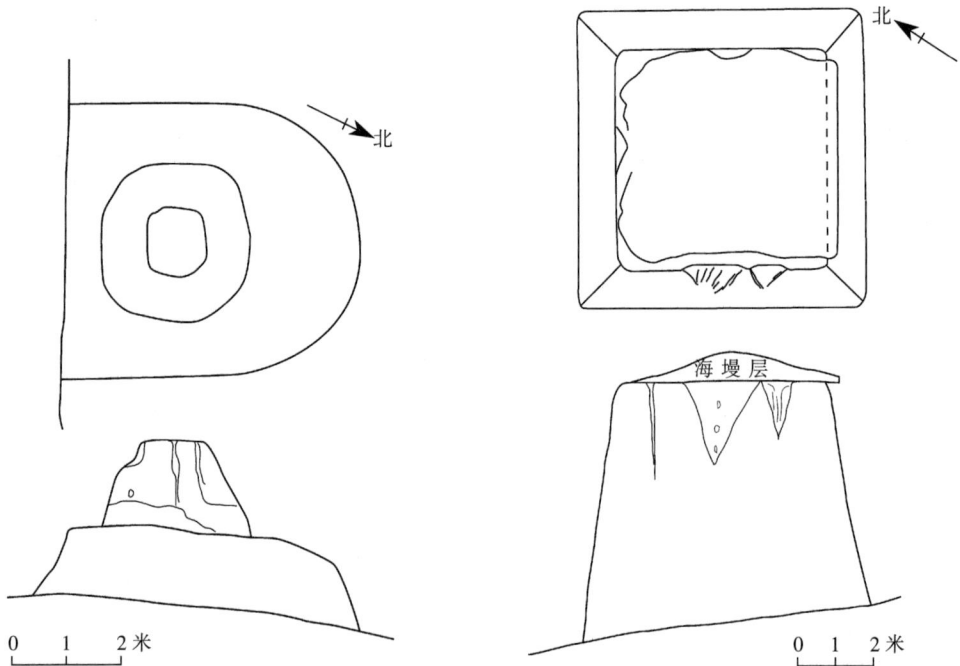

图一〇一〇　口子队村5号马面平、立面图　　　　图一〇一一　口子队村6号马面平、立面图

该马面南依谷地峁村长城1段墙体，东北距口子队村5号马面0.13千米，南距寨城庄堡0.5千米，北0.08千米处有榆（林）靖（边）高速公路。

（一四〇）谷地峁村1号马面（610802352102170140）

该马面位于榆阳镇谷地峁村南1.3千米的沙梁上。地处波状沙丘地带，地势西南高、东北低。南侧为波状沙丘，北侧有正在修建的榆林～芹河（乡）公路，南0.06千米处有榆（林）靖（边）高速公路。高程 1181.3 米。

马面整体保存较差，台体东壁有风蚀坑和雨水冲槽；西壁有 3 道裂缝及昆虫洞穴；南壁有 2 道裂缝；北壁被榆林～芹河（乡）公路破坏；顶部有海墁层，厚 0.6 米，生长有杂草，堆积有大量残砖、沙土。

台体内部用黄土夹杂少量料礓石夯筑而成，夯层厚 0.13～0.16 米，夯土质地细密。台体外部包砖被人为拆除。台体平面呈矩形，剖面呈梯形，底部边长 8、顶部边长 6、高 6.2 米。台体附近有明代残砖。（图一〇一二）

该马面南依谷地峁村长城 1 段墙体，西距谷地峁村 2 号马面 0.216 千米，南 0.06 千米处有榆（林）靖（边）高速公路，北 0.015 千米处有榆林～芹河（乡）公路。

（一四一）谷地峁村 2 号马面（610802352102170141）

该马面位于榆阳镇谷地峁村南 1.5 千米的沙梁上。地处波状沙丘地带，地势东北高、西南低。北侧为波状沙丘，有正在修建的榆林～芹河（乡）公路；南 0.04 千米处有榆（林）靖（边）高速公路。高程 1179.5 米。

马面整体保存较差。台体南壁坍塌，有一缺口；东壁中部有一道裂缝、一道雨水冲槽，底部残存条石，大部分被沙土掩埋；西壁上部有 4 道雨水冲槽，壁面布满风蚀坑和虫穴；北壁有一道洪水冲槽；顶部生长有杂草，存有砖和白灰渣。

台体内部用黄土夹杂少量料礓石夯筑而成，夯层厚 0.1～0.14 米，夯土质地细密。台体外部包砖、条石，仅存东壁条石，其余被拆除。台体平面呈矩形，剖面呈梯形，底部边长 8.2、顶部边长 6.2、高 7 米。台体周围散落有包砖残块和条石碎块。（图一〇一三）

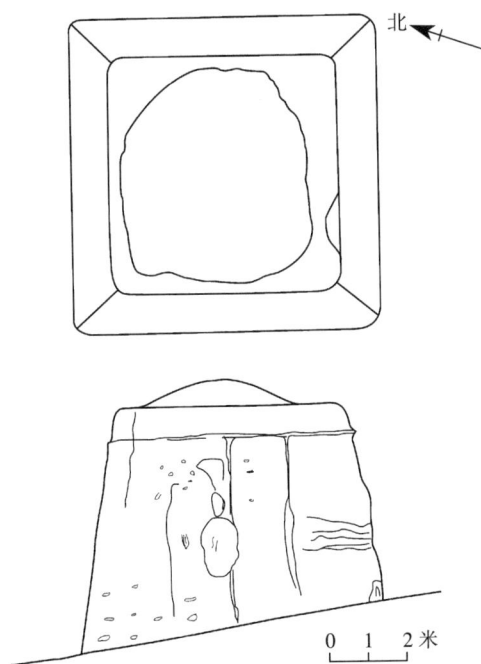

图一〇一二 谷地峁村 1 号马面平、立面图　　图一〇一三 谷地峁村 2 号马面平、立面图

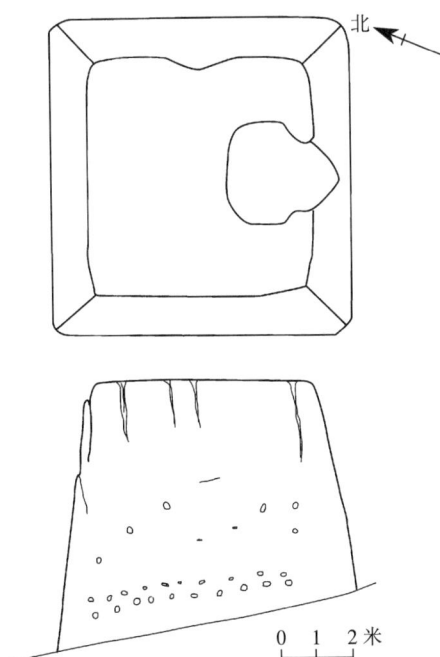

该马面南依谷地峁村长城 1 段墙体，位于长城主墙北 0.035 千米，与主墙之间有一道墙体，形制

与主墙相同。东北距谷地峁村1号马面0.216千米。谷地峁村为包（头）茂（名）高速公路、神（木）延（安）铁路与小纪汗乡、芹河乡等乡镇公路的汇聚点。

（一四二）谷地峁村3号马面（610802352102170142）

该马面位于榆阳镇谷地峁村西南1.6千米的沙梁上。地处波状沙丘地带，地势东北高、西南低。南、北侧为沙丘，北侧有正在修建的榆林～芹河（乡）公路。高程1178米。

马面整体保存较差，台体南壁有坍塌的夯土堆积；东壁中部有2道裂缝，北部有风蚀孔洞；西壁有三道裂缝；北壁有三道洪水冲槽；顶部生长有杂草。

台体内部用黄土夹杂少量料礓石夯筑而成，夯层厚0.11～0.14米，夯土质地细密。台体外部包砖、条石全部被拆除。台体平面呈矩形，剖面呈梯形，底部边长8.2、顶部边长6.2、高6.2米。台体周边散落有残砖、条石碎块。（图一〇一四；彩图二〇〇）

该马面南依谷地峁村长城1段墙体，东北距谷地峁村2号马面0.188千米。谷地峁村为包（头）茂（名）高速公路、神（木）延（安）铁路与小纪汗乡、芹河乡等乡镇公路的汇聚点。

（一四三）谷地峁村4号马面（610802352102170143）

该马面位于榆阳镇谷地峁村西南1.7千米的沙梁上。地处波状沙丘地带，地势东北高、西南低。南、北侧为沙丘，北侧有正在修建的榆林～芹河（乡）公路。高程1165.6米。

马面整体保存较差，台体南壁顶部有雨水冲蚀的坑凹，壁面坡度较缓，有坍塌的夯土堆积；东壁南部有雨水冲刷的沟槽，宽0.4、深0.35米；西壁有裂缝、风蚀凹坑，布满虫穴；北壁有四道小裂缝；顶部生长有杂草。

台体内部用黄土夹杂少量料礓石夯筑而成，夯层厚0.13～0.16米，夯土质地细密。台体外部包砖、条石被拆除。台体平面呈矩形，剖面呈梯形，底部东西7.3、南北7.6米，顶部东西6、南北4.3米，高5.2米。台体周边散落有残砖、条石碎块。（图一〇一五）

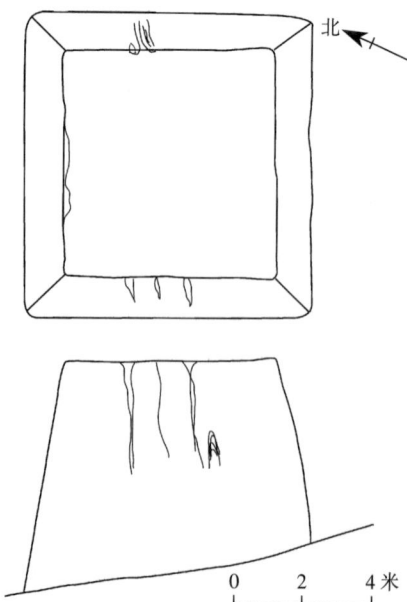

图一〇一四　谷地峁村3号马面平、立面图

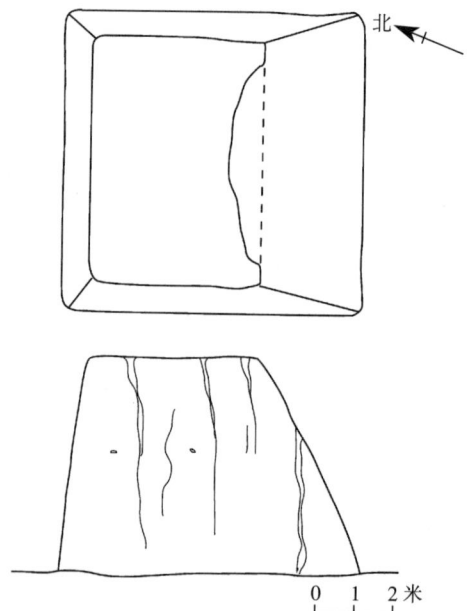

图一〇一五　谷地峁村4号马面平、立面图

该马面南依谷地峁村长城 2 段墙体，东北距谷地峁村 3 号马面 0.2 千米。谷地峁村为包（头）茂（名）高速公路、神（木）延（安）铁路与小纪汗乡、芹河乡等乡镇公路的汇聚点。

（一四四）谷地峁村 5 号马面（610802352102170144）

该马面位于榆阳镇谷地峁村西南 1.6 千米的沙梁上。地处波状沙丘地带，地势东北高、西南低。南侧有现代墓地，北部有正在修建的榆林～芹河（乡）公路。高程 1179.6 米。

马面整体保存较差。台体四壁有裂缝和虫穴，壁面斑驳不平；南壁顶部有雨水冲蚀的坑凹；东壁中部有坍塌缺口，裂缝中生长有杂草；西壁有风蚀凹坑、裂缝、虫穴等；顶部生长有杂草。

台体内部用黄土夹杂少量料礓石夯筑而成，夯层厚 0.13～0.16 米，夯土质地细密，夯层清晰。台体外部包砖被拆除。台体平面呈矩形，剖面呈梯形，底部边长 7.6、顶部边长 6、高 5.2 米。台体周边散落有包砖残块。（图一〇一六）

该马面南依谷地峁村长城 2 段墙体，西距谷地峁村 2 号敌台 0.52 千米。谷地峁村为包（头）茂（名）高速公路、神（木）延（安）铁路与小纪汗乡、芹河乡等乡镇公路的汇聚点。

（一四五）谷地峁村 6 号马面（610802352102170145）

该马面位于榆阳镇谷地峁村西南 2.3 千米的干沟低洼地。地处波状沙丘地带，地势西南高、东北低。南侧有洪水冲刷的干沟，北侧有正在修建的榆林～芹河（乡）公路。高程 1168.8 米。

马面整体保存较差，台体四壁有裂缝和虫穴，壁面斑驳不平；南壁有雨水冲蚀的坑凹；东壁有一个垮塌的缺口；西壁底部有风蚀的凹槽；顶部有海墁层，生长有杂草。

台体内部用黄土夹杂少量料礓石夯筑而成，夯层厚 0.08～0.15 米，夯土质地细密。台体外部包砖被拆除。台体平面呈矩形，剖面呈梯形，底部东西 7.7、南北 6.5 米，顶部边长 5.5 米，高 4.5 米。台体顶部海墁层由白灰渣夹杂小石块夯筑而成，厚 0.1～0.5 米。台体周边散落有包砖残块。（图一〇一七）

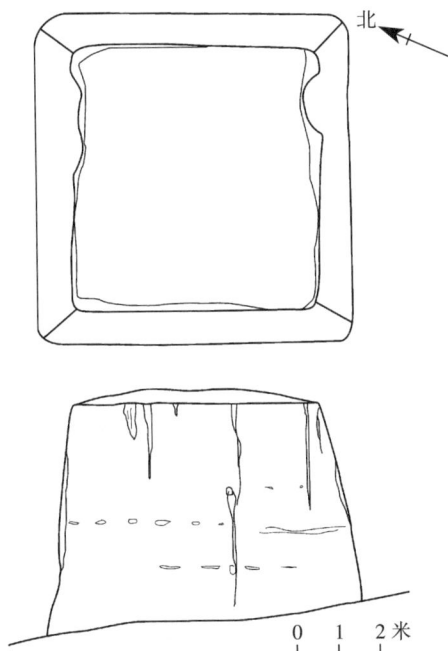

图一〇一六　谷地峁村 5 号马面平、立面图　　　　图一〇一七　谷地峁村 6 号马面平、立面图

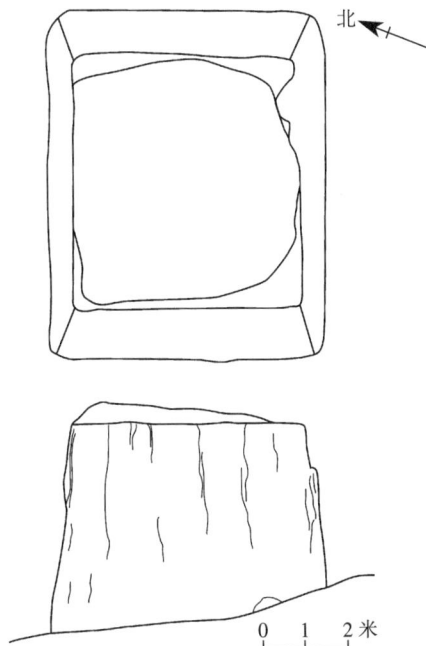

该马面南依谷地峁村长城2段墙体，东距谷地峁村2号敌台0.268千米。谷地峁村为包（头）茂（名）高速公路、神（木）延（安）铁路与小纪汗乡、芹河乡等乡镇公路的汇聚点。

（一四六）麻界村1号马面（610802352102170146）

该马面位于芹河乡麻界村东北约2.05千米。地处沙漠丘陵地带，西南距麻界村约2.05千米；南0.04千米处有一条东西向的冲沟，与海则沟村1号烽火台所在山峁相连；北0.09千米处小山峁上有联通信号塔；其余地势较为平坦，覆盖有大量柠条、沙蒿等植被。高程1199.6米。

马面整体保存较差。台体底部四周有宽约1.4米的挖沟，人为取砖、石所致，西北角生长有大量的沙棘；北壁上部坍塌，西北角有一道垂直裂缝；西壁裂缝较多，有多个土蜂洞穴；南壁与长城墙体相连，冲蚀裂缝较多，塌土呈斜坡状通向顶部；东壁表面凹凸不平，中部有一条裂缝；顶部有石灰层，厚0.05~0.2米，生长有大量杂草。

台体建于自然基础上，内部用黄土夯筑而成，夯层厚0.1~0.15米。台体顶部有石灰层，外部包砖脱落或被人为拆除。台体平面呈矩形，剖面呈梯形，底部边长8、顶部边长6、高2.6~5.9米。台体附近有残砖、残石、瓷片、石灰渣等。（图一〇一八）

该马面南依麻界村长城1段墙体起点，西南距麻界村2号马面约0.183千米，南0.43千米处有东西向的榆（林）靖（边）高速公路，南0.186千米处有一条土路。

（一四七）麻界村2号马面（610802352102170147）

该马面位于芹河乡麻界村东北约1.75千米。地处沙漠丘陵地带，地势南高北低。东、西、北侧是缓坡；南侧有一座关，地势较平缓；东北0.03千米处和西北0.082千米处各有一条小冲沟；东南侧有海则沟村1号烽火台所在山峁，与马面所处地面落差约15米。附近地表被柠条、沙蒿等沙漠植被覆盖。高程1209.5米。

马面整体保存较差。台体包砖大部分脱落，仅存西壁底部少部分，长4.6、高0~1、宽0.8米；东、北壁底部有取砖时挖掘形成的凹槽；西壁有几条冲蚀裂缝，有较多的昆虫洞穴；南壁裂缝和凹坑较多，中部豁口处坍塌严重，呈斜坡状通向顶部；东南角底部由于挖掘和冲蚀略向外突出；顶部有石灰层，原应有建筑，因风雨侵蚀倒塌或被人为拆除。

台体内部用黄土为主夯筑而成，夯层厚0.15米，夯土质地细密、分布均匀。台体顶部有石灰层，外部包砖脱落或被人为拆除。台体平面呈矩形，剖面呈梯形，底部边长7.8、顶部边长5.6、高3.4~5.2米。台体附近有残砖、残石、瓷片、石灰渣等。（图一〇一九）

该马面南依麻界村长城1段墙体，南侧有麻界村关，西南距麻界村3号马面约0.252千米。南0.514千米处有东西向的榆（林）靖（边）高速公路，0.036千米处有一条土路。

（一四八）麻界村3号马面（610802352102170148）

该马面位于芹河乡麻界村东北1.4千米。地处沙漠草滩地带，南侧为平地，南0.232千米处有庙群建筑；西侧有两片较为茂盛的松树林；北侧长城墙体外是两座山梁间较为平坦的沟壑，北0.332千米处的西山坡上有一座砖厂。高程1180.7米。

马面整体保存较差，台体东北角有挖掘痕迹，周边散落有大量残砖碎石，顶部坍塌处露出一块矩形条石，条石长100、宽65、厚25厘米，条石上堆积有石灰、残砖瓦等，说明顶部原有建筑，后因自然坍塌或被人为拆除；南壁有一个豁口可登台顶；北壁剥落严重，裂缝较多；顶部植物生长茂盛，根系对台体破坏极大。台体顶部由于坍塌凹凸不平，底部被挖掘形成一道凹槽。

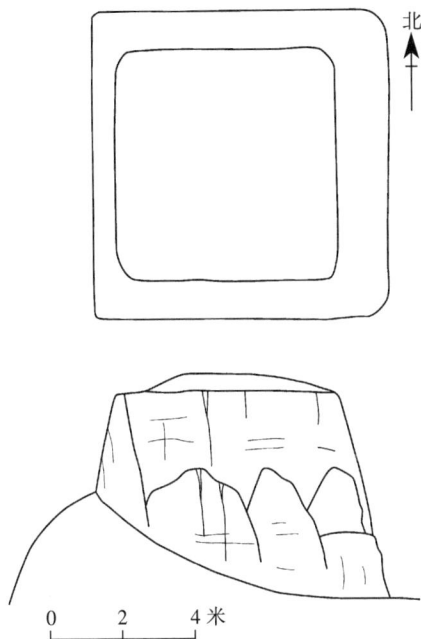

图一〇一八　麻界村1号马面平、立面图　　　图一〇一九　麻界村2号马面平、立面图

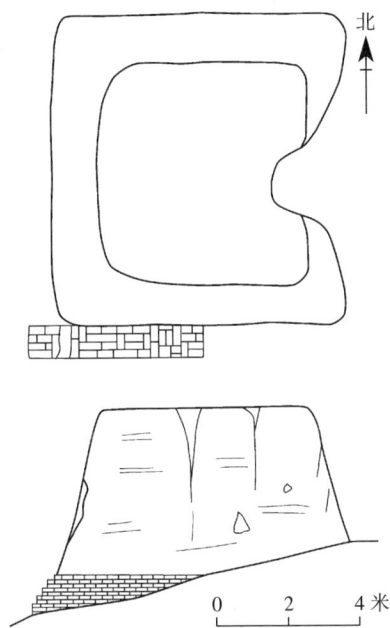

　　台体内部用黄土夯筑而成，夯层厚约0.1米，分布均匀，夯层较模糊。台体外部包砖被人为拆除。台体平面呈矩形，剖面呈梯形，底部东西8、南北7米，顶部东西7、南北5米，高5.2米。台体及附近有残砖、残石、条石、石灰渣等。（图一〇二〇）

　　该马面南依麻界村长城1段墙体，东南距麻界村烽火台0.323千米，西南距麻界村4号马面0.234千米。西0.02千米处有一条土路处穿越长城墙体，北接芹河乡，南约0.5千米处有东西向榆（林）靖（边）高速公路。

（一四九）麻界村4号马面（610802352102170149）

　　该马面位于芹河乡麻界村东北约1.2千米。地处沙漠丘陵地带，周边地势较平坦，西北0.014千米处有一片现代墓葬区；北侧与一个较缓的山坡相连；南侧是平缓的东西向山梁，地表覆盖有柠条、沙蒿等植被。高程1193.1米。

　　马面整体保存较差。台体包砖脱落，周边散落有大量残砖。台体底部四周有挖掘包砖的痕迹，挖槽宽1~2米，槽内有大量石灰渣；南壁凹凸不平，生长有沙棘，有一条冲蚀便道通向台顶，上部剥落，露出石灰层，呈穴空状；东壁有一个大冲槽，宽约1.5米；西南角有大量土蜂洞穴和几条裂缝；顶部原应有建筑，仅存石灰层和砖石残渣等。

　　台体建在自然基础上，内部用黄土夯筑而成，夯层0.8~0.14米，夯土内含有少量白色料礓石，质地细密。台体表面粘有少量砂石，顶部有石灰层。台体平面呈矩形，剖面呈梯形，底部边长8、顶部边长6、高7米。台体南侧有一座矩形土台，连接长城墙体，与马面落差约3米。台体附近有残砖、残石、黑瓷片、石灰渣等。（图一〇二一）

　　该马面为明代所建，无任何修缮。南依麻界村长城1段墙体，西南距麻界村1号敌台约0.229千米，南0.046千米处有一条东西向的土路，南0.503千米处有东西向的榆（林）靖（边）高速公路。

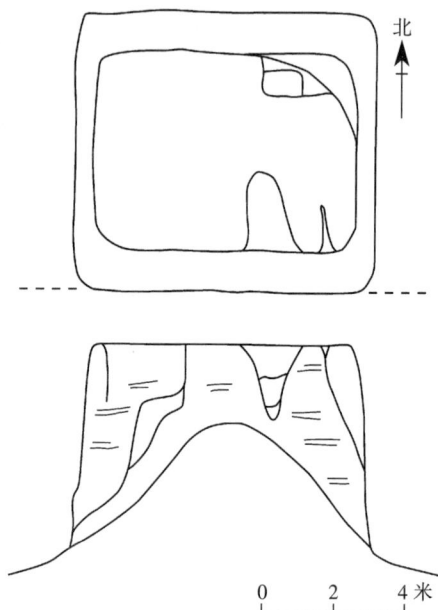

图一〇二〇　麻界村 3 号马面平、立面图

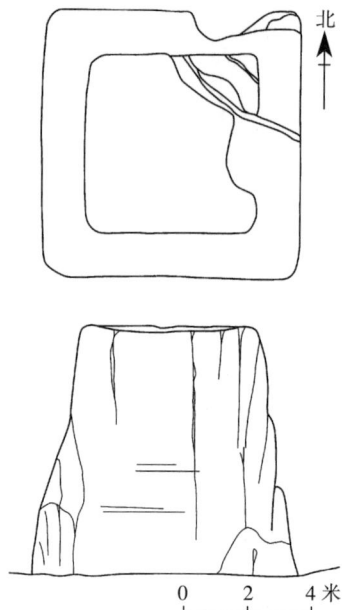

图一〇二一　麻界村 4 号马面平、立面图

（一五〇）麻界村 5 号马面（610802352102170150）

该马面位于芹河乡麻界村北约 0.9 千米。地处沙漠丘陵地带，与北 0.015 千米处的南北向沙梁在同一条沟里，沙梁上黄沙裸露无植被，其余地表生长有大量柠条、沙蒿等；南侧是波状起伏的沙丘，生长有大量臭槐、柠条、沙柳等植被。高程 1177.5 米。

马面整体保存较差。台体为二层台建筑，下层台体东北壁坍塌剥落，与上层的连接处轮廓可辨；其余三壁断面齐整，应为包砖剥落所致；东南角有一条铲削形成的斜向通向上层台体的便道；南壁底部中间有一个土洞，洞宽 1、进深 1、高 0.7 米。上层台体顶部生长有大量麻黄，台壁（尤其是南壁）有多条裂缝，西壁剥落严重。

台体建在自然基础上，应为同一时期不同时间修建，第一层较大，与长城墙体相连，第二层坐落在第一层上。台体用黄土夹杂砖、石夯筑而成，上层夯层厚 0.08～0.12 米，下层夯层厚 0.08～0.15 米，夯土内含有少量白色料疆石，质地细密。台体平面呈矩形，剖面呈梯形，底部东西 10、南北 9 米，上下层连接处东西 7.4、南北 7.5 米，顶部边长 4 米；台体上层高 5、下层高 3.2 米。台体附近有残砖、残石、瓷片和少量瓦片。（图一〇二二）

该马面为明代所建，无任何修缮。南依麻界村长城 1 段墙体，西南距麻界村 6 号马面约 0.174 千米，南 0.503 千米处有榆（林）靖（边）高速公路。

（一五一）麻界村 6 号马面（610802352102170151）

该马面位于芹河乡麻界村北 0.8 千米。地处沙漠草滩地带，四周为较平缓的波状沙丘。北 0.031 千米有东西向的沙梁，黄沙裸露；东侧与一缓坡连接，至麻界村号马面有大量的沙丘，将长城墙体掩埋；南侧地表植被较多，主要生长有杨树、沙棘、柠条等。高程 1061.4 米。

马面整体保存较差。台体南壁坍塌严重，东南角有一个动物洞穴，中部有一个圆形土洞通向顶部，高 1.6、宽 0.8 米，应为登台步道，步道口坍塌严重，落土大量堆积，在顶部形成一个较大的凹坑，凹坑长

3.5、宽3.4米，其余位置生长有大量沙棘；西壁顶部有2个宽约1米的豁口；底部四周有人工挖掘的痕迹，挖出的残砖和石灰渣呈圆形土堆状围绕台体；顶部有厚约0.20米的石灰层，西南角有一根残损的地质测量石柱。

台体内部用黄土夯筑而成，夯层厚约0.1米，分布均匀，土质较细密、纯净。台体外部包砖被拆除，残砖散落周围。台体平面呈矩形，剖面呈梯形，底部东西9、南北8.4米，顶部边长6.8米，高4.5米。台体顶部有一层较薄的石灰层，步道顶口形成一个较大的凹坑。台体附近有少量瓷片、瓦片及大量石灰残渣、残砖等。（图一〇二三）

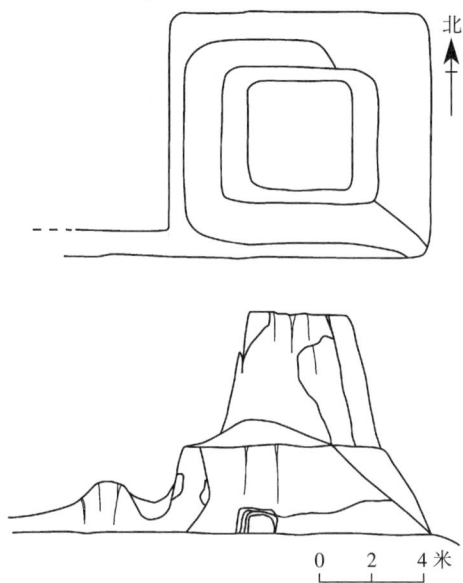

图一〇二二　麻界村5号马面平、立面图　　　　图一〇二三　麻界村6号马面平、立面图

该马面南依麻界村长城2段墙体，西南距麻界村2号敌台0.25千米，南0.172千米处有一条东西向的土路。

（一五二）麻界村7号马面（6108023521021701 52）

该马面位于芹河乡麻界村西北1千米。地处沙漠草滩地带，两侧地势较为平缓，西至麻界村8号马面有逐渐升高的缓坡。北0.06千米处有裸露的沙漠，植被较少；西北0.129千米处有一片耕地，其余平坦处生长有沙蒿、沙柳、柠条等植被。高程1182.4米。

马面整体保存较差。台体南壁坍塌严重，中部有一个豁口，为登台步道，步道口落土呈斜坡状，生长有大量的杂草和几棵沙棘；东壁有较多的土蜂洞穴，东南角坍塌，中部有一条冲蚀裂缝；南壁塌陷口宽3.4米；北壁底部有多个小凹坑。台体顶部有2个较小的"V"形冲槽，北、西壁各有3个"V"形冲槽。

台体内部用黄土夯筑而成，夯层厚0.08~0.12米，夯土内含有少量的料礓石，土质较细密、纯净。台体外部包砖脱落。台体顶部呈凹字形，平面呈矩形，剖面呈梯形，底部东西8.6、南北9米，顶部东西7、南北6.4米，高6米。台体顶部有石灰层、防水层、砖石残渣等，有礓石孔残迹，根据礓石孔位置推测顶部原应有垛墙等设施，北壁礓石孔上宽1~1.5、高约2.6米。台体底部四周有1~3米的壕沟，外围有挖掘残渣堆积的圆形土梁。台体附近有大量石灰残渣、残砖等，底部残存一个上圆下方的石座

（柱础），中央有孔，直径约 0.08 米，底面边长 0.6、顶面直径约 0.57、高 0.3 米。（图一○二四）

该马面南依麻界村长城 2 段墙体，西南距麻界村 8 号马面 0.235 千米，南 0.172 千米处有一条东西向土路。

（一五三）麻界村 8 号马面（610802352102170153）

该马面位于芹河乡麻界村东南 1.3 千米。地处沙漠草滩地带，南北两侧为起伏的波状沙丘，南侧地表植被较为茂盛，北侧有大量裸露的沙梁，南 0.826 千米处山峁上有一座小庙。台体附近杂草丛生，主要生长有臭槐、柠条等沙漠植被。高程 1180 米。

马面整体保存较差。台体东、南壁布满土蜂洞穴；南壁有一条裂缝，东南角有一个门状豁口可登上台体顶部，应为步道，顶口坍塌较大，使台体内部呈空洞状，步道上有大量土堆积；北壁生长有大量沙棘；顶部杂草丛生，有石灰层和少量残渣；底部四周有一圈挖沟，残存的石灰渣、残砖形成一圈圆形土梁。

台体内部用黄土夯筑而成，夯层厚约 0.1～0.15 米，夯土内含少料礓石，土质较为细密、纯净。台体外部包砖被拆除或脱落。台体平面呈矩形，剖面呈梯形，底部边长 8.6、顶部边长 6.8、高 2.8～5.4 米。台体附近有石灰残渣、残砖等。（图一○二五）

该马面南依麻界村长城 2 段墙体，西南距麻界村 3 号敌台 0.3 千米，南距高速公路约 1 千米。

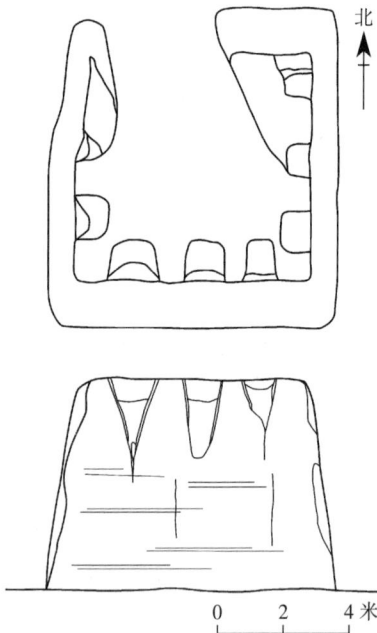

图一○二四　麻界村 7 号马面平、立面图

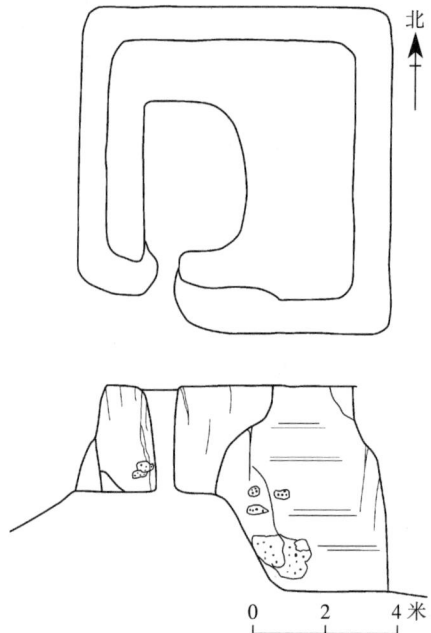

图一○二五　麻界村 8 号马面平、立面图

（一五四）前湾滩村 1 号马面（610802352102170154）

该马面位于芹河乡前湾滩村北约 1.4 千米。地处沙漠丘陵地带，西南侧有一座较高的山峁，附近为较平坦的波状沙丘，生长有大量沙柳、柠条、沙蒿；北 0.163 千米处沙梁上生长有杨树林，南北各有一个沙丘之间形成的凹坑。高程 1206.9 米。

马面整体保存差。台体被沙漠掩埋，当地居民挖掘取土时刨出上部很小一部分，表面有较多的昆虫洞穴。台体南壁基本与沙漠相连，东、西、北壁被刨出形成一条宽约 1.5 米的挖沟，北壁露出较多，顶部及四周生长有大量柠条。

台体用黄土夯筑而成，夯层厚 0.07～0.12 米，土质较疏松。台体平面呈矩形，剖面呈梯形，底部边长 7、顶部边长 6、高 2.8 米。台体顶部有两层石灰，厚 0.05 米；石灰层上面有大量残渣，厚 0.8 米；其余为夯土建筑，两层石灰间土层厚 0.2 米。台体上散落有少量残砖和瓷片，附近有少量残砖和石灰层。（图一〇二六）

该马面南依麻界村长城 3 段墙体，东北距前湾滩村敌台约 0.53 千米，西南距前湾滩村 2 号马面约 0.251 千米。

（一五五）前湾滩村 2 号马面（610802352102170155）

该马面位于芹河乡前湾滩村北约 1.2 千米较高的斜坡上。地处沙漠丘陵地带，地势西高东低。西南 0.166 千米处的山峁顶部有一座通讯信号塔；北侧植被较少，黄沙裸露较多；南侧植被较多，主要生长有沙棘和柠条。高程 1205.3 米。

马面整体保存差。台体东、西、北壁底部有挖槽，应为挖砖所致，宽 2 米；南壁剥落较多，中部有一个小洞通向台体内部，堆积有残砖、残瓦、残石等，土洞宽 1、高 0.5、进深 1 米；顶部生长有大量沙棘，有残砖和石灰渣等；西壁有土蜂洞穴形成的多个小凹坑，有多条裂缝，西南角有较多的土蜂洞穴。

台体分为两层，为同一时期不同时间夯筑而成，下层较高，高约 3.6 米，上层高约 1.5 米，两层间用一层厚约 0.05 米的石灰层隔开。台体内部用黄土夯筑而成，夯层厚约 0.15 米，下层夯土质地细密纯净、分布均匀，上层夯土质地较为疏松。台体外部包砖无存。台体平面呈矩形，剖面呈梯形，底部边长 7.8、顶部边长 5、高 2.9～5.1 米。台体附近有少量残砖、石灰层、残瓦等。（图一〇二七）

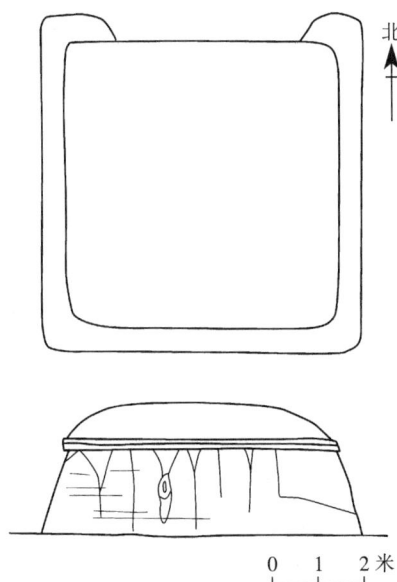

图一〇二六　前湾滩村 1 号马面平、立面图

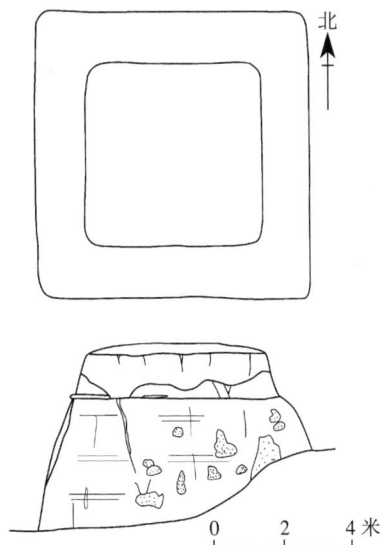

图一〇二七　前湾滩村 2 号马面平、立面图

该马面南依麻界村长城 3 段墙体，西北距十六台村 1 号马面约 0.176 千米。

（一五六）十六台村 1 号马面（610802352102170156）

该马面位于芹河乡十六台村东 0.8 千米的山峁顶部。地处沙漠丘陵地带，地势东高西低。南 0.018

千米有一座电信信号塔，西南 0.585 千米的缓坡上有十六台村砖厂；北侧为沙梁间的平坦川道，长有大量柠条；南侧是斜坡，长有杨树、柳树、柠条等。高程 1232.5 米。

马面整体保存较差。台体顶部和壁面长有沙棘和杂草，部分坍塌呈条状；南壁有较多的土蜂洞穴；东壁有多条裂缝，中部因剥落凹陷；北壁东北角有较大的裂缝，西北角坍塌；西壁顶部有 2 个冲槽。

台体位于长城墙体拐角处，内侧有一座平面呈矩形的关。台体略向西倾斜，顶部有高约 1 米的石灰层，下部用黄土夯筑而成，夯层厚约 0.15 米，分布较均匀。台体平面呈矩形，剖面呈梯形，底部边长 8 米，顶部东西 7、南北 6 米，高 3.2 ~ 4.2 米。台体顶部原有建筑被拆除或塌落。台体附近有残砖、石灰层。（图一○二八）

该马面南依十六台村长城 1 段墙体和十六台村关，西南距址六台村 2 号马面 0.227 千米。

（一五七）十六台村 2 号马面（610802352102170157）

该马面位于芹河乡十六台村东 0.7 千米。地处沙漠丘陵地带，西侧为沙漠，其他三侧沙漠植被较好，生长有柳树、柠条、沙蒿等。高程 1216.3 米。

马面整体保存较差。台体北壁上部坍塌，有多个凹坑；顶部石灰层裸露，原应有建筑，被拆除；东、北、西壁底部有 2 ~ 3 米的挖槽，应是挖掘包砖、石所致，四周散落有大量残砖、石灰渣；西壁有密集的土蜂洞穴；南壁步道口散落有残砖、石灰渣，坍塌较为严重；顶部及南壁生长有沙柳、沙棘等植被。

台体顶部有高约 1.2 米的石灰土层，分为 7 层，每层厚 0.1 ~ 0.5 米，含有大量砖。下部为夯土台体，夯层厚约 0.14 米，分布较均匀，夯土质地较疏松，夯土内含有少量瓦片、料礓石、砖等。台体外部包砖无存。台体平面呈矩形，剖面呈矩形，底部边长 8 米，顶部东西 6、南北 5 米，高 5.8 米。台体附近有残砖、石灰层、黑瓷片等。（图一○二九）

该马面南依十六台村长城 1 段墙体，西南距十六台村 3 号马面 0.42 千米。

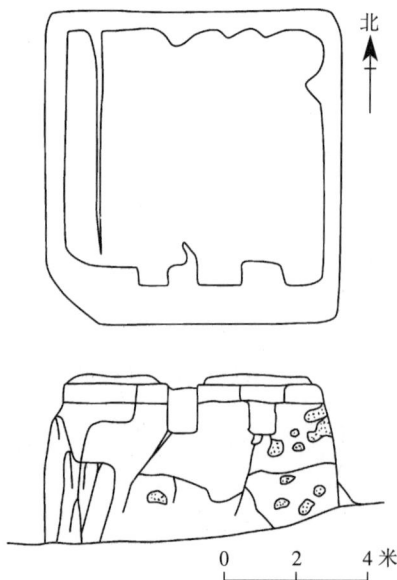

图一○二八　十六台村 1 号马面平、立面图

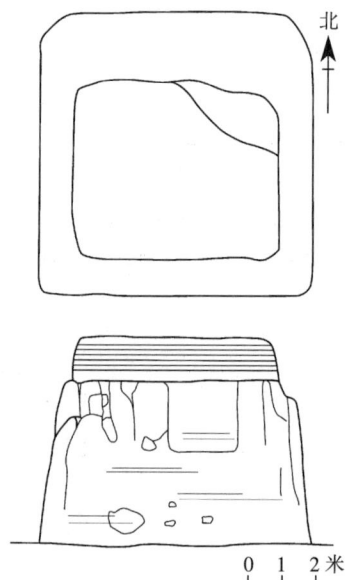

图一○二九　十六台村 2 号马面平、立面图

（一五八）十六台村 3 号马面（610802352102170158）

该马面位于芹河乡十六台村东北 0.51 千米。地处沙漠丘陵地带，四周种植有大量柳树，东南 0.41 千米处有十六台村砖厂，南 0.17 千米处略高的沙梁上有一个信号发射铁塔。高程 1196.7 米。

马面整体保存较差。台体南壁中部、东南角、西南角各有一条便道通向顶部；东南角有一孔窑洞，宽 0.6、高 0.5、进深 1.2 米；南壁中部凸起部分生长有一簇柠条，根系严重破坏台体；东、西壁有人工挖掘的一道沟槽，为挖砖所致；东壁有多条冲蚀裂缝和多个昆虫洞穴；北壁有多条较宽的裂缝，表面凹凸不平；底部四周生长有 4 棵柳树，根系严重破坏台体。

台体顶部有厚 1 米的石灰层，以下为黄土夯筑的台体，夯层厚约 0.08 ~ 0.12 米，分布较均匀，夯土质地较细密、纯净。台体外部包砖无存。台体平面呈矩形，剖面呈梯形，底部边长 8、顶部边长 6、高 5 米。台体附近有残砖、石灰渣等。（图一○三○）

该马面南依十六台村长城 1 段墙体，西南距十六台村 4 号马面 0.215 千米，西南 0.012 千米处有一条南北向的十六台村砖厂的土路。

（一五九）十六台村 4 号马面（610802352102170159）

该马面位于芹河乡十六台村中。地处沙漠丘陵地带，地势东高西低，紧邻村庄，树木生长较为茂盛，南侧地形凹凸不平，北侧为平整的居民区，部分地表黄沙裸露。高程 1201.2 米。

马面整体保存较差。台体表面有较多的昆虫洞穴，东壁有多条冲槽和凹坑；北壁顶部中间有一个较大的冲蚀豁口，豁口内有交错枯死的沙棘根系，根系严重破坏台体，两侧有两条较小的豁口；顶部有厚 0.8 米的石灰层，生长有杂草；底部四周有挖掘痕迹。

台体形制较完整，内部用黄土夯筑而成，夯层厚 0.07 ~ 0.12 米，分布较均匀，夯土质地较疏松。台体外部包砖无存。台体平面呈矩形，剖面呈梯形，收分较小，底部边长 8 米，顶部东西 6、南北 5 米，高 3.4 ~ 6.2 米。台体顶部石灰层边缘坍塌，残存部分呈块状平铺。台体附近有残砖、石灰渣、石灰块等。（图一○三一）

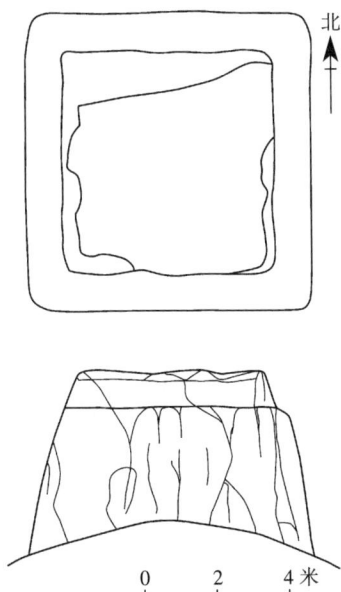

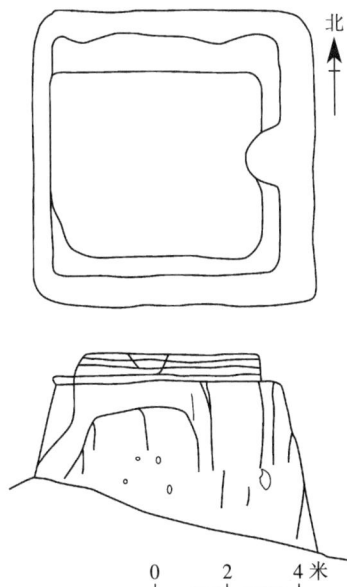

图一○三○ 十六台村 3 号马面平、立面图　　图一○三一 十六台村 4 号马面平、立面图

该马面南依十六台村长城 1 段墙体，西南距十六台村 5 号马面 1.1 千米。

（一六〇）十六台村 5 号马面（610802352102170160）

该马面位于芹河乡十六台村西南 0.7 千米。地处沙漠丘陵地带，周边为较平缓的沙漠。南侧沙丘较高，地势起伏较大；北侧平整，部分为耕地，种植有沙柳、杨树、沙蒿等，大部分沙梁裸露。高程 1174.6 米。

马面整体保存差。台体南壁坍塌严重，呈斜坡状；顶部坍塌呈凹字形，有大块石灰层堆积；东壁仅存一角，东北角有多条裂缝，中间有一条生长有沙棘的裂缝；东、西、北壁底部有挖槽，应为当地村民拆砖形成，宽 2~4 米，槽内外散落有残砖、石灰渣等；西壁有一条较大的"V"形裂缝，表面凹凸不平。

台体内部用一层黄土和一层红胶土间隔夯筑而成，红胶土内含有大量白色料礓石，夯层较厚，夯层厚约 0.15 米，分布较均匀，夯土质地较粗糙。台体外部包砖无存。台体平面呈矩形，剖面呈梯形，底部东西长 7.4、东侧长 5.4、西侧长 4.8 米，顶部东西 5.5、南北 4 米，高 4.8 米。台体顶部有一层厚 1.2 米的三合土层。台体附近有残砖、石灰渣等。（图一〇三二）

该马面南依十六台村长城 2 段墙体，西南距十六台村敌台 0.247 千米，南距榆（林）靖（边）高速公路约 0.74 千米。

（一六一）二十台村 1 号马面（610802352102170161）

该马面位于芹河乡二十台村北 0.348 千米。地处沙漠草滩地带，四周地势较为平坦，植被生长一般，生长有沙蒿以及各种杂草。北 0.17 千米处有两块耕地；南 0.173 千米处紧靠高速公路有一块耕地；东南 0.193 千米处有一片推平的沙地，建有一排平房，种植有杨树、柳树等。高程 1185.4 米。

马面整体保存差。台体南壁有大量夯土被挖掘，形成一个大凹坑，表面受风雨侵蚀剥落严重；北壁有一条由上而下的"V"形裂缝，上宽 1.8、下宽 0.4 米；底部有人为挖掘的凹槽，凹槽内外堆积有大量白灰残渣和碎砖，为当地居民取砖所致。有多条枯萎的沙棘根系嵌入台体。

台体内部用红胶土和黄土夹杂白色料礓石夯筑而成，夯层厚 0.14 米，夯土质地较粗糙，分布较均匀。台体外部包砖无存，顶部有石灰层，石灰层上有加高的夯土。台体平面呈矩形，顶部由于南壁的挖掘和北壁的裂缝呈东西向工字形，西窄东宽，底部东西 7.6、东侧长 7、西侧长 5 米，顶部东西 4.5、南北 5.5 米，高 5.4 米。台体附近有石灰层残片、残砖。（图一〇三三）

该马面南依二十台村长城墙体，西南距二十台村 2 号马面约 0.886 千米，南距榆（林）靖（边）高速公路约 0.254 千米。

（一六二）二十台村 2 号马面（610802352102170162）

该马面位于芹河乡二十台村北约 0.7 千米的较高的缓地上。地处沙漠地带，西侧的沙漠区呈波状起伏，其余较平坦；南侧地势较高，长城墙体外侧地势较低。高程 1201.9 米。

马面整体保存差。台体南壁大部分坍塌成斜坡，与长城墙体相连，斜坡上及顶部生长有大量柠条、沙棘等；东、西、北壁底部有挖槽，为取砖所致；东壁有许多小土洞，距台体约 2 米有一棵柳树；北壁有 2 条剥蚀裂缝，上部生长有几棵柠条；西壁凹凸不平，西北角地面生长有一棵柳树。台体周边沙柳生长茂盛。台体周边堆积有大量取砖时挖掘出的残渣，形成一个圆形土梁。

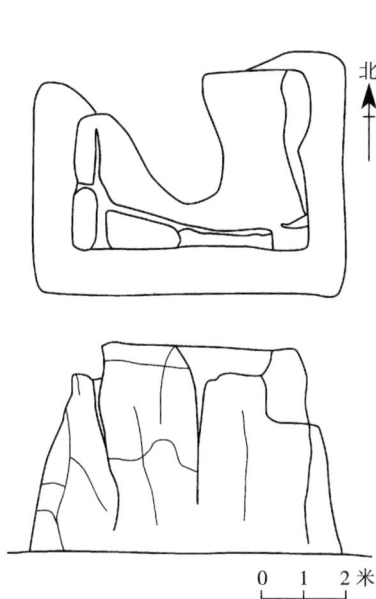

图一〇三二　十六台村 5 号马面平、立面图　　　图一〇三三　二十台村 1 号马面平、立面图

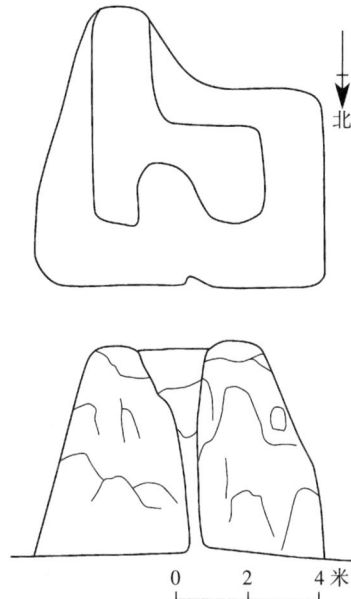

台体内部用黄土夯筑而成，夯土内含少量白色料礓石，夯层清晰，夯层厚约 0.1 米，分布均匀。台体外部包砖无存。台体平面呈矩形，剖面呈梯形，底部边长 7.6、顶部边长 5.2、高 1.2～5.2 米。台体顶部有 0.4 米厚的堆积层。台体附近有石灰渣、碎砖和少量黑瓷片。（图一〇三四）

该马面南依二十台村长城墙体，西南距三十台村烽火台约 0.335 千米、榆（林）靖（边）高速公路约 0.3 千米，西北距三十台村 1 号马面约 0.27。

（一六三）三十台村 1 号马面（6108023521021701 63）

该马面位于芹河乡三十台村东约 0.6 千米。所处地势较为平缓，南侧至榆（林）靖（边）高速公路为一片稍高的沙梁，是沙柳林地，西北 0.127 千米处有一座砖窑，西南 0.214 千米处有 4 座现代砖窑。高程 1196.1 米。

马面整体保存一般。台体西壁中部有多个土蜂洞穴，顶部有 2 个冲刷豁口，南侧豁口宽 1.5、深 0.5 米，北侧豁口宽 0.5、高 1 米；东北角有多条垂直裂缝；东壁剥落严重，上部生长有几棵沙棘，根系严重破坏台体，底部有宽 1～2.5 米的挖槽，堆积有大量碎砖。

台体内部用黄土夯筑而成，夯土内含少量料礓石，质地较坚硬，土质略微泛红，夯层厚 0.1～0.15 米。台体外部包砖脱落。台体形制清晰，平面呈矩形，剖面呈梯形，底部边长 8、顶部边长 7、高 4.2～5.2 米。台体顶部有一层厚 0.6 米的夯土层，用一层石灰隔开。台体附近有少量黑瓷片和碎砖。（图一〇三五；彩图二〇一）

该马面位于三十台村长城墙体止点，西南距三十台村马面约 0.314 千米，南侧有三十台村关，东 0.015 千米处有一条宽 5 米南北向的土路，南 0.25 千米处有榆（林）靖（边）高速公路。

（一六四）三十台村 2 号马面（6108023521021701 64）

该马面位于芹河乡外三十台东北约 1.1 千米。地处沙漠草滩地带，地势南高北低。西北约 0.513 千米处有一座砖厂；北侧有沙丘之间形成的沙窝，生长有茂密的沙棘林。高程 1183.7 米。

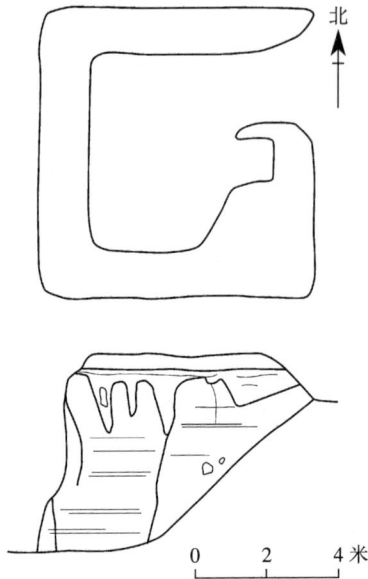

图一〇三四　二十台村 2 号马面平、立面图　　　　图一〇三五　三十台村 1 号马面平、立面图

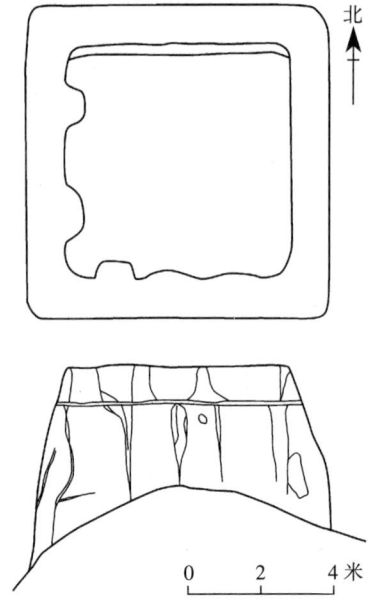

　　马面整体保存差。台体南壁步道口有许多残砖碎石，坍塌严重，生长有许多杂草；西北角剥落坍塌一层夯土，略微内凹；北壁顶部有较大的缺口，有一条"V"形冲蚀豁口和多条裂缝，生长有几棵沙棘；东壁顶部石灰层坍塌严重；底部有挖槽。

　　台体分为上下两层，两层之间用石灰层隔开。上层较低，高约 1.2 米；顶部有一层厚 0.2 米的石灰。台体被沙土掩埋后相对高度降低，为了加高台体先铺石灰层，再用夯土加高。台体内部用黄土夯筑而成，夯土夹杂有大量较硬的土块和料礓石，土质较粗糙，夯层厚 0.08~0.14 米。台体外部包砖无存。台体平面呈矩形，剖面呈梯形，底部边长 8 米，顶部东西 6.5、南北 6 米，高 2.6~4.8 米。台体附近有残砖、石灰渣等。（图一〇三六）

　　该马面南依三十台村长城 1 段墙体，西南距三十台村 3 号马面约 0.225 千米，南约 0.47 千米处有榆（林）靖（边）高速公路。

（一六五）三十台村 3 号马面（610802352102170165）

　　该马面位于芹河乡三十台村东北约 0.9 千米。地处沙漠丘陵地带，地势南高北低。南侧有凸起的沙峁，西侧较为平坦，西 0.4 千米处有一座砖厂，沙层裸露较少，杂草丛生。高程 1211.8 米。

　　马面整体保存差。台体南壁与长城墙体相连，仅存上部；西壁石灰层以下有多条裂缝、较多的土蜂洞穴；北壁中部有一个较大的"V"形豁口，高 1.5、宽 0.8 米，豁口内和侧面生长有少量沙棘；东壁剥落严重，石灰层呈悬空状；底部有挖掘痕迹。

　　台体分为上下两层，两层之间用石灰层隔开，石灰层厚 0.2 米。下层较高，高 0.8~3.3 米；上层较低，高 1.2 米。上层由于沙土掩埋造成台体相对高度降低，后在顶部铺上石灰层再用夯土加高。台体内部用黄土夯筑而成，夯层厚约 0.1 米，分布较均匀，夯土质地坚硬。台体外部包砖无存。台体平面呈矩形，剖面呈梯形，底部东西 6、南北 7 米，顶部呈凹字形，东西 5、南北 5.5 米，高 2~4.5 米。台体附近及顶部有残砖、石灰残渣等。（图一〇三七；彩图二〇二）

　　该马面南依三十台村长城 1 段墙体，西南距三十台村 4 号马面约 0.273 千米，南 0.4 千米处有榆（林）靖（边）高速公路。

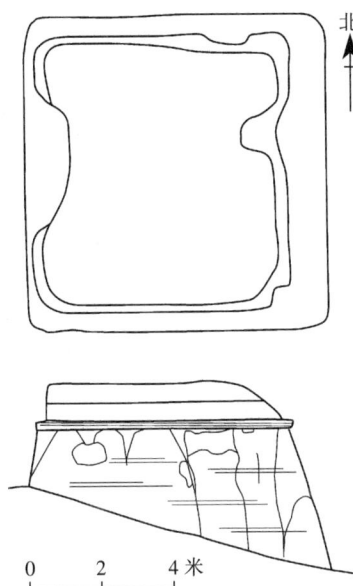

图一〇三六　三十台村 2 号马面平、立面图　　　图一〇三七　三十台村 3 号马面平、立面图

（一六六）三十台村 4 号马面（610802352102170166）

该马面位于芹河乡三十台村东北 0.623 千米。地处沙漠草滩地带，由东向西地势逐渐降低。西南 0.324 千米处有一座通讯信号塔，北 0.044 千米处有一个较深的沙坑，东北 0.448 千米、西北 0.638 千米处各有一座砖厂。高程 1206.2 米。

马面整体保存较差。因长城墙体被黄沙掩埋，台体顶部中央凹陷，南壁呈斜坡状与地表相连，西壁西南角有一条宽 0.1~0.5、高 1.5 米的裂缝；东、西、北壁底部有宽约 2.2 米的挖槽，西北角有一条裂缝。台体顶部西侧有垛墙痕迹，宽 0.4、高 0.5 米，其余垛墙坍塌不清。

台体内部用红胶土夯筑而成，夯土内含有少量白色料礓石，夯层坚硬，均匀分布，夯层厚 0.12 米。台体外部包砖无存。台体平面呈矩形，剖面呈梯形，底部东西 6.5、南北 6 米，顶部东西 4、南北 3.6 米，高 3.6~4.5 米。台体周边散落少量砖。（图一〇三八；彩图二〇三）

该马面南依三十台村长城 1 段墙体，西南距三十台村 5 号马面约 0.591 千米，南 0.502 千米处有榆（林）靖（边）高速公路。

（一六七）三十台村 5 号马面（610802352102170167）

该马面位于芹河乡外三十台村北 0.3 千米。地处沙漠草滩地带，西、东、北侧有沙沟；南侧为凹凸不平的沙滩，较平缓，0.2 千米处有一座通讯信号塔，0.277 千米处有一片杨树林；北 0.454 千米处有一座砖厂。高程 1198.7 米。

马面整体保存差。台体顶部杂草丛生，有一个直径 2.2 米的盗洞，北面有少量残砖，底部有一圈挖坑，散落有大量残砖和石灰渣，挖坑内生长有柠条、榆树等；南壁有铲削痕迹，侧面似一个铲削断面；西壁中部有一条垂直的冲槽，上宽 1.5、下宽 0.4 米；东壁沙棘根系露出。

台体内部用红胶土夯筑而成，夯土内含有少量白色料礓石，土质较粗糙，均匀分布，夯层厚 0.14 米。台体外部包砖无存。台体平面呈矩形，剖面呈梯形，底部东西 7.2、南北 7.6 米，顶部东西 4.6、南北 5.6 米，高 4.2 米。台体周围有少量砖、石灰渣。（图一〇三九）

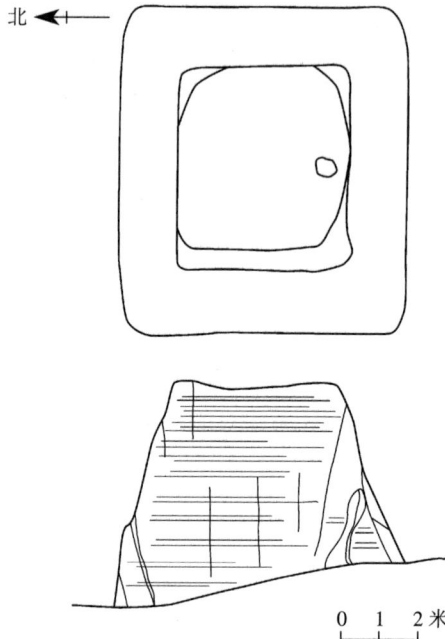

图一〇三八　三十台村 4 号马面平、立面图

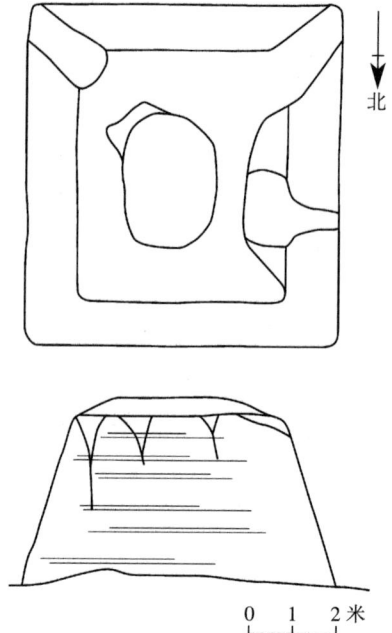

图一〇三九　三十台村 5 号马面平、立面图

该马面南依三十台村长城 1 段墙体，西南距三十台村 6 号马面约 0.237 千米，南 0.45 千米处有榆（林）靖（边）高速公路。

（一六八）三十台村 6 号马面（610802352102170168）

该马面位于芹河乡外三十台村北 0.258 千米。地处沙漠草滩地带，北 0.161 千米内是一片地势逐渐升高的沙梁，0.161 千米外是外三十台村的平整耕地，杨树林生长较为茂密；东南 0.376 千米处有一座通讯信号塔，东北 0.528 千米处有一座砖厂。高程 1190.1 米。

马面整体保存差。台体被人为挖掘破坏严重，东南角有一个人为挖掘形成的凹坑，南壁仅存少部分，东壁仅存北部部分，西南角坍塌呈斜坡状，北壁中部坍塌内凹。台体上长有少量沙棘，底部有人为挖掘形成的条状土坑，周边有 4 个碎砖堆积。

台体内部用黄土夯筑而成，夯土内包含大量碎土块，土质较粗糙，均匀分布，夯层厚 0.15 米。台体外部包砖无存。台体平面呈矩形，北壁剖面呈梯形，其余轮廓不清，底部东西 6.8、南北 7.6 米，顶部边长 6 米，高 4.8 米。台体附近有碎砖堆积。（图一〇四〇）

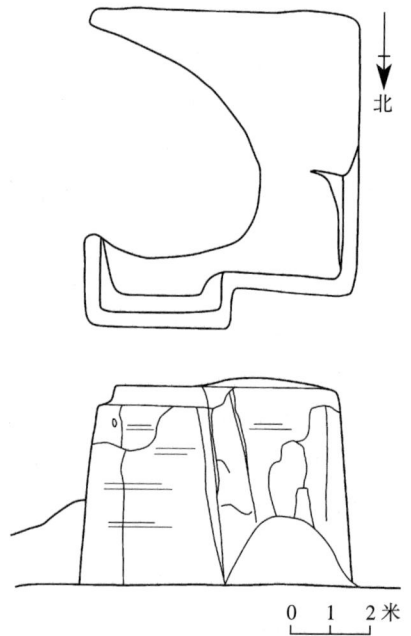

图一〇四〇　三十台村 6 号马面平、立面图

该马面南依三十台村长城 1 段墙体，西南距三十台村 7 号马面约 0.38 千米，南 0.8 千米处有榆（林）靖（边）高速公路。

（一六九）三十台村7号马面（610802352102170169）

该马面位于芹河乡外三十台村西0.131千米。地处沙漠草滩地带，西南0.036千米处为2条土路的岔口，也是长城墙体的拐点；南0.023千米处有一座现代墓葬，周边地势平坦，是外三十台村耕地，生长有大量杨树。高程1172.2米。

马面整体保存差。台体濒于消失，仅存当地居民挖掘取土形成的土坑，中间有一堆碎明砖。台体附近有碎砖。

该马面所在的长城墙体被占用为乡村土路，马面位于土路北侧。南依三十台村长城2段墙体，西南距三十台村8号马面约0.619千米，附近有多条乡村土路交错，西南有一条土路占用长城墙体。

（一七〇）三十台村8号马面（610802352102170170）

该马面位于芹河乡外三十台村西南0.8千米。地处沙漠草滩地带，北0.04千米处有一座小沙梁，南侧有杏树林和柳树林，南0.041千米处有一户人家，东北0.253千米处有一块平坦的耕地。

马面整体保存差。台体濒于消失，仅存高不足1米的小土台，四周有挖槽。高程1172.2米。

台体夯层不清，夯土为红胶土。台体附近有碎砖。

该马面是明代所建，无任何修缮，所在长城墙体被占用为乡村土路。马面位于土路北侧，南依三十台村长城2段墙体，西南距三十台村9号敌台约0.256千米，附近有多条乡村土路交错，西南有一条土路占用长城墙体体。

（一七一）三十台村9号马面（610802352102170171）

该马面位于芹河乡外三十台村西南2.4千米。地处沙漠草滩地带，四周为平坦的荒漠，生长有柠条、沙蒿等，大部分地表黄沙裸露。高程1179.1米。

马面整体保存较差。台体基本消失，仅存一个小土坑。台体散落有大量碎砖和石灰残渣。

该马面所在长城墙体被占用为乡村土路，遗迹位于土路北侧，南依三十台村长城3段墙体，西南距三十台村2号敌台约0.833千米，周围有多条乡村土路交错，西南有一条土路占用长城墙体。

（一七二）海则沟村1号烽火台（610802353201170172）

该烽火台位于大河塔乡大河塔村海则沟村（组）北1.8千米的沙梁上。地处沙漠草滩地带，东侧为沙丘山梁，坡度较缓，东约1千米处为山梁底部，较为平坦，有农田；北0.1千米处有5道沙丘山梁；西、北0.1千米处为沙丘，无任何植被。高程1253.6米。

烽火台整体保存差。台体由于动物和人为破坏损毁十分严重。台体东壁底部有6个动物洞穴，直径0.2~0.4米，进深不详；中部有2个洞，一个洞宽0.6、高5.5、进深大于3米，另外一个洞宽0.6、高0.45、进深1.1米；顶部有动物洞穴，宽0.2、高0.45、进深大于2米。台体南壁底部有人为挖掘的2个洞，靠东的洞直径1.2、进深1.6米，靠西的洞呈矩形，宽0.65、高1、进深2.4米。台体西壁底部呈倒工字形，长分别为3、1.2、2米，宽分别为1.6、1.2、2米，高约1.4米。台体北壁有9个动物洞穴，直径0.4~0.8、进深0.4~2米。

台体用黄土夹杂料礓石夯筑而成，夯层厚0.06~0.16米。台体平、剖面呈不规则形，底部东面长20、南面长25、西面长23、北面长21米，顶部坍塌严重，东西最宽3.2、南北5米，高11米。台体附近有残砖，砖长32.5、宽16、厚5.5厘米。（图一〇四一）

　　该烽火台东南距海则沟村2号烽火台0.51千米，东0.5千米处有土路，南约3千米处有一条柏油路，海则沟岸边有一条土路。

（一七三）海则沟村2号烽火台（610802353201170173）

　　该烽火台位于大河塔乡大河塔村海则沟村（组）北1.3千米的沙丘山梁上。地处沙漠草滩地带，周围较为平坦。东0.15千米处有沙丘山梁；南1.5千米处为山底，有耕地；南0.03千米处有两道沙丘山梁，之间为小沟，无植被；西南0.16千米为山梁，坡度陡峭；北约0.07千米处有3座沙丘。高程1234.3米。

　　烽火台整体保存较差。台体顶部四侧有水冲裂缝，几乎使台体分裂成几大块，东壁裂缝宽0.3～1.5、高5米；北壁有2个水冲裂缝，将台体分离成3大块，裂缝宽0.2～1.5米，高达顶部；西壁中部裂缝宽0.3～1.2米，高达顶部，进深0.3～2米；南壁顶部裂缝宽0.1～0.8、高3米；北壁底部有人为挖掘的2个小洞，一个洞宽0.8、高1.4、进深1.2米，另一个洞宽0.8、高1.6、进深1.4米；南壁基本为马蜂窝，破坏严重。

　　台体用黄土夹杂料礓石夯筑而成，夯层厚0.05～0.1米。台体平面呈近不规则形，剖面呈近梯形，底部边长15、顶部边长5、高9.5米。台体南壁底部有登台券洞，基本为马蜂窝所破坏，券洞宽0.6、高1米，进深不详，不能由此登台。台体附近有砖、瓦片，砖宽21、厚8.5厘米，瓦片厚1.8厘米。（图一〇四二）

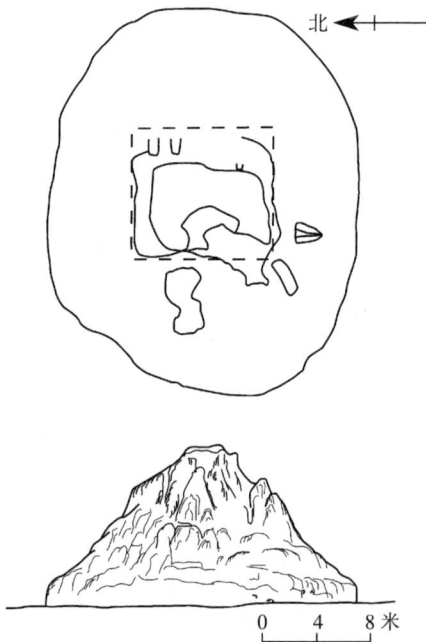

图一〇四一　海则沟村1号烽火台平、立面图　　　　图一〇四二　海则沟村2号烽火台平、立面图

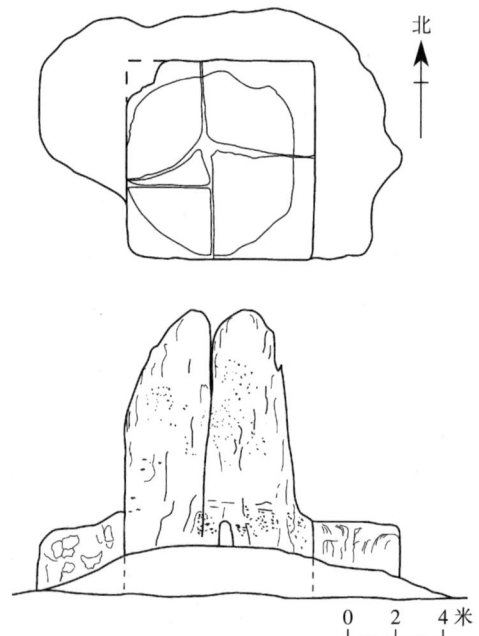

　　该烽火台西北距海则沟村1号烽火台0.51千米，南距海则沟村6号马面1千米，东1千米处有土路，南约2.5千米处有一条柏油路，海则沟岸边有一条土路。

（一七四）赵家峁村烽火台（610802353201170174）

　　该烽火台位于大河塔乡赵家峁移民新村（组）西2.12千米。地处沙漠草滩地带，东0.01千米、

0.03 千米处为沟，坡度较缓；东北侧为深沟，直接对台基造成威胁，沟宽 10、深 3.3 米；北 0.05 千米内为缓坡，外为沟，坡度陡峭；西 0.06 千处有沟，沟壑坡度陡峭，较深。高程 1255.7 米。

烽火台整体保存较差。台体夯土基座北侧有豁口，呈斜坡状，宽 2.2、高 0.6~2.4、进深 4 米；东北角豁口宽 6、高 1~2.6、进深 2 米；正东豁口宽 1.8、高 2、进深 1.2 米。台体南壁顶部有一个豁口，呈倒梯形，宽 1~2.5、高 2.3、进深 2 米；由于雨水冲刷侵蚀，西壁有水冲裂缝直达顶部，西北角由于树根的破坏导致坍塌，底部有人为挖掘条石的宽 1.7、高 0.2~1 米的深槽。

台体基座平面呈圆形，直径 27 米，东、北侧较高，分别为 4.1 米和 3.6 米，南侧基本与地面齐平。基座上残存围墙，墙体长 19.9、底宽 0.7、顶宽 0.3、高 1.1 米。台体内部用黄土夹杂料礓石夯筑而成，夯层厚 0.05~0.17 米。台体底部包石上部包砖被拆除。台体平面呈矩形，剖面呈梯形，底部边长 7.8、顶部边长 6.8、高 8 米。台体南壁登台券洞坍塌，不能由券洞登顶，洞口宽 0.9、高 0.6 米，进深不详。台体周围散落有残砖、碎石和瓦片，砖宽 20、厚 7.5 厘米，瓦片厚 1.8 厘米。（图一〇四三；彩图二〇四）

该烽火台东北距赵家峁村 4 号敌台 0.416 千米，附近有山路。

（一七五）黄水沟村 1 号烽火台（610802353201170175）

该烽火台位于大河塔乡赵家峁村黄水沟村（组）西北 2 千米的山峁上。地处沙漠草滩地带，东侧为坡耕地，0.015 千米处有一条呈南—北走向的乡村土路，路东为宽 2、深 1 米的沟；南 0.06 千米处为沟壑，坡度陡峭；西侧为山坡和沟壑，坡度较为陡峭；北 0.015 千米处为深沟，坡度陡峭。高程 1309.9 米。

烽火台整体保存差。基座东侧为耕地，南侧部分为耕地；南侧有 2 个豁口，靠东豁口宽 2.7、高 1、进深 2.7 米，靠西豁口宽 1.8、高 1.2、进深 1.2 米；西侧和台体附近有 20 余处盗洞，宽 1~6.8 米，西侧围墙有人为挖掘宽 1.6、高 1.2、进深 1.3 米的豁口；西北角有用铁锹挖掘铲削宽 2.8、高 2.2 米的痕迹，西侧内侧被挖掘出宽 6 米的豁口，北侧被挖掘出宽 4.4 米的豁口；北侧有豁口，宽 2.1、高 0.9、进深 1.4 米。台体顶部有人为挖掘的盗洞，呈圆形，直径 1.6 米，深不详；西北角有人为挖掘的盗洞，呈椭圆形，宽 1~1.2、深 1.1 米。

台体基座平面呈矩形，边长 35 米。围墙建于基座上，基座东侧基本上被平整成耕地，仅存长 4、高 2 米的东北角，围墙无存；基座南侧高 2.5 米，围墙中部保存部分长 6.6、墙体底宽 1、顶宽 0.2~0.4、高 0.7 米；基座西侧围墙基本存在，墙体底宽 1、顶宽 0.2~0.4、内高 0.9、外高 2.4 米；围墙北墙保存长约 20、底宽 1、顶宽 0.25~0.6、高约 1 米。台体内部用黄土夹杂料礓石和石块夯筑而成，夯层厚 0.06~0.17 米，夯窝直径 0.06 米，外部包石、砖无存。台体平面呈圆形，剖面呈梯形，底部直径 17、顶部直径 4、高 5 米。台体附近有石块、砖、瓦片，石块长 58、宽 24、厚 15 米，砖厚 7 厘米、宽不详，瓦片厚 1.8 厘米。（图一〇四四）

该烽火台北距赵家峁村长城 2 段墙体 0.09 千米，东距赵家峁村烽火台 0.451 千米，东 0.015 千米处有乡村土路。

（一七六）黄水沟村 2 号烽火台（610802353201170176）

该烽火台位于大河塔乡赵家峁村黄水沟村（组）西北 2.45 千米的山峁上。地处沙漠草滩地带，东侧有一道宽 4、深 5.3 米的沟，对台基造成威胁；南 3 米处有沟，沟深 30 米；西 5 米处有沟，沟宽 10、深 25 米；北 0.12 千米处有沟，坡度陡峭。高程 1310.7 米。

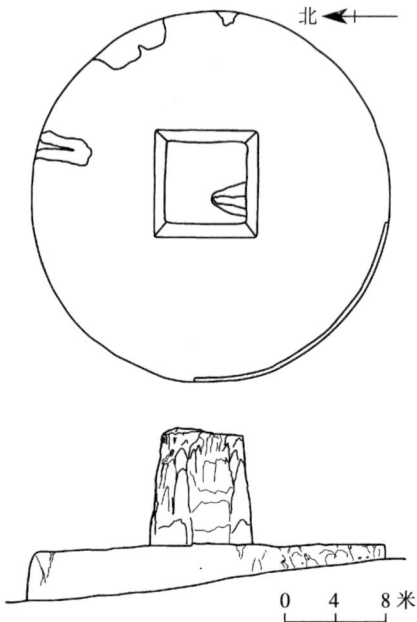

图一〇四三　赵家峁村烽火台平、立面图

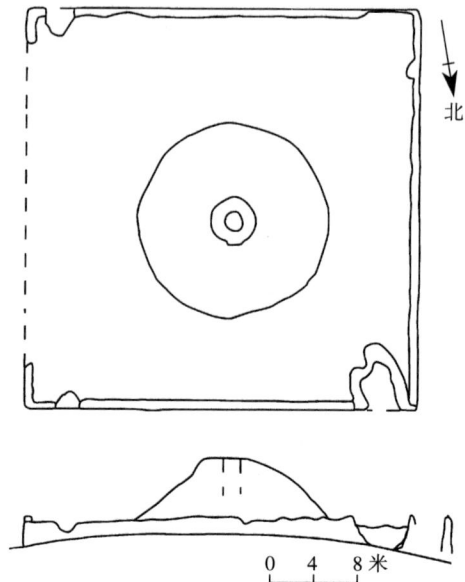

图一〇四四　黄水沟村1号烽火台平、立面图

烽火台整体保存差。台体顶部北低南高，南壁顶部豁口宽1.2～3.1、高2.4、进深2.2米，北壁顶部豁口宽2.1、高1.6、进深1.7米。台体夯土基座东北角豁口宽6、高3.5、进深4米，东侧豁口宽6.3、高3.5、进深3.3米，东南角上有人为挖掘长3、宽2.2、高0.5米的小坑；南侧靠台体处有人为挖掘长2.3、宽1.2、高1米的小坑；西北角豁口宽7.3、高2.4、进深4.8米，北侧豁口宽5.3、高2.6、进深2.3米。

台体基座平面呈矩形，边长25米。基座东侧高3.5米；南侧仅存东南角，长3.6、高1.3米，其余与地面相齐平；西侧高2.4米；北侧高2.6米。台体用黄土夹杂料礓石和石块夯筑而成，夯层厚0.07～0.12米，夯窝直径0.055米。台体由于雨水冲刷侵蚀，平面呈矩形，剖面呈近梯形，底部东西9.4、南北10米；顶部北高南低，东西6.8、南北7.2米，南侧高6、北侧高5米。台体附近发现有两种类型的砖及瓦片，一种砖厚7厘米，一种砖宽21、厚8厘米，瓦片厚1.5厘米。（图一〇四五）

该烽火台北距黄水沟村长城墙体0.052千米，东距黄水沟村1号烽火台0.517千米，南0.41千米处有乡村土路。

（一七七）黄水沟村3号烽火台（610802353201170177）

该烽火台位于大河塔乡赵家峁村黄水沟村（组）西北2.25千米的山峁上。地处黄土高原丘陵沟壑地带，东0.1千米内较为平缓，外为沟壑区；南侧较为平缓，约0.2千米处为陡坡；西0.05千米外为山沟，沟深陡峭；北0.1千米处为山梁之间的深沟。高程1325.5米。

烽火台整体保存差。台体由于雨水冲刷侵蚀，呈坟丘状。台体北壁有盗洞，洞口呈矩形，宽0.7、高1.2、进深2.6米；洞内呈近梯形，底宽0.65、顶宽0.9、高1.6、进深1.5米。台体顶部有探孔痕迹。

台体用黄土夹杂料礓石和石块夯筑而成。台体由于雨水冲刷侵蚀底部平面呈矩形，剖面呈不规则形，底部边长10米，顶部不规则，高4米。台体周围有残砖、瓦片，砖宽21、厚8厘米，瓦片厚1.5厘米。（图一〇四六）

图一〇四五　黄水沟村 2 号烽火台平、立面图

　　该烽火台东北距黄水沟村 1 号烽火台 0.445 千米，西北距黄水沟村 2 号烽火台 0.296 千米，西北 0.207 千米处有一条土路。

（一七八）黄水沟村 4 号烽火台（610802353201170178）

　　该烽火台位于大河塔乡赵家峁村黄水沟村（组）西北 2.4 千米的山峁上。处地黄土高原丘陵沟壑地带，东侧为缓坡，东 0.1 千米处有 2 道沟，呈南—北走向，沟宽 5、深 11 米；南侧为缓坡；西侧为斜坡，0.09 千米处有沟；北侧山梁较平坦。高程 1310.6 米。

　　烽火台整体保存较差。基座西侧有宽 4、高 2.3、进深 1.8 米的豁口，靠东豁口宽 8、进深 1、高 2 米，中部豁口宽 3.4、高 1.8、进深 2 米。台体南壁有豁口，呈斜坡状，底小顶大，顶宽 4.4、底宽 1、进深 5 米；西壁底部有多处动物洞穴；顶部东南角由于雨水冲刷侵蚀有剥落。台体顶部有人为挖掘的宽约 1.4 米的育林坑，所栽树木枯死，东北角有较小的育林坑。

　　台体基座平面呈矩形，东西 22、南北 25.8、高 2.3 米。台体用黄土夹杂料礓石和石块夯筑而成，夯层厚 0.04～0.1 米。台体平面呈矩形，剖面呈梯形，底部东西 10.8、南北 11.6 米，顶部东西 7.5、南北 7.6、高 8 米。台体附近发现有两种砖和瓦片，一种砖厚 7 厘米，一种砖宽 8、厚 19.5 厘米，瓦片厚 1.8 厘米。（图一〇四七）

　　该烽火台西北距黄水沟村敌台 0.53 千米，东北距黄水沟村 2 号烽火台 0.484 千米，南 0.091 千米处有一条土路。

（一七九）新墩村 1 号烽火台（610802353201170179）

　　该烽火台位于麻黄梁镇李家峁村新墩村（组）的墩梁（山名）上。地处黄土高原丘陵沟壑地带，

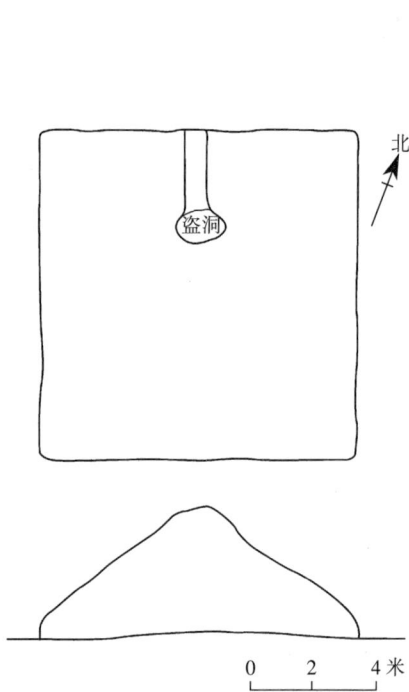

图一〇四六　黄水沟村 3 号烽火台平、立面图

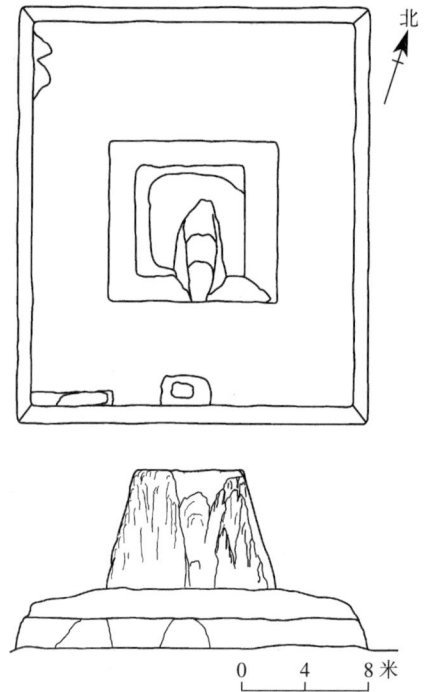

图一〇四七　黄水沟村 4 号烽火台平、立面图

东侧为缓坡，0.12 千米处为山沟，坡度陡峭；南 0.07 千米处为水冲沟，坡度陡峭，沟底有土路通行；西侧为缓坡，0.23 千米处为山梁之间的沟，沟壑较深、较陡峭。高程 1337.7 米。

　　烽火台整体保存较差。台体西壁高 2.4 米处有一个人为挖掘的洞，宽 1.3、高 1、进深 0.9 米；顶部西南角豁口宽 0.8～1.3、高 2.1、进深 0.8 米；东南角高 2 米处上部有豁口，呈倒梯形，口底宽 0.3、顶宽 3.5、高 6.8、进深 1.7 米；北壁有人为挖掘的踩踏处，顶部有宽 1.5、高 0.8、进深 1 米的豁口。

　　台体用黄土夹杂料礓石和石块夯筑而成，夯层厚 0.08～0.18 米。台体平面呈近圆形，剖面呈梯形，底部直径 11.5、顶部直径 7.3、高 8.8 米。台体东壁有登台券洞，已坍塌，洞宽 0.3～0.8、高 0.44 米，进深不详。台体附近有砖、瓦片，砖宽 8、厚 19.5 厘米，瓦片厚 1.7 厘米。（图一〇四八；彩图二〇五）

　　该烽火台是明代所建，无任何修缮。北距黄水沟村长城墙体 0.108 千米，东北距黄水沟村敌台 0.418 千米，南 0.216 千米处有土路通行，北 0.03 千米处有山间小道。

（一八〇）新墩村 2 号烽火台（610802353201170180）

　　该烽火台位于麻黄梁镇李家峁村新墩村（组）西北 0.163 千米的山峁上。地处黄土高原丘陵沟壑地带，东侧为陡坡，沟壑纵横交错，台基东南角 7 米处为深沟；南 0.07 千米内较为平缓，有一片松树林；西 0.02 千米内较平缓，0.02 千米外坡度陡峭；北 0.03 千米处有 2 道水冲深沟，外侧沟壑纵横。高程 1357.2 米。

　　烽火台整体保存差。基座四侧有剥落坍塌的豁口，东侧豁口宽 3.1～6、进深 3.8 米。台体南壁有人为挖掘的痕迹，宽 2、高 1.6、进深 2.6 米；西壁底部有人为挖掘的土洞，由西南向东北倾斜，宽 0.6～1.6、高 2、进深 3.2 米；西北角有直径 1、深 1.7 米的圆形盗洞，盗洞内有 2 个小盗洞，洞宽分别为 0.3、0.15 米，进深不详。

台体基座平面呈矩形，边长 21 米，东侧高 1.6、南侧高约 1、西侧高约 1.8、北侧高约 2.6 米。台体用黄土夹杂料礓石夯筑而成，夯层厚 0.12~0.18 米。台体由于雨水冲刷侵蚀，平面呈近矩形，剖面呈梯形，底部东西 9、南北 9.6 米，顶部东西 4.6、南北 4.8 米，高 2.8 米。台体附近有砖，砖宽 21、厚 8 厘米。（图一〇四九）

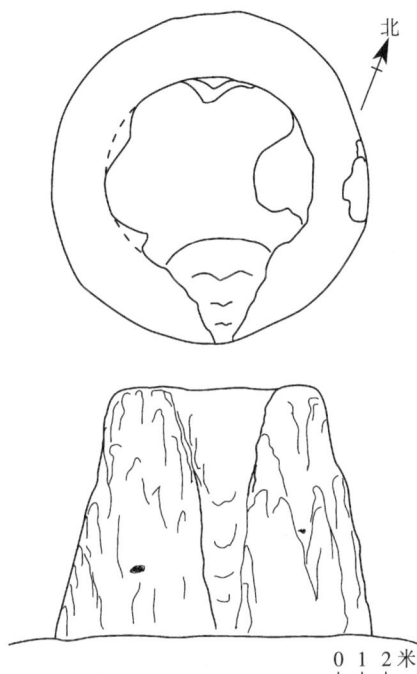

图一〇四八　新墩村 1 号烽火台平、立面图

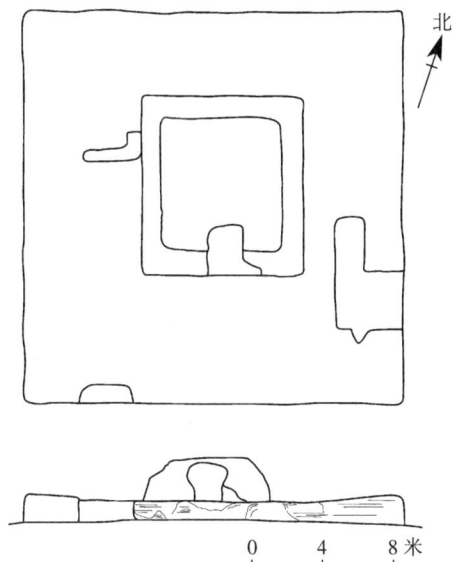

图一〇四九　新墩村 2 号烽火台平、立面图

该烽火台北距新墩村长城 1 段墙体 0.137 千米，东距新墩村 1 号烽火台 0.703 千米，东北 0.15 千米处有一条土路。

（一八一）新墩村 3 号烽火台（610802353201170181）

该烽火台位于麻黄梁镇李家峁村新墩村（组）西北 1 千米的山峁上。地处黄土高原丘陵沟壑地带，东侧为陡坡，约 0.1 千米处有多处水冲沟，深约 30~100 米；南侧较平坦，0.13 千米处有深约 40 米的沟；西侧较平坦，0.06 千米处有一条深约 80 米的沟；北 0.2 千米处有深沟，沟底较平坦，有耕地和土路。高程 1359.4 米。

烽火台整体保存差。围墙东南角有宽 1.4、高 1、进深 0.9 米的水冲豁口，东墙中部有外宽 5.7、内宽 2、高 3、进深 4 米的豁口，南墙中部豁口底宽 2、顶宽 3.5 米，高 1.8 米，北墙中部豁口外宽 3.3、内宽 0.9、高 2、进深 4.1 米，北墙靠西豁口外宽 4、内宽 0.4、高 2.4、进深 1.6 米。台体受雨水冲刷侵蚀和人为破坏顶部不规则，北高南低。

台体基座平面呈矩形，东西 22、南北 26 米。基座西侧外有一座矩形夯土台，顶部东高西低，底部边长 4.5、顶部边长 3.6、高 4 米。围墙位于基座上，东墙底宽 2.5、顶宽 0.2、内高 0.2~0.4、外高 3.5 米；南墙底宽 2.5、顶宽 0.2~1.4、内高 1.3、外高 2.8 米；西墙底宽 2.5、顶宽 0.2~1.3、内高 1.4、外高 5 米；北墙顶宽 0.3~1、内高 0.2~1、外高 3 米。台体用黄土夹杂料礓石夯筑而成，夯层厚 0.08~0.12 米, 夯窝直径 0.08 米。台体平面呈近矩形, 剖面呈梯形, 底部东西 9.8、南北 10 米, 顶部东西 8.2、南北 8.4 米, 高 3 米。台体顶部北侧部分呈坟丘状, 可能为建筑物倒塌, 其内夹杂有砖和瓦片。台体附近有砖、瓦片, 砖宽 20、厚 8 厘米, 瓦片厚 2 厘米。(图一〇五〇)

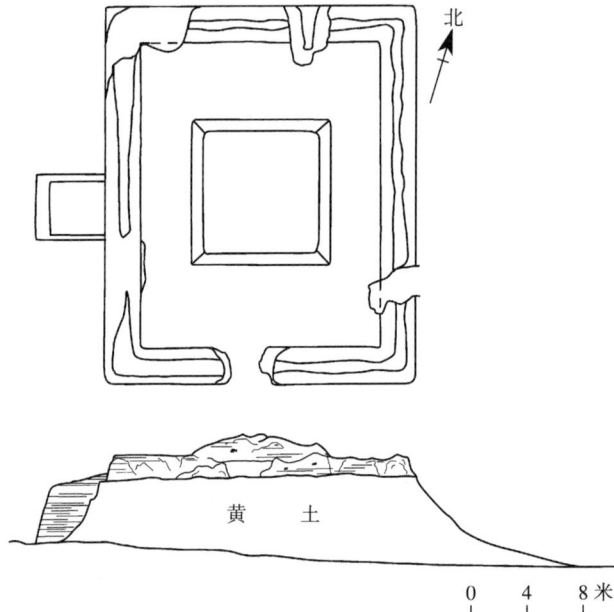

图一〇五〇　新墩村 3 号烽火台平、立面图

该烽火台西南距谢家梁村烽火台 0.654 千米, 东距新墩村关 0.584 千米, 附近有山间小路。

(一八二)谢家梁村烽火台(610802353201170182)

该烽火台位于麻黄梁镇李家峁村谢家梁村(组)北 0.27 千米。地处黄土高原丘陵沟壑地带, 北侧为陡坡, 0.12 千米处沟底有耕地; 东侧为坡耕地, 0.04 千米处有一座土山梁; 南侧为山坡, 较平坦, 沟内有水流; 西南 0.02 千米有宽约 10、深约 13 米的沟; 西侧为山坡, 较平缓。高程 1344.8 米。

烽火台整体保存一般。台体由于受雨水冲刷侵蚀北壁顶部剥落, 有水冲裂缝, 其他各壁保存较完整。围墙北墙豁口外宽 3.1、内宽 1、高 1.4、进深 1.8 米; 东墙基本无存, 坍塌呈斜坡状。

台体建在矩形夯土基座上, 有围墙。围墙建于基座上, 平面呈矩形, 边长 24 米; 北墙底宽 0.8、顶宽 0.4、内高 0.7、外高 3.4 米; 南墙基本无存, 底宽 1、顶宽 0.2~0.5、内高 0.1~0.8、外高 4 米; 西墙底宽 0.7、顶宽 0.1~0.3、内高 0.1~0.5、外高 3.2 米。台体用黄土夯筑而成, 夯层厚 0.05~0.11 米。台体平面呈矩形, 剖面呈梯形, 底部东西 10.8、南北 11 米, 顶部东西 5.8、南北 7.1 米, 高 9 米。台体上没有发现登台券洞。台体附近有砖、瓦片, 砖宽 20、厚 8 厘米, 瓦片厚 1.9 厘米。(图一〇五一; 彩图二〇六)

该烽火台东北距新墩村 3 号烽火台 0.654 千米, 西南 0.22 千米处有一条土路。

(一八三)千树塔村烽火台(610802353201170183)

该烽火台位于麻黄梁镇李家峁村千树塔村(组)西北 0.74 千米的山峁上。地处黄土高原丘陵沟壑地带，东侧为坡耕地，东北0.2千米处有深沟；南侧呈上坡趋势，东南0.03千米处有深15米的沟；西侧较平坦，0.013千米处有2处深10~30米的沟；北侧较平坦，0.04千米处有沟。高程1382.3米。

烽火台整体保存差。基座东北角豁口外宽6.7、内宽2.1、高1.8、进深2.8米。围墙东、西墙基本无存，南墙靠东豁口宽1.6、高1.4、进深0.7米，北墙西北角有宽1.4、高0.6米的水冲豁口。台体顶部有人为挖掘长1.2、宽0.6、高0.65米的矩形坑，坑内有直径0.12、深2.5米的圆形探孔；底部西北角探孔深3米。

台体基座平面呈矩形，底部东西21、南北26米，顶部东西19、南北24米。围墙位于基座上，仅存南、北墙，南墙底宽0.8、顶宽0.3米，内高1.2、外高3米；北墙底宽0.8、顶宽0.3米，内高0.7、外高3.7米；南墙中部有底宽3、顶宽5.7、高2、进深3米的豁口，可能为门所在。台体内部用黄土夹杂料礓石夯筑而成，夯层厚0.07~0.19米。台体外部包砖无存。台体平面呈圆形，剖面呈梯形，底部直径11、顶部直径8、高1.4米。台体顶部原应有建筑，仅存部分坍塌土，夹杂有砖、瓦片和石灰渣。台体上没有发现登台券洞。台体底部散落有残砖、瓦片等，砖有两种类型，一种砖宽20、厚7厘米，另一种砖宽21、厚7.5厘米；瓦片厚1.5厘米。（图一〇五二）

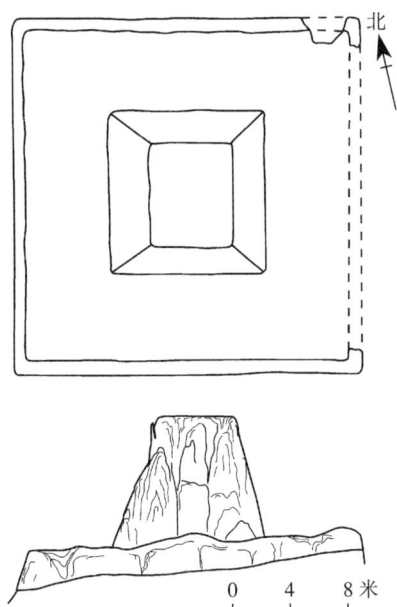

图一〇五一 谢家梁村烽火台平、立面图　　　　图一〇五二 千树塔村烽火台平、立面图

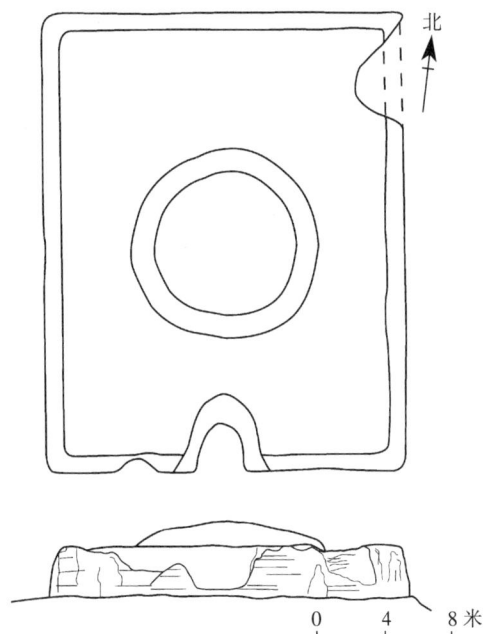

该烽火台东北距谢家梁村烽火台0.645千米，南距千树塔村长城1段墙体0.285千米、千树塔村3号马面0.285千米、榆（林）西（沟）公路0.3千米。

（一八四）断桥村烽火台（610802353201170184）

该烽火台位于麻黄梁镇断桥村东北0.33千米的山峁上。地处黄土高原丘陵沟壑地带的三北防护林区，东侧为榆（林）西（沟）公路，路东为深沟；南侧为山梁，坡度较平缓；西侧为下坡趋势；西0.015千米处为深约40米的沟，沟壑较多；北侧较为平缓，为松树林。高程1386.8米。

烽火台整体保存差。台体由于雨水冲刷侵蚀坍塌呈斜坡状，西壁底部有宽1、高0.8、进深0.7米的豁口，南壁底部豁口宽1、高0.9、进深0.4米。

　　台体用黄土夹杂料礓石和残砖夯筑而成，夯层厚0.15～0.2米。台体平面呈近矩形，剖面呈近梯形，底部东西12、南北11米，顶部东西4、南北2.2米，高5.9米。（图一〇五三）

　　该烽火台北距李家峁村长城0.036千米，北0.017千米处有断桥村关，西0.05千米处有榆（林）西（沟）公路，西北0.075千米处有一条土路。

（一八五）毛羊圈村烽火台（610802353201170185）

　　该烽火台位于麻黄梁镇断桥村毛羊圈村（组）西1.01千米的山峁上。地处黄土高原丘陵沟壑地带的三北防护林区，东侧为缓坡，0.132千米处有一道沟；南0.03千米处有一座山峁，西南约0.05千米处有2道宽8～12、深7～10米的沟；西侧有宽约20、深约13米的沟；北侧较平缓。高程1340.3米。

　　烽火台整体保存差。夯土基座东北角坍塌，东侧坍塌2.6米，北侧坍塌长2.4、高1.6、进深1.4米；东侧中部豁口宽2.2、高1.2、进深1.4米；南侧坍塌呈斜坡状；西侧有4个豁口，由南向北尺寸依次为宽3.4、高1.5、进深1.6米，宽2.8、高2.4、进深2.2米，宽2、高1.2、进深1米，宽6.7、高2.8、进深2.8米；北侧豁口内宽3.4、外宽2、进深1.6、高1.6米。台体南壁坍塌呈斜坡状，仅存的顶部东、西侧呈刃状；西壁有水冲豁口、裂缝较多，豁口宽0.8、高1.8、进深0.8米。

　　台体基座用黄土夹杂料礓石夯筑，夯层厚0.11～0.21米。基座坍塌呈斜坡状，南侧中部较平缓。基座平面呈矩形，边长24米，东侧高4.3、南侧高1.3、西侧高2.8米。台体用黄土夹杂料礓石和砖夯筑而成，夯层厚0.05～0.1米。台体平面呈近矩形，剖面呈梯形，底部边长8米，顶部东面长2.6、南面长4.6、西面长3.5、北面长3.3米，高3.7米。台体周围发现有残砖，砖宽20、厚7.5厘米，其中一块呈不规则形，中间较高，边缘较低，有人工打磨的痕迹，长39、宽16.5、最厚处11.5厘米。（图一〇五四）

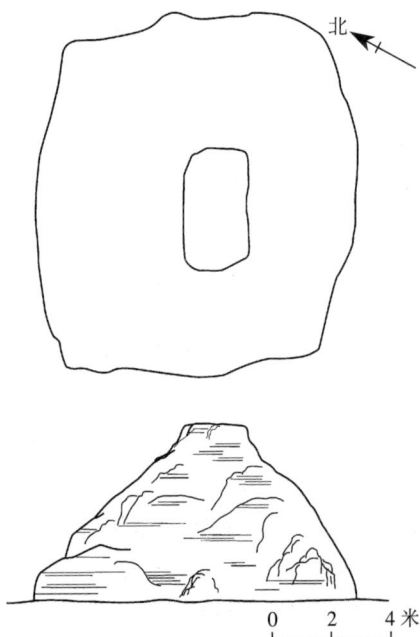

图一〇五三　断桥村烽火台平、立面图

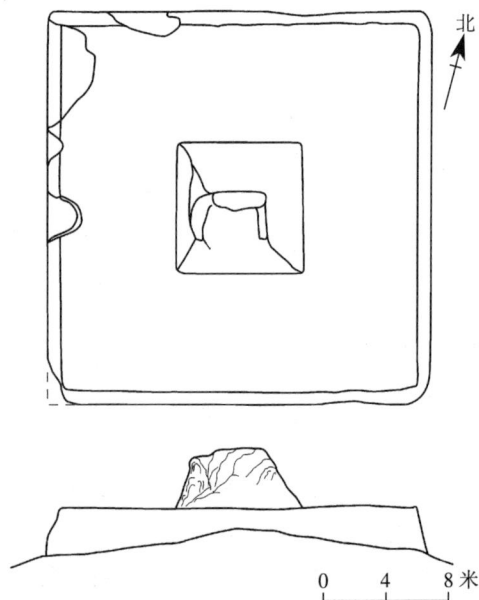

图一〇五四　毛羊圈村烽火台平、立面图

该烽火台北距毛羊圈村敌台 0.076 千米，东北距毛羊圈村 2 号马面 0.269 千米，南距榆（林）西（沟）公路 0.405 千米，西侧有一条土路。台基东北侧有一根 GPS 水泥柱，上有"厘 K09"字样。

（一八六）麻黄梁村烽火台（610802353201170186）

该烽火台位于麻黄梁镇大圪垯村麻黄梁村（组）西南 0.67 千米的山峁上。地处黄土高原丘陵沟壑地带的三北防护林区，东侧为山坡；南侧山坡较平缓，生长有 3 座铁塔；西侧 0.1 千米处有沟；北侧山梁较平缓，生长有油松林。高程 1403.1 米。

烽火台整体保存差。台体顶部东南角坍塌，宽 3 米，高达顶部，进深约 1 米；北壁由于雨水冲刷侵蚀坍塌严重，底部散落有大量料礓石；西北角坍塌，宽 3.6 米，高达顶部，进深 2.2 米，可由坍塌处登台。

台体用黄土夹杂料礓石夯筑而成，夯层厚 0.75 ~ 0.12 米。台体平面呈近矩形，剖面呈梯形，底部边长 12 米，顶部东西 3.2 ~4.2、南北 4.2 米，高 8 米。台体东、南侧散落有大量小块料礓石。（图一〇五五）

该烽火台北距麻黄梁村 1 号敌台 0.137 千米，西南 0.07 千米处有一座信号发射塔，南距榆林市麻黄梁镇广播电视微波站 0.11 千米、榆（林）西（沟）公路 0.416 千米。

（一八七）西河村 1 号烽火台（610802353201170187）

该烽火台位于麻黄梁镇大圪垯村西河村（组）北 1.86 千米的山峁上。地处沙漠草滩地带，东侧呈下坡趋势，有多处沙丘；南、西、北侧较平坦，北 0.08 千米处有沙丘；东北侧为山坡，坡度较缓。高程 1312.6 米。

烽火台整体保存差。台体由于长期雨水冲刷侵蚀坍塌呈斜坡状，顶部呈坟丘状，北壁底部有人为挖掘外宽 2、内宽 1.1、高 0.8、进深 0.9 米的豁口，顶部有雨水冲刷剥落形成的 3 个洞。

台体用黄土夹杂料礓石夯筑而成，夯层厚 0.1 ~ 0.15 米。台体平面呈圆形，剖面呈梯形，底部直径 10、顶部直径 2.4、高 4 米。台体附近有砖、瓦片，砖宽 18.5、厚 7.5 厘米，瓦片厚 1.8 厘米。（图一〇五六）

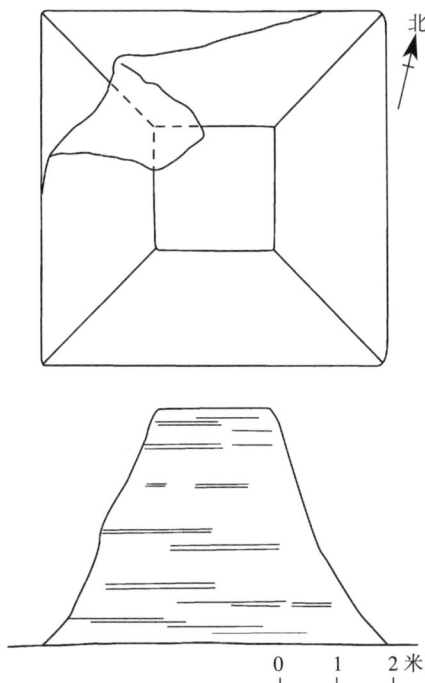

图一〇五五　麻黄梁村烽火台平、立面图

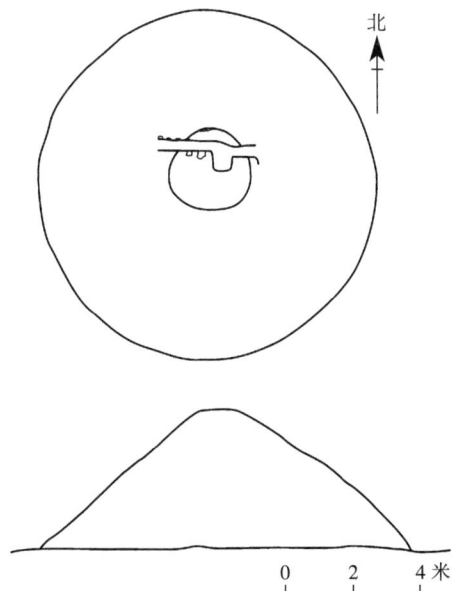

图一〇五六　西河村 1 号烽火台平、立面图

该烽火台北距麻黄梁村长城4段墙体、西河村1号敌台0.045千米，南距榆（林）西（沟）公路0.23千米。

（一八八）西河村2号烽火台（610802353201170188）

该烽火台位于麻黄梁镇大圪垯村西河村（组）北1.09千米。地处黄土高原丘陵沟壑地带，东侧山坡陡峭，0.04千米处有一条沟，沟底沙化严重；南0.02千米处有一条宽4、深约3米的水冲沟，0.743千米处有一座砖厂；西0.015千米处有冲沟，之外为山坡，坡度陡峭；北0.03千米内较为平缓，之外坡度陡峭。高程1333.3米。

烽火台整体保存差。台体坍塌成斜坡，底部有大量坍塌土，可由此登台。台体顶部有当地居民挖掘的2个育林坑，中间的坑呈圆形，直径0.6、深0.4米；西北角的坑呈矩形，边长0.5、深0.4米，树木枯死。台体东壁顶部豁口外宽2、内宽0.7、高1.2、进深1.3米，西壁底部有人为挖掘宽2.6、高2.2、进深1.4米的洞。

台体用黄土夯筑而成，夯层厚0.08～0.13米。台体平面呈矩形，剖面呈梯形，底部东西13、南北14米，顶部东高西低，东西6、南北4.2米，高3.5米。台体底部散落有砖、瓦片，砖宽21、厚7厘米，瓦片厚1.5厘米。（图一○五七）

该烽火台北距西河村长城2段墙体、西河村4号敌台1.1千米，附近有山间小路。

（一八九）七山村烽火台（610802353201170189）

该烽火台位于麻黄梁镇十八墩村七山村（组）东北1.63千米的山梁上。地处黄土高原丘陵沟壑地带，东侧为缓坡，南0.12千米内坡度较缓，之外坡度较陡峭；西侧呈下坡趋势，坡度平缓，坡底为七山煤矿，栽有大量电线杆；北侧有榆（林）西（沟）公路。高程1315.8米。

烽火台整体保存差。台体由于雨水冲刷侵蚀、植物根系生长破坏顶部呈锥状，四壁剥落严重，有多处水冲裂缝，随时有坍塌的可能。

台体用黄土夹杂料礓石夯筑而成，夯层厚0.1～0.25米。台体呈锥状，底部直径8、高5米，由于不能登台顶部无法测量。台体附近发现有少量的砖。（图一○五八）

该烽火台东北距七山村1号敌台0.269千米，北距榆（林）西（沟）公路0.075千米，西距土路0.015千米，北3米处有电线杆。

（一九○）十八墩村1号烽火台（610802353201170190）

该烽火台位于麻黄梁镇十八墩村十八墩村（组）煤矿西0.05千米。地处黄土高原丘陵沟壑地带，东侧有十八墩煤矿；南侧为沙梁，较平缓，0.4千米处有一道沟，沟底栽种有大量杨树；西、北侧较平缓，北0.4千米处有沟，沟底为十八墩村。高程1243.9米。

烽火台整体保存差。基座东侧靠北豁口宽2.1、高1.2、进深2.2米；南侧基本坍塌呈斜坡状，4米处有一根电线杆；西侧靠北有2个豁口，由南向北尺寸依次为宽2.5、高1.5、进深1.6米，宽1.9、高1.5、进深1.3米；西北角豁口宽4、高1.2、进深1.4米；东北角豁口顶宽2.4、底宽1、高2.2、进深2.6米。

台体基座平面呈矩形，边长19米，东侧高1.5～1.7、西侧高1.4、北侧高2.3米。台体用黄土夹杂大量料礓石夯筑而成，夯层厚0.05～0.12米。台体平面呈圆角矩形，剖面呈近梯形，底部边长9.3米，顶部坍塌严重，东面长2.5、南面长6.6、西面长6、北面长4米，高4.7米。台体南壁有豁口，宽5.5、高2.2、进深3.4米，可能为登台踏步。（图一○五九）

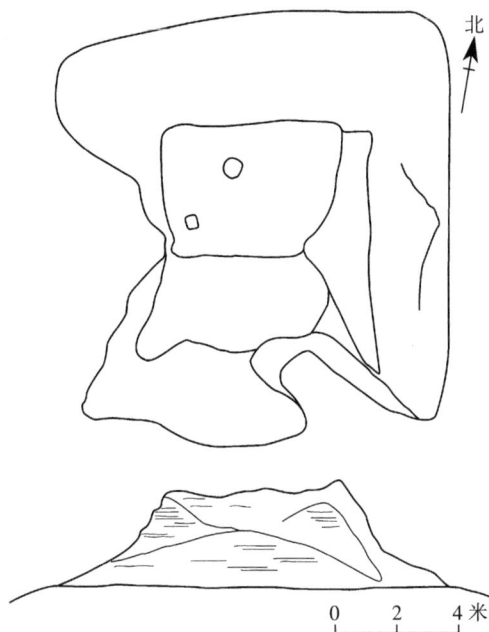

图一○五七　西河村2号烽火台平、立面图

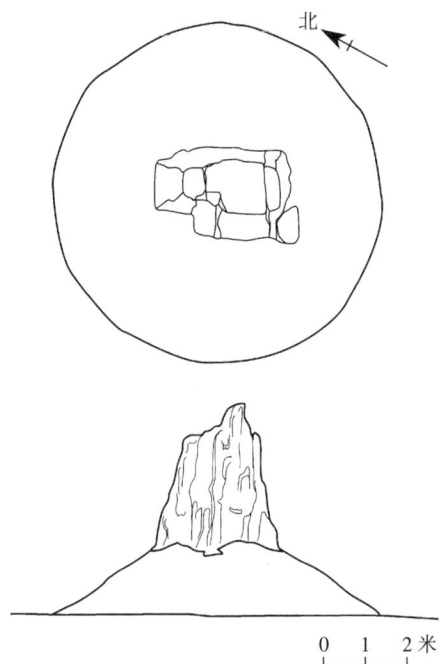

图一○五八　七山村烽火台平、立面图

该烽火台北距十八墩村长城1段墙体0.07千米、十八墩村2号马面0.089千米、榆（林）西（沟）公路0.08千米。

（一九一）十八墩村2号烽火台（610802353201170191）

该烽火台位于麻黄梁镇十八墩村十八墩村（组）西0.14千米的山峁上。地处黄土高原丘陵沟壑地带，东侧为阶梯状，有耕地和村庄；南3米处有宽8～10、深5～8米的沟，有耕地和十八墩水库；西侧较为平缓，0.1千米处有荒沙地，之外为沙丘；北侧底部有沟，沟内有水流，约0.4千米处有沙梁。高程1197.3米。

烽火台整体保存差。台体和基座上有多处盗洞。台体东壁基本坍塌，顶部西、北侧高，东、南侧低；南壁顶部豁口宽1.9、高4.6、进深1.6米；西壁顶部有水冲豁口，宽3.6、进深0.5～1.5米，高达顶部；东壁有矩形豁口，宽1.25、高3、进深0.7～0.8米，豁口内底部有小洞，宽0.25、高0.4米，内侧较大，深2.5米，豁口底部基座内有盗洞，长1.7、宽1.1、高0.85米，洞内有小洞，宽0.2～0.4米，进深不详；东壁底部基座南侧有盗洞，边长1.3、深1.4米；东壁靠南小洞宽0.4～0.6、高0.3、进深1米。基座东北角有3个盗洞，尺寸依次为长2.4、宽1.4、高0.85米，长1.5、宽1.3、高0.55米，长1.9、宽1.1、高1.1米。东侧接近台体处盗洞长1.95、宽1.35、高1.3米。北侧有4个盗洞，由东向西尺寸分别为长1.3、宽0.8、高1.2米（盗洞入口处），盗洞宽0.4、高0.6、进深不详；长1.9、宽0.7、高2.1米（盗洞入口处），盗洞宽0.6、高0.8、进深不详；洞被回填，长1.1、宽0.95、高0.5米；长1.75、宽0.65、高1.05米（盗洞入口处），盗洞宽0.65、高0.8、进深不详。台体西壁底部盗洞由北向南依次为长1.25、宽0.75、深0.4米；长2.2、宽0.7、深0.9米，进深不详；南壁盗洞底宽0.5、顶宽0.3、高1.1米，进深不详，入口处长1.7、宽0.75、进深0.7米。

台体基座平面呈矩形，东西30、南北19米，东、南、西侧底部由于耕地坍塌严重，西侧由于水冲沟西部分消失，北侧高1.9米。台体用黄土夯筑而成，夯层厚0.06～0.12米。台体平面呈不规则形，剖面呈近梯形，底部边长 10.6 米，顶部南面长 4.4、西面长 5、北面长 7 米，东面坍塌严重，高 6.5 米。台体北壁底部有登台券洞，坍塌呈斜坡状，可由坍塌处登台，券洞外小内大，入口处长 0.9、宽 0.7、高 0.8 米，内侧高 1.4 米。台体周围发现有瓦片、筒瓦，瓦片内为麻点纹外为绳纹，筒瓦外径 13、内径 9.5、长 18、厚 2 厘米。（图一〇六〇）

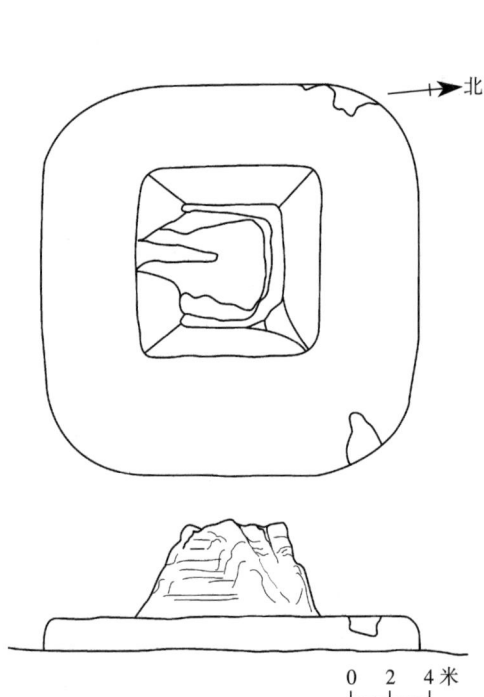

图一〇五九　十八墩村 1 号烽火台平、立面图　　　　图一〇六〇　十八墩村 2 号烽火台平、立面图

该烽火台东距十八墩村 6 号敌台 0.193 千米、榆（林）西（沟）公路 0.33 千米，东北距十八墩村 5 号敌台 0.358 千米，南侧有土路，西距运煤专线 0.55 千米。

（一九二）石峁村烽火台（610802353201170192）

该烽火台位于牛家梁镇常乐堡村石峁村（组）东北 2.03 千米。地处沙漠草滩地带，东侧为山坡，0.02 千米处有一道宽 2、深 2 米的沟，有多处坟丘；南侧为缓坡，坡底有多处坟丘，0.3 千米处有通往基泰阳光发电公司的柏油路，0.4 千米处有一座沙丘；西侧较平缓；北侧呈下坡趋势，约 0.1 千米处有一座信号塔。高程 1240.6 米。

烽火台整体保存差。台体夯土基座东北角豁口宽 1.3 ~ 7.2、高 0.5 ~ 3、进深 7.5 米；东侧靠北豁口内宽 2.1、外宽 2.8、高 1.5、进深 2.2 米，靠南豁口内宽 1.4、外宽 3.2、高 2.4、进深 3.3 米；南侧有一个内宽 0.6、外宽 2.8、高 1.6、进深 1.4 米的豁口；西侧有栽树所挖的树坑，有宽 1.8 ~ 3、长 6.5、深 0.4 米的槽，有一个内宽 1.3、外宽 1.5、高 1.2 米的豁口，底部有人为用铁丝围起来的多处坟丘，栽种有柏树等。台体四壁坍塌呈斜坡状，可由坍塌处登台，西壁豁口宽 1.6、高 0.5、进深 1.1 米，南壁豁口宽 1、高 0.8、进深 0.7 米；顶部有一个"西煤局三角点"字样的铁制 GPS 点。

台体基座平面呈矩形，底部东西 30.4、南北 28.6 米，顶部东西 28、南北 26.2 米，东侧高 2.8、南侧高 4、西侧高 3.3、北侧高 2.8 米。围墙建于基座上，仅存西墙，墙体顶宽 0.2～0.4 米，内高1.3、外高 1.3 米。台体用黄土夯筑而成，夯土内夹杂有少量料礓石，夯层厚 0.1～0.17 米。台体平面呈矩形，剖面呈梯形，底部东西 10.8、南北 8.6 米，顶部东西 6.5、南北 4 米，高 2.6 米。台体南壁中部有豁口，可能为门，内侧由于雨水冲刷侵蚀呈 "V" 形，两侧尺寸分别为宽 2.8、高 0.9 米，宽 3.4、高 1、进深 13 米。台体上有三种类型的砖，第一种砖长 39、宽 20、厚 8 厘米，第二种砖长 41、宽19.5、厚 6.5 厘米，第三种类宽 15、厚 6 厘米。（图一○六一）

图一○六一　石峁村烽火台平、立面图

该烽火台西距石峁村 1 号马面 0.282 千米，西北距石峁村 4 号敌台 0.035 千米，南 0.3 千米处有通往基泰阳光发电公司的柏油路，北 0.08 千米处有通往白鹭煤矿的砖路。

（一九三）走马梁烽火台（610802353201170193）

该烽火台位于牛家梁镇边墙村走马梁的波状沙丘地上。四周为林草地，杂草丛生，植被较好。西8 米处有 4 孔窑洞，曾有人居住；东南有座高压电塔；西南 0.573 千米处有一座热电厂。高程1156.9 米。

烽火台整体保存差。台体受雨水冲刷严重四壁有坍塌，底部堆积坍塌土。台体西壁底部有一个宽0.7、高 2 米的洞，可通往顶部；东壁有多处昆虫洞穴；南壁有一个窑洞，口高 1.3、内高 2.3、面宽1、内宽 2、进深 3 米，为近年所修；北壁坍塌成斜坡，顶部有人为挖掘的凹坑。

台体用黄土夯筑而成，夯土内夹杂有料礓石，质地细密，夯层厚 0.07～0.13 米，没发现夯窝，夯层清晰。台体外部包砖被拆除。台体平面呈矩形，剖面呈梯形，底部南北 7、东西 6.8 米，顶部中央呈凹形，东西 4.5、南北 4.3 米，高 4.5 米。（图一○六二）

该烽火台位于走马梁长城 2 段墙体南侧，西北距镇北台 2 千米。边墙村内有榆（林）西（沟）公路，由西向东通往麻黄梁镇，交通便利。

（一九四）北岳庙村1号烽火台（610802353201170194）

该烽火台位于榆阳镇北岳庙村镇北台东南的黄土梁峁上。西南面紧邻崖畔，约0.5千米处有榆溪公路，崖畔下为砖瓦厂；东侧有一片现代墓群，栽种有杨树、榆树和柠条；西侧崖畔下为砖瓦厂，西北2米处有一座蓄水池，池内有水。高程1159.6米。

烽火台整体保存差。台体坍塌较严重，南壁2米以下紧邻一座砖厂，由于取土使南、西壁下的崖畔上有多条裂缝。台体面临彻底滑塌的危险，东壁斑驳有裂缝，北侧有一个宽1米的豁口，底部有坍塌土堆积。

台体夯筑而成，夯土以黄土为主，土质纯净，质地细密，层厚0.07～0.12米，夯层清晰，没发现夯窝。台体外部包砖被拆除。台体平面现呈矩形，剖面呈梯形，底部东西7.3米、南北8.4；顶部北侧塌陷呈凹形，东西6、南北5.5米，高6.1米。（图一〇六三）

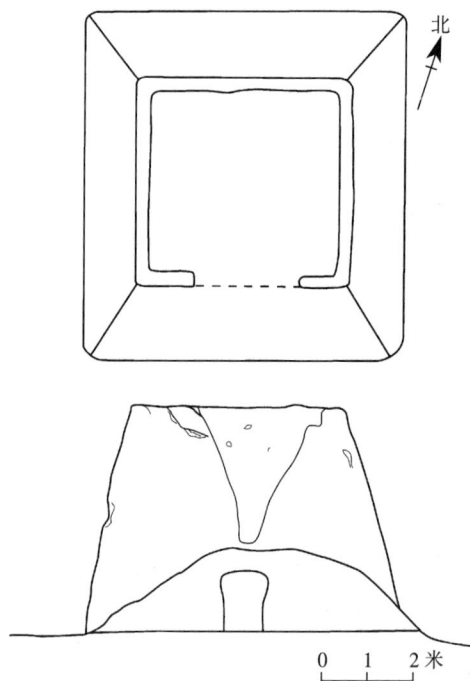

图一〇六二　走马梁烽火台平、立面图　　　　图一〇六三　北岳庙村1号烽火台平、立面图

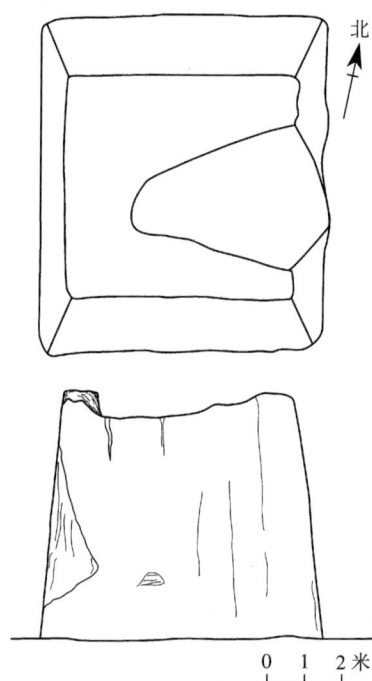

该烽火台位于镇北台长城墙体南侧，西北距镇北台1.6千米。北岳庙村内有榆溪公路，由西向东通往榆林市区，交通便利。

（一九五）麻界村烽火台（610802353201170195）

该烽火台位于芹河乡麻界村东北约2千米的山峁上。地处沙漠丘陵地带一，北距长城墙体约0.1千米，周边是较平缓的波状沙丘，生长沙蒿、柠条等植被。台体西南角、西侧各有一条冲沟，东侧山坡有2条冲沟，西北约0.56千米处有一座砖厂，西南0.274千米处较低的山峁上有一座小庙。高程1235.7米。

烽火台整体保存较差。台体顶部和侧面经过铲削，顶部较平，底部由于坍塌形制模糊不清。台体顶部有藏传佛教信徒所立的5座石碑；腰部四周有10座，立碑时铲削和挖掘以及后来的各种宗教活动对台体破坏极大，西南角向外侧凸出，东南角坍塌下陷；北壁顶部往下1米处为立碑铲削所形成的平台。台体坍塌，表面生长有大量树木和杂草，有多条冲蚀裂缝，坍塌落土呈斜坡状围绕台体。

台体内部用黄土夯筑而成，夯土内含少量白色料礓石、瓷片、瓦片等，夯层厚约0.1～0.2米，土质较疏松。台体外部包砖石脱落或被人为拆除，顶部坍塌呈圆角矩形，存有大量石灰渣。台体平面呈矩形，剖面呈不规则梯形，底部东西23.5、南北21米，顶部边长7米，高6米。台体坍塌的斜坡上散落有大量明代残砖、残石，有大量石灰渣。台体顶部原应有建筑物，存有碎瓷片、瓦片等。（图一〇六四）

该烽火台东北距麻界村1号马面0.116千米，西北距麻界村2号马面0.139千米，南侧有一条便道通向东西向的土路，南0.33千米处有榆（林）靖（边）高速公路。

（一九六）十六台村烽火台（610802353201170196）

该烽火台位于芹河乡十六台村东北0.5千米的平坦地面上。地处沙漠丘陵地带，四周种植有大量柳树，东南0.41千米处有十六台村砖厂，南0.17千米处略高沙梁上有一座信号发射铁塔。高程1189.1米。

烽火台整体保存差。台体四壁剥落、坍塌严重，顶部略尖，坍塌落土呈斜坡状围绕台体。台体东壁有一个较大的内陷凹槽，应为步道口；北壁中部生长有一棵杨树，根系嵌入台体；西北角坍塌呈槽状，裂缝较多；西壁底部有凹坑，有较多的土蜂洞穴；顶部生长有大量麻黄。

台体用黄土夯筑而成，夯层厚约0.09米，分布均匀，土质略泛红，质地坚硬。台体平面呈矩形，剖面呈不规则梯形，底部东西5～6、南北7米，顶部坍塌呈圆形，凹凸不平，东西1、南北3米，高5.4米。台体附近有较多板瓦残片、少量残砖。（图一〇六五；彩图二〇七）

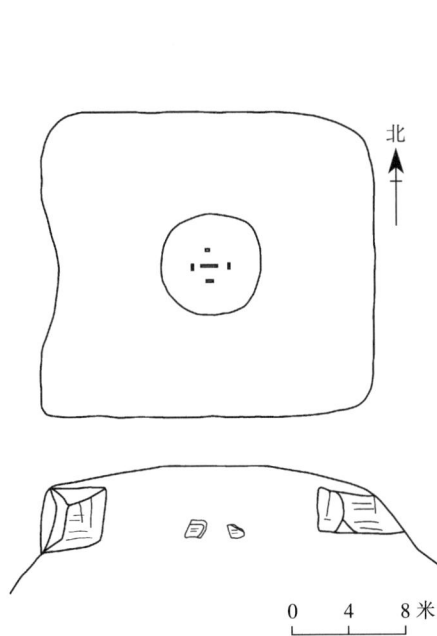

图一〇六四　麻界村烽火台平、立面图　　　　图一〇六五　十六台村烽火台平、立面图

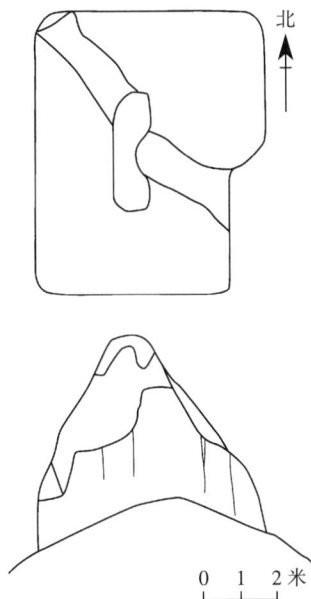

该烽火台为明代所建，无任何修缮痕迹。西北0.043千米处有十六台村3号马面，0.015千米处有一条南北向的土路。北距长城墙体0.018千米。

（一九七）二十台村烽火台（610802353201170197）

该烽火台位于芹河乡二十台村北0.634千米。地处沙漠草滩地带，四周地势较平缓。东北0.04千米、东南 0.057 千米处各有一块耕地，耕地两侧为沙梁，植被茂盛。高程 1180.4 米。

烽火台整体保存一般。台体顶部长满沙棘，西、北壁底部有挖槽；东南角坍塌，南壁落土呈斜坡状，东壁有多条裂缝，北壁中部有一条宽 0.2 米的垂直裂缝，西壁顶部往下有 4 条较小的裂缝，底部四周植有柳树。

台体用黄土夯筑而成，夯层厚约 0.11 米，夯土质地细密、纯净，分布均匀。台体平面呈矩形，剖面呈梯形，底部东西 7.2、南北 6.4 米，顶部东西 6.2、南北 5.4 米，高 5.2 米。台体附近有残砖、石灰渣。（图一〇六六）

该烽火台为明代所建，位于长城墙体北侧约 0.019 千米，无任何修缮，西南距二十台村 2 号马面 0.324 千米，南 0.3 千米处有榆（林）靖（边）高速公路。

（一九八）三十台村烽火台（610802353201170198）

该烽火台位于芹河乡外三十台村东北约 1 千米。地处沙漠丘陵地带，地势东南高、西北低，东南侧沙漠波状起伏，西北 0.025 千米、0.276 千米处分别有高速公路和长城墙体。高程 1218.8 米。

烽火台整体保存一般。台体南壁中部步道口坍塌严重，形成一个较大的豁口，步道向西延伸到一个落差约 3 米的水泥平台，该处是高速路出口的一个观景点，由陕西交通集团榆靖分公司所建，有大量游客通过此路登台观景，对台体的破坏极大，该观景点的各项设施对台体基础及周边地貌破坏极大。台体四壁有大量的凹坑，生长有沙棘；顶部生长有杂草，有大量残砖、石灰残渣；顶部原应有建筑，被人为拆除或自然坍塌；东壁中部有一条垂直的冲槽，宽 0.4 米。

台体用黄土夯筑而成，土质较纯净、致密，夯层厚 0.08~0.14 米。台体平面呈矩形，剖面呈梯形，底部东西 22、南北 19 米，顶部东西 16、南北 14 米，高 7~7.5 米。台体南壁步道呈斜坡状与地面相连，步道上宽 5.6、下宽 3.5 米；东、西、北壁有矩形土台轮廓，应为高速公路绿化带和观景点建设时铲削形成；北壁土台下是高速公路的绿化斜坡。台体附近有少量残砖、瓦片。（图一〇六七；彩图二〇八）

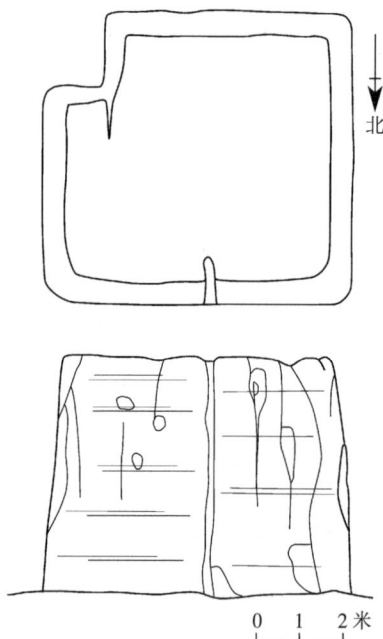

图一〇六六　二十台村烽火台平、立面图　　　　图一〇六七　三十台村烽火台平、立面图

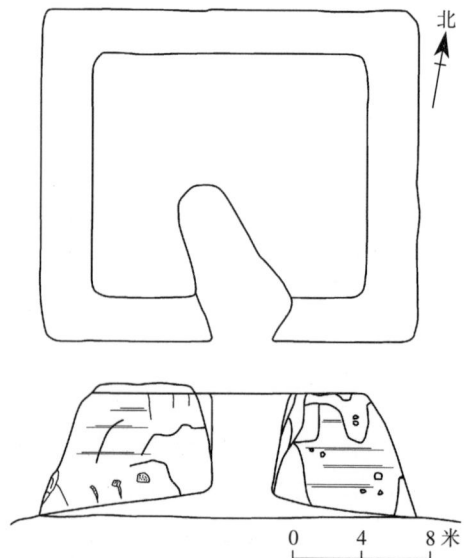

该烽火台北距长城墙体约 0.3 千米，西北距三十台村 1 号马面 0.276 千米，北 0.025 千米处有榆（林）靖（边）高速公路，东南 0.02 千米处有一座连接一条南北向土路的高架桥。

（一九九）黄沙七墩村烽火台
（610802353201170199）

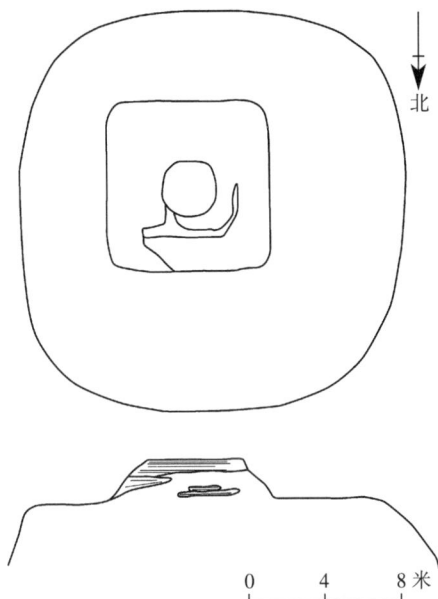

图一〇六八　黄沙七墩村烽火台平、立面图

该烽火台位于芹河乡黄沙七墩村东北约 0.8 千米。地处沙漠草滩地带，西南 0.197 千米处有一座砖砌平房建筑，南侧是与沙梁之间形成的沙沟，周边为较平缓的波状沙丘。高程 1178.8 米。

烽火台整体保存差，仅存圆形土包。台体表面剥落严重，西北壁坍塌为台阶状。

台体基座平面呈近圆形，直径约 20 米。台体用略呈暗色的土夯筑而成（整个台体呈灰黑色），夯层厚 0.07 ~ 0.15 米。台体平面呈矩形，剖面呈梯形，底部边长 8.5 米，顶部呈不规则形，东西 2.9、南北 2.8 米，高 2.3 米。台体附近有残砖。（图一〇六八）

该烽火台东北 0.876 千米处有三十台村 9 马面，北 0.055 千米处有一条呈东北—西南走向的乡村土路，是长城墙体所在的位置。

（二〇〇）郑窑则村 1 号烽火台（610802353201170200）

该烽火台位于红石桥乡郑窑则村东 1.4 千米的东西向山梁最高处。南北两侧各有一条斜坡通向沟底，地势西高东低，地表覆盖少量沙层，生长有柠条、黄蒿等植被。高程 1131.3 米。

烽火台整体保存差。基座南、西侧因人为挖掘、流水冲刷等原因基本消失；北、东侧呈斜坡状，断面上部是夯土，下部是沙层，东侧有 3 个啮齿动物洞穴，生长有柠条。台体北壁有一条挖掘形成的斜坡便道通往顶部；西壁由于坍塌剥落中部内凹，底部有一个宽 0.8、高 1.4 米的土洞通向顶部，洞内被大量坍塌落土填充；南壁塌陷严重，部分夯土呈块状下陷剥落，有多个土蜂洞穴；北壁上部形成一个 "V" 形豁口，宽约 0.2 米，有一条较大的裂缝；顶部凹凸不平。

台体基座呈不规则形，向台体西侧延伸，高 0.4 ~ 1.6 米。基座及台体用纯净的黄土夯筑而成，基座夯层厚 0.1 米，在沙质地面上夯筑；台体夯层厚 0.06 ~ 0.1 米，夯土质地细密、纯净。台体平面呈不规则矩形，剖面呈梯形，底部边长 8、顶部边长 5、高 5 米。台体南壁上部有一个小土洞，用途不明。台体附近有少量黑瓷片、白瓷片、红陶片、残砖等。（图一〇六九）

该烽火台西南距郑窑则村 2 号烽火台约 0.44 千米，东 0.12 千米处有一条乡村土路。

（二〇一）郑窑则村 2 号烽火台（610802353201170201）

该烽火台位于红石桥乡郑窑则村东约 1.3 千米的山峁顶部。地处榆阳区和横山县交界地段的黄土沟壑地带，所在山峁被人为铲平，用作墓区，有大量墓葬和墓碑。西 9 米处有长城墙体，周围是较平缓的山梁，生长有一片柠条林，植被较少。高程 1123 米。

烽火台整体保存差。台体顶部凹凸不平，西壁有几个凹槽，整体与地表连接成斜坡。台体坍塌成圆形土

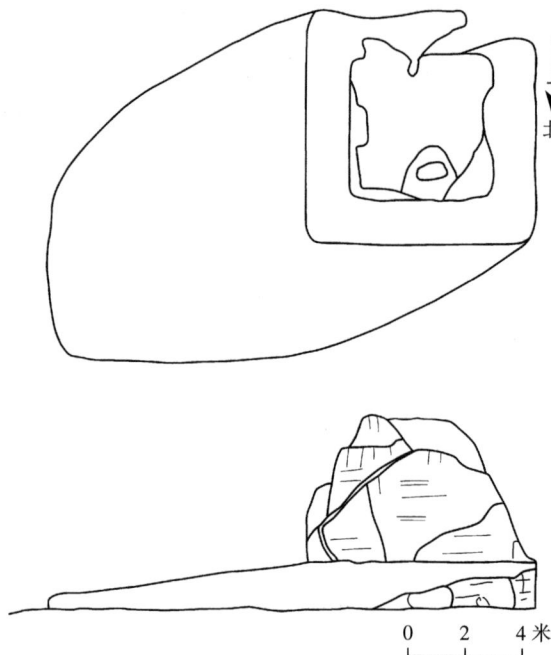

图一〇六九　郑窑则村 1 号烽火台平、立面图

堆，东壁被铲削成垂直断面，东 0.011 千米处有用铁丝网围成的墓地。台体上生长有少量柠条和杂草。

台体用纯净的黄土夯筑而成，夯土质地细密、纯净，夯层厚 0.12 米，较模糊。台体较扁平，底部平面呈椭圆形，底部东西 16、南北 25 米，顶部边长 6 米，高 5 米。台体附近有少量明砖残块。（图一〇七〇）

该烽火台西南距郑窑则村 3 号烽火台约 0.591 千米，西 0.034 千米处有一条呈南—北走向的乡村土路。

（二〇二）郑窑则村 3 号烽火台（610802353201170202）

该烽火台位于红石桥乡郑窑则村东南约 1.15 千米的山峁上。地处榆阳区和横山县交界地段的黄土沟壑地带，地势北高南低，东北 6 米处有一条东西向冲沟，地表黄土裸露较多，植被稀疏。高程1100.3 米。

烽火台整体保存差。台体坍塌严重，南壁消失，仅存少量，坍塌成土堆，有一个坍塌和铲削的断面，西北角凸起，四周杂草丛生，濒于消失。

台体用纯净的黄土夯筑而成，夯土质地细密、纯净，夯层厚 0.01 ~ 0.1 米，较模糊。台体底部呈不规则形，顶部形制不清，底部南面消失，东面长 6、北面长 7、西面长 3.6 米，顶部边长 1.5 米，高0.6 ~ 2.6 米。台体附近有少量残砖。（图一〇七一）

该烽火台西南距长城峰村敌台约 0.772 千米，西距长城墙体约 5 米，东北 0.03 千米处有一条乡村土路。

（二〇三）长城峰村 1 号烽火台（610802353201170203）

该烽火台位于红石桥乡长城峰村北约 0.2 千米。地处榆阳区和横山县交界处的黄土沟壑地带，西0.073 千米处为硬地梁河东侧断崖，与台体之间是一条斜坡，南、北、东侧在平整耕地时被铲平，较平整。地表有多个的树坑，生长有少量柠条，南 0.217 千米处柠条林内有大量墓葬，西南 0.128 千米处有一座新建的砖厂。高程 1079.9 米。

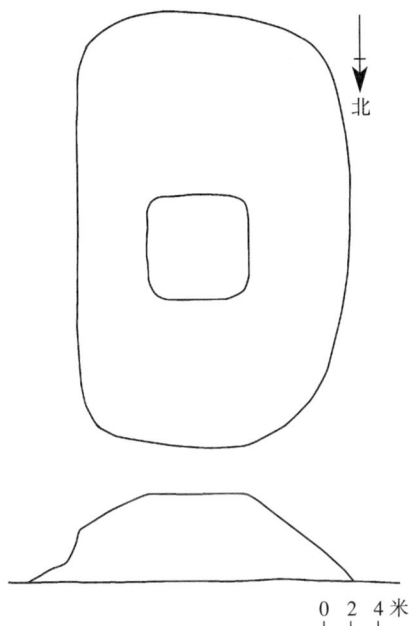

图一〇七〇　郑窑则村 2 号烽火台平、立面图

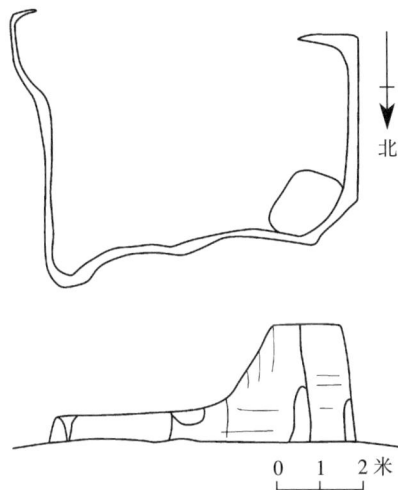

图一〇七一　郑窑则村 3 号烽火台平、立面图

烽火台整体保存较差。台体南壁有长期攀爬形成的登台步道，步道处坍塌严重，底部紧靠台体有一座龙王庙，修建时对台体底部铲削严重；西壁由于冲蚀中部内凹，在顶部形成一个宽约 4 米的"V"形豁口；顶部生长有杂草，有煤和篝火残渣。台体表面有多个土蜂洞穴。

台体用黄土夯筑而成，夯土质地纯净、细密，夯层厚 0.08～0.13 米。台体平面呈矩形，剖面呈梯形，底部东西 18、南北 16.5 米，顶部东西 9、南北 8.6 米，高 9.3 米。台体附近有明代残砖，东北角底部发现一块完整明代的砖，砖长 40、宽 20、厚 7 厘米。（图一〇七二）

该烽火台西南距长城峰村 2 号烽火台约 0.631 千米，附近有多条土路便道。

（二〇四）长城峰村 2 号烽火台
（610802353201170204）

该烽火台位于红石桥乡长城峰村中。地处榆阳区和横山县交界处的黄土沟壑地带，四周 0.05 千米外均为民居，主要是平房建筑，周边地势较为平坦，植被较少，多用作菜地和院落。

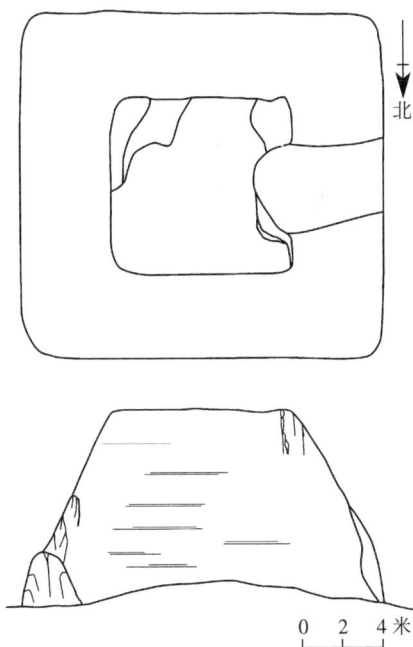

图一〇七二　长城峰村 1 号烽火台平、立面图

烽火台整体保存差。基座东侧底部有一个人为挖掘的洞穴，用于储存马铃薯。所在土梁四周被铲削为平地，用于打粮和堆放粮食。台体仅存上部，长有沙棘，顶部中央有一根地质测量遗留的水泥方柱，嵌入台体中。台体东壁有 2 条便道通向顶部；西壁有多条裂缝，剥落严重。高程 1057.2 米。

台体建在生土基座上，周围被铲削为打粮用的场。基座是由于生产生活活动铲削形成，平面呈不规则形，东西 22.5、南北 17、高 3 米。台体用黄土夯筑而成，夯土质地纯净、细密，夯厚 0.06～0.1

米。台体平面呈圆角矩形，剖面呈不规则梯形，底部东西 6.8、南北 7.6 米，顶部东西 3.2 米、南北
7，高 5.2 米。(图一〇七三；彩图二〇九)

该烽火台西距长城墙体约 0.067 千米，附近有多条土路便道。

(二〇五) 前湾滩村烽火台 (610802353201170205)

该烽火台位于芹河乡前湾滩村南 0.462 千米的山峁上。地处沙漠草滩地带，四周为沙丘环
绕。北 0.462 千米处有村庄及大块农田，东 0.024 千米处有一条水冲沟，南侧山坡下为草滩沙
丘，西 0.53 千米处有小块农田及大片沙丘。高程 1216.4 米。

烽火台整体保存较差。台体西南角顶部坍塌，坍塌部分长 3.5、宽 3.1 米，呈缓坡状由底部延伸至
顶部；东壁坍塌，坍塌进深 2.2 米，据当地老百姓讲，该处原为龙王庙，后来倒塌。台体上遍布雨水
冲刷形成的痕迹以及多个小洞穴。基座上围墙消失；北侧有 5 个盗洞，最大的长 1.7、宽 1.7、深 1.5
米，最小的长 1、宽 0.5、深 2.5 米；南侧有 11 个盗洞，最大的长 3.6、宽 2.6 米，最小的长 1.1、宽
0.6、深 1～5.4 米；东北角南 12.1 米处有一个长 6.6、宽 2.2 米的豁口；东南角西 2 米处有一个豁口，
长 4、进深 2.4 米；西南角北 2.8 米处有一个宽 5.3、进深 4.2 米的豁口，豁口北 6.6 米处有一个宽
2.5、进深 1.4 米的豁口；西北角南 2 米处有一个宽 3.5、进深 3 米的水冲沟延伸至底部。

台体基座平面呈不规则矩形，东西 27.3、南北 35.7、东侧高 2、南侧高 1.2、西侧高 1.8、北侧高
0.8 米；西北角东 11 米处有一个宽 5.1 米的豁口，疑似门。台体用黄土夯筑而成，夯土内包含有料礓
石，夯层厚 0.08～0.12 米。台体平面呈矩形，剖面呈梯形，底部东西 10.7、南北 10 米，顶部东西
7.2、南北 7.8 米，高 6.2 米。台体附近有秦汉陶器残片。(图一〇七四)

该烽火台自明代修建以来无修缮，北 0.462 千米处有一条乡村土路，有一条羊肠小道从前湾滩村
通往烽火台。

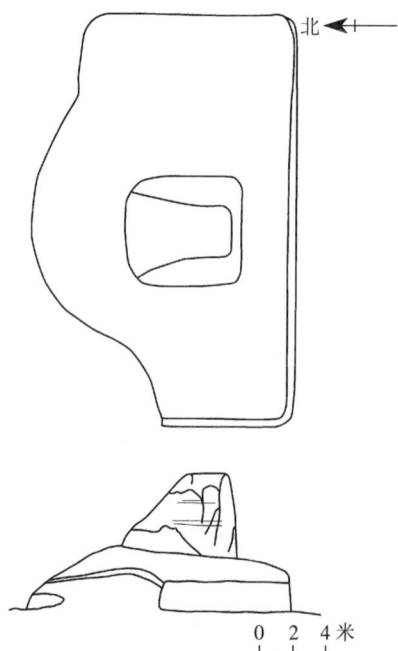

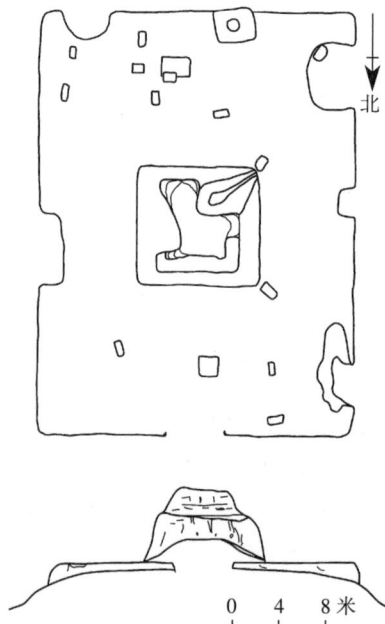

图一〇七三　长城峰村 2 号烽火台平、立面图　　　　图一〇七四　前湾滩村烽火台平、立面图

（二〇六）北岳庙村 2 号烽火台（610802353201170206）

该烽火台位于榆阳镇北岳庙村东0.29千米。西、北侧1米处有宽0.1~0.22米的裂缝，附近有一大片深洼地，洼地内有砖厂，0.3千米处有一条公路；北2米处有一个低洼地，疑为庙所在，庙倒塌后的砖、木头、塑像等堆积在台体东3米处，1千余米处有镇北台；东、南侧为一片坟地，东侧有一条土路，南侧有一条土路通向榆林市区。

烽火台整体保存差。台体由于雨水冲刷侵蚀有不同程度的剥落，东、西壁底部形成大量的堆积土；东壁有一个大豁口，为登台券洞坍塌形成，豁口宽3.7、进深2.3米，豁口内有许多小洞，为登台顶所留下的脚蹬坑；北壁有多处洞穴，顶部大部分坍塌；顶部有一根水泥桩，有"037榆林测绘制控"字样。

台体用黄土夯筑而成，夯层厚0.07~0.12米。台体平面呈近矩形，剖面呈近梯形，底部东西8、南北9米，顶部东西5、南北6.1米，高5.9米。（图一〇七五）

该烽火台东南距金刚寺村烽火台4.75千米，西0.3千米处有一条公路，东、南侧有乡村土路。

（二〇七）马圈沟村 1 号烽火台（610802353201170207）

该烽火台位于牛家梁镇马圈沟村东南2.5千米的山峁上。地处丘陵沟壑沙丘地带，南0.061千米处有一道沟壑，由西向东发育；西0.193千米处为沟壑，0.7千米处有一座烽火台，2千余米处有一座发电厂；东0.035千米处有一个沟壑，由东向西发育，3千余米处有一座发电厂。高程1270.7米。

烽火台整体保存差。台体剥落损毁严重，在底部形成堆土。台体顶部生长有杂草、柠条、沙蒿等，有两个圆坑，散落有砖、酒瓶玻璃；北、西壁有动物洞穴，西壁长满沙蒿；底部东南角有一个人为挖掘的小坑；东壁底部3米处有一个矩形小坑，深0.53、长0.39、宽0.3；南壁有两个动物洞穴。

台体用黄土夯筑而成，夯土包含有料礓石，夯层厚0.07~0.11米。台体平面呈矩形，剖面呈梯形，底部东西21、南北24米，顶部东西8、南北9.5米，高4.5米。台体附近有残陶片。（图一〇七六）

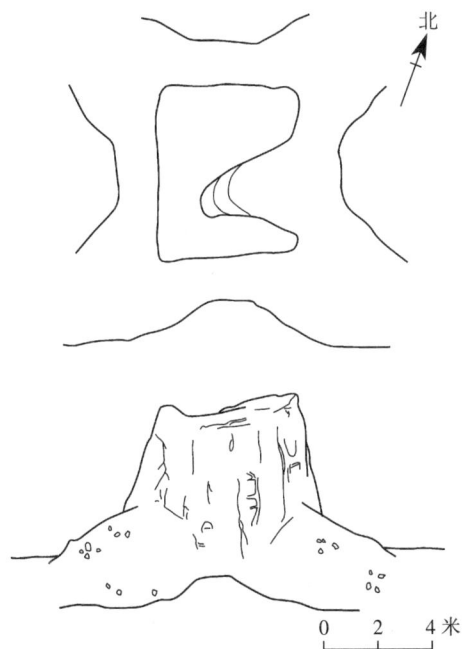

图一〇七五　北岳庙村 2 号烽火台平、立面图　　　图一〇七六　马圈沟村 1 号烽火台平、立面图

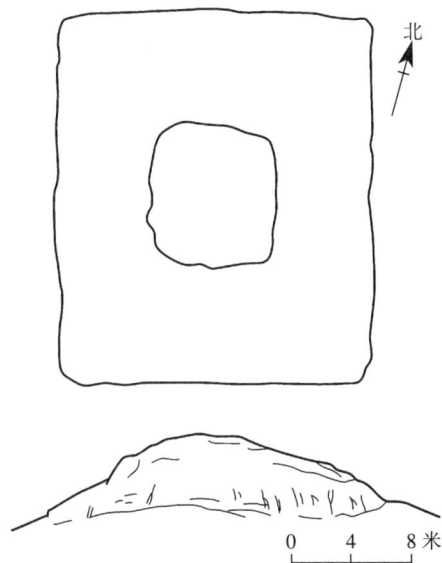

该烽火台西南距马圈沟村 2 号烽火台 0.7 千米，东距常乐堡村烽火台 5.15 千米，南 1 千余米处有一条正在修建的公路。

（二〇八）马圈沟村 2 号烽火台（610802353201170208）

该烽火台位于牛家梁镇马圈沟村东南 2 千米的山峁上。地处丘陵沟壑沙丘地带，南 0.05 千米处有一个小土堆，0.121 千米有一条正在修建的公路，底部有一个盗墓坑；西 1 米、0.068 千米处各有一条向南发育延伸的沟壑，0.309 千米处有一个铁架电线杆，2 千余米处有一座发电厂；北 0.208 千米处有一个铁架电线杆，距东壁 2 米处有一条沟壑，向南发育延伸，0.7 千米处有一座烽火台。高程 1248.7 米。

烽火台整体保存差。台体因雨水冲刷剥落，顶部有一处长 3、宽 2.8 米的矩形洼地，南壁顶部往下 1 米处有一个人为挖掘宽 1.9、高 0.9、进深 2 米的缺口；东壁有一个宽 1.6、高 1.7、进深 3.3 米的盗墓坑；南壁底部有一个长 2.1、宽 1.3、深 2.8 米的盗墓坑。

台体用黄土夯筑而成，夯土内包含有料礓石，夯层厚 0.09～0.13 米。台体底部直径 21、顶部直径 6.8、高 5 米。（图一〇七七）

该烽火台东北距马圈沟村 1 号烽火台 0.7 千米，东距常乐堡村烽火台 5.75 千米，南侧有一条正在修建的公路。

（二〇九）旧堡村烽火台（610802353201170209）

该烽火台位于麻黄梁镇旧堡村东南 0.75 千米沟壑环绕的山峁上。东、南、西侧为沟壑，南 0.154 千米处为农田，农田外为沟壑；西 0.073 千米处有一条土路；北侧为丘陵沙丘地带，0.1 千米处为沟壑，0.372 千米处有一条正在修建的公路，0.7 千米处有旧堡村；东 0.4 千米处有一块农田。高程 1231.6 米。

烽火台整体保存差，仅存台基。台体整体剥落严重，在底部形成堆土；顶部东侧有一个宽 1.8、进深 1.4 米的豁口，呈缓坡状延伸到台体底部，豁口内有登台步道；南壁底部有 2 个动物洞穴；西壁有多处洞穴，中部有一条宽 0.15～0.4 米的水冲裂缝；北壁有 2 个洞穴。台基东南角西 2.2 米处有一豁口，宽 2.5、进深 2 米；西侧有一个大的缺口，疑为门的位置，缺口两侧上部有残留的墙体，缺口上宽 6.2、下宽 2.6 米。台基东南角有一个动物洞穴，西侧有多处蜂窝洞，豁口南缘南 4.3 米处有一个大洞穴，宽 1.2、高 0.9 米，洞内有密布的蜂窝洞。

台体基座平面呈矩形，底部东西 28、南北 30 米，顶部东西 23、南北 21 米，夯层厚 0.1～0.15 米。基座西侧残存围墙，墙体底宽 2.7、顶宽 0.4、高 2.8 米，夯层厚 0.1～0.15 米。台体位于基座中央，黄土夯筑而成，夯土包含有少量的料礓石，夯层厚 0.09～0.15 米。台体平面呈矩形，剖面呈梯形，底部东西 4.5、南北 6.1 米，顶部东西 2.8、南北 3 米，高 3.7 米。（图一〇七八）

该烽火台西距常乐堡村烽火台 2.9 千米，西 0.073 千米处有一条土路，北 0.372 千米处有一条正在修建的公路。

（二一〇）常乐堡村烽火台（610802353201170210）

该烽火台位于牛家梁镇常乐堡村东南 7 千米的山峁上。地处丘陵沙丘地带，南侧 6 米处有一条沟壑，0.47 千米处有小片树木，0.62 千米处有一条土路；西侧 0.155 千米处有沟壑，0.6 千米处有一座铁架信号塔，塔下有土路，0.9 千米有一个煤炭厂，再远为常乐堡村；北侧有一个人为挖掘的坑，远处为沙丘，生长有零星榆树、杨树；东 0.01 千米处有一道沟壑，向南发育。高程 1298.1 米。

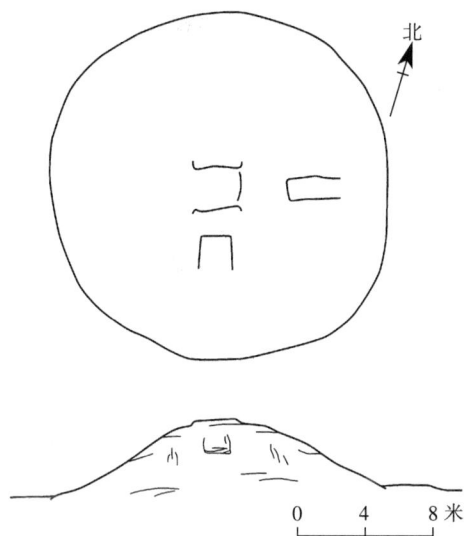

图一〇七七　马圈沟村 2 号烽火台平、立面图

图一〇七八　旧堡村烽火台平、立面图

烽火台整体保存差。台体损毁严重，北、东壁大部分坍塌，四壁有动物洞穴。台体顶部生长有杂草，有多处洞穴；北壁边缘有一个水泥桩，写有"三角点—总参谋部测绘局"，水泥桩旁边有一个长 0.35、宽 0.27 米的洞。台体顶部凸凹不平，有多处低洼地，北高南低；东南角北 3.3 米处有一个宽 7.5、进深 3.5 米的豁口，豁口北缘北 3.2 米处有一个宽 1、进深 3 米的豁口；西北角东 2.5 米处有一个宽 6.5、进深 3.5 米的豁口，往东 1 米有一个宽 6.6、进深 3 米的豁口；西南角北 1 米处有一个宽 5.2、进深 3.2 米的豁口；南中部有一个宽 7.8、进深 7 米的大豁口。

台体用黄土夯筑而成，夯土内包含有少量的料礓石，夯层厚 0.12~0.18 米。台体平面呈矩形，剖面呈梯形，底部东西 30、南北 28 米，顶部东西 20、南北 19 米，高 6.5 米。台体顶部有瓷片、陶片。（图一〇七九）

该烽火台东距旧堡村烽火台 2.9 千米，西距马圈沟村 1 号烽火台 5.15 千米、马圈沟村 2 号烽火台 5.75 千米，南 0.62 千米处有一条土路。

（二一一）金刚寺村烽火台（610802353201170211）

该烽火台位于榆阳镇金刚寺村南 0.28 千米的山峁上。周围是农田，种植有玉米、向日葵、黑豆、马铃薯等。南 0.29 千米处有一座条公路，0.3 千米处为金刚寺村；西 0.067 千米处有一条铁架电线杆，0.133 千米处有一条砖砌路，0.5 千米处为榆林市区；北 0.01 千米处有一条砖路，路边有一座饮水池；东 0.086 千米处有一条土路，0.36 千米处有村庄，1 千米处为丘陵沟壑地带。高程 1147.1 米。

烽火台整体保存差。台体顶部杂草丛生，散落有砖、玻璃碎片、塑料袋，中部有 2 个土坑，其中一个坑内有水泥柱；西南角东 2.5 米处有一个宽 2.4、进深 1.5 米的豁口，豁口内有登台台阶；西南角南 2.5 米处有一个宽 3.3、进深 1.7 米的豁口，呈缓坡状延伸至台体底部，在底部形成堆土；西北角东 0.5 米处有一个宽 2.4、进深 2、高 1.6 米的水冲豁口。台体北壁因雨水冲刷剥落严重，有红色字体；西壁大部分坍塌，有多处动物洞穴。台体底部南侧因堆土形成一个平台，杂草丛生，散落有砖。

台体为黄土夯筑而成，夯层厚 0.09~0.12 米。台体平面呈矩形，剖面呈梯形，底部东西 13、南北 9.8 米，顶部东西 10.2、南北 8.6 米，高 3 米。（图一〇八〇）

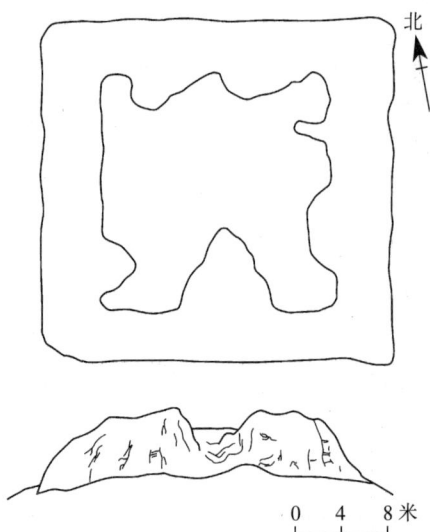

图一○七九 常乐堡村烽火台平、立面图

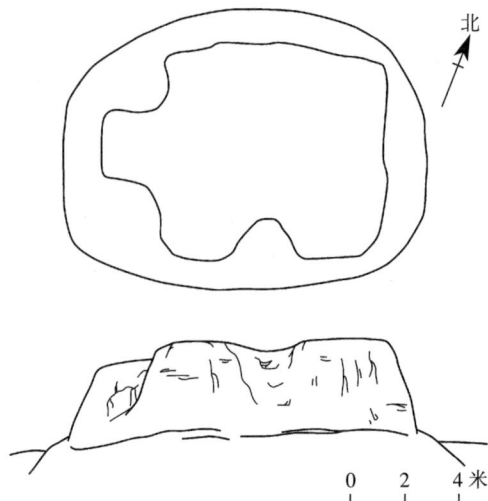

图一○八○ 金刚寺村烽火台平、立面图

该烽火台西北距北岳庙村烽火台 4.75 千米，南 0.29 千米处有一条公路，北 0.01 千米处有一条砖砌路，东 0.086 千米处有一条土路。

（二一二）寨城庄村大墩梁 1 号烽火台（610802353201170212）

该烽火台位于榆阳镇寨城庄南 2 千米。周围是林区，种植有松树、榆树。东 0.086 千米处为农田，0.08 千米处有土路，0.173 千米处为坟地，0.402 千米处为农校；南 0.27 千米处有一座铁架电线杆；西 9 米处有一个直径 1.2、深 0.8 米的圆形坑，0.062 千米处有一座铁架电线杆，0.27 千米处为丘陵沟壑地带，0.4 千米处有一座铁架电线杆，旁边有一个防火瞭望台和一个白色塔形建筑。高程 1152.9 米。

烽火台整体保存差。台体顶部长满杂草；南壁有多处动物洞穴；西壁因雨水冲刷导致大部分坍塌，在底部形成大片堆土；北壁因雨水冲刷剥落，底部有一个坍塌形成的矩形洞，底部 1 米处有一个直径1.2 米的圆坑。

台体用黄土夯筑而成，夯土内包含有少量料礓石，夯层厚 0.08～0.12 米。台体平面呈矩形，剖面呈梯形，底部东西 4、南北 8 米，顶部不规则，东西 2.5、南北 7 米，高 2 米。（图一○八一）

该烽火台西南距寨城庄村大墩梁 2 号烽火台 0.75 千米，西北距长城大边 1.75 千米，东 0.08 千米处有土路。

（二一三）寨城庄村大墩梁 2 号烽火台（610802353201170213）

该烽火台位于榆阳镇寨城庄南 2.25 千米的山峁上。周围是林区，种植有松树、榆树。东 0.143千米处为坟地，0.166 千米处有土路，0.253 千米处有一座铁架电线杆，0.4 千米处有一排废弃的房屋、一个防火瞭望台和一座白色塔形建筑体；南 0.088 千米处有一座铁架电线杆，0.142 千米处有土路，0.35 千米处的山峁上有房屋；西侧有一片平地，生长有杨树、榆树、松树，0.026 千米处为坟地，0.5 千米处有一山峁，山峁上有防火瞭望台，西北 1.75 千米处为长城大边；北 0.182 千米处有一条土路，0.315 千米处有一座山峁，山峁上有一座铁架电线杆，1.5 千余米处有一条公路。高程 1205.7 米，烽火台整体保存差。台体顶部长满杂草，有一根水泥桩。台体因雨水冲刷剥落，在底部形成堆土，长满杂草。台体顶部东南角往北2.5米处有一个宽1.3、进深1.1米的豁口，西南角大部分坍塌，形成宽2.2、进深1.7米的豁口，豁口内有登台土洞；西、南壁有动物洞穴，东侧有登台的土洞；底部南侧有长1.3、宽0.5、深1.1米和长0.9、宽0.55、深0.7米的盗坑；北壁底部散落有木棍和一件上衣。

台体用黄土夯筑而成，夯土内包含有少量料礓石，夯层厚0.13～0.19米。台体平面呈矩形，剖面呈梯形，底部东西7.8、南北10米，顶部东西3.5、南北4.8米，高5米。（图一〇八二）

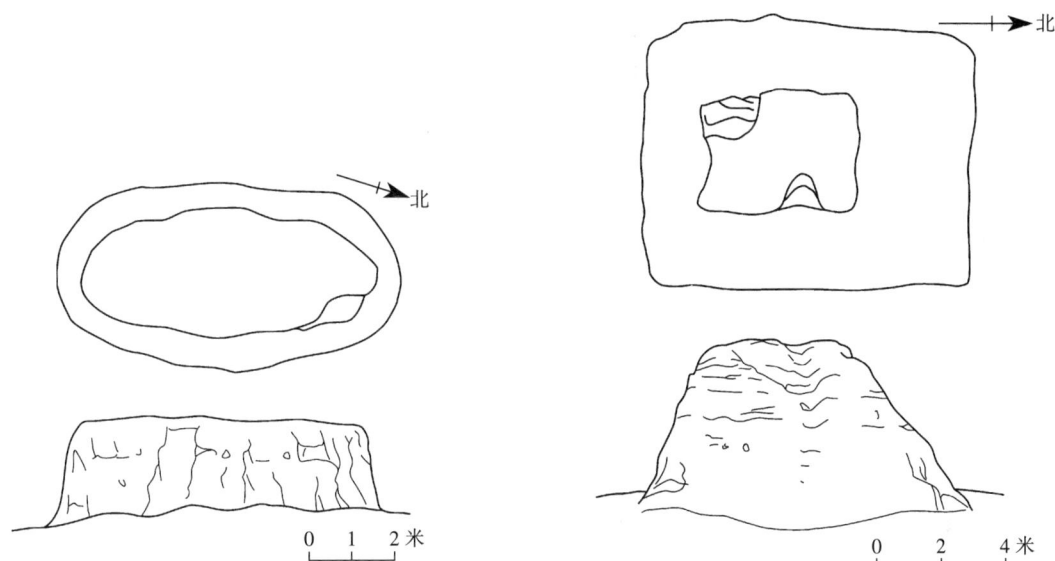

图一〇八一　寨城庄村大墩梁1号烽火台平、立面图　　　图一〇八二　寨城庄村大墩梁2号烽火台平、立面图

该烽火台西北距大边1.75千米，东北距寨城庄村大墩梁1号烽火台0.75千米，东0.166千米、南0.142千米、北0.182千米处有土路，北1.5余千米处有一条公路。

（二一四）桑海子村1号烽火台（610802353201170214）

该烽火台位于芹河乡桑海子村东0.75千米的高地上。四周为沙地，生长有杨树、柳树。东0.12千米处有一条土路，东北2.5千米处有前湾滩村烽火台；南0.042千米处有一条土路，0.018千米处为农田；西0.172千米处有一条土路，0.12千米处有一根水泥电线杆；北0.112千米处有一根水泥电线杆，0.36千米处有一座庙。高程1202.6米。

烽火台整体保存差。台体顶部生长有杂草、柠条，有动物洞穴；东南角西1.8米处有一个雨水冲刷形成的宽2.2、进深2米的豁口；东北角坍塌形成一个宽2.2、进深1.5米的豁口。台体西壁有多处动物洞穴，有一个进深1、高1.1、底宽1.8米的大洞，底部有5个洞穴；北壁底部有3个动物洞穴和一个人为挖掘的洞；南壁有裂缝，底部有多处动物洞穴。

台体用黄土夯筑而成，夯土内包含有少量料礓石，夯层厚0.11～0.15米。台体平面呈矩形，剖面呈梯形，底部东西15、南北9米，顶部东西4.7、南北4.8米，高7米。（图一〇八三）

该烽火台西北0.9千米处有桑海子村2号烽火台，2.25千米处为大边，北0.35千米处有保宁堡，东北2.5千米处有前湾滩村烽火台，东0.12千米、南0.042千米、西0.172千米处有土路。

（二一五）桑海子村2号烽火台（610802353201170215）

该烽火台位于芹河乡桑海子村东北1千米的高地上。四周为沙丘，生长有沙柳、杨树、松树。东0.4千米处有一座庙，南0.024千米处有一个长2.3、宽1.7、深1.7米的盗墓坑，周围散落有陶片；西0.068千米处有一座坟墓，0.288千米处有2根水泥电线杆；北0.02千米处为坟地，0.2千米处有一座砖厂，0.9千米处有一条公路。

烽火台整体保存差。台体四壁因雨水冲刷剥落，生长有柠条，顶部长满杂草。台体东、南壁中部以上坍塌，南壁底部有2个动物洞穴，西壁有蜂窝洞和啮齿动物洞穴，北壁底部有5个小坑和一个盗洞，盗洞宽0.7、高1.1、进深4米。台体底部有剥落形成的堆土，生长有柠条。

台体用黄土夯筑而成，夯土内包含有料礓石和瓦片，夯层厚0.12～0.17米。台体平面呈近圆形，剖面呈梯形，底部直径6.5、顶部直径3、高为4.5米。台体附近发现有陶片。（图一〇八四）

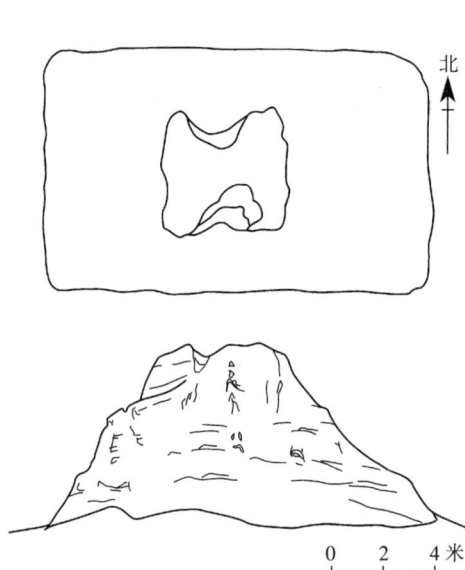

图一〇八三　桑海子村1号烽火台平、立面图

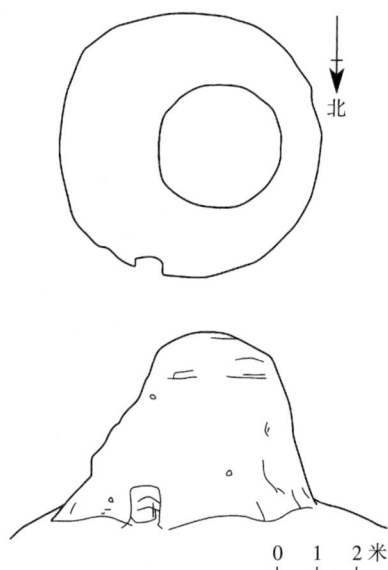

图一〇八四　桑海子村2号烽火台平、立面图

该烽火台东南0.5千米处有保宁堡，0.9千米处有桑海子村1号烽火台；东2.9千米处有前湾滩村烽火台；北1.25千米处为长城大边，0.9千米处有一条公路。

（二一六）盖排梁村烽火台（610802353201170216）

该烽火台位于芹河乡盖排梁村东0.067千米的高地上。西0.3千米处为公路，0.7千米处为沙丘地带；北0.061千米处有一户居民，房屋后为一片小树林，0.8千米处为沙丘地带；东0.061千米处有乡间土路，0.191千米处有一户居民；南0.114千米处有乡间土路，0.165千米处为丘陵、沙丘地带，生长有榆树、杨树、柳树。高程1187.5米。

烽火台整体保存差。台体顶部有石块堆积，堆积体顶部平面呈近椭圆形，中间放置一石块。台体西壁保存面积最大，北、东、南壁中上部被推成一层平台，平台上建有龙王庙，为2007年重新修葺；西、南壁有动物洞穴，南壁长有柠条。

台体用黄土夯筑而成，夯土内包含有料礓石和陶片，夯层厚0.12～0.17米。台体平面形制不详，剖面呈梯形，顶部堆积体东西 1.3、南北 1.8 米，西壁顶部南北 3、底部南北 17.5 米，北壁底部长 6 米；一层台北壁底部边长 19.6、西壁底部边长 29 米。台体顶部距一层台 4 米，台体高 7.5 米。台体附近发现有陶片、瓦片。（图一〇八五）

该烽火台东北距苏庄则村烽火台 4.5 千米，东南距杨官海子村烽火台 5.35 千米，西 0.3 千米处有公路，东 0.061 千米、南 0.114 千米处有乡间土路。

三　关堡

榆阳区此次调查关堡共计 24 座。其中，关 17 座、堡 7 座。

关 20 座，大部分平面呈矩形。关墙用黄土和料礓石（部分夹有瓦片等）夯筑而成，夯层厚多 0.06～0.2 米。现存关墙高多低于 4.8 米，个别如款贡城关、谢家梁村关高于 8 米。多设有城门、城楼、马面等设施。面积大小不一，大致分为大型关、中型关及小型关。大型关如走马梁关、款贡城关，面积大于 1000 平方米；小型关

图一〇八五　盖排梁村烽火台平、立面图

面积 200～500 平方米，如李家峁村关、六墩村关、麻地湾村关等；余下的为面积 500～1000 平方米的中型关。关内荒芜，生长有柠条等耐旱植被，部分关因人为挖掘坑洞、取土、修建现代墓地及建设变电房等原因遭到一定程度的破坏。

堡 7 座，大部分平面呈矩形。堡墙用黄土和料礓石（部分夹杂有瓦片等）夯筑而成，夯层厚多为 0.07～0.2 米。现存堡墙高多低于 8.6 米，多设有城门、角楼、马面等设施，其中李家峁村堡、万家梁塌村堡内设有烽火台。堡的面积大小不一，除易马城堡面积较大外，其他堡的面积在 3600 平方米以下。堡内荒芜，生有柠条等耐旱植被，大部分堡因开垦耕地、修建现代墓地、建设砖窑等原因遭到一定程度的破坏。

各座关堡详述如下。

（一）谢家梁村关（610802353101170001）

该关位于麻黄梁镇李家峁村谢家梁村（组）东南 0.6 千米。地处黄土高原丘陵沟壑地带，东侧为长城墙体走向，呈下坡趋势，东 6 米处有宽 18、深 12 米的水冲深沟，东北 8 米处有宽 5、深 4.5 米的沟；南侧较平坦，0.03 千米处有深沟；西侧为荒坡地，呈下坡趋势，西北 0.05 千米处有水冲沟。高程 1400.2 米。

关整体保存较差。南墙豁口底宽 1、顶宽 3.5、高 11 米，外侧中部 2 米处有一个宽 1.5、高 0.7 米、进深不详的洞；西墙豁口宽 2.6、高 5.4 米；北墙豁口顶宽 7、底宽 2、高 6 米，为进入关内的小路。关墙西、北内侧均坍塌呈斜坡状，南墙豁口处由于水冲沟而呈斜坡状。关西北角顶部有水泥桩。

关坐北朝南，平面呈矩形，周长 108 米，面积 718 平方米，外侧东西 27.6、南北 26 米，内侧东西

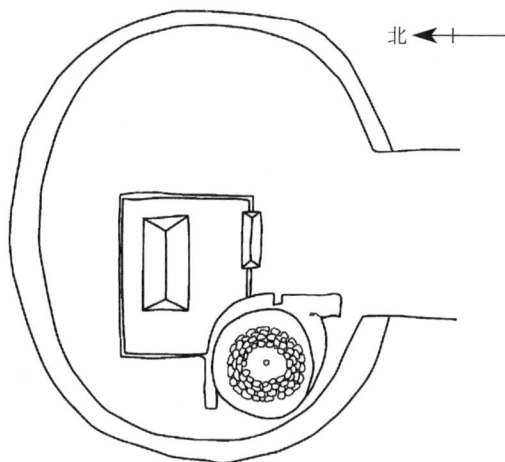

21、南北22米。关墙用黄土夯筑而成，夯土内包含有料礓石和陶片，夯层厚0.1～0.16米，最高11.8米；东墙底宽6、顶宽0.8～1.5米，内高1～3、外高5～9米；南墙底宽6、顶宽0.2～0.8米，内高1～5、外高11.8米；西墙底宽6、顶宽0.6～1米，内高1～3、外高11米；北墙底宽6、顶宽3米，内高2.6、外高9米；南墙有一个豁口直达顶部，可能为关门所在；东墙超出新墩村长城2段墙体4米，其他大部分处于墙体南侧。关内散落有砖、瓦片，砖宽20、厚8厘米，瓦片1.8厘米。（图一○八六）

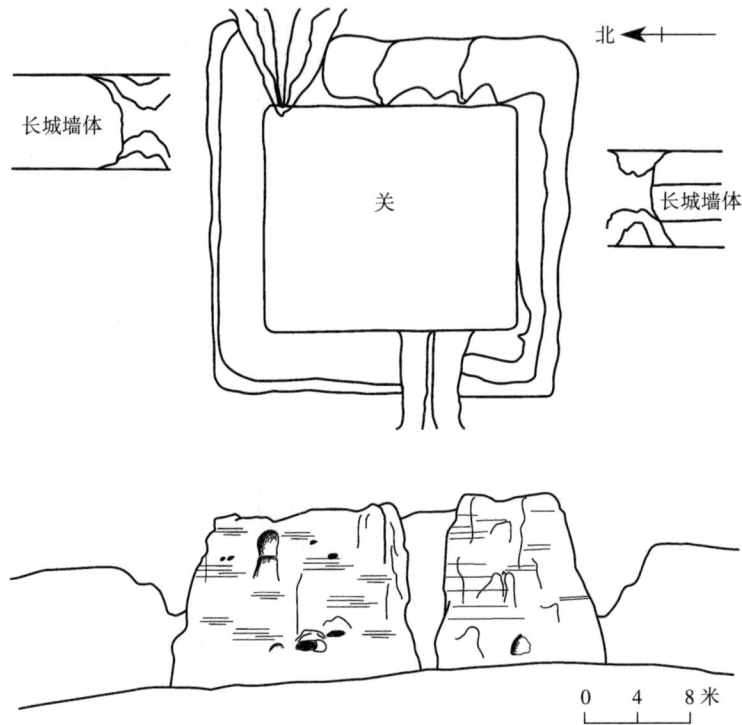

图一○八六　谢家梁村关平、立面图

　　该关北侧有一个土墩，为当地百姓设立的灵位，0.103千米处有一座废弃的砖瓦房，东北距新墩村2号敌台0.42千米。南0.094千米处有土路，0.45千米处有榆（林）西（沟）公路。

（二）新墩村关（610802353101170002）

　　该关位于麻黄梁镇李家峁村新墩村（组）北0.6千米。地处黄土高原丘陵沟壑地带，东侧为山梁，约0.3千米处有深沟，沟壑较多；南侧为沙坡，0.2千米处有耕地，较平缓；西侧为上坡趋势，较平坦，附近水冲深沟较多；北0.12千米处有水冲深沟，0.5千米处水冲深沟较大，沟内平坦，有大量耕地。高程1306.2米。

　　关整体保存差。关内南侧有一个矩形坑，东西7、南北5、高1.5米，北侧呈斜坡状。关南墙有宽0.1米的裂缝，几乎与墙体分离，底部有一人为挖掘宽2.6、高1.2、进深2.8米的坑；北墙有一个底宽1.2、顶宽1.5、高1.6、进深3.6米的豁口。由于墙体坍塌等原因，关内北侧呈斜坡状，南侧为深坑，部分墙体有水冲裂缝，几乎与关墙分离。

　　关朝向不详，平面呈矩形，周长62米，面积231平方米，外侧东西15、南北15.4米，内侧东西9、南北9.4米。关墙用黄土夹杂料礓石夯筑而成，夯层厚0.08～0.17米，现存最高2.8米。关东墙超出长城墙体 7.8 米，底宽 3、顶宽 2、高 2 米；南墙底宽 3、顶宽 2、高 1.8 米；西墙顶部呈坟丘状，底宽 3、内高 0.6、外高 1.6 米；北墙底宽 3、顶宽 1、内高 0.7、外高 2.8 米。关内散落有砖、瓦片，砖宽 20、厚 7.5 厘米。（图一○八七）

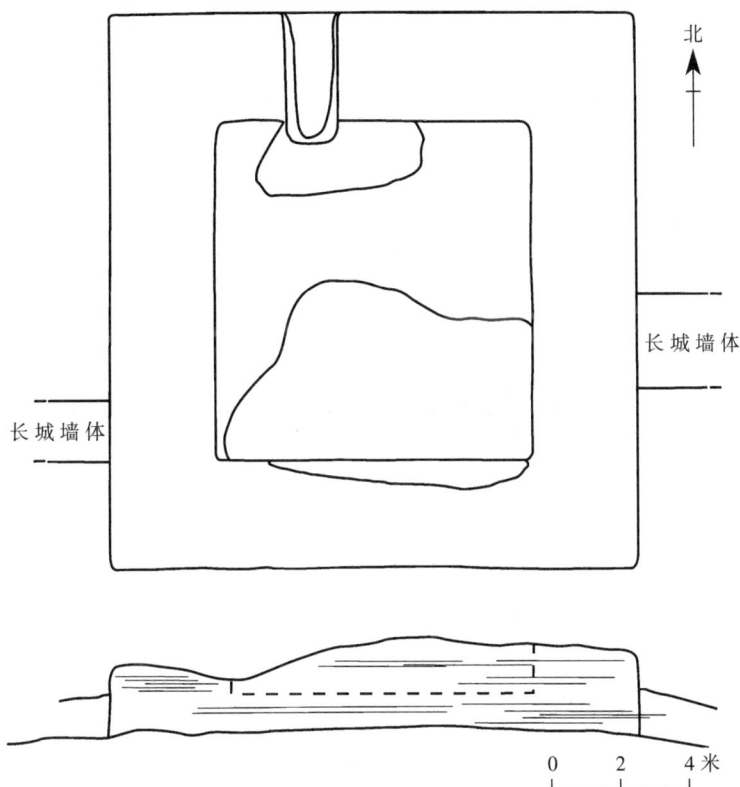

图一○八七　新墩村关平、立面图

该关位于新墩村长城 3 段墙体上，西南距新墩村 1 号敌台 0.612 千米，西距新墩村 3 号烽火台 0.584 千米。西侧有一条土路，基本被沙子覆盖。

（三）李家峁村关（610802353101170003）

该关位于麻黄梁镇李家峁村李家峁村（组）西南 0.82 千米。地处黄土高原丘陵沟壑地带，东侧为下坡，0.03 千米处为榆（林）西（沟）公路，路边有水冲沟，路南为李家峁村关，较平缓，0.1 千米处有水冲深沟；西侧为山梁，之间坡度较小；北侧为陡坡，有榆（林）西（沟）公路通过，路北有宽约 30、深约 25 米的水冲沟，沟底栽种有毛头柳、杨树、榆树、杏树等。

关整体保存差。关内及附近栽种有大量松树，东侧有宽 1、高 1.2、进深 2.2 米的盗洞；由于雨水冲刷侵蚀和人为破坏关墙基本不存，东 0.013 千米处栽有电线杆。

关坐东朝西，平面呈矩形，东西 32、南北 17 米，周长 98 米，面积 544 平方米。关墙用黄土夹杂料礓石夯筑而成，夯层厚 0.1 ~ 0.18 米，高 0 ~ 2 米。关东墙基本无存，南墙底宽 1.2、顶宽 0.1 ~ 0.3、内高 0.6、外高 2 米；西墙底宽 1.2、顶宽 0.1 ~ 0.7、内高 0.7、外高 2.1 米；西墙西北角为一个宽 7.4 米的豁口，可能为关西门。关内侧较平坦，台基东侧呈斜坡状，南墙基本不存，台基西侧长城墙体仅存部分。（图一○八八）

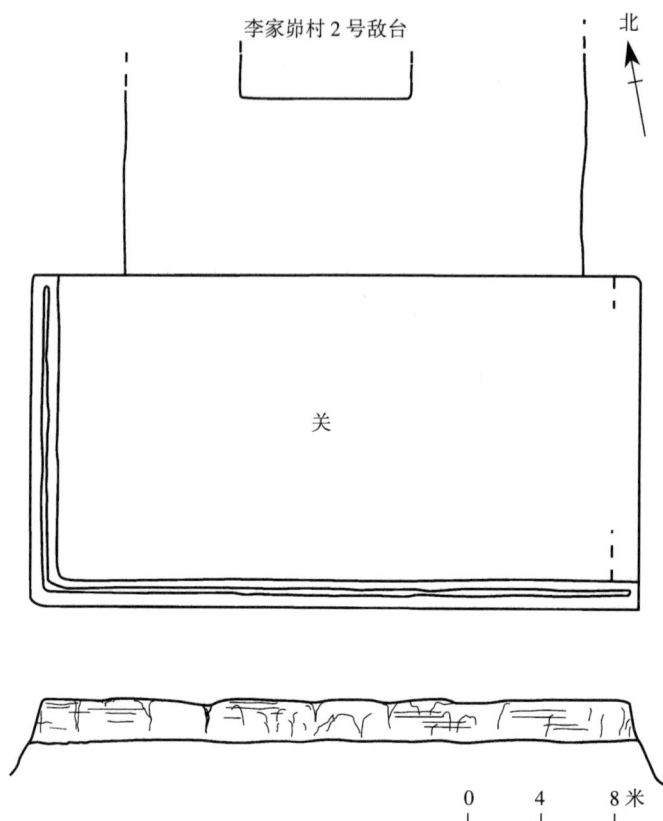

图一〇八八　李家峁村关平、立面图

　　该关北侧紧贴李家峁村长城 2 段墙体，正对李家峁村 2 号敌台，东侧为下坡，东 0.03 千米处有榆（林）西（沟）公路，北 5 米处有榆（林）西（沟）公路。

（四）断桥村关（610802353101170004）

　　该关位于麻黄梁镇断桥村断桥村（组）东北 0.335 千米。地处黄土高原丘陵沟壑地带的三北防护林区，东侧有榆（林）西（沟）公路，路东为深沟；南侧为山梁，坡度较平缓；西 0.015 千米处为深约 40 米的沟，沟壑较多。西侧为下坡趋势，北侧较为平缓，均为松树林。关整体保存差，关内被开垦成耕地，关墙大部分被耕地破坏。高程 1384.4 米。

　　关坐北朝南，平面呈矩形，东西 26、南北 19 米，周长 90 米，面积 494 平方米。关墙用黄土夹杂料礓石夯筑而成，夯层厚 0.12~0.2 米，现存最高 4.8 米。关北墙借用李家峁村长城 2 段墙体，东墙贴长城墙体处消失 4.4 米，东墙底宽 1.6、顶宽 0.3~0.6、内高 1.4、外高 4.8 米；南墙底宽 1.6、顶宽 0.2~0.6、内高 0.9、外高 3 米，中部豁口较宽，可能为关门所在。关内被耕地占据，中部较低，四侧较高。关附近有砖、瓦片、筒片，瓦片厚 1.5 厘米，筒瓦厚 2 厘米。（图一〇八九）

　　该关正对断桥村敌台，南距断桥村烽火台 0.017 千米，西 0.05 千米处有榆（林）西（沟）公路，西北 0.075 千米处有一条土路。

（五）毛羊圈村 1 号关（610802353101170005）

　　该关位于麻黄梁镇断桥村毛羊圈村（组）西北 0.7 千米。地处黄土高原丘陵沟壑地带三北防护林区，东侧较平缓，东南 0.09 千米、西南 0.3 千米处有沟，西侧较平缓，北 0.04 千米处有一道深约 11

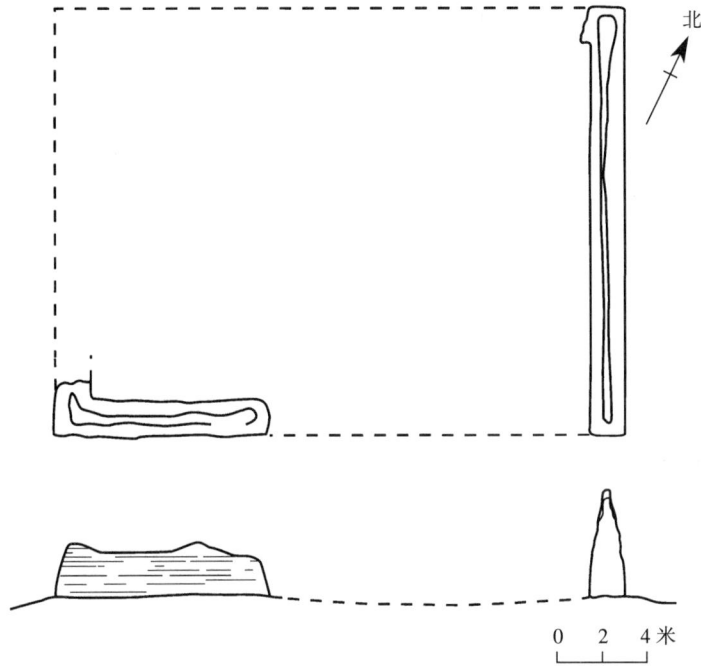

图一〇八九　断桥村关平、立面图

米的沟。高程 1387.1 米。

关整体保存差。因地处三北防护林区，关内栽种有多棵油松。台基东侧基本坍塌，为居民育林修路所破坏，长城墙体被破坏，台基北侧坍塌呈斜坡状。

关坐北朝南，平面呈矩形，周长 100 米，面积为 561 平方米。关墙为土墙，墙体基本不存，高 1.1 ～ 2.6 米。台基平面呈矩形，东西 33、南北 17、北侧高 2.6、南侧高 2.6、西侧高 1.1 米，东侧呈斜坡状；南侧有豁口，靠东豁口宽 3、高 1.4、进深 2.6 米，靠西豁口宽 1.8、高 1、进深 1.2 米，中部豁口宽 3.2 米，可能为关门所在。由于关内人为栽种油松、长满杂草，关墙夯层不明。（图一〇九〇）

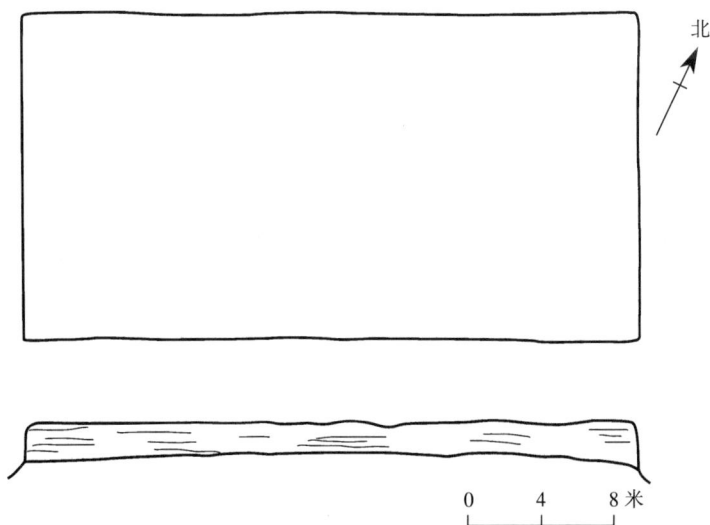

图一〇九〇　毛羊圈村 1 号关平、立面图

该关北墙借用毛羊圈村长城 1 段墙体，北侧正对毛羊圈村 1 号马面，北 0.014 千米处有土路。

（六）毛羊圈村 2 号关（610802353101170006）

该关位于麻黄梁镇断桥村毛羊圈村（组）西北 0.8 千米。地处黄土高原丘陵沟壑地带的三北防护林区，东侧为呈上坡趋势的山坡。台基东侧紧邻水冲沟，宽 20、深 12 米；南侧为深沟，宽 16、深约 13 米；西侧在沟边；北侧较平缓，有 3 道沟，沟深 5～20 米。高程 1333.2 米。

关整体保存差。关内东高西低，东侧由于深沟破坏台基消失。关门由于雨水冲刷成深沟而消失。关内马面东南角有人为挖掘的坑，坑内有 2 个洞，坑宽 1～4、进深 3.4、高 2.2 米，2 个洞一个基本被掩埋，另一个宽 0.8、高 0.7 米，进深不详，可能为坟丘坑洞，由于雨水冲刷侵蚀关东南角坍塌宽 19 米。

关朝向不详，平面呈矩形，东西 26、南北 23 米，周长 98 米，面积 598 平方米。关墙用黄土夹杂料礓石夯筑而成，夯层厚 0.1～0.19 米，最高 1.4 米。台基东侧靠长城墙体处保存 14 米，底宽 1.2、顶宽 0.4～0.6、内高 0.3、外高 1 米；南侧仅存西部 8 米，墙体无存；西侧有 3 个豁口，由南向北依次为宽 1.3、高 0.6、进深 0.7 米，宽 2.4、高 0.4、进深 0.5 米，宽 3.4、高 0.9、进深 1.3 米。关内中部偏西建有一座马面，台体平面呈矩形，剖面呈不规则形，底部边长 7.2 米，顶部东西 3、南北 4 米，高 2 米。关内散落有砖、瓦片等，砖宽 19、厚 7.5 厘米，瓦片厚 1.8 厘米。（图一○九一）

该关北依毛羊圈村长城 1 段墙体，东北距毛羊圈村 1 号马面、毛羊圈村 1 号关 0.438 千米，南距榆（林）西（沟）公路 0.135 千米。

（七）毛羊圈村 3 号关（610802353101170007）

该关位于麻黄梁镇断桥村毛羊圈村（组）西北 0.86 千米。地处黄土高原丘陵沟壑地带，东 0.04 千米内较平缓，0.04 千米处有沟宽 60、深 20 米的水冲沟；南侧为山梁，有松树林；西 0.03 千米处有 2 道宽 4、深 2、宽 15、深 7 米的沟；北侧较为平缓，沙化严重。高程 1329.7 米。

关整体保存差。台基东高西低，北高南低，中心最低，西侧有 3 个豁口，从北向南依次为宽 1.8、高 0.6、进深 1.5 米，宽 1.6、高 0.7、进深 1 米，宽 1.3、高 0.6、进深 0.8 米。关内被人为踩踏成一条土路，中部地势较低。

关坐东朝西，平面呈矩形，东西 32、东西 16 米，周长 96 米，面积 512 平方米。关墙为土墙，最高 1.3 米。台基东侧坍塌呈斜坡状，关墙无存；南侧外高 1 米，关墙无存；西侧有 3 个豁口，从北向南依次为宽 1.8、高 0.6、进深 1.5 米，宽 1.6、高 0.7、进深 1 米，宽 1.3、高 0.6、进深 0.8 米；西侧内高 0.3、外高 0.6～1.3 米。关西墙靠长城墙体处有一个豁口，可能为关门所在，门宽 1.8 米。关内发现两种类型的砖、筒瓦片，一种砖为边长 30.5 厘米的方砖，一种砖宽 20、厚 6.5 厘米，筒瓦厚 2 厘米。（图一○九二）

该关北依毛羊圈村长城 1 段墙体，正对毛羊圈村 2 号马面，东距毛羊圈村 2 号关 0.163 千米，南侧有一条土路。

（八）麻黄梁村关（610802353101170008）

该关位于麻黄梁镇大圪垯村麻黄梁村（组）中。地处黄土高原丘陵沟壑地带，东侧为山梁，坡度较缓；南 0.016 千米处有深约 4 米的沟，沟边有一条土路；西侧坡度较平缓，0.18 千米处有沟，沟底有坡耕地；北侧较为平缓，有当地居民的窑洞和砖房。高程 1301.5 米。

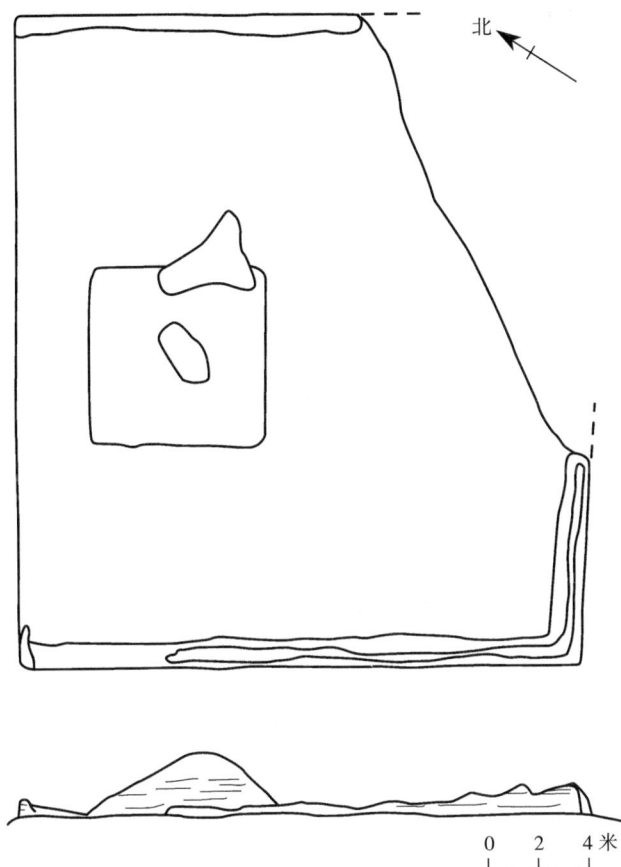

图一○九一　毛羊圈村 2 号关平、立面图

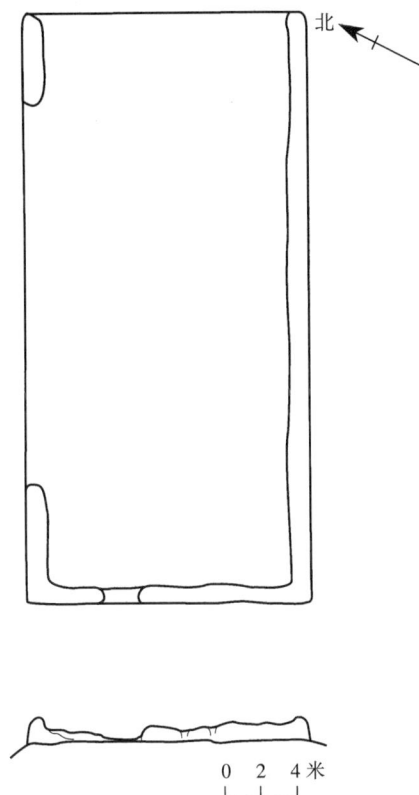

图一○九二　毛羊圈村 3 号关平、立面图

关整体保存差。关墙破坏严重，墙体基本不存。台基底部有窑洞，关内有土路。关与长城墙体相接处有用木椽围起放置柴草之处，较平坦，中部由于土路断开，落差约 4 米。台基南、北侧被窑洞破坏，关西南角有一根水泥电线杆。

关损毁严重，形制不可辨。据当地一位村民讲，关平面呈矩形，东西约 30、南北约 17 米，东墙和台基东侧由于道路破坏消失，南墙不存。台基呈斜坡状，高 2.6 米。台基西侧底部有窑洞，台基高约 3 米，台基上有 3 个烟囱。台基西侧有 3 个豁口，由南向北依次为宽 1.8、高 2、进深 1.4 米，宽 1.8、高 0.7、进深 1.4 米，宽 7 米（由于修建土路而被挖开）。

关坐北朝南，平面呈矩形，面积 510 平方米，周长 94 米。关墙为土墙，最高 3 米，设有城门 1 座。关内东北高西南低，台基南侧有人为踩踏的小路，据当地居民讲，可能为关门。村民烟囱上有从关墙上拆取的两种砖，一种砖长 39、宽 18、厚 9 厘米，一种砖宽 19.5、厚 8.5 厘米。（图一○九三）

该关北依麻黄梁村长城 2 段墙体，北侧正对麻黄村 1 号敌台，关内有乡村土路，南距榆（林）西（沟）公路 0.181 千米。

（九）六墩村关（610802353101170009）

该关位于麻黄梁镇十八墩村六墩村（组）中。地处黄土高原丘陵沟壑地带，东侧较平缓；南 0.1 千米内较为平坦，外为一道沟，沟底有六墩煤矿；西侧有一户居民房屋，地势较低；北 0.04 千米处有榆（林）西（沟）公路，0.15 千米处有一座沙梁。高程 1275.9 米。

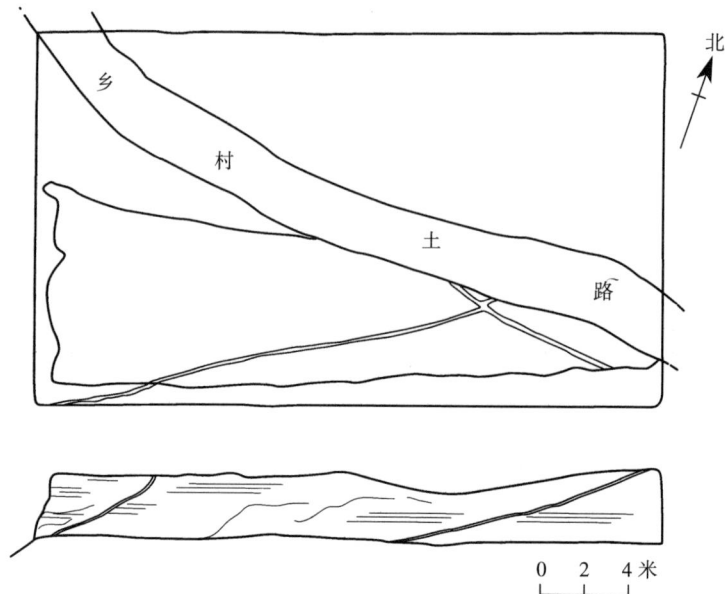

图一○九三　麻黄梁村1号关平、立面图

关整体保存差。台基东侧中部有人为挖开的3.2米的豁口，南部豁口顶宽2.8、底宽0.6、高1.4、进深2.4米，底部有宽1.2、高1.6、进深2米的窑洞，窑洞内堆积有柴草；南侧门内有窝棚，窝棚内有人为挖掘长2.4、宽1.8、高0.5米的坑；西侧基本保存，底部有宽1、高1.4米的窑洞，由于门被锁，进深不详。

关坐北朝南，平面呈矩形，周长80米，面积400平方米。关墙用黄土夯筑而成，夯土内包含有料礓石，夯层厚0.1~0.2米，最高2.6米。关墙内侧东西24、南北20米，外侧东西27.8、南北23.4米。关北墙借用六墩村长城1段墙体；东墙基本消失；南墙底宽1.8、顶宽0.2~0.5米，内高1.1、外高2.6米，西墙基本保存，底宽1.8、顶宽0.3~0.6米，内高0.3~1.3、外高1.8~3米；南墙中部有一个底宽5.8、顶宽7、高3米的豁口，当为关门位置。关内中北部有一座城楼，台体底部东西6.6、南北6米，顶部呈不规则形，西南角坍塌，仅剩东、北壁，东壁长3.8、南壁长1.6、西壁长1.4、北壁长3.2米，高6.2米；东壁坍塌呈斜坡状；南壁坍塌有宽1.6、高2.1、进深2米的豁口，可由坍塌处登台；西壁顶部坍塌呈斜坡状。关内发现有石灰渣、砖、瓷片等。（图一○九四；彩图二一○、二一一）

该关北依六墩村长城1段墙体，东距六墩村1号敌台0.312千米，北0.04千米处有榆（林）西（沟）公路。

（一○）十八墩村关（610802353101170010）

该关位于麻黄梁镇十八墩村十八墩村（组）中。地处黄土高原丘陵沟壑地带，东侧呈阶梯状，有农田和村庄；南侧较平缓，有耕地；西侧呈阶梯状，0.7千米处有沙丘；北侧山坡较缓。高程1186.2米。

关整体保存一般。关内被当地居民开垦为果园，栽种有杏树、梨树、苹果树、少量榆树，西北角有大量玉米秆，东墙中部有人为挖掘底宽3、顶宽4米的豁口，南墙上有烟囱，北墙底部有剥落。

关坐西北朝东南，平面呈矩形，内侧东西19、南北28米，外侧东西22.6、南北31.6米，面积

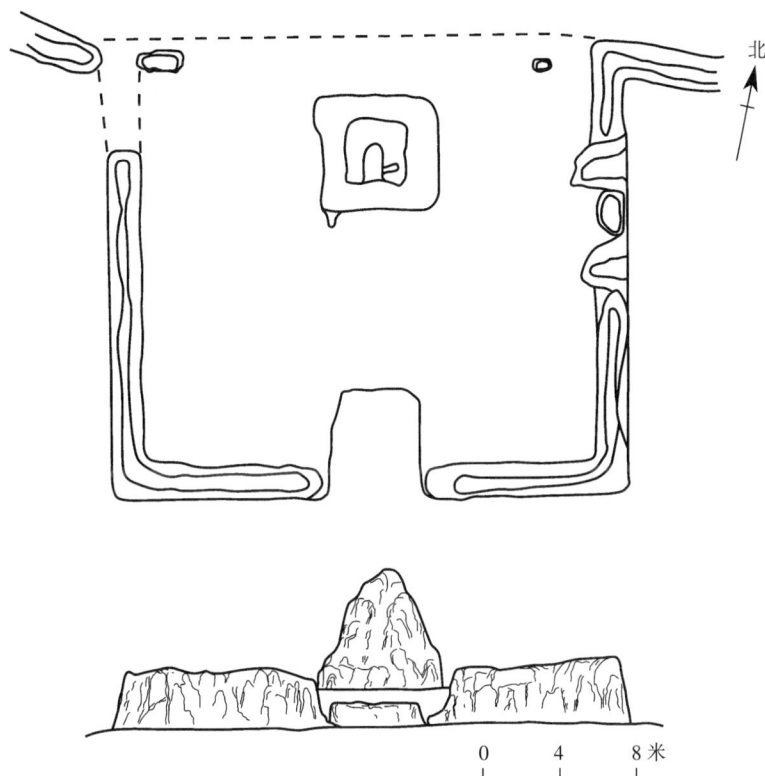

图一〇九四　六墩村关平、立面图

714.16 平方米，周长 108.4 米。关墙为土墙，高 1.6～3 米，设有城门 1 座。关东墙底宽 1.8、顶宽 0.3～1、高 2.8 米；墙体上有多处柱洞，呈半圆形，直径 0.2、进深 0.15 米，高达顶部。关南墙底宽 1.8、顶宽 0.5、高 2.7 米，墙体上有 4 个柱洞，宽同北墙柱洞。关西墙靠近十八墩村 6 号敌台处较低，底宽 1.8、顶宽 0.15～0.6、高 0.9～2.1 米。关北墙底宽 1.8、顶宽 0.9～1、高 3 米；墙体有 4 个柱洞，直径 0.35、进深 0.25 米，高达顶部；墙体中部有一个神龛，宽 0.26、高 0.42、进深 0.17 米。关墙用黄土夯筑而成，夯土内包含有少量料礓石和瓦片，夯层厚 0.06～0.12 米。关内较平坦，南墙中部有一个门，呈拱形，顶宽 0.5、底宽 1.2、高 1.6 米；西侧（十八墩村 7 号敌台东侧）有一座夯土台，长 15.4、宽 3、高 0.7 米，用途不详。关内被开垦为耕地，有一定程度的破坏，同时又有一定程度的保护。关内发现有砖，砖长 40、宽 20、厚 7.5 厘米。（图一〇九五；彩图二一二）

该关依十八墩村长城 2 段墙体，西侧正对十八墩村 6 号敌台，北距十八墩村 5 号敌台 0.212 千米，北侧有一条土路。

（一一）走马梁关（610802353101170011）

该关位于牛家梁镇边墙村走马梁的梁峁沙丘地上。地处走马梁制高点，北侧为缓坡沙丘地，是走马梁汉墓地；南 0.05 千米处有一座关帝庙；东侧低洼处为现代墓地；西侧为低洼沙坑地，为牛家梁林场。高程 1157.7 米。

关整体保存差。北墙上有一座马面，为长城墙体上的马面，台体包砖脱落，顶部有雨水冲刷的沟槽；城门位于南墙中部，坍塌为底宽 3 米的豁口；东墙坍塌呈斜坡状；西墙大部分被流沙掩埋。关内长满杨树、松树等，有大量坟墓，墓碑林立。

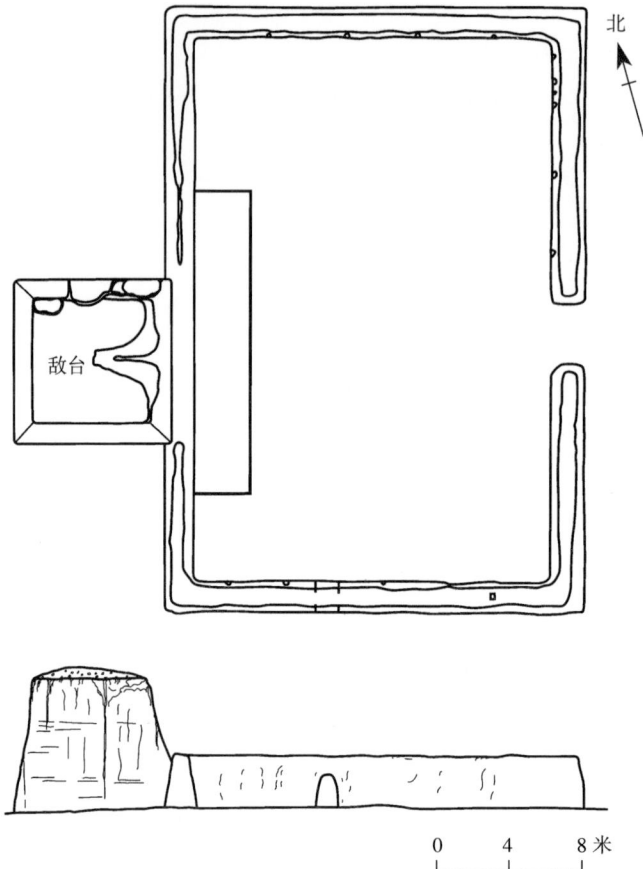

图一〇九五　十八墩村关平、立面图

关朝向不详，平面呈凸字形，东西64、南北83米，周长265米，面积4825平方米。关墙为土墙，高1~4米。北墙借用长城墙体，凸出于长城墙体；墙体底宽3.5、顶宽0.6~1.2、内高1.5~2.6、外高2~4米。南墙中部有城门，底宽3、上宽7、高2米；北墙中部有一座马面。关内为墓地，无人居住，所处为走马梁汉墓群。（图一〇九六）

该关东北距走马梁2号马面0.29千米。边墙村北有榆（林）西（沟）公路，呈东南—西北走向，为原榆（林）神（木）公路。

（一二）孙家沟村关（6108023531011700012）

该关位于榆阳镇孙家沟村镇北台东侧的山峁上。地势东高西低，东侧多黄土沟壑；西、北侧较平缓，为居民区；西侧有一座废弃的现代大型砖瓦厂。关所在山体被挖空，空地上堆积有大量土坯，有废弃的砖窑。高程1146.30米。

关整体保存差。东、西、北侧为低洼坑地，关及马面悬空。东墙坍塌消失；西墙为长6.5米的低矮土梁；南墙保存5米；北墙上有马面，为长城墙体上的马面，台体包砖脱落；关内建有2个面积约5平方米的砖结构变电房，旁边栽有2根电线杆。

关朝向不详，平面呈矩形，东西36、南北17米，周长106米，面积612平方米。关墙为土墙，墙体底宽2、顶宽0.4~1、高0.5~1.5米。关墙损毁严重，门的位置无法判断。关北墙借用走马梁长城1段墙体，长城墙体上建有马面，关内有两个变电房。（图一〇九七）

马面

北

长城墙体

长城墙体

0　5　10 米

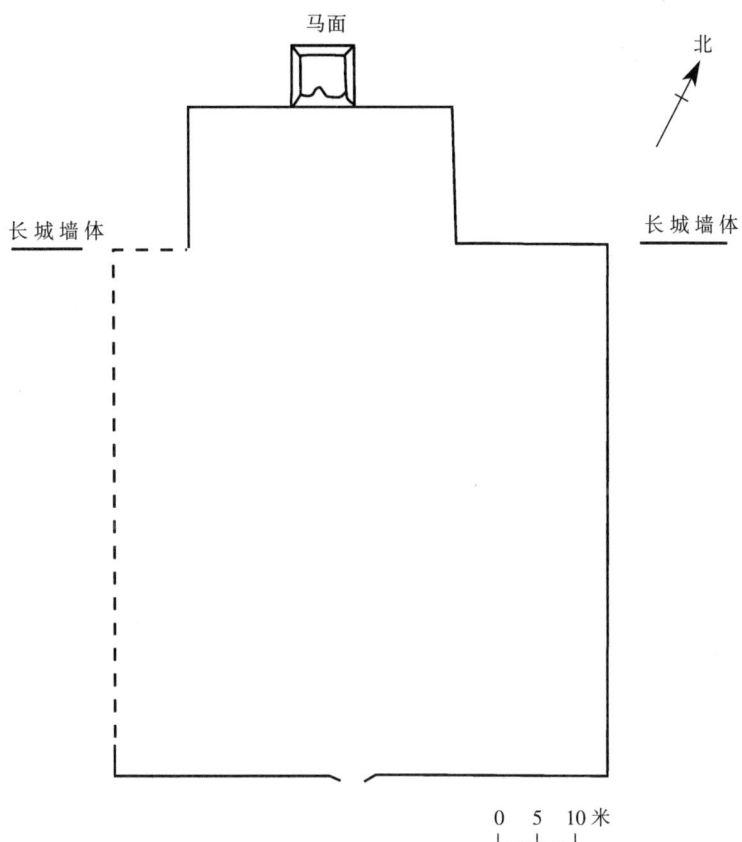

图一〇九六　走马梁关平面图

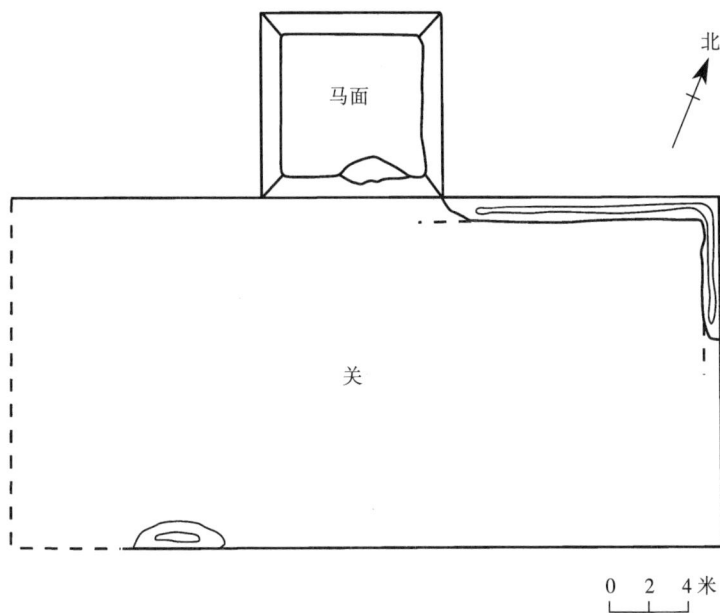

北

马面

关

0　2　4 米

图一〇九七　孙家沟村关平面图

该关东距孙家沟村 1 号敌台 0.164 千米，北侧有孙家沟村 3 号马面。孙家沟村北有榆（林）西（沟）公路，呈东南—西北走向，为原榆（林）神（木）公路。

（一三）款贡城关（610802353101170013）

该关位于榆阳镇吴家梁村中，又称款贡城。高程1133.46米。

关整体保存较差。东墙上距东南外墙角16米处有一个人为破坏的缺口，宽3.8米；南墙相对完好；北墙西端有一个宽4米的缺口，为后人出入关所致；距北墙西端77米、东端24米处均有宽5.6米豁口，豁口内外呈坡状，地面有大量残砖，两豁口之间、距东豁口0.028千米处有一座内外均凸出于墙体的夯土台。

关朝向不详，平面呈矩形，东西210、南北175米，周长770米，面积33000平方米。关墙为土墙，高0.65~8米。东墙中段被沙土掩埋，其余保存相对较好；东墙长175米，因地势较低，流沙掩没较重，墙体顶宽0.4~3.8米，外高5.6米，内侧与地面基本平，夯层厚0.08~0.15米；南墙较完整，长140米，顶宽1.3~3.6、高5.1~6.5米，夯层厚0.08~0.14米；西墙长92米，顶宽0.6~2.8米，内高4~6、外高8.4米，夯层厚0.06~0.15米；北墙长182米，顶宽0.8~4.1米，高6.8~8.1米，夯层厚0.04~0.14米。关设有3座门、1座关楼。

该关北墙借用镇北台长城墙体，依山势而建。关内西高东低，城池险峻，东距孙家沟村4号马面0.241千米，西南角有镇北台敌台，东北角有吴家梁村1号马面，西北角有吴家梁村2号马面。据当地考古发掘资料，曾发现砖、瓦当等。吴家梁村东有榆（林）西（沟）公路，呈东南—西北走向，为原榆（林）神（木）公路。

（一四）麻地湾村关（610802353101170014）

该关位于榆阳镇麻地湾村西北1千米的波状沙丘地上。北侧为榆林沙生植物园；南侧有一条土路东西向通往210国道；西0.38千米处有210国道；东侧为低洼沙坑地，生长有沙蒿、柠条等沙生植物。高程1102.4米。

关整体保存差。关墙被流沙掩埋严重，东、西墙大部分被掩埋；北墙中部原有一座凸出于墙体的麻地湾村3号马面，坍塌成不规则的土台；南墙长31米，中部有一个宽3.6米的豁口，似关门。关内长满柠条等，有许多人为挖掘的坑洞。

关朝向不详，平面呈梯形，东西31、南北33.4米，周长104.80米，面积490平方米。关墙为土墙，高1~3米。关墙大部分坍塌与地面齐平，保存西墙南端10、南墙西端6米，墙体底宽2、顶宽0.3~0.7、高0.6~0.9、外侧墙基高0.7~1.2米。北墙凸出长城墙体较多，南墙凸出于长城墙体10米。南墙中部有一个宽3.6米的豁口，当为关门位置；北墙中部向西北凸出有一座马面。（图一〇九八）

该关东南依麻地湾村长城墙体，东北距麻地湾村2号马面0.45千米。麻地湾村东有榆（林）西（沟）公路，村西有210国道、神（木）延（安）铁路。

（一五）麻界村关（610802353101170015）

该关位于芹河乡麻界村东北1.75千米。地处沙漠丘陵地带，地势南高北低东。西、北侧为缓坡，有一座马面，东北紧靠关、西北0.082千米处各有一条小冲沟；东南侧有麻界村烽火台所在山峁，与关所在地落差约15米，生长有柠条、沙蒿等沙漠植物。

关整体保存较差。关墙因长期的自然和人为破坏坍塌、剥落严重，濒于消失。关西墙因风雨侵蚀有几个较大的豁口；南墙外侧紧靠一条冲沟，对墙体的威胁较大。关内杂草丛生。

北

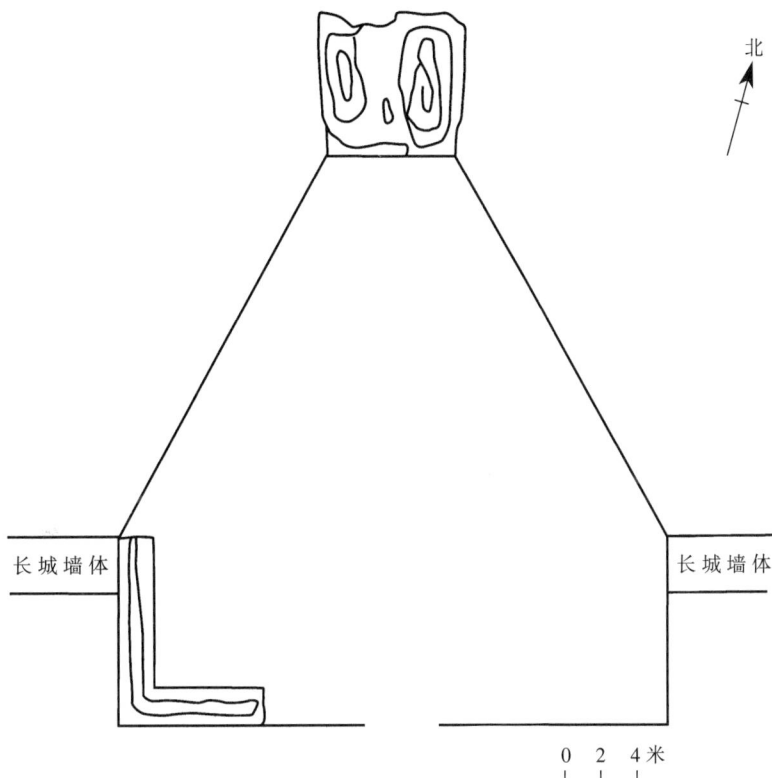

图一〇九八　麻地湾村关平面图

关坐北朝南，平面呈矩形，东西 28、南北 20 米，周长 96 米，面积 560 平方米。关墙为土墙，剖面呈梯形，底宽 0.5~1.2、顶宽 0.2~0.7、最高 0.7 米。关墙整体较低，部分消失，中央是略低的土台。关南墙中部有一个豁口，当为关门位置。关被废弃，无人居住。关内西北部有一座马面。（图一〇九九）

该关为明代所建，无任何修缮，南依麻界村 1 段长城墙体，关内西北部有麻界村 2 号马面，西南距麻界村 3 号马面约 0.252 千米。南 0.514 千米处有呈东—西走向的榆（林）靖（边）高速公路，0.036 千米处有一条土路。

（一六）十六台村关（610802353101170016）

该关位于芹河乡十六台村东 0.8 千米的山峁顶部。地处沙漠丘陵地带，西南 0.585 千米处的缓坡上有十六台村砖厂，地势东高西低，北侧是沙梁间的平坦川道，生长有大量柠条；西南侧是斜坡，有一片杨树林。关周围有柳树林。高程 1232.5 米。

关整体保存差。关墙剥落、被沙漠掩埋严重，东、北墙保存较好，南墙关门处坍塌严重，西墙北部坍塌消失。关内有一座电信信号塔，对关的破坏极大，占据了关内大部分。

关坐北朝南，平面呈矩形，东西 34、南北 41 米，周长 150 米，面积 1394 平方米。关墙为土墙，最高 4 米。关北、东墙借用十六台村长城 1 段墙体；南、西墙较低，内侧与地平，外高 0.9 米。南墙中部设有关门，关内东北角外有一座马面。（图一一〇〇）关被废弃，无人居住。

该关为明代所建，无任何修缮，位于十六台村长城 1 段墙体拐角内侧（西、南侧），东北角（北墙东端）有十六台村 1 号马面。

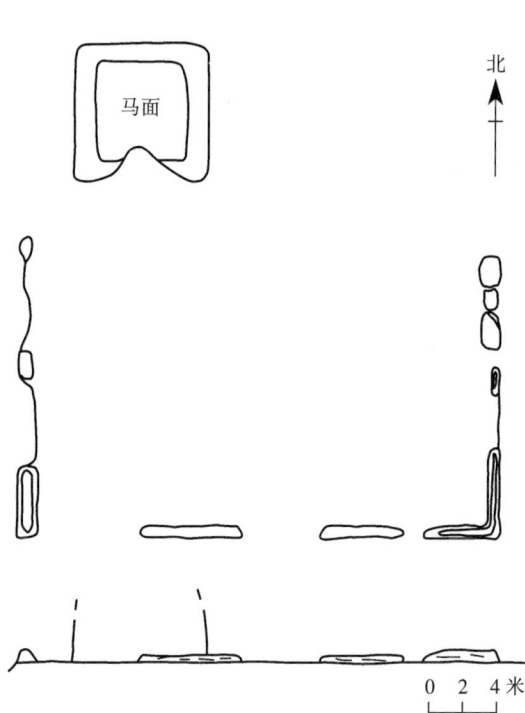

图一〇九九　麻界村关平、立面图

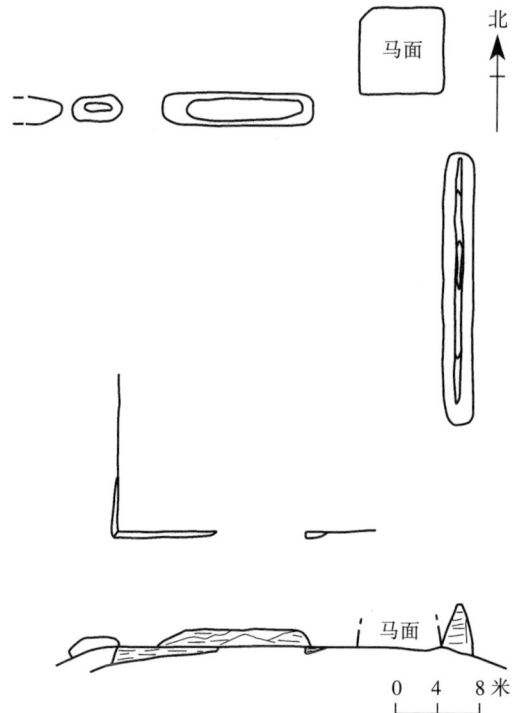

图一一〇〇　十六台村关平、立面图

（一七）三十台村关（6108023353101170017）

该关位于芹河乡三十台村东0.6千余米。地处沙漠草滩地带，地势较平缓。南侧至高速公路有一片稍高的沙梁，为沙柳林地；西北0.127千米处有一座砖窑，西南0.214千米处有4座现代砖窑。高程1193.8米。

关整体保存差。大部分墙体被沙漠掩埋或被挖掘。西墙仅可见墙体外侧，内侧基本与地表平；东墙仅存北部一段；东、西墙中部与长城墙体相连。关内有3座现代墓葬和一个砖棺，生长有大量杂草。

关朝向不明，平面呈矩形，边长39米，周长148米，面积1365平方米。关墙为土墙，高1.4米，墙体内侧基本与地表平，西、东墙北部可看出墙体轮廓。关被废弃，无人居住。关跨长城墙体而建，二十台村长城墙体止于东墙中部，西墙中部为三十台村长城1段墙体起点。（彩图二一三）

该关为明代所建，无任何修缮，三十台村1号马面位于关北墙外侧，西距三十台村2号马面约0.265千米，东0.012千米处有一条宽5米南北向的大车路，南0.25千米处有榆（林）靖（边）高速公路。

（一八）赵家峁村堡（6108023353102170018）

该堡位于大河塔乡赵家峁移民新村西0.92千米。地处沙漠草滩地带，南0.02千米处有4处水冲深沟；西、北侧为坡耕地，较平缓；西北0.16千米处有山梁之间形成的水冲沟，坡度陡峭。高程1235.3米。

堡整体保存差。东墙由于水冲沟大部分消失，仅有东南角、东北角保存，东侧水冲深沟外宽28、腹宽38、内宽30、进深27.5、高17米；南墙由于雨水冲刷侵蚀有剥落，西南角有一个豁口，宽4.3、高2.6米；西墙中部有坍塌；北墙由于雨水冲刷部分与墙体分离，墙体上有水冲裂缝，裂缝宽0.3～1

米，有坍塌的危险。堡内东低西高，废弃无人居住，长满杂草。

堡坐西朝东，平面呈矩形，边长42米，周长168米，面积1764平方米。堡墙用黄土夹杂料礓石夯筑而成，夯层厚0.1~0.16米，最高8米。堡东墙由于水冲深沟破坏，仅存东南角、东北角，东南角保存4.5、东北角保存9.5米；南墙基本保存，高8米；西墙基本保存，剥落严重，部分呈圆弧形，墙体底宽3、顶宽0.3~1.2、高0.2~4.3米；北墙底宽3、顶宽0.6~1.8、内高0.2~2.3、外高8米。堡门可能在水冲深沟冲毁的东墙。堡内散落有瓦片，瓦片厚2.2厘米。（图一一〇一；彩图二一四）

该堡北距赵家峁村长城1段墙体0.222千米，东北距赵家峁村2号敌台0.51千米，西北距赵家峁村3号敌台0.222千米，东0.56千米处有榆（林）西（沟）公路，西0.022千米处有乡村土路。赵家峁移民新村已建成，没有居民。

（一九）李家峁村堡（6108023531021700019）

该堡位于麻黄梁镇李家峁村李家峁村（组）北0.16千米。又名寨子，地处黄土高原丘陵沟壑地带，东侧为坡耕地，0.1千米处有3个水冲深沟；南侧山梁坡度较缓，0.16千米处有一条水冲沟；西0.015千米处有水冲沟；北侧沟壑较多、较大，沟底有榆（林）西（沟）公路。高程1416.6米。

堡整体保存较差。堡墙上有垛墙，由于雨水冲刷侵蚀垛口有不同程度的剥落，部分垛墙呈刃状。堡南墙中部由于人为破坏和雨水冲刷侵蚀消失6米；北墙垛墙中部有豁口，顶宽2.4、底宽0.4米；西墙边栽有电线杆。堡内有一座烽火台，台体坍塌呈斜坡状，生长有野生枸杞。

堡坐东朝西，平面呈矩形，内侧边长41、外侧边长45米，周长180米，面积2025平方米。堡墙用黄土夹杂料礓石和瓦片夯筑而成，夯层厚0.09~0.17米。堡墙高2.2~8.6米，墙体上有垛墙。东墙底宽2米，内高1.7、外高6米，垛墙底宽0.5~1、顶宽0.3~0.7、高0.2~0.7米，垛墙上有踩踏的小路，保存较完整；南墙垛墙顶宽0.1~0.5、高0.1~1、内高1.8、外高6米；西墙和垛墙基本保存；北墙内高2.6米，垛墙顶宽0.2~0.6、高0.3~1.4米。东墙底部距南墙9.5米处有水门，宽2.6、高1.6、进深3米，口宽0.6、高0.8米。西北角为堡门，仍在使用，堡门底宽2.3、顶宽5.2、高2.2米。堡被废弃无人居住，开垦辟为耕地，堡内中部有一座烽火台。

堡内四周高中间低，烽火台由于耕种破坏严重；台体平、剖面呈不规则形，底部东长15、南长12、西长9、北长12.5米，顶部剥落严重，东西5.3、南北4.2米，高6米；台体南壁底部有登台踏步，外宽1.8、内宽1、高2.4、进深1.8米。堡内发现有两种类型的砖、瓦片，一种砖宽20、厚8厘米，一种砖宽18.5、厚7.5厘米，瓦片厚1.5厘米。（图一一〇二；彩图二一五、二一六）

据当地居民讲，该堡内原来有多座小房屋，应为驻军房屋。堡南0.08千米处有一座庙，应该为清代遗存，重新修缮。

该堡北距李家峁村长城1段0.167千米，西距李家峁村1号敌台0.39千米，北距榆（林）西（沟）公路0.15千米。

（二〇）断桥村堡（6108023531021700020）

该堡位于麻黄梁镇断桥村断桥村（组）南0.365千米。地处高原丘陵沟壑地带的三北防护林地。台基东侧为土路，路东为缓坡，沟深约50米，坡底有耕地；南侧为山梁，较平缓；西侧中部紧贴台基处有2道沟，宽10~30、深40米；北侧呈上坡趋势，为坡耕地。高程1370.9米。

图一一〇一 赵家峁村堡平、立面图

图一一〇二 李家峁村堡平、立面图

堡整体保存差。东墙靠北豁口宽4.8、进深3.5、高3米，靠南豁口宽4.1、高1.2、进深2.2米；南墙豁口宽2.3、高1.2米；西南角墙体顶宽0.3～0.9米，内高2.4、外高6.5米；西墙台基处有3个豁口，靠南豁口宽3.2、高1.8、进深1.4米，中部豁口宽2、高0.8、进深1.2米，靠北豁口宽3、高1.5、进深1.8米。

堡坐北朝南，平面呈矩形，边长25米，周长100米，面积625平方米。堡墙为土墙，最高6.5米。堡东北角东墙底宽1.8、顶宽0.4～1、内高2、外高6.2米；东北角北墙底宽1.8、顶宽0.35～0.7、内高1.7、外高6米；南墙底宽1.8、顶宽0.2～1、内高1.5、外高6米；西北角顶宽0.2～1、内高1.9、外高5.2米；南墙中部较平整，应为堡门位置，宽2.8米。堡内被开垦为耕地，仅存四角，北部较平缓，东部较高，西部较低，中间最低处有一个最长4.4、最宽2.6、深2.7米的椭圆形的坑。堡墙用黄土夹杂料礓石夯筑而成，夯层厚0.1～0.2米。堡内发现有瓦片，瓦片厚1.5厘米。（图一一〇三）

该堡北距断桥村长城1段墙体0.087千米，东北距断桥村烽火台0.724千米，东侧有一条土路，北距榆（林）西（沟）公路0.28千米。

（二一）万家梁塆村堡（610802353102170021）

该堡位于麻黄梁镇大圪坨村万家梁塆村（组）东0.507千米。地处黄土高原丘陵沟壑地带，东0.04千米有一条路，路东为宽40、深约0.03千米的沟；南30米有宽4、深3～5米的沟；西侧为平缓的山坡，有20余座坟丘和坡耕地；北侧有多处沟壑，有三北防护林。高程1384.6米。

堡整体保存一般。东墙保存较好；南墙靠东16米处有一个豁口，顶宽3、底宽1.9、高1.4米；南、西墙底部有新近人为挖掘的痕迹，西墙靠南17米处有豁口，顶宽3、底宽2、高1.2米；北墙10.5米处有一座楼台；楼台西侧与围墙之间的豁口顶宽1.4、底宽0.4、高1米，东侧豁口顶宽2.9、底宽1.6、高1.3米，南侧坍塌呈斜坡状，西侧豁口宽1.4、高1.1、进深0.9米。

堡坐北朝南，平面呈矩形，外侧东西46.6、南北49.6米，内侧东西43、南北46米，周长192.4米，面积2311.36平方米。堡墙用黄土夯筑而成，夯土包含有料礓石，夯层厚0.07~0.13米，高1.2~3.5米。东墙保存较好，墙体底宽1.8、顶宽0.5~1、内高1.4、外高3米，墙体上有垛墙，垛墙底宽0.5、顶宽0.1~0.2、高0.1~0.3米；南墙垛墙基本不存，底宽1.8、顶宽0.5~1、内高1.4~2.3、外高1.6~2.8米；西墙垛墙基本保存，底宽1.8、顶宽0.2~1、内高1.9、外高3.5米；北墙底宽1.8、顶宽0.3~0.7、内高1.2、外高3米。

堡北墙楼台平面呈矩形，底部东西9、南北11米，南壁坍塌呈斜坡状，北壁与北墙重合，高1.9米；北墙（近乎于东北角）有一座水门，底宽2.7、顶宽4、进深5.3、高3.2米。堡内较平坦，中部有一人为挖掘的坑，长3、宽1.8、高0.4米；南墙西部12.7米处有一座门，门内两侧有斜坡马道，呈直角三角形对称，相向通到墙体顶部，东壁马道底部长5、宽1.9、高2.2米；南门顶宽3、底宽1.8、进深3.7米。堡内保存有砖，砖厚8厘米，砖宽不详。（图一一〇四；彩图二一七、二一八）

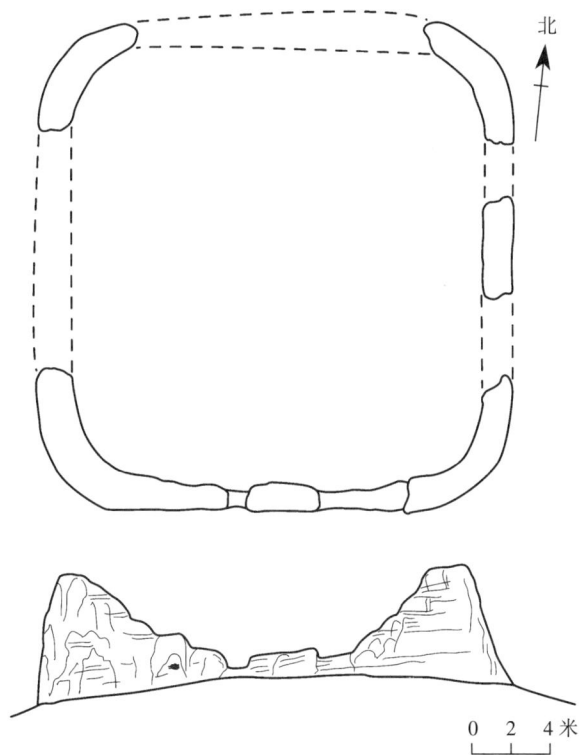

图一一〇三　断桥村堡平、立面图

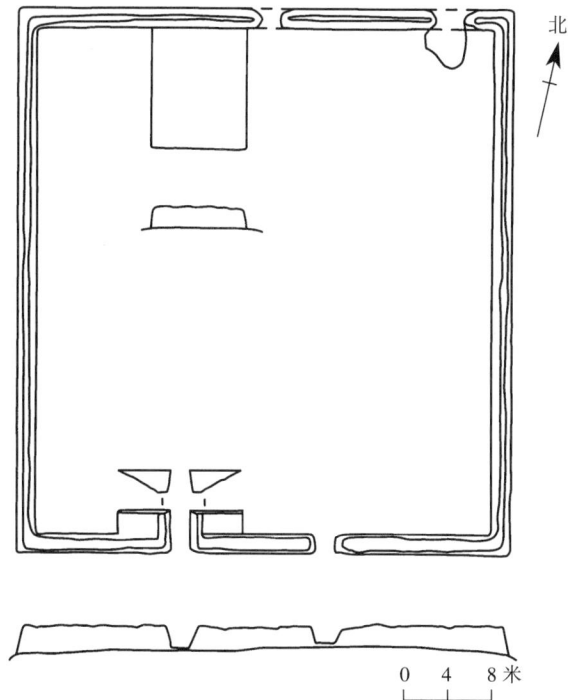

图一一〇四　万家梁墕村堡平、立面图

该堡西北距毛羊圈村长城2段墙体1.3千米、黄麻梁村烽火台1.14千米，北0.022千米处有一座信号塔，东侧山坡上有一条土路。

（二二）七山村堡（610802353102170022）

该堡位于麻黄梁镇十八墩村七山村（组）西北1.17千米。地处黄土高原丘陵沟壑地带，东侧为沙梁，坡度较缓；南0.06千米内较平缓，0.06千米外为沟，沟底有七山煤矿；西0.02千米内较平缓，0.02千米外为沙坡；北侧有榆（林）西（沟）公路，路北为沙坡。高程1280.2米。

堡整体保存较差。东墙上有豁口，由北向南依次为底宽2、顶宽3.6米，底宽0.2、顶宽2.8、高

1.4 米，底宽 2.1、顶宽 3.4、高 1.4 米，底宽 0.4、顶宽 2.6、高 1.5 米；南墙基本坍塌呈刃状，中部豁口底宽 3.6、顶宽 6、高 0.35 ~ 2.4 米，靠西豁口底宽 1.3、顶宽 3.4、高 1.6 米，西南角豁口底宽 0.9、顶宽 1.8、高 0.9 米；西墙中部豁口底宽 0.5、顶宽 5.4、高 3.2 米，西北角豁口底宽 1.3、顶宽 4.2、高 3.6 米；北墙基本坍塌，高 1 ~ 4 米；西北角窑洞顶宽 0.5、底宽 1.1、高 1.1、进深 2.3 米，为马蜂窝；东南角有一个水泥柱 GPS 点。

堡坐南朝北，平面呈矩形，外侧东西 57.8、南北 58.8 米，内侧东西 49、南北 50 米，周长 233.2 米，面积 3398.64 平方米。堡墙用黄土夯筑而成，夯土内包含有料礓石，夯层厚 0.11 ~ 0.18 米。堡墙建在夯土基座上，基座仅西、北侧保存宽 4.5、最高 6、最低 1.1 米；东墙底宽 4.4、顶宽 0.2 ~ 0.6、内高 1.1 ~ 3、外高 6 米；南墙底宽 4.4、顶宽 0.2 ~ 1.1、内高 3.5、外高 4 米；西墙底宽 4.4、顶宽 0.3 ~ 1、内高 3.2、外高 5.8 米；北墙底宽 4.4、顶宽 0.1 ~ 0.7、内高 4.3、外高 5.8 米。基座西侧保存基础，宽 4.5 米。堡内较平缓，北墙中部为堡门位置，顶宽 3.6、底宽 2.8、高 2.7 米。堡西墙附近有几处墓穴，被迁移；北墙底部有宽 7.5、高 2 米的矩形坑，与堡墙平行，可能为夯筑堡墙时所用。（图一一〇五；彩图二一九、二二〇）

图一一〇五　七山村堡平、立面图

该堡位于长城墙体附近的墙体消失，距离不详，东北距七山村 2 号敌台 1.026 千米，北距榆（林）西（沟）公路 0.06 千米。

（二三）易马城堡（6108023531021700023）

该堡位于榆阳镇北岳庙村中。又称买卖城，地处东高西低的黄土缓坡地带红石峡东岸的山坡上，西临榆溪河，东靠红山，北 0.2 千米处有红石峡生态公园，南侧平缓沙地上为北岳庙村居民区。高程 1112.2 米。

堡整体保存差，损坏较严重。堡内有石块，有村民居住，有砖厂、屠宰场。堡外西北角墙体底部建有造钢筋混凝土结构的仿摩崖石刻碑，致西墙和西北角楼处于悬空，容易造成滑坡、坍塌，存在严重隐患。堡墙有多处豁口，西墙靠南有一条土路穿过墙体形成宽2米的豁口，东墙有一条便道东西向穿过墙体形成宽5米的豁口，东南角墙体由于雨水冲刷形成宽23米的雨水冲沟。堡内西北角有一个屠宰场，污水及废弃物对堡造成很大破坏；东北角有5座砖窑，挖掘取土、烧砖等活动对堡造成极大破坏和污染；紧靠北墙内侧有多孔石窑洞，对墙体挖掘造成破坏；堡内西南平坦地被开垦为农田，种植有玉米、蔬菜等，有引水渠。

堡建于长城墙体内侧0.18千米处，坐北朝南，堡墙平面呈平行四边形，周长1060米，面积67838平方米。堡墙用黄土夯筑而成，夯层厚0.07~0.15米。堡墙保存较差，墙体高3~7米。堡东墙长314、西墙长314、南墙长215、北墙长212米；墙体底宽7、顶宽0.3~1.5、内高3~6、外高5~7米。

堡仅存西北、西南、东南角台，损坏严重。堡西南角台轮廓较清晰，底部边长14.8、顶部边长9.6米，高11米；东南角台被取土挖掘破坏严重，底部呈长11.7米的月牙形，顶部东西8.7、南北4.5米，高5米；西北角台西壁被挖掘破坏严重，呈不规则形，底部边长7、顶部边长4、高7米。南、北墙中部各有一个门，为豁口，北门豁口宽9、进深10、高5.6米，南门豁口宽18、进深22米，门墩宽10.5、高6.6米。堡内紧靠北门东侧墙体有长100米的石窑洞，东墙有长78米的一排窑洞。堡内东北角有一座南北34、东西7~10、高8米的矩形土台，土台西侧有长23、宽5米的一排平房，平房西0.015千米处有3座砖窑，为长30、宽10米的石棉瓦库房；土台东南0.016千米处有2座砖窑。堡外北0.035千米处有一道挡马墙，长115米，底宽4.8、顶宽0.4~1.5米，高3~6米。（图一一〇六）

易马城始建于明嘉靖四十三年（1564年），为蒙汉互易的场所，当时每年正月十五后择日开市，隔日互易，汉商交易茶、布、绸缎、烟、盐等，禁易粮食、铁器，蒙民以皮张、绒毛、牛羊等交易，禁易马，易马城是蒙汉民族友好、和睦的历史见证。

该堡北距长城墙体0.18千米，西距红石峡0.1千米，东北距镇北台0.8千米。北岳庙村东有榆（林）西（沟）公路，呈东南—西北走向，为原榆（林）神（木）公路。

（二四）寨城庄堡（610802353102170024）

寨城庄堡位于榆阳镇寨城庄村中。又称寨城，所处地势南高北低。南侧为黄土梁峁地；北侧为平缓沙地，有口子队村；西临寨城庄村洪水冲沟；东侧为黄土缓坡地，为寨城庄村居民区；北侧紧靠堡南墙有养鸡厂和大型砖瓦厂。高程1134.4米。

堡整体保存差。堡西墙坍塌严重，有22米宽雨水冲刷坍塌的豁口；其他三面墙体部分坍塌，呈驼峰

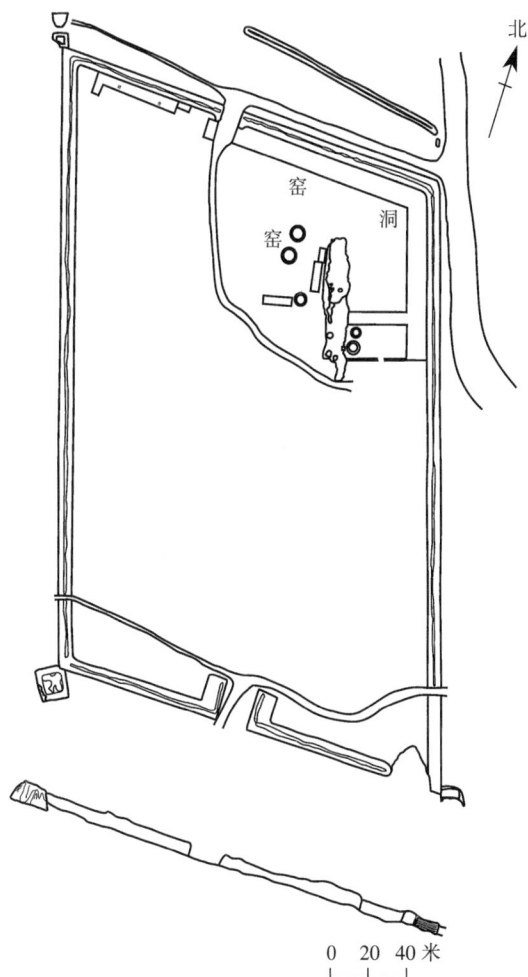

图一一〇六　易马城堡平、立面图

状。堡所在山体因当地村民大量取土，东、南墙处于悬空状态，濒临坍塌。堡内种植有马铃薯，南墙外侧及堡内侧墙体底部有大量现代坟墓。

　　堡建于长城墙体内侧 0.5 千米，坐北朝南，平面呈矩形，边长 60 米，周长 240 米，面积 3600 平方米。堡墙用黄土夹杂料礓石夯筑而成，夯层厚 0.08～0.14 米，保存较差，高 3～7 米，墙体底宽 3.5、顶宽 0.3～0.12、内高 3.5、外高 6 米。南墙中部有 1 座门，坍塌成一底宽 4.5、顶宽 6 米的豁口；北墙中部有一座凸出墙体的马面，坍塌成圆土堆状，底部直径 9 米，顶部呈矩形，边长 6.5 米，高 3～6 米。堡内为耕地和现代墓地，无其他遗址。堡内发现有明代整砖、石块、瓷片、瓦片等，砖有两种尺寸，一种砖长 33、宽 11、厚 7 厘米，一种砖长 36.5、宽 18.5、厚 6 厘米。（图一一〇七）

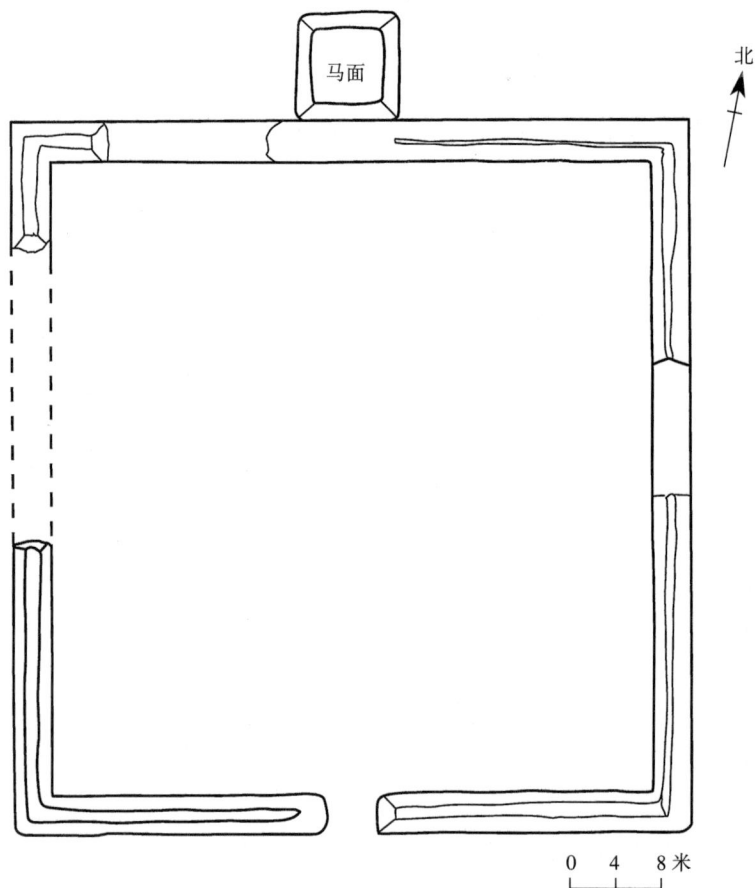

图一一〇七　寨城庄堡平面图

　　该堡西北距口子队村长城 2 段墙体、口子队村 4 号马面 0.5 千米。寨城庄村西有榆（林）靖（边）高速公路，村北有通往榆林城区的柏油路。

四　相关遗存

榆阳区与明长城相关的遗存有 3 处，即走马梁汉墓群、红石峡摩崖石刻和郑窑则村砖窑遗址。

（一）走马梁汉墓群（610802354199040001）

该汉墓群位于牛家梁镇边墙村的走马梁上。分布在长城墙体两侧的沙滩区，地处毛乌素沙漠和黄土高原的结合地带。地处林业固沙示范区，地表基本被柠条、沙蒿、柳树、杨树等防风固沙林草覆盖。高程1152米。

墓群整体保存一般。明长城由东北向西南斜穿墓区，将墓群分为南北两块，被流沙掩盖，上面长满柠条、沙柳、沙蒿等沙生植物，地面上看不到墓葬的任何痕迹。

走马梁汉墓群由走马梁、塌崖畔、驮水梁3个墓区组成，面积约300万平方米。所在山梁上保存有长城附属建筑障城一座，墓群地表保存有汉代陶片等，山梁上建有明长城关一座，即走马梁关。

该墓群有保护标志碑，立于公墓区，石碑由陕西省文物局统一制作。碑身为黑色沙岩，矩形横置，宽120、高80、厚25厘米；碑座为须弥式，座高0.5米。

保护范围及建设控制地带如下。

A区（保护范围）

1. 走马梁区：东西3000、南北2300米，东至明长城障城东14米处，西至障城西2000米处，南至障城南800米处，北至障城北1500米处。

2. 塌崖畔区：东西350、南北2000米，东至沙沙墩，西至塌崖畔西坡中日友好林，南至塌崖畔南坡底，北至明长城。

3. 驮水梁区：东西300～400、南北14米，东至驮水梁东坡底，西至驮水梁西坡底，南至马圈沟小路，北至驮水梁北坡底。

B区（建设控制地带）

1. 走马梁区：A区四面外延100米。

2. 塌崖畔区：A区四面外延50米。

3. 驮水梁区：A区东、西、北外延50米，南外延100米。

档案："四有"档案等。

边墙村北有榆（林）西（沟）公路，呈东南—西北走向，为原榆（林）神（木）公路。

（二）红石峡摩崖石刻（610802354199170002）

该石刻位于榆阳镇北岳庙村中（榆林市城北3千米的红山脚下）。亦称红石峡，为天然峡谷，东岸为黄土梁峁地，西岸为波状沙丘地。峡内为榆溪河，上游为红石峡水库。峡内植被较好，郁郁葱葱，溪水潺潺。高程1083.5米。

遗存整体保存一般。石窟内原有石刻、塑像，大部分被毁；部分窟内顶部因雨水渗漏石刻线条模糊，颜色脱落；石壁上的题刻大部分字迹清晰，受雨水冲刷侵蚀、风化等影响崖面上一些石刻字迹模糊，沙岩表层剥落。红石峡内南侧入口处建造有一座钢缆吊桥，东岸正在仿制建造钢筋混凝土结构的现代摩崖石刻，这些都与红石峡摩崖石刻的历史文化性极不协调。

遗存位于榆林市北3千米的红山脚下，红石峡东、西壁对峙，东壁高11.5、长107米，西壁高13、长133米；东、西石壁上有石窟30处、摩崖题刻164块，有明清碑刻35块，其中有记事碑、功德碑、题名碑等，石刻面积20000平方米。（彩图二二一～二二三）

1982年以来，陕西省文物局及榆林地区投资20多万元，对红石峡窟、石刻及其他遗存进行抢救性维护。

该遗存位于镇北台西南1千米，东距易马城0.05千米。北岳庙村东有榆（林）西（沟）公路，由东南向西北延伸，是原榆（林）神（木）公路。

红石峡是中共陕北党的重要活动地点之一。1928年5月，中共榆林县委在翠然阁召开了党的活动分子会议，次年 8 月，中共陕北特委第二次扩大会议也在此召开，刘志丹、刘澜涛、贾拓夫等同志出席会议。

1982 年 7 月，红石峡摩崖石刻由榆林县文物管理委员会管理。1984 年，成立了红石峡文管所，管理红石峡和镇北台，所长张飞荣。1992 年，成立了镇北台文管所，红石峡文管所只负责管理红石峡，所长韩玉瑛。2003 年 7 月，榆阳区红石峡文管所划归榆林市红石峡文管所，所长李建平，现有职工 18 人。

石刻有保护标志碑一座，立于门楼左侧，石碑由陕西省文物局统一制作。碑身为黑色花岗岩，横置矩形，宽 100、高 96、厚 16 厘米；碑座为须弥式，高 0.5 米。重点保护区为围墙内，一般保护区为重点保护区外延 20 米的范围，建设控制地带为一般保护区外延 120 米的范围，有"四有"档案等。

（三）郑窑则村砖窑遗存（610802354102170003）

该遗存位于红石桥乡郑窑则村东南约 1.3 千米的长城墙体内侧。地处榆阳区与横山县交界处的黄土沟壑地带，与长城墙体间有一道较硬的土梁。高程 1112.7 米。

遗存整体保存差。由于长期的风雨冲蚀，露出部分窑口和烧制坚硬的顶部，砖窑内堆积有大量黄土，顶部烟囱坍塌严重。

遗存东西 30、南北 5 米，面积 150 平方米。地面不平坦，窑址露出 2 个窑口，土呈红色，质地坚硬。遗存有 5 个窑址，西侧 2 个保存较好，东侧 2 个仅存轮廓，保存较好的窑址长 4.2、宽 3 米，烟囱直径 0.3 ~ 0.6 米，窑壁厚 0.4 米。（图一一〇八）

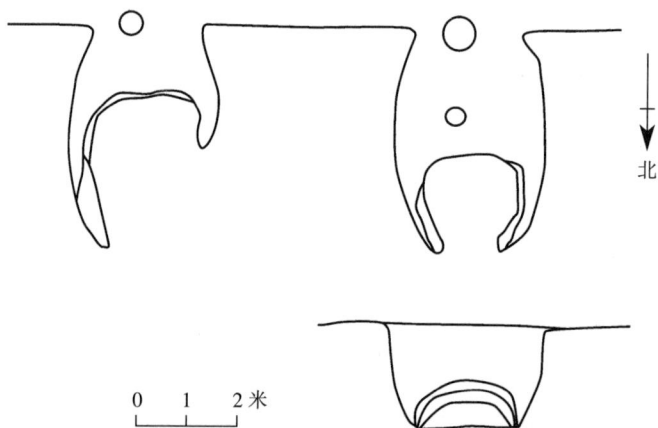

北

0 1 2米

图一一〇八　郑窑则村砖窑遗存平、立面图

该遗存东北距郑窑则村 2 号烽火台约 0.252 千米，西南距郑窑则村 3 号烽火台约 0.23 千米，西距长城墙体约 0.066 千米，长城墙体外侧有一条乡村土路。

第三节　榆阳区明长城二边

榆阳区明长城二边东接神木县明长城二边，沿扎林川、常乐川南侧山梁、榆溪河分布，西南接横山县明长城二边，全长90190米，其中，墙体90190米、单体建筑24座。

一　墙体

榆阳区明长城二边全部为山险。

建安堡村～鱼河村山险（610802382106170064）

该段山险位于大河塔乡建安堡村东至鱼河镇鱼河村。整体呈东北—西南走向，长90190米。

山险起点位于建安堡村东1千米，高程1079.36米；止点位于鱼河镇鱼河村西南，高程944.59米。

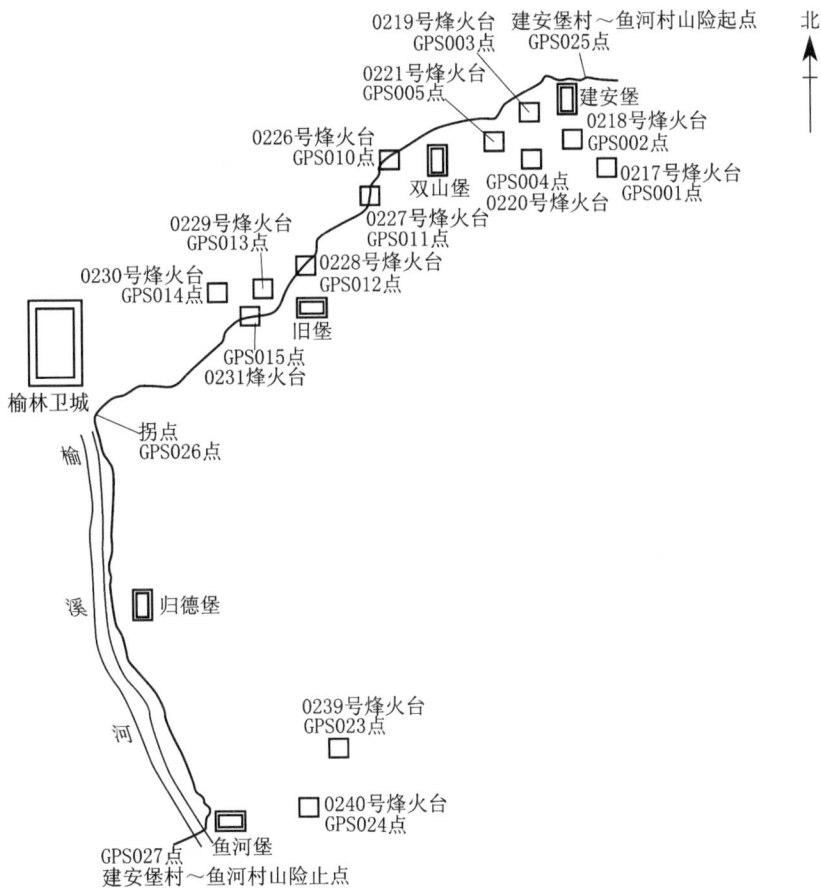

图一一〇九　建安堡村～鱼河村山险位置示意图

山险由于风雨侵蚀、流水冲击、山体滑坡等原因十分险要。起点至拐点呈东北—西南走向，长50000米，经过建安堡、双山堡、旧常乐堡到达榆溪河东岸榆林卫城东南，山险在拐点处拐向南；拐点至止点呈北—南走向，长40190米，从榆林卫城东南沿榆溪河东岸南下经过归德堡到鱼河堡南。（图一一〇九）

该段山险东北连神木县二边山险，西南接横山县二边山险。

二 单体建筑

榆阳区二边明长城单体建筑仅烽火台一类，共24座。台体皆用黄土夹杂和料礓石等夯筑而成，夯层厚0.06~0.23米，以0.08~0.15米为主（4座烽火台超过0.15米）。有台基者6座，占烽火台总数的25%；带围墙的2座，占烽火台总数的8.33%；有券洞的1座，占烽火台总数的4.17%。台体包砖者1座，占烽火台总数的4.17%，包砖脱落。台体平面均呈矩形，底部边长4.3~28米，以5~11米为主，个别如蔡家梁村烽火台、双山堡村烽火台、金鸡梁村烽火台、臭海则村烽火台、乔界村2号烽火台底部边长超过12米，基本长约20米；顶部边长2.5~20.2米，以3~7米为主，有5座边长超过10米，最长的达20余米；高3~9米，以3~7米为主。烽火台均有不同程度的损毁。

各烽火台分述如下。

（一）淖泥沟村烽火台（610802353201170217）

该烽火台位于大河塔乡淖泥沟村西0.45千米地势较平坦的山梁上。地处黄土高原丘陵沟壑地带，淖泥沟村中有大片柳树林。东0.03千米处有多条流水冲沟，0.24千米处有一条南北向的冲沟；北侧较为平坦；南0.284千米处有一条冲沟，连接一座地势较高的山梁。四周8~15米的范围内种植有大量柠条、沙蒿等植被。高程1313.7米。

烽火台由于风雨侵蚀、植物根系生长、羊群啃噬、人为开挖台体等原因，整体保存较差。台体顶部坍塌，四壁出现剥落现象，南壁底部有几个小洞穴，西壁生长有酸枣树，西北角由上至下有一道流水冲击形成的宽0.9米豁口。基座除北侧保存一部分外，其余坍塌成斜坡，西南角3米处有一个边长1.7米的矩形盗洞。

台体用黄土夯筑而成，夯土内含有大量料礓石，夯层厚0.08~0.12米。台体平面呈矩形，剖面呈梯形，底部东西8、南北7.5米，顶部东西3.2、南北3米，高5.4米。基座坍塌。台体周围有碎砖。（图一一一〇）

该烽火台西北距建安堡村烽火台0.753千米，西0.45千米淖泥沟村中有一条由西向东流的小河，北侧有一条宽3.7米的乡村土路。淖泥沟村有居民140余人，现约40余人，多外出务工。

（二）建安堡村烽火台（610802353201170218）

该烽火台位于大河塔乡建安堡村南0.793千米的平缓山梁上。地处黄土高原丘陵沟壑地带，地势南高北低，四周地势较平坦，周边种植有大量苜蓿，附近5米内与落土上主要生长有柠条，东北0.112千米处有"人工饲料狮大梁作业区"石碑，西0.018千米处有多条水冲沟，北0.155千米至建安堡是耕种区。高程1194.5米。

烽火台整体保存差。台体仅存上部，有多条裂缝，坍塌严重，落土呈斜坡状围绕台体。台体南壁坡度较小，一条便道通往顶部，应为步道位置；西壁底部有一个洞穴，高0.3、深0.9米。台体四周有少量残砖，应为包砖，被人为拆除或剥落；顶部由于侵蚀凹凸不平，呈不规则矩形；顶部和北壁生长有沙棘等杂草。

台体基座平面呈矩形，东西14、南北13、高3.5米。台体内部用黄土夯筑而成，夯层较均匀，夯层厚约0.09米，夯土内含有大量白色料礓石，大小不一，最大颗粒直径约7厘米。台体外部包砖无

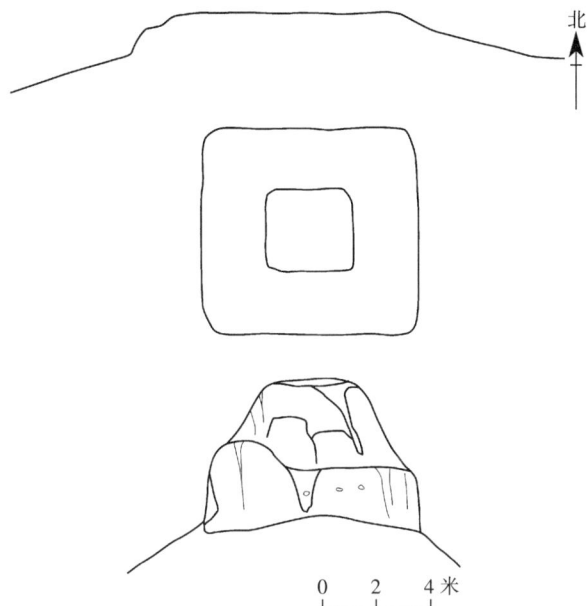

图——一〇　淖泥沟村烽火台平、立面图

存。台体平面呈圆角矩形，剖面呈梯形，底部东西6.8、南北4.3米；顶部不规则，西宽东窄，东西4.4、南北2.5~3.3米，高3.2米。台体上有少量残砖，周边散落有大量白色碎石。（图——一一）

该烽火台西北0.721千米处有一座现代修建的关帝庙，东南距淖泥沟村烽火台约0.753千米，东0.121千米处有一条南—北走向宽3.7米的土路，附近无河流。建安堡村现有居民80余人，青壮年多外出务工。

（三）窑则村1号烽火台（610802353201170219）

该烽火台位于大河塔乡窑则村东北0.632千米东西向的山梁上。地处黄土高原丘陵沟壑地带，周边地势东高西低。北0.012千米处有2条雨水冲刷形成的小冲沟，0.4千米处有一座地势较低的土坝；南0.278千米处有一座土坝，坝中种植有一片柳树林；西0.03千米处有桑树林和苜蓿地；南0.013千米外为耕地。高程1200.9米。

烽火台由于风雨侵蚀、植物根系破坏、开垦耕地、拆除包砖、攀登破坏等原因，整体保存较差。台体四壁剥落严重，东壁中部有一个土洞通向顶部，应为步道位置，有台阶，仅顶部出口处有台阶痕迹，洞口坍塌严重，平面呈三角形，宽0.9~3.1、深4、高2米，下距基座3米；北壁有一条竖直的裂缝，宽约0.5米；北、西壁有土台，应为基座；南、东壁坍塌呈斜坡状；顶部及四周生长有杂草。台体包砖、建筑剥落或被人为拆除，南壁底部中部有一个盗洞。

台体夯土基座平面呈矩形，东西21、南北18.6、高1.8米。台体用黄土夯筑而成，夯土内含有少量白色料礓石，质地较细密，夯层厚约0.1米。台体底部平面呈矩形，剖面呈梯形，顶部平面呈近梯形，底部边长10.6米，顶部东西4.6、南北6.2米，高7.1米。台体周围散落有残石、残砖、板瓦等。（图——一二）

该烽火台东距建安堡村烽火台约1千米，北距建安堡约0.894千米。北约0.75千米处为扎林川河，由东向西流，扎林川河南岸有一条大河塔通往榆林的呈南—北走向的柏油路。窑则村有居民100余人，以汉族为主。

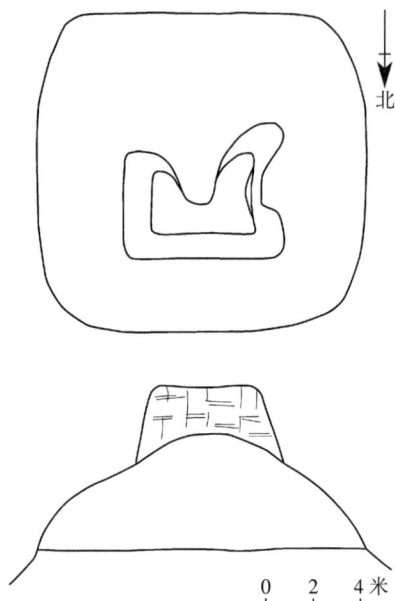

图———— 建安堡村烽火台平、立面图

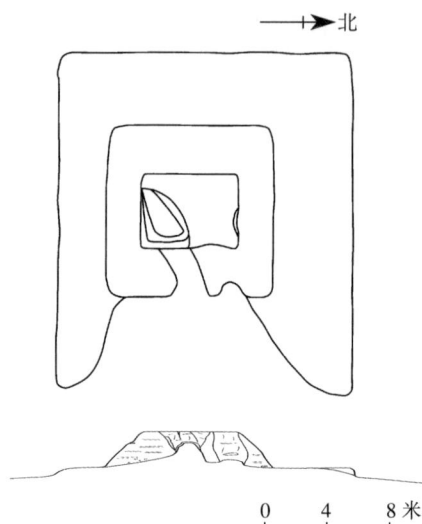

图———二 窑则村1号烽火台平、立面图

（四）窑则村2号烽火台（610802353201170220）

该烽火台位于大河塔乡窑则村东南约0.911千米东西向的椭圆形山峁上。地处黄土高原丘陵沟壑地带。南北侧有2条沟壑，在西0.8千米处合为一条，有多条雨水冲沟，与沟壑相连；东0.05千米处有一条人工挖掘的水渠，呈东—西走向，用于聚集雨水。附近地表植被主要有柠条和沙蒿，部分沙土裸露。高程1300.05米。

烽火台由于风雨侵蚀、植物根系破坏、人为攀爬、造林、放牧等原因，整体保存较差。台体四壁有不同程度的坍塌和剥落，东壁坍塌较为严重，有登台形成的阶梯；西壁底部有5个小洞；北壁底部中间有宽1、高1.3、进深2米的窑洞。台体表面有多个羊群啃噬所致的凹坑，顶部生长有艾蒿、沙蒿等杂草，附近生长有柠条。

台体建在自然基础上，黄土夯筑而成，夯土内含少量白色料礓石，土质细密，夯层厚0.1~0.15米。台体底部平面呈矩形，剖面呈梯形，顶部平面呈圆角矩形，底部边长8米，顶部南北4、东西2.6米，高5.2米。（图———三）

该烽火台东北距窑则村1号烽火台1.5千米，东0.103千米处有一条宽6米呈南—北走向通往窑则村的土路，附近无河流。

（五）兰家峁村烽火台（610802353201170221）

该烽火台位于大河塔乡兰家峁村东约0.647千米的山峁上。地处黄土高原丘陵沟壑地带，周边地势较平坦。南侧有梯田，梯田顶层杂草丛生，顶层以下为耕地；北侧底部与耕地相连；南0.7千米有一条呈东—西走向的平川，落差约50米。高程1232.1米

烽火台由于风雨侵蚀、植物根系破坏、虫蚁洞穴侵蚀及人为攀爬、道路破坏等原因，整体保存较差。台体南壁坍塌剥落严重，中部有一个宽1、高2.6米的V形豁口。基座轮廓犹存，南侧坍塌呈斜坡状与台体底部相连，生长有大量酸枣树，根系生长对台体和基座破坏极大。台体表面虫蚁洞穴较多，

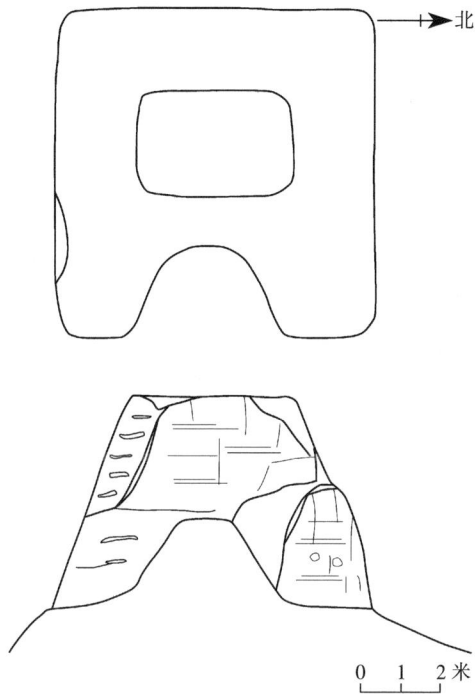

图一一三　窑则村 2 号烽火台平、立面图

顶部凹凸不平，生长有少量杂草。

台体建在自然基础上，黄土夯筑而成，夯土内含有少量白色料礓石，土质较为细密，夯层厚约 0.11 米。台体底部平面呈矩形，剖面呈梯形，顶部平面呈不规则矩形，底部东西 10.4、南北 10 米，顶部东西 6.4、南北 6 米，高 5 米。台体周边散落有少量残石。（图一一四）

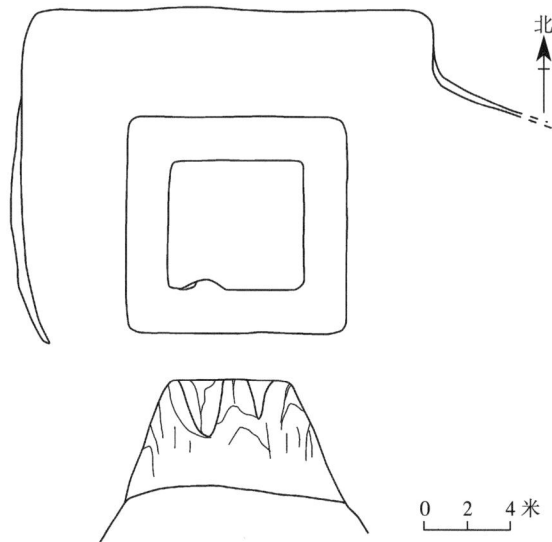

图一一四　兰家峁村烽火台平、立面图

该烽火台东南距窑则村 2 号烽火台约 1.5 千米，西北 0.261 千米处较低的山峁上有一座庙宇，附近有一条耕作便道。东 0.5 千米处有一条季节性河流，原为水坝，已干涸，被开垦为耕地。兰家峁村

有居民 200 余人，常住人口约 30 余人，多外出务工，以汉族为主。

（六）下黑龙滩墩梁烽火台（610802353201170222）

该烽火台位于麻黄梁镇下黑龙滩村东约 1 千米南北向的山梁上。地处黄土高原丘陵沟壑地带，南侧有长 51 米的苜蓿地；北 0.015 千米处有一条冲沟，沟边缘有围墙状的土梁，未发现夯层，表面有铲削痕迹；东 0.012 千米、西 0.156 千米处各有一条南北向的沟壑。高程 1340 米。

烽火台由于风雨侵蚀和植物根系破坏，整体保存较差。台体表面因侵蚀而剥落，水冲裂缝从底部至顶部；南壁坍塌严重，底部落土呈斜坡状堆积，底部中间有一孔窑洞，坍塌落土将洞口填充，洞口高 0.6、宽约 1.1 米；底部西北角由于冲蚀向内悬空，高约 0.3 米；西壁表面有许多凹坑、多条裂缝；顶部凹凸不平杂草丛生。

台体建在自然基础上，黄土夯筑而成，夯土质地纯净细密，夯层厚 0.8 ~ 0.12 米。台体平面呈矩形，剖面呈梯形，顶部呈圆角矩形，底部东西 8.2、南北 9.6 米，顶部东西 5.4、南北 6.8 米，高 6.3 米。（图一一五）

该烽火台东北距兰家峁村烽火台 2.75 千米，南 0.045 千米处有一条宽约 1.5 米的乡村土路通往下黑龙潭村，附近无河流。黑龙潭村有居民 200 余人，以汉族为主。

（七）蔡家梁村烽火台（610802353201170223）

该烽火台位于麻黄梁镇蔡家梁村北 0.372 千米的山梁上。地处黄土高原丘陵沟壑地带，附近地势较平坦。东 0.056 千米有一条南北向的沟壑，西 0.05 千米处一条东西向的水冲沟，西南 0.021 千米以外有 5 座现代墓葬，地表植被主要有沙蒿、黄蒿等。高程 1386.9 米。

烽火台由于风雨侵蚀、植物生长破坏、人为踩踏等破坏，整体保存一般。台体坍塌严重，落土呈斜坡状通向顶部；南壁步道处有一个上宽 5.4、下宽 1 米的 V 形冲蚀豁口，顶部至中部有一个铲削形成的长 10.4、宽 7.5、深 0.05 ~ 0.17 米的矩形凹坑，；西壁有多条冲蚀形成的凹槽，有多条竖直裂缝、几个小凹坑；顶部生长有大量杂草，北侧较高处有垛墙痕迹，中部略微凹陷。

台体建在自然基础上，黄土夯筑而成，夯土内含有大量白色料礓石，西南角底部露出高 0.2 ~ 1.1 的红土层，夯层厚 0.06 ~ 0.14 米。台体平面呈矩形，剖面呈梯形，底部东西 18.2、南北 20 米，顶部东西 14、南北 12.5 米，高 8 米。台体四周散落有大量白色料礓石，顶部有几块黑色碎瓷片。（图一一一六）

该烽火台东距下黑龙滩墩烽火台约 8 千米，东 0.03 千米处的斜坡上有一条呈南—北走向宽约 3 米的乡村土路，附近无河流。蔡家峁村有居民约 40 人，以汉族为主。

（八）人马梁村烽火台（610802353201170224）

该烽火台位于麻黄梁镇人马梁村北 0.326 千米的山峁上。地处黄土高原丘陵地带，落差较大，四周沟壑环绕。北 5 米处有 4 座现代墓葬，周围生长有较矮的杂草，其余是苜蓿地；南约 0.016 千米处有多条流水冲沟；东 6 米处有一个边长 3.2、深 1.3 米的矩形挖坑。高程 1366.7 米。

烽火台整体保存较差。台体分为上、下两部分，上部较小，南壁有 2 个"V"形豁口，下部呈斜坡状可登台顶；西壁上部剥落呈圆角形，下部坍塌严重；南壁底部有铲削痕迹，顶部有一个"W"形豁口；东、北壁有基座轮廓，其余两壁坍塌呈斜坡状；顶部杂草丛生。

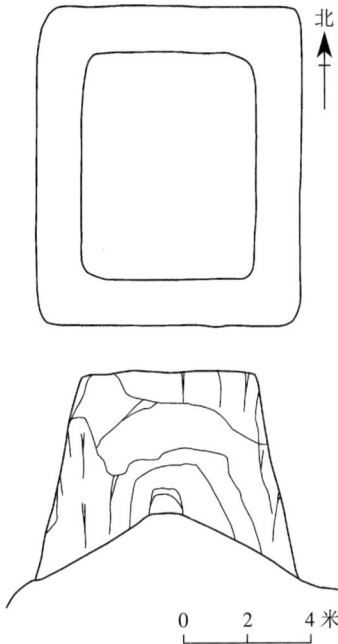

图一一一五　下黑龙滩墩梁烽火台平、立面图

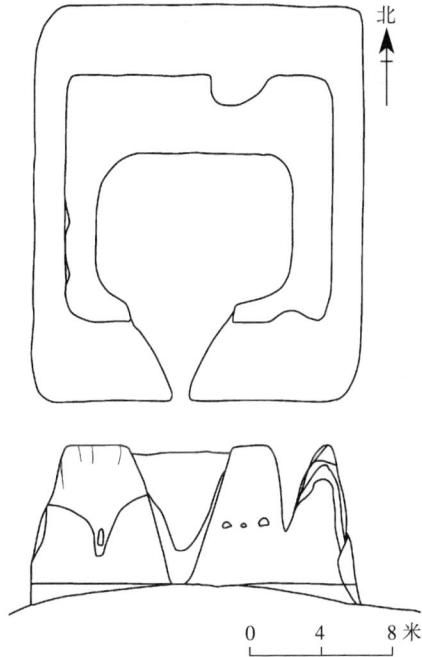

图一一一六　蔡家梁烽火台平、立面图

台体建在自然基础上，黄土夯筑而成，底层较模糊，顶层夯层厚约0.12米，夯土内含有大量白色料礓石。台体底部平面呈矩形，剖面呈梯形，顶部平面呈圆角矩形，上下两部分连接处上层收缩约1米，底部边长11.8米，顶部东西6.5、南北3.5米，高9米。台体南壁发现有一块灰色陶器残片，散落有大量白色料礓石。（图一一一七）

该烽火台西北距蔡家梁村烽火台约2.25千米，东约0.035千米处有一条呈南—北走向的土路，宽约1米，附近无河流。人马梁村居民以汉族为主，人口约40人。

（九）双山堡村烽火台（610802353201170225）

该烽火台位于麻黄梁镇双山堡村西北约1.14千米的山梁顶部。地处黄土高原丘陵沟壑地带，南0.17千米处有一条东西向的沟壑；东0.047千米处有多条小冲沟；北0.018千米处有一个矩形散水渠，为保护天然气管线而建，水渠外是一条南北向的冲沟；西侧地势平坦，0.335千米处有天然气加压站，西北0.285千米处有一块刻有"世行贷款项目区"字样的石碑。高程1192.4米。

烽火台整体保存较差。台体南北两壁平整，西壁有一个宽约2米的"V"形豁口，豁口处坍塌严重；东壁有登台步道，被冲蚀成斜线，底部有铲削痕迹，侧面呈"V"形，顶宽4、底宽0.6米；北壁底部向外延伸1米是天然气管线，在地表形成一个铲削断面；顶部由于侵蚀平面呈凹字形。台体顶部杂草丛生，南壁有多个虫蚁洞穴，周围种植有松树。

台体建在自然基础上，黄土夯筑而成，夯层厚约0.1米，夯土质地纯净细密。台体平面呈矩形，剖面呈梯形，顶部底部东西18.5、南北17米，顶部东西14.5、南北14米，高4.8米。（图一一一八）

该烽火台位于人马梁烽火台西南3.5千米，东南距双山堡约1.138千米，南0.031千米处有一条呈东—西走向铺设天然气管道时所建的土路，西0.15千米有一条呈西北—东南走向的土路，附近无河流。双山堡村有居民约600人，以汉族为主。

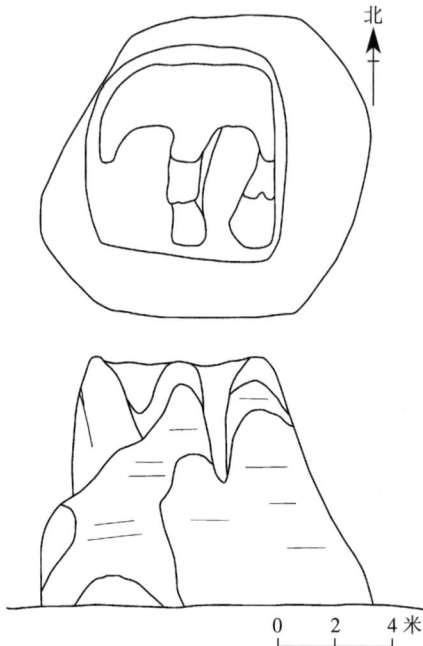

图一一一七　人马梁村烽火台平、立面图

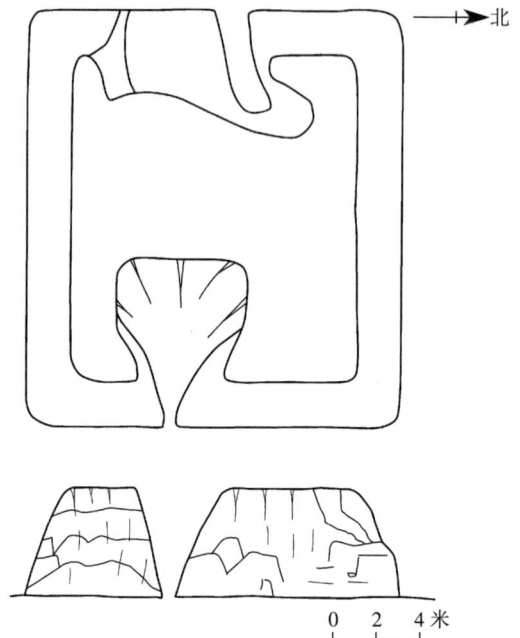

图一一一八　双山堡烽火台平、立面图

（一〇）万家梁塌村烽火台（610802353201170226）

该烽火台位于麻黄梁镇万家梁塌村南约0.9千米的馒头状山峁上。地处黄土高原丘陵沟壑地带，山峁被松树林覆盖，坡度较陡。西北0.4千米有一条沟壑，与山峁呈斜坡状相连，落差约25米；东南至山峁中部南有一座山脊，坡度较小；西南0.525千米处为一片荒漠。高程1345.1米。

烽火台整体保存差。台体四壁剥落严重，受侵蚀基本呈圆柱形，生长有少量枸杞和酸枣树，坍塌落土呈斜坡状围绕台体，5米外是茂密的松树林，表面有多条宽0.01～0.17米的裂缝，西壁有较多的蜂巢和虫蚁洞穴，东壁顶部至中部有一个坍塌形成的凹坑，南壁梯形形制清晰，顶部凹凸不平生长有大量杂草。

台体建在自然基础上，黄土夯筑而成，夯土略泛红，夯土内含有大量白色料礓石，夯层厚0.09～0.15米，料礓石直径0.03～0.07米。台体平面呈圆角矩形，剖面呈梯形，底部东西8、南北6.2米，顶部东西3、南北1.8米，高5.2米。台体周边散落有少量灰瓷片和青瓷片及大量白色料礓石。（图一一一九）

该烽火台东南距双山堡村烽火台约2千米，附近无河流。万家梁塌村有居民约40人，以汉族为主。

（一一）金鸡梁村烽火台（610802353201170227）

该烽火台位于麻黄梁镇金鸡梁村东北约1千米的山峁上。地处黄土高原丘陵沟壑地带，四周呈斜坡状。西南约0.256千米处有一座山梁，北0.227千米处有一片平坦耕地，周边大部分是沙漠，主要生长有柠条、沙蒿等植被，部分黄沙裸露。台体西北角向外延伸9米处有一条流水冲沟。高程1309.9米。

烽火台整体保存较差。台体北壁有一个较大的"V"形豁口，顶宽10.7、底宽7.8米；西壁有一个较小的冲刷豁口；顶部有垛墙痕迹，大部分因侵蚀坍塌消失；顶部中部有 5 个大小不一的盗洞，有的彼此相连，对台体破坏极大，最大的长 2.2、宽 1.2、深 2.5 米，最小的长 1.6、宽 0.9、深 0.8 米。台体顶部和壁面生长有少量柠条、沙棘及黄蒿、沙蒿等植被。

台体建在自然基础上，黄土夯筑而成，夯土质地细密纯净，夯层厚约 0.15。台体平面呈矩形，剖面呈梯形，底部边长 23.5 米，顶部东西 17～19.5、南北 19.5 米，高 5.4 米。台体顶部四周较高、中间较低，有垛墙痕迹。台体附近有板瓦残片、少量黑瓷片及碎骨等。（图一一二○）

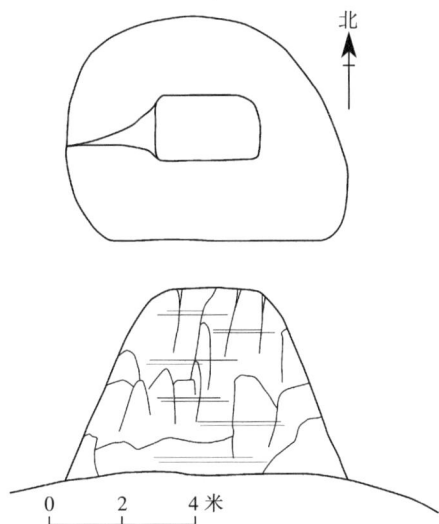

图一一一九　万家梁塌村烽火台平、立面图

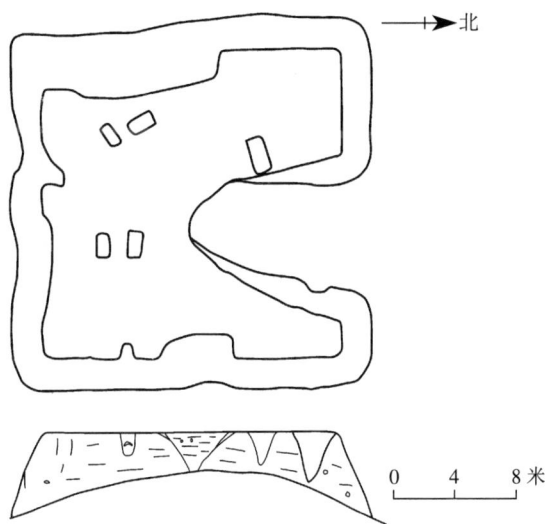

图一一二○　金鸡梁村烽火台平、立面图

该烽火台西南 0.15 千米处有一条废弃的管线道路，西北有一条土路通向村中，东北距万家梁土焉村烽火台约 3.25 千米，附近无河流。金鸡梁村有居民约 80 人，以汉族为主。

（一二）臭海则村烽火台（610802353201170228）

该烽火台位于麻黄梁镇臭海则村南 0.965 千米。地处黄土高原丘陵沟壑地带，附近地势平坦。东 0.053 千米处有一条水冲沟；北侧是平缓的沙漠地貌，遥对大边长城，地表大部分裸露，植被较少；南侧地表植被较多，约有 300 米长的平坦山脊；西侧以黄土沟壑地貌为主，生长有沙蒿、黄蒿、柠条等植被，土地沙化。高程 1319 米。

烽火台整体保存较差。台体东壁有一个挖槽，槽壁上有大量蜂巢，顶部有多个冲蚀豁口；南壁底部有铲削痕迹；西壁受雨水冲蚀严重，有 2 个大小相似宽 4.2～5、深约 3.5 米的 V 形冲刷豁口，有多个长 0.17、宽 0.1 米的小凹坑；西南角有斜坡的可登台顶，流水侵蚀形成，有大量蜂穴。台体顶部生长有大量杂草，壁面有多条裂缝。

台体建在自然基础上，黄土夯筑而成，夯土纯净细密，夯层厚约 0.09 米。台体平面呈矩形，剖面呈梯形，底部边长 24、顶部边长 18.5、高 4.2 米。台体顶部平坦，形制规整。台体附近发现少量白瓷片和青瓷片。（图一一二一）

该烽火台北距金鸡梁村烽火台 5 千米，东 0.03 千米处有一条呈南—北走向的乡村土路，西 0.165 千米处有一条呈西北—东南走向的土路，附近无河流。臭海则村有居民约 40 余人，以汉族为主。

（一三）乔界村 1 号烽火台（610802353201170229）

该烽火台位于麻黄梁镇乔界村南 0.495 千米的山峁顶部。地处黄土高原丘陵沟壑地带，落差约 15 米，东 0.137 千米处有乔界村砖厂；南北侧有 2 条冲沟，东西相连形成夹角；中部为烽火台所在山峁；冲沟西是植被较少的沙漠，其余三侧植被较多，生长有沙蒿、柠条、沙柳等。高程 1304.2 米。

烽火台整体保存差。台体顶部有一个不规则凹坑，应为地质测量遗留；南壁剥落严重，有 10 余个长 0.3、宽 0.15 米的小凹坑；东壁坍塌成斜坡，中间有一条便道通向台顶，地面有 3 个盗洞，一个呈圆形，直径约 1 米，洞内堆有杂草，其余 2 个规格分别为长 1.35、宽 0.90、深 1 米，长 1.4、宽 0.7、深 1.2 米。台体表面生长有杂草，山坡上砖厂取土对山体及台体有较大威胁。

台体建在自然基础上，黄土夯筑而成，土质较疏松，夯层厚约 0.07 米。台体平面呈矩形，剖面呈梯形，底部边长 5 米，顶部东西 3.2、南北 2.6 米，高 3 米。台体附近发现有几块黑色碎瓷片。（图一一二二）

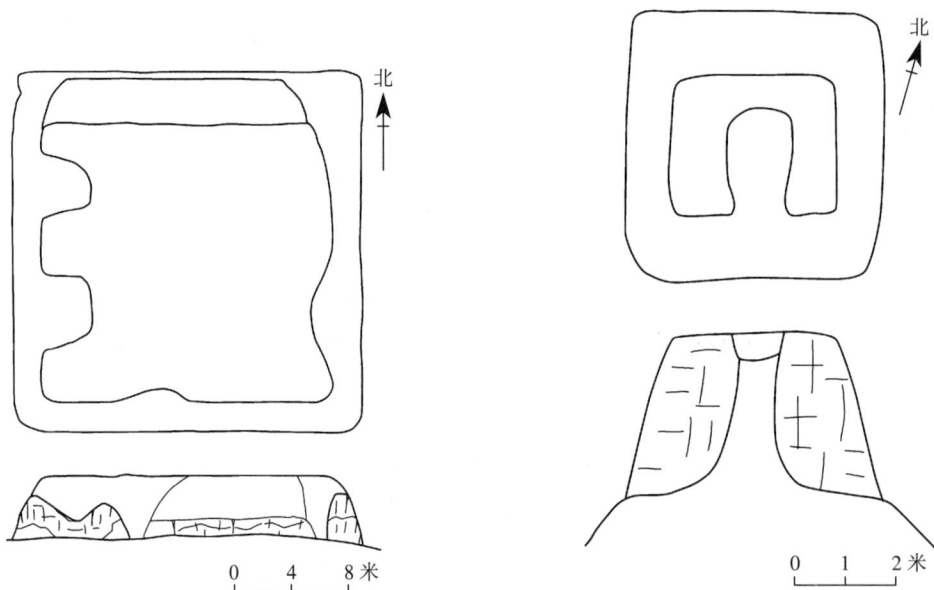

图一一二一　臭海则村烽火台平、立面图

图一一二二　乔界村 1 号烽火台平、立面图

该烽火台东北距臭海则村烽火台约 3.75 千米。乔界村有居民 400 余人，以汉族为主。

（一四）乔界村 2 号烽火台（610802353201170230）

该烽火台位于麻黄梁镇乔界村西约 3.75 千米的较高山梁顶部。地处黄土高原丘陵沟壑地带，所在山峁上生长有大量柠条。西南约 1 千米处为山河煤矿；东南角向外延伸 4 米处有一条较大的流水冲沟；东北侧植被较多，主要生长有沙蒿、柠条等；西南侧为沙漠，地表黄沙裸露较多，地势平缓。山峁上凹凸不平，凸起的大多为土质较硬的黄土，高程 1214.1 米。

烽火台整体保存较差。台体西壁中部有一个宽 6.5、深 6 米的冲刷豁口，东壁顶部有一个宽 5、深 3.9 米的豁口，北壁西角有一个宽 4.5~8、深 1.9~3 米的坍塌豁口，南壁中部豁口宽 5.5~6.6、深 3.4~7.4 米。台体东南角部分塌陷，向外凸出；顶部中间有一个东西向的小土梁（土梁东角有一个测量遗留的石柱，柱面标有"三角点—总参谋部测绘局"字样），长4米，土梁上有一个较大的直径约0.7米的洞穴，洞内有大量马蜂；顶部南侧有一个长1.5、宽0.9米呈矩形的流水冲槽。台体顶部和表面生长有柠条、沙棘、黄蒿等，根系深入台体。

台体建在自然基础上，黄土夯筑而成，夯土内含有少量料礓石，土质较纯净，夯层厚0.08~0.13米。台体平面呈矩形，剖面呈梯形，顶部凹凸不平呈不规则矩形，底部边长28米，顶部东西20.2、南北2米，高7.6米。（图一一二三）

该烽火台东距乔界村1号烽火台约3.5千米，附近无河流。

（一五）树梁村烽火台（610802353201170231）

该烽火台位于麻黄梁镇树梁村西北约0.455千米的南北向椭圆形山峁上。地处黄土高原丘陵沟壑地带，地势南高北低，东西两侧地势较缓。东南0.027千米处有多条流水冲沟，北0.071千米处有一条较大的冲沟，西0.165千米处有一块耕地，植被覆盖较少，主要生长有柠条和黄蒿。高程1237.4米。

烽火台整体保存较差。围墙南墙仅存轮廓，高约0.3米，其余为矩形平台；墙体表面剥落、坍塌严重，有多个凹槽、人工挖掘痕迹。台体西壁中间有一个宽约0.37米的"V"形裂缝，有多个动物啃噬形成的凹坑；北壁有4个凹坑，形制较完整；东壁有一个"V"形的豁口，应为登台步道所在，坍塌严重，呈斜坡状；南壁底部有2个凹坑，东南角顶部剥落坍塌严重；顶部西侧有宽1.5、进深1.4米的豁口。围墙内和台体上杂草丛生。

台体围墙平面呈矩形，边长23米，西墙中间有门，上宽6、下宽0.6米；墙体用黄土夯筑而成，夯层厚0.08~0.1米；墙体底宽0.8、顶宽0.42米，外高2.4、内高0.3~1.2米。台体用黄土夯筑而成，土质较硬略泛红，夯层厚0.09~0.12米。台体平面呈矩形，剖面呈梯形，底部东西5、南北6米，顶部略凹呈凹字形，边长3米，高5.2米。（图一一二四）

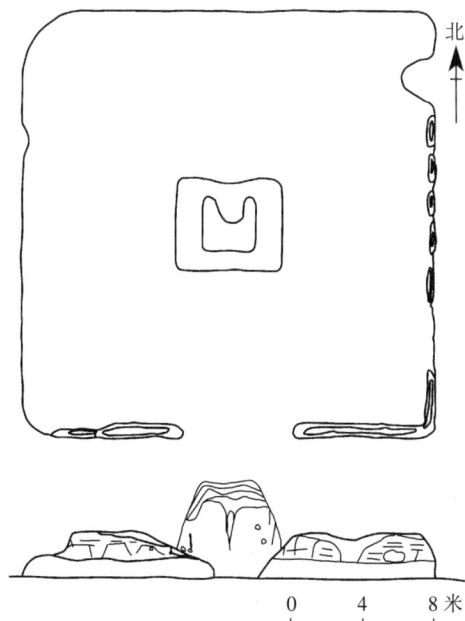

图一一二三　乔界村2号烽火台平、立面图　　　　图一一二四　树梁村烽火台平、立面图

该烽火台东北距乔界村 1 号烽火台约 2.5 千米，西北距乔界村 2 号烽火台约 3 千米，西 0.071 千米处有一条呈南—北走向的土路，北隔沟 0.334 千米处有一条管线用路，附近无河流。树梁村有居民 20 余人。

（一六）墩梁村烽火台（610802353201170232）

该烽火台位于古塔乡墩梁村北约 0.156 千米。地处黄土高原丘陵沟壑地带，附近是平坦的三阶梯田。西侧为最高一阶，南侧可分为两阶，东侧为最低的一阶。东侧是耕地，种植有小葱和玉米，其余梯田上杂草丛生，主要生长有苜蓿等植物；南侧基台上生长有大量沙棘。高程 1260 米。

烽火台整体保存差。台体顶部中央有一座小庙，有矩形砖砌基座嵌入台体，小庙及基座通高 2.6 米；南、东壁坍塌严重，内部夯层裸露；顶部生长有几棵柠条；东南角底部有一条耕种排水渠；南壁顶部一个宽 1.7、高 0.75 米的豁口，建庙时用红砖垒砌堵住豁口。有一条便道从西向北环绕通往台顶，是修建庙宇时形成。

台体建在土台上，土台系平整土地时铲削形成，平面呈近圆形，直径 6～7、高约 1.5 米。台体用黄土夯筑而成，夯层厚 0.07～0.11 米，土质纯净、细密，质地坚硬。台体平面呈矩形，剖面呈梯形，底部边长 5 米，顶部东西 2.5、南北 3 米，高 4.4 米。（图一一二五）

该烽火台北距乔界村 1 号烽火台 18 千米，南 0.963 千米处有一条东西向的干沟，北 0.141 千米处有通往古塔镇连接余兴庄和古塔的柏油路，附近无河流。墩梁村有居民 100 余人，以汉族为主。

（一七）冯家沟村 1 号烽火台（610802353201170233）

该烽火台位于古塔乡冯家沟村北约 2.65 千米。地处榆溪河北的黄土高原丘陵沟壑地带，所在山梁地势较平坦，植有桑树、槐树和苜蓿。西、南、东侧有 3 条山梁，地势较高，中间为烽火台所在山峁，被沟壑隔开，相距 0.27～0.359 千米；东 0.032 千、0.074 千米处有 2 条冲沟；西 0.014 千米处有一条冲沟。高程 1195.8 米。

烽火台整体保存差。台体北壁有 2 条宽 0.1 米的裂缝，坍塌呈斜坡状，高约 3 米；西壁底部有大量坍塌块状落土，有基座轮廓；南壁下部凸出，中部有一个洞穴，大部分被黄土掩埋；中部以下四壁向外凸出，是剥落坍塌所致；顶部凹凸不平，生长有大量沙棘。台体四壁生长有沙蒿、柠条等植物。

台体建在自然基础上，黄土夯筑而成，土质纯净、致密，夯层厚 0.17～0.23 米。台体平面呈矩形，剖面呈梯形，收分较大，底部东西 9、南北 8 米，顶部东西 3.4、南北 3 米，高约 8.4 米。台体略呈锥状，四周落土围绕台体。（图一一二六）

该烽火台东距冯家沟村 2 号烽火台约 0.617 千米，南 2.5 千米处平川中是榆溪河，东北 0.25 千米处有呈西北—东南走向宽约 1 米的乡村土路，附近无河流。冯家沟村有居民 200 余人，以汉族为主。

（一八）冯家沟村 2 号烽火台（610802353201170234）

该烽火台位于古塔乡冯家沟村北约 2.5 千米。地处榆溪河北的黄土高原丘陵沟壑地带，北侧有平坦的耕地；东 0.037 千米处有墓区，0.02 千米处有一条冲沟；西 0.193 千米处有一道长满杏树的山梁，西北 0.17 千米处有一条东西向的沟壑。高程 1189.4 米。

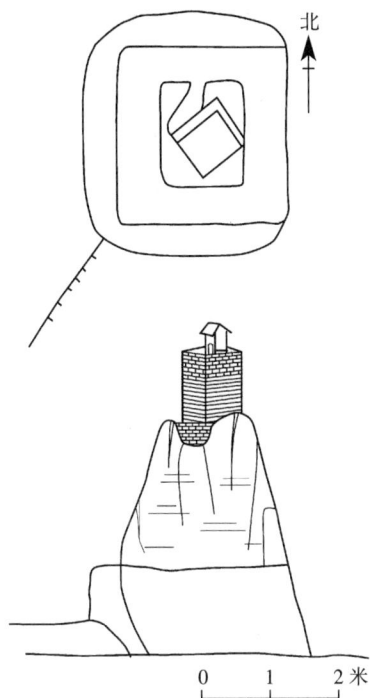

图一一二五　墩梁村烽火台平、立面图

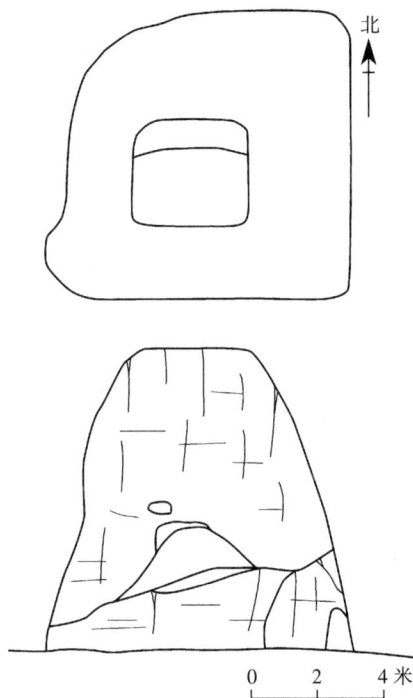

图一一二六　冯家沟村1号烽火台平、立面图

烽火台整体保存差。台体底部圆形土堆上生长有苦菜、沙棘等植被；北壁有一条人工挖掘的登台便道，被冲蚀成一条宽约0.15米的垂直裂缝；北壁距底部1.1米处有一个矩形凹坑，坑宽1.2、高0.9~2.7米；东壁底部有铲削痕迹，生长有沙棘；南壁剥落呈圆角柱状；西壁坍塌严重，落土呈两阶分布，高约2.7米，中部有一条宽0.07米的裂缝。台体顶部生长有臭柏，表面生长有杂草。

台体建在圆形土台上，土台是耕种时铲削形成的，高0.3~1.5米。台体用黄土夯筑而成，夯土内含有少量料礓石，土质纯净、致密，夯层厚0.08~0.22米。台体平面呈矩形，剖面呈梯形，收分较大，整体略呈锥状，底部东西7、南北8米，顶部边长3.8米，高7米。（图一一二七）

该烽火台西距冯家沟村1号烽火台约0.617千米，南2.5千米处平川中有榆溪河，东0.5千米处有一条呈西北—东南走向宽约1米的乡村土路，附近无河流。

（一九）冯家沟村3号烽火台（6108023532011170235）

该烽火台位于古塔乡冯家沟村北约2.2千米。地处榆溪河北的黄土高原丘陵沟壑地带，地势平坦，沙质土壤，为一片旺盛的林区。南0.04千米处有一片矩形墓地，0.123千米处有一座东西向的土梁，0.355千米有掩映在丛林中的卧云山寺庙群。高程1230.2米。

烽火台整体保存差。基础土台应为流水冲蚀和铲削形成，种植有大量松树，顶部生长有一层臭柏，侧面上生长有大量沙棘。台体东壁有一条人工铲削的便道，呈斜坡状通向台顶，中部有一条垂直的小冲沟；南壁表面剥落，生长有几棵沙蒿；西壁表面有多个小凹坑。台基四周剥落坍塌严重。

台体建在自然基础上，黄土夯筑而成，土质纯净、致密，夯层厚约0.15米，分布均匀。台体平面呈矩形，剖面呈梯形，收分较大，整体略呈锥状，底部边长8、顶部边长3.6、高6.5米。（图一一二八）

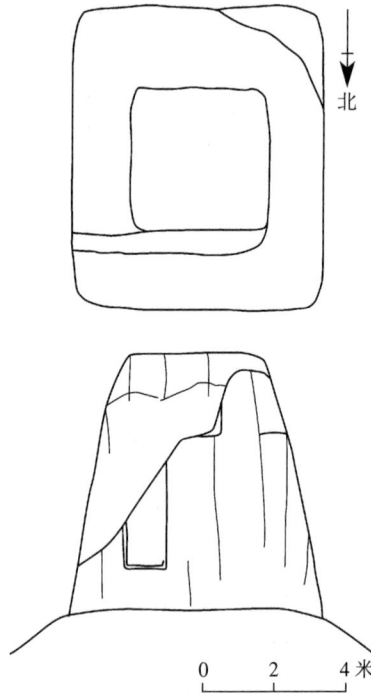

图一一二七　冯家沟村2号烽火台平、立面图　　　图一一二八　冯家沟3号烽火台平、立面图

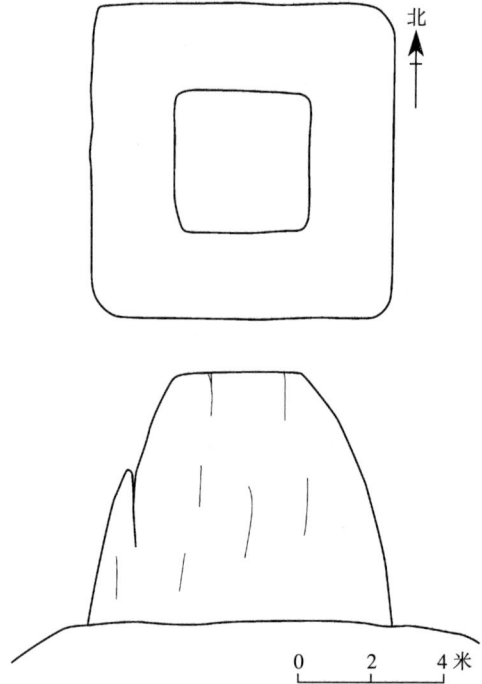

该烽火台西北距冯家沟村2号烽火台约0.53千米，南2.5千米处平川中有榆溪河，西0.2千米处有一条呈西北—东南走向宽约4米的乡村土路，附近无河流。

（二〇）冯家沟村4号烽火台（610802353201170236）

该烽火台位于古塔乡冯家沟村北约2千米。地处榆溪河以北的黄土高原丘陵沟壑地带，为一片旺盛的林区，地势平坦，为沙质土壤。西南紧靠卧云山寺庙群，南3米处有一座小庙，西北约0.019千米处有一片沙地柏林地，有一通石碑；南0.046千米有寺庙群的一个大殿。四周林木旺盛，主要生长有杨树、槐树、榆树等。高程1217.1米。

烽火台整体保存差。台体四周有一圈高0.25~0.8、宽约2.5米的小沟，顶部生长有一棵小松树和臭柏，紧靠南壁底部生长有一棵榆树，其余落土上生长有柠条、沙棘和杏树；西壁有大量土蜂洞穴；东壁呈馒头形，东北角底部坍塌，高约1.8米，中部垂直方向略凹陷。坍塌落土呈斜坡状围绕台体，高0.3~2.8米。

台体建在自然基础上，东、西、南侧有呈斜坡状的生土台座，台座东西13、南北10.5、高2米。台体用黄土夯筑而成，土质纯净、致密，夯层厚约0.13米，分布均匀。台体平面呈矩形，剖面呈梯形，顶部较小，整体略呈尖锥状，底部边长8、顶部边长3、高7米。

该烽火台东北距冯家沟村2号烽火台约0.53千米，南2.5千米处平川中有榆溪河，西0.4千米处有一条呈西北—东南走向宽约4米的乡村土路，附近无河流。

（二一）冯家沟村5号烽火台（610802353201170237）

该烽火台位于古塔乡冯家沟村北约1.75千米。地处榆溪河北的黄土高原丘陵沟壑地带，位于伟人纪念馆建筑群围墙内东北角，周边被改造为绿化带。东南侧台基包砖距台体仅0.92米，东北侧有2座较高的平台，四周种植有沙柳，台体掩映在树丛中。台基北角有一个长5、宽4米的矩形水窖（砖砌），东南距围墙约 8 米，围墙内有花圃等设施，围墙外是平坦的林地。高程 1214.1 米。

烽火台整体保存较差。建设伟人纪念馆时在其四周包砌条砖，为一座包砖矩形土台。台体顶部生长有大量麻黄，植物根系对台体破坏极大；东南壁和西角有大量的土蜂洞穴，有一条宽约 0.1 米的垂直裂缝；西北壁西端有一条裂缝，上宽下窄，濒于坍塌；东北壁顶部剥落严重，有一条斜通台顶的阶道；东南侧紧靠台体生长有 2 棵较高大的槐树，根系侵蚀台体。台体顶部不规则。

台体建在自然基础上，黄土夯筑而成，土质纯净、致密，夯层厚 0.13~0.17 米。台体平面呈矩形，剖面呈梯形，底部边长 8、顶部边长 3、高 7.8 米。（图一一二九）

该烽火台西北距冯家沟村 4 号烽火台约 0.25 千米，南 2.5 千米处平川中有榆溪河，东北侧伟人纪念馆围墙外有一条宽约 4 米的乡村土路，附近无河流。

（二二）米家园子村烽火台（610802353201170238）

该烽火台位于鱼河镇米家园子村北约 0.964 千米的南北向平坦山梁中部。地处黄土高原丘陵沟壑地带，所处山梁在平整耕地时被铲削平坦，种植有大量杏树。西侧沟壑为榆溪河平川，东侧为丘陵沟壑地貌。西 0.028 千米处有一条东西向的冲沟，0.094 千米处有通向沟壑的断崖；东约 0.155 千米处有一条东西向的沟壑。榆溪河平川内土地肥沃，水草旺盛，有大量的水稻田。高程 975.3 米。

烽火台整体保存较差。台体坐落的生土台是平整耕地时铲削形成，生长有大量的酸枣树、沙棘等；散落有大量残石，应为台体包石，剥落或被人为拆除。台体壁面剥落严重，西壁夯层清晰，有多个横向连接的小凹坑；西壁北部有一条宽 0.4 米的冲蚀裂缝；北侧坍塌落土与生土台和地面呈斜坡状；顶部中央略凹，东南角剥落严重；南壁中部有一个登台步道，在顶部坍塌呈凹字形，步道上生长有大量酸枣树；顶部生长有酸枣树、柠条。

台体用黄土夯筑而成，土质纯净细密，质地坚硬，夯层厚 0.08~0.1 米。台体平面呈矩形，剖面呈梯形，底部边长 9.7 米，顶部东西 6.5、南北 6 米，高 5.4 米，南壁步道口宽 1~2 米。（图一一三〇）

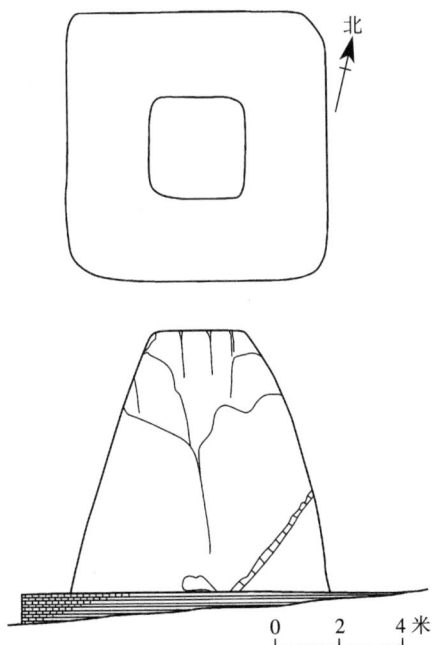

图一一二九　冯家沟村 5 号烽火台平、立面图

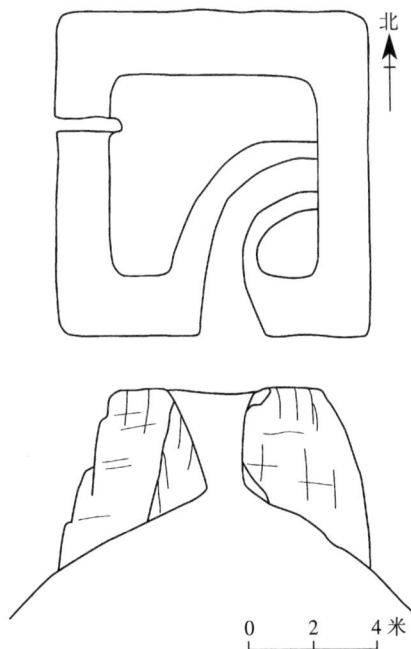

图一一三〇　米家园则村烽火台平、立面图

该烽火台东北距冯家沟村 5 号烽火台约 11 千米，西 0.935 千米处有由北向南流的榆溪河，西 0.625 千米处有呈南—北走向的 202 国道，附近无河流。米家园子村有居民 1300 余人，以汉族为主。

（二三）梁渠村烽火台（610802353201170239）

该烽火台位于鱼河镇梁渠村东南约 1.7 千米。又名大墩梁烽火台，地处榆溪河东黄土高原丘陵沟壑地带，所处山顶地表非常平坦，生长有柠条、黄蒿等植被。东 0.05 千米、西 0.032 千米处各有一条沟壑，南 0.125 千米处有一条东西向冲沟，基座东侧生长有两棵榆树。高程 1182.7 米。

烽火台整体保存较差。基座西南角有铲削痕迹，南侧中部略凹，地面有一个小坑。基座四面剥落严重，有较多的虫蚁洞穴；东侧有多个小豁口，坍塌严重，东北角向外凸出。台体因长期风雨侵蚀较平矮，东壁有一个长 1.5、宽 1 米的矩形凹坑，中部因冲蚀凹陷；西壁坍塌呈斜坡状；顶部生长有沙棘、黄蒿等杂草，中央有一根地质测量点残留的水泥柱。基座和台体表面生长有大量杂草。

台体基座用黄土夯筑而成，土质纯净，较疏松，夯层厚 0.11～0.2 米。基座平面呈矩形，东西 19、南北 18、高 2.2 米。台体用黄土夯筑而成，夯层厚 0.08～0.17 米，土质纯净、细密，质地坚硬。台体平面呈矩形，剖面呈梯形，底部东西 7、南北 8 米，顶部东西 3、南北 6 米，高 3.6 米。（图——三一）

该烽火台西北距米家园子村烽火台约 12 千米，东约 1.7 千米处有一条由北向南流入无定河的小河，西约 2 千米处有由北向南流入无定河的榆溪河。附近无河流，有一条废弃的土路。梁渠村有居民 2000 余人，以汉族为主。

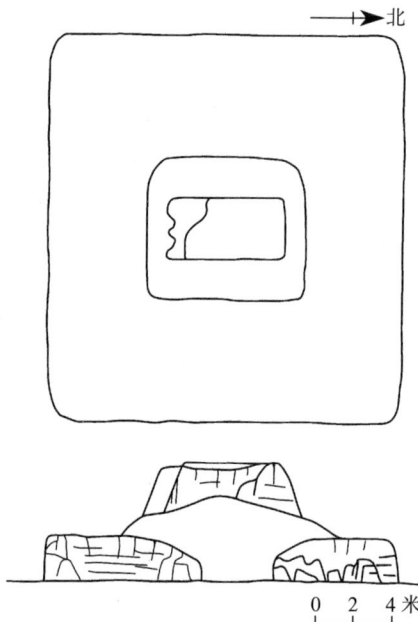

图——三一　梁渠村烽火台平、立面图

（二四）郑家沟村烽火台（610802353201170240）

该烽火台位于鱼河镇郑家沟村南约 2 千米的小墩梁（山名）较高圆形山峁顶部。地处榆溪河东黄土高原丘陵沟壑地带，东 0.143 千米处有一条南北向的冲沟，北、南侧各有一座山脊和另一个山峁相连。高程 1104.3 米。

烽火台整体保存较差。台体四壁剥落严重，东壁中部有一个人工挖掘长 3、宽 2.5 米的土坑，土坑内有一个盗洞；南壁坍塌严重，有大量夯土块散落台底，壁面微凹；东南角、西南角由于坍塌向外凸出；北壁坍塌为两层；西壁中部有一个垂直断面，北半部坍塌内凹，侧面生长有柠条、沙蒿等植被；顶部凹凸不平，坍塌呈不规则矩形。围墙仅存北墙与西北角一段，剥落严重，其余仅存一个方台。

台体基座用黄土夯筑而成，夯层厚 0.2 米，土质纯净，较疏松。基座平面呈矩形，边长约 30 米。围墙建于基座上，黄土夯筑而成，夯层厚约 0.07 米。围墙平面呈矩形，墙体底宽 0.4、内高 0.4～0.8、外高 3.2 米。围墙西墙中部有门，宽 7 米。台体用黄土夯筑而成，夯层厚约 0.11 米，土质纯净细密，质地坚硬，分布均匀，有大量虫蜂洞穴。台体平面呈矩形，剖面呈梯形，底部边长 13 米，顶部

图一一三二　郑家沟村烽火台平、立面图

东西6、南北7米，高9米。（图一一三二）

　　该烽火台东北距梁渠村烽火台约1.5千米，东约1.5千米处有条由北向南流入无定河的小河，西约1.8千米处有由北向南流入无定河的榆溪河。附近无河流，有一条宽约1米的土路。郑家沟村有居民3000余人，以汉族为主。

第四章

横山县明长城资源

第一节 横山县明长城综述

一 横山县环境

横山县位于陕西省、内蒙古自治区交界处的毛乌素沙漠南缘的明长城脚下、无定河中游。县境地势西南和中部高、东北和南部低，西南部一般海拔 1.2～1.4 千米，东北部一般海拔 1～1.2 千米。可分为两大区，无定河、芦河以北以西为毛乌素沙漠的风沙草滩区，无定河、芦河以南以东为黄土梁状沟壑区。横山山脉横亘县境南部，海拔约 1.4 千米。河流主要有无定河、芦河、黑木头川、野子沟、大理河、小理河等，均有沟深、坡陡、冲刷强、暴涨暴落、涨沙多等特点。横山县属温带大陆性季风半干旱草原气候，年平均气温 8.6℃，年均降水量 397 毫米，无霜期 146 天，冬春多西北风，沙暴日约 38 天。农作物主要有糜谷、高粱、小麦、大豆、马铃薯、水稻、绿豆等。

横山县辖 10 个镇、8 个乡，总人口约 33 万。

二 横山县沿革

横山县境在夏代为传说的雍州之域，是熏育氏族活动之地，商代为熏育、龙方之域，西周时属犬戎、西申（白翟）地，东周春秋时属林胡地，战国时北属林胡南归魏境，魏置肤施县于境内（今党岔附近）。

秦惠文王十年（公元前 328 年），始统于秦，属上郡肤施县。西汉，县境分属朔方刺史部上郡奢延县（址于现靖边县城西北 30 千米的红柳河南岸）和肤施县，亦说怀远堡等地属白土县（址在今神木县南部）。新莽时奢延县易为方阴县，西北部属之。东汉，属并州刺史部上郡肤施、奢延县，今响水一带归圁阴县（故址在今神木县南部）。

三国、西晋时为羌胡地，东晋、十六国时先后属前秦、后赵、后秦上郡。晋安帝义熙三年

（407年），匈奴贵族赫连勃勃破鲜卑、薛干等部，称天王建夏（十六国之一，或称赫连夏，定都统万城），归夏。南北朝时属北魏夏州（治统万城）化政郡岩绿县（治统万城，今靖边县红墩界乡白城子），后归西魏化政郡。北周保定三年（563年），儒林（今党岔）建银州（唐辖境相当于今米脂、佳县地）。

隋代属朔方郡，大业十三年（617年），鹰扬郎将梁师都起兵反隋建梁国属梁，唐为关内道夏州朔方县（治白城子）、德静县（内蒙古自治区乌审旗东南部）和银州儒林县，五代十国属定难军夏州、银州。

北宋时期，以横山为界，西北部归西夏，南部为宋地，属永兴军路延安府绥德军。南宋时期，以芦河、无定河为界，北部归西夏夏州，南部为金地，属鄜延路绥德州。元代为陕西行省延安路米脂县，明代属于延绥镇。清雍正九年（1731年）取"怀柔边远"之意，置怀远堡为县（治今旧县城），属榆林府。

民国3年（1914年），为别于安徽省怀远县，遂依境内横山山脉更名为横山县沿承至今。

三　横山县明长城概况

横山县明长城绵亘在横山县境西北。过去认为雷龙湾以西部分明代是在秦长城旧址上修复，雷龙湾以东部分是余子俊弃秦长城内移选新址修筑。经过调查发现，横山县所有明长城没有沿用秦长城，二者有并行交叉的情况。

旧县志记载本县境内有烽火台（单体建筑）130余座、边口7处。现存明长城共有墙体174695米、单体建筑164座、关堡28座、相关遗存11处。（地图五）

横山县境内明长城资源的调查是由李增社、马雨林、张扬军、霍海鹏、陈毅等负责完成，调查时间是2007年6～12月。横山县境内明长城因年代久远、风雨侵蚀、沙土掩埋和人畜破坏，大部分地段成为断垣残墙，有的痕迹无存。近年因各级领导对文物古迹的重视，干部群众对文物的爱护和保护，在长城沿线植树种草，使之绿化，对长城的保护初见成效。

本保护单位的保护标志、保护范围、建设控制地带及记录档案均无。

第二节　横山县明长城大边

横山县明长城大边东北接榆阳区明长城大边，起于波罗镇孔墩，西至塔湾乡树梁村，西南接靖边县明长城大边，跨越县境西北部，经波罗、横山、雷龙湾、赵石畔、塔湾5个乡镇，全长77275米。包括墙体77275米、单体建筑123座、关堡24座、相关遗存8处。

一　墙体

横山县明长城大边分为土墙、河险和山险三类，共36段计77275米，占陕西省明长城大边总长的13.4%，现存75160米，整体呈东北—西南走向。

其中，土墙共计65915米，占该县墙体总长的85.3%，占全部大边土墙长度的16.3%，其中保存较差的57701米、差的7782米，消失的432米。墙体大部分为在自然基础上夯筑而成，夯土多为本地黄土，其内包含物有砂石、黑垆土和红胶土等，夯层厚 0.08~0.18 米。墙体底宽 1~7 米，以 2~6 米为主；顶宽 0.3~2.5 米，以 0.4~2.5 米为主；高 0.3~11 米，以 0.3~10 米为主。

河险 2 段合计 5800 米，占横山县墙体总长的 7.7%，占全部大边河险长度的 45.7%。

山险 5560 米，占横山县墙体总长的 7.3%，占全部大边山险的 10.8%。保存一般 800 米、差 4760 米。

各段墙体分述如下。

（一）龙泉墩村长城 1 段（610823382101170001）

该段墙体位于无定河北的波状沙丘地带。走向与村用乡村公路一致，公路依墙体而建。两侧多为沙丘，部分沙丘被墙体所挡，龙泉墩村位于墙体止点东南；中段被黄沙掩埋较深，走向不明，掩埋部分沙层厚 0.15~0.8 米，沙丘上沙柳生长旺盛。整体呈东北—西南走向，长 2070 米。

墙体起点位于榆阳镇黄沙七墩村西南 1.84 千米，此点同时为坑泉墩村 1 号（0016 号）马面，高程 1164.9 米；止点位于横山县波罗镇龙泉墩村东北 1.1 千米，高程 1143.3 米。（图一一三三）

墙体整体保存差。人为因素破坏主要由于该地区是沙漠地貌，土质疏松，当地居民因生产生活需要占用较为坚硬的墙体来修路，主要的自然原因是沙漠化。被沙掩埋部分墙体高 0.3 米以上；部分墙体被流沙掩埋，呈沙梁状，植有大量沙柳、沙蒿等植物，根系对墙体破坏很大。墙体有风雨冲刷形成的冲沟，冲沟处墙体断开，可见墙基和夯层。墙体被沙掩埋部分形成大的沙梁，被公路占用部分土质为沙土和红、黄土，含有料礓石，宽 3~7 米。

墙体为自然基础上夯筑而成，夯土为黄土，部分为沙层，包含有料礓石等，夯层厚 0.08~0.13 米。墙体底宽 1~2.4、顶宽 0.4、内高 0~0.5、外高 1.5~2.6 米。

该段墙体位于横山县与榆阳区交界地带的平缓沙漠上。起点西南 0.74 千米处有龙泉墩村 2 号（0017 号）马面，1.33 千米处为止点。

（二）龙泉墩村长城 2 段（610823382101170002）

该段墙体位于无定河北的波状沙丘地带。止点为龙泉墩村，两侧为沙漠丘陵，地势起伏不大。西侧沙漠掩埋墙体较深，部分墙体被埋没，周边植被由于干旱生长较慢，部分地段沙柳生长旺盛。整体呈东北—西南走向，长 2022 米。

墙体起点位于波罗镇龙泉墩村东北 1.1 千米，高程 1143.3 米；止点位于波罗镇龙泉墩村中，高程 1096.6 米。（图一一三四）

墙体整体保存差。仅存起点以西 22 米墙体，大部分被黄沙掩埋。起点处墙体呈锯齿状和驼峰状，中部有一个豁口，两侧有多个风雨冲沟，墙体上生长有沙柳、沙蒿等。墙体下陷严重，侧面有许多蜂巢和虫蚁洞穴，掩埋墙体的沙层厚约 0.3 米。

墙体为自然基础上夯筑而成，夯土为黄土，部分为沙层，包含有料礓石。夯层厚 0.08~0.13 米，墙体剖面呈梯形，底宽 6、顶宽 0.6~1、高 1~7 米。（图一一三五）

该段墙体起点西南 0.811 千米处有龙泉墩村 3 号（0018 号）马面，前行 1.211 千米有龙泉墩村 4 号（0019 号）马面，龙泉墩村 4 号马面紧邻断沟处是止点。

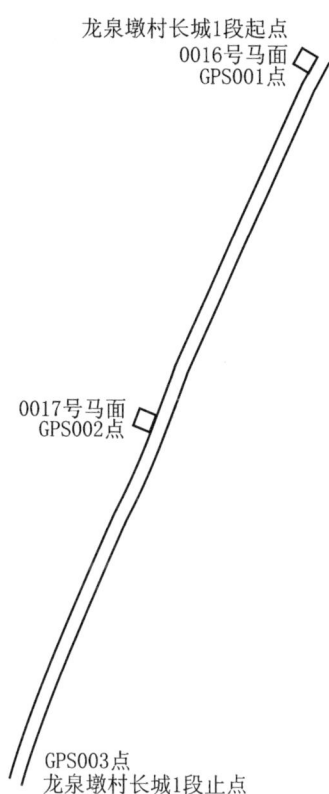

图一一三三　龙泉墩村长城 1 段位置示意图

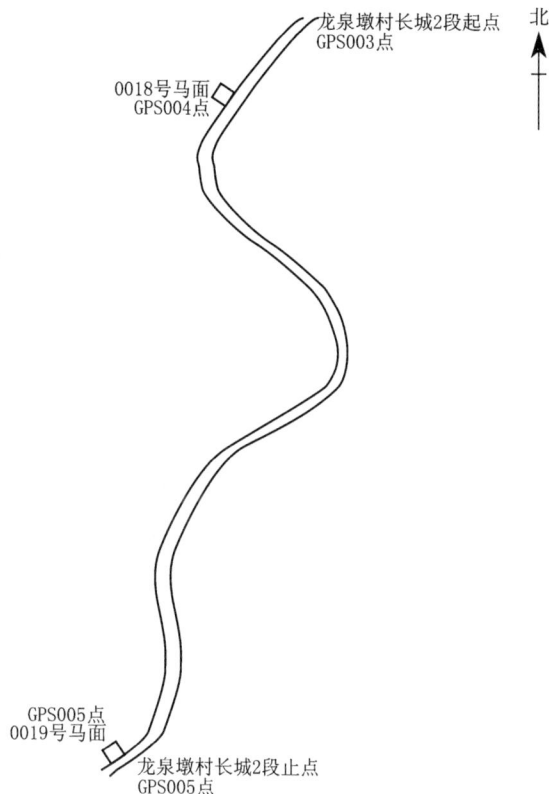

图一一三四　龙泉墩村长城 2 段位置示意图

（三）龙泉墩村山险（610823382106170003）

该段山险位于无定河北的波状沙丘地带。起止点之间是一道沟壑，与两侧落差约 20 米。沟壑里为平川，是龙泉墩村居民生产生活区，大多被开垦为耕地，地势平坦。沟壑两侧长满柳树，灌溉水渠围绕农田。整体呈东—西走向，长 1700 米。

山险起点位于波罗镇龙泉墩村中，高程 1096.6 米；止点位于波罗镇龙泉墩村西南 0.5 千米，高程 1110 米。（图一一三六）

长城利用当时的山沟为险，较陡峭，明代至今，山沟一直在扩张、塌陷。该段山险位于波罗镇龙泉墩村所在的沟壑地带，由前后两段墙体间的沟壑形成，沟宽险峻，陡峭难以攀登，山坡上时有塌陷，生长有杂草及灌木。山沟蜿蜒而前，不失为守卫南边农耕文明的天然长城，明代又在山坡上修筑敌台以拱卫疆土，建造烽火台以传信息，更稳固了守卫。

（四）龙泉墩村～双河村长城（610823382101170004）

该段墙体位于无定河北沙漠丘陵地带。墙体多在沙丘上起伏延伸，两侧地貌变化不大，发育较差，生长有少量沙蒿、柠条等。墙体大部分被沙漠掩埋，只露出上半部，大部分被侵蚀为刀刃状和锯齿状。墙体上及周边单体建筑较为密集。整体呈东北—西南走向，长 1182 米。其中，保存较差 750 米、消失 432 米。

墙体起点位于波罗镇龙泉墩村西南 0.5 千米，高程 1110 米；止点位于波罗镇双河村东北 4.3 千米，高程 1121.2 米。（图一一三七）

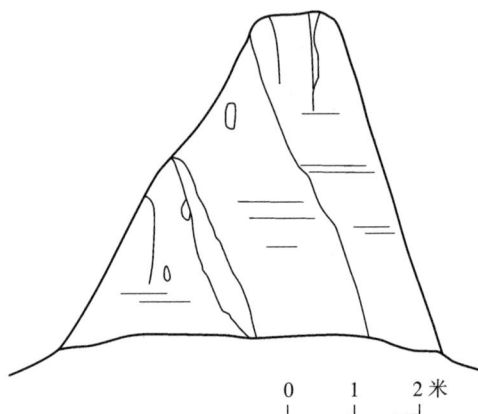

图一一三五　龙泉墩村长城 2 段墙体立面图

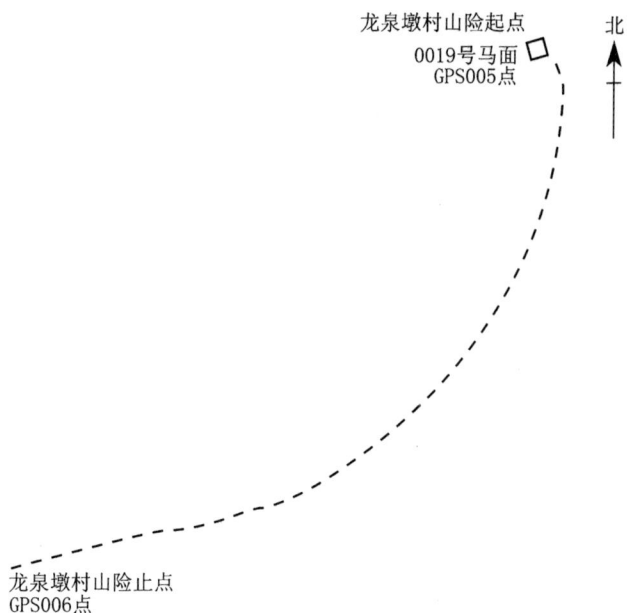

图一一三六　龙泉墩村山险位置示意图

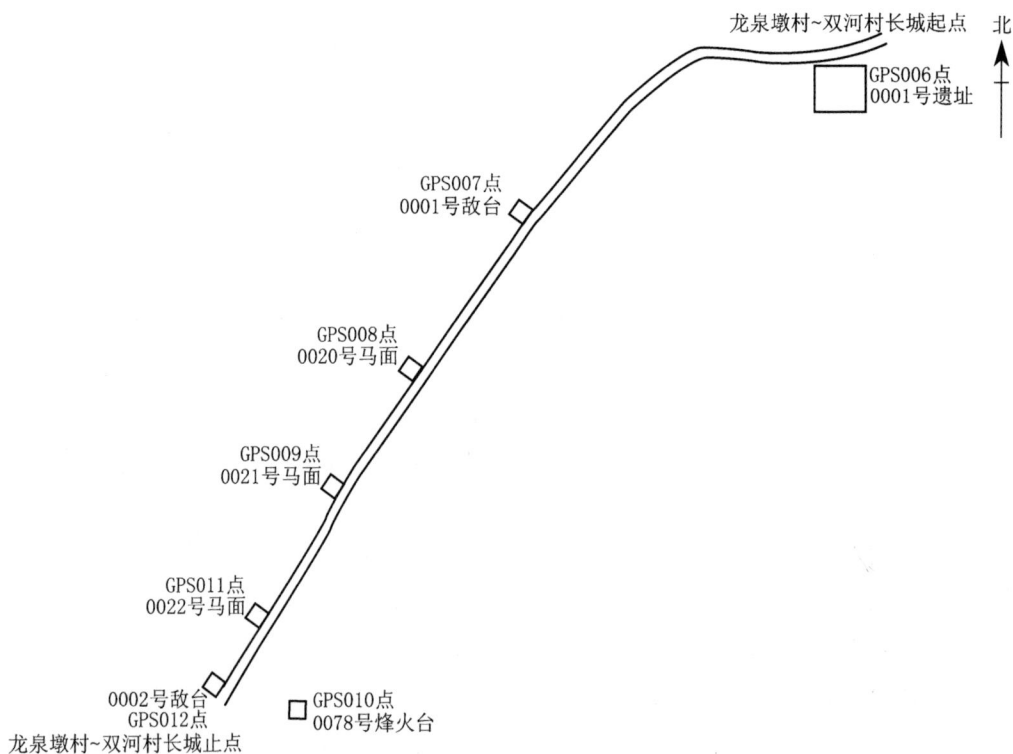

图一一三七　龙泉墩村~双河村长城位置示意图

　　墙体整体保存较差。墙体坍塌严重，壁面剥落严重，消失部分多被流水冲蚀或黄沙掩埋，可见部分呈锯齿状，部分倾斜下陷，部分受风雨侵蚀坍塌剥落严重，有许多大小不等的动物洞穴，生长有旱地植物，根系深入墙体造成一定破坏。起点西 0.19 千米处墙体消失 60 米，龙泉墩村敌台（0001 号）西 0.01 千米处墙体消失 0.17 千米，龙泉墩村 5 号（0020 号）马面起墙体消失 32 米，龙泉墩村 6 号（0021 号）

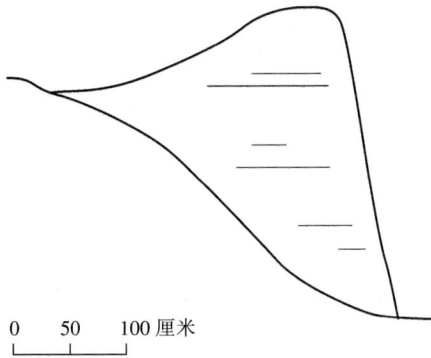

图一一三八　龙泉墩村~双河村长城墙体立面图

和龙泉墩村 7 号（0022 号）马面之间墙体消失 170 米。

墙体为自然基础上夯筑而成，夯土主要为黄土，部分为红色沙层，包含有料礓石，夯层厚 0.08~0.13 米。墙体底宽 1~2.4、顶宽 0.4~1.6、内高 0~0.5、外高 1.5~2.6 米。（图一一三八）

该段墙体位于波罗镇龙泉墩村和双河村之间的沙漠丘陵地带，起点处有龙泉墩村（0001 号）遗存，西南 0.28 千米处有龙泉墩村敌台，前行 0.17 千米有龙泉墩村 5 号马面，前行 0.232 千米有龙泉墩村 6 号马面，前行 0.27 千米有龙泉墩村 7 号马面，前行 0.23 千米止于双河村（0002 号）敌台。

（五）双河村~四台湾村长城（610823382101170005）

该段墙体位于无定河北的波状沙漠地带。双河村位于墙体东北约 2 千米，墙体中部南侧约 0.3 千米处有一座柠条峁，北侧有一座山梁叫碾轳辘界。双河村 6 号马面东北地势起伏较大，有多个梁峁；西南为沙漠地带，地势起伏较小。墙体上及周边单体建筑密集，植被主要是沙蒿。整体呈东北—西南走向，长 2303 米。

墙体起点位于波罗镇双河村东北 4.3 千米，高程 1121.2 米；止点位于波罗镇四台湾村东北 1.7 千米处，高程 1093.7 米。（图一一三九）

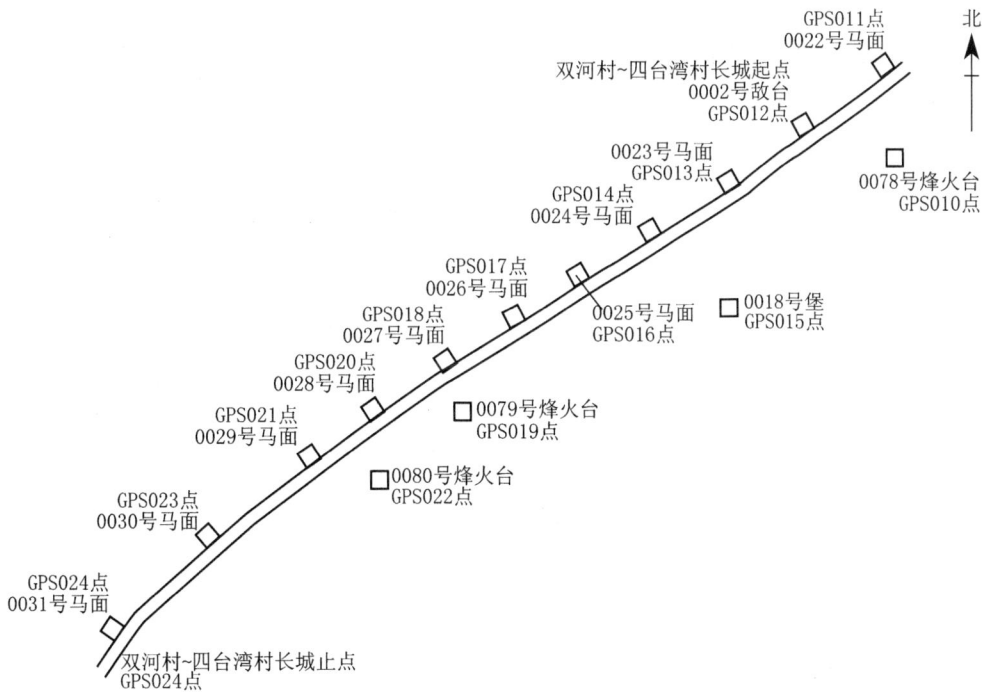

图一一三九　双河村~四台湾村长城位置示意图

墙体整体保存较差。墙体坍塌严重，表面剥落严重，呈锯齿状和驼峰状分布，断断续续，或高或低大致相连，部分墙体由于流水冲蚀和风沙侵蚀濒临消失，墙体上多生长有杂草，沙蒿生长旺盛。

墙体为自然基础上夯筑而成，夯土主要为黄土，部分为沙层，包含有料礓石，夯层厚 0.08~0.13

米。墙体剖面呈梯形或斜三角形，底宽 1～2.4、顶宽 0.4、内高 0～0.5、外高 1.5～2.6 米。（图一一四〇）

　　该段墙体位于波罗镇双河村和四台湾村之间，起点处为双河村敌台，西南 0.306 千米处有双河村 1 号（0023 号）马面，前行 0.252 千米有双河村 2 号（0024 号）马面。双河村 2 号马面东南 0.18 千米处有双河村堡，西南 0.161 千米处有双河村 3 号（0025 号）马面，前行 0.12 千米有双河村 4 号（0026 号）马面，前行 0.214 千米有双河村 5 号（0027 号）马面。双河村 5 号马面西南 0.055 千米处有双河村 1 号（0079 号）烽火台。西南 0.17 千米处有双河村 6 号（0028 号）马面，前行 0.18 千米有双河村 7 号（0029 号）马面，双河村 7 号马面南 0.08 千米处有双河村 2 号（0080号）烽火台。西南 0.4 千米处有双河村 8 号（0030 号）马面，前行 0.5 千米有四台湾村 1 号（0031号）马面即止点。

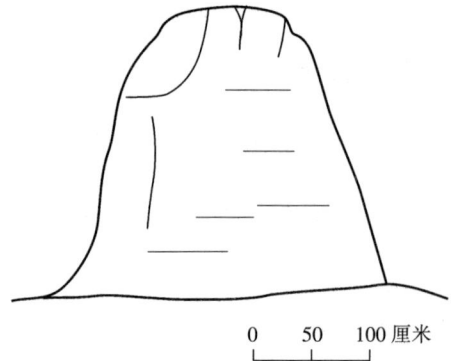

图一一四〇　双河村～四台湾村长城墙体立面图

（六）四台湾村山险（610823382106170006）

　　该段山险位于无定河北支流所在沟壑地带。所处地势平坦，沟壑中部平川多为农田，有一条河流，四周种植有柳树或杨树防治风沙。沟壑两侧为居民区，多座落于半坡上。整体呈东北—西南走向，长 2100 米。

　　墙体起点位于波罗镇四台湾村东北 1.7 千米，高程 1093.7 米；止点位于波罗镇四台湾村三台楼，高程 1085.8 米。（图一一四一）

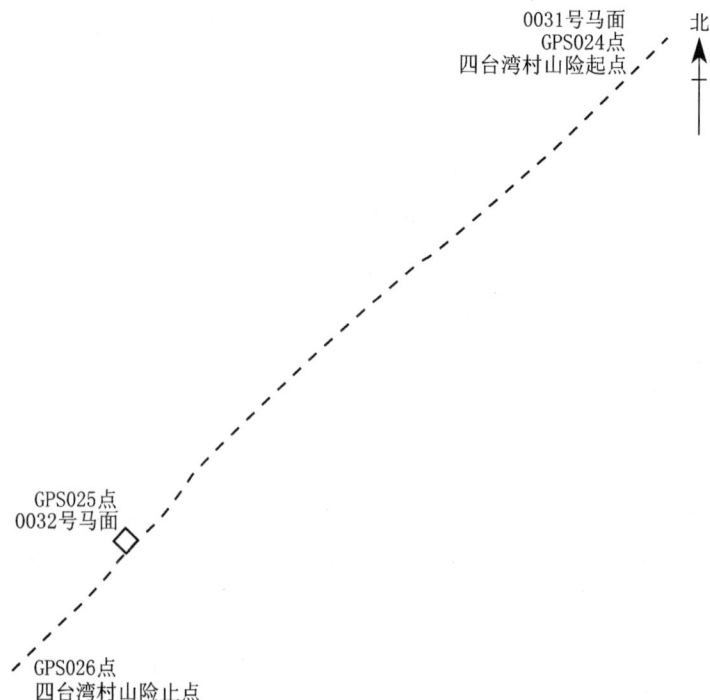

图一一四一　四台湾村山险位置示意图

该段山险是由前后两段长城墙体间的沟壑形成，起于四台湾村1号马面，西南2.08千米处有四台湾村2号（0032号）马面，前行0.02千米为山险止点。

（七）四台湾村～肖家滩村长城（610823382101170007）

该段墙体位于无定河北的风沙丘陵地带。周边地势较平缓，墙体较平直，部分呈驼峰状，部分被黄沙掩埋露出上部，整体为沙梁墙体，土质较好，沙柳等植被生长旺盛。墙体两侧地势较低平，沙蒿、柠条等灌木丛生，后半部接近二十磕林场，土质较致密，生长有大量柳树、杨树。整体呈东北－西南走向，长3010米。

墙体起点位于波罗镇四台湾村三台楼，高程1085.8米；止点位于波罗镇肖家滩村公路，高程1128.2米。墙体起点接四台湾村山险，止点连肖家滩村～芦草梁村山险，东南0.1千米处有肖家滩村（0019号）堡。（图一一四二）

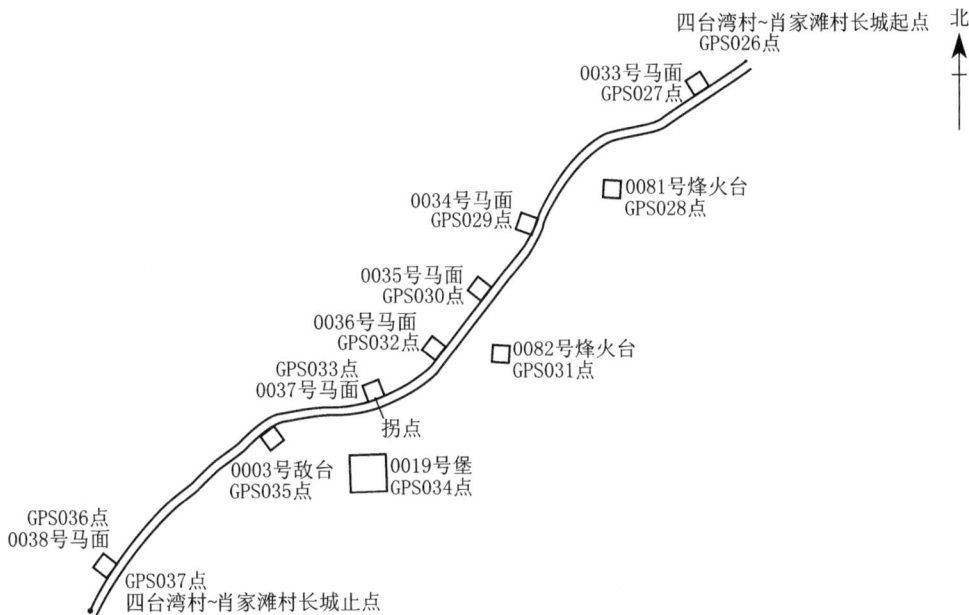

图一一四二　四台湾村～肖家滩村长城位置示意图

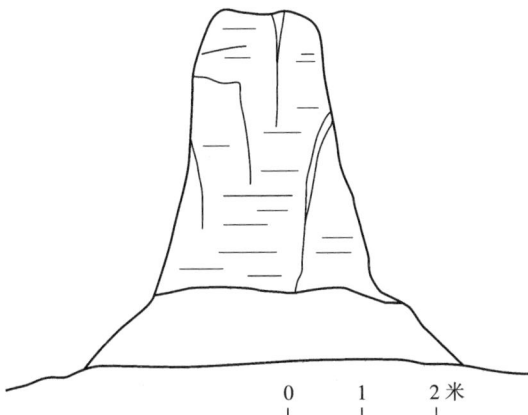

墙体整体保存较差。墙体坍塌严重，表面剥落严重，呈锯齿状和驼峰状分布，部分由于流水冲蚀和风沙侵蚀濒临消失，部分被黄沙掩埋或沙化侵蚀。

墙体为自然基础上夯筑而成，夯土为黄土，夹杂有料礓石，夯层0.08～0.19米。墙体剖面呈梯形或斜三角形，底宽2～6、顶宽0.5～2.5、高0.3～6.3米。（图一一四三）

图一一四三　四台湾村～肖家滩村长城墙体立面图

墙体位于波罗镇四台湾村和肖家滩村之间，起点西南0.35千米处有四台湾村3号（0033号）马面，前行0.38千米有四台湾村1号（0081号）

烽火台，前行 0.18 千米有四台湾村 4 号（0034 号）马面，前行 0.3 千米有四台湾村 5 号（0035 号）马面，前行 0.5 千米有四台湾村 6 号（0036 号）马面，约 0.57 千米有四台湾村 7 号（0037 号）马面为拐点，墙体走向由此变为东—向西；东 0.15 千米处有肖家滩村（0003 号）敌台，为拐点，墙体走向变为东北—西南，此点西南 0.4 千米处有肖家滩村（0038 号）马面；东 0.17 千米处为止点。

（八）肖家滩村～芦草梁村山险（610823382106170008）

该段山险位于波罗镇肖家滩村和芦草梁村所在的沟壑地带。由前后两段长城墙体间的沟壑形成，沟壑里是平川耕地，东北端有一条公路，公路东是肖家滩村，公路西是一片耕种川地；沟壑西南山脚是芦草梁村，村里有一条水渠通过。整体呈东北—西南走向，长 960 米。

山险起点位于波罗镇肖家滩村公路，高程 1128.2 米；止点位于波罗镇芦草梁村西山坡，高程 1092.5 米。山险起点西南 0.13 千米处有肖家滩村 1 号（0039 号）马面，前行 0.83 千米为止点。（图一一四四）

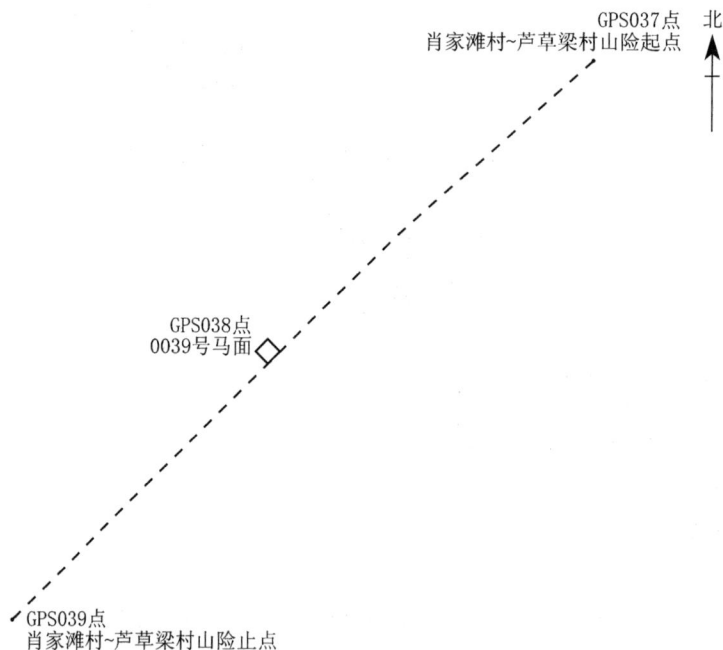

图一一四四　肖家滩村～芦草梁村山险位置示意图

山险中无墙体存在，起点与止点之间是一条川道，墙体消失，平川中间有一座马面，被侵蚀呈土堆状。山险利用川道，坡度较缓，明代至今，由于雨水冲蚀川道处在不断的塌陷、扩张中。

该段山险起点接四台湾村～肖家滩村段长城墙体，止点连芦草梁肖家滩村～沙界沟村长城，芦草梁村 1 号马面东北距肖家滩 2 号（0040 号）村马面 0.3 千米。

（九）芦草梁～沙界沟村长城（610823382101170009）

该段墙体位于无定河北的波状沙丘地带。起点为平川西南端的山坡芦草梁村居民区，西南为沙漠地貌，起伏不大，向西南逐步升高。墙体两侧有多个冲沟，部分段墙体断开，四周植被生长缓慢，干旱严重，部分段沙土裸露，植物主要是沙蒿和沙柳。整体呈东北—西南走向，长 1030 米。

墙体起点位于波罗镇芦草梁村西山坡，高程1092.5米；止点位于波罗镇沙界沟村中，高程1092.1米。（图一一四五）

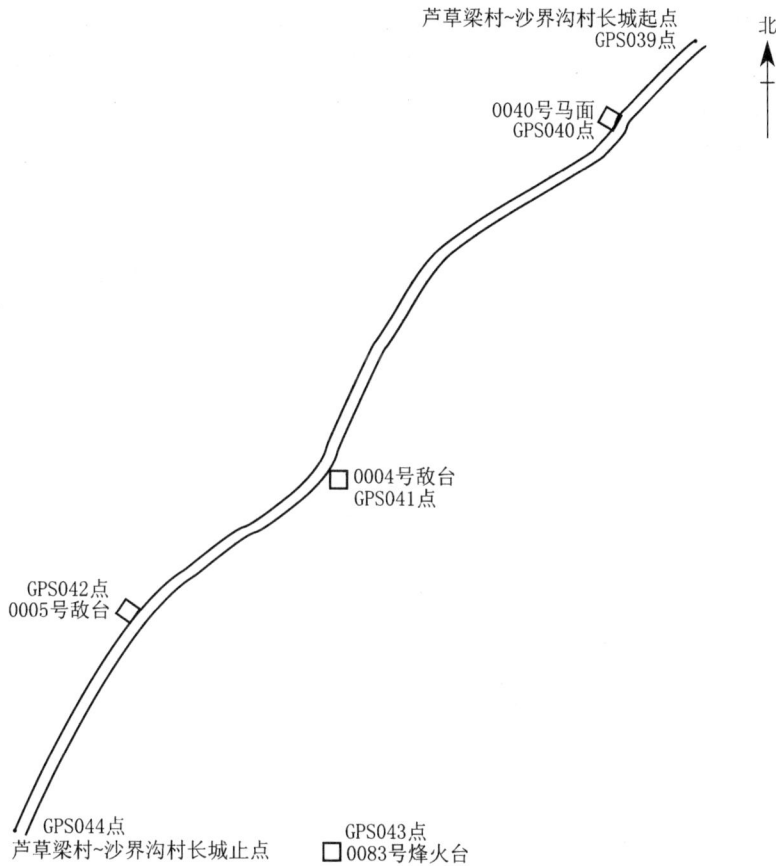

图一一四五 芦草梁村~沙界沟村长城位置示意图

墙体整体保存较差。起点处被芦草梁村一户人家依墙体修建房屋，受到铲削损坏，墙基尚存。墙体受植物生长破坏严重，因风雨侵蚀，部分呈刀刃状，内外墙面剥落严重。芦草梁村2号（0040号）马面西0.15千米处有100米墙体被沙漠淹埋，受风雨和沙化侵蚀较为严重。起点西0.12千米处在塌落的方块状夯土上发现有夯窝，直径0.08~0.1、中心间距0.15米。

墙体为自然基础上夯筑而成，夯土主要为黄土，部分为沙层，包含有料礓石，夯层厚0.08~0.12米。墙体剖面呈梯形或三角形，底宽1~6、顶宽0.4~1.5、高0.6~5米。（图一一四六）

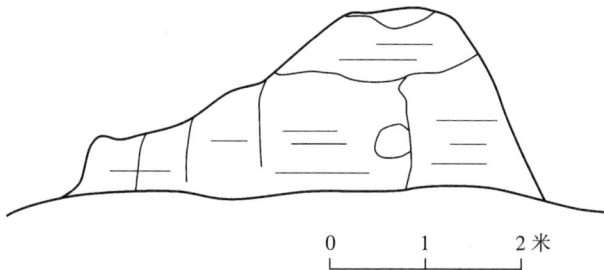

图一一四六 芦草梁村~沙界沟村长城墙体立面图

该段墙体位于波罗镇芦草梁村与沙界沟村之间，起点接肖家滩村~芦草梁村山险，止点连沙界沟村~榆横界碑长城墙体。起点西南0.25千米处有芦草梁村2号（0040号）马面；前行0.3千米有沙界沟村1号（0004号）敌台，是拐点，由此向西南0.1千米处有沙界沟村2号（0005号）敌台为拐点，前行0.38千米为止点。位于墙体上的敌台东南1.5千米有沙界沟村（0083 号）烽火台。

（一○）沙界沟村～榆横界碑长城（610823382101170010）

该段墙体位于无定河北的沙漠丘陵地带。起点处为沙界沟村，地势西南高东北低。墙体被沙漠掩埋，仅存上部，风化严重，形成沙梁或沙丘。墙体凹陷部分有多个冲沟，靠近界碑段沙层裸露，植被较少。部分段植被生长较好，由于气候原因生长缓慢。整体呈东北—西南走向，长 2195 米。

墙体起点位于波罗镇沙界沟村中，高程 1092.1 米；止点位于榆阳区与横山县界碑处，高程 1126.2 米。（图一一四七）

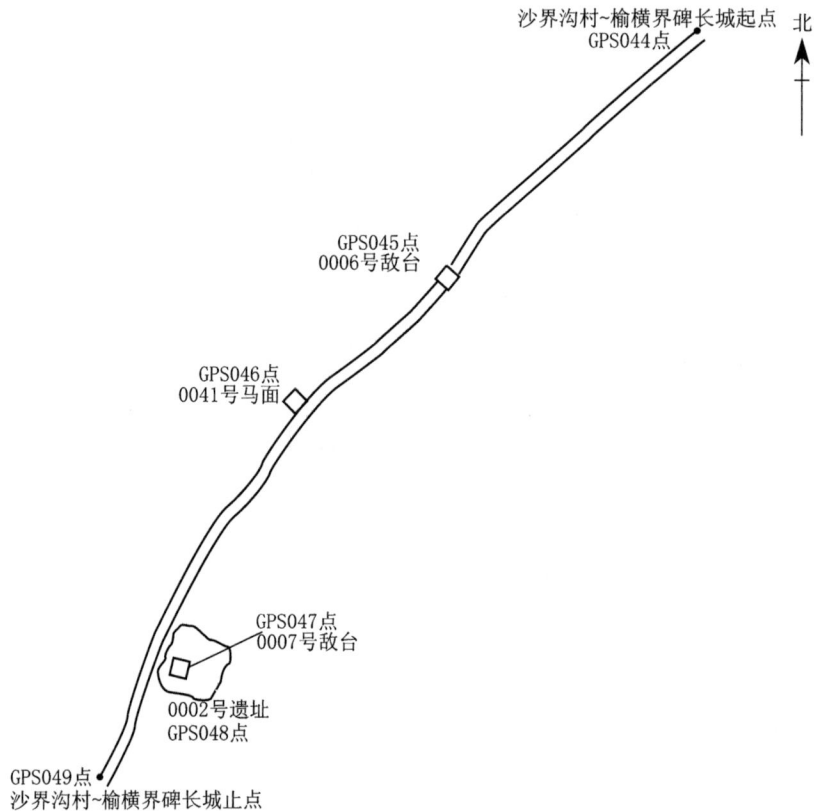

图一一四七　沙界沟村～榆横界碑长城位置示意图

墙体整体保存较差。受风雨侵蚀墙体呈驼峰状和锯齿状，流沙使部分墙体被掩埋成沙梁，沙层厚约 0.2 米，部分墙体由于流水冲蚀和风沙侵蚀濒临消失，内外墙面剥落严重。

墙体为自然基础上夯筑而成，夯土主要为黄土，部分为沙层，包含有料礓石，少部分为红胶土夯筑，夯层厚 0.08～0.13 米。墙体底宽 2～6.4、顶宽 0.3～2.5、高 0.6～7.5 米。（图一一四八）

墙体起点接芦草梁村～沙界沟村长城墙体止点，西南侧为西北—东南向的沙界壕沟，墙体上沙界沟村 4 号（0007 号）敌台周边的缓坡处是沙界沟村遗址，止点连无定河河险起点。

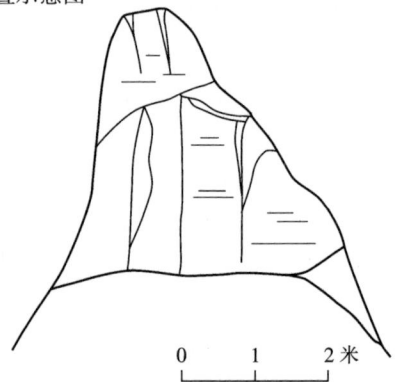

图一一四八　沙界沟村～榆横界碑长城墙体立面图

该段墙体位于横山县波罗镇沙界沟村和榆横界碑之间，起点西南 0.5 千米处有沙界沟村 3 号（0006 号）敌台，前行 0.35 千米有沙界沟村马面（0041 号）；前行 0.595 千米有沙界沟村 4 号（0007 号）敌台，前行 0.75 千米为止点、榆阳区与横山县交界处，有界碑一座。起点至沙界沟村 3 号敌台约 0.5 千米是被沙漠掩埋和受风雨、沙化侵蚀比较严重的地段，沙界沟村 4 号敌台与界碑之间有 235 米墙体被黄沙掩埋，沙界沟村 4 号敌台东约 0.15 千米、北距墙体 14.6 处米有一个长 8 米的碎砖石堆，包含有红砖和青砖，用途不明。

（一）无定河河险（610823382107170011）

该段河险位于沙漠草滩地带。起点为扎河则沟，沟壑陡峭，沟内有水流，宽 20 余米，附近为山地沟壑区。止点西南 0.02 千米为沙梁。南 0.04 千米内较平坦，之外为山沟；北侧为山坡，坡度较缓；东侧距沟底 80 米。整体呈东—西走向，长 3500 米。

墙体起点位于横山镇创业村无定河东，高程 1048.9 米；止点位于横山镇创业村（原榆（林）横（山）公路）西山坡，高程 1097 米。（图一一四九；彩图二二四）

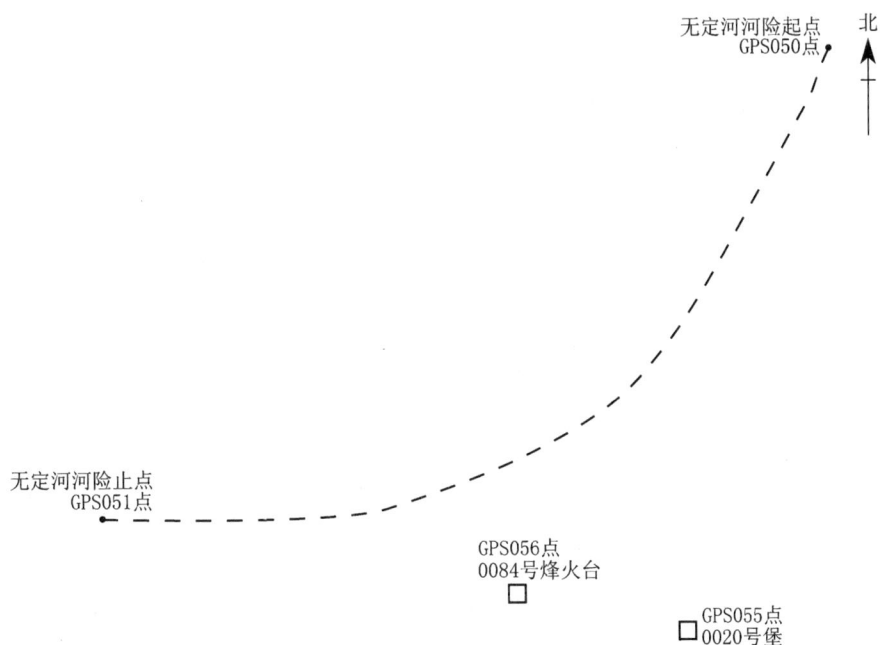

图一一四九　无定河河险位置示意图

河险起点和止点间是一条沟壑和无定河，长城修到该处利用了无定河河道的险要，该河为季节性河流，河床平坦，落差不大，两岸为起伏的丘陵河谷，坡度较大，河面较宽，形成天然的防卫屏障。两侧河岸上有当地村民建造的房屋和开垦的耕地及附属设施。

该河险起点接沙界沟村~榆横界碑长城墙体止点，止点连创业村~边墙壕村墙体长城起点，创业村寨城（0020 号）堡位于河险止点东南约 0.3 千米，创业村（0084 号）烽火台位于河险止点东南 0.25 千米。

（一二）创业村~边墙壕村长城（610823382101170012）

该段墙体位于无定河南岸的山峁边缘。起点约 0.3 千米为创业村，周边为黄土丘陵沟壑地貌，地势西高东低，墙体走向与无定河一致，高差约 30 米。山脚下有 204 省道通过，公路与山峁形成的山坡上为居民区。整体呈东－西走向，长 4185 米。

墙体起点位于横山镇创业村西山坡，高程 1097 米；止点位于横山镇边墙壕村东，高程 1047.7 米。墙体起点接无定河河险止点，起点西约 0.7 千米处有二道峁村（0085 号）烽火台，止点连芦河川河险起点。（图一一五〇；彩图二二五）

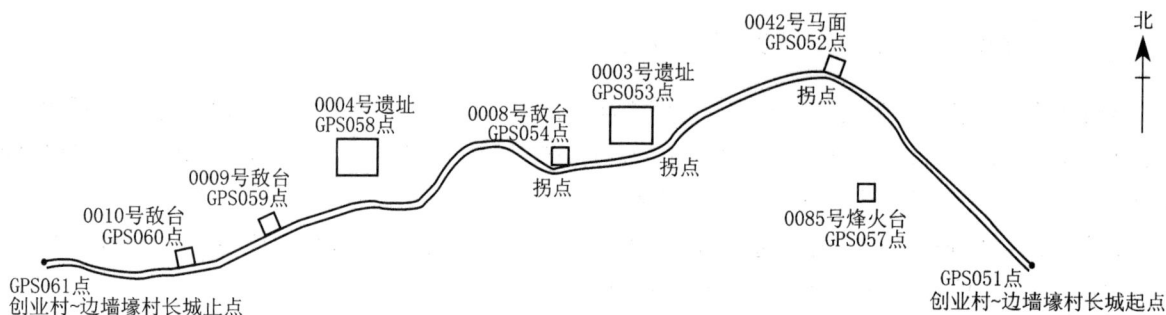

图一一五〇　创业村～边墙壕村长城位置示意图

墙体整体保存较差。墙体受风雨侵蚀坍塌严重有多个冲沟，仅存墙基，内外墙面剥落严重。二道峁村（0042 号）马面西约 275 米处墙体大部分被沙漠掩埋，二道峁村（0008 号）敌台与边墙壕村 1 号（0009 号）敌台之间有 120 米墙体被黄沙掩埋。

墙体为自然基础上夯筑而成，夯土主要为黄土，部分为沙层，包含有料礓石，少部分为红胶土夯筑，夯层厚 0.08～0.13 米。墙体剖面呈梯形或斜三角形，底宽 2～7、顶宽 0.3～2.3、高 0.3～7.2 米。（图一一五一）

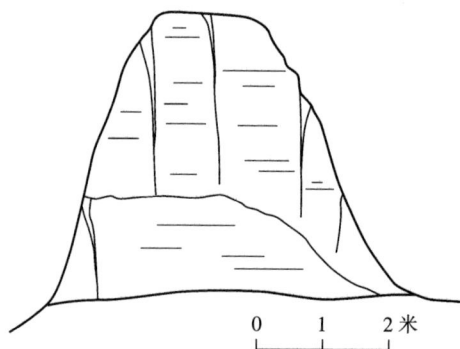

图一一五一　创业村～边墙壕村长城墙体立面图

该段墙体位于横山镇创业村和边墙壕村之间墙体。起点西北 1.49 千米处有二道峁村马面，为拐点，走向拐向西南。西南 0.6 千米处有创业村寨城（0003 号）遗址，为拐点，墙体走向变为东一西；此拐点西 0.725 千米处有二道峁村（0008 号）敌台，为拐点，墙体走向拐向西北，此拐点西 0.2 千米处有边墙壕村（0004 号）遗址，前行 0.3 千米有边墙壕村 1 号（0009 号）敌台，前行 0.67 千米处有边墙壕村 2 号（0010 号）敌台，前行 0.2 千米为止点。

（一三）芦河川河险（6108233821070170013）

该段河险位于芦河北端与无定河交界处。两侧地貌为黄土沟壑，河川内地势平坦，两边多为耕地，四周生长有杨树。河道两侧种植有大量柳树和杨树，两岸斜坡上有边墙壕村居民房屋。整体呈东－西走向，长 2300 米。

河险起点位于横山镇边墙壕村东（芦河东），高程 1047.7 米；止点位于横山镇边墙壕村西（芦河西），高程 1067.4 米。（图一一五二）

河险起点与止点之间是一条沟壑和芦河，芦河在沟壑中间通过，由于河水冲蚀，河道逐渐加大，

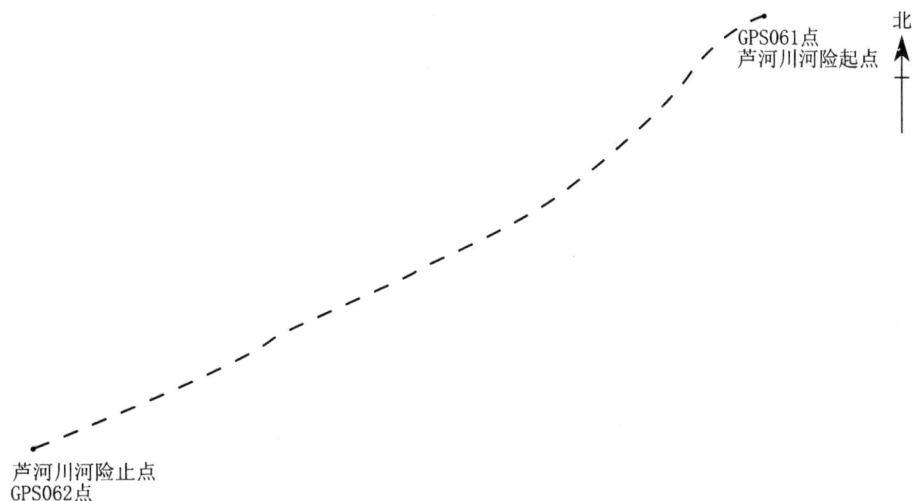

图一一五二　芦河川河险位置示意图

有侵蚀两岸墙体的危险。

　　该段河险位于横山镇边墙壕村所在的沟壑地带,长城修到该处利用了当地河道的险要,以之作为天然壕堑。河险的沟壑里是平川耕地,有芦河通过,用于灌溉,芦河为季节性河流,河床平坦,落差不大,两岸为丘陵沟壑地带,河水蜿蜒而前。河险起点接创业村~边墙壕村长城墙体止点,止点连边墙壕村~魏强村长城墙体起点,附近无其他遗存。

(一四)边墙壕村~魏强村长城(610823382101170014)

　　该段墙体位于无定河南、芦河西的沙化黄土沟壑地带。所处地势较平缓,起点和止点处地势较低,墙体露出较高。整体呈东北—西南走向,长1960米。

　　墙体起点位于横山镇边墙壕村西(芦河西),高程1067.4米;止点位于横山镇魏强村东北1.38千米,高程1148.7米。(图一一五三;彩图二二六)

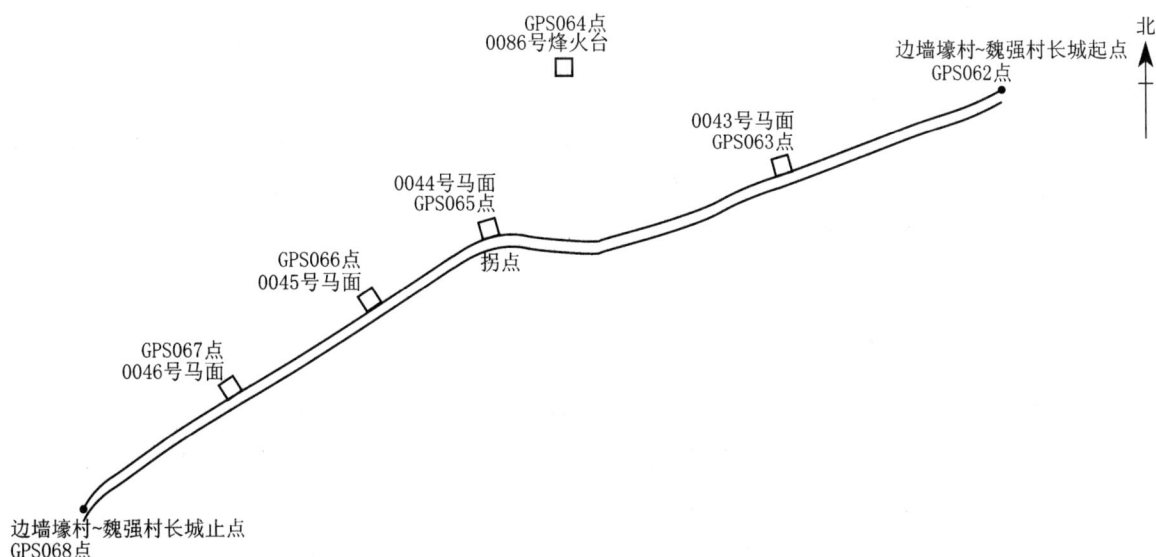

图一一五三　边墙壕村~魏强村长城位置示意图

墙体整体保存较差。墙体坍塌较严重，壁面剥落比较严重，基本相连，未发现大的沟壑。墙体两侧土壤多被沙化，生长的植物主要有沙蒿；墙体上生长有柠条、沙棘等。墙体上的马面一般位于起伏的沙丘顶部，墙体呈锯齿状和驼峰状分布，断断续续基本相连。起点起约300 米墙体顶部被用作灌溉水渠，顺墙体前行，有多处长庆石油管线通过，部分形成小豁口。墙体上生长有旱地植被如沙蒿、柠条等，根系深入导致墙体开裂，部分墙体上有动物洞穴。

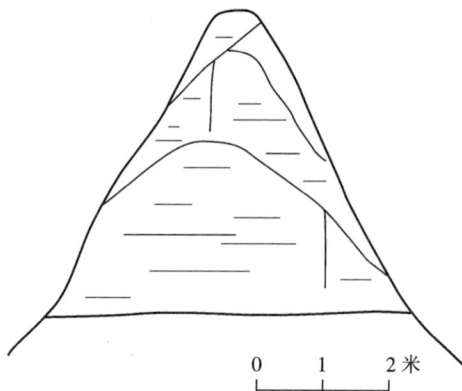

图一一五四　边墙壕村～魏强村长城墙体立面图

墙体为自然基础上夯筑而成，夯土主要为黄土，部分为沙层，包含有料礓石，少部分为红胶土夯筑，夯层厚 0.08～0.14 米。墙体剖面呈梯形或斜三角形，底宽 2～7、顶宽 0.3～2.3、高 0.3～6.3 米。（图一一五四）

墙体起点接芦河川河险止点，止点连魏强村长城墙体起点，墙体上的边墙壕村（0043 号）马面北约 0.6 千米处有王圪堵村烽火台。

墙体位于横山县横山镇边墙壕村和魏强村之间，起点西南约 0.6 千米处有边墙壕村马面，再向西 0.6 千米处有王圪堵村 1 号（0044 号）马面为拐点，前行 0.21 千米是王圪堵村 2 号（0045 号）马面，前行 0.4 千米是王圪堵村 3 号（0046 号）马面，前行 0.15 千米为止点，也是高速公路出口至横山的公路形成的一个断点。

（一五）魏强村长城（610823382101170015）

该段墙体位于无定河南、芦河西的沙化黄土沟壑地带。沟壑较少，地势较平缓。墙体两侧分别为波状丘陵和平沙地两种地貌，高处裸露黄土，大部分为沙层，植被主要是沙蒿、柠条和柳树等。整体呈东北－西南走向，长 2521 米。

墙体起点位于横山镇魏强村东北 1.38 千米，高程 1148.7 米；止点位于横山镇魏墙村西南 1.2 千米，高程 1207.3 米。（图一一五五）

墙体整体保存较差。墙体呈锯齿状和驼峰状分布，基本连续（有多处长庆石油管线通过，部分形成小型豁口），两侧墙面剥落严重，墙体上单体建筑分布密集，发现有一段与之相接的不明墙体。因长年的风雨侵蚀，墙体表面形成一层灰黑色的苔，紧靠北侧种植有一排柳树，树枝干枯，部分墙体有铲销迹象。

墙体为自然基础上夯筑而成，夯土主要为黄土，部分为沙层，包含有料礓石，少部分为红胶土夯筑，夯层厚 0.08～0.14 米。墙体剖面呈梯形或斜三角形，底宽 2～6、顶宽 0.7～2.5、高 1～7 米。（图一一五六）

该段墙体位于横山镇魏强村，起点西南 0.18 千米处有魏强村 1 号（0047 号）马面，前行 0.28 千米有魏强村 2 号（0048 号）马面，魏强村 2 号马面西 0.28 千米处有魏强村 3 号（0049 号）马面为拐点，前行 0.72 千米有魏强村 4 号（0050 号）马面；西南前行 0.28 千米有魏强村 2 号（0088 号）烽火台，前行 0.35 千米有魏强村 5 号（0051 号）马面为拐点，墙体拐呈西—北走向，此拐点西北 0.101 千米处是止点。连接魏强村 2 号马面和魏强村 4 号马面之间的墙体南侧发现一段用途不明墙体，为魏强村（0005 号）遗存，该段墙体与魏强村长城墙体相接围成一半圆状，部分墙体穿过长城墙体向北延出 27 米，墙体上有魏强村（0001 号）关和魏强村 1 号（0087 号）烽火台，魏强村羊圈梁（0021 号）

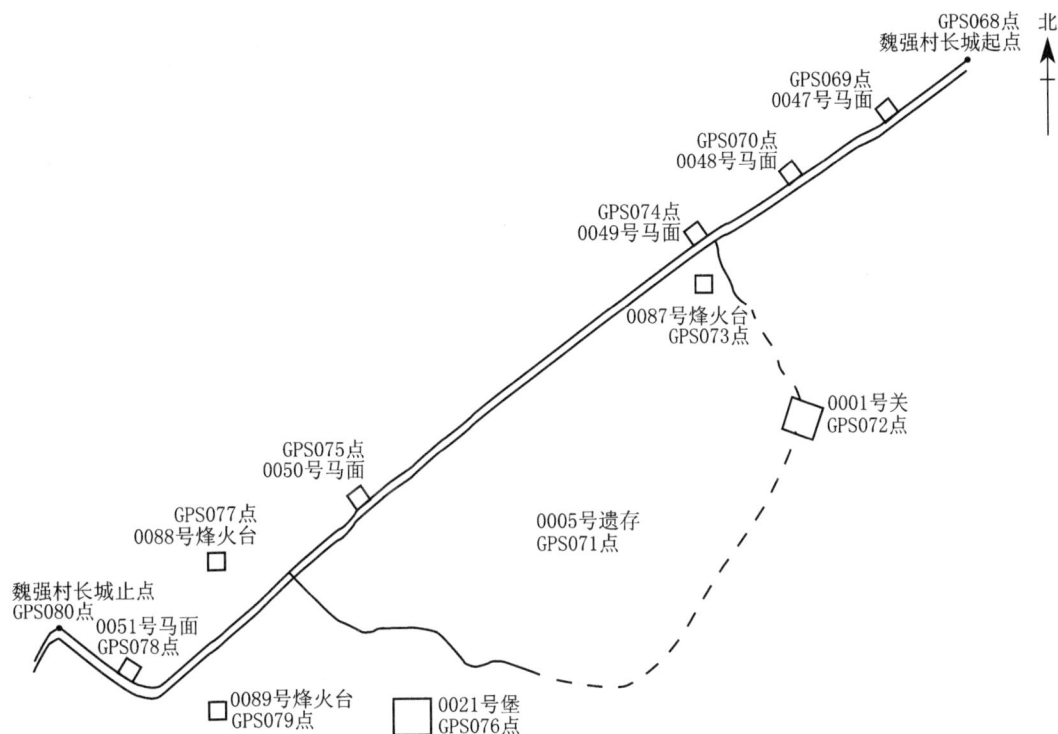

图——五五　魏强村长城位置示意图

堡位于魏强村遗存西 0.14 千米。

（一六）魏强村~马家梁村长城（610823382101170016）

该段墙体位于芦河西、无定河南的黄土沟壑地带。所处表土部分沙化，起点处为魏强村居民区，集中在山峁间的平缓处。墙体整体起伏不大，西南略高，两侧为坡地，为弃耕地，生长有黄蒿、柳树、杨树等，部分地势高处两侧有梯田。整体呈东北—西南走向，长 1766 米。

墙体起点位于横山镇魏强村西南 1.2 千米，高程 1207.3 米；止点位于横山镇马家梁村西北 1 千米，高程 1084.9 米。（图——五七）

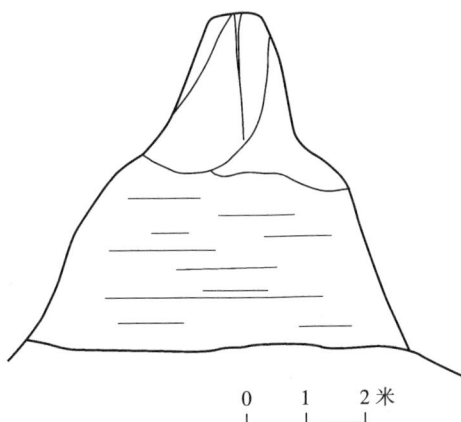

0　　1　　2 米

图——五六　魏强村长城墙体立面图

墙体整体保存较差。墙体呈驼峰状和锯齿状，紧靠起点处有住房、农田及一片松树林，住房对墙体造成不同程度的破坏，树木根系对墙体有损害。长庆工程用管道多次穿越长城，造成一些小豁口。

墙体为自然基础上夯筑而成，夯土主要为黄土，部分为沙层，包含有料礓石，少部分为红胶土夯筑，夯层厚 0.08~0.13 米。墙体剖面呈梯形或斜三角形，底宽 2~7、顶宽 0.5~2.3、高 0.3~6 米。（图——五八）

墙体起点接魏强村长城墙体止点，止点连马家梁村长城墙体起点。

该段墙体位于横山县横山镇魏强村和马家梁村之间，起点西南约 0.811 千米处为拐点，走向转呈西北-东南，

图——五七　魏强村～马家梁村长城位置示意图

此拐点东南 0.309 千米处为拐点，走向转呈正南，此拐点南 0.23 千米处有魏强村 6 号（0052 号）马面，前行 0.416 千米为止点。

（一七）马家梁村长城（6108233382101170017）

该段墙体位于无定河南、芦河西的黄土沟壑地带的梁峁台垣上。所处地势呈波状起伏，墙体沿缓坡修建，两侧有多条沟壑，墙体上马面大多位于山顶，两侧植被主要有黄蒿、沙蒿等耐旱植物，地表生态比较脆弱，两侧缓坡处部分种植粮食。整体呈东北—西南走向，长1516 米。

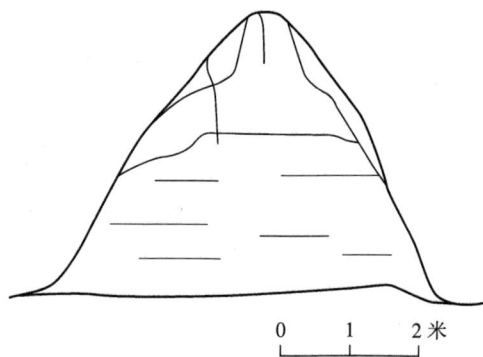

图——五八　魏强村～马家梁村长城墙体立面图

墙体起点位于横山镇马家梁村西北 1 千米，高程 1084.9 米；止点位于横山镇马家梁村西南 2.2 千米，高程 1209.3 米。（图——五九）

墙体整体保存较差。墙体地处典型的黄土沟壑地貌，山大沟深，为了避开沟壑呈蜿蜒向前延伸的趋势，出现两处拐点。墙体呈驼峰状或锯齿状分布，露出地表较高，长庆工程用管道多次穿越，对墙体造成不同程度的破坏，两边植被较丰富，多处紧靠墙体种植庄稼，墙体被铲削严重。墙体上有多处洪水冲沟，内外墙面剥落严重。部分墙体塌陷，墙基尚存。

墙体为自然基础上夯筑而成，夯土主要为黄土，部分为沙层，包含有料礓石，夯层厚 0.08～0.13 米。墙体底宽 2～6、顶宽 0.5～2.5、高 0.3～5 米。（图——六〇）

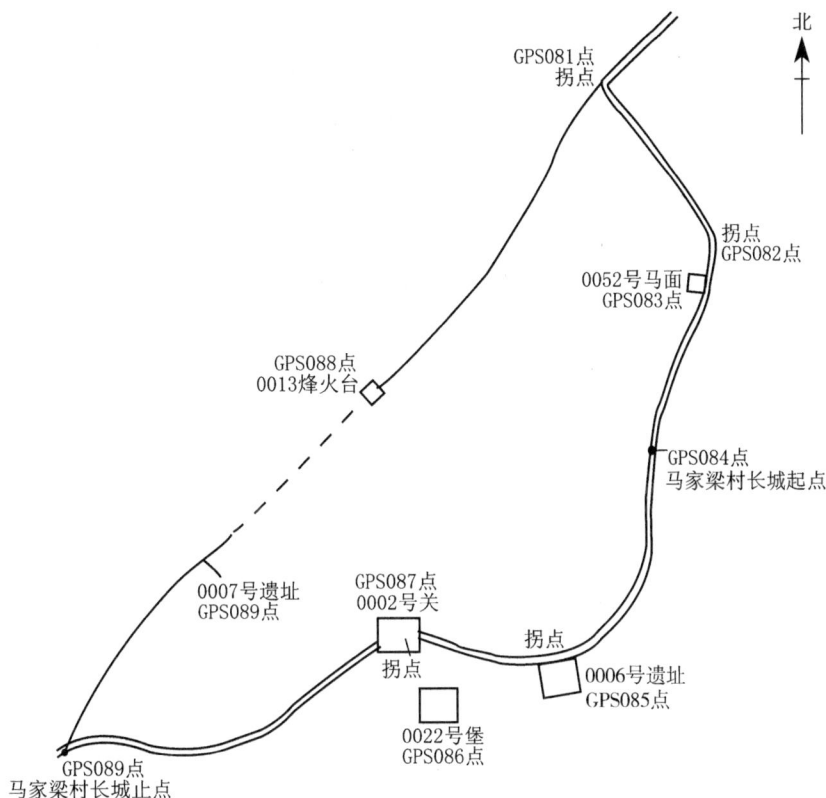

图一一五九 马家梁村长城位置示意图

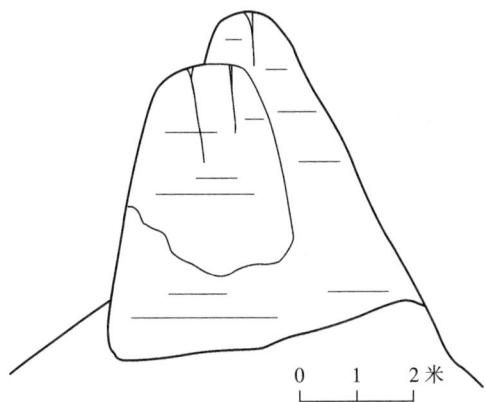

图一一六〇 马家梁村长城墙体立面图

墙体起点接魏强村～马家梁村长城墙体，止点连马家梁村～张沙塔村长城墙体。起点西南0.35千米南0.325千米处有马家梁村（0002号）关，前行0.841千米为拐点，即止点，止点向北延伸出一段207米的墙体，即马家梁村2号（0007号）遗址。

该段墙体起点南0.35千米处有马家梁村1号（0006号）遗址，为拐点，墙体拐向西行；拐点西0.325千米处有马家梁村关，为拐点，墙体拐向西南，前行0.841千米为止点。

（一八）马家梁村～张沙塔村长城

（610823382101170018）

该段墙体位于无定河南、芦河西的黄土沟壑地带。周边沟壑纵横，地势起伏很大。墙体两侧地势较低，生长有沙蒿、柠条等植被，少部分耕地多位于靠近墙体的平缓地带。墙体向西南延伸，地势逐渐升高。整体呈东北—西南走向，长3269米，其中，保存较差3183米、差86米。

墙体起点位于横山镇马家梁村西南约1.5千米，高程1209.3米；止点位于横山镇张墙村北2千米，高程1252.6米。（图一一六一）

墙体整体保存较差。墙体呈锯齿状和驼峰状分布，断断续续，或高或低基本相连。长庆工程用管

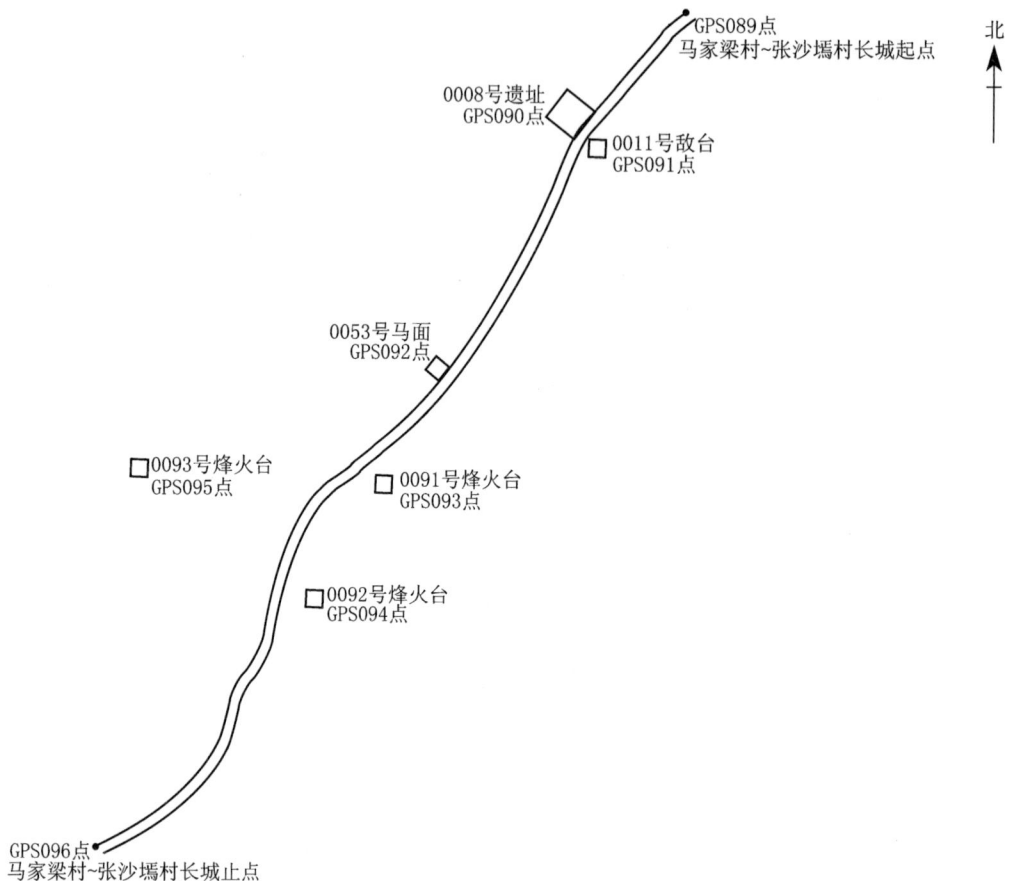

图一一六一　马家梁村～张沙塌村长城位置示意图

道多次穿越，对墙体产生不同程度的破坏。墙体中部墙基上有多孔窑洞，尚未将长城墙体截断。大部分墙体上生长有旱地植被，根系深入夯层导致墙体产生裂缝，少部分墙体上有动物洞穴。

墙体为自然基础上夯筑而成，夯土主要为黄土，部分为沙层，包含有料礓石，夯层厚 0.08～0.13 米。墙体剖面呈梯形或斜三角形，底宽 2～6、顶宽 0.5～2.5、高 0.3～6.3 米。

该段墙体位于横山镇马家梁村和张沙塌村之间，起点西南 0.38 千米处有马家梁村 3 号（0008 号）遗址，遗址紧靠墙体西侧，东侧有马家梁村（0011 号）敌台，前行 1.1 千米有张沙塌村（0053 号）马面，张沙塌村马面西南 0.55 千米处有张沙塌村 2 号（0091 号）烽火台，再前行 0.5 千米有张沙塌村 3 号（0092 号）烽火台，马面西 0.5 千米处有张墙村 1 号（0093 号）烽火台。

（一九）张墙村长城（6108233382101170019）

该段墙体位于无定河南、芦河西的黄土沟壑地带。所处地势绵延起伏，黄土地貌发育较好，植被主要有黄蒿、柳树等，墙体上生长有芨芨草。墙体两侧有多条沟壑，绕开沟壑蜿蜒前行，地势低处有洪水冲沟，高低落差不超过 15 米。整体呈东北—西南走向，长 3030 米。

墙体起点位于横山镇张墙村北 2 千米，高程 1252.6 米；止点位于横山镇刘墙村东北，高程 1299.6 米。（图一一六二；彩图二二七）

墙体整体保存较差。墙体坍塌较严重，呈驼峰状或锯齿状分布，高低起伏大，基本相连，墙面剥落如刀刃或锯齿状。张墙村 1 号（0054 号）马面和张墙村 2 号（0055 号）马面之间有约 300 米的墙体

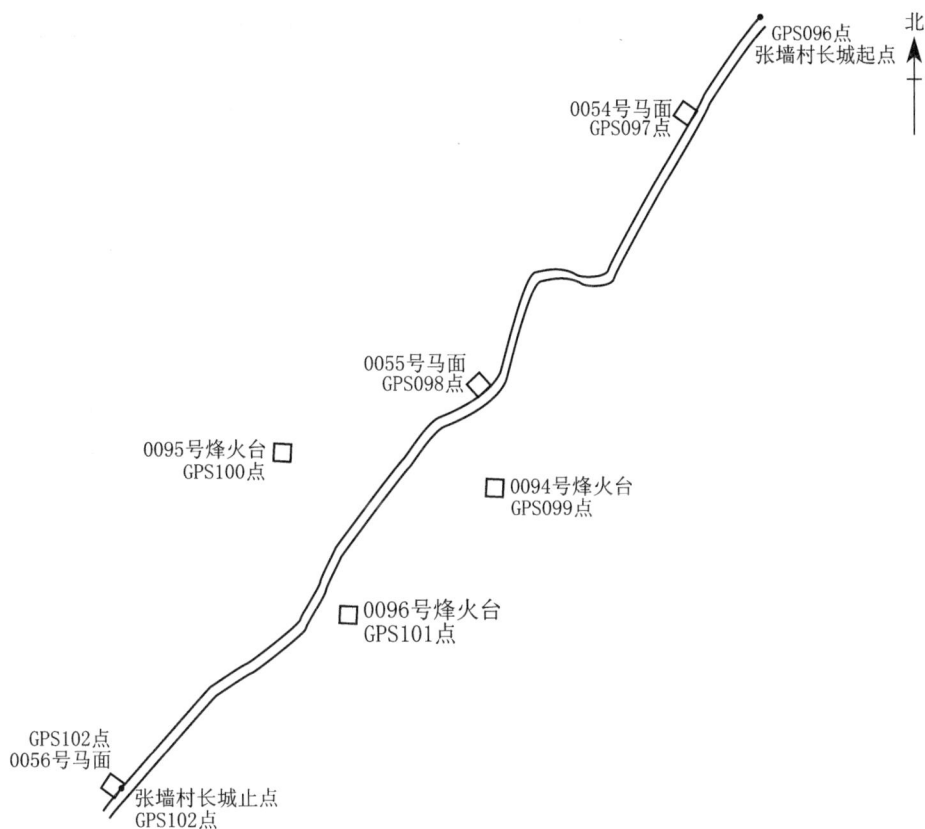

图一一六二　张墙村长城位置示意图

被沙丘掩埋，张墙村 3 号（0056 号）马面北侧有约 36 米的墙体被沙漠掩埋。墙体受风沙侵蚀损毁较严重，大部分墙体上生长有沙漠、旱地植物，根系扎入墙体中，导致墙体产生数厘米到十几厘米的裂缝，部分墙体有人为铲削痕迹，推测为当地居民建房或其他设施时取土所致。

墙体为自然基础上夯筑而成，夯土主要为黄土，部分为沙层，包含有料礓石，夯层厚 0.08 ~ 0.13 米。墙体剖面呈梯形或斜三角形，底宽 2 ~ 6、顶宽 0.5 ~ 2.5、高 0.3 ~ 5.8 米。（图一一六三）

墙体起点接马家梁至张沙塕段长城止点，止点连刘墙村长城 1 段起点。

该段墙体位于横山镇张墙村，起点西南 0.1 千米处有张墙村 1 号马面，前行 0.85 千米有张墙村 2 号马面，前行 0.9 千米有张墙村 3 号（0096 号）烽火台，前行 1.18 千米有张墙村 3 号马面为墙体止点。

（二〇）刘墙村长城 1 段（6108233821011700020）

该段墙体位于无定河南、芦河西的黄土沟壑地带的山梁上。周边梁峁起伏，有多条沟壑，呈"V"或"U"形。墙体多次穿越沟壑，起伏较大，落差约 30 米，沟壑处多为长庆公路穿越墙体的地段。整体呈北—南走向，长 1000 米。

墙体起点位于横山镇刘墙村东北，高程 1299.6 米；止点位于横山镇刘墙村，高程 1250.9 米。（图一一六四）

墙体整体保存较差。墙体坍塌较严重，呈驼峰状或锯齿状分布，高低起伏，基本相连，墙面剥落如刀刃或锯齿状。起点南 0.35 千米处有约 25 米墙体被沙漠掩埋，因风沙侵蚀损毁较严重。大部分墙体上生长有沙漠、旱地植物，根系扎入墙体中，导致墙体产生数厘米到十几厘米的裂缝。有房屋依墙体中部而建，对墙体进行了铲削破坏。

墙体为自然基础上夯筑而成，夯土主要为黄土，部分为沙层，包含有料礓石，夯层厚 0.08 ~ 0.13 米。墙体剖面呈梯形或斜三角形，底宽 2 ~ 6、顶宽 0.5 ~ 2.3、高 0.5 ~ 6.5 米。（图一一六五）

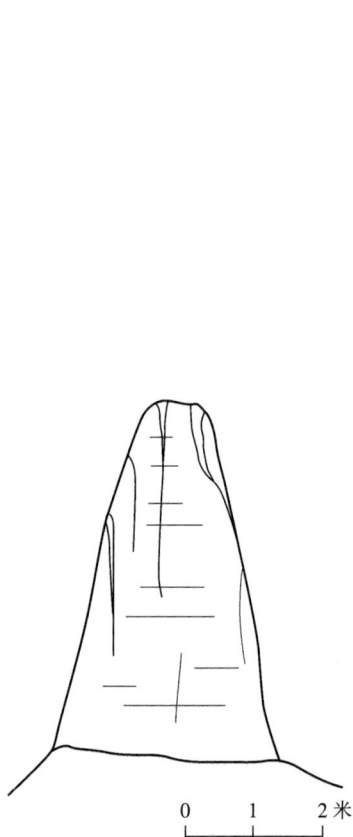

图一一六三　张墙村长城墙体立面图

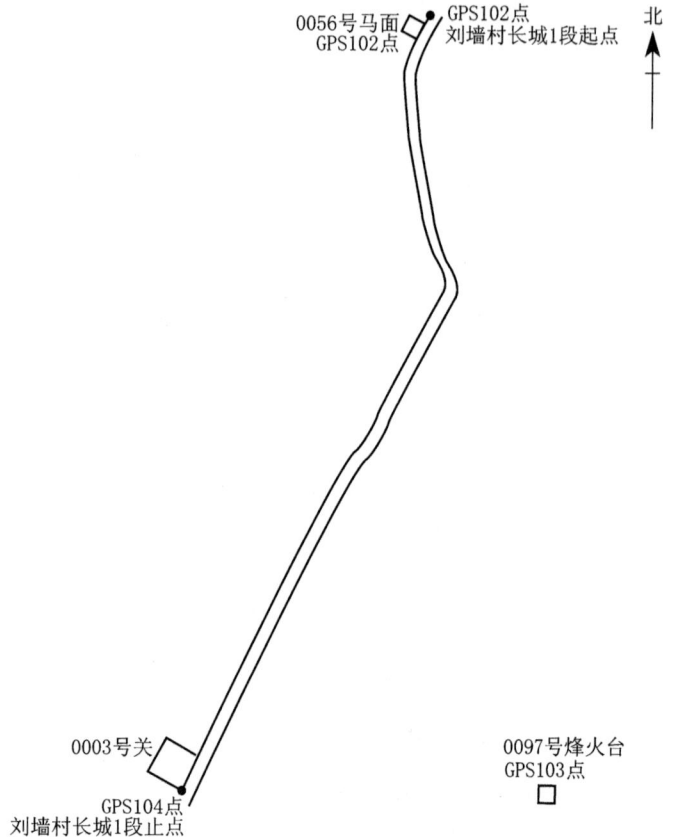

图一一六四　刘墙村长城 1 段位置示意图

墙体起点接张墙村长城墙体止点，止点连刘墙村长城 2 段墙体起点，起点南 1.06 千米处有刘墙村 1 号（0097 号）烽火台。

该段墙体位于横山镇刘墙村，起点西南 1 千米处有刘墙村 1 号（0003 号）关，为止点。

（二一）刘墙村长城 2 段
（610823382101170021）

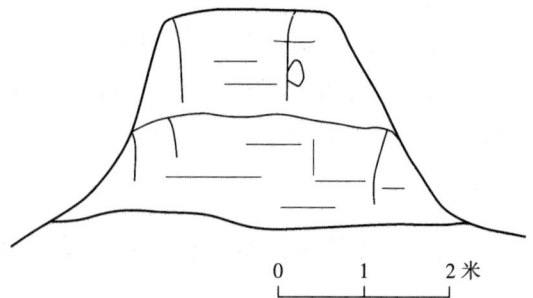

图一一六五　刘墙村长城 1 段墙体立面图

该段墙体位于无定河南、芦河西的黄土沟壑地带。所处地势较平缓，无大沟壑，多为退耕还林的耕地，植被较少。墙体落差不超过 10 米，整体呈东北—西南走向，长 2112 米。

墙体起点位于横山镇刘墙村，高程 1250.9 米；止点位于横山镇刘墙村西南 1.3 千米，高程 1262.7 米。（图一一六六；彩图二二八）

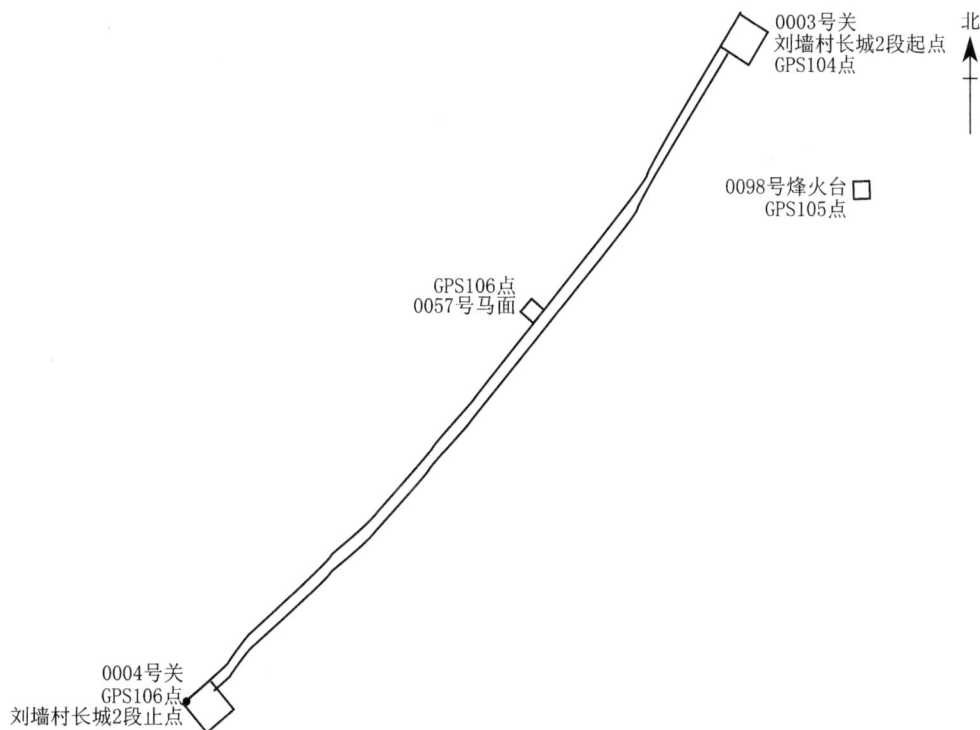

图一一六六　刘墙村长城 2 段位置示意图

墙体整体保存较差。墙体坍塌较严重，墙面剥落如刀刃或锯齿，呈驼峰状或锯齿状分布，高低起伏不等，基本相连，依墙建房对墙体破坏严重，道路和铲削取土使部分墙体剥落倒塌。刘墙村（0057号）马面和刘墙村 2 号（0004 号）关之间有约 130 米的墙体被沙丘掩埋，受风沙侵蚀损毁较为严重。大部分墙体上生长有沙漠、旱地植物，根系扎入墙体中，导致墙体产生裂缝、剥落坍塌。部分墙体有人为铲削痕迹，推测为当地居民建房或其他设施时取土所致。

墙体为自然基础上夯筑而成，夯土主要为黄土，部分为沙层，包含有料礓石，夯层厚 0.08 ~ 0.13 米。墙体剖面呈梯形或斜三角形，底宽 2 ~ 6、顶宽 0.5 ~ 2.5、高 0.5 ~ 6.2 米。（图一一六七）

墙体起点接刘墙村长城 1 段墙体止点，止点连高峰村长城墙体止点，起点东 0.54 千米处有刘墙村 2 号（0098 号）烽火台。

该段墙体位于横山镇刘墙村，起点西南 0.91 千米处有刘墙村马面，前行 1.202 千米有刘墙村 2 号关为墙体止点。

（二二）高峰村长城（610823382101170022）

该段墙体位于无定河南、芦河西的黄土沟壑地带。所处地势起伏，无大沟壑，起、止点处有多个冲沟，墙体坍塌严重。墙体两侧多为耕地，植被生长较差，黄土裸露，中部地段墙体西侧有杏树林。整体呈东北—西南走向，长 1923 米。

墙体起点位于横山镇刘墙村西南 1.3 千米，高程 1262.7 米；止点位于横山镇高峰村东南 0.52 千米，高程 1258.9 米。（图一一六八；彩图二二九）

墙体整体保存较差。墙体为自然基础上夯筑而成，夯土为黄土，部分为沙层，包含有料礓石，夯层厚 0.08 ~ 0.13 米。墙体剖面呈梯形或斜三角形，底宽 1.8 ~ 6、顶宽 0.3 ~ 2.5、高 0.3 ~ 5.5 米。

（图一一六九）

该段墙体位于横山镇高峰村，起点西南 0.59 千米再向西 0.038 千米处有高峰村 1 号（0099 号）烽火台，东南 0.07 千米处有高峰村 2 号（0100 号）烽火台，高峰村 1 号烽火台西南 1.23 千米处有高峰村（0058 号）马面，前行 0.103 千米为止点。

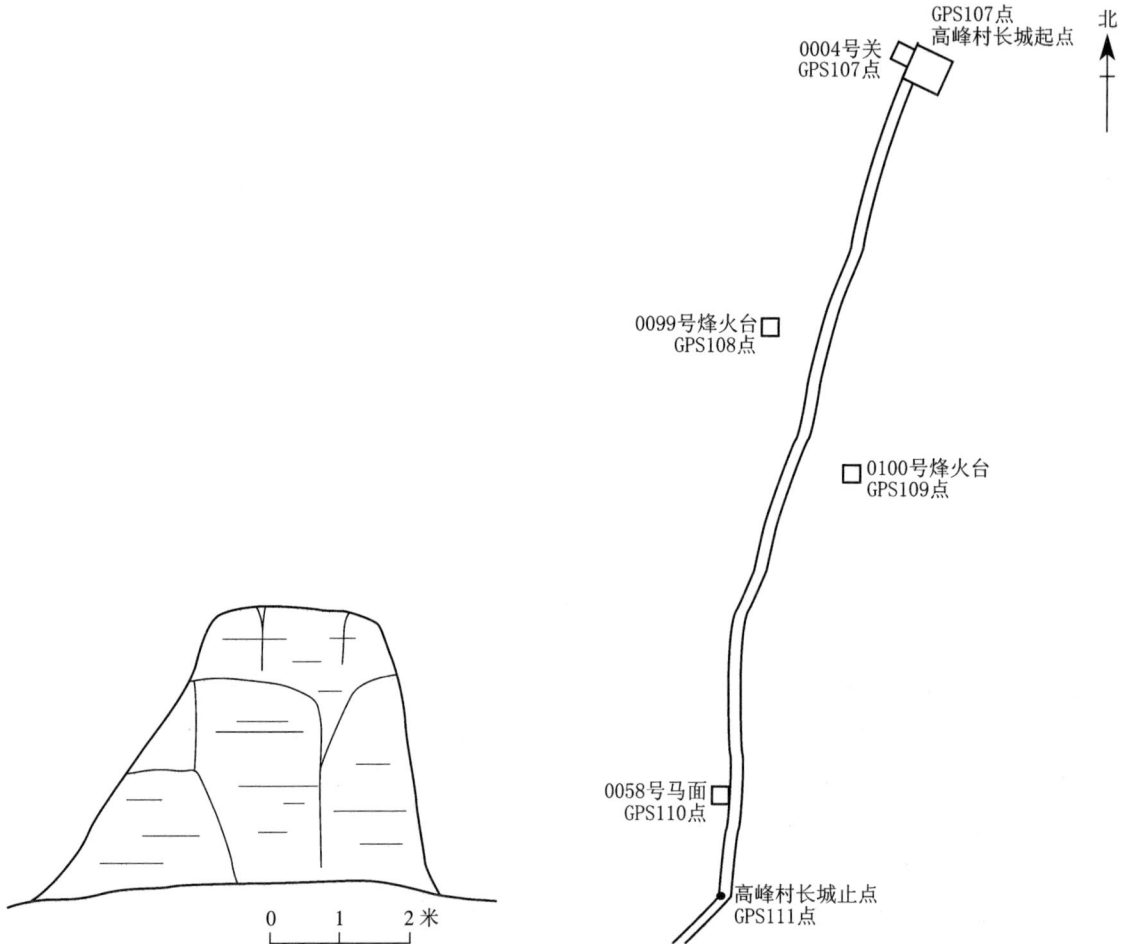

图一一六七　刘墙村长城 2 段墙体立面图

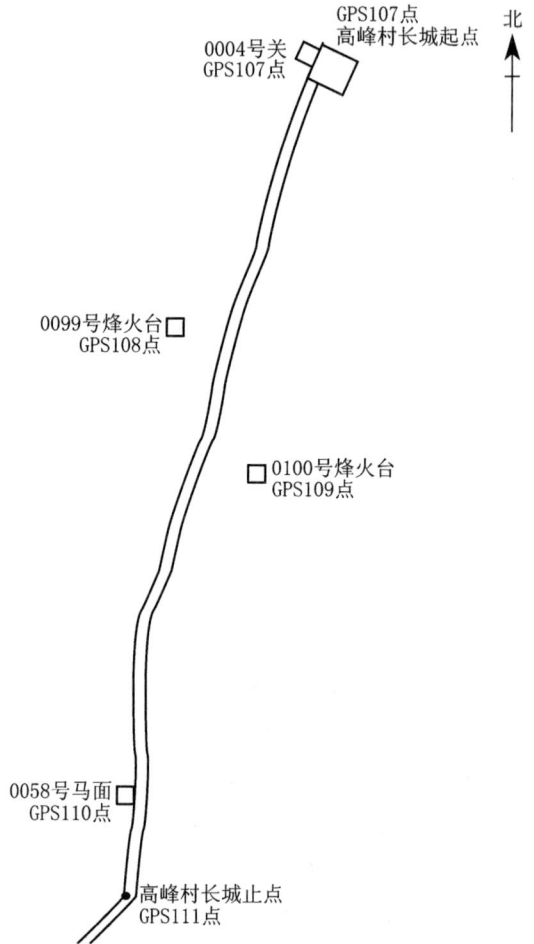

图一一六八　高峰村长城位置示意图

（二三）高峰村邵梁～曹阳湾村石庙梁长城
（610823382101170023）

该段墙体位于黄土沟壑和沙化土地混合的地带。周边为退耕还林、草区，附近海拔较高，地势起伏较大，止点处地势较低。靠近墙体中部东侧有一片耕地，种植有马玲薯。整体呈东北—西南走向，长 2893 米。

墙体起点位于横山镇高峰村东南 0.52 千米，高程 1258.9 米；止点位于横山镇曹阳湾村石庙梁，高程 1346.1 米。（图一一七〇）

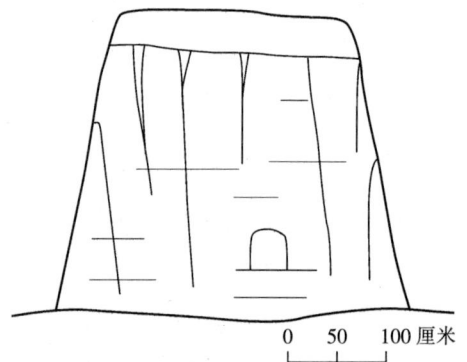

墙体整体保存较差。墙体呈驼峰状或锯齿状分布，高低起伏，基本相连，顶部侵蚀严重，有一条

图一一六九　高峰村长城墙体立面图

乡村道路沿墙体修筑，止点处墙体一侧被铲削为土路。长庆集团油气管道多次穿过墙体或沿墙体延伸，对墙体造成较大破坏，形成的豁口有扩张为断点的趋势。

墙体为自然基础上夯筑而成，夯土主要为黄土，部分为沙层，包含有料礓石，土质较疏松，部分夯层不清，似为铲削和堆积筑成，夯层厚 0.08 ~ 0.13 米。墙体剖面呈梯形或斜三角形，底宽 2 ~ 7、顶宽 0.5 ~ 2.6、高 0.5 ~ 5.9 米。（图一一七一）

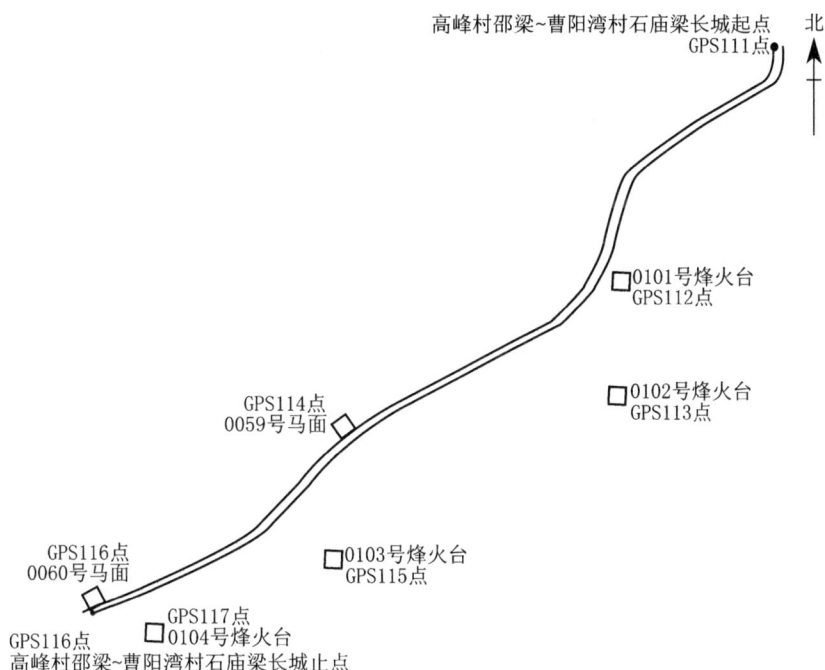

图一一七〇　高峰村邵梁 ~ 曹阳湾村石庙梁长城位置示意图

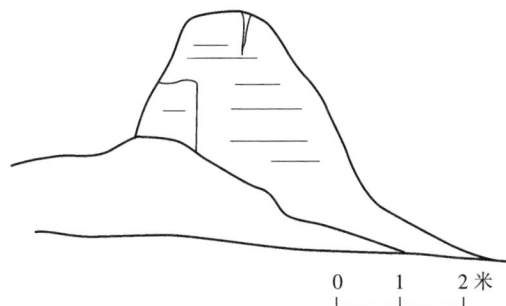

图一一七一　高峰村邵梁 ~ 曹阳湾村
石庙梁长城墙体立面图

墙体起点西南 0.533 千米东 0.038 千米处有高峰村 3 号（0101 号）烽火台，前行 0.27 千米东 0.132 千米处有盘峰村（0102 号）烽火台，前行 0.79 千米有盘峰村黑梁坑（0059 号）马面，前行约 0.4 千米东 0.156 千米处有曹阳湾村烽火台。

该段墙体位于横山镇高峰村和曹阳湾村之间，起点西南 0.533 千米处为拐点，此拐点西南 1.06 千米处有盘峰村黑梁坑马面，前行 1.3 千米有曹阳湾村石庙梁（0060 号）马面为止点。

（二四）曹阳湾村 ~ 杜羊圈村烂泥沟村长城（610823382101170024）

该段墙体位于无定河南、芦河西的黄土沟壑和沙化土地混合地带。周边为退耕还林、草区，地势波状起伏。墙体两侧发现多个冲沟，部分墙体断裂严重，周边沟壑众多，呈"V"形分布，部分墙体塌落沟壑。土地多被开垦为耕地，植被较少。整体呈东北一西南走向，长 2170 米。

墙体起点位于横山镇曹阳湾村石庙梁，高程 1346.1 米；止点位于赵石畔镇杜羊圈村（行政村）烂泥沟村（自然村），高程 1215.5 米。（图一一七二；彩图二三〇）

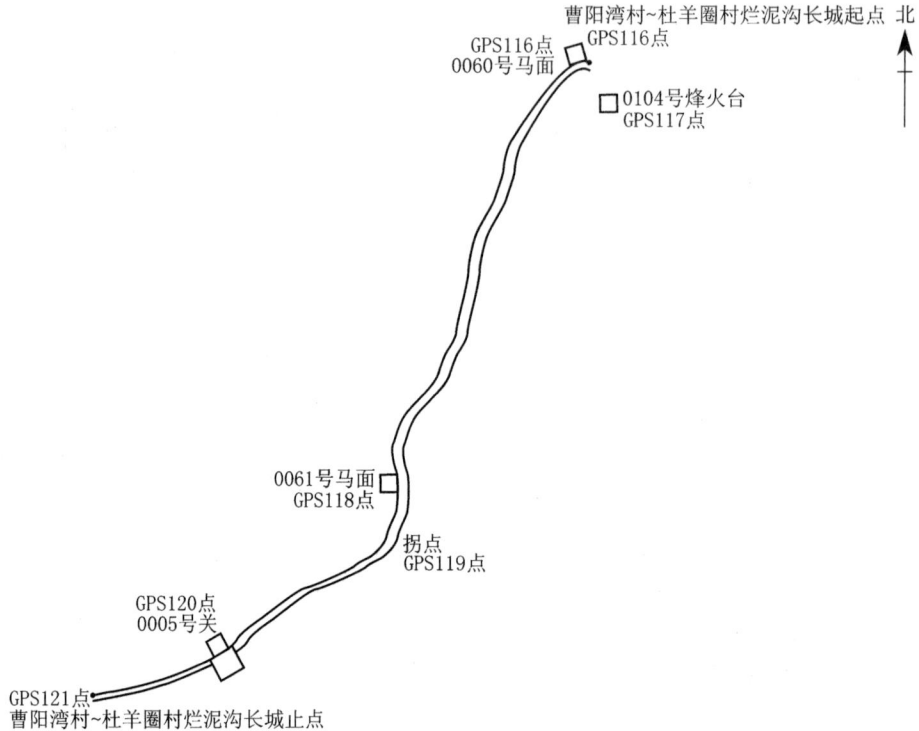

图一一七二　曹阳湾村～杜羊圈烂泥沟村长城位置示意图

墙体整体保存较差。起点处有一条公路穿过，将墙体截断。

墙体为自然基础上夯筑而成，夯土主要为黄土，部分为沙层，包含有料礓石，土质较疏松，夯层厚 0.08～0.13 米。墙体剖面呈梯形或斜三角形，底宽 1.5～6、顶宽 0.5～2.5、高 0.5～7 米。（图一一七三）

墙体起点接高峰村邵梁～曹阳湾村石庙梁长城墙体止点，止点连杜羊圈村烂泥沟山险起点，起点东 0.062 千米处有曹阳湾村石庙梁（0104 号）烽火台。

该段墙体位于横山镇曹阳湾村和赵石畔镇杜羊圈村之间，起点西南 1.25 千米处有杜羊圈村烂泥沟（0061 号）马面，前行约 0.3 千米为拐点，前行 0.35 千米有杜羊圈村烂泥沟（0005 号）关，前行约 0.27 千米为止点亦为杜羊圈村烂泥沟山险起点。

（二五）杜羊圈村烂泥沟山险
（6108233382106170025）

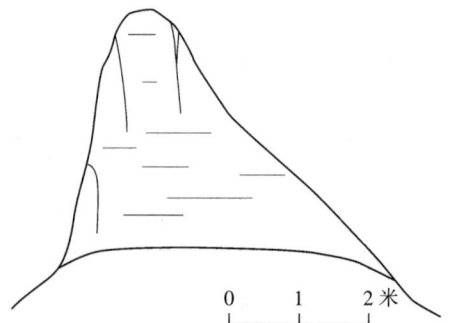

图一一七三　曹阳湾村～杜羊圈村烂泥沟长城墙体立面图

该段山险位于无定河南、芦河西黄土沟壑地带。由自然沟壑形成，沟壑呈"V"形，西北窄东南宽，整体被修建成一个水坝，起、止点间较窄，沟内长满水草。整体呈东北—西南走向，长 800 米。

山险起点位于赵石畔镇杜羊圈村烂泥沟村北，高程 1215.5 米；止点位于赵石畔镇杜羊圈村烂泥沟村南，高程 1193.7 米。（图一一七四）

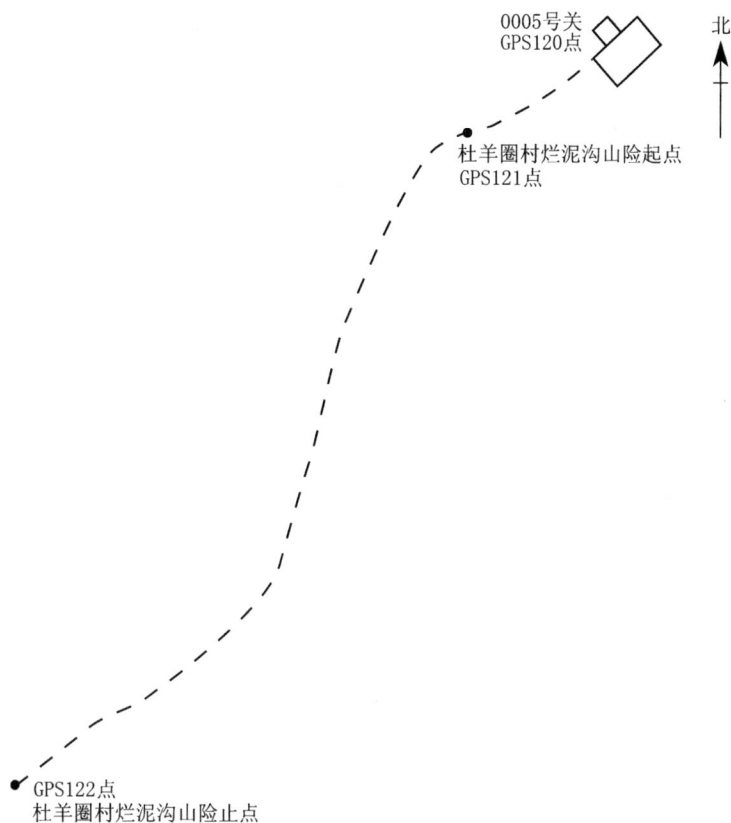

图一一七四　杜羊圈村烂泥沟山险位置示意图

该段山险位于赵石畔镇杜羊圈村，长城修到此处利用了天然沟壑作为屏障，沟壑里是水坝，山险在水坝后端，沟壑中有一片沼泽地，水草旺盛，部分被开垦为耕地，落差约 45 米。

（二六）杜羊圈村龙池峁长城（610823382101170026）

该段墙体位于无定河南、芦河西的黄土沟壑地带。所处地势波状起伏，西南高东北低，部分地段附近有居民房屋，有多条沟壑和土路穿越墙体。沟壑地带植被有柳树、杨树等；山梁上植被较少，为退耕地。整体呈东北—西南走向，长 1758 米。

墙体起点位于赵石畔镇杜羊圈村烂泥沟南，高程 1193.7 米；止点位于赵石畔镇杜羊圈村龙池峁南，高程 1193.9 米。（图一一七五；彩图二三一）

整体墙体保存较差。墙体呈驼峰状或锯齿状分布，高低起伏，基本相连，坍塌较严重，表面剥落如刀刃或锯齿。杜羊圈村龙池峁 1 号（0006 号）关和杜羊圈村龙池峁村 2 号（0063 号）马面之间有 20 米的墙体被沙丘掩埋，杜羊圈村龙池峁 4 号（0065 号）马面北有约 10 米的墙体被沙漠掩埋，墙体受风沙侵蚀损毁较严重，大部分墙体上生长有沙漠、旱地植物，根系扎入墙体中，导致墙体产生裂缝。

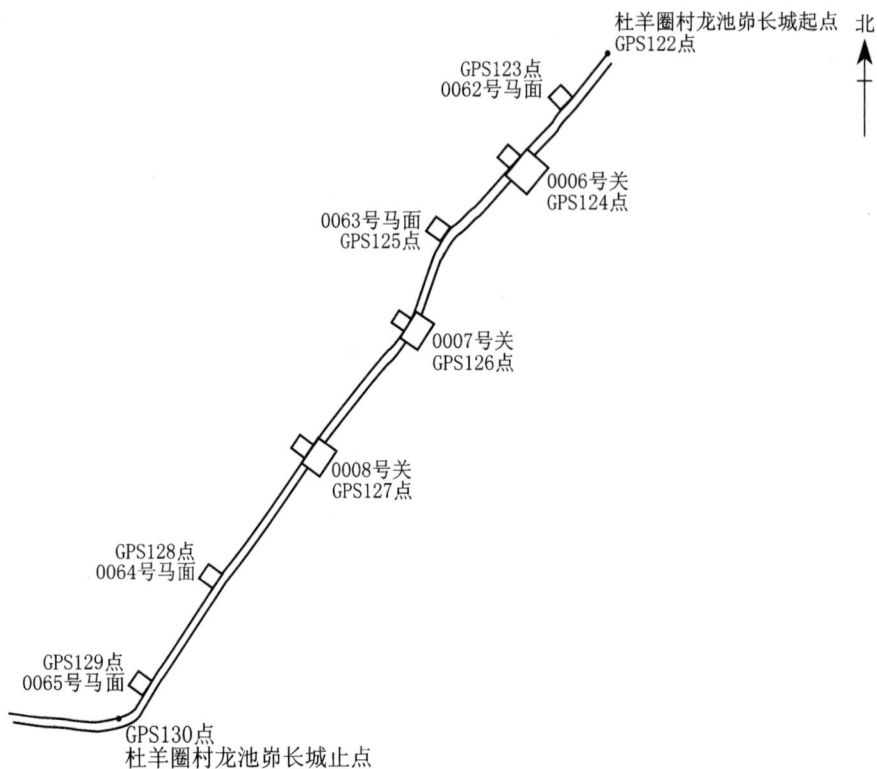

杜羊圈村龙池峁长城起点
GPS122点　　　北

GPS123点
0062号马面

0006号关
GPS124点

0063号马面
GPS125点

0007号关
GPS126点

0008号关
GPS127点

GPS128点
0064号马面

GPS129点
0065号马面

GPS130点
杜羊圈村龙池峁长城止点

图一一七五　杜羊圈村龙池峁长城位置示意图

墙体为自然基础上夯筑而成，夯土主要为黄土，部分为沙层，包含有料礓石，夯层厚 0.08～0.12 米。墙体剖面为梯形或斜三角形，底宽 2～6、顶宽 0.4～2.5、高 0.6～7 米。（图一一七六）

墙体起点接杜羊圈村烂泥沟山险止点，止点连杜羊圈村寨城峁长城墙体起点。

该段墙体位于横山县龙池峁村，起点西南 0.17 千米处有杜羊圈村龙池峁 1 号（0062 号）马面，前行 0.17 千米有杜羊圈村龙池峁 1 号关（0006 号），前行 0.206 千米有杜羊圈村龙池峁 2 号（0063 号）马面，前行 0.332 千米有杜羊圈村龙池峁 2 号关（0007 号），前行 0.32 千米

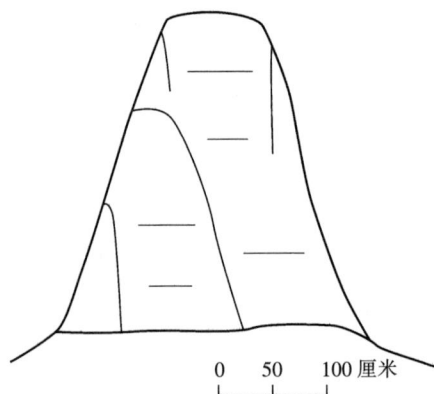

0　　50　　100 厘米

图一一七六　杜羊圈村龙池峁长城墙体立面图

有杜羊圈村龙池峁 3 号（0008 号）关，前行 0.24 千米有杜羊圈村龙池峁 3 号（0064 号）马面，杜羊圈村龙池峁 3 号马面西南 0.3 千米处有杜羊圈村龙池峁 4 号（0065 号）马面，前行 0.02 千米为止点。

（二七）杜羊圈村寨城峁长城（610823382101170027）

该段墙体位于无定河南、芦河西的黄土沟壑地带。所处部分沙漠化，西侧有一条沟壑，呈 W 形，落差约 25 米，底部较平坦，土壤湿润，生长有大量水草，沟壑东端有龙池峁水坝，墙体从西侧呈弧线绕过水坝。整体呈东北—西南走向，长 1663 米，其中，保存较差 1643 米、差 20 米。

墙体起点位于赵石畔镇杜羊圈村龙池峁村南，高程 1193.9 米；止点位于赵石畔镇杜羊圈村（行政

村）寨城峁村（自然村）南，高程1236.5米。（图一一七七）

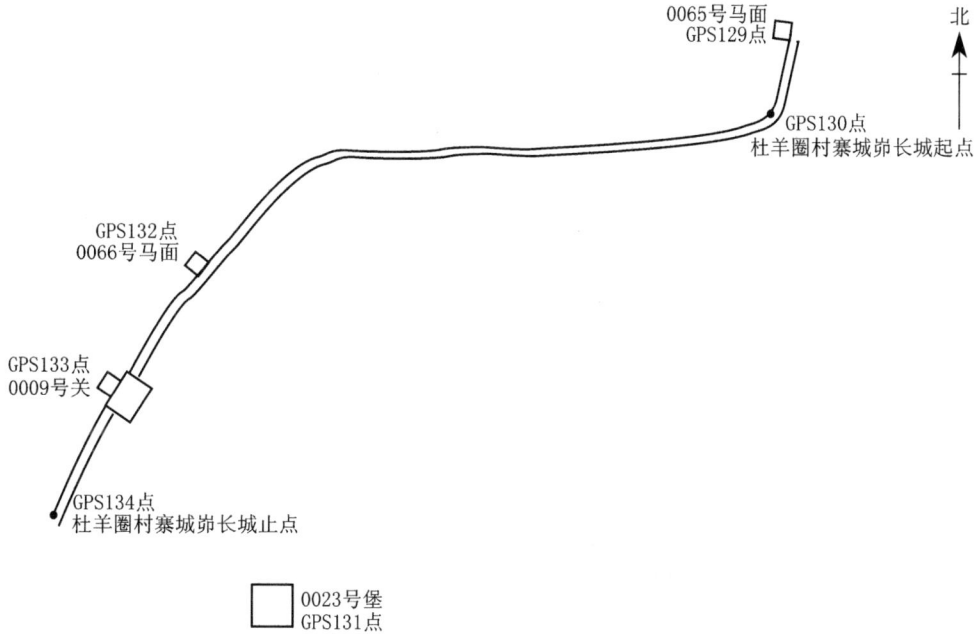

图一一七七　杜羊圈村寨城峁长城位置示意图

墙体整体保存较差。墙体呈驼峰状或锯齿状分布，高低起伏，基本相连，坍塌较严重，表面剥落如刀刃或锯齿。起点西南0.1千米处有农民打粮用的场占墙体修建，对墙体铲削严重。杜羊圈村寨城峁1号（0066号）马面北0.02千米处墙体被沙漠掩埋，墙体受风沙侵蚀损害较严重，大部分墙体上生长有沙漠、旱地植物，根系扎入墙体中，导致墙体产生裂缝。部分墙体侧面有当地居民修建的坟墓和房屋，有铲削取土的痕迹。

墙体为自然基础上夯筑而成，夯土主要为黄土，部分为沙层，包含有料礓石，夯层厚0.08~0.14米。墙体底宽2~6、顶宽0.2~2.5、高0.6~6.7米。（图一一七八）

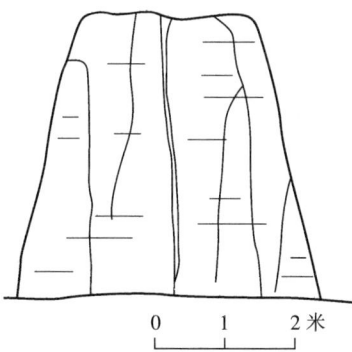

图一一七八　杜羊圈村寨城
峁长城墙体立面图

该段墙体位于赵石畔镇杜羊圈村寨城峁村，起点接杜羊圈村龙池峁长城墙体止点，止点连杜羊圈村~水掌村长城墙体起点，起点西南1.33千米处有杜羊圈村寨城峁1号马面，前行0.17千米有杜羊圈村寨城峁1号（0009号）关，前行0.16千米为止点，有一个沟壑造成的断点；起点西南0.8千米再向东南0.47千米处有杜羊圈村寨城峁（0023号）堡。

（二八）杜羊圈村~水掌村长城（6108233382101170028）

该段墙体位于无定河南、芦河西的黄土沟壑地带。所处地形波状起伏，地势较高，有沙化现象，山体间沟壑较浅，落差不大。地表植被较少，有多块林地，种植有松树和杏树。整体呈东北—西南走向，长1489米。

墙体起点位于赵石畔镇杜羊圈村寨城峁村西北，高程1236.5米；止点位于赵石畔镇水掌村旧墩梁，高程1230.9米。（图一一七九）

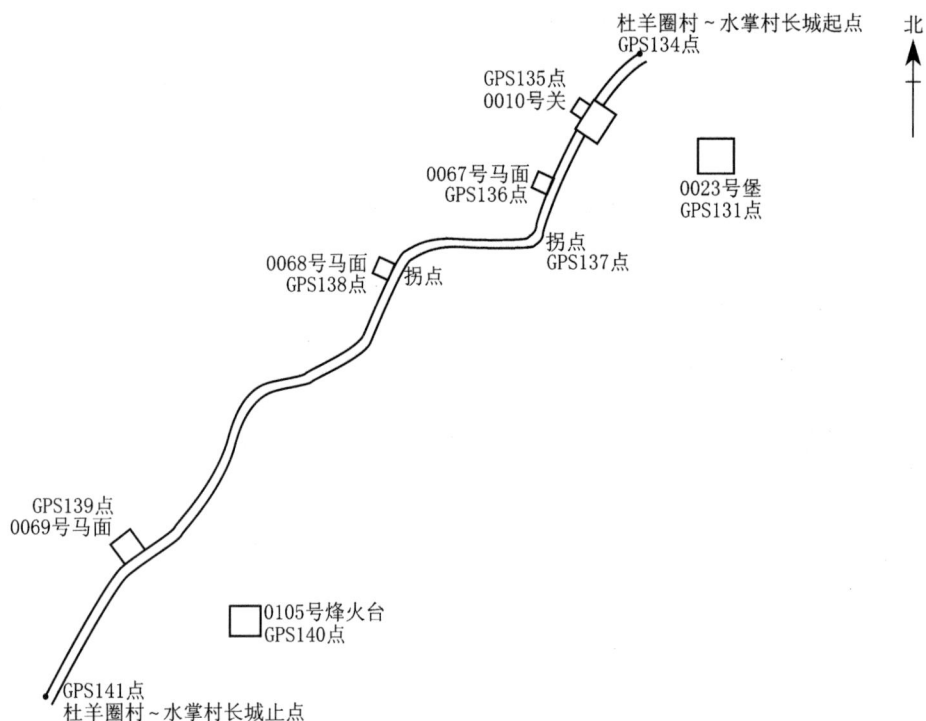

图——七九　杜羊圈村~水掌村长城位置示意图

　　墙体整体保存较差。墙体呈驼峰状或锯齿状分布，高低起伏，基本相连，坍塌较严重，表面剥落如刀刃或锯齿，大部分墙体上生长有沙漠、旱地植物，根系扎入墙体中，导致墙体产生数厘米到十几厘米的裂缝。墙体上发现许多虫蚁洞穴，部分墙体有人为铲削痕迹，推测为当地居民建房或其他设施取土所用，顶部形成一条土路。长庆集团的油气管道多次穿过墙体或沿墙体延伸，对墙体造成较大破坏，形成的豁口有延伸扩张为断点的趋势。

　　墙体为自然基础上夯筑而成，夯土主要为黄土，部分有沙层，包含有料礓石，夯层厚 0.08~0.12 米。墙体底宽 2~6、顶宽 0.4~2.7、高 0.6~6.5 米。

　　该段墙体位于赵石畔镇杜羊圈村龙池峁村与水掌村杨窑则村之间，起点接杜羊圈村寨城峁长城墙体止点，止点连杨窑则村长城 1 段墙体起点。起点西南 0.262 千米处有杜羊圈村寨城峁 2 号（0010 号）关，前行 0.15 千米有杜羊圈村寨城峁 2 号（0067 号）马面，再向南 0.072 千米处为拐点，墙体走向由北—南拐为东北—西南，此拐点西南 0.229 千米处有杜羊圈村寨城峁 3 号（0068 号）马面为拐点，前行 0.726 千米有杜羊圈村寨城峁 4 号（0069 号）马面，前行约 0.05 千米为止点、一道山沟形成的断点，杜羊圈村寨城峁 4 号马面东 0.284 千米处有水掌村旧墩梁峁（0105 号）烽火台。

（二九）杨窑则村长城 1 段（610823382101170029）

　　该段墙体位于无定河南、芦河西的沙化黄土沟壑地带。所处地势高低不平，中段出现一条沟壑，落差约 30 米。墙体两侧有多条冲沟，地表被道路破坏严重，植被较少。整体呈东北—西南走向，长 1991 米。

　　墙体起点位于赵石畔镇水掌村旧墩梁，高程 1230.9 米；止点位于赵石畔镇水掌村杨窑则村，高程 1373 米。（图——八〇）

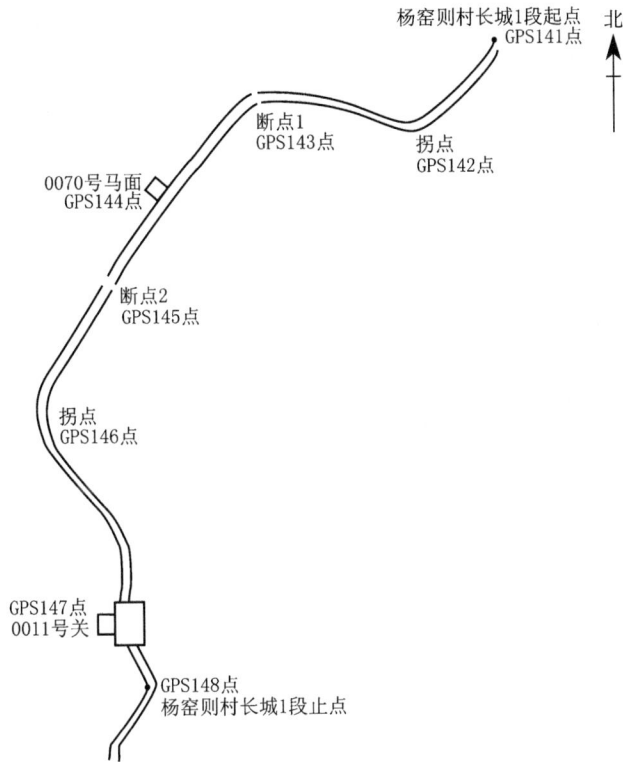

图一一八〇　杨窑则村长城 1 段位置示意图

　　墙体整体保存较差。墙体呈驼峰状或锯齿状分布，高低起伏，基本相连，坍塌较严重，表面剥落如刀刃或锯齿。起点西南 0.62 千米处有一条乡村土路穿过墙体，形成一个宽 5 米的断口。水掌村杨窑则 1 号马面西南 0.44 千米处有一个宽 11 米的土路断口。

　　墙体夯筑而成，夯土主要为黄土，部分为沙层，包含物有料礓石，夯层厚 0.08～0.12 米。墙体剖面呈梯形或斜三角形，底宽 2～6.2、顶宽 0.4～2.5、高 0.6～6 米。

　　该段墙体位于赵石畔镇水掌村杨窑则村，依当地山陵沟壑走势而建。起点接杜羊圈村～水掌村长城墙体止点，止点连杨窑则村长城 2 段墙体起点。起点西南 0.25 千米处为拐点，墙体走向拐向西；前行 0.37 千米为断点 1、宽 5 米的乡村土路断口，为拐点，墙体走向拐向西南；前行 0.12 千米有水掌村杨窑则 1 号（0070 号）马面；前行 0.44 千米为断点、宽 11 米的土路断口，此断点西南 0.314 千米处有拐点，墙体走向拐向南；前行 0.36 千米有水掌村杨窑则（0011 号）关；前行 0.121 千米为止点。

（三〇）杨窑则村长城 2 段（6108233382101170030）

　　该段墙体位于无定河南、芦河西的沙化黄土沟壑地带。所处地势起伏较大，沟壑纵横。墙体起伏较大，东北高西南低，当地居民耕作和生活对墙体的破坏很大，出现多个冲沟和道路。整体呈东北—西南走向，长 2324 米。

　　墙体起点位于赵石畔镇水掌村杨窑则村，高程 1373 米；止点位于塔湾镇边墙梁村中，高程 1262.5 米。（图一一八一）

图——八— 杨窑则村长城 2 段位置示意图

　　墙体整体保存较差。墙体呈驼峰状或锯齿状分布，高低起伏，基本相连，坍塌较严重，两面剥落如刀刃或锯齿，有多处冲沟、土路断口。起点西南 0.217 千米处有风雨侵蚀形成的宽 25 米的冲沟，水掌村杨窑则 2 号（0071 号）马面东北有长 75 米的断口，前行 0.135 千米有乡村公路形成的宽 3 米断口，前行 0.085 千米有宽 64 米的冲沟，前行 0.098 千米有宽 29 米的冲沟，前行 0.292 千米墙体断断续续，部分被沙漠掩埋，水掌村杨窑则 3 号（0072 号）马面南 0.16 千米处有长 150 米的沙漠掩埋段，墙体受风沙侵蚀损毁较为严重。部分墙体因为开垦耕地而铲削破坏，水掌村杨窑则 2 号马面西南墙体西侧有几户居民，在墙体上堆放柴木、挖掘洞穴对墙体造成破坏。中段大部分墙体上生长有沙漠、旱地植物，根系深扎入墙体中，导致墙体产生斑驳裂缝。

　　墙体为自然基础上夯筑而成，夯土主要为黄土，部分为沙层，包含有料礓石，夯层厚 0.08～0.12 米。墙体剖面呈梯形或斜三角形，底宽 2～6、顶宽 0.4～2.5、高 0.6～7米。（图——八二）

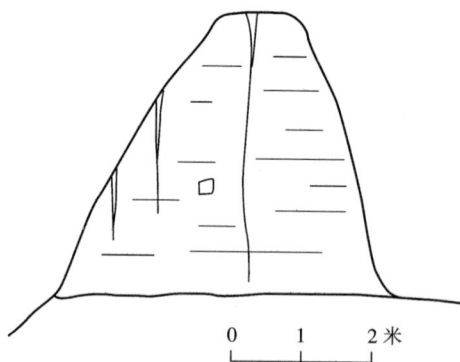

图——八二　杨窑则村长城 2 段墙体立面图

　　该段墙体位于赵石畔镇水掌村杨窑则村南，起点接杨窑则村长城 1 段墙体止点，止点连边墙梁村长城 1 段起点。起点西南 0.217 千米处为断点 1，前行 0.135 千米为断点 2，前行 0.075 千米为断点 3，断点 3 南侧接水掌村杨窑则 2 号马面，前行 0.135 千米为断点 4，前行 0.085 千米为断点 5，前行 0.064 千米为断点 6，前行 0.098 千米为断点 7，前行 0.029 千米为断点 8，前行 0.65 千米有水掌村杨窑则 3 号马面，前行 0.741 千米为止点。

（三一）边墙梁村长城 1 段（610823382101170031）

该段墙体位于无定河南、芦河西的沙化黄土沟壑地带。所处地势波状起伏，起点处地势较低，为边墙梁村居民区，植被较好，其余地势较高。墙体沿梁峁蜿蜒前行，两侧为山体斜坡。西南地势略高，植被覆盖较少，只生长有少量沙蒿、黄蒿，有零星柳树和杨树。整体呈东北—西南走向，长 1845 米，其中，保存较差 1523 米、差 322 米。

墙体起点位于塔湾镇边墙梁村中，高程 1262.5 米；止点位于塔湾镇边墙梁村西南 1.5 千米，高程 1291.9 米。（图一一八三）

墙体整体保存较差。墙体呈驼峰状或锯齿状分布，高低起伏，基本相连，基础下陷严重。芦沟村边墙梁 1 号（0012 号）关西南 0.43 千米处有一个宽 15 米的冲沟断口，前行 0.136 千米有一个宽 5 米的小豁口，前行 0.118 千米有长 322 米的墙体被沙漠掩埋，受风沙侵蚀墙体损毁较严重。大部分墙体上生长有沙漠、旱地植物，根系深扎入墙体中，导致墙体产生数厘米到十几厘米的裂缝。墙体上有较多的虫蚁洞穴。

墙体为自然基础上夯筑而成，夯土主要为黄土，部分为沙层，包含有料礓石，夯层厚 0.12~0.18 米。墙体剖面呈梯形或斜三角形，底宽 2~6、顶宽 0.4~2.5、高 0.6~3.5 米。（图一一八四）

该段墙体位于塔湾镇芦沟村边墙梁村南，起点接杨窑则村长城 2 段墙体止点，止点连边墙梁村长城 2 段墙体。起点西南 0.663 千米处有芦沟村边墙梁 1 号关，前行 0.43 千米为断点、宽 15 米的冲沟，前行 0.58 千米为止点。芦沟村边墙梁 1 号关东 0.088 千米处有芦沟村边墙梁 1 号（0106 号）烽火台。

（三二）边墙梁村长城 2 段（610823382101170032）

该段墙体位于无定河南、芦河西的沙化黄土沟壑地带。所处地势波状起伏，周边沟壑纵横，台塬

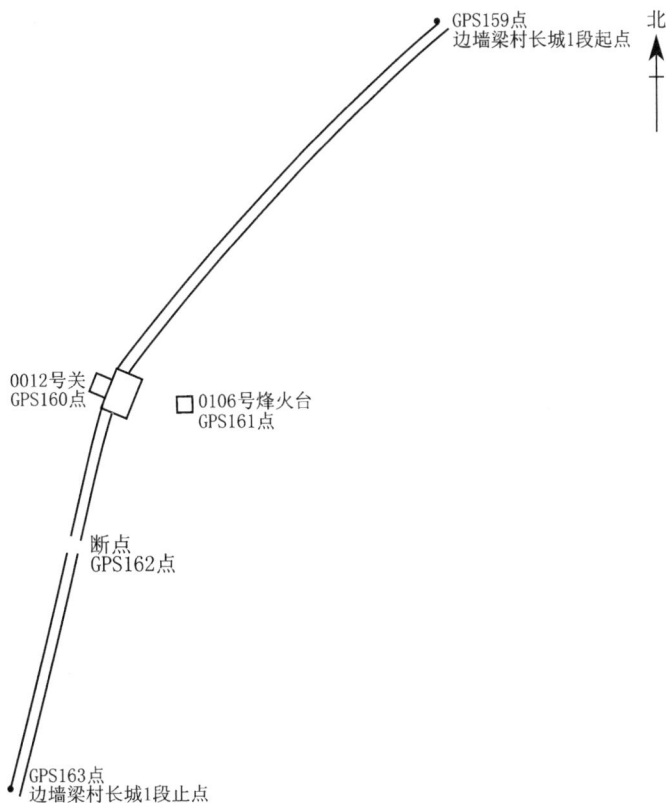

图一一八三　边墙梁村长城 1 段位置示意图

梁峁起伏。墙体在山顶绵延向前，地势较高，两边植被生长较差，主要生长有黄蒿、沙蒿等，有少量柳树、榆树。整体呈东北—西南走向，长 2111 米，其中，保存较差 1567 米、差 544 米。

墙体起点位于塔湾镇芦沟村边墙梁村西南 1.5 千米，高程 1291.9 米；止点位于塔湾镇芦沟村边墙梁村西南 3 千米，高程 1284.7 米。（图一一八五）

墙体整体保存较差。墙体因基础有下陷呈驼峰状或锯齿状分布，高低起伏，基本相连，坍塌较严重，两面剥落如刀刃或锯齿，有多处冲沟、土路断口。边墙梁村 1 号（0012号）敌台南 0.19 千米处有一个宽 18 米的土路断口，前行 0.04 千米有 11 米的墙体被雨水侵蚀严重，前行 0.185 千米

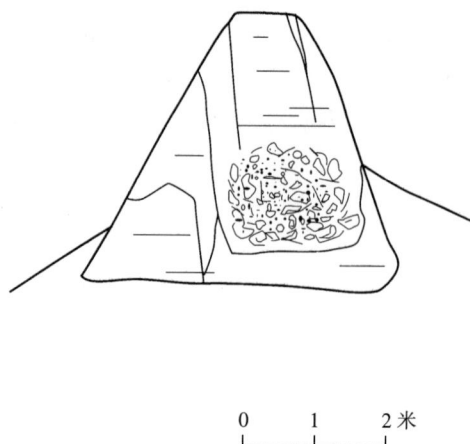

图一一八四　边墙梁村长城 1 段墙体立面图

有宽 40 米的冲沟，前行 0.17 千米有边墙梁村 2 号（0013 号）敌台，前行 0.248 千米有 129 米的墙体被沙漠掩埋严重，前行 0.082 千米有 320 米的墙体被沙漠掩埋，墙体受风沙侵蚀损毁较严重，该掩埋段止点处有 54 米的冲沟，前行 0.357 千米有宽 60 米的冲沟，冲沟南侧为止点。

墙体为自然基础上夯筑而成，夯土主要为黄土，部分为沙层，包含有料礓石，夯层厚 0.08～0.12 米。墙体剖面呈梯形或斜三角形，底宽 1.7～6、顶宽 0.5～2.5、高 0.6 米～5 米。（图一一八六）

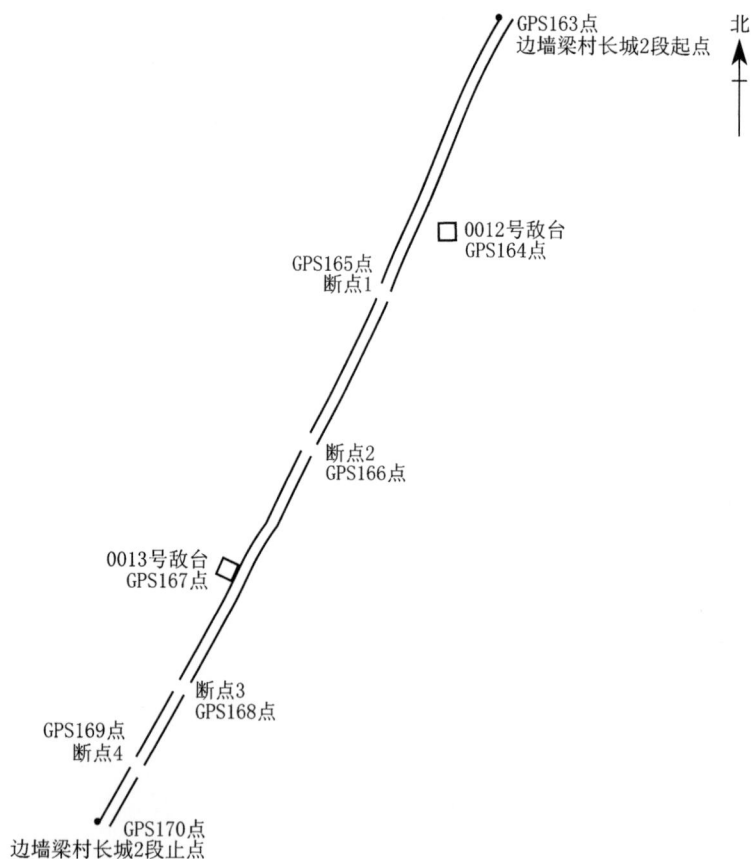

图一一八五　边墙梁村长城 2 段位置示意图

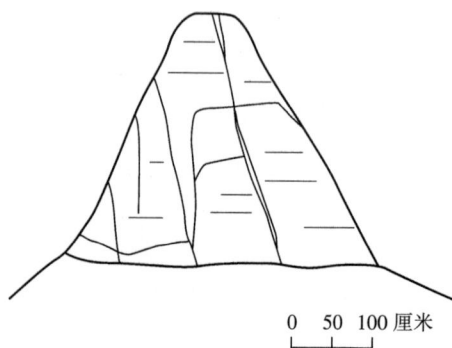

图一一八六　边墙梁村长城 2 段墙体立面图

该段墙体位于塔湾镇芦沟村边墙梁村中部，起点接边墙梁村长城 1 段墙体止点，止点连边墙梁村～庞庄村长城墙体起点。起点西南 0.307 千米处有边墙梁村 1 号敌台，前行 0.19 千米为断点 1，前行 0.236 千米为断点 2，前行 0.17 千米有边墙梁村 2 号敌台，前行 0.779 千米为断点 3，前行 0.357 千米为断点 4，前行 0.06 千米为止点。

（三三）边墙梁村～庞庄村长城（610823382101170033）

该段墙体地处无定河南、芦河西的沙化黄土丘陵沟壑地带。所处地势起伏不平，西南高东北低。墙体起点西南约 0.6 千米处有一片土地沙漠化严重，再向西南墙体两侧是林区，主要种植有松树和杨树。整体呈北—南走向，长 3077 米。

墙体起点位于塔湾镇芦沟村边墙梁村西南 3 千米，高程 1284.7 米；止点位于塔湾镇芦沟村庞庄村西南 1.6 千米，高程 1262 米。（图一一八七）

墙体整体保存较差。墙体内外壁面剥落严重，起伏较大，受雨水冲蚀较为严重，在一处断面上发现黄土和红土交错的夯层。墙体呈驼峰状或锯齿状分布，高低起伏，基本相连，坍塌较严重，表面剥落如刀刃或锯齿状，有冲沟、土路穿过墙体造成断口。芦沟村边墙梁 2 号（0013 号）关南 0.13 千米处有 280 米墙体被沙漠掩埋，部分露出墙基，紧挨着有宽 1.5 米的冲沟，西南距墙体 0.32 千米有芦沟村边墙梁 2 号（0107 号）烽火台，前行 0.36 千米有 40 米沙漠掩埋段，前行 0.24 千米有边墙梁村 3 号（0014 号）敌台，前行 0.375 千米有一片农田将墙体占用，前行 0.35 千米有芦沟村庞庄 1 号（0073 号）马面，再向南 0.139 千米处有宽 20 米的公路断口，前行 0.477 千米是芦沟村庞庄 2 号（0074 号）马面，芦沟村庄 2 号马面南 0.18 千米处有宽 19 米的冲沟。墙体受到风沙侵蚀损毁较严重，部分墙体被开垦耕地铲削破坏。大部分墙体上生长有沙漠、旱地植物，根系深扎入墙体中，导致墙体产生斑驳裂缝。

墙体为自然基础上夯筑而成，夯层厚 0.08～0.12 米，夯土主要为黄土，部分为沙层，包含有料礓石。墙体剖面呈梯形或斜三角形，底宽 2～6、顶宽 0.4～2.5、高 0.6～5 米。（图一一八八）

该段墙体位于塔湾镇芦沟村边墙梁村与庞庄村之间，起点西南 0.15 千米处有芦沟村边墙梁 2 号关，前行 0.41 千米为断点 1，再向南 0.64 千米处有芦沟村边庞庄 3 号敌台，再向南 0.725 千米处有芦沟村边庞庄 1 号马面，前行 0.139 千米为断点 2，前行 0.477 千米有芦沟村边庞庄 2 号马面，芦沟村庞庄 2 号马面东南 0.5 千米处有芦沟村庞庄 1 号烽火台，前行 0.18 千米为断点 3，前行 0.32 千米为止点。

（三四）庞庄村～瓦窑界村长城（610823382101170034）

该段墙体位于无定河南、芦河西的沙化黄土丘陵沟壑地带。所处地势起伏较大，沟壑纵横。墙体西侧地势较高，东侧地势较低，两侧种植有柳树林，平缓地带有多条水冲沟，地表植被发育一般，主要生长有黄蒿，大部分地表裸露。整体呈东北—西南走向，长 2455 米，其中，保存较差 1927 米、差 528 米。

墙体起点位于塔湾镇芦沟村庞庄村（组）西南 1.6 千米，高程 1262 米；止点位于塔湾镇清河村瓦窑界村（组），高程 1276.2 米。（图一一八九）

墙体整体保存较差。墙体因部分基础下陷严重，呈驼峰状或锯齿状分布，高低起伏，基本相连。墙体坍塌较严重，表面剥落如刀刃或锯齿，有冲沟、土路穿过墙体造成断口。距起点 0.21 千米处墙体被沙漠掩埋，墙基裸露。前行南 0.135 千米处有庞庄村（0014 号）关，0.255 千米处有宽 18 米的冲沟。芦沟村高梁湾（0075 号）马面南 0.165 千米处有 110 米墙体被沙漠掩，前行 0.29 千米有高梁湾村（0015 号）敌台，前行 0.42 千米处 70 米墙体被沙漠掩埋，前行 0.11 千米为 70 米的冲蚀地段，前行 0.11 千米有石井村龙口界（0076 号）马面；前行 0.28 千米为冲蚀地段，长约 230 米，断断续续。墙体受风沙侵蚀损毁较严重，部分墙体因开垦耕地被铲削破坏。大部分墙体上生长有沙漠、旱地植物，根系深扎入墙体之中，导致墙体产生斑驳裂缝。

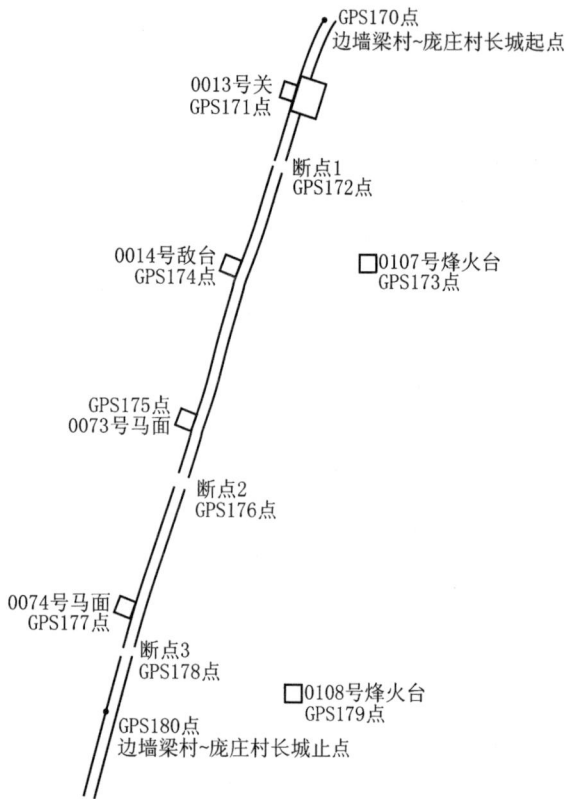

图一一八七　边墙梁村～庞庄村长城位置示意图

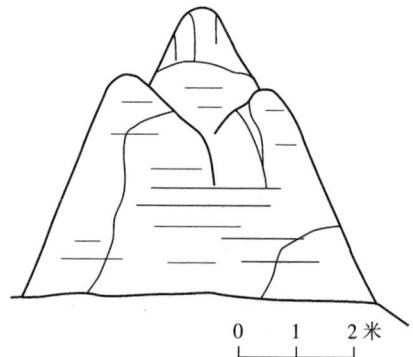

图一一八八　边墙梁村～庞庄村长城墙体立面图

墙体为自然基础上夯筑而成，夯土主要为黄土，部分为沙层，包含有料礓石，夯层厚0.08～0.12米。墙体剖面呈梯形或斜三角形，底宽2～6、顶宽0.4～2.5、高0.6～5.7米。（图一一九〇）

该段墙体位于塔湾镇芦沟村庞庄村与清河村瓦窑界村之间，起点接边墙梁村～庞庄村长城墙体止点，止点连瓦窑界村～羊圈渠长城墙体起点。墙本起点西南0.345千米处有庞庄村关，前行0.255千米为断点1，前行9米有芦沟村高梁湾马面，前行0.565千米处有高梁湾村敌台，前行0.635千米为断点2，前行0.145千米处有石井村龙口界马面，前行0.395千米为断点3，前行0.115千米为止点。庞庄村关东0.072千米处有芦沟村庞庄2号（0109号）烽火台，高梁湾敌台东约0.6千米处有芦沟村高梁湾（0024号）堡。

（三五）瓦窑界村～羊圈渠村长城（610823382101170035）

该段墙体位于无定河南、芦河西的沙化黄土沟壑地带。所处沟壑纵横，起伏较大，起点两侧柠条、沙蒿等植被旺盛，沟壑处有流水冲沟，部分耕地紧靠墙体。止点处有一条水渠沿墙体而建，与墙体基础相连。整体呈东北—西南走向，长2137米。

墙体起点位于塔湾镇清河村瓦窑界村（组），高程1276.2米；止点位于塔湾镇清河村羊圈渠村（组），高程1254.8米。（图一一九一）

墙体整体保存较差。墙体因部分基础下陷，呈驼峰状或锯齿状分布，高低起伏，基本相连，坍塌较严重，表面剥落呈山脊状。墙体沿山体在沟壑底部连接处两侧有旱坝，农民将墙体用作坝堤。地势

庞庄村~瓦窑界村长城起点
GPS180点

北

0014号关
GPS182点

0109号烽火台
GPS181点

0075号马面
GPS184点

断点1
GPS183点

0015号敌台
GPS185点

0024号堡
GPS186点

断点2
GPS187点

GPS188点
0076号马面

GPS189点
断点3

GPS190点
庞庄村~瓦窑界村长城止点

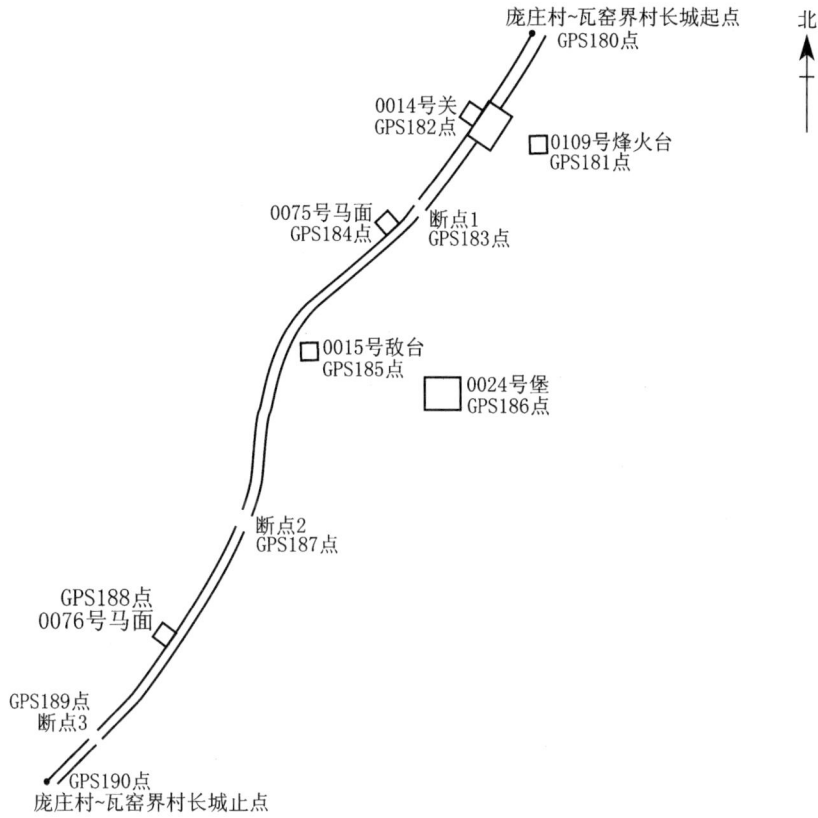

图一一八九 庞庄村～瓦窑界村长城位置示意图

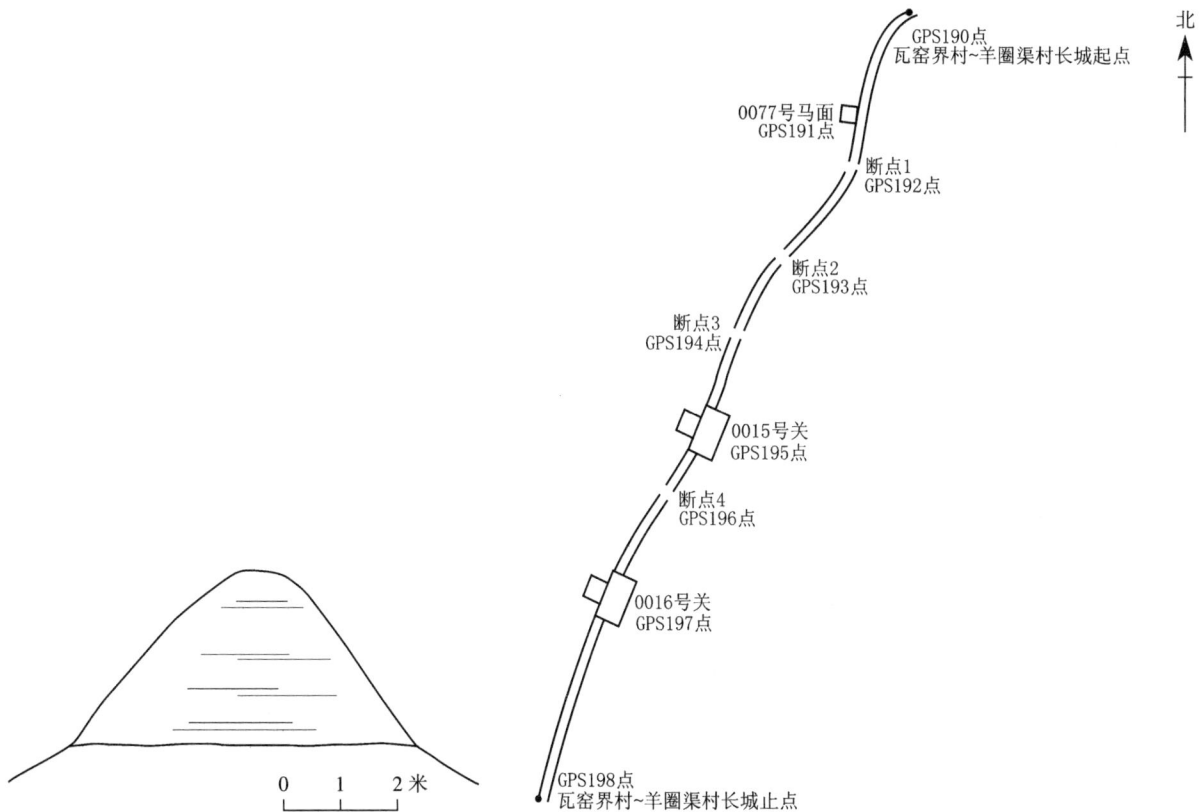

GPS190点
瓦窑界村~羊圈渠村长城起点

北

0077号马面
GPS191点

断点1
GPS192点

断点2
GPS193点

断点3
GPS194点

0015号关
GPS195点

断点4
GPS196点

0016号关
GPS197点

GPS198点
瓦窑界村~羊圈渠村长城止点

0　1　2米

图一一九〇 庞庄村～瓦窑界村长城墙体立面图　　　　图一一九一 瓦窑界村～羊圈渠村长城位置示意图

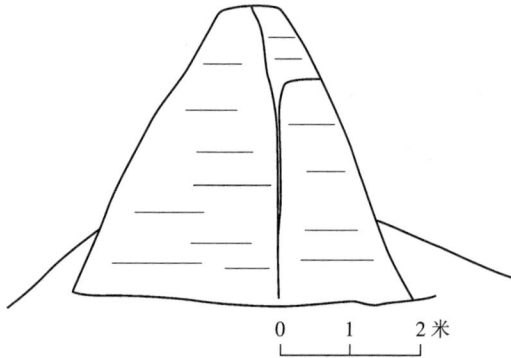

图一一九二　瓦窑界村~羊圈渠村长城墙体立面图

较低处发现几处大冲沟，将墙体断开。清河村瓦窑界（0077号）马面南0.04千米处有宽20米的冲沟，前行0.24千米有宽15米的冲沟，前行0.065千米有宽187米的沟壑，前行0.28千米有清河村瓦窑界（0015号）关，再向南0.09千米处有一个宽87米的冲沟断点，前行0.34千米有清河村羊圈渠1号（0016号）关，前行0.715千米有宽25米的冲沟为止点。墙体受到风沙侵蚀损毁较为严重，该掩埋段止点起有宽54米的冲沟，前行0.357千米又有一个宽60米的冲沟，冲沟南侧即止点。部分墙体因当地百姓开垦耕地被铲削破坏。大部分墙体上生长有沙漠、旱地植物，根系深扎入墙体之中，导致墙体产生大量裂缝。

墙体为自然基础上夯筑而成，夯土细密，部分为沙层，包含有料礓石，夯层厚0.08~0.12米。墙体底宽2.2~6.3、顶宽0.4~2.4、高0.5~5.5米。（图一一九二）

该段墙体位于塔湾镇清河村瓦窑界村和羊圈渠村之间，起点接庞庄村~瓦窑界村长城墙体止点，止点连羊圈渠村长城墙体起点。起点西南0.04千米处有清河村瓦窑界马面，前行0.05千米为断点1，前行0.247千米为断点2，前行0.158千米为断点3，前行0.373千米有清河村瓦窑界关，前行0.133千米为断点4，前行0.384千米有清河村羊圈渠1号关，前行0.74千米为止点。

（三六）羊圈渠村长城（610823382101170036）

该段墙体位于无定河南、芦河西的沙化黄土沟壑地带。墙体前段处于沙漠丘陵地，地势较平缓；后段处于黄土沟壑地，地势起伏较大。整体呈东北—西南走向，长1208米，其中，保存较差718米、差490米。

墙体起点位于塔湾镇清河村羊圈渠村，高程1254.8米；止点位于塔湾镇清河村羊圈渠村砖墩梁，高程1359.1米。（图一一九三）

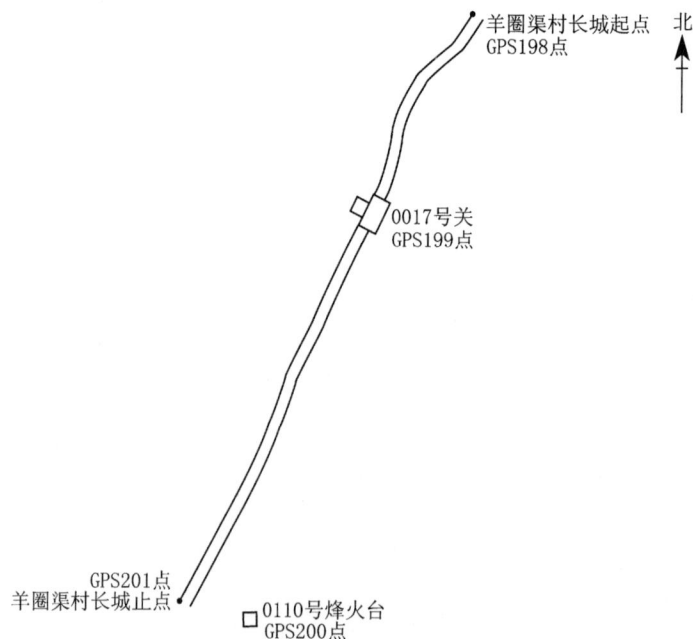

图一一九三　羊圈渠村长城位置示意图

墙体整体保存较差。墙体呈驼峰状或锯齿状分布，高低起伏，基本相连，坍塌较严重，表面剥落如刀刃或锯齿。清河村羊圈渠 2 号（0017 号）关南 0.438 千米处起至止点的墙体被沙漠掩埋和侵蚀严重，墙体受风沙侵蚀损毁较严重。部分墙体被开垦耕地铲削破坏。大部分墙体上生长有沙漠、旱地植物，根系深扎入墙体中，导致墙体产生宽窄不一的裂缝。墙体内外壁面剥落严重，起伏较大，雨水冲蚀较严重。

墙体为自然基础上夯筑而成，夯土主要为黄土，部分有沙层，包含有料礓石，夯层厚 0.08～0.12 米。墙体剖面呈梯形或斜三角形，底宽 2～6、顶宽 0.6～2.7、高 0.6～5.3 米。

该段墙体位于塔湾镇清河村羊圈渠村居民区至砖墩梁之间，起点西南 0.27 千米处有清河村羊圈渠 2 号关，前行 0.928 千米为止点。清河村羊圈渠 2 号关南 0.438 千米处起至止点墙体被沙漠掩埋和侵蚀严重，止点东 0.03 千米处有关圈渠村砖墩梁（0110 号）烽火台。羊圈渠村砖墩梁烽火台西侧为止点，羊圈渠村砖墩梁南则为靖边县境内的大边长城。

二　单体建筑

横山县明长城大边单体建筑分为敌台、马面和烽火台三类。此次调查的单体建筑共 123 座，其中，敌台 15 座、马面 62 座、烽火台 46 座。

敌台 15 座，台体皆以黄土为主（部分夯层中夹杂极少量红色、灰色陶片）夯筑而成，夯层厚 0.07～0.17 米，以 0.08～0.13 米为主。有台基者 6 座，占敌台总数的 40%；带围墙者 5 座，占敌台总数的 33.3%；有券洞者 1 座、包砖者 1 座。台体平面呈矩形者 12 座，占敌台总数的 80%，其他形状者 3 座。现存敌台尺寸各不相同，底部边长 3～20 米，以 7～14 米为主，个别如肖家滩村敌台、沙界沟村 4 号敌台、龙泉墩村敌台边长超过 15 米；顶部边长 1.5～22 米，以 5～8 米为主（5 座超过 8 米），个别如肖家滩村敌台顶部边长 20 米以上；高 1～8 米，以 3～6 米为主。

马面 62 座，台体皆用黄土夯筑而成，包含有料礓石（部分马面夯土中夹杂砖块等），夯层厚 0.05～0.24 米，以 0.08～0.18 米为主。有台基者 8 座，占马面总数的 12.9%；有围墙者 1 座，占 1.61%；有券洞者 2 座，占马面总数的 3.21%；包砖者有 9 座，占马面总数的 14.51%，大部分包砖被拆除。台体平面呈矩形者 54 座，占总数的 87.1%；圆形者 3 座，占马面总数的 4.83%；其他形状者有 5 座。现存马面尺寸各不相同，底部边长 3～16 米，以 5～13 米为主；顶部边长 2～11 米，以 3～8 米为主（3 座超过 8 米）；高 1～11 米，以 2～9 米为主。

烽火台 46 座，台体皆用黄土夹杂少量料礓石夯筑而成，夯层厚 0.05～0.25 米，以 0.06～0.17 米为主。有台基者 26 座，占烽火台总数的 60.87%；带围墙者 8 座，占烽火台总数的 17.39%；1 座烽火台有包砖，均没有券洞。台体平面呈矩形者 29 座，占烽火台总数的 63.04%；圆形者有 6 座，占烽火台总数的 13.04%；其他形状者有 11 座。现存烽火台的尺寸各不相同，底部边长 4.5～20 米，以 5～17 米为主（4 座超过 17 米，有一座边长 20 米）；顶部边长 1.7～17.5 米，以 3～10 米为主；高 2～11 米，以 2～8 米为主（3 座超过 8 米）。

横山县明长城单体建筑均有不同程度的损毁。

各单体建筑分述如下。

（一）龙泉墩村敌台（610823352101170001）

该敌台位于波罗镇龙泉墩村西南 0.9 千米。地处无定河北的波状沙丘地带两条沙梁中间的凹处，周围全部为黄沙，地势较平缓，植被稀疏。高程1114.3米。

敌台整体保存差。基础保存一般。台体顶部和四壁坍塌剥落，整体为一个砖、石夹杂的土堆。台体上生长有大量的沙蒿。

台体建在夯土基座上，有围墙，夯层因风雨侵蚀模糊不清。基座和长城墙体相连，平面呈矩形，东西29、南北38、高约2米。长城墙体在基座东、北、西三面绕台体半边后延伸向西，墙体底宽1、顶宽0.5、内高0.6、外高2.8米。台体平面呈圆形，剖面呈馒头形，直径19、高3.5米。台体顶部原应有建筑物，四周残留有大量砖、石、瓦片、少量瓷片等。（图一一九四）

该敌台位于龙泉墩村5号马面东北约0.17千米。

（二）双河村敌台（610823352101170002）

该敌台位于波罗镇双河村东北4.3千米。地处无定河北的沙漠丘陵地带，东距獾窝壕约0.63千米，地势西南高东北低，南侧沙土堆积较高，周围植被较好，生长有沙柳。高程1121.2米。

敌台整体保存差。台体顶部及四壁因风沙雨水侵蚀坍塌剥落，顶部呈近馒头状。台体遭到破坏的自然因素是风雨侵蚀、动物洞穴破坏、植物生长等，人为因素有在台体上取土、修筑道路、台体附近开垦农田、种植树木、人为铲削等。

台体建在自然基础上，黄土夯筑而成，夯层厚约0.1米。附近长城墙体高、宽约1米，北侧长城墙体外高1~2.6米。台体平面呈圆形，剖面呈不规则梯形，底部直径4.8、高2.5米。（图一一九五）

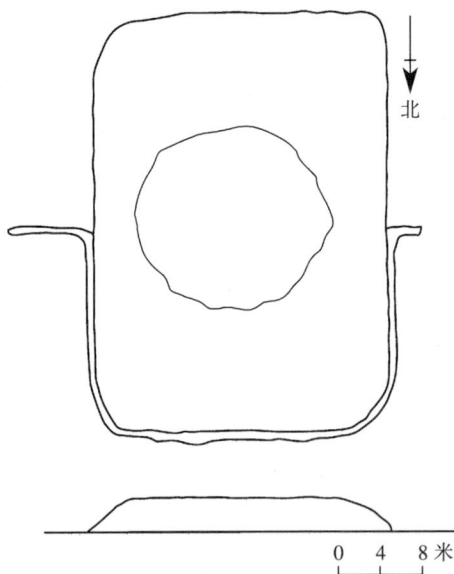

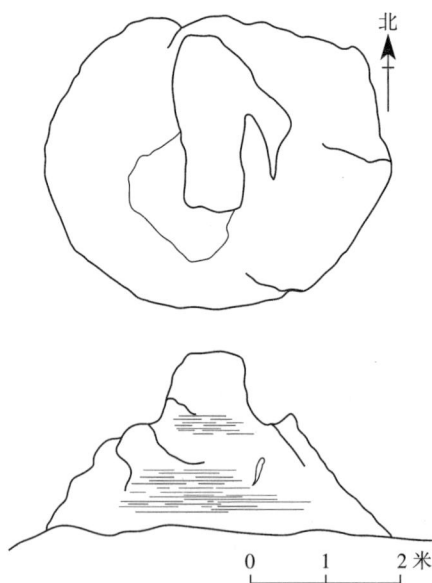

图一一九四　龙泉墩村敌台平、立面图　　　　　图一一九五　双河村敌台平、立面图

该敌台位于长城墙体南侧0.01千米，长城墙体在马面北侧呈半包围状通过，东侧长城墙体正对台体中部，东北距龙泉墩村7号马面0.23千米，西南距双河村1号马面0.306千米。

（三）肖家滩村敌台（610823352101170003）

该敌台位于波罗镇肖家滩村东北0.75千米的山峁上。地处无定河北沙漠丘陵地地，地势东北高西南低，西南部呈缓坡状。地表凹凸不平，杂草丛生，主要生长有沙蒿、柠条。高程1146米。

敌台整体保存差。台体濒临消失，四壁剥落、坍塌严重，露出沙质基础，上部仅存很少部分，呈冠状。台体四壁有多条雨水冲蚀形成的小沟，地表土壤呈块状分离，壁面有多个动物洞穴。台体上生长有柠条、沙蒿等植物。

台体夯筑而成，夯土以黄土为主，质地细密，夯层厚0.13～0.16米。台体平面呈矩形，剖面呈梯形，底部边长24米，顶部东西22、南北21米，高6米。台体顶部原应有建筑物，已不存。该敌台和肖家滩村堡之间有大片零散的土堆、砖，可能有一些遗迹，形状不明，无法确定其性质。台体四周散落有砖，推测外部有包砖。（图一一九六）

该敌台位于长城墙体拐角处，西北壁距长城墙体约0.02千米，长城墙体和肖家滩村堡墙对敌台形成东、北、西三面围护之势，东南距肖家滩村堡0.1千米。

（四）沙界沟村1号敌台（6108233352101170004）

该敌台位于波罗镇沙界沟村东北1千米。地处无定河北的沙漠丘陵地带，地势较平缓，有多个沙丘，地表植被较多，主要生长有沙蒿、柠条、沙柳等。西南地势较低，流沙和黄土沉积为一片平地，为耕地，种植有两棵柳树。高程1117.3米。

敌台整体保存较差。台体因风沙雨水侵蚀坍塌呈土丘状，顶部坍塌严重，开裂呈条状，壁面剥落严重，有多个凹坑，部分坍塌夯土与台体分离，中部有铲削痕迹。四壁堆土呈斜坡状，台体顶部生长有几株沙棘。

台体建在自然基础上，基座东西6、南北6.5米。台体用黄土夯筑而成，夯层厚0.07～0.1米。台体平面呈近圆形，剖面呈梯形，底部东西5.5、南北约3米，顶部东西3、南北1.5米，高1米。台体西壁露出数层砖，可能是原建筑物遗存。（图一一九七）

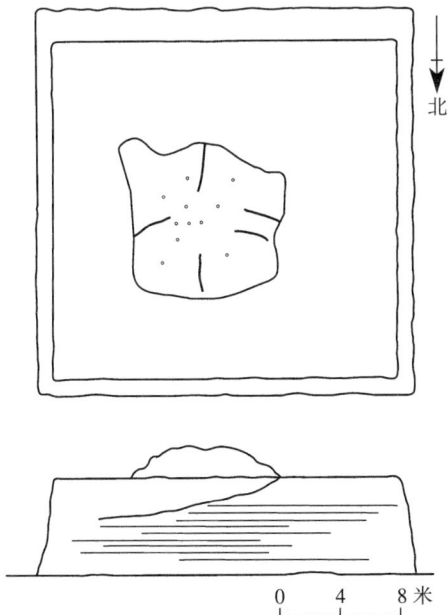

图一一九六　肖家滩村敌台平、立面图　　　图一一九七　沙界沟村1号敌台平、立面图

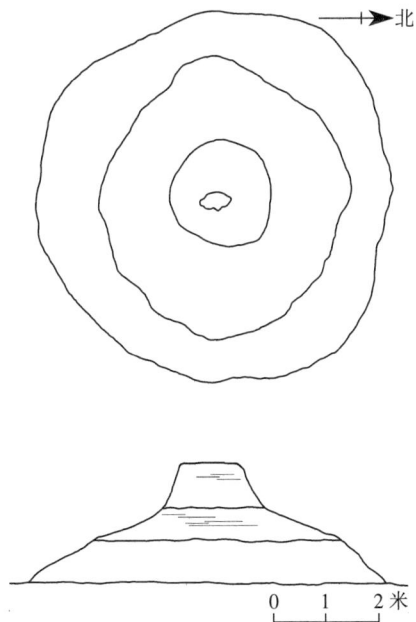

该敌台位于长城墙体南侧0.02千米，东北距芦草梁村2号马面0.3千米，西南距沙界沟村2号敌台0.1千米。

（五）沙界沟村 2 号敌台（610823352101170005）

该敌台位于波罗镇沙界沟村西南 0.5 千米的山梁顶部。地处无定河北黄土丘陵沟壑地带，周边为斜坡状的黄土地貌，山体中部有一圈冲蚀形成的断面。四周是沟壑，主要生长有沙柳、柠条等植被，由于干旱部分枯萎。高程 1151 米。

敌台整体保存较差。台体由于风沙侵蚀坍塌剥落严重，成为圆角矩形土包，上面长满柠条、沙蒿等杂草，四壁有多个凸起的冲蚀土包，有多条小冲沟，顶部有多条裂缝，壁面有啮齿动物洞穴。山坡上散落有因盗掘或移坟的棺木。

台体夯筑而成，夯土以黄土为主，夯层厚度不祥。台体平面呈矩形，剖面呈梯形，底部东西 10、南北 14 米，顶部东西 6、南北 7 米，高 4 米。（图一一九八）

该敌台位于长城墙体南侧 0.01 千米，东北距沙界沟村 1 号敌台 0.1 千米，东南距沙界沟村烽火台 1.5 千米。

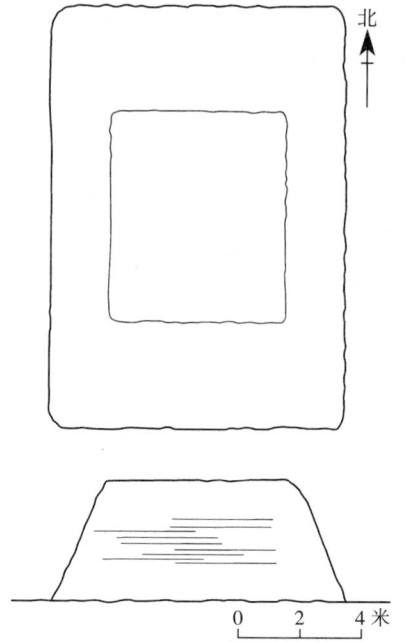

图一一九八　沙界沟村 2 号
敌台平、立面图

（六）沙界沟村 3 号敌台（610823352101170006）

该敌台位于波罗镇沙界沟村东北约 0.9 千米的山峁上。地处无定河北的黄土丘陵沟壑地带，台体围墙外是斜坡，四周地势较平缓，围墙内生长有大量杂草。高程 1145.4 米。

敌台整体保存较差。围墙保存较差，坍塌、剥落严重，部分消失，最高处 1.5 米。台体仅存圆角矩形土堆，底部有铲削迹象，一侧台壁坍塌成斜坡，杂草丛生，有多个动物和虫蚁洞穴，顶部由于流水冲刷形成多条裂缝。

长城墙体从东北、北、西北侧绕过台体，对台体形成半包围，长城墙体与台体边缘平行。台体夯筑而成，夯土以黄土为主，土质较疏松，夯层厚 0.18 米。台体北壁保存较好，高 1.2 米以下接近垂直，以上成斜面；西壁似北壁，有坍塌；东、南壁呈慢坡状。台体底部平面呈圆角矩形，顶部平面呈矩形，剖面呈梯形，底部东西 14、南北 12 米，顶部边长 7 米，高 3 米。台体周围发现有石构件，最大的边长 40、高 18 厘米。（图一一九九）

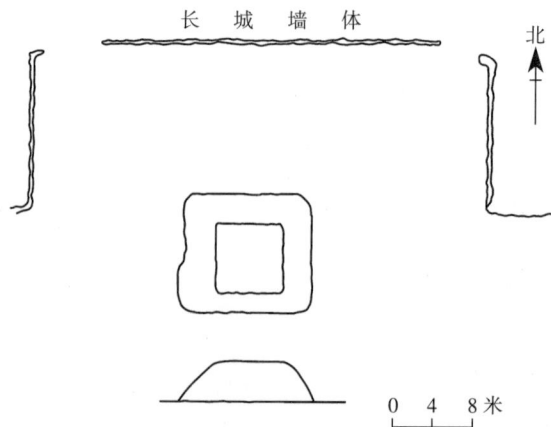

图一一九九　沙界沟村 3 号敌台平、立面图

敌台附近长城墙体长分别为东北面墙体 15.5、北面墙体 35、西北面墙体 16 米，其中北面墙体距台体 14.5 米，墙体底宽 1.6、顶宽 0.3、最高 3 米。

该敌台位于长城墙体南侧，东西两端的长城墙体正对台体中部，于东北、北、西北三面对台体形成半包围，西南距沙界河村号马面 0.35 千米。

（七）沙界沟村 4 号敌台（610823352101170007）

该敌台位于波罗镇沙界沟村东北约 1.4 千米地势高的丘陵上。地处无定河北黄土丘陵沟壑地带，地势较平缓，种植有大量柠条。高程 1155.3 米。

敌台整体保存一般，形制清晰。台体上有多条较大的裂缝，东南角有许多马蜂洞穴；底部有一个盗洞；南壁券洞口处堆积坍塌落土；顶部植物生长旺盛，有雨水冲蚀形成的坑洞。敌台建在一片古代墓地上，台体上有少量人为或动物挖掘的洞穴，基座上和台体东、南壁有较多盗洞。

台体围墙保存一般，平面呈矩形，东西 50、南北 60 米，墙体内高 0.2~1、外高 3、厚 1 米。基座建在围墙内，高 2 米。台体距围墙东墙 10、西墙 21、南墙 24、北墙 16 米，用黄土夯筑而成，夯层厚 0.08~0.12 米。台体平面呈矩形，底部四角略向外凸出稍高于中部，剖面呈梯形，东西 19、南北 20 米，顶部边长 14 米，高 8 米。台体南壁下部有土洞，被塌土填充，可能是登台券洞。台体顶部有许多坑穴，位于中部和西南角的 2 个稍大而深，似为人工挖掘，可能是上下台体的通道，和南壁下部的土洞相通，被塌土填充。（图一二〇〇）

该敌台位于长城墙体南侧约 0.03 千米、沙界沟村马面西南 0.595 千米，以西进入榆阳区界。

（八）二道峁村敌台（610823352101170008）

该敌台位于横山镇二道峁村东北约 0.8 千米的山峁上。地处无定河南的黄土沟壑地带，地势较平缓，生长有柠条、沙蒿、沙柳等植被。高程 1154.8 米。

敌台整体保存较差。台体上有大量土蜂巢穴和垂直裂缝，上半部大致呈凹字形，壁面有多个凹坑和冲槽，踏步处坍塌较严重，有多条便道通向台顶。基座坍塌呈斜坡状。

台体下部为纯净黄土夯筑而成，土质密实、细腻，因自然风化，夯层明显，夯层厚 0.12~0.17 米，呈台阶状；上部夯土细腻，略发红，夯层不明显，夯层厚 0.12~0.17 米。基座夯层清晰。台体分为上下两部分，上下部分在体量、夯土颜色、密实度、坍塌和裂缝、昆虫破坏诸多方面表现不同，当属不同时期夯筑，后期补筑时没有将下部台体顶部铲平，而是直接在馒头状的台顶夯筑。台体上半部大致呈凹字形，下部为圆角矩形土包，总体没有垂直裂缝和土蜂巢穴。台体下部东西 18.5、南北 15 米，高 4 米；上部底部东西 10.05、南北 7.5 米，顶部东西 7.5、南北 5.5 米，高 3.1 米。登台步道在台体南壁，南壁所对长城墙体靠近台体一侧面积 10 平方米有许多碎砖，推测是围墙（或者关）门的位置，西北角有一个约 1.5 米见方的土柱，可能是瞭望台或角楼。（图一二〇一）

该敌台位于长城墙体北侧，南距长城墙体 0.028 千米，北距长城墙体 0.014 千米，长城墙体在此连续折转，呈"W"形。该敌台位于长城墙体下部折转处，边缘和墙体长城平行，有一段 5 米长的墙体将长城墙体和台体西南角连接。东北距二道峁村马面 1.33 千米，西南距边墙壕村 1 号敌台 0.5 千米。

（九）边墙壕村 1 号敌台（610823352101170009）

该敌台位于横山镇边墙壕村东南 0.3 千米的山坡上。地处无定河南的黄土沟壑地带，地势较为平缓，东北高西南低，植被主要有沙蒿、沙柳、柠条等。高程 1121.2 米。

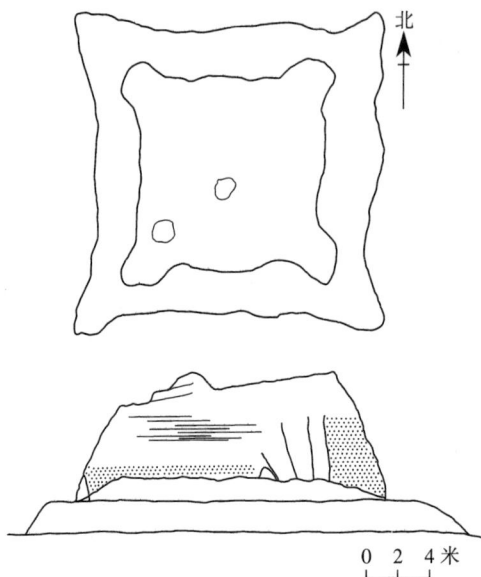

图一二〇〇　沙界沟村 4 号敌台平、立面图　　　　图一二〇一　二道峁村敌台平、立面图

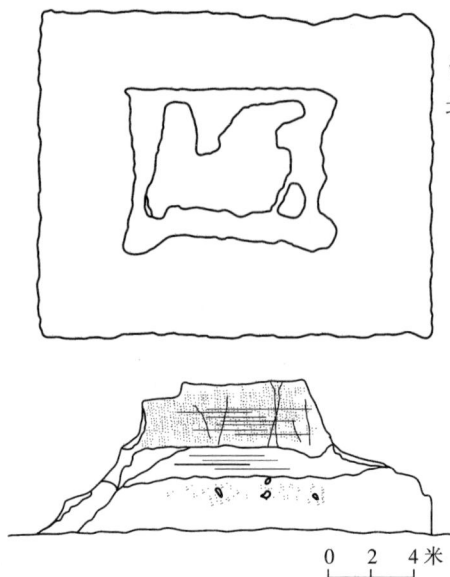

敌台保存较差。台体有大量裂缝，坍塌严重，顶部凹凸不平，呈不规则形。基座四面较高，中部略凹陷，四侧有多个豁口，有大量铲削痕迹，豁口处有多条便道。

敌台所处山峁高于地面约 10 米，其上是一个直径约 20、高 4 米的土台。台体建在土台上，夯筑而成，夯土以黄土为主，夹杂有少量红色、灰色陶片，夯层较密实，夯层厚 0.15 米。台体平面呈矩形，剖面呈梯形，底部东西 7.8、南北 8 米，顶部东西 5.1、南北 5.8 米，高 6.5 米。台体西、南侧约 0.01 千米处分别有一个土堆，西侧的用黄土夯筑而成，夯层厚 0.17 米，长约 7、宽约 2、高约 2 米；东侧的不明，可能是围墙。（图一二〇二；彩图二三二）

该敌台北距长城墙体 0.015 千米，东北距二道峁村敌台 0.5 千米，西南距边墙壕村敌台 0.67 千米。

（一〇）边墙壕村 2 号敌台（6108233352101170010）

该敌台位于横山镇边墙壕村南 0.2 千米的缓坡上。地处无定河南的黄土沟壑地带，西南侧是一片平地，东北侧是庙宇和西台，地势较低，周边种植有杨树、柳树等。高程 1059.2 米。

敌台整体保存一般。台体东侧建有一座寺庙，利用了敌台和长城墙体所形成的半封闭空间，寺庙殿堂紧靠敌台，在长城墙体和敌台间填充有砖、土，可能对敌台进行了铲削，用砖墙将寺庙、敌台和长城墙体连接起来，用砖墙把长城墙体上的豁口修缮。边墙壕村处于长城墙体旁，许多房屋和窑洞依长城墙体而建，一些村民对长城墙体进行铲削作为房屋或窑洞的墙壁或院墙，有道路和水渠多次穿越长城墙体。台体北壁有一龛，顶部和四壁因风雨侵蚀而剥落、流失。

台体建在自然基础上，夯筑而成，夯土以黄土为主，夯层细密，夯层厚 0.11～0.15 米，无包含物。台体平面呈矩形，剖面呈梯形，底部东西 7、南北 10 米，顶部东西 3.5、南北 5 米，高 6.3 米。台体北壁有登台步道可达台顶，西壁离地面 4 米、北壁离地面 1.7 米处各有一个拱形土洞，高、宽约 0.6 米，在台体内水平西北向弯曲，长不详；距洞口 1.8 米处有一个井状遗存，圆形，直径 0.9 米，深不详，用途不明。（图一二〇三；彩图二三三）

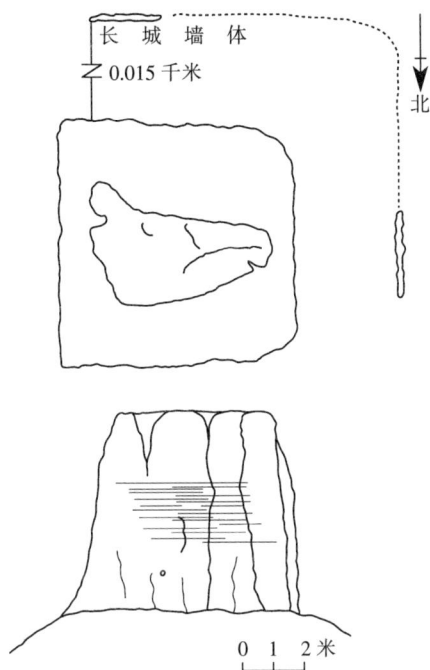

图一二〇二　边墙壕村1号敌台平、立面图

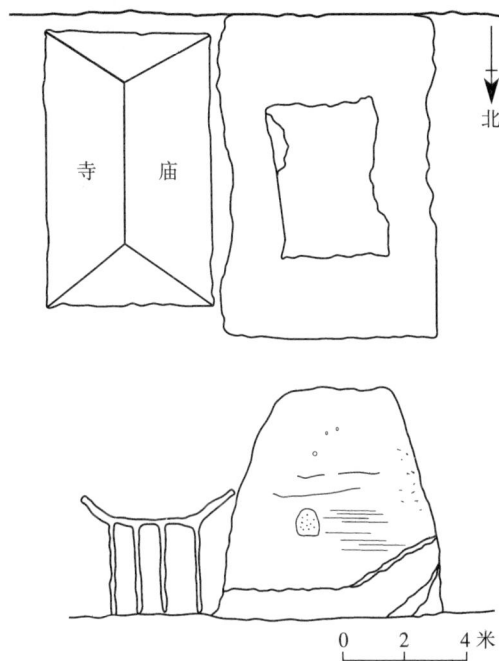

图一二〇三　边墙壕村2号敌台平、立面图

该敌台北距长城墙体0.015千米，东北距边墙壕村1号敌台0.67千米。

（一一）马家梁村敌台（610823352101170011）

该敌台位于横山镇马家梁村西南约2千米的山峁上。又名杨边墩梁敌台，地处无定河南、芦河西的黄土沟壑地带，地势起伏较大。敌台坐落于一个圆形土堆上，四周是较缓的沙化斜坡，生长有大量柠条、沙蒿等沙本植被。高程1254.7米。

敌台整体保存较差。台体有多处裂缝，坍塌严重，周边散落有大量碎石、瓷片和陶片，顶部不规则，四壁因侵蚀而剥落、坍塌，南壁有高约1.5米基础土台轮廓。台体壁面有大量的小凹坑，直径约0.15米，为羊群啃噬和虫蚁洞穴侵蚀所致，生长有大量杂草，部分夯土由于侵蚀与台体分离。

台体用黄土夯筑而成，夯层厚0.08~0.13米。台体平面呈矩形，剖面呈梯形，底部东西14、南北11米，顶部呈凹字形，东西10、南北8米，高6.5米。台体北壁有登台步道可达顶部。（图一二〇四）

该烽火台西距长城墙体0.025千米。

（一二）边墙梁村1号敌台（610823352101170012）

该敌台位于塔湾镇芦沟村边墙梁村（组）南0.6千米的较平坦山梁上。地处无定河南、芦河西的沙化黄土沟壑地带。围墙内地势平坦，南0.2千米处有一座较缓的山峁，东侧是落差较大的斜坡，北侧生长有一棵柳树、柠条及各种杂草。高程1341.3米。

敌台整体保存一般。台体受风雨侵蚀坍塌剥落，顶部略呈凹字形，建筑无存，包砖被拆除。台体隙缝较多，西北角有一条向内延伸的长2、宽0.4~1.5米的裂缝，北壁部分坍塌。围墙东、西墙保存较好，其余部分几乎消失；北墙中部有一个缺口，应是门的位置。台体包砖、顶部建筑被人为拆除，周围散落有少量的砖、瓦片和瓷片。

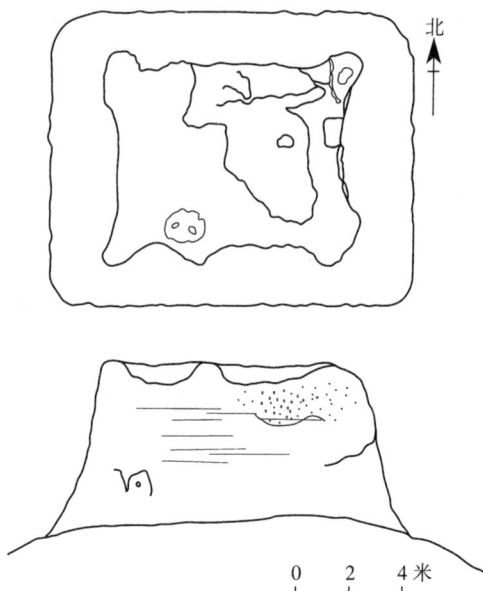

图一二〇四　马家梁村敌台平、立面图　　　　图一二〇五　边墙梁村1号敌台平、立面图

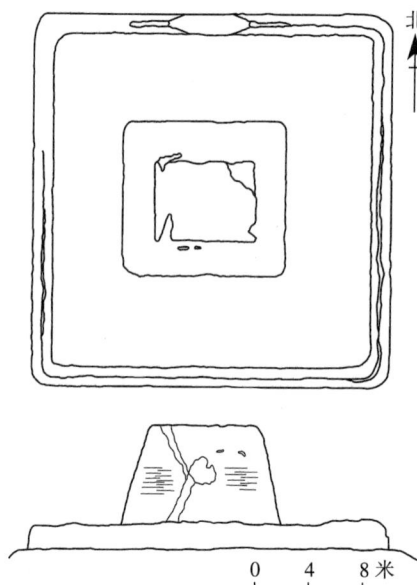

台体有围墙，围墙平面呈矩形，边长28米，墙体底宽2、顶宽0.6、内高0.5~1.8、外高3米。台体用纯净黄土夯筑而成，夯土质地细密，夯层厚0.13米。台体平面呈矩形，剖面呈梯形，底部东西12.8、南北11.7米，顶部东西8、南北6米（一侧长4.1、一侧长6米），高8米。围墙建在基座边缘，外侧有约1米宽的台；东墙外侧有类似壕沟的痕迹，不确定，宽约12米。台体南壁中部有一个登台土洞，已坍塌，土洞两侧有长期踩踏形成的登台步道，可达台顶；顶部略呈凹字形。（图一二〇五；彩图二三四）

该敌台位于边墙梁村长城2段墙体东南侧（内侧），距墙体0.044千米，西南距边墙梁村2号敌台0.63千米。

（一三）边墙梁村2号敌台（6108233352101170013）

该敌台位于塔湾镇芦沟村边墙梁村西南1.1千米。地处无定河南、芦河西的沙化黄土丘陵沟壑地带，周边地势较平缓，东侧较平坦，西侧是一个斜坡，生长有大量杂草。高程1361.3米。

敌台整体保存差。台体坍塌严重，濒临消失，顶部和四壁因风雨侵蚀剥落坍塌，顶部仅存条状的土梁，下部有啮齿类动物巢穴，包砖脱落或被拆除。

台体位于边墙梁村长城2段墙体西侧（外侧），由于坍塌，顶部与长城墙体相连，长城墙体本应绕台体而过，呈弧形的一段两端距离19.5米，向东凸出4.7米。台体用黄土夯筑而成，夯层明显，夯层厚0.08~0.12米。台体平面呈矩形，剖面呈梯形，底部东西13、南北8.3米，顶部东西6.5、南北7米，高5.5米。台体三面有围墙痕迹，不明显；东壁有登台步道，可从长城墙体到达台体顶部；顶部分为东、中、西三部分，西侧保存较好，其余部分土质疏松，裂缝较多，看不到夯层。发现疑似台体包砖的残砖一块，砖长40、宽22、厚7厘米。（图一二〇六）

该敌台东北距边墙梁村1号敌台0.63千米。

（一四）边墙梁村3号敌台（6108233352101170014）

该敌台位于塔湾镇芦沟村（组）边墙梁村南约3.1千米的山峁上。地处无定河南、芦河西的沙化

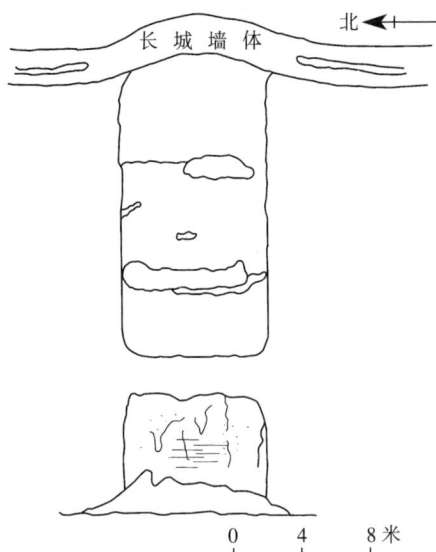

图一二〇六　边墙梁村 2 号敌台平、立面图　　　图一二〇七　边墙梁村 3 号敌台平、立面图

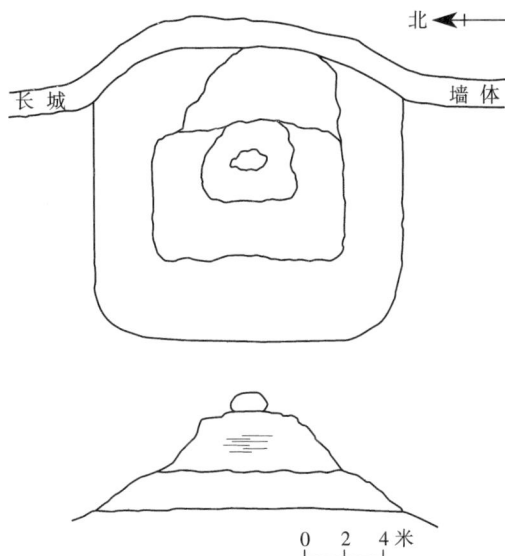

黄土丘陵沟壑地带，西侧地势较平坦，东侧是较陡的斜坡与沟壑相连，南侧逐渐延伸至另一条沟壑，生长有杨树、柠条、沙蒿等植被。高程 1274.7 米。

敌台整体保存差。台体顶部原应有建筑物，现仅存砖、石、瓦片、少量瓷片等。台体顶部四面因侵蚀而剥落、流失，高低不平。台体仅存大土包，呈斜坡状与地面相连，生长有大量杂草，散落有大量残砖。

台体建在自然基础上，黄土夯筑而成，土质较疏松，夯层不清，长满杂草。台体平面呈矩形，剖面呈梯形，底部东西 12、南北 16 米，顶部不规则，东西 6.5、南北 10.05 米，通高 5 米。台体西壁有登台步道可达台顶，顶部中央有一个凸起的高约 1 米的圆形土堆，坍塌落土呈土堆状围绕台体底部。（图一二〇七）

该敌台位于长城墙体西侧，南距芦沟村庞庄 1 号马面 0.6 千米。

（一五）高梁湾村敌台（610823352101170015）

该敌台位于塔湾镇芦沟村高梁湾村（组）西 1.3 千米的山梁顶部。地处无定河南、芦河西的沙化黄土丘陵沟壑地带，四周是较深的沟壑，围墙内地势平坦。高程 1330.9 米。

敌台整体保存较差。台体四壁因侵蚀而剥落、坍塌，整体呈馒头状，四壁底部有多个动物洞穴，壁面有多条裂缝，顶部与底部呈斜坡状相连。台体顶部原应有建筑物，现仅存砖、石、瓦片、少量瓷片等；中部有一个砖砌小方洞，用途不明。

台体用黄土夯筑而成，夯层厚 0.1~0.12 米。推测台体原有包砖，西壁有登台步道可达台顶，底部四周有数个獾洞。围墙边长 30 米，东墙中部有一个底宽 4、顶宽 6 米的门，墙体用黄土夯筑而成，夯层厚 0.08~0.1 米，内高 1、外高 1.5 米。台体平面呈矩形，剖面呈梯形，底部东西 12.5、南北 13.5 米，顶部不规则，东西 4.5~5、南北 9.3 米。（图一二〇八）

该敌台西距长城墙体 0.04 千米，东南距芦沟村高梁湾堡 0.6 千米。

（一六）龙泉墩村 1 号马面 （610823352102170016）

该马面位于波罗镇龙泉墩村东北 2.8 千米。又名沙压墩，地处无定河北的波状沙丘地，地势较平缓，植被较稀疏，主要生长有沙蒿、沙柳等。东侧沙梁堆积与台体持平，西侧长城墙体被开辟为乡村土路。高程 1164.9 米。

马面整体保存差。台体破坏十分严重，濒于消失，只剩互不相连的两部分，相距 5 米，推测为人为铲削取土导致。残余部分有多处裂缝，坍塌严重，顶部原有建筑，现仅存明砖、石块、瓷片。台体上生长有沙地植物，根系深植，导致台体开裂。自然破坏因素为风雨侵蚀、啮齿动物破坏、植物生长等，人为破坏因素是在台体中部取土、台体北侧占墙修筑道路等。

台体建在自然基础上，从残存的北半部断面看，长城墙体建在厚超过 0.5 米的沙质基础上；从南半部断面看，台体构建时，是先在中间填以深褐色沙子，然后在周围用沙、土夯打，表面土、沙层交替，下部土、沙交替较多，可达七八次，上部较少，仅一两次。台体夯层厚约 0.2 米，没发现夯窝。台体平面呈矩形，剖面呈梯形，南半部底部东西 4.1、高 3 米；北半部连接长城墙体，长 3.8、宽约 3、高 2 米。（图一二〇九）

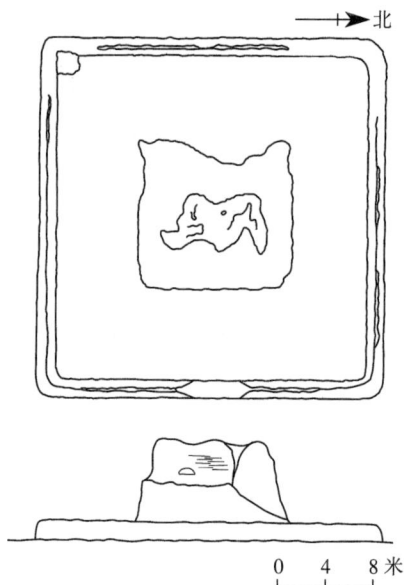

图一二〇八　高梁湾村敌台平、立面图

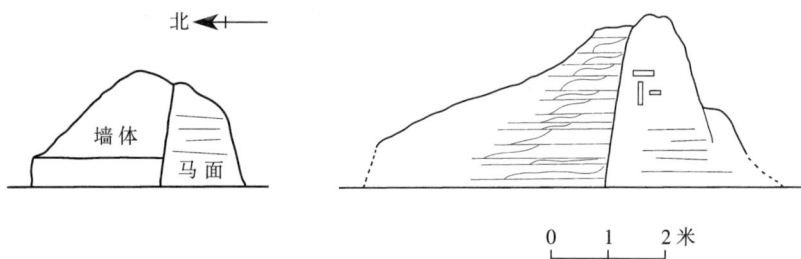

图一二〇九　龙泉墩村 1 号马面立面图

该马面北依龙泉墩村长城 1 段墙体，西南距龙泉墩村 2 号马面 0.74 千米。

（一七）龙泉墩村 2 号马面 （610823352102170017）

该马面位于波罗镇龙泉墩村东 2.15 千米。又名红墩，地处无定河北的波状沙丘地，周边植被较旺盛，沙蒿、沙柳，少部分沙土裸露，西北、东北沙梁地势较高，南面地势较低。高程 1145.4 米。

马面整体保存较差。台体上半部和顶部坍塌严重，裂缝较多，表面遍布土蜂穴，有约三分之一未坍塌。

台体建在自然基础上，下部夯土为灰褐色、灰黄色土相互叠压，夹杂有料礓石，夯层厚约 0.05 米；上部夯土为较纯净的黄土，夯层厚 0.1 米。台体平面呈矩形，剖面呈梯形，底部东西 8.6、南北 5.6 米，顶部东西 3.5、南北 2 米，高 6.1 米。台体上部明显小于下部；南壁偏东有登台券洞，在台体内拐向西北逐渐升高，在西北角高 2 米处露出，长 3 米。由台体保存状况和夯层厚度分析，可能是两次建成，上半部时代明显不同于下半部。（图一二一〇）

该马面东北距龙泉墩村 1 号马面 0.74 千米、龙泉墩村 3 号马面 1.3 千米。

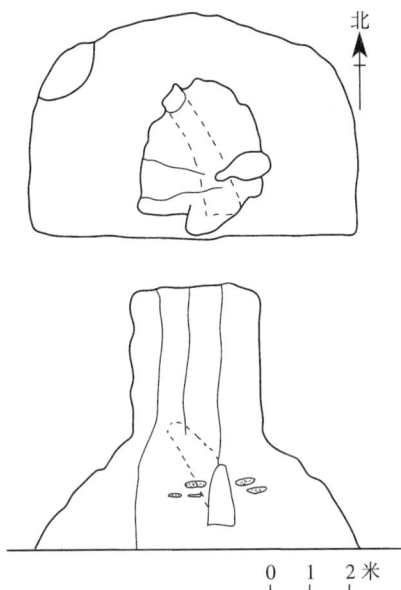

图一二一〇　龙泉墩村 2 号马面平、立面图

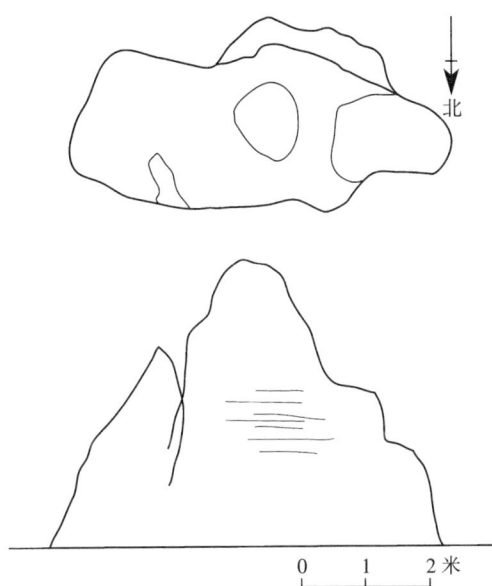

图一二一一　龙泉墩村 3 号马面平、立面图

（一八）龙泉墩村 3 号马面（6108233521021700018）

该马面位于波罗镇龙泉墩村东北约 2.8 千米。又名毛墩，地处无定河北的波状沙丘地带，四周沙丘连绵起伏向远处延伸，植被发育一般，生长有沙柳、柠条等，部分沙土裸露。高程 1086.1 米。

马面整体保存差。台体坍塌严重，有多处裂缝，壁面剥落严重，仅存不足五分之一，底部有动物洞穴。由于风沙肆虐，台体受侵蚀严重，濒于消失。

台体建在自然基础上，黄土夯筑而成，夯层厚 0.12~0.17 米。台体平面呈矩形，剖面呈不规则形，顶部呈尖锥状，底部东西 6、南北 3 米，高 4.2 米。（图一二一一）

该马面位于龙泉墩村 2 号马面西南 1.3 千米，东北距龙泉墩村 4 号马面约 1.2 千米、龙泉墩村长城 2 段墙体起点约 0.35 千米，西约 0.65 千米处有一条南北向的干沟。

（一九）龙泉墩村 4 号马面（6108233521021700019）

该马面位于波罗镇龙泉墩村中的山峁上。地处无定河北的波状沙丘地带，地势东北高西南低。西南侧是断崖，紧靠一条平川，中部是耕地，两侧为居民区；东北侧为沙漠丘陵；西南侧是沙漠平川，被开垦为耕地，植被生长较好。高程 1096.6 米。

马面整体保存差，濒于消失。台体因西南侧紧邻一条沟壑，坍塌严重，加上人为取土等，仅剩土包，基本看不出原来的形制。由于紧靠断崖、山体滑坡和风雨冲刷造成的坍塌对台体威胁很大。

台体用黄土夹杂少量沙土夯筑而成，夯层不清，疑原与长城墙体相连。台体东西 7、南北 5、高 0.8 米。（图一二一二）

该马面位于长城墙体西侧，东北距龙泉墩村 3 号马面 1.2 千米，北约 0.13 千米处有龙泉墩村绍家房。

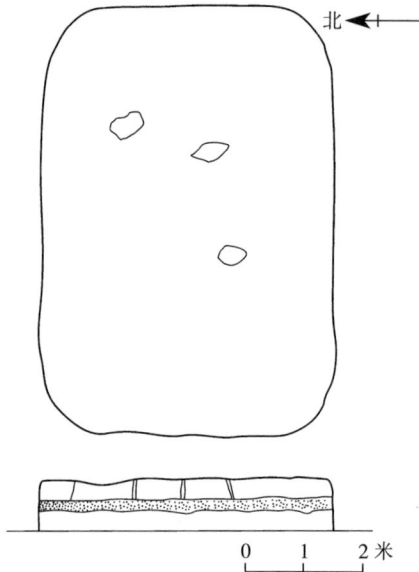

图一二一二　龙泉墩村 4 号马面平、立面图

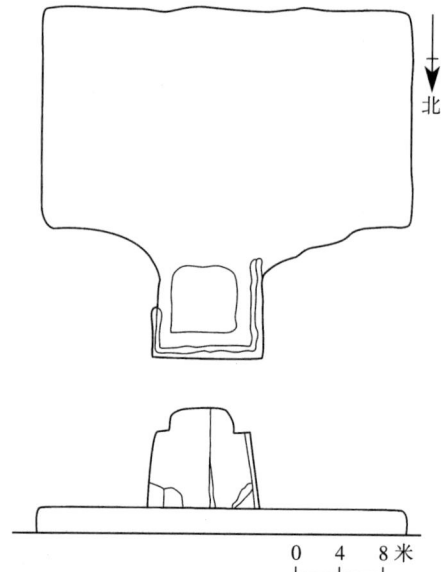

图一二一三　龙泉墩村 5 号马面平、立面图

（二〇）龙泉墩村 5 号马面（610823352102170020）

该马面位于波罗镇龙泉墩村西南约 1.2 千米的沙丘上。地处无定河北的波状沙丘地带、沙漠丘陵核心地域。高程 1119.3 米。

马面整体保存一般。台体深陷沙土中，由于人为取砖使底部形成一圈挖沟。台体包砖只存北半部，南半部脱落。台体上有数条裂缝，一条较大的裂缝位于北壁包砖部位，最宽 0.2 米，从底部垂直达顶部；顶部原应有建筑物，现仅存残砖、石、瓦片、少量瓷片等。

台体建在夯土基座上，夯筑而成，夯土以黄土为主，建筑材料有土、石、砖，质地细密，夯层厚 0.09～0.13 米，条石长 97、厚 32 厘米，砖长 40、宽 19、厚 7.5 厘米。夯土基座平面呈矩形，东西 32、南北 17、高 1～3 米，与长城墙体相连。台体下部可见 2 层条石基础，以上为包砖，错缝平铺垒砌，灰缝宽 0.01～0.014 米。台体平面呈矩形，剖面呈梯形，底部边长 10、顶部边长 5.5、高 6.1 米，北壁包砖长 9、高 6.1、厚 1.9 米，东壁包砖长 4、高 5～6、厚 1 米，西壁包砖长 8.5、高 4～6、厚 1 米。（图一二一三；彩图二三五）

该马面位于长城墙体北侧，东北距龙泉墩村敌台约 0.17 千米，西南距龙泉墩村 6 号马面约 0.232 千米。

（二一）龙泉墩村 6 号马面（610823352102170021）

该马面位于波罗镇龙泉墩村西南 1.9 千米。地处无定河以北的波状沙丘地带，北侧有一座山峁，周边种植有杨树，植被较旺盛，主要生长有沙蒿、柳条、杨树等。高程 1112.9 米。

马面整体保存一般。台体因植物根系破坏出现多处裂缝，顶部及四壁因风沙雨水侵蚀剥落、流失，顶部坍塌严重。

台体建在自然基础上，黄土夯筑而成，夯层厚 0.1 米。台体平面呈矩形，剖面呈不规则形，底部东西 7.5、南北 9 米，顶部不规则，边长 5 米，南壁高 3.8、北壁高 7.5 米。台体南壁和长城墙体相连，基部南高北低。（图一二一四）

该马面位于龙泉墩村 5 号马面西南约 0.232 千米，西南距龙泉墩村烽火台 0.11 千米。

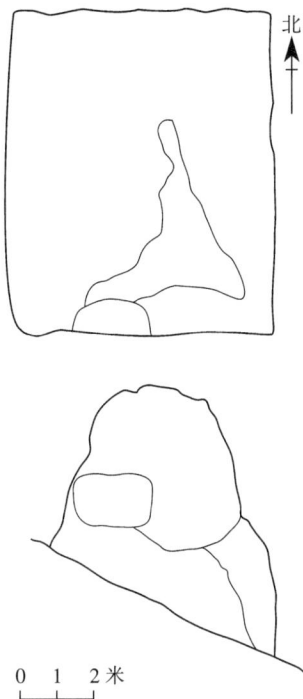

图一二一四 龙泉墩村 6 号
马面平、立面图

（二二）龙泉墩村 7 号马面 （610823352102170022）

该马面位于波罗镇龙泉墩村西南 2.2 千米的缓坡上。地处无定河北的波状沙漠地带，东侧地势较高，植被较稀疏，周围种植有少量杨树，沙生植物以沙蒿为主。高程 1120.4 米。

马面整体保存一般，尚能维持矩形形制。台体有数条雨水冲刷形成的沟缝，西壁有大量的土蜂穴；顶部塌陷呈凹字形，植物较多；周边生长有芨芨草、沙柳、沙蒿等。

台体夯筑而成，夯土为纯净黄土，夯层厚 0.09 ~ 0.13 米。台体平面呈矩形，剖面呈梯形（北壁剖面呈近矩形），底部东西 7.5、南北 6 米，顶部东西 6.4、南北 5.4 米，高 4.8 米。（图一二一五）

该马面位于长城墙体北侧，紧靠长城墙体，东南距龙泉墩村烽火台 0.2 千米，西南距双河村敌台 0.23 千米。

（二三）双河村 1 号马面 （610823352102170023）

该马面位于波罗镇双河村东北 4 千米的缓坡上。地处无定河北的沙化黄土丘陵地带，地势西南高东北低，植被生长旺盛，多为沙柳。西南距台体约 0.01 千米处有一座沙梁，植被发育较差，多为裸露沙土。高程 1126.1 米。

马面整体保存一般。台体因坍塌侵蚀顶部及四壁因侵蚀而剥落、流失，底部有大量蜂巢洞穴，北壁有多条裂缝；顶部生长有一棵沙柳，根系对台体破坏较大。台体顶部原应有建筑物，仅存砖、石灰渣等。

台体建在自然基础上，黄土夯筑而成，夯层厚 0.12 ~ 0.16 米。台体平面呈近矩形，剖面呈梯形，顶部呈凹字形，底部边长 7、顶部边长 5.6、高 5.3 米。台体南壁有登台步道可达台顶。（图一二一六）

图一二一五 龙泉墩村 7 号马面平、立面图

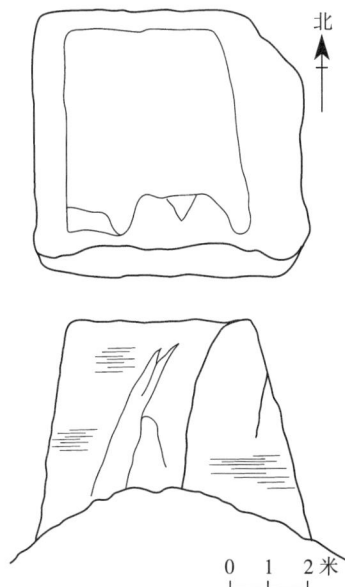

图一二一六 双河村 1 号马面平、立面图

该马面位于长城墙体北侧，紧靠长城墙体，东北距双河村敌台 0.306 千米，西南距双河村 2 号马面 0.25 千米。

（二四）双河村 2 号马面（610823352102170024）

该马面位于波罗镇双河村东北 3.8 千米。地处无定河北的沙化黄土丘陵地带，地势东高西低，周边植被较茂盛，台体附近尤为旺盛，主要生长有沙蒿，东侧流动沙丘掩埋台体下部。高程 1143 米。

马面整体保存一般，尚维持矩形形制。台体顶部及四壁夯土因坍塌侵蚀而剥落、流失，西壁有大量土蜂巢穴，顶部生长有黄蒿，底部有大量蜂巢洞穴。台体包砖全部脱落或拆除。台体顶部应有建筑物，仅存碎砖石、瓦片、少量瓷片等。

台体建在自然基础上，黄土夯筑而成，夯层厚 0.07~0.12 米。台体平面呈矩形，剖面呈近梯形，底部东西 8.4、南北 8.2 米，顶部边长 6.7 米，高 6.2 米。台体南壁有登台步道可达台顶。（图一二一七；彩图二三六）

该马面位于长城墙体北侧，紧靠长城墙体相连，东北距双河村 1 号马面 0.25 千米，东南距双河村堡 0.18 千米，西南距双河村 3 号马面 0.161 千米。

（二五）双河村 3 号马面（610823352102170025）

该马面位于波罗镇双河村东北 3.6 千米。地处无定河北的沙化黄土丘陵地带，西南侧有一条冲沟，北侧流动沙丘掩埋台体下部呈斜坡状，周围植被较好，生长有杨柳树，主要生长有沙蒿。高程 1137.6 米。

马面整体保存一般。台体顶部及西壁因风雨侵蚀而剥落、流失；顶部不规则，凹凸不平，应有建筑物，现仅存有残砖、碎石、瓦片、少量瓷片等。

台体建在自然基础上，黄土夯筑而成，夯层厚 0.07~0.12 米。台体平面呈矩形，剖面呈梯形，底部东西 7.7、南北 8.6 米，顶部东西 6、南北 6.6 米，南壁高 6、北壁高 1 米。台体西壁有登台步道可达台顶，有人工挖掘的痕迹，露出基础。（图一二一八）

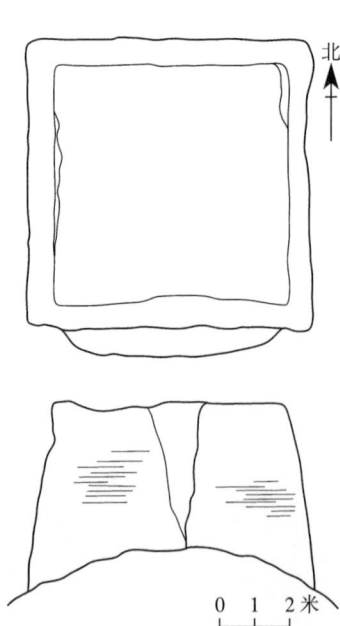

图一二一七　双河村 2 号马面平、立面图　　　　图一二一八　双河村 3 号马面平、立面图

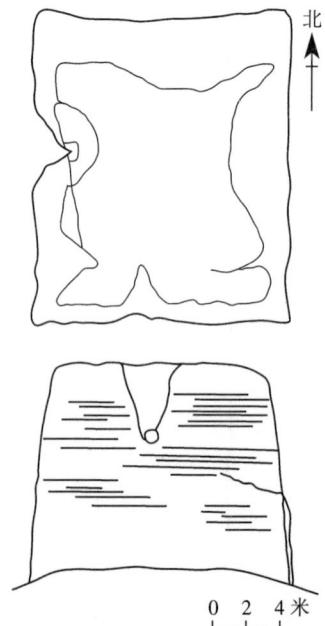

该马面位于长城墙体北侧，紧靠长城墙体，东北距双河村 2 号马面 0.161 千米，东南距双河村堡约 0.22 千米，西南距双河村 4 号马面 0.12 千米。

（二六）双河村 4 号马面（610823352102170026）

该马面位于波罗镇双河村东北 3.4 千米。地处无定河北的丘陵地带，周围较平坦，附近植物生长较旺盛，部分沙层裸露。高程 1112.2 米。

马面整体保存较差。台体顶部和四壁夯土因风雨侵蚀而剥落、流失，流失达二分之一。台体四壁有多条垂直裂缝，最宽的 0.15 米。台体底部受蜂巢洞穴侵蚀严重，有大量土蜂洞穴，造成台体千疮百孔，破坏严重。

台体建在自然基础上，黄土版筑而成，夯层厚 0.08 ~ 0.13 米。台体平面呈圆角矩形，剖面呈梯形，底部东西 6.8、南北 5.8 米，顶部东西 4.8、南北 4.8 米，高 4.2 米。（图一二一九）

该马面位于长城墙体北侧，原应紧靠长城墙体，东北距双河村 3 号马面 0.12 千米，西南距双河村 5 号马面 0.214 千米。

（二七）双河村 5 号马面（610823352102170027）

该马面位于波罗镇双河村东北 3.2 千米。地处无定河北沙漠丘陵地带，地势起伏较大，生长有大量沙柳、黄蒿、沙蒿等植物。高程 1114 米。

马面整体保存一般，尚维持矩形形制。台体顶部和四壁夯土因风雨侵蚀而剥落、流失，保存四分之三。台体南壁被沙土掩埋呈斜坡状，南壁中部有一个较大豁口，北壁有宽约 0.03 米的裂缝。

台体为自然基础上以黄土为主夯筑而成，土质较疏松，夯层厚 0.07 ~ 0.12 米。台体平面呈矩形，剖面呈梯形，底部东西 7.5、南北 8.2 米，顶部不规则，边长 6.2 米，高 6.5 米。台体顶部原应有建筑物，仅存砖和石灰层，四周散落有板瓦、碎石、残砖、瓷片等。（图一二二〇）

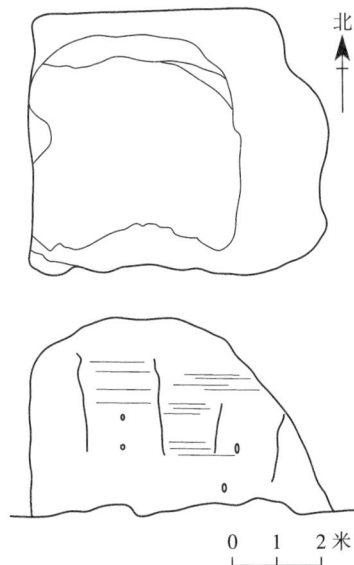

图一二一九　双河村 4 号马面平、立面图

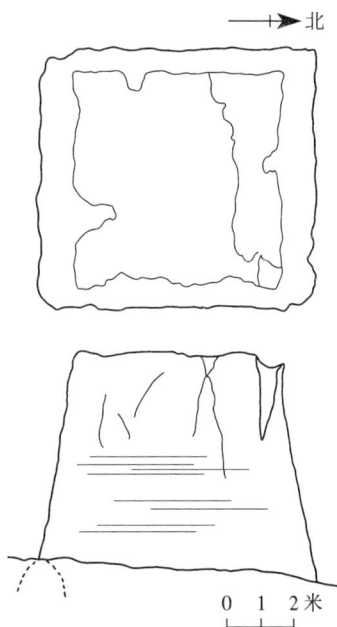

图一二二〇　双河村 5 号马面平、立面图

该马面位于长城墙体北侧，紧靠长城墙体，东距双河村1号烽火台0.055千米，东北距双河村4号马面0.214千米，西南距双河村6号马面0.17千米。

（二八）双河村6号马面（610823352102170028）

该马面位于波罗镇双河村东北3千米的凸起沙丘上。地处无定河北的沙化黄土丘陵地带，周边地势波状起伏，周围植被生长发育一般，部分沙层裸露，植被主要有沙蒿、沙柳等。高程1119.1米。

马面整体保存较差。台体受风沙雨水侵蚀坍塌，棱角消失，有多处裂缝，遍布坑洞，顶部和四壁夯土因风雨侵蚀剥落、流失，西壁有许多土蜂穴。

台体为自然基础上以黄土为主夯筑而成，土质疏松，夯层厚0.07~0.12米。台体平面呈矩形，剖面呈梯形，底部东西9.8、南北7.5米，顶部不规则，边长5米，高7.5米。台体南壁有坍塌，可能是登台步道的位置。（图一二二一）

该马面位于长城墙体北侧，紧靠长城墙体，东北距双河村5号马面0.17千米，西南距双河村7号马面0.18千米、双河村1号烽火台0.15千米。

（二九）双河村7号马面（610823352102170029）

该马面位于波罗镇双河村东北2.7千米的凸起沙丘上。地处无定河以北的沙化黄土丘陵地带，周边地势波状起伏，西南侧沙土堆积较高，周围植被较好，生长有少量的杨树、沙蒿与芨芨草等。高程1126.9米。

马面整体保存一般。台体顶部和四壁夯土因风雨侵蚀而剥落、流失，顶部坍塌呈凹字形，壁面有数条雨水冲沟、多处裂缝。台体上生长有一棵杨树，根系的破坏很大，土蜂穴的破坏使台体上有凹坑、多处裂痕。

台体建在自然基础上，黄土夯筑而成，夯土内夹杂有少量料礓石，土质细密，夯层厚0.1~0.14米。台体平面呈矩形，剖面呈梯形，底部东西7.6、南北8米，顶部东西5.7、南北4.6米，高4.7米。台体南壁有坍塌，应为登台步道位置。台体包砖被人为拆除，周围散落有大量料礓石和残砖。（图一二二二）

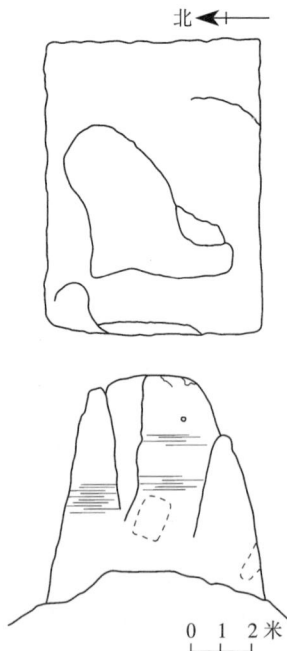

图一二二一　双河村6号马面平、立面图

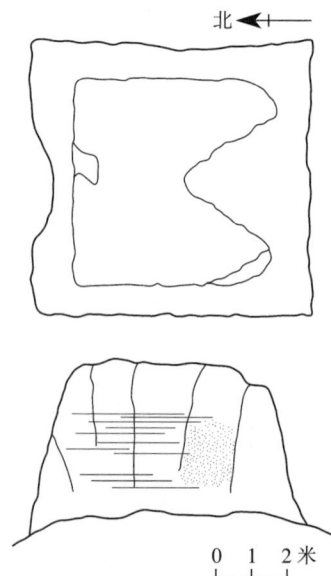

图一二二二　双河村7号马面平、立面图

该马面位于长城墙体北侧，紧靠长城墙体，北距双河村 2 号烽火台 0.08 千米，东北距双河村 6 号马面 0.18 千米，西南距双河村 8 号马面 0.4 千米。

（三〇）双河村 8 号马面（6108233521021700030）

该马面位于波罗镇双河村东北 2.2 千米。地处无定河北的沙化黄土丘陵地带，周围地势较平坦，植被生长发育一般，种植有大量杨树。高程 1106.2 米。

马面整体保存较差。台体保存不及四分之一，仅存馒头状的土丘。台体南壁坍塌成斜坡，下部有明显人为挖掘痕迹，基部裸露，顶部坍塌严重。台体上生长有沙地植被，根系深植台体，造成开裂破坏；西北壁底部有数个动物洞穴，造成内部中空，结构遭到破坏。破坏台体的自然因素是风雨侵蚀、动物洞穴破坏、植物生长等，人为因素有取土、修筑道路、在台附近种植粮食、树木、铲削、不合理、按原状修缮利用等。台体上及周围种植有大量杨树，根系对台体破坏非常严重。台体上有明显的人为铲削、动物洞穴的破坏，顶部建筑无存，四壁可见砖层、石灰层。

台体为自然基础上以黄土为主夯筑而成，夯土质地细密，夯层厚 0.08 ~ 0.12 米。台体平面呈不规则矩形，剖面呈梯形，底部东西 8.6、南北 7.3 米，顶部不规则，东西 7、南北 5 米，高 10 米。（图一二二三）

该马面位于长城墙体北侧，紧靠长城墙体，西南距四台湾村 1 号马面约 0.5 千米、四台湾村 2.8 千米，东北距双河村 7 号马面 0.4 千米。

（三一）四台湾村 1 号马面（6108233521021700031）

该马面位于波罗镇四台湾村东北 1.7 千米的山峁上。地处无定河北的黄土丘陵地带，周边地势较平坦，附近植物生长较旺盛，只有少部分沙土裸露，主要生长有杨树和沙蒿等。高程 1093.7 米。

马面整体保存差。台体仅存高不足 2 米的土堆，因风沙雨水侵蚀和人为破坏濒于消失。台体上生长有大量沙地植被，根系对台体破坏严重；有一条乡村小道穿过，对台体产生严重破坏。

台体用黄土夯筑而成，夯层厚 0.08 ~ 0.13 米，台体外部包砖无存。台体平面呈圆形，剖面呈三角形，底部直径 7、高 2 米。台体顶部原应有建筑物，仅存台体内几层砖。（图一二二四）

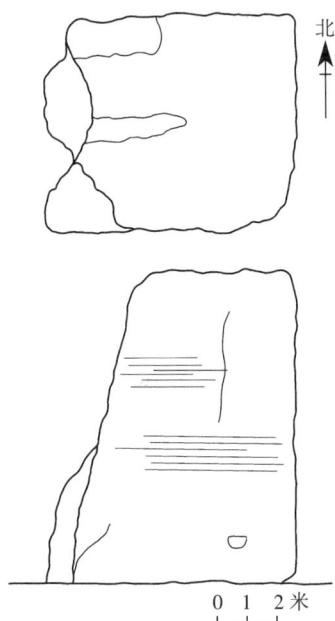

图一二二三　双河村 8 号马面平、立面图　　　　图一二二四　四台湾村 1 号马面平、立面图

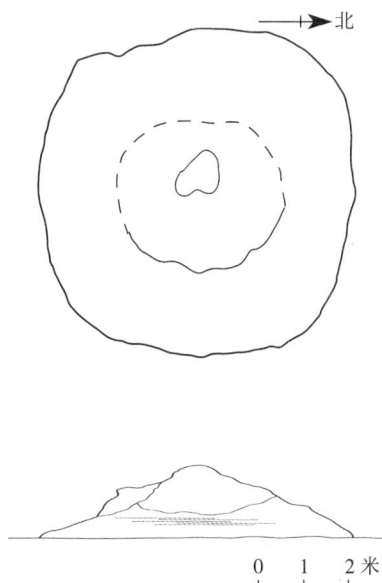

该马面位于一段被沙漠掩埋的长城墙体附近，原应紧靠长城墙体，东北距双河村8号马面约0.5千米。

（三二）四台湾村2号马面（610823352102170032）

该马面位于波罗镇四台湾村北0.8千米的山峁上。地处无定河北的沙化黄土丘陵地带，北侧有一座沙丘与马面持平，周围植被较好，主要生长有杨树和沙蒿，只有少部分沙土裸露。高程1094.8米。

马面整体保存状况差。台体因为坍塌严重顶部大部消失，只存有几个单独耸立的夯土块；因沙土掩埋下部成斜坡，残存台体壁面呈斜条状，四壁因风雨侵蚀而剥落、流失，剥落的夯土呈斜坡状堆积在台体四周。

台体基座呈不规则形，上部夯筑而成，1米以下不详。台体夯筑而成，夯土以黄土为主，质地疏松，夯层厚0.1～0.15米。台体平面呈矩形，剖面呈梯形，底部东西6、南北8米，顶部呈斜条状，长约5、宽约2米，高3.4米。（图一二二五）

该马面位于长城墙体西侧，紧靠长城墙体，南距四台湾村0.8千米。

（三三）四台湾村3号马面（610823352102170033）

该马面位于波罗镇四台湾村内。地处无定河北的沙化黄土丘陵地带，周边地势波状起伏，周围植被较好，种植有杨树，主要生长有沙蒿。高程1090米。

马面整体保存一般，保存二分之一。台体顶部和四壁因风沙雨水侵蚀而剥落、流失，坍塌严重。台体东壁底部被沙丘掩埋，呈斜坡状；西壁有挖掘痕迹，基部裸露；顶部不规则。台体上生长有沙漠植物，根系深入台体，造成一定破坏。

台体基座平面呈圆角矩形，边缘距台体约8米，高1～2米，断面可见上部有砖、瓦及夯实的砂土。距台体顶部0.5米有一层砖，下部1.8米下的夯层下部铺有厚0.01～0.03米的褐色砂砾，上覆黄土夯实，夯层厚0.12～0.14米；1.8米以上为黄土，夯层不明；0.8米以下夯层厚约0.2米。台体平面呈矩形，剖面呈近梯形，底部东西7.5、南北8米，顶部东西6、南北4.5米，高3.6米。（图一二二六；彩图二三七）

该马面位于长城墙体北侧，紧靠长城墙体，东北距四台湾村2号马面0.35千米，西南距四台湾村1号烽火台0.38千米。

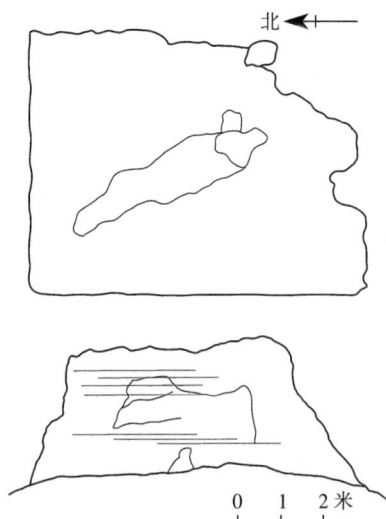

图一二二五　四台湾村2号马面平、立面图　　　　图一二二六　四台湾村3号马面平、立面图

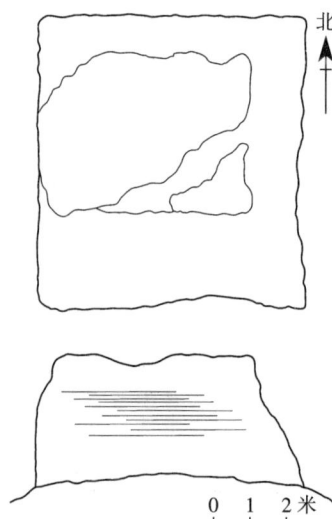

（三四）四台湾村 4 号马面 （610823352102170034）

该马面位于波罗镇四台湾村西南 1.2 千米。地处无定河北的沙化黄土丘陵地带，周边地势较平坦，周围植被稀疏，种植有少量杨树，大部分地表裸露。高程 1111.7 米。

马面整体保存一般。台体保存约四分之三，保留矩形形制。台体顶部和四壁因风雨侵蚀而剥落、流失，有多处裂缝。台体南壁被沙土掩埋下部，呈斜坡状；西壁有较大的裂缝，上宽下窄，最宽的 0.5 米，形成一个 "V" 形豁口；底部受虫蚁洞穴侵害剥蚀严重。

台体建在自然基础上，夯筑而成，夯土以黄土为主，夹杂有少量料礓石，质地较细密，夯层厚 0.12 ~ 0.15 米。台体平面呈近矩形，剖面呈矩形，底部东西 8、南北 9 米，顶部东西 6.8、南北 6.4 米，高 6.2 米。台体顶部原应有建筑物，可见海墁砖，砖下有厚 0.08 米的灰色黏接层，其下为沙，再下为土；海墁层上有厚达 0.8 米的堆积，应是建筑物遗存。（图一二二七）

该马面位于长城墙体北侧，紧靠长城墙体，东北距四台湾村 1 号烽火台 0.18 千米，西南距四台湾村 5 号马面 0.3 千米。

（三五）四台湾村 5 号马面 （610823352102170035）

该马面位于波罗镇四台湾村西南 1.4 千米的荒漠丘陵上。地处无定河北地区，周边地势较平坦，周围植被生长良好，旁边生长有大片杨树林，主要生长有沙蒿。高程 1102.4 米。

马面整体保存一般。台体保存四分之三，保留矩形形制。台体顶部质地细密，坍塌呈回字形；四壁因风雨侵蚀而剥落、流失，有多处裂缝，坍塌严重。台体西壁下部被掩埋，呈斜坡状；顶部原应有建筑物，仅存海墁铺砖、板瓦、石灰渣等。

台体建在自然基础上，夯筑而成，夯土以黄土为主，夹杂有少量料礓石，夯层厚 0.1 ~ 0.12 米。台体平面呈矩形，剖面呈梯形，底部东西 7.8、南北 8 米，顶部边长 6.3 米，高 5.5 米。台体底部由南向北倾斜，西壁有一个小券洞可通台顶，由于塌土堆积无法登台。（图一二二八）

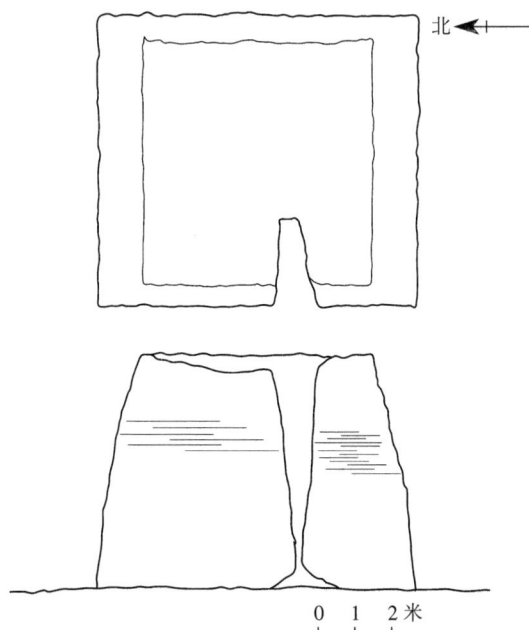

图一二二七 四台湾村 4 号马面平、立面图

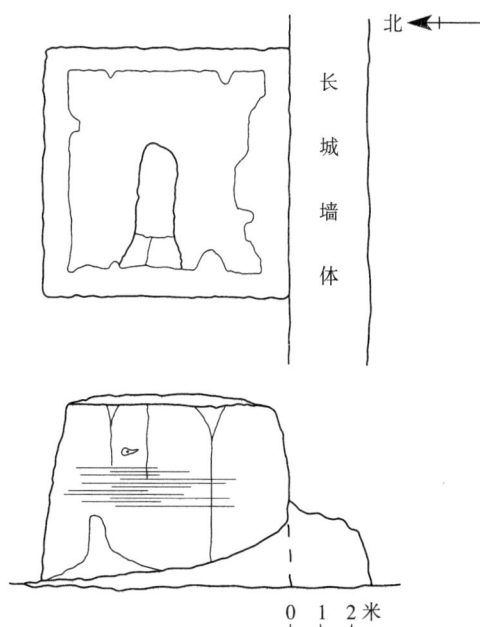

图一二二八 四台湾村 5 号马面平、立面图

该马面位于长城墙体北侧，紧靠长城墙体，东北距四台湾村 4 号马面约 0.3 千米，西南距四台湾村 2 号烽火台 0.4 千米。

（三六）四台湾村 6 号马面（610823352102170036）

该马面位于波罗镇四台湾村西南 2.3 千米。地处无定河北的沙化黄土丘陵地带，周边地势较为平缓，周围植被旺盛，种植有杨树，主要生长有沙蒿。高程 1088.5 米。

马面整体保存较差，保存四分之一。台体因沙土的堆积、掩埋只有 2 米露出，南壁底部被沙土掩埋呈斜坡状。台体受风沙侵蚀四壁剥落，生长有旱地植被，根系深入台体，造成一定破坏。

台体建在自然基础上，夯筑而成，夯土以黄土为主，夹杂有少量料礓石，质地细密，夯层厚 0.11 ~ 0.12 米。台体平面呈矩形，剖面呈梯形，底部东西 6.6、南北 7 米，顶部呈回字形，东西 5.3、南北 6.5 米，高 2 米。台体顶部原应有建筑物，仅存一层海墁砖，砖长 40.5、宽 27、厚 8 厘米。（图一二二九）

该马面位于长城墙体北侧，原可能紧靠墙体，东北距四台湾村 2 号烽火台 0.5 千米，西南距四台湾村 7 号马面约 0.57 千米。

（三七）四台湾村 7 号马面（610823352102170037）

该马面位于波罗镇四台湾村西南 2.4 千米。地处无定河北的沙化黄土丘陵地带，周边地势较平缓，西侧有与台体呈斜坡状的沙丘，东侧有一条冲沟。周围植被生长较为旺盛，植有杨树，植被主要以沙蒿为主。高程 1130 米。

马面整体保存一般。台体保存四分之三，尚保留矩形形制。人为铲削、挖掘使台体西北角自顶至底宽 1 米坍塌，东壁底部有挖掘痕迹，基部裸露，南壁破坏成斜坡，西南侧地面上有明砖残块，应为包砖。台体上遍布土蜂穴有取砖痕迹，西壁底部有一个洞穴，洞口 1 米见方，推测为盗洞。

台体建在自然基础上，夯筑而成，夯土以黄土为主，夹杂有少量料礓石，质地细密，夯层厚 0.1 ~ 0.12 米。台体平面呈矩形，剖面呈梯形，底部东西 8.5、南北 7.3 米，顶部东西 6.3、南北 6.5 米，高 7 米。（图一二三〇）

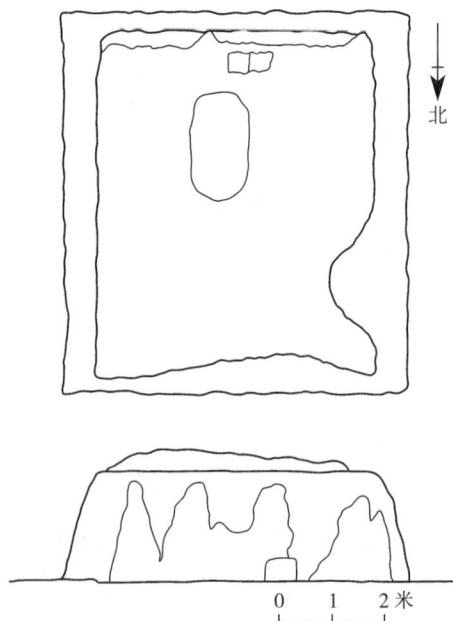

图一二二九　四台湾村 6 号马面平、立面图　　　图一二三〇　四台湾村 7 号马面平、立面图

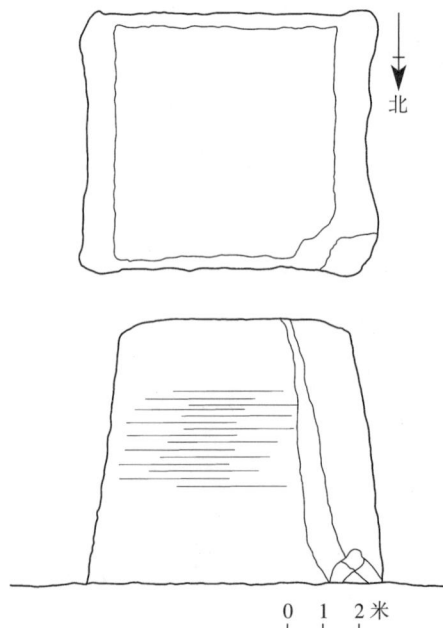

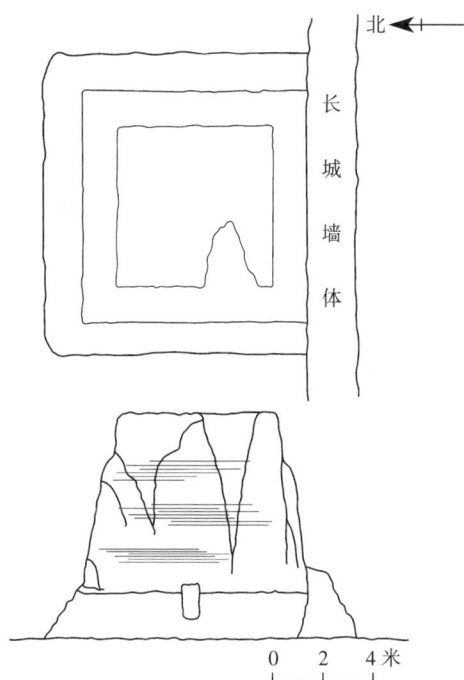

图一二三一　肖家滩村马面平、立面

该马面位于长城墙体北侧，东北距四台湾村6号马面约0.57千米，西南距肖家滩村堡0.12千米。

（三八）肖家滩村马面
（610823352102170038）

该马面位于波罗镇肖家滩村的山梁上。地处无定河北的沙漠黄土丘陵地带，周边生长有较多的大柳树，生长有沙蒿等植物，部分沙土裸露。东侧有一条乡村小道，周围植被较稀疏。高程1117.8米。

马面整体保存一般。台体顶部和四壁因风雨侵蚀而剥落、坍塌，夯土流失严重，顶部凹凸不平。台体西壁有一个宽约2.2米的豁口，自下而上达台体1/3处。台体上生长有旱地植被，根系深入台体，造成一定破坏。

台体用黄土夯筑而成，质地细密，夯层厚0.12米。台体平面呈矩形，剖面呈梯形，底部边长9米，顶部东西6.2、南北6米，高7米。（图一二三一）

该马面位于长城墙体北侧，紧靠长城墙体，东北距肖家滩村敌台0.4千米，西南有肖家滩村公路。

（三九）芦草梁村1号马面（610823352102170039）

该马面位于波罗镇芦草梁村中。地处无定河北的沙漠化黄土丘陵地带，周围地势较平坦，种植有大片柳树，有粮食耕地，南侧沙化严重，大部分表层裸露在外。高程1095.4米。

马面整体保存较差。台体顶部呈椭圆形，顶部和四壁因风雨侵蚀而剥落、流失，四壁有铲削痕迹。台体坍塌严重，仅剩底层，呈近圆丘状，四周呈斜坡状。台体上生长有旱地植被，根系深入台体，造成一定破坏。

台体建在自然基础上，夯筑而成，夯土以黄土为主，质地疏松。台体平面呈椭圆形，剖面呈近梯形，底部东西6、南北12.5米，顶部东西5.5、南北1.5米，高3米。（图一二三二）

该马面位于长城墙体附近（墙体消失），东北距肖家滩村马面约0.3千米，西南距芦草梁村2号马面约0.66千米。

（四○）芦草梁村2号马面（610823352102170040）

该马面位于波罗镇芦草梁村西南0.4千米。地处无定河北的波状沙丘沟壑地，周边地势较平缓，西高东低，周围植被较好，生长有大片杨柳树，植被主要有沙蒿。高程1113.1米。

马面整体保存差。台体濒临消失，仅存椭圆形土包。台体呈斜坡状，有许多裂缝，坍塌严重，有明显的挖掘痕迹。台体上生长有旱地植被，根系深入台体，造成一定破坏。

台体建在自然基础上，黄土夯筑而成，夯层不清。台体平面呈椭圆形，东西5.8、南北7.5、高1.8米。（图一二三三）

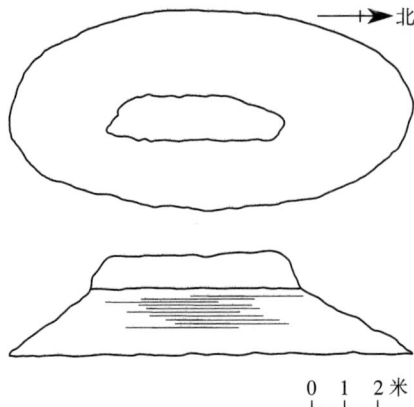

图一二三二　　芦草梁村 1 号马面平、立面图

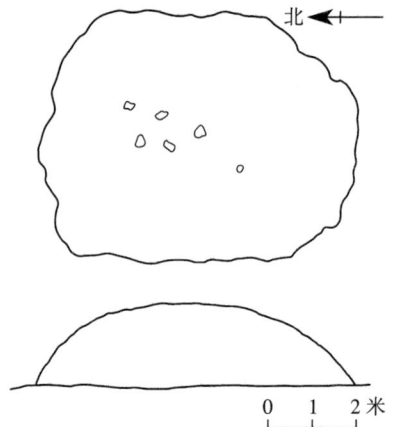

图一二三三　　芦草梁村 2 号马面平、立面图

该马面位于断断续续的长城墙体北侧，原应与长城墙体相连，东北距芦草梁村号马面约 0.66 千米，西南距沙界沟村 1 号敌台 0.3 千米。

（四一）沙界沟村马面（610823352102170041）

该马面位于波罗镇沙界沟村中地势较高的丘陵上。地处无定河北黄土丘陵沟壑地带，周边地势起伏较大，东侧有一条冲沟，植被稀疏，大部分沙土裸露。高程 1141.7 米。

马面整体保存一般。台体受风沙雨水侵蚀形成裂缝、剥落，四周呈斜坡状，四壁有许多土蜂洞穴，顶部凹凸不平。台体上生长有旱地植被，根系深入墙体，造成一定破坏。

台体建在自然基础上，夯筑而成，夯土以黄土为主，土质较疏松，夯层厚 0.09~0.12 米。台体平面呈矩形，剖面下部近矩形，底部边长 10、顶部边长 6、高 6.6 米。台体顶部建筑物无存，外部包砖脱落，周围散落有大量碎砖。（图一二三四）

该马面位于长城墙体南侧，距长城墙体 9 米，原可能与长城墙体相连，东北距沙界沟村 3 号敌台约 0.35 千米，西南距沙界沟村 4 号敌台 0.595 千米。

（四二）二道峁村马面（610823352102170042）

该马面位于横山镇二道峁村无定河南约 2 千米的山峁上。地处黄土沟壑地带，四周有沙丘，地势起伏较大，有多条道路，植被生长良好，主要有沙蒿、沙柳、柠条等，植有杨树。高程 1083 米。

马面整体保存一般。台体顶部和四壁因风雨侵蚀坍塌剥落、流失，有多处裂缝，坍塌严重，壁面因侵蚀形成凹坑，周围有挖掘痕迹，底部有条石露出。

台体用黄土夯筑而成，土质细密，包含有少量红色砖石，夯层厚 0.14~0.18 米。台体平面呈矩形，剖面呈梯形，底部东西 7.2、南北 9.2 米，顶部东西 4.5、南北 5.5 米，高 4.5 米。台体南壁和长城相连，坡度较缓，可能为是登台土洞（步道）的位置。

台体基座平面呈近矩形，包砌条石，无法确定高度、层数和条石规格，基座高约 3 米。基座用黄土夯筑而成，部分夹杂有黑瓷片，下部有一层灰色夯土，夯层厚 0.1~0.17 米。（图一二三五）

该马面位于长城墙体北侧，紧靠长城墙体相连，东南距二道峁村烽火台 0.78 千米，西南距二道峁村敌台 1.33 千米。

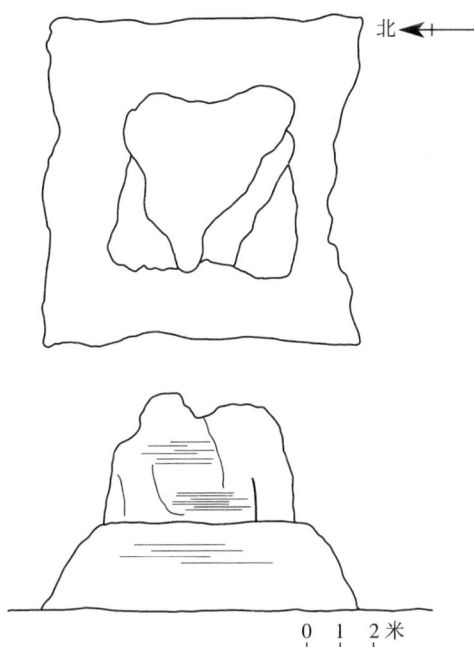

图一二三四　沙界沟村马面平、立面图

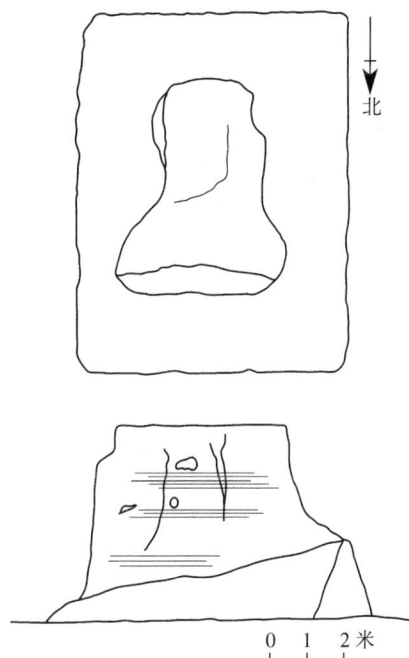

图一二三五　二道峁村马面平、立面图

（四三）边墙壕村马面（610823352102170043）

该马面位于横山镇边墙壕村。地处无定河南、芦河西约1.1千米的黄土沟壑地带，周边地势较为平缓，东侧有一条较宽的乡村土路，周围植被旺盛，种植有柳树，主要生长有沙蒿。高程1087.6米。

马面整体保存较差。台体顶部和四壁因风雨侵蚀而剥落、流失，西壁下部被沙丘掩埋，呈斜坡状，有多处裂缝，坍塌严重；西南角裂缝严重，一部分夯土呈柱状与台体分离，部分坍塌落土堆积在台体周围。台体壁面有很多蜂巢孔穴，生长有旱地植被，根系深入台体，造成一定破坏。台体包砖被人为拆除，周边散落有少量残砖、碎石和瓷片，顶部有零星瓷片。

台体建在自然基础上，夯筑而成，夯土以黄土为主，包含有少量料礓石，质地细密，夯层厚0.08~0.1米，未发现夯窝。台体平面呈矩形，剖面呈梯形，底部东西约7.5、南北8.4米，顶部不规则，东侧有夯窝，东西6.3、南北4米，高7.5米。（图一二三六）

该马面紧靠长城墙体，向北凸出，西距王圪堵村1号马面0.6千米。

（四四）王圪堵村1号马面（610823352102170044）

该马面位于横山镇王圪堵村东北0.3千米的凸起沙丘上。地处无定河南、芦河西的黄土沟壑地带，周边地势起伏较大，北高南低，周围植被稀疏。高程1145.2米。

马面整体保存一般。台体顶部及四壁因风雨侵蚀而剥落、坍塌，壁面有多处垂直裂缝，顶部不规则。台体上生长有旱地植被，根系深入台体，对台体造成一定破坏。台体顶部坍塌严重，高出长城墙体的部分呈斜坡状与墙体相连；东壁有近1米宽的裂缝，将一部分台体分离，落土呈土堆状围绕台体。台体周边散落有少量残砖、碎石和瓷片，壁面有很多蜂巢形成的小眼。台体顶部生长有杂草，有零星碎瓷片。

台体建在自然基础上，版筑法夯筑而成，夯土以黄土为主，包含有少量料礓石，质地细密，夯层厚0.08~0.12米，未发现夯窝。台体平面呈矩形，剖面呈梯形，底部东西10、南北11.5米，顶部东西6、南北8米，高6.8米。（图一二三七）

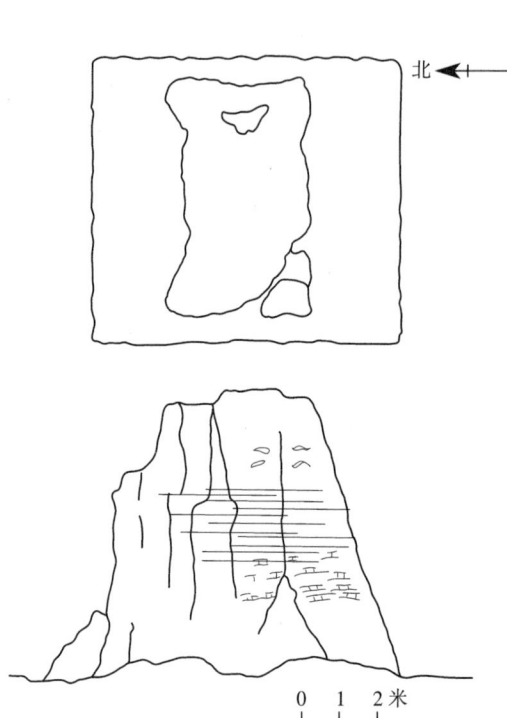

图一二三六　边墙壕村马面平、立面图

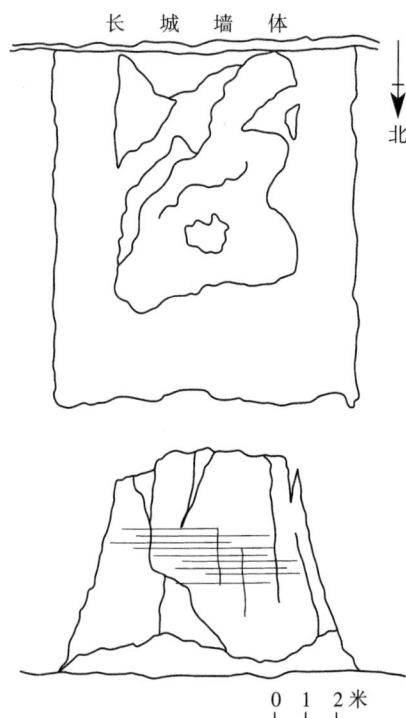

图一二三七　王圪堵村1号马面平、立面图

该马面紧靠长城墙体，向北凸出，东距边墙壕村马面0.6千米，西距王圪堵村2号马面0.21千米。

（四五）王圪堵村2号马面（610823352102170045）

该马面位于横山镇王圪堵村中。地处无定河南、芦河西的黄土沟壑地带，周边地势起伏较大，北高南低。周围地势较平缓，东侧有一座沙丘，植被稀疏，种植有杨树，大部分地面裸露。高程1146.6米。

马面整体保存一般，保存四分之三。台体顶部及四壁因侵蚀而剥落、流失，有多处裂缝，坍塌严重，部分坍塌落土呈土堆状围绕台体，壁面有很多蜂巢形成的小眼，顶部因破坏呈不规则状。台体上生长有旱地植被，根系深入台体，造成一定破坏。

台体建在自然基础上，夯筑而成，夯土以黄土为主，包含有少量料礓石，质地细密，夯层厚0.08～0.12米，未发现夯窝。台体平面呈矩形，剖面呈梯形，底部东西约10.3、南北12.3米，顶部东西6.5、南北9米，高6.8米。台体周边散落有少量残砖、残石和碎瓷片，顶部有零星碎瓷片。（图一二三八；彩图二三八）

该马面紧靠长城墙体，向北凸出，东距王圪堵村1号马面0.21千米，西距王圪堵村3号马面0.4千米。

（四六）王圪堵村3号马面（610823352102170046）

该马面位于横山镇王圪堵村西南0.5千米的山峁上。地处无定河南、芦河西的黄土沟壑地带，周边地势起伏较大，北侧有一侧沙梁，南侧有一条较宽的乡村土路，周边植被生长良好，部分沙层裸露。高程1182.9米。

马面整体保存一般。台体保存四分之三，尚保留矩形形制。台体顶部及四壁因风雨侵蚀而剥落、流失，有多处裂缝，南壁中部自上而下有一个宽约2米的豁口使顶部呈凹字形，坍塌落土呈土堆状围绕台体，壁面有很多蜂巢形成的小眼。台体周边散落有少量残砖、碎石和碎瓷片；顶部生长有杂草，

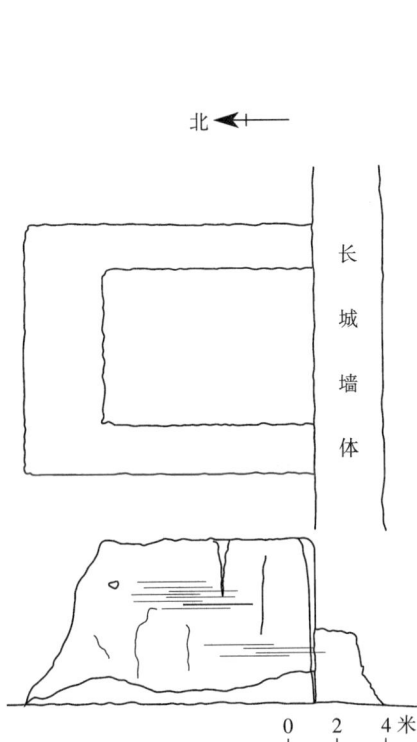

图一二三八　王圪堵村 2 号马面平、立面图

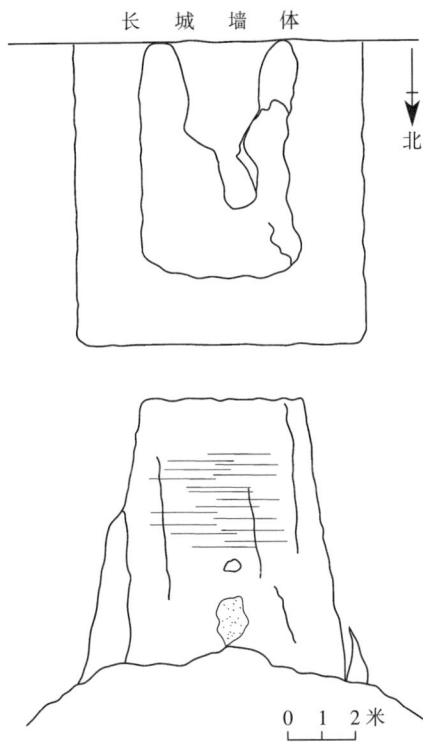

图一二三九　王圪堵村 3 号马面平、立面图

有零星碎瓷片。

台体建在自然基础上，夯筑而成，夯土以黄土为主，包含有少量料礓石，质地细密，夯层厚 0.08 ~ 0.12 米，未发现夯窝。台体平面呈矩形，剖面呈梯形，底部边长约 9 米，顶部东西 5、南北 7 米，高 6.8 米。（图一二三九）

该马面紧靠长城墙体，向北凸出，东距王圪堵村 2 号马面 0.4 千米，西距所处段长城墙体止点 0.15 千米。

（四七）魏强村 1 号马面（610823352102170047）

该马面位于横山镇魏强村西北 1.2 千米。地处无定河南、芦河西的黄土沟壑地带，地势北高南低，周边植被较好，主要生长有柳树、沙蒿、柠条等。高程 1187.2 米。

马面整体保存一般。台体顶部及四壁因风雨侵蚀而剥落、流失，有多处裂缝，部分坍塌。台体东壁下部被沙土掩埋，呈斜坡状；顶部坍塌严重，凹凸不平，靠长城墙体一侧高出长城墙体部分呈斜坡状与长城墙体相连。塌土呈土堆状围绕台体，壁面有很多蜂巢形成的小眼。台体周边散落有少量残砖。

台体建在自然基础上，夯筑而成，夯土以黄土为主，包含有少量料礓石，质地细密，夯层厚 0.08 ~ 0.12 米，未发现夯窝。台体平面呈矩形，剖面呈梯形，底部边长 10.05 米，顶部东西 5、南北 7 米，高 7 米。（图一二四〇）

该马面紧靠长城墙体，向北凸出，东距所处段长城墙体起点 0.18 千米，西距魏强村 2 号马面 0.28 千米。

（四八）魏强村 2 号马面（610823352102170048）

该马面位于横山镇魏强村西北 0.95 千米。地处无定河南、芦河西的黄土沟壑地带，周边地势呈波

状起伏，北侧有一条冲沟，植被稀疏，主要以沙蒿为主，大部分地表裸露。高程 1163.6 米。

　　马面整体保存一般，保存二分之一。台体坍塌严重，四边棱角消失，呈近圆形。台体底部被沙土掩埋，呈斜坡状；顶部坍塌严重，凹凸不平，靠长城墙体一侧高出墙体的部分呈斜坡状与墙体相连。台体南壁有近 1 米宽的裂缝，使一部分台体分离；塌土呈土堆状围绕台体底部，壁面有多条裂缝，有很多蜂巢形成的小眼。台体上生长有旱地植被，根系深入台体，造成一定破坏。台体周边散落有少量残砖、碎石和碎瓷片，顶部有零星碎瓷片

　　台体建在自然基础上，夯筑而成，夯土以黄土为主，下部为红胶土，包含有少量料礓石，质地细密，夯层厚 0.08 ~ 0.12 米，未发现夯窝；从西壁看，夯土明显分为上下两部分，下部约 2.5 米为红胶土夯层，上部为黄土夯层，应为不同时代叠加建造。台体平面呈矩形，剖面呈梯形，底部边长约 11.5 米，顶部东西 4.5、南北 8.5 米，高 6.5 米。（图一二四一；彩图二三九）

　　该马面紧靠长城墙体，向北凸出，东距魏强村 1 号马面 0.28 千米，西南距魏强村 3 号马面 0.28 千米。

（四九）魏强村 3 号马面（610823352102170049）

　　该马面位于横山镇魏强村西北 0.5 千米的山峁上。地处无定河南、芦河西的黄土沟壑地带，周边地势起伏较大，北高东低，周围植被较为稀疏，主要生长有少量的沙蒿，大部分沙层裸露。高程 1191.9 米。

　　马面整体保存一般。台体保存二分之一，尚保留矩形形制。台体顶部和四壁因风雨侵蚀而剥落、流失，有多处裂缝，坍塌严重，表面有凹坑。台体东壁有呈斜坡状的沙土，掩埋了底部。台体包砖被拆除。台体上生长有旱地植被，根系深入墙体，造成一定破坏，周围散落有砖、少量黑釉瓷片。

　　台体夯筑而成，夯土以黄土为主，夯层厚 0.1 ~ 0.17 米，较密实。台体平面呈矩形，剖面呈梯形，顶部呈凹字形，底部东西 12.5、南北 12 米，顶部东西 7.8、南北 8 米，外侧高 9.5 米，高出长城墙体 3.3 米。与长城墙体相连处有登台步道可达台顶，长城墙体底宽 4.3、顶宽 2.7、高 2.6 米。（图一二四二）

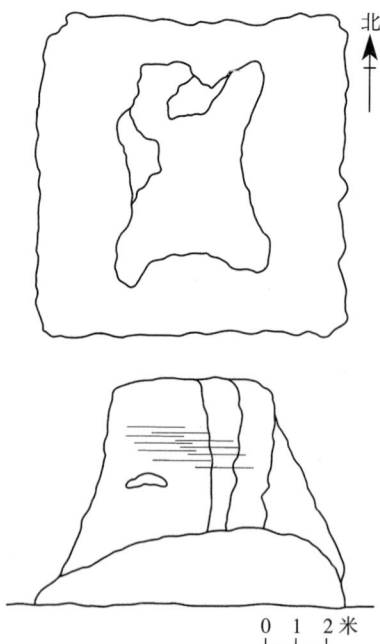

图一二四〇　魏强村 1 号马面平、立面图

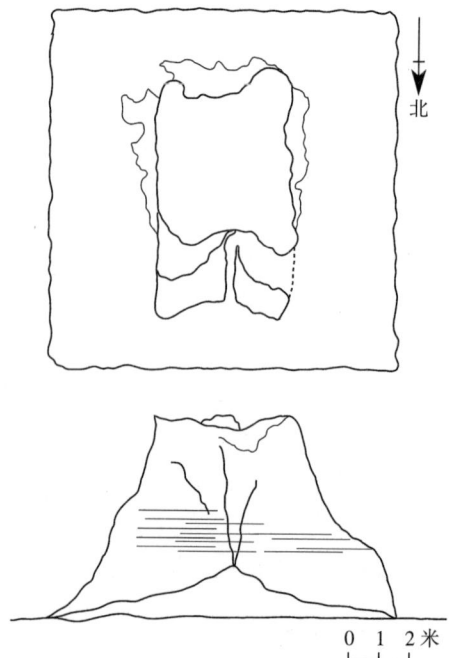

图一二四一　魏强村 2 号马面平、立面图

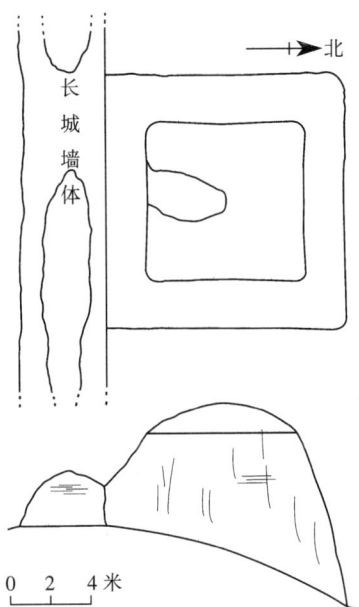

图一二四二　魏强村 3 号马面平、立面图

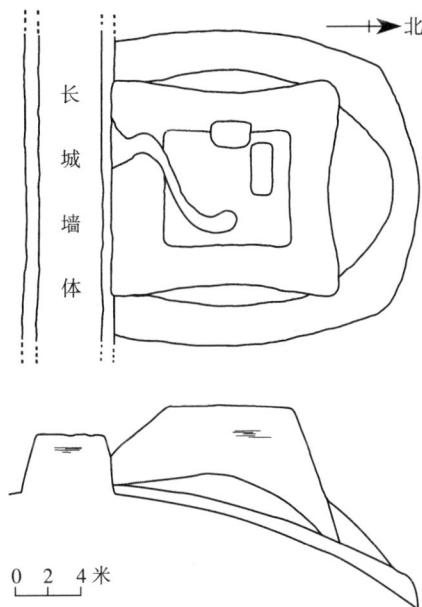

图一二四三　魏强村 4 号马面平、立面图

该马面位于长城墙体北侧，紧靠长城墙体，东北距魏强村 2 号马面 0.28 千米，西南距魏强村 4 号马面 0.72 千米。

（五〇）魏强村 4 号马面（610823352102170050）

该马面位于横山镇魏强村西南 0.7 千米的山峁上。地处无定河南、芦河西的黄土沟壑地带，周边地势起伏较大，南高北低，沟壑纵横，与周边呈缓坡状，植被生长较好，主要生长有黄蒿，种植有杏树。高程 1204.6 米。

马面整体保存一般。台体保存二分之一，顶部有 2 处坑槽，凹凸不平。台体顶部和四壁因风雨侵蚀剥落、流失，壁面有多处垂直裂缝。台体南壁有多个小凹坑，坍塌严重。台体上生长有旱地植被，根系深入台体，造成一定破坏。台体顶部原可能有建筑，仅残存有少量碎砖。

台体建在长城墙体下一个高约 0.8 米的自然土台上，土台比台体底部宽 3~5、高 0.5~2 米。台体以黄土为主夯筑而成，夯层厚 0.09~0.12 米，夯土细密。台体平面呈矩形，剖面呈梯形，底部东西 13.5、南北 14 米，顶部东西 7、南北 8 米，高 8.2 米。台体南壁与长城墙体连接处有反"S"形的登台步道可达台顶。台体顶部北侧有一个东西向槽状物，长 3.2、宽 1.3、深 1 米，不知用途；西侧有一个矩形坑，不明用途。（图一二四三）

该马面南壁依长城墙体，东距魏强村 3 号马面 0.72 千米，西南距魏强村 5 号马面 0.63 千米。

（五一）魏强村 5 号马面（610823352102170051）

该马面位于横山镇魏强村西南 1 千米的山梁上。地处无定河南、芦河西的黄土沟壑地带，周边地势起伏较大，北高南低，沟壑纵横，地表杂草丛生。西侧斜坡以下是数层自然形成的平台，南侧有多条冲沟。高程 1229.7 米。

马面存整体保存较差。台体保存四分之一，被坍塌落土围绕，有多处裂缝，坍塌严重。台体北壁有一个洞穴，南壁步道处有大量凹坑，中部和下部有许多蜂巢洞穴。台体上杂草丛生，根系深入台体，造成一定破坏。

　　台体夯筑而成，夯土为纯净的黄土，较密实，夯层厚 0.17 米。台体平面呈矩形，剖面呈梯形，底部东西 16、南北 9 米，顶部边长 4 米，高 7.5 米。台体南壁有一个登台步道，可达台顶，顶部呈凹字形。台体北 20 米处有一道人工挖掘长 33、宽 9、深 3.5 米的壕沟，壕沟和台体之间形成一个土台，其上的覆土高出原始地面 1.2 米，土台长 33、宽 20 米；壕沟南侧保存一道土墙，时断时续，墙体宽 0.3、高 0.2 米。（图一二四四）

　　该马面位于长城墙体北侧，紧靠长城墙体，东北距魏强村 4 号马面 0.63 千米，西南距魏强村 6 号马面 1.13 千米。

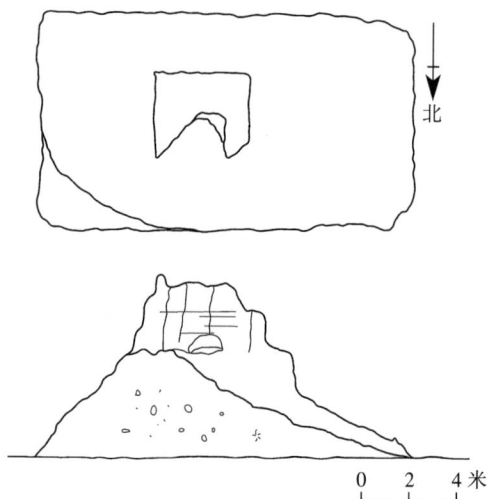

图一二四四　魏强村 5 号马面平、立面图

（五二）魏强村 6 号马面（6108233352102170052）

　　该马面位于横山镇魏强村西南 2 千米的山峁上。地处无定河南、芦河西的黄土沟壑地带，周边地势起伏较大，沟壑纵横。四面为斜坡，落差极大，到平缓处约 30 米，生长有柠条、沙蒿、黄蒿等植被。高程 1215.6 米。

　　马面整体保存一般。台体保存四分之三，尚保留矩形形制。台体南、北、西壁包石被拆除，四周有一道宽约 1 米的壕沟，受风沙侵蚀四壁剥落。台体上生长有旱地植被，根系深入台体，对台体造成一定破坏。有少量虫蚁洞穴对台体造成破坏。

　　台体夯筑而成，夯土以黄土为主，夹杂有少量红黏土，夯层细密，夯层厚 0.1~0.13 米。台体平面呈矩形，剖面呈梯形，底部东西 9.5、南北 8.7 米，顶部东西 6、南北 5.5 米，高 7.6 米。（图一二四五；彩图二四〇）

　　该马面位于长城墙体西侧，紧靠长城墙体，东北距魏强村 5 号马面 1.13 千米，西南距张沙墹村马面 2.25 千米。

（五三）张沙墹村马面（6108233352102170053）

　　该马面位于雷龙湾乡张沙墹村东 0.6 千米的缓坡上。地处无定河南、芦河西的黄土沟壑地带，所处地势西南高、东北低，整体呈缓坡状，生长有许多沙柳、沙蒿等植物。西侧有一座平台，植被旺盛，似台体基础。

　　马面整体保存一般。台体保存四分之三，尚保留矩形形制。台体受风沙侵蚀四壁剥落，产生裂缝，裂缝较小，尚不致坍塌。台体上生长有少量旱地植被，根系深入台体，有少量动物洞穴对台体造成一定破坏。

　　台体用黄土夯筑而成，夯层厚 0.1~0.12 米。台体平面呈矩形，剖面呈梯形，底部东西 10.06、南北 8.8 米，顶部东西 8、南北 7 米，高 7.6 米。台体包砖、石被拆除，地面有拆除砖石形成的迹象。台体南壁东侧有宽约 1.2 米的登台步道可达台顶；与长城墙体相连的东壁距台顶 3 米处有一个矩形遗存，用途不明，长 4、宽 1.1 米，可能是某种建筑的遗迹；南、西、北壁下部各有 3 道竖条状浅槽，高约 2.5、宽约 0.3、深约 0.1 米，可能是用来固定包砖石。（图一二四六；彩图二四一）

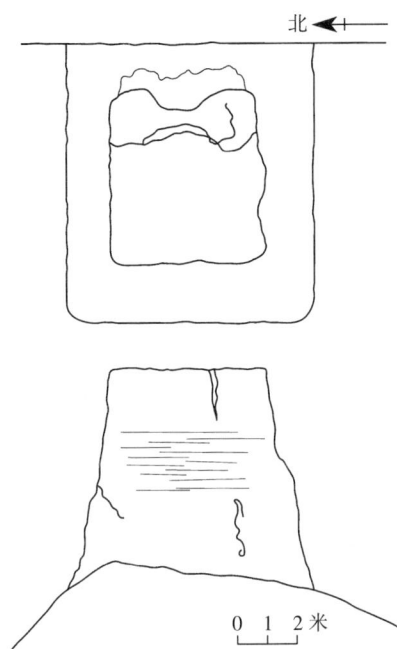

图一二四五　魏强村 6 号马面平、立面图

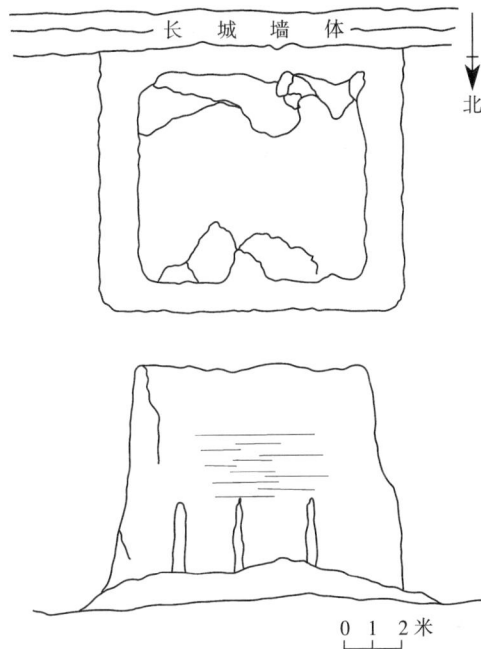

图一二四六　张沙塔村马面平、立面图

该马面位于长城墙体西侧，紧靠长城墙体，东北距马家梁村敌台 1.1 千米，西南距张墙村 1 号马面 1.7 千米。

（五四）张墙村 1 号马面（610823352102170054）

该马面位于横山镇张墙村的山梁上。地处无定河南、芦河西的黄土沟壑地带，所处地势呈缓坡状。西南 0.15 千米处有住户，有一条宽约 7 米的沙土路与长城墙体平行，与台体间形成宽约 5 米的斜坡，斜坡上是林区，种植有松树。高程 1274.6 米。

马面整体保存一般。台体保存四分之三，尚保留矩形形制。台体顶部和四壁因风雨侵蚀而剥落、流失，南壁步道处有一条冲沟，北、西壁有多个凹坑，东、西壁有多条裂缝。台体上生长有旱地植被，根系深入台体，造成一定破坏。

台体用黄土夯筑而成，夯层细密，夯层厚 0.08～0.13 米。台体平面呈矩形，剖面呈梯形，顶部呈凹字形，底部东西 13、南北 15 米，顶部东西 8、南北 11 米，内高 5.6、外高 9 米。台体高出长城墙体 3.2 米，东壁有登台步道可达台顶。长城墙体底宽 6、顶宽 3.5、高 5 米，夯层厚 0.12～0.13 米。（图一二四七）

该马面位于长城墙体西侧，紧靠长城墙体，东北距张沙塔村马面 1.7 千米，西南距张墙村 2 号马面 1.84 千米。

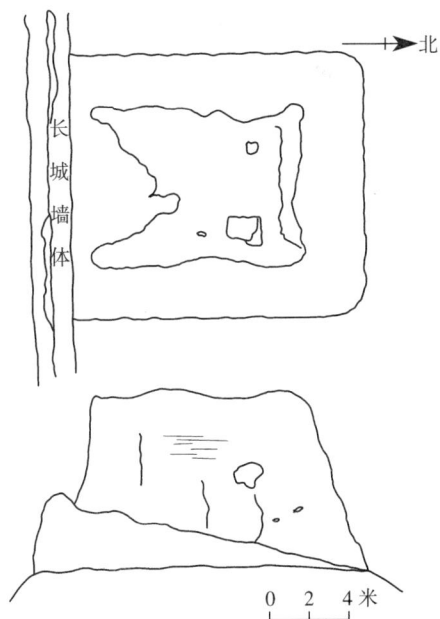

图一二四七　张墙村 1 号马面平、立面图

（五五）张墙村 2 号马面（610823352102170055）

该马面位于横山镇张墙村中部。地处无定河南、芦河西的黄土沟壑地带，所处地势西南高东北低，周边梁峁纵横，呈波状起伏，有一条乡村土路沿山腰通过。东侧有一条冲沟，两侧为耕地，西南约 0.35 千米处有张墙村居民区。高程 1285.3 米。

马面整体保存较差。台体保存四分之一，矩形形制不存。台体沙化严重，受风沙侵蚀坍塌剥落成低矮的馒头形土丘。台体上生长有旱地植被，根系深入台体，造成一定破坏。

台体建在自然基础上，黄土夯筑而成，夯层不清。台体平面呈矩形，剖面呈馒头形，底部东西 3、南北 6.5、高 3.5 米。台体两侧 8 米处各有一道和长城墙体相连的墙体痕迹，说明台体可能在关内。（图一二四八）

图一二四八　张墙村 2 号马面平、立面图

该马面位于长城墙体西侧，紧靠长城墙体，东北距张墙村 1 号马面 1.84 千米，西南距马墙村 3 号马面 2.93 千米。

（五六）张墙村 3 号马面（610823352102170056）

该马面位于横山镇张墙村的山峁上。地处无定河南、芦河西的黄土沟壑地带，所处地势平缓，东高西低，西侧山脚下有张墙村居民区。台体位于一平台上，杂草丛生，周围为斜坡，有耕地和林区，种植有大量杏树。高程 1295 米。

马面整体保存一般。台体保存二分之一，尚保留矩形形制。台体受风沙侵蚀四壁剥落，高 0.8 米处有层状的孔窝。台体西壁中部有一条裂缝，底部有多个洞穴；东壁与长城墙体相连处有步道，坍塌严重。台体上生长有旱地植被，根系深入台体，造成一定破坏，基座几乎不存。

因为长城墙体在此改变方向，台体基座平面不是标准的矩形，呈凹五边形，围墙几乎不可见，基座西南角有一个宽 5 米的豁口，可能是门的位置。

台体用黄土夯筑而成，部分夯土内夹杂有沙土，夯层厚 0.1～0.15 米，中下部有 3 层沙土。台体平面呈矩形，剖面呈梯形，底部东西 9.6、南北 11.6 米，顶部东西 5.3、南北 5.5 米，高 8.5 米。台体东侧沿北壁有登台步道，从长城墙体可达台顶。台体顶部往下 0.8 米处有层状空窝，可以看出上、下部分不是一次完成的。基座北边长 20、西边长 30、南边长 43 米，高 2.5 米，夯层厚 0.1 米。（图一二四九）

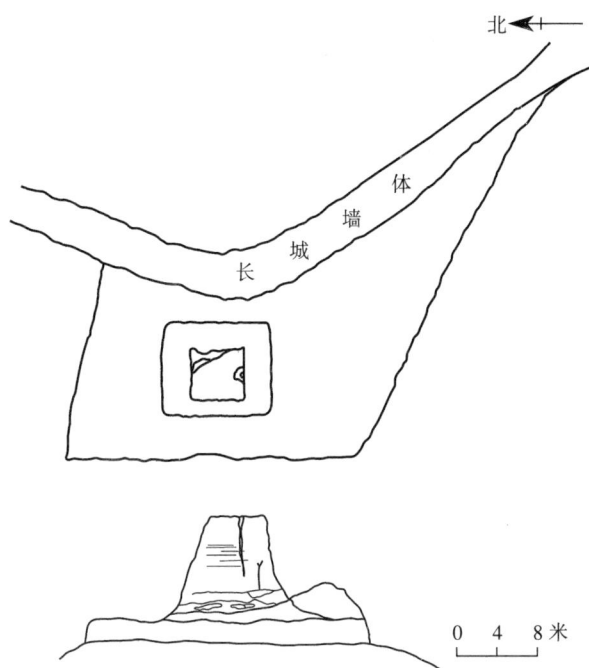

图一二四九　张墙村 3 号马面平、立面图

该马面位于长城墙体西侧，紧靠长城墙体，东北距张墙村 3 号烽火台 1.18 千米，西南距刘墙村马面 1.61 千米。

（五七）刘墙村马面（6108233521021700 57）

该马面位于横山镇刘墙村中。地处无定河南、芦河西的黄土沟壑地带，周围地势较平缓。东侧是刘墙村居民区，地处平坦地；西、南、北侧被开垦为耕地，种植有绿豆。高程 1239.4 米。

马面整体保存较差。台体坍塌严重，保存四分之一，仅存刀刃状的土圪梁。基础被铲削严重，顶部坍塌严重，沙土侵蚀四壁剥落。台体上长有黄蒿等旱地植被，根系深入台体，造成一定破坏。在台体周围开垦农田，对台基铲削造成了较大的破坏，很难看出原有形制。

台体建在自然基础上，基座下部为沙土，上部为厚 1.8 米的黄土，夯层厚 0.1~0.22 米，东西 13、南北 21.6、高 2 米。台体用黄土夯筑而成，内嵌一些砖。台体平面呈矩形，剖面呈梯形，底部东西 9、南北 10.8 米，顶部不规则，东西 8、南北 8.3 米，高 4.9 米。（图一二五〇）

该马面位于长城墙体西侧，紧靠长城墙体，东北距张墙村 3 号马面 1.61 千米，西南距刘墙村 2 号关 1.15 千米。

（五八）高峰村马面（6108233521021700 58）

该马面位于横山镇高峰村东 0.5 千米的山峁上。也称为邵墩，地处无定河南、芦河西的黄土沟壑地带，西侧有一座平台，为铲削形成；南、北侧是缓坡，酸枣、荆棘等植被生长旺盛。高程 1291.7 米。

马面整体保存一般。台体保存四分之三，尚保留矩形形制。台体顶部和四壁因风雨侵蚀而剥落、流失，有数处豁口、冲沟；四壁尤其下部存在较多大小不等的动物洞穴。台体上生长有旱地植被，根系深入台体，造成一定破坏。

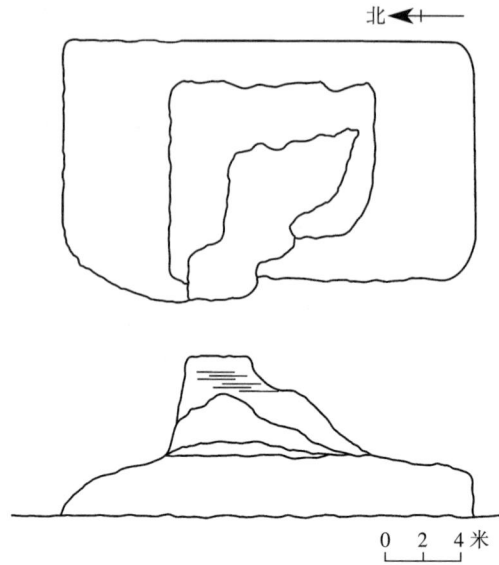

图一二五〇 刘墙村马面平、立面图

　　台体夯筑而成,夯土以黄土为主,夯层厚 0.1～0.15 米。台体平面呈矩形,剖面呈梯形,底部东西 13、南北 16 米,顶部东西 7、南北 9 米,北侧高 8.5、南侧高 6.5 米。台体南壁有登台步道,可从长城墙体到达台顶。台体顶部有数处豁口,其中一处宽 4.2 米。台体顶部夯土中有少量瓦片、黑瓷片,周围有残砖,可能是建筑物遗迹。(图一二五一;彩图二四二)

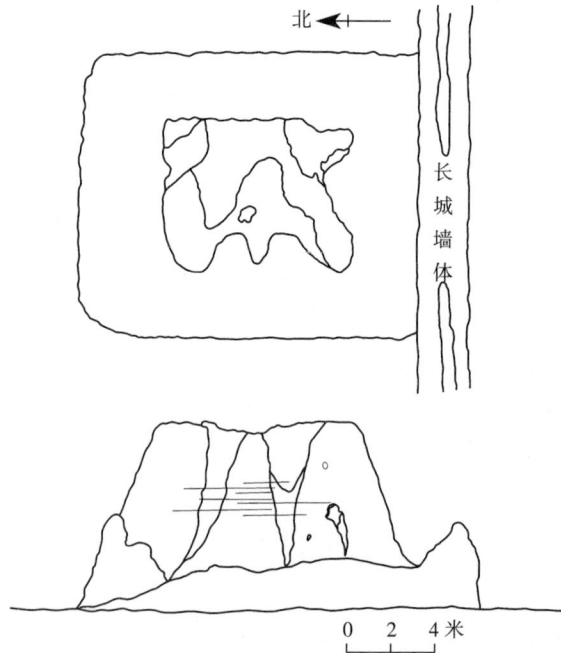

图一二五一 高峰村马面平、立面图

　　该马面位于长城墙体北侧,紧靠长城墙体,东北距刘墙村 2 号关 1.82 千米,西南距盘峰村黑梁坑马面 1.7 千米。

（五九）盘峰村黑梁坑马面（610823352102170059）

该马面位于横山镇盘峰村西 0.5 千米的黑梁坑山梁高处。地处无定河南、芦河西的黄土沟壑地带，周边地势波状起伏。南、北侧各有一条沟；西侧有一块耕地，生长有黄蒿等杂草。高程 1311.6 米。

马面整体保存一般。台体保存二分之一，尚保留矩形形制。台体上有多处裂缝，坍塌严重，受风沙侵蚀四壁剥落；顶部有一个洞穴，西侧有 2 个坍塌凹坑。台体顶部生长有旱地植被，根系深入台体，造成一定破坏。

台体用纯净的黄土夯筑而成，夯层厚 0.1～0.15 米。台体平面呈矩形，剖面呈梯形，底部东西 10.5、南北 12.5 米，顶部东西 5、南北 8 米，高 8.5 米。推测此处为关，土台上部有夯土墙，四角较高，达 1.3 米，夯层厚 0.1～0.16 米，应是围墙残存。台体东壁有登台步道，可从长城墙体到达台顶，顶部不规则。与台体对应的长城墙体东侧有一座矩形生土台，东西 17、南北 18、高于周围地面 4 米。（图一二五二）

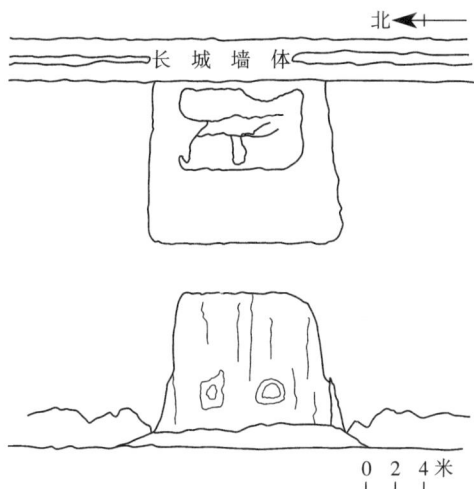

图一二五二　盘峰村黑梁坑马面平、立面图

该马面位于长城墙体西侧，紧靠长城墙体，东北距高峰村马面 1.7 千米，西南距曹阳湾村石庙梁马面 1.3 千米。

（六○）曹阳湾村石庙梁马面（610823352102170060）

该马面位于横山镇曹阳湾村石庙梁村（组）的山梁高处。地处无定河南、芦河西的黄土沟壑地带，东北侧沟壑落差约 35 米，底部地势平缓，有一条通往县城的柏油路；西南侧地势较高，台塬梁峁起伏。高程 1346.1 米。

马面整体保存一般。台体保存二分之一，矩形形制受到较大破坏。台体顶部和四壁因风雨侵蚀而剥落、流失，表面有多条裂缝，下部有 3 个盗洞，北侧有许多凹坑，周围有少量的砖。台体上生长有旱地植被，根系深入台体造成一定破坏，四壁尤其是下部存在少量的动物洞穴。

台体基座平面呈矩形，东西 30、南北 22、高 1～3 米。台体分为上、下两部分，下部高 3.2 米，较垂直，土质纯净、坚硬，黄土夯筑而成，夯层厚 0.08～0.14 米；上部高 2.8 米，坡度较缓，土质稍疏松，黄土夯筑而成，夯层厚 0.12～0.13 米；上下部交界处有少量的砖。台体平面呈矩形，剖面呈梯形，底部东西 10、南北 9.8 米，顶部东西 6.3、南北 5.3 米，高 6 米。台体东壁有长期踩踏形成的缓坡状登台步道，可从长城墙体到达台顶。（图一二五三）

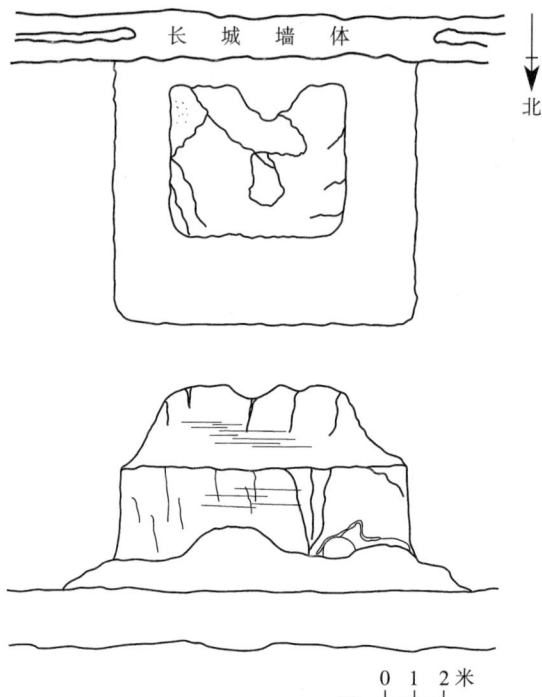

图一二五三　曹阳湾村石庙梁马面平、立面图

该马面位于长城墙体北侧，紧靠长城墙体，东北距盘峰村黑梁坑马面 1.3 千米，西南距杜羊圈村烂泥沟马面 1.25 千米，西距曹阳湾村约 2 千米。

（六一）杜羊圈村烂泥沟马面（610823352102170061）

该马面位于赵石畔镇杜羊圈村烂泥沟村（组）东北 0.92 千米的山坡上。地处无定河南、芦河西的黄土沟壑地带，周边地势呈波状分布。所处地势较高，四周为斜坡，部分为耕地，生长有许多沙蒿等植物。高程 1269.8 米。

马面整体保存差。台体濒临消失，形制无存，仅存略高出地面的土丘，坍塌严重，四壁有裂缝，看不出准确形状。台体上有较多大小不等的动洞穴，生长有旱地植被，根系深入台体造成一定破坏。

台体用纯净黄土夯筑而成，夯层厚 0.12 米。台体底部平面呈近矩形，剖面呈不规则形，顶部平面呈不规则形，底部东西 12、南北 10.5 米，顶部东西 3.5、南北 2.5 米，高 4.7 米，露出部分高 1.7 米。（图一二五四）

该马面位于长城墙体西侧，紧靠长城墙体相连，东北距曹阳湾村石庙梁马面 1.25 千米，西南距杜羊圈村烂泥沟关 0.65 千米。

（六二）杜羊圈村龙池峁 1 号马面（610823352102170062）

该马面位于赵石畔镇杜羊圈村龙池峁村（组）东北 1.1 千米的山坡上。地处无定河南、芦河西的黄土沟壑地带，旁边有一条冲沟，周边是绵延起伏的沙化丘陵，沙层厚约 0.1 米，有多条冲沟，地势起伏较大，主要生长有沙蒿、柠条、沙柳等植被。高程 1221.5 米。

马面整体保存一般。台体保存四分之三，尚保留矩形形制。台体顶部受风雨侵蚀有一个较大的凹

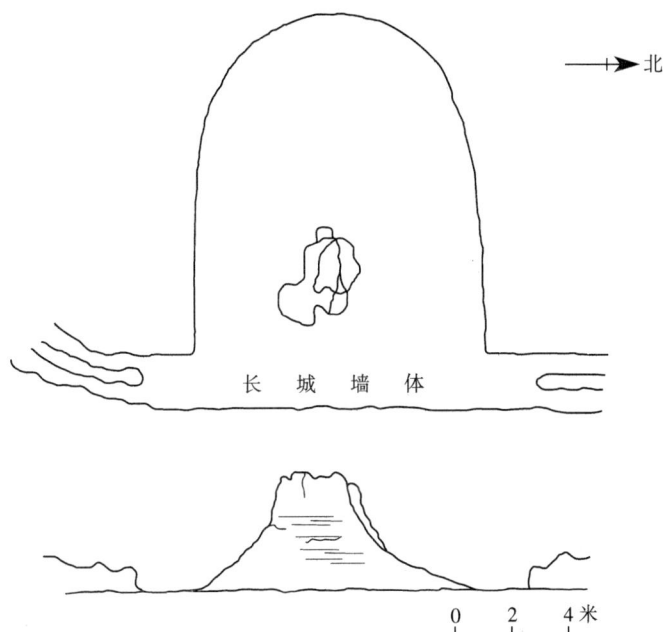

图一二五四　杜羊圈村烂泥沟马面平、立面图

坑，西、南壁有多条垂直裂缝、多个凹坑。台体受风沙侵蚀四壁剥落，生长有旱地植被，根系深入台体。四周尤其是下部存在较多大小不等的动物洞穴，这些因素对台体造成一定的破坏。

　　台体用纯净的黄土夯筑而成，夯层厚 0.1~0.13 米。台体平面呈矩形，剖面呈梯形，底部东西 10.2、南北 10 米，顶部呈凹字形，东西 6、南北 5.3 米，高 7 米。台体东壁有登台步道，可从长城墙体到达台顶。台体顶部原应有建筑物，仅残存砖、石、瓦片、瓷片等。（图一二五五）

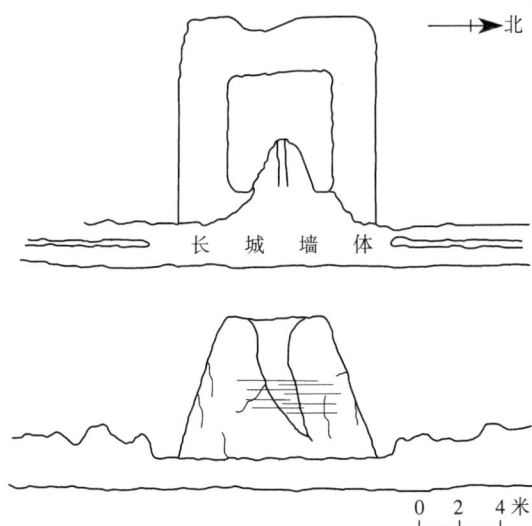

图一二五五　杜羊圈村龙池峁 1 号马面平、立面图

　　该马面位于长城墙体西（外）侧，紧靠长城墙体，南距烂泥沟 0.17 千米，西南距杜羊圈村龙池峁 1 号关 0.17 千米。

（六三）杜羊圈村龙池峁 2 号马面（610823352102170063）

该马面位于赵石畔镇杜羊圈村龙池峁（组）东北 0.75 千米的山峁上。地处无定河南、芦河西黄土沟壑地带，北侧有一条沟壑；西侧有一座山峁，植被较少，有多个土坑，为造林所挖；东侧有 3 条水冲沟、一片梯田。高程 1281.1 米。

马面整体保存一般。台体保存二分之一，尚保留矩形形制。台体顶部和四壁因风雨侵蚀而剥落、流失，有多处裂缝，坍塌严重。台体东壁步道剥落严重，倾斜下陷；西壁有长 4 米的沟，形成一座土台。台体上生长有旱地植被，根系深入台体。四壁尤其是下部存在较多大小不等的动物洞穴，对台体造成一定破坏。

台体用纯净的黄土夯筑而成，夯层厚 0.12 米。台体平面呈矩形，顶部中央略高，剖面呈梯形，底部东西 12、南北 8 米，顶部东西 3、南北 3.2 米，高 8.3 米。台体高于长城墙体约 5 米，东壁有登台步道，可从长城墙体到达台顶。台体南、西、北侧有壕沟，为 3 段，彼此直角相连，南北向壕沟长 35、东西向的 2 段壕沟长 28、宽约 8 米。（图一二五六；彩图二四三）

该马面位于长城墙体西（外）侧，紧靠长城墙体，东北距杜羊圈村龙池峁 1 号关 0.206 千米，西南距杜羊圈村龙池峁 2 号关 0.352 千米。

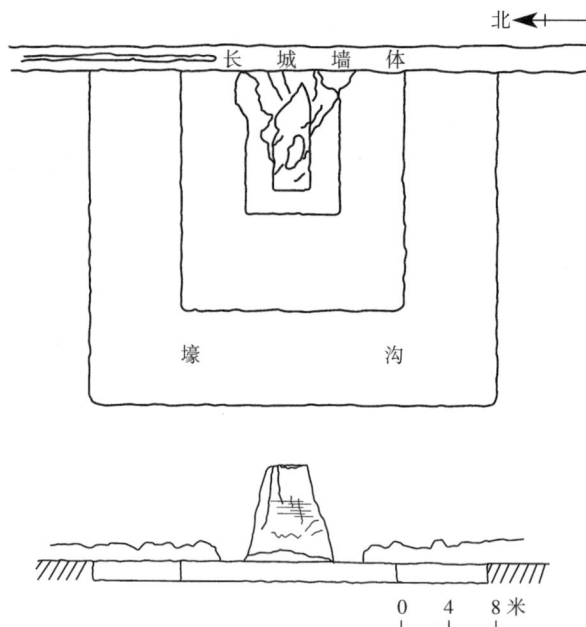

图一二五六　杜羊圈村龙池峁 2 号马面平、立面图

（六四）杜羊圈村龙池峁 3 号马面（610823352102170064）

该马面位于赵石畔镇杜羊圈村龙池峁村（组）居民区附近顶部平坦的山峁上。地处无定河南、芦河西的黄土沟壑地带，周边地势波状起伏，有数条沟壑，呈 U 或 V 形分布。西侧地势较低；北侧有一个土包；南侧是缓坡，与沟壑相连，植被较少，居民区生长有大量柳树。高程 1243.1 米。

马面整体保存一般。台体保存二分之一，尚保留矩形形制。台体顶部和四壁因风雨侵蚀而剥落、流失，有多处裂缝，坍塌严重。台体西壁有一片谷地延伸到底部，台基处有铲削痕迹。台体上生长有旱地植被，根系深入台体，造成一定破坏。四壁尤其下部存在较多大小不等的动物洞穴，对台体有一定的威胁。

台体用黄土夯筑而成，夯层厚 0.11~0.13 米，密实度一般。台体平面呈矩形，剖面呈梯形，底部东西11、南北13米，顶部东西7、南北2.5～3.3米，高9米。台体东壁有登台步道，可从长城墙体到达台顶。台体顶部原有建筑物，周围残留有少量的砖。（图一二五七）

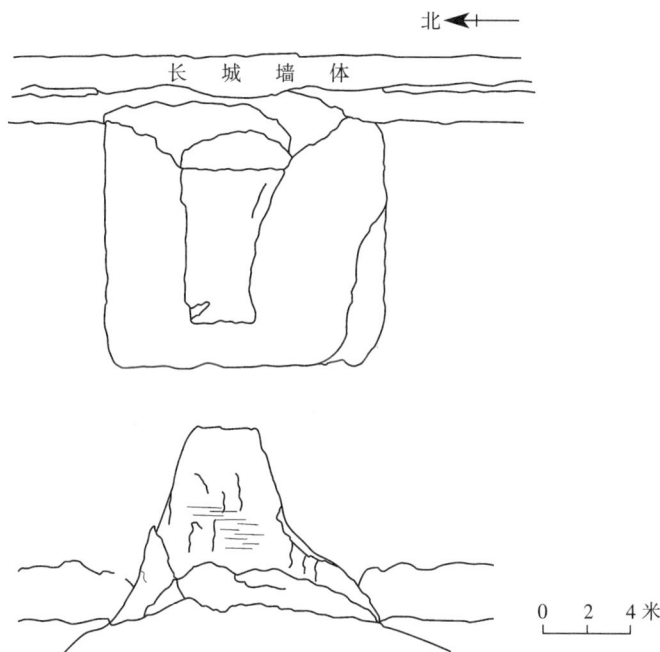

图一二五七　杜羊圈村龙池峁3号马面平、立面图

该马面位于长城墙体西侧（外侧），紧靠长城墙体，东北距杜羊圈村龙池峁3号关0.24千米。

（六五）杜羊圈村龙池峁4号马面（610823352102170065）

该马面位于赵石畔镇杜羊圈村龙池峁村（组）居民区西南0.3千米的山梁上。地处无定河南、芦河西的黄土沟壑地带，南侧有一个土坑；西侧长有大量酸枣树；东侧地势较低，是耕地区；东北侧地势较平缓，主要是耕地。高程1200.4米。

马面整体保存一般。台体保存二分之一，尚保留矩形形制。台体坍塌严重，裂缝较多，受风沙侵蚀四壁剥落。台体包砖全部脱落或被拆除，周围残留有少量砖、瓷片。紧靠台体南壁有一个长4、宽3、深1～2米铲削形成的晚期土坑，破坏了台基。台体上生长有旱地植被，根系深入台体。台体下部存在较多大小不等的动物洞穴，对台体造成一定破坏。

台体用黄土夯筑而成，夯土内夹杂有砖、石块，部分台体有碎石层，夯层厚0.14～0.24米。台体平面呈矩形，剖面呈梯形，底部东西5.5、南北5.8米，顶部东西4.5（最高1.5米）、南北2.6米，高5.5米。台体东壁有登台步道，可从长城墙体到达台顶。（图一二五八）

该马面位于长城墙体西侧，紧靠长城墙体，东北距杜羊圈村龙池峁3号马面0.3千米。

（六六）杜羊圈村寨城峁1号马面（610823352102170066）

该马面位于赵石畔镇杜羊圈村寨城峁村（组）东0.1千米。地处无定河南、芦河西的黄土沟壑地带，周边地势起伏较大，沟壑梁峁交错。南侧有一条沟壑，与龙池峁相对；西侧种植有榆树；东侧是斜坡，种植有庄稼，与居民区相连。高程1255米。

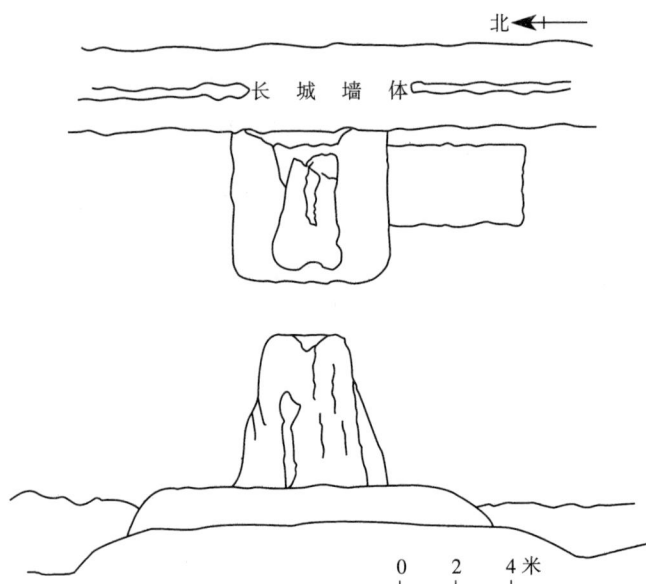

图一二五八　杜羊圈村龙池峁4号马面平、立面图

马面整体保存较差。台体保存不足四分之一，矩形形制不明显。台体顶部及四壁因风雨侵蚀剥落、流失，顶部坍塌严重呈不规则形，底部四周因植树和耕种被人为铲削，北壁与长城墙体相连处有一个宽5米的断口，腰部有攀爬形成的便道。台体上生长有旱地植被，根系深入台体。台体四壁尤其是下部有较多大小不等的动物洞穴，对台体造成一定破坏。

台体建在自然基础上，黄土夯筑而成，夯层厚0.1~0.13米。台体平面呈矩形，剖面呈梯形，底部东西12、南北13米，顶部不规则，东西7、南北9.5米，高9米。台体顶部原应有建筑物，现仅存砖、石、瓦片、少量瓷片等。（图一二五九）

该马面位于长城墙体北侧，紧靠长城墙体，西南距杜羊圈村寨城峁1号关0.17千米。

（六七）杜羊圈村寨城峁2号马面（610823352102170067）

该马面位于赵石畔镇杜羊圈村寨城峁村（组）南0.3千米。地处无定河南、芦河西的黄土沟壑地带，周边地势较平缓。北侧有一块造林用地，种植有柠条。高程1256.8米。

马面整体保存一般。台体保存二分之一，尚保留矩形形制。台体坍塌呈不规则形，有多处裂缝，东壁由于开垦农田、种植树木被而铲削严重。台体顶部有几个豁口，东壁由于风雨冲刷呈斜坡状。台体顶部植物生长旺盛，根系发达，四壁尤其是下部存在较多大小不等的动物洞穴，这些对台体造成严重破坏。

台体建在自然基础上，黄土夯筑而成，土质较疏松，夯层不清。台体平面呈矩形，剖面呈梯形，底部东西12.8、南北11米，顶部不规则，东西10、南北7.7米，高9米。台体东壁有登台步道可达台顶。台体顶部原应有建筑物，现仅存有砖、石、瓦片等。（图一二六〇）

该马面位于长城墙体西侧，北距杜羊圈村寨城峁2号关0.15千米。

（六八）杜羊圈村寨城峁3号马面（610823352102170068）

该马面位于赵石畔镇杜羊圈村寨城峁村（组）西南0.85千米的山峁上。地处无定河南、芦河西的黄土沟壑地带，周边地势高低起伏。西侧有铲削形成的一块空地，南侧较平坦，东侧是一条沟壑，植被主要有黄蒿、柠条。高程1284.9米。

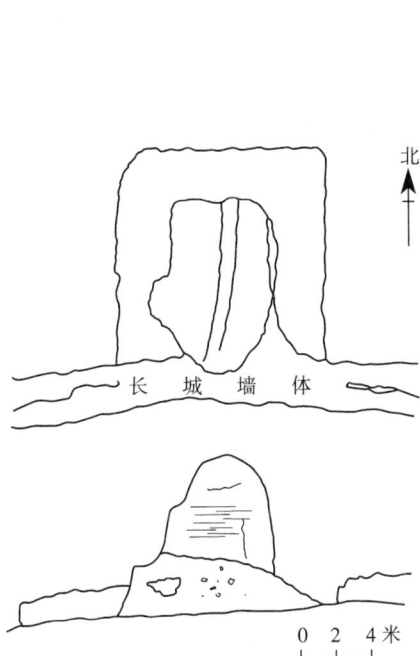

图一二五九　杜羊圈村寨城峁1号马面平、立面图

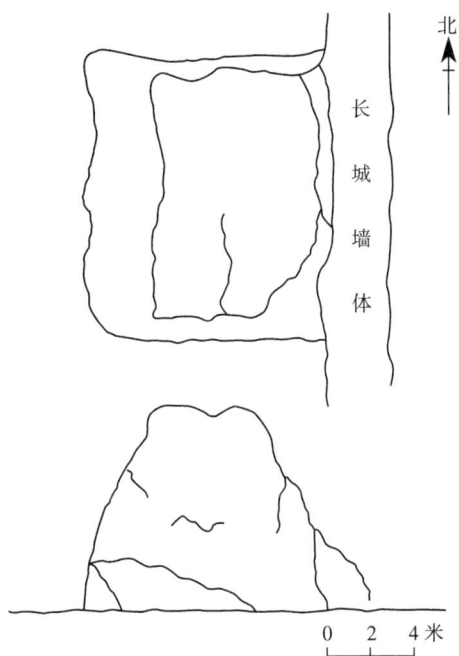

图一二六〇　杜羊圈村寨城峁2号马面平、立面图

马面整体保存较差。台体保存不到四分之一，矩形形制消失。台体坍塌严重，四壁因风雨侵蚀而剥落、流失，有多处裂缝。台体表面有多个凹坑，西壁2个较大，北壁底部有4米高的铲削断面。台体上生长有旱地植被，根系深入台体。台体四壁下部存在较多大小不等的动物洞穴，对台体产生一定的破坏。

台体用黄土夯筑而成，夯层厚0.08～0.12米。台体平面呈矩形，剖面呈梯形，底部东西5、南北7米；顶部不规则，东西5、南北4.5米，高3米。台体东壁有登台步道可达台顶。台体顶部原应有建筑物，现仅存有砖、石、瓦片、少量瓷片等。（图一二六一）

该马面位于长城墙体东侧，东北距杜羊圈寨城峁2号马面0.335千米。

（六九）杜羊圈村寨城峁4号马面（610823352102170069）

该马面位于赵石畔镇杜羊圈村寨城峁村（组）西南1.5千米的山坡上。地处无定河南、芦河西的黄土沟壑地带，周边地势高低不平，梁峁起伏，附近地势西高东低。西侧南部为耕地，北部为荒漠区，有一条"V"形冲沟。高程1280米。

马面整体保存一般。台体保存不到二分之一，形制受到较大破坏。台体因风沙侵蚀四壁剥落，生长有旱地植被，根系深入台体，四壁尤其是下部有较多大小不等的动物洞穴，对台体造成一定破坏。台体上有多处裂缝，坍塌呈较大的土堆状。西侧紧靠台体处有大片耕地，对台体铲削严重。

台体用纯净的黄土夯筑而成，夯土质地细密，夯层厚0.12～0.14米。台体分为上下两部分，整体呈覆斗状，通高5米，下部高3、上部高2米。台体平面呈矩形，剖面呈梯形，底部东西12、南北10米，交界处东西8、南北7米，顶部东西5、南北4米。台体东壁有登台步道，可从长城墙体到达台顶。（图一二六二）

该马面位于杜羊圈村～水掌村长城墙体西侧，紧靠长城墙体，南距水掌村杨窑则1号马面1千米，距长城墙体止点约0.05千米，东北距杜羊圈村寨城峁3号马面0.726千米。

北 ←——

长 城 墙 体

0　1　2 米

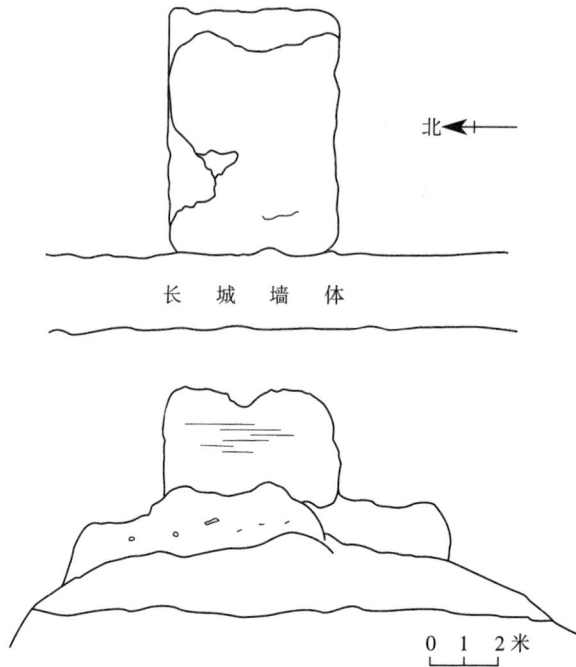

图一二六一　杜羊圈村寨城峁 3 号马面平、立面图

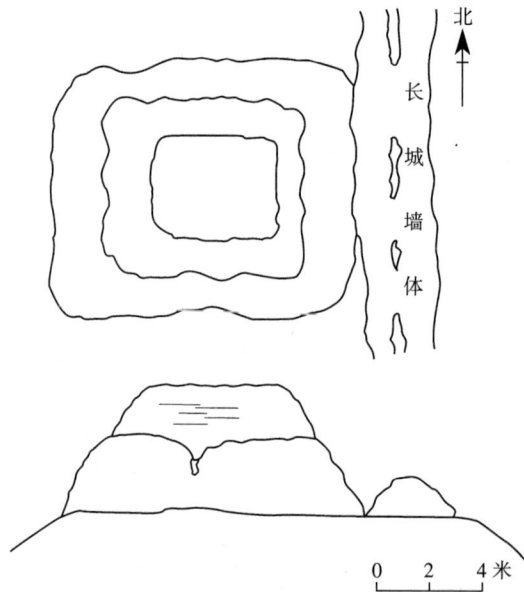

北 ↑

长
城
墙
体

0　2　4 米

图一二六二　杜羊圈村寨城峁 4 号马面平、立面图

（七〇）水掌村杨窑则 1 号马面（610823352102170070）

　　该马面位于赵石畔镇水掌村杨窑则村（组）北 0.15 千米的山坡上。地处无定河南、芦河西的沙化黄土沟壑地带，周边地势起伏较大，沟壑纵横，北侧山坳处有一户村民。所在地势西南高东北低，两侧斜坡上为耕地，长满黄蒿。高程 1324.1 米。

　　马面整体保存一般。台体保存四分之三，尚保留矩形形制。台体受风沙侵蚀四壁剥落，裂缝较多，生长有旱地植被，根系深入台体。台体四壁尤其是下部存在较多大小不等的动物洞穴，西北角有铲削痕迹，对台体造成一定破坏。

　　台体用纯净黄土夯筑而成，质地细密，夯层厚 0.09～0.12 米。台体平面呈矩形，剖面呈梯形，底部东西 11、南北 10.5 米，顶部东西 7.5、南北 4.5 米，内高 4.2、外高 6.8 米。台体东壁有登台步道，可从长城墙体到达顶部。台体顶部原应有建筑，周围残留有少量的砖、瓦片、瓷片。（图一二六三；彩图二四四）

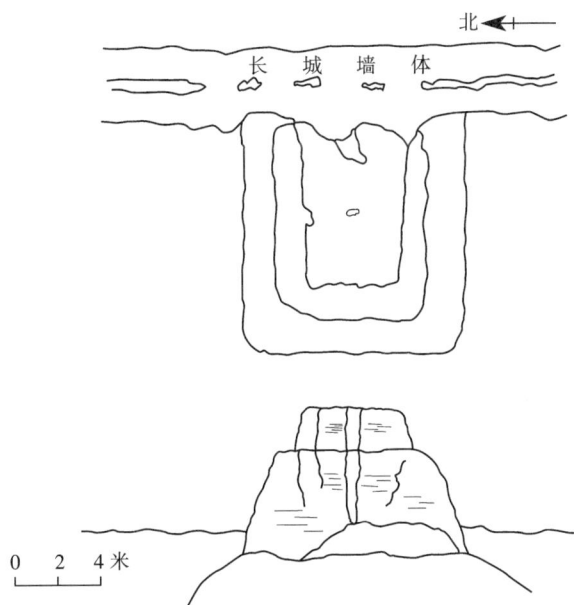

图一二六三　水掌村杨窑则 1 号马面平、立面图

　　该马面位于长城墙体西侧（外侧），紧靠长城墙体，北距杜羊圈村寨城峁 4 号马面 1 千米（直线距离 0.8 千米），南距水掌村杨窑则关 1.2 千米（直线距离 1 千米）。

（七一）水掌村杨窑则 2 号马面（6108233521021700071）

　　该马面位于赵石畔镇水掌村杨窑则村（组）北 0.3 千米的山梁上。地处无定河南、芦河西的沙化黄土沟壑地带，周边地势起伏较大。马面建在南北向的山坳里，西侧是与台体连接的山坡，东侧有一条土路通往杨窑则村，周围主要是耕地，生态脆弱。高程 1352.8 米。

　　马面整体保存较差。台体保存四分之一，矩形形制勉强可辩。台顶部和四壁因风雨侵蚀而剥落、流失，裂缝较多。台体上生长有旱地植被，根系深入台体。台体四壁有少量大小不等的动物洞穴，对台体造成一定破坏。台体东壁南部有人为开凿的洞穴，用途不明。台体包砖消失。

　　台体用纯净的黄土夯筑而成，质地细密，夯层厚 0.1～0.13 米。台体平面呈矩形，剖面呈梯形，底部东西 7、南北 9.5 米，顶部东西 6、南北 4.5 米（最高处宽 2.5 米），高 7 米。台体南壁有登台坡道，可从长城墙体到达台顶。台体顶部原应有建筑，周围残留有少量砖、瓦片、瓷片。（图一二六四）

　　该马面位于长城墙体北侧（外侧），紧靠长城墙体，北距水掌村杨窑则关 0.573 千米，南距水掌村杨窑则 3 号马面 0.75 千米。

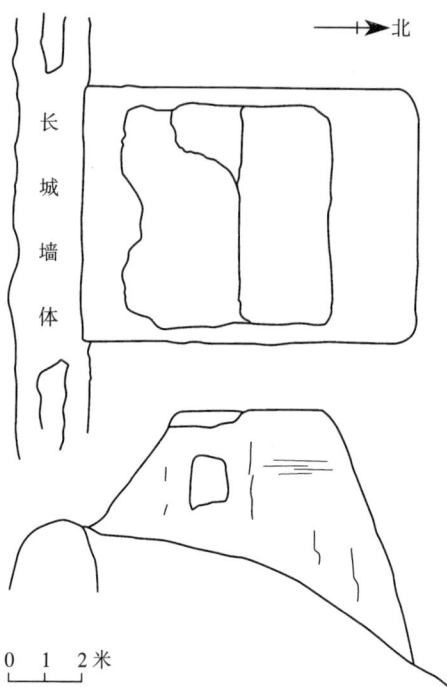

图一二六四　水掌村杨窑则 2 号马面平、立面图

（七二）水掌村杨窑则 3 号马面（610823352102170072）

该马面位于赵石畔镇水掌村杨窑则村（组）南 0.5 千米的山峁上。地处无定河南、芦河西的沙化黄土沟壑地带，周边地势起伏较大，梁峁纵横。两侧与沟壑相连，落差约 30 米。高程 1256.3 米。

马面整体保存差。台体表面被芨芨草覆盖，四周呈斜坡状，只存约 3 米见方的土块，濒临消失，原有形制无存。台体顶部和四壁因风雨侵蚀而剥落、流失，坍塌严重，裂缝较多。台体上生长有旱地植被，根系深入台体。台体四壁存在大小不等的动物洞穴，对台体造成一定破坏。

台体用黄土掺杂碎砖石夯筑而成，密实度低，夯层不清晰，夯层厚约 0.15 米。台体因坍塌严重，底部、顶部呈不规则形，剖面呈梯形，高 3 米多。台体周围残留有少量砖、瓦片、瓷片、石灰渣等。（图一二六五）

该马面位于长城墙体西侧（外侧），紧靠长城墙体，南距边墙梁村 1 号关 1.8 千米，东北距水掌村杨窑则 2 号马面 0.956 千米。

（七三）芦沟村庞庄 1 号马面（610823352102170073）

该马面位于塔湾镇芦沟村庞庄村（组）东约 0.8 千米的梁峁上。地处无定河南、芦河西沙化黄土丘陵沟壑地带。西侧有一条废弃的土路，东侧有一条沟壑，植被稀少。高程 1277.4 米。

马面整体保存差。台体坍塌成土堆，与周边斜坡相连，就像一个山顶，形状不规则，矩形形制消失。台体顶部及四壁因风雨侵蚀剥落、流失，有多个冲刷豁口，底部部分坍塌落土与台体分离，东壁散落有大量残砖、石。台体上生长有旱地植被，根系深入台体，对台体造成一定破坏。

台体建在自然基础上，黄土夯筑而成，夯土内夹杂有少量料礓石，夯层不清，土质较疏松。台体底部东西 4、南北 8 米，顶部东西 6、南北 6.6 米，高 2 米。（图一二六六）

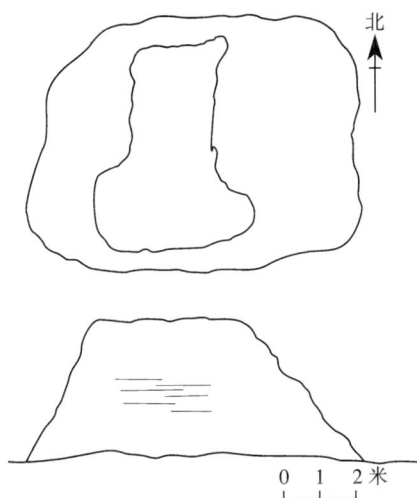

图一二六五　水掌村杨窑则 3 号马面平、立面图

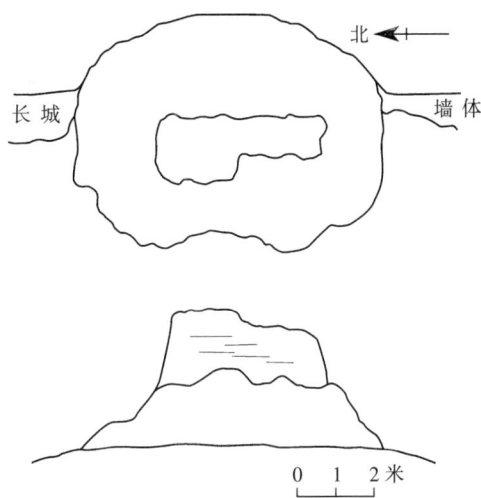

图一二六六　芦沟村庞庄 1 号马面平、立面图

该马面位于长城墙体西侧，紧靠长城墙体，北距边墙梁村 3 号敌台 0.6 千米，南距芦沟村庞庄 2 号马面 0.5 千米。

（七四）芦沟村庞庄 2 号马面 （6108233521021700774）

该马面位于塔湾镇芦沟村庞庄村（组）东 1 千米的山峁上。地处无定河南、芦河西的沙化黄土丘陵沟壑地带，东侧有一条冲沟；南、北侧是斜坡，连接一条沟壑。周边植被发育较差，主要生长有沙蒿、黄蒿，部分沙土裸露。高程 1271.8 米。

马面整体保存一般。台体保存不到二分之一，矩形形制破坏较大。台体顶部及四壁因雨水、风沙侵蚀而剥落、流失。台体上长有旱地植被，根系深入台体造成一定破坏，四壁尤其是下部存在较多大小不等的动物洞穴。

台体基座为一座小山峁，高 7 米。台体用黄土夹杂料礓石夯筑而成，夯层厚 0.08 ~ 0.12 米。台体平面呈矩形，剖面近梯形，底部东西 10.5、南北 11.5 米，顶部不规则，凹凸不平，东西 5、南北 7 米，高 5 米。台体西北角有一个豁口，是登台步道，宽 3 米。台体顶部原应有建筑物，仅残留有砖、石、瓦片等，还有少量瓷片。（图一二六七；彩图二四五）

该马面位于长城墙体西侧，紧靠长城墙体，东南距芦沟村庞庄 1 号烽火台 0.5 千米，东距李家口子村 0.2 千米。

（七五）芦沟村高粱湾马面 （6108233521021700775）

该马面位于塔湾镇芦沟村高粱湾村（组）东约 0.6 千米的山峁半坡上。地处无定河南、芦河西的沙化黄土丘陵沟壑地带，周边地势起伏较大，沟壑纵横。东侧地表呈斜坡状，植被发育较差。高程 1315.3 米。

马面整体保存差。台体向东侧沟壑倾斜，濒临消失，形制很难分辨，仅存隆起的土丘。台体坍塌严重，裂缝较多，生长有旱地植被，根系深入台体造成一定破坏。台体四壁尤其是下部存在较多大小不等的动物洞穴，东壁有新近挖掘的盗洞或墓穴。

台体用纯净的黄胶土夯筑而成，密实度较低，夯层不清，夯层厚 0.07 ~ 0.1 米。台体平面呈矩形，剖面呈梯形，底部东西 10.1、南北 10 米，顶部东西 5.2、南北 6.2 米，高 9 米，露出部分高 7 米（西

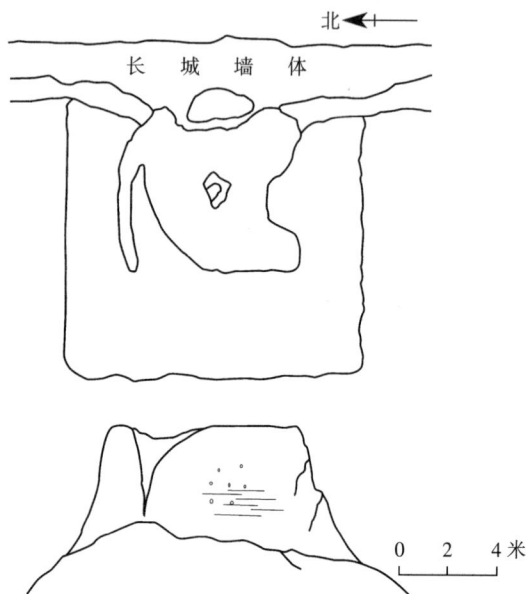

图一二六七　芦沟村庞庄 2 号马面平、立面图

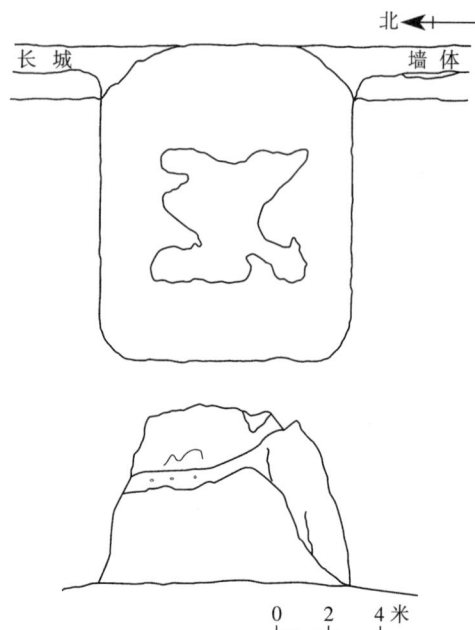

图一二六八　芦沟村高粱湾马面平、立面图

南角），塌土掩埋部分高 2 米，顶部中间比四角高 0.5 ~ 1 米。台体东壁有登台步道，可从长城墙体到达台顶。台体顶部四面有坍塌，平面呈不规则形，如四片花瓣。（图一二六八）

该马面位于庞庄村 ~ 瓦窑界村长城墙体西侧（外侧），紧靠长城墙体，东北距庞庄村关 0.3 千米，东南距芦沟村庞庄 2 号烽火台 0.3 千米，西南距石井村龙口界马面 1.35 千米。

（七六）石井村龙口界马面（610823352102170076）

该马面位于塔湾镇石井村龙口界村（组）西 0.3 千米的山坡上。地处芦河西、无定河北的黄土丘陵沟壑地带，周边有 3 条沟壑，一侧地势较平缓，由于干旱植被发育较差，主要生长有沙蒿、柠条等，黄土多裸露。高程 1329.5 米。

马面整体保存一般。台体保存四分之三，尚保留矩形形制。台体坍塌严重，裂缝宽而多，剥落成圆柱状。台体四壁有若干大小不等的动物洞穴，生长有旱地植被，根系深入台体，对台体造成一定破坏。

台体建在自然基础上，黄土夯筑而成，夯土质地一般，夯层不明显，夯层厚 0.08 ~ 0.12 米。台体平面呈矩形，剖面呈梯形，底部东西 9.5、南北 8.8 米，顶部不规则，东西约 4、南北约 3 米，高约 10 米。台体周围残留有少量砖、瓦片、瓷片。（图一二六九；彩图二四六）

该马面位于长城墙体东侧（内侧），紧靠长城墙体，西南距清河村瓦窑界马面 0.55 千米、高粱湾村敌台 0.78 千米，北距芦沟村高粱湾堡 0.7 千米。

（七七）清河村瓦窑界马面（610823352102170077）

该马面位于塔湾镇清河村北约 0.6 千米的瓦窑界村（组）。地处无定河南、芦河西的沙化黄土沟壑地带，周边地势较高，沟壑纵横。东北、东南侧有 2 座山峁；南侧紧靠长城墙体有一块较平坦的农田；东侧有一条深沟，落差约 10 米；西侧为一条沟，高差较大，高程 1280.6 米。

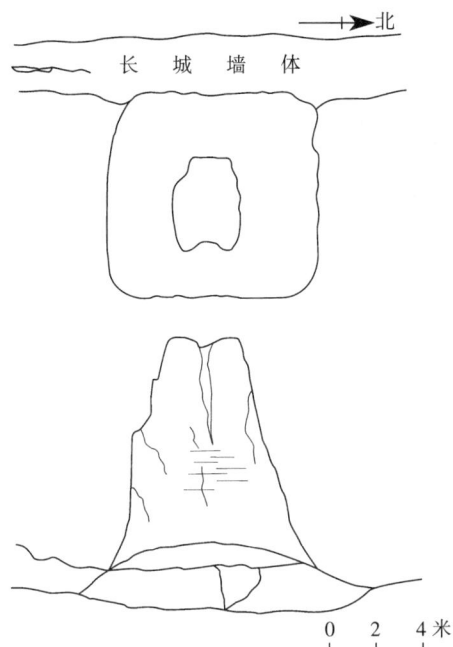

图一二六九　石井村龙口界马面平、立面图

图一二七〇　清河村瓦窑界马面平、立面图

　　马面整体保存较差。台体保存四分之一，矩形形制大半被毁。台体顶部和四壁因风雨侵蚀而剥落、流失，坍塌严重，裂缝较多。台体上生长有旱地植被，根系深入台体造成一定破坏，四壁尤其是下部存在较多大小不等的动物洞穴。

　　台体位于一座东高西低的倾斜台面上，台面高 0.6～1 米。台体用黄土夯筑而成，密实度一般，夯层厚 0.1 米。台体平面呈矩形，腰部略收，剖面呈梯形，底部东西 11.5、南北 13 米，腰部东西 7、南北 6.5 米，顶部东西 3.6、南北 0.3 米，外侧腰部以下高 6.5、以上高 4.5 米，内侧高 6 米。台体东壁有登台步道，可从长城墙体到达台顶，顶部较平整。台体顶部原有建筑，周围残留有少量砖、瓦片、瓷片。（图一二七〇）

　　该马面位于长城墙体西侧（外侧），紧靠长城墙体，北距石井村龙口界马面 0.55 千米，南距清河村瓦窑界关 0.7 千米，距长城墙体起点约 0.04 千米。

（七八）龙泉墩村烽火台（610823353201170078）

　　该烽火台位于波罗镇龙泉墩村西南 1.6 千米的山峁上。地处无定河北的波状沙丘地带，西南侧有一条冲沟，四周有沙梁，植被生长一般，部分沙层裸露，主要生长有沙蒿、柠条等。高程 1118.1 米。

　　烽火台整体保存较差。台体保存四分之一，形制很难辨别。台顶原应有建筑物，周围坍塌落土上残留有较多砖、瓦片、少量黑釉瓷片。台体凹陷沙梁中，受风沙侵蚀四壁剥落，坍塌成小土包，表面生长有杂草，有多个洞穴，四壁底部塌陷比较严重，疑有人为铲削破坏。

　　台体夯土筑成，夯层厚 0.07～0.13 米。台体平面呈圆形，剖面呈馒头形，底部直径 4.7、高 4.5 米。基座夯筑而成，直径 16、高 6 米。台体上散落一些残砖，推测为包砖，砖长 38、宽 18、厚 7 厘米。（图一二七一）

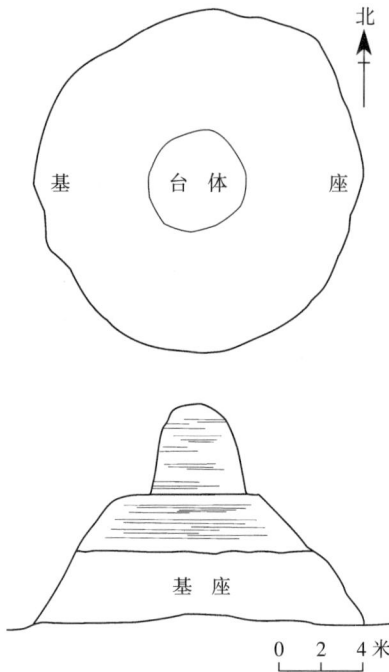

图一二七一　龙泉墩村烽火台平、立面图

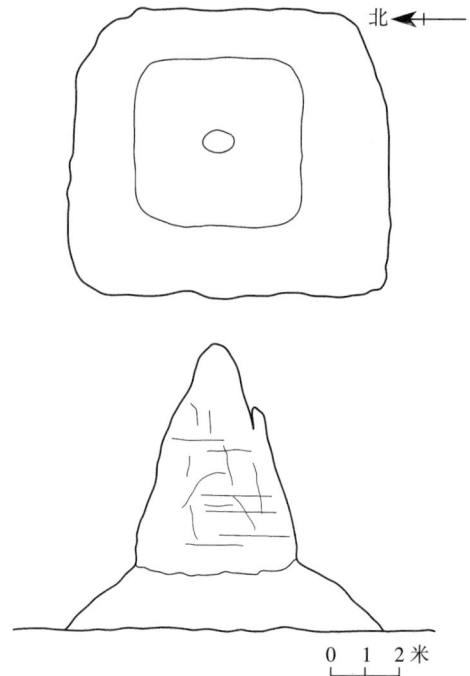

图一二七二　双河村 1 号烽火台平、立面图

该烽火台北距长城墙体 0.09 千米，东北距龙泉墩村 6 号马面 0.11 千米，西北距双河村 7 号马面约 0.2 千米。

（七九）双河村 1 号烽火台（610823353201170079）

该烽火台位于波罗镇双河村东北 3.15 千米。地处无定河北黄土沙化丘陵地带的平缓处，有一个水冲平台，附近植被状况较差，多数地表黄沙裸露。高程 1116.6 米。

烽火台整体保存一般。台体保存三分之一，呈圆锥状。台体顶部坍塌，壁面因风雨侵蚀剥落、流失及多处裂缝，西壁发现较多土蜂洞穴。台基四周生长有沙蒿，植物根系破坏了台体。

台体建在自然基础上，黄土夯筑而成，夯土质地细密，夯层厚 0.05～0.1 米。台体平面呈不规则矩形，剖面呈锥形，整体呈扁锥状，底部东西 8.2、南北 9.4 米，高 8 米。（图一二七二；彩图二四七）

该烽火台位于长城墙体南侧 0.05 千米，西距双河村 6 号马面 0.15 千米，东北距双河村 5 号马面 0.055 千米。

（八〇）双河村 2 号烽火台（610823353201170080）

该烽火台位于波罗镇双河村东北 2.8 千米。地处无定河北的沙漠丘陵地带，周边地势波状起伏。西南侧有一个"V"形冲沟，冲沟上有一个平台，沙层裸露，植被较少；东、北侧地势较低，生长有沙柳、沙蒿、柠条等。高程 1115.7 米。

烽火台整体保存较差。台体保存四分之一，形制难以分辨。台体顶部坍塌呈尖锥状，四周落土围绕，长有植物。台体上有多条裂缝，东壁有一条冲沟，断面上沙土大量滑落。

台体用黄土夯筑而成，夯层不明。台体平面呈圆形，剖面呈馒头形，底部直径 20、高 2 米。基座平面呈圆形，直径 24、高 4 米。台体顶部原应有建筑物，周围存残砖、石、瓦片、少量瓷片等。（图一二七三）

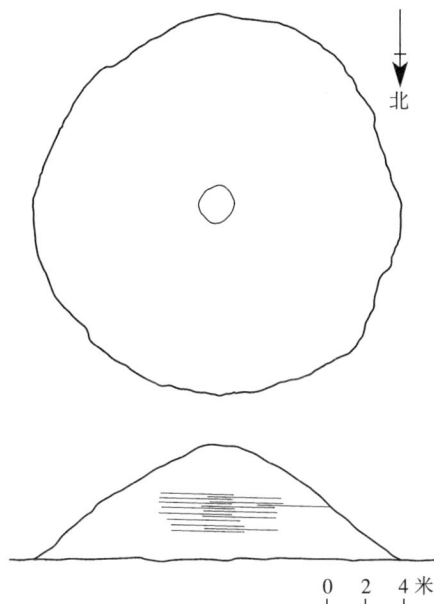

图一二七三　双河村2号烽火台平、立面图

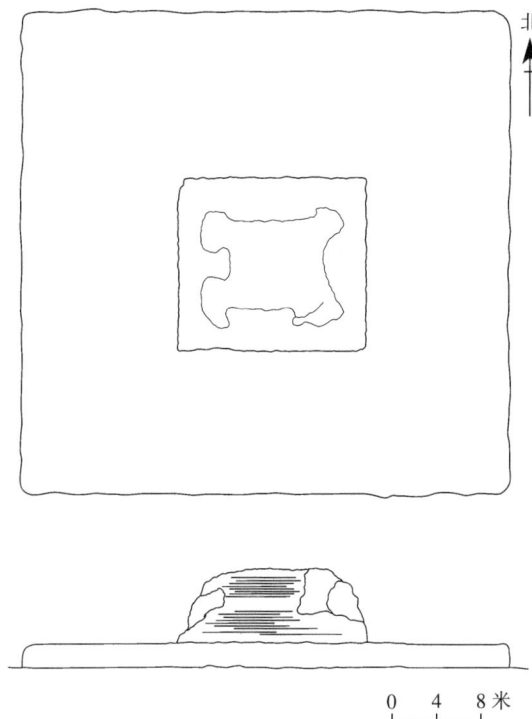

图一二七四　四台湾村1号烽火台平、立面图

该烽火台位于长城墙体南侧0.1千米，西距双河村7号马面0.08千米。

（八一）四台湾村1号烽火台（610823353201170081）

该烽火台位于波罗镇四台湾村西南0.38千米。地处无定河北的沙漠丘陵地带，周边地势波状起伏，周围地势较平坦。西侧5米外是大片的杨树林；东侧地表裸露，植被较少，长有沙蒿、柠条。高程1114.2米。

烽火台整体保存较差。台体保存四分之一，尚保留矩形形制，基座保存一般。台体顶部坍塌不规则，壁面有多条裂缝、多个凹坑和马蜂洞穴。台体受风沙侵蚀四壁剥落，生长有旱地植被，根系深入台体造成一定破坏。台体西壁顶部有步道处形成的大豁口，底部有一个动物洞穴；东北侧有许多杨树。

台体夯筑而成，夯土以黄土为主，顶部往下1.8米夯层是上沙下土的混夯结构，夯土质地细密，夯层厚0.12～0.14米。台体平面呈矩形，剖面呈梯形，底部东西17、南北15米，顶部东西13、南北10.5米，高6.5米。基座夯筑而成，平面呈矩形，东西44、南北42、高1～2米。台体周围散落有大量砖。（图一二七四）

该烽火台北距长城墙体约0.06千米，长城墙体呈弧状从烽火台北侧绕过，东北距四台湾村3号马面0.38千米，西南距四台湾村4号马面0.18千米。

（八二）四台湾村2号烽火台（610823353201170082）

该烽火台位于波罗镇四台湾村西南1.2千米。地处无定河北的沙漠丘陵地带，周边地势较平坦，地表土壤沙化严重。南、北侧种植有大量柳树和杨树，生长有沙蒿、柠条、沙柳等。高程1102.8米。

烽火台整体保存较差。台体保存四分之一，西南角有一条宽0.06～0.2米的裂缝。台体上生长有

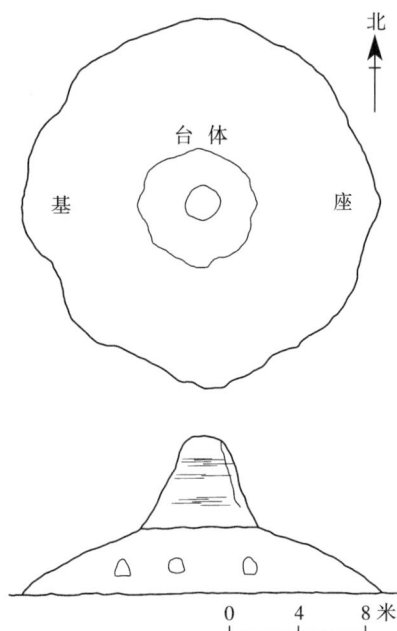

图一二七五　四台湾村 2 号烽火台平、立面图

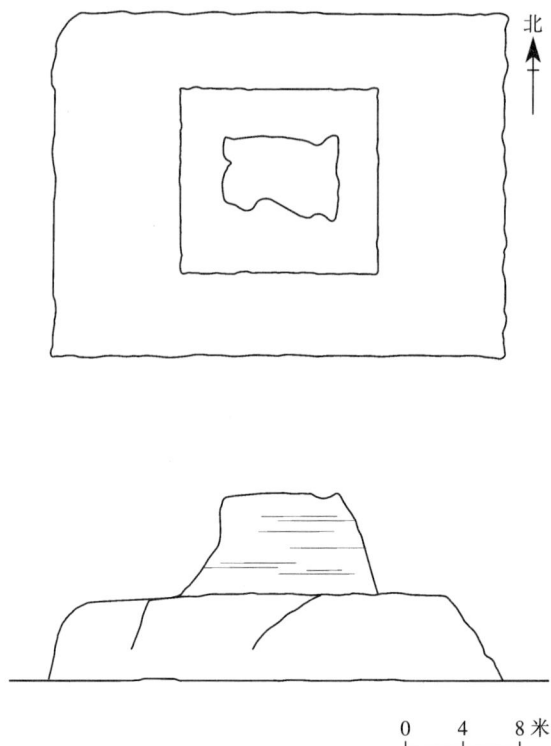

图一二七六　沙界河村烽火台平、立面图

旱地植被，根系深入台体。台上有蚂蚁洞穴和蜂巢，对台体造成一定破坏。台基上有大量坍塌落土，形成土堆围绕台体。台体受风沙侵蚀四壁剥落，落土围绕台体，底部四周有 10 个废弃的墓穴，使基座底部中空，对台基破坏严重。

台体建在自然基础上，夯筑而成，夯土以黄土为主，质地较疏松，夯层厚 0.1～0.15 米。台体平面呈不规则圆形，剖面呈馒头形，底部直径 6.6、高 5 米。台体有高约 3.5 米的基座，不知为自然基础还是人工夯筑。台体四周墓葬多迁出，露出墓穴。（图一二七五）

该烽火台距长城墙体 0.03 千米。

（八三）沙界沟村烽火台 （610823353201170083）

该烽火台位于波罗镇沙界沟村东南 0.6 千米的山峁上。地处无定河北地区黄土丘陵沟壑地带，地势较高，四周是缓坡，植被多干枯。高程 1160.4 米。

烽火台整体保存较差。台体保存四分之一，矩形形制受到较大破坏。台体因风雨侵蚀剥落严重，顶部凹凸不平；西壁步道处是一大豁口，与台基之间形成一个水冲沟，落土堆上长有大量柠条，有多个动物洞穴，西壁有大量人为攀爬的痕迹；西南角 5 米处有铲削形成的平台。台基处发现少量残砖、瓦。

台体用黄土夯筑而成，夯土质地疏松，夯层厚 0.12～0.2 米。台体平面呈矩形，剖面呈梯形，底部东西 12、南北 11 米，顶部不规则，东西 7、南北 5 米，高 6 米。台基平面呈矩形，东西 29、南北 21、高 5 米。（图一二七六）

该烽火台位于长城墙体南侧，西北距沙界沟村 2 号敌台 1.5 千米。

（八四）创业村烽火台 （610823353201170084）

该烽火台位于横镇创业村西南中部的黄土梁上。地处无定河南的黄土丘陵沟壑地带，东侧有无定河；西侧有一条沟壑；南侧山顶平台处有创业村居民区，有大量窑洞、平房等建筑。高程1061.5米。

烽火台保存较差。台体保存四分之一，矩形形制受到很大破坏。台体南壁中部有一条裂缝，东壁顶部有步道形成大豁口，基座上有人为挖掘的洞穴。基座底部发现明砖，为拆除包砖所致。步道上有大量攀爬痕迹。台体受风沙侵蚀四壁剥落，生长有旱地植被，根系深入台体造成一定破坏，四壁尤其是下部存在较多大小不等的动物洞穴。

台体平面呈矩形，剖面呈梯形，底部边长10米，顶部呈凹字形，东西6、南北7米，高8.4米。台体东壁有坍塌，疑为登台步道位置。基座平面呈不规则圆形，直径约15、高约2.1米，黄土夯筑而成，夹杂有2层砖，分成上下基本相等的三部分，砖有一层或多层，夯层厚0.12~0.17米。（图一二七七）

该烽火台东北距创业村寨城堡0.25千米。

（八五）二道峁村烽火台（6108233532011170085）

该烽火台位于横山镇二道峁村西0.7千米的山峁上。地处无定河南地区的黄土丘陵沟壑地带，东0.7千米处有无定河河川，周边是山梁上的平地，植被主要有黄蒿、柠条、芨芨草等，多干枯。高程1142.4米。

烽火台整体保存较差。台体坍塌严重，濒于消失，形制无法辨别。台体受风沙侵蚀四壁剥落，坍塌成土堆，表面杂草丛生。台体上部残缺，东壁有多个凹坑，西壁有一条便道通往台顶。

台体夯筑而成，夯土以黄土为主，夯层厚0.06~0.14米。台体平面呈矩形，剖面呈近梯形，底部东西7.5、南北9米，顶部东西4.5、南北4.2米，高5.5米。基座平面呈矩形，东西30、南北32米，高0.5~1米。（图一二七八）

该烽火台北距长城墙体0.2千米，东北距创业村烽火台1千米，西北距二道峁村马面0.78千米。

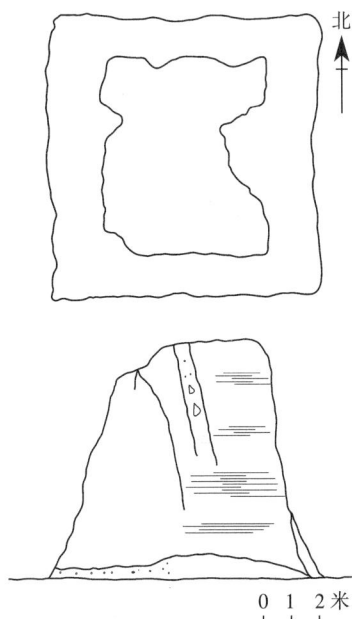

图一二七七　创业村烽火台平、立面图　　　　　　图一二七八　二道峁村烽火台平、立面图

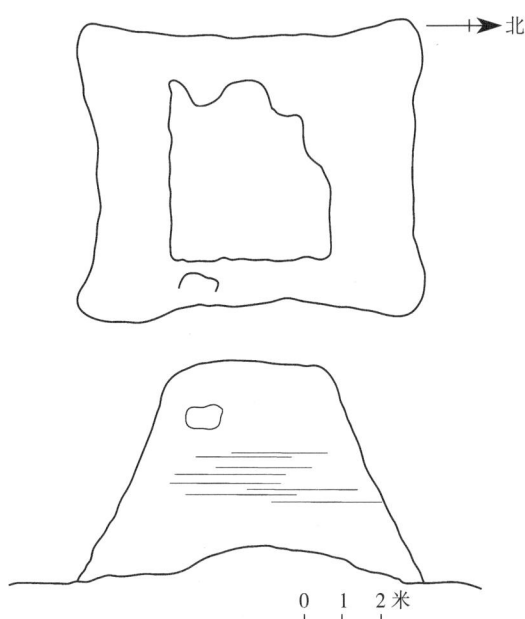

（八六）王圪堵村烽火台（610823353201170086）

该烽火台位于横山镇王圪堵村东北 0.73 千米的山峁上。地处无定河南、芦河西的黄土沟壑地带，周边地势较平坦，植被主要有沙柳、柠条、芨芨草等，多干枯。高程 1142 米。

烽火台整体保存一般。台体保存二分之一，矩形形制尚可辨别。台体顶部坍塌较严重，呈不规则形，部分夯土由于裂缝呈柱状与台体分离，坍塌土呈堆状围绕台体。台体南壁呈蜂窝状，受病害影响严重，壁面有许多蜂巢形成的小眼，有多条裂缝；西壁中部有一个圆形土洞；北壁底部有几个小土洞。台体顶部和四壁生长有大量杂草，根系深入台体造成一定破坏。

台体用黄土夹杂少量料礓石版筑而成，夯土质地细密，夯层厚 0.13～0.15 米，未发现夯窝。台体平面呈矩形，剖面呈梯形，底部边长约 15 米，顶部东西 11、南北 10 米，高 11 米。台体周围散落有大量残砖、石、碎瓷片；顶部生长有杂草，散落有零星碎瓷片。（图一二七九；彩图二四八）

该烽火台南距长城墙体 0.6 千米。

（八七）魏强村 1 号烽火台（610823353201170087）

该烽火台位于横山镇魏强村东北 0.5 千米的山峁上。地处无定河南、芦河西黄土沟壑地带，北侧地势较低，有一条沟壑，北 0.02 千米处有长城墙体；南侧与台体底部齐平，之间地势平坦，生长有大量柠条、沙蒿。

烽火台整体保存差。台体仅存隆起的土丘，濒临消失，矩形形制很难辨别。台体受风雨侵蚀有多处裂缝，坍塌严重。台体东、北壁有挖掘的痕迹；南壁有一个墓穴通到台体内，雨水和动物可进入。台体上生长有旱地植被，根系深入台体造成一定破坏。

台体用黄土夯筑而成，夯层厚 0.09 米。台体平面呈矩形，剖面呈梯形，底部东西 6.8、南北 5.4 米，顶部东西 2.8、南北 3.2 米，高 3 米。（图一二八○）

该烽火台北距长城墙体约 0.02 千米、魏强村 3 号马面 0.07 千米。

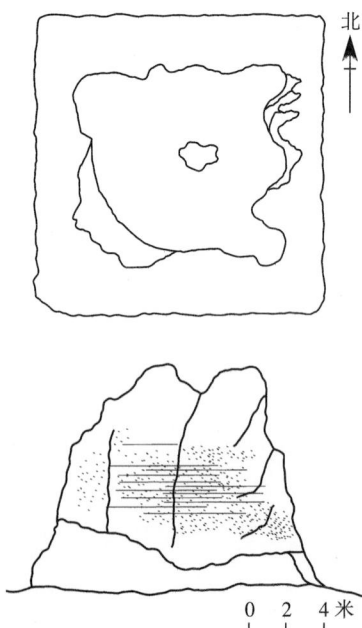

图一二七九　王圪堵村烽火台平、立面图

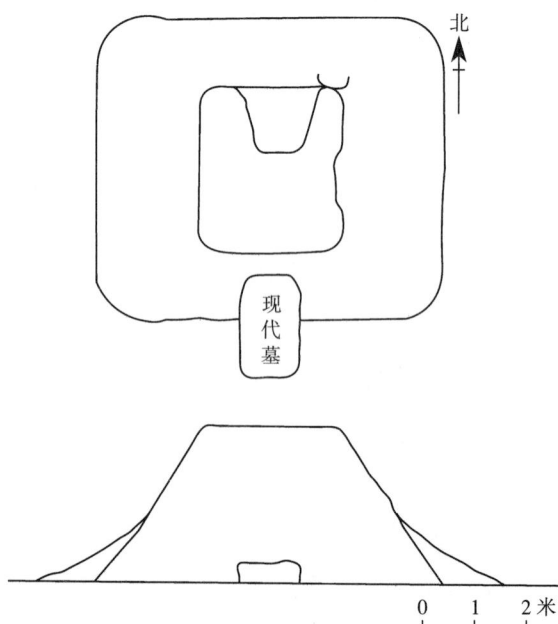

图一二八○　魏强村 1 号烽火台平、立面图

（八八）魏强村 2 号烽火台 （610823353201170088）

该烽火台位于横山镇魏强村西南 0.8 千米的南北向山峁上。地处无定河南、芦河西的黄土沟壑地带，东、西侧有 2 条沟壑，南、北侧有 2 道宽 16 米的壕沟，周围生长有黄蒿、沙蒿、柠条等植物。高程 1206.6 米。

烽火台整体保存一般。台体保存二分之一，尚保留矩形形制。台体受风沙侵蚀四壁剥落，顶部有多个凹坑，杂草丛生，根系深入台体造成一定破坏。台体南、北壁有多个圆形小洞，东壁有一条宽 0.02 米的裂缝，南、北侧的壕沟受雨水冲刷严重。

台体基础为把山峁南北两侧削铲而成。台体用黄土夯筑而成，夯层厚约 0.2 米。台体平面呈矩形，剖面呈梯形，底部东西 19、南北 18 米，顶部东西 15、南北 14 米，高 6.8 米。（图一二八一）

由于人为对山峁南北两侧削铲 16 米，在山峁两侧形成 2 道壕沟，壕沟外侧壁上发现成排的柱洞状孔洞，没有成水平排列；北面壕沟北侧孔洞位于坍塌落土的上缘，可能是当时建筑的遗迹，也可能是动物的洞穴。北侧因山梁低矮，壕沟外筑有一道墙。

该烽火台南距长城墙体约 0.03 千米，东北距魏强村 4 号马面 0.28 千米，西南距魏强村 5 号马面 0.35 千米。

（八九）魏强村 3 号烽火台 （610823353201170089）

该烽火台位于横山镇魏强村西南 1.5 千米。地处无定河南、芦河北的黄土沟壑地带，周边地势起伏较大，沟壑纵横。南侧有一条沟壑；东侧是一个地势平坦的自然平台，植被较旺盛；西侧由台顶至地面是流水冲开的一条小沟，植被低矮，形成一个便道。高程 1214 米。

烽火台整体保存一般。台体保存二分之一，尚保留矩形形制。台体顶部坍塌严重，受风沙侵蚀四壁剥落，坍塌落土围绕台体。台体西壁有一条雨水冲刷的豁口，侧面有多个小洞。台体表面生长有少量杂草，周边柠条生长旺盛。

台体建在自然基础上，夯筑而成，夯土以黄土为主，质地细密，夯层厚 0.11~0.14 米。台体平面呈矩形，剖面呈梯形，底部东西 5.5、南北 5 米，顶部坍塌呈人字形，东西 3.5、南北 3 米，高 4.5 米。（图一二八二）

该烽火台北距长城墙体 0.108 千米。

（九〇）马家梁村烽火台 （610823353201170090）

该烽火台位于横山镇马家梁村西 1.7 千米的山梁上。地处无定河南、芦河西的沙漠丘陵地带，周边地势起伏较大。西 0.03 千米、东 0.1 千米处各有一道冲沟，相互平行。台体和东侧冲沟之间有一道墙体，正对台体中部，与之相连，东北 0.3 千米处有一条干沟。高程 1177.1 米。

烽火台整体保存较差。台体保存四分之一，矩形形制难以分辨。台体坍塌成低矮的土台，生长有大量柠条和沙蒿，根系深入台体，造成一定破坏。台体上有若干大小不等的动物洞穴，顶部原有建筑物，周围有残砖、石、瓦片等。

台体建在至少 3 米高的沙质基础上，有围墙。围墙保存 10 米，底宽 3、顶宽 0.3、高 2 米。台体上部用黄土夯筑而成，夯层厚 0.15 米，可能未经夯打，状如坟堆，被盗墓者认为是大墓葬而被盗掘。台体平面呈矩形，剖面呈梯形，底部边长 17 米，顶部东西 9、南北 7 米，高 8 米，下部沙质基础厚 3 米，上部黄土堆筑部分高 5 米。（图一二八三）

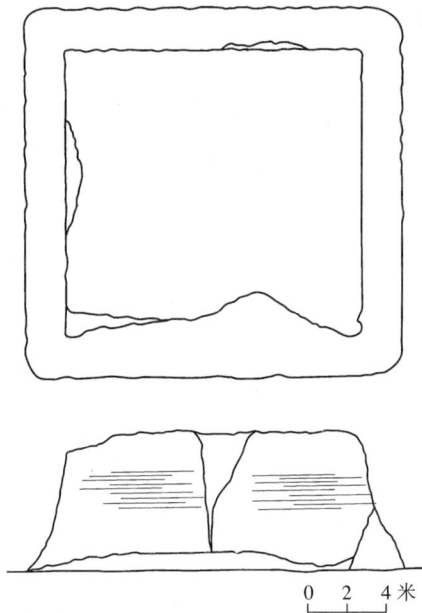

图一二八一　魏强村2号烽火台平、立面图　　　图一二八二　魏强村3号烽火台平、立面图

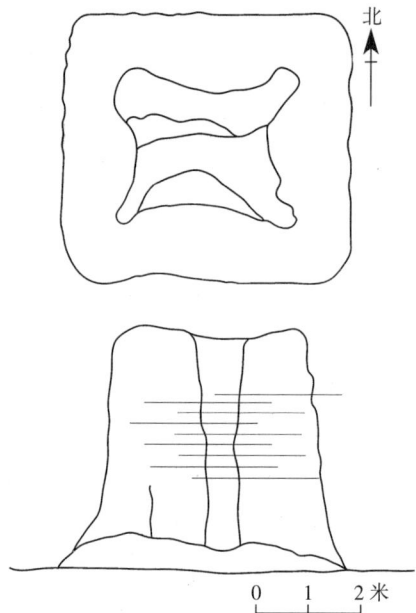

该烽火台位于长城墙体西北0.5千米。

（九一）张沙墕村1号烽火台（610823353201170091）

该烽火台位于雷龙湾乡张沙墕村东1.05千米的山峁上。地处无定河南、芦河西的沙化黄土沟壑地带，周边地势西南高东北低。东南0.08千米处有3条流水冲沟，东0.2千米处有一条大沟壑；西侧紧靠台体有宽1米的小渠，与一座较高的小沙梁相连；南、西、北侧环绕浅而窄的自然沟，周围生长有沙棘、柠条等植被。高程1242.7米。

烽火台整体保存较差。台体保存四分之一，矩形形制坍塌脱落呈锥形。台体顶部因雨水冲刷四壁夯土剥落、流失，西壁下部悬空。台体表面有多条竖直裂缝，顶部和中部生长有少量杂草，下部有土蜂筑巢的洞穴。

台体用纯净的黄土夯筑而成，夯层细密，夯层厚0.07~0.12米。台体平面呈矩形，剖面呈梯形，底部边长7.4、顶部边长1、高6米。基座四壁基本垂直，平面呈矩形，边长8、高3.5米。（图一二八四；彩图二四九）

该烽火台位于长城墙体东侧，距长城墙体约0.03千米，东北距张沙墕村马面0.55千米，西南距张墙村1号马面1.24千米。

（九二）张沙墕村2号烽火台（610823353201170092）

该烽火台位于雷龙湾乡张沙墕村东南1.2千米的山梁上。地处无定河南、芦河西的沙漠丘陵地带，周边地势起伏较大。西侧有一条"U"形沟壑，西0.035千米处有许多凸起的土包，周围地势较平坦，生长有沙柳、柠条、黄蒿等植被。高程1282.7米。

烽火台整体保存一般。台体保存二分之一，尚保留矩形形制。台体受风沙侵蚀四壁剥落，四壁尤其是下部有较多大小不等的动物洞穴，顶部坍塌，南壁裂缝较多，底部有多个凹坑，有铲削痕迹。基座边缘有多个流水冲沟，东侧坍塌严重。台体上生长有少量杂草，根系深入台体造成一定破坏。

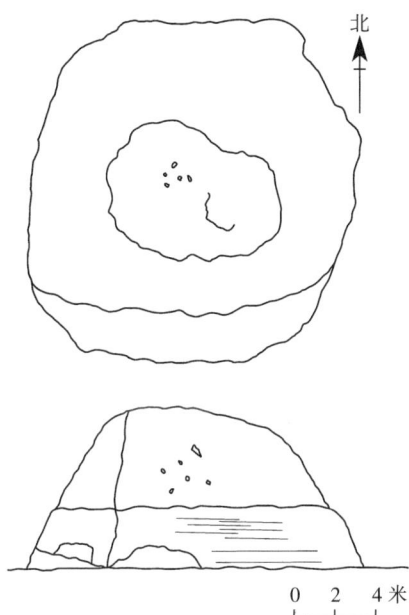

图一二八三　马家梁村烽火台平、立面图

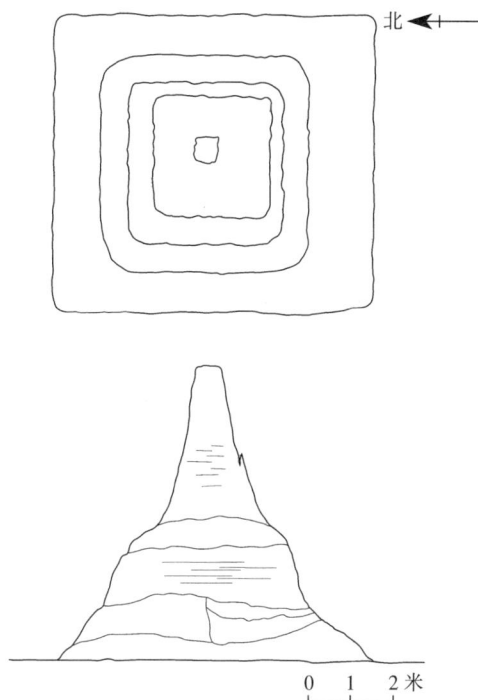

图一二八四　张沙墕村1号烽火台平、立面图

台体用黄土夯筑而成，夯层较疏松，夯层厚0.11～0.14米。台体平面原呈矩形，现坍塌呈工字形，剖面呈梯形，底部边长9.6米，顶部东西5.3、南北5.5米，高6.5米。基座平面呈矩形，边长20米，下部坍塌32米，高1～2米。（图一二八五）

该烽火台西距长城墙体0.05千米，东北距张沙墕村马面0.99千米，西南距张墙村1号马面0.8千米。

（九三）张沙墕村3号烽火台（610823353201170093）

该烽火台位于雷龙湾乡张沙墕村南1千米的山梁上。地处无定河南、芦河西的沙漠丘陵地带，两侧各有一条"V"形沟。东侧为种植有糜子、马铃薯和黄豆的缓坡耕地；西、北、南侧是退耕还林区，种植有松树、榆树、杏树等。高程1279.2米。

烽火台整体保存一般。台体保存二分之一，尚保留矩形形制。围墙基本不存，仅基座角部有痕迹。台体四壁均有1～2个豁口，为坍塌形成，包砖被拆除；顶部最高处有一个长1.3、宽0.6、深1.3米的盗洞，旁边堆有许多砖，当出自盗洞。台体周围生长有许多庄稼和果树，紧贴基座种植，对基座有所铲削。

台体用黄土夯筑而成，夯层不明。台体平面呈矩形，剖面呈梯形，底部东西16、南北12米，顶部坍塌严重，边长2米，高2.5米。台体顶部2米为呈馒头状疏松的坍塌土，下面当有建筑遗迹。夯土基座平面呈矩形，边长40、高3.5米。围墙基本不存，基座南缘正中有一个豁口，当是围墙门的位置。（图一二八六）

该烽火台西距长城墙体0.4千米，东北距张沙墕村马面0.99千米，西南距张墙村1号马面0.8千米。

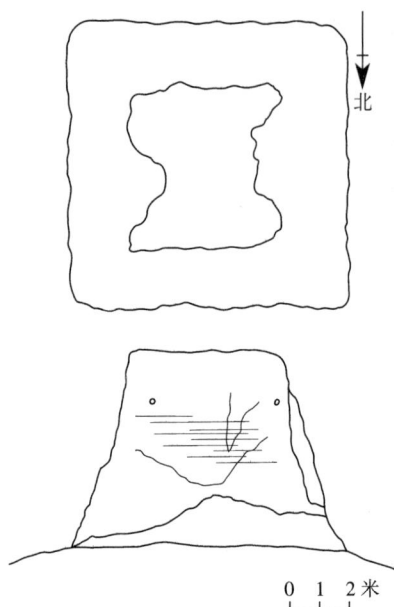

图一二八五　张沙塔村 2 号烽火台平、立面图

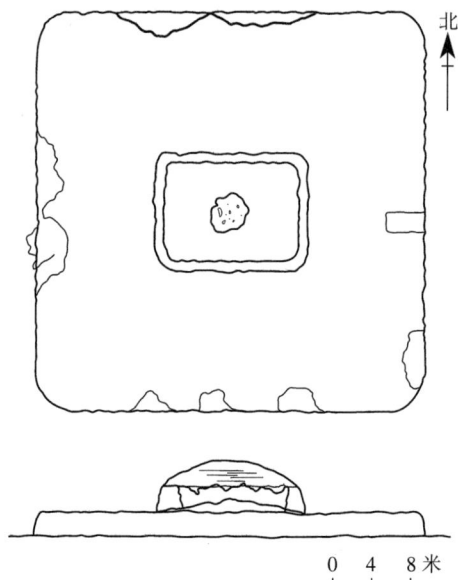

图一二八六　张沙塔村 3 号烽火台平、立面图

（九四）张墙村 1 号烽火台（610823353201170094）

该烽火台位于横山镇张墙村的山顶上。地处无定河南、芦河西的黄土沟壑地带，西约 0.05 千米处是张墙村居民区，四周为耕地，种植有马铃薯。西侧坡度较大，其余三侧地势较为平坦。高程 1295.8 米。

烽火台整体保存较差。台体保存四分之一，尚保留矩形形制。台顶部和四壁因风雨侵蚀呈圆角矩形，顶部坍塌严重，南壁呈斜坡状，东北壁有一个因坍塌形成的宽约 3.8 米的豁口。台体底部有铲削迹象，表面杂草丛生，根系深入台体造成一定破坏。台体上有一些动物洞穴。

台体用黄土夯筑而成，夯层不明。台体平面呈矩形，剖面呈馒头形，底部东西 15、南北 13.5 米，顶部边长 10.5 米，高 5 米。台体顶部原应有建筑物，现仅存有砖、石、瓦片、少量瓷片等。（图一二八七）

该烽火台西距长城墙体 0.4 千米。

（九五）张墙村 2 号烽火台（610823353201170095）

该烽火台位于横山镇张墙村西 0.7 千米的山梁上。地处定河南、芦河西的黄土沟壑地带，东侧较为平坦，有两层梯田，种植有谷子；西侧有一条沟壑；其余地表荒草丛生。高程 1303.1 米。

烽火台整体保存较差。基础保存较好，围墙、台体保存较差。台体周围种植有庄稼，开垦耕地时人为铲削侵蚀基座，导致部分基座坍塌严重。基座西北角有一根电线杆、一个盗洞、一个缺口；西、北侧可见围墙。台体受风雨冲蚀坍塌严重，顶部有一道从中部连至西北角的槽，槽下部连接一个较深的盗洞。台体上生长有旱地植被，根系深入台体。台体和基座上有一些动物洞穴，对台体造成一定破坏。

台体用黄土夯筑而成，夯层厚约 0.15 米。台体平面呈矩形，剖面呈馒头形，底部东西 14、南北 13 米，顶部东西 8、南北 6.6 米，高 3 米，顶部从中部连至西北角的槽长 7、宽 2.6、深 0.5 米。基座用生土筑成，两侧是沟壑，平面呈矩形，边长 36、高 4 米。围墙建在基座边缘，仅基座西、北侧可见围墙，高 0.8、宽 0.6 米，其余消失；基座西北角缺口宽 3.5 米，当是围墙门的位置。（图一二八八）

图一二八七　张墙村 1 号烽火台平、立面图

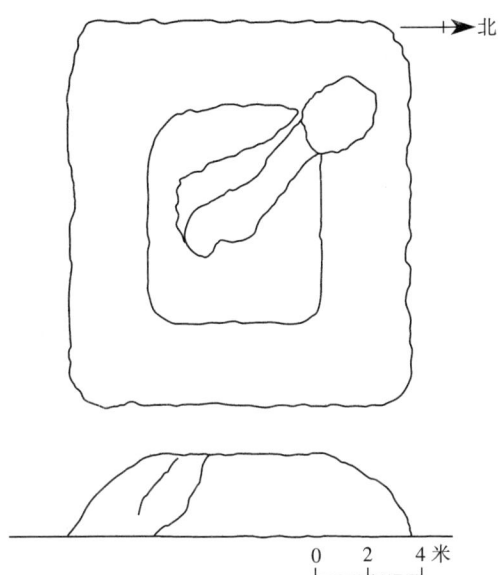

图一二八八　张墙村 2 号烽火台平、立面图

该烽火台东距长城墙体 0.246 千米。

(九六) 张墙村 3 号烽火台 (610823353201170096)

该烽火台位于横山镇张墙村西南 0.3 千米的山梁上。地处无定河南、芦河西的黄土沟壑地带,附近地势较平缓。所处为耕地,种植有谷子。北侧 0.05 千米处有一座变压线架。高程 1288 米。

烽火台整体保存一般。台体保存四分之三,尚保留矩形形制。台体南壁下部有一孔高 1.5、宽 2、深 3 米的窑洞,用来储存牲畜草料;东壁自上而下坍塌,中部形成一个"V"形的大豁口。台体表面有多条裂缝,底部有数个动物洞穴,四壁有铲削迹象。

台体用黄土夯筑而成,夯层厚 0.1~0.12 米。台体平面呈矩形,剖面呈梯形,底部东西 10、南北 9.5 米,顶部呈凹字形,东西 5、南北 5.2 米,高 8.8 米。台体东壁有登台步道可达台顶。基座平面呈矩形,边长 30、高 2.5 米,基座上有围墙。围墙仅存 15 米,高、宽 0.8 米。台体顶部原应有建筑物,现仅存少量瓦片。(图一二八九;彩图二五〇)

该烽火台位于长城墙体东侧 0.05 千米、张墙村 2 号马面西南,西南距张墙村 3 号马面 1.18 千米。

(九七) 刘墙村 1 号烽火台 (610823353201170097)

该烽火台位于横山镇刘墙村西约 1.1 千米的山梁上。地处无定河南、芦河西的黄土沟壑地带,附近梁峁台垣交错,地势起伏较大,四周沟壑落差约 45 米,植被较少,主要生长有沙蒿。高程 1257.6 米。

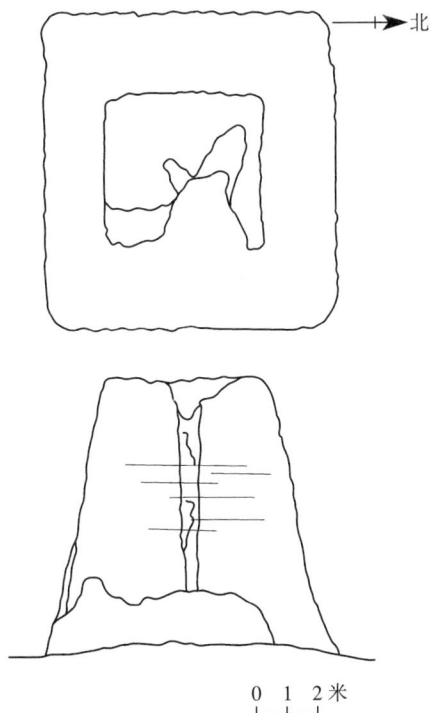

图一二八九　张墙村 3 号烽火台平、立面图

烽火台整体保存一般。台体保存四分之三，尚保留矩形形制。台体裂缝较多，西北角有一部分独立于台体，形成一个土柱，距台体 0.1～0.3 米，四壁落土呈斜坡状围绕台体。台体表面有 2 条冲蚀形成的凹槽，顶部有一个"V"形豁口。台体受风沙侵蚀四壁剥落，生长有旱地植被，根系深入台体造成一定破坏。

台体用黄土夯筑而成，夯层厚 0.14～0.15 米。台体平面呈矩形，剖面呈梯形，底部东西 15.3、南北 14.5 米，顶部东西 10、南北 9 米，高 8 米。基座平面呈不规则形，东西 36、南北 29 米，基座下的沙质基础露出地面 0.2 米，北面高约 2、东面高约 4 米，夯层厚 0.15～0.2 米。基座东西两侧为沟壑，前后（南北两侧）各有一道壕沟，可能和台体有关系（如筑台时取土的地方）；壕沟宽 5～8、深 1～2 米，长和基座相当，约 36 米。（图一二九〇）

图一二九〇　张墙村 3 号烽火台平、立面图

（九八）刘墙村 2 号烽火台（610823353201170098）

该烽火台位于横山镇刘墙村南 1.3 千米的山峁上。又名岗墩，地处无定河南、芦河西的黄土沟壑地带，周边地势起伏，西南侧为平缓斜坡，地表杂草丛生，多数干枯。高程 1244.7 米。

烽火台整体保存较差，台体保存四分之一，台体位于矩形土台中央，顶部和四壁因风雨侵蚀而剥落、流失，棱角消失，只能看出轮廓，仅存土包。基座坍塌严重，部分呈斜坡状。台体上生长有旱地植被，根系深入台体造成一定破坏，四周尤其是下部存在较多大小不等的动物洞穴。

台体用黄土夯筑而成，夯层厚 0.12～0.16 米。台体平面呈矩形，剖面呈梯形，底部东西 8、南北 10 米，顶部东西 3.5、南北 8.5 米，高 3 米。基座平面呈矩形，东西 20、南北 27 米，高约 2 米。基座东南角有围墙，墙体高 0.3、宽 0.6 米。台体周围有少量碎石和瓷片。（图一二九一）

该烽火台西距长城墙体 0.54 千米。

（九九）高峰村 1 号烽火台（610823353201170099）

该烽火台位于横山镇高峰村东约 1 千米的山峁上。地处无定河南、芦河西的黄土沟壑地带，所处

图一二九一　刘墙村 2 号烽火台平、立面图　　　　图一二九二　高峰村 1 号烽火台平立面图

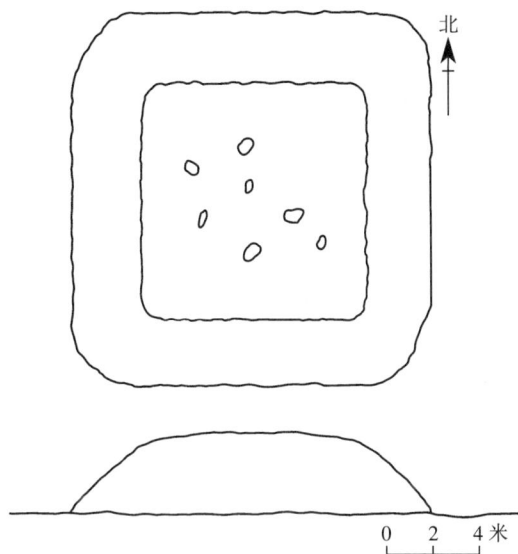

土台表面平坦，生长有杏树、黄蒿等植被。西侧有一条沟壑，呈斜坡状，落差较大；东侧较为平坦。高程 1277.1 米。

烽火台整体保存差。台体濒临消失，矩形形制很难辨别。台体四壁剥落严重，仅存扁平的土丘。基座坍塌严重，有多个豁口，有多条冲刷形成的裂缝。台体上生长有旱地植被，根系深入台体造成一定破坏，四周存在较多大小不等的动物洞穴。基座上有数个树坑，对基座破坏严重。

台体用黄土夯筑而成，夯层厚 0.17 米。台体平面呈矩形，剖面呈馒头形，底部东西 18、南北 16 米，顶部边长 10.2 米，高 3.5 米。基座平面呈矩形，东西 35、南北 34、西北角最高 3.5 米。基座上部可见夯层，夯层厚 0.17 米。围墙仅见痕迹。台体周围保存有较多碎砖、少量黑瓷片。（图一二九二）

该烽火台东距长城墙体 0.038 千米，东北距刘墙村 2 号关 0.6 千米，西南距高峰村马面 1.23 千米。

（一〇〇）高峰村 2 号烽火台（610823353201170100）

该烽火台位于横山镇高峰村东南约 1.3 千米的山峁上。地处无定河西、芦河南的黄土沟壑地带，南北两侧有"U"形沟壑，周边种植有杏树。四周是退耕还林区，种植有大量松树、杏树，呈斜坡状，落差约 20 米。高程 1289.9 米。

烽火台整体保存一般。台体保存四分之三，尚保留矩形形制。围墙残缺不全，最高 1.3 米。基座四侧有许多坍塌造成的豁口。台体四壁剥落，有多条裂缝；顶部坍塌严重，凹凸不平，中央较高。围墙内生长有大量杂草，根系深入夯土中，造成一定破坏。台体和基座上有较多大小不等的动物洞穴，基座四周为耕地、果树，基座受到的铲削破坏。

台体北距围墙 11 米，黄土夯筑而成，夯层厚 0.15 ~ 0.17 米。台体平面呈矩形，剖面呈梯形，底部东西 14、南北 13.1 米，顶部东西 7.5、南北 8.8 米，高 8.5 米。台体顶部东南部有一个斜向的长 2.7、宽 2.5、深 0.5 米的矩形坑，南缘西段有一处东西 2.7、南北 1.3、深 1.2 米的遗迹；西端向西南方向伸出一个长 1.5、宽 1 米的椭圆台，两处遗迹可能是建筑遗存。基座和围墙因地势有较大起伏。基座平面呈矩形，东西 30、南北 36 米，高 5.3 米（东侧）。围墙建在基座边缘，保存较差，北墙较好，墙体高 0.8、顶宽 0.4 米，南墙基本不存，门的位置不清。（图一二九三；彩图二五一）

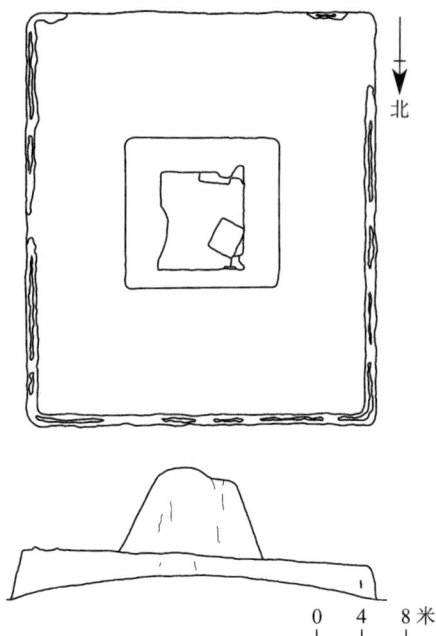

图一二九三　高峰村 2 号烽火台平、立面图

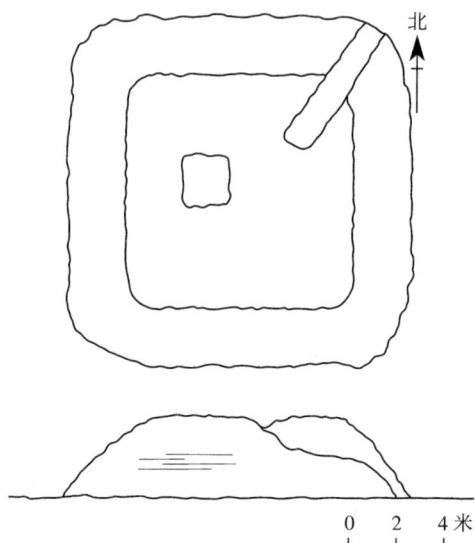

图一二九四　高峰村 3 号烽火台平、立面图

该烽火台西距长城墙体 0.07 千米，东北距刘墙村 2 号关 0.7 千米，西南距高峰村马面 1.23 千米。

（一〇一）高峰村 3 号烽火台（610823353201170101）

该烽火台位于横山镇高峰村邵梁村（组）邵家峁西南 0.55 千米的山峁上。地处无定河南、芦河西的黄土沟壑地带，周边地势起伏较大，有数条沟壑，呈"U"形或"V"形分布，地表生长有柠条、沙蒿等植被。高程 1314 米。

烽火台整体保存差。台体濒临消失，形制受到很大破坏。台体与山峁连成一体，呈斜坡状与沟壑连接。台体顶部东北角有一个长 6、宽 1.1 米的盗洞，深从顶部至地面，进一步向台体内延伸，原有建筑物不存。台体坍塌严重，呈斜坡状，从南壁可看出台体轮廓。台体表面及四周杂草丛生，根系深入夯土中对台体造成一定破坏，四壁尤其是下部存在较多大小不等的动物洞穴。

从盗洞断面看，台体 2 米以下为黄土夯筑而成，夯层厚 0.1~0.12 米。台体平面呈矩形，剖面呈馒头形，底部边长 15、顶部边长 10、高 3.5 米。台体顶部露出厚 0.2 米的石块，当是建筑材料料，夯土以上为虚土。夯土基座平面呈矩形，边长 31、高约 0.5 米。基座边缘可能有围墙，现消失。（图一二九四）

该烽火台西距长城墙体 0.03 千米，东北距高峰村马面 0.635 千米，西南距盘峰村黑梁坑马面 1.06 千米。

（一〇二）盘峰村烽火台（610823353201170102）

该烽火台位于横山镇盘峰村的山峁上。地处无定河南、芦河西的黄土沟壑地带，南北侧为两个山坳，西侧为长城墙体，东侧为一座较平缓的山脊，地势波状起伏，植被较少，生长有沙蒿、柠条等，植被部分干枯，土地荒芜。高程 1309.5 米。

烽火台整体保存一般。台体保存三分之一，尚保留矩形形制。台体上有许多裂缝，表面有剥落。台体顶部生长有几棵酸枣树；壁面生长有少量杂草，有多个凹坑和虫蚁洞穴。

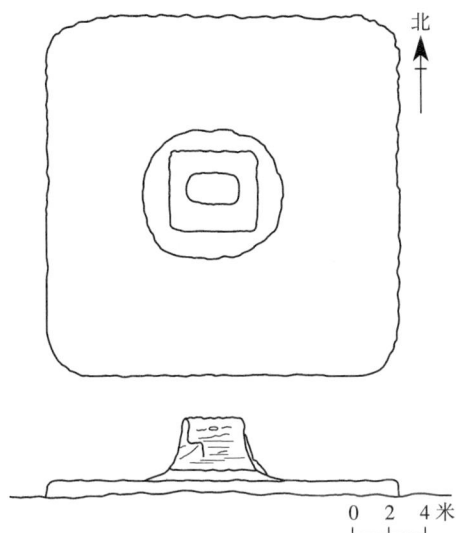

图一二九五　盘峰村烽火台平、立面图　　图一二九六　曹阳湾村烽火台平、立面图

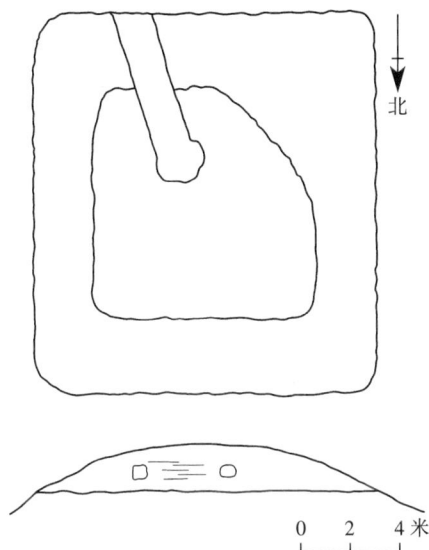

台体建在自然基础上，黄土夯筑而成，夯层厚 0.08～0.1 米。台体平面呈矩形，剖面呈梯形，底部东西 5、南北 4.5，顶部不规则，东西 3、南北 1.8 米，高 3.6 米。基座平面呈矩形，边长 20、高 0.6～1 米。台体南壁有登台步道可达台顶。（图一二九五）

该烽火台西距长城墙体 0.132 千米，东北距高峰村马面 0.905 千米，西南距盘峰村黑梁坑马面 0.79 千米。

（一〇三）曹阳湾村烽火台（610823353201170103）

该烽火台位于横山镇曹阳湾村东约 3 千米的较平缓山梁上。地处无定河南、芦河西的黄土沟壑地带，周边地势波状起伏，南北两侧各有一条沟壑，周围地面呈斜坡状，有许多植树形成的凹坑，生长有沙柳、宁条、沙蒿等植被。高程 1319.1 米。

烽火台整体保存差。台体濒于消失，坍塌严重，形制受到较大破坏，呈斜坡状。台体上生长有大量柠条和杂草，根系深入夯土中对台体造成一定破坏。台体顶部东南角有长 5、宽 1.2、深 2 米的盗洞向台体中心延伸，深入到台体内部，对台体破坏极大。

台体用黄土夯筑而成，夯层不清晰，夯层厚约 0.12 米。台体平面呈矩形，剖面呈馒头形，底部东西 14.5、南北 15 米，顶部边长 9.5 米，高 2 米。（图一二九六）

该烽火台西距长城墙体 0.156 千米。

（一〇四）曹阳湾村石庙梁烽火台（610823353201170104）

该烽火台位于横山镇曹阳湾村。地处芦河西、无定河南的黄土沟壑地带，所处地势北高南低，南侧山峁较陡，落差约 25 米。北侧有相连的山梁，南侧有一座山庙，地表植被主要为柠条、黄蒿。高程 1341.6 米。

烽火台整体保存一般。台体保存二分之一，尚保留矩形形制。台体四壁剥落，坍塌严重，顶部仅存条状土台，南壁紧靠一座小庙，有一孔窑洞背依台体，铲削和取土严重。台体上生长有旱地植被，根系深入夯土中对台体造成一定破坏，四壁尤其是下部存在若干大小不等的动物洞穴。

台体建在自然基础上，黄土版筑而成，夯层厚 0.08～0.12 米。台体平面呈矩形，剖面呈梯形，底部

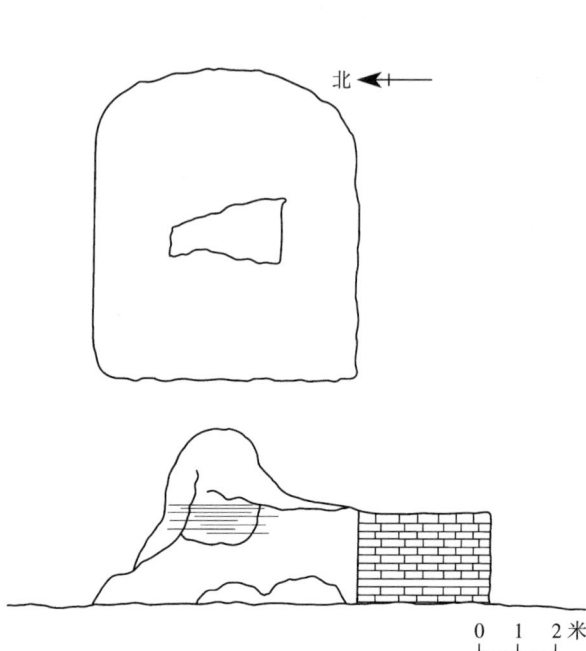

图一二九七　曹阳湾村石庙梁烽火台平、立面图

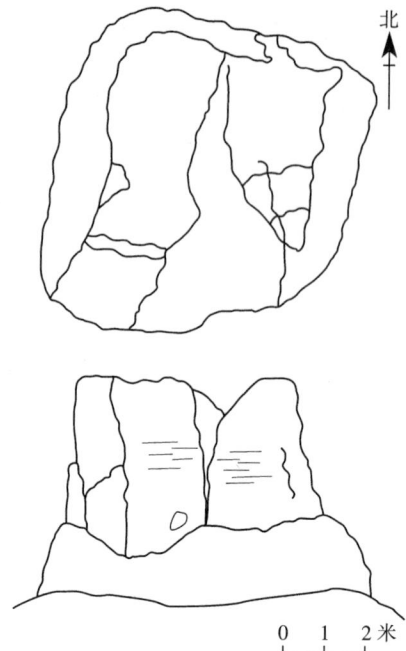

图一二九八　水掌村旧墩梁烽火台平、立面图

东西 8、南北 7 米，顶部不规则，东西 1.7、南北 3 米，南侧高 6、北侧高 4.5 米。台体顶部原应有建筑物，现仅存残砖石。（图一二九七）

该烽火台北距长城墙体 0.062 千米，南侧紧靠"巡山大王庙"。

（一〇五）水掌村旧墩梁烽火台（610823353201170105）

该烽火台位于赵石畔镇水掌村旧墩梁（山名）的山峁上。地处无定河以南、芦河以西的黄土沟壑地带，周边地势高低不平，地面呈斜坡状与沟壑相连，落差极大，周围是一片种有玉米、马铃薯等农作物的耕地。高程 1287.7 米。

烽火台整体保存一般。台体保存二分之一，尚保留矩形形制。台体顶部被分成几块，四壁有许多裂缝，南壁中部有一个坍塌形成的大豁口，南壁被分裂成 2 大块，东壁有一条长期攀爬形成的足窝步道。台体周围种植有庄稼，下部有较多被铲削、刨挖的痕迹。台体上生长有旱地植被，根系深入夯土中对台体造成一定破坏，四壁尤其是下部存在较多大小不等的动物洞穴。

台体用纯净的黄土夯筑而成，质地细密，夯层厚 0.08~0.13 米。台体平面呈矩形，剖面呈梯形，底部东西 8.5、南北 8 米，顶部不规则，东西 5.5、南北 4.5 米，高 5.5 米。台体顶部原有建筑物，周围保存有砖、石、瓦片、少量瓷片等。（图一二九八）

该烽火台西距杨窑则村长城 1 段墙体起点 0.47 千米，西北距离杜羊圈村寨城峁 3 号马面 0.284 千米、水掌村杨窑则 1 号马面约 0.8 千米，南距水掌村约 2.7 千米。

（一〇六）芦沟村边墙梁 1 号烽火台（610823353201170106）

该烽火台位于塔湾镇芦沟村边墙梁村（组）东北约 0.8 千米的山峁上。又名砖墩梁烽火台，地处无定河南、芦河西的沙化黄土丘陵沟壑地带，周边地势起伏较大，四周有壕沟，地表杂草丛生，壕沟内植被较旺盛，主要生长有沙蒿、柠条。高程 1362 米。

烽火台整体保存较差。台体保存四分之一，矩形形制受到较大破坏。台体受风雨侵蚀坍塌剥落严重，成为扁平的土包，北壁和东南角各有一个大盗洞。台体上生长有旱地植被，根系深入夯土中对台体造成一定破坏。台体和基座上有较多大小不等的动物洞穴，基座上有多个坍塌豁口。

台体建在挖掘壕沟所形成的方台上，四周有壕沟环绕，方台东西45、南北59米（含壕沟），壕沟宽10、深2.5米。台体用纯净的黄土夯筑而成，夯层厚0.2米，密实度较低。台体平面呈矩形，剖面呈梯形，底部东西16、南北14米，顶部不规则，东西9、南北13米，高4.5米。台体顶部原有建筑，周围保存有少量砖、瓦片、瓷片。（图一二九九）

该烽火台位于边墙梁村长城1段墙体东侧（内侧），西距边墙梁村1号关8米。

（一〇七）芦沟村边墙梁2号烽火台（610823353201170107）

该烽火台位于塔湾镇芦沟村（组）边墙梁村南约2.5千米的山峁上。地处无定河南、芦河西沙化黄土丘陵沟壑地带，周边有坡度较小的山梁，附近生长有一棵柳树，四周有许多水冲沟，土壤干旱，植被较少，黄土裸露较多。高程1326.50米。

烽火台整体保存较差。台体保存不足四分之一，尚保留矩形形制。台体坍塌严重，剥落成条形土梁，受风雨侵蚀四壁剥落。台体上生长有旱地植被，根系深入夯土中对台体造成一定破坏。台体西壁底部有一个被盗的汉代砖室墓，地面有许多完整的或残损的梯形子母砖，素面无纹饰，砖长32.5、宽16、厚4～5.5厘米，盗洞中可见被破坏的砖券墓顶，其他地方可能还有被盗的汉墓，因为台体东壁还有许多子母砖。

台体建在东西向山梁最高处一个土台上，土台东北侧保存较好，可看清边界，土台东西43.6、南北25、高约1.5米。台体用纯净的黄土夯筑而成，密实度一般，夯层不明。台体平面呈矩形，剖面呈梯形，底部东西17、南北15米；顶部凹陷，东西9、南北11.5米，高2.6～3.3米。台体呈覆斗形，西北角高、东南角低。（图一三〇〇）

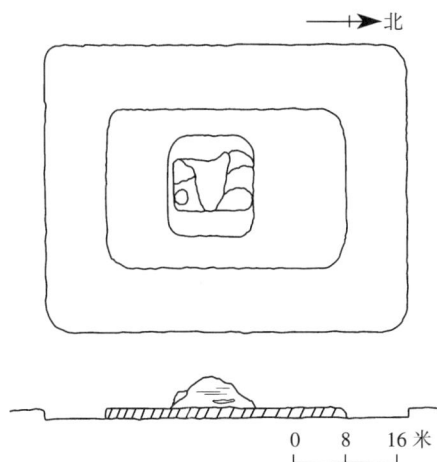

图一二九九　芦沟村边墙梁1号烽火台平、立面图　　　图一三〇〇　芦沟村边墙梁2号烽火台平、立面图

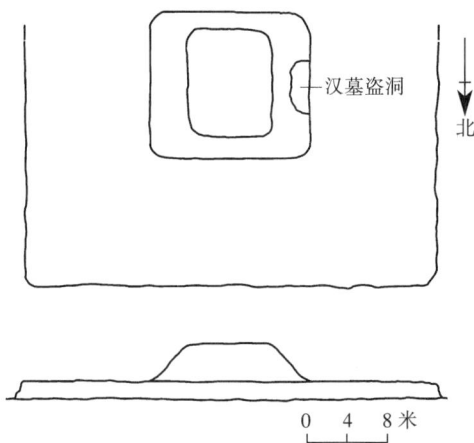

该烽火台位于边墙梁村~庞庄村长城墙体东侧（内侧）0.32千米，西北距芦沟村边墙梁2号关0.6千米，西南距边墙梁村3号敌台0.45千米。

（一〇八）芦沟村庞庄1号烽火台（610823353201170108）

该烽火台位于塔湾镇芦沟村庞庄村西南约0.5千米的山梁上。地处无定河南、芦河西的沙化黄土沟壑地带，周边为连绵起伏的平缓丘陵，地表植被较少，生长有沙蒿、柠条等。高程1318米。

烽火台整体保存一般。台体保存三分之一，矩形形制受到一定破坏。台体顶部和四壁因风雨侵蚀而剥落、流失，裂缝较多。台体上生长有旱地植被，根系深入夯土中对台体造成一定破坏。台体基座南侧底部有一排小土孔，南侧有一个人工挖掘的洞穴和一个盗洞，东侧有长期踩踏形成的阶梯状步道，底部为平坦的耕地，坍塌落土呈斜坡状围绕台体。

台体建在东西向山梁西端最高处，先对山梁加以铲削，形成一人工土台，在土台上夯筑台体，铲削土台东西两侧形成壕沟。土台平面呈矩形，东西22、南北19米，东侧壕沟宽5.6～7、深2.5，西侧壕沟宽6.4、深1～3米（北端）。

台体用纯净的黄土夯筑而成，密实度较高，夯层厚0.05～0.11米。台体分为上下两部分，上半部是露出的夯土台体，下半部分是塌落的虚土，坍塌呈漫坡状。台体底部平面呈矩形，剖面呈梯形，顶部平面呈凹字形，底部东西21.9、南北19米，顶部东西4.6、南北4.6米，高5米，上半部夯土部分高2.6米。台体东壁有长期踩踏形成的阶梯状坡道可登台顶；南壁中部偏西有一个宽1.1米的土洞，已坍塌，露出部分高0.4～0.7米。台体顶部原有建筑，周围保存有少量砖、瓦片、瓷片。（图一三〇一）

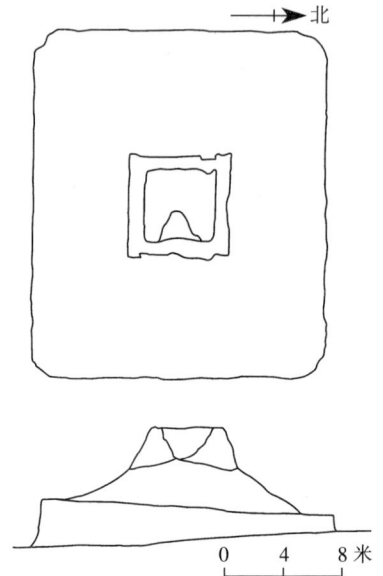

图一三〇一　芦沟村庞庄1号
烽火台平、立面图

该烽火台西距边墙梁村～庞庄村长城墙体约0.6千米。

（一〇九）芦沟村庞庄2号烽火台（610823353201170109）

该烽火台位于塔湾镇芦沟村庞庄西南约2.25千米的山梁高处。地处无定河南、芦河西的沙化黄土沟壑地带，周边梁峁台垣起伏，沟壑纵横，西侧是一座较高的山，东侧地势较低，植被主要有沙蒿、柠条等。高程1295.7米。

烽火台整体保存差。台体濒临消失，矩形形制受到严重破坏。台体坍塌严重，呈土堆状，顶部凹凸不平，四壁裂缝较多，顶部盗洞延伸到台体内部。基座四侧有大量豁口。台体表面长有大量杂草，根系深入夯土中对台体造成一定破坏。

台体建在土台上，土台南部保存较差，顶部东西15.5米，高1（东）～2.5米（西），南北不详。台体用纯净的黄土夯筑而成，密实度不高，夯层不明。台体底部平面呈近矩形，顶部平面呈凹字形，凹字口朝西，系盗掘所致，剖面呈梯形，底部边长7米，顶部东西3.5、南北3.8米，高2米。（图一三〇二）

该烽火台位于庞庄村～瓦窑界村长城墙体东侧（内侧）0.072千米，西距庞庄村关0.072千米。

（一一〇）羊圈渠村砖墩梁烽火台（610823353201170110）

该烽火台位于塔湾镇羊圈渠村西北1.5千米的砖墩梁（山名）上。地处无定河南、芦河西的黄土沟壑地带，周边地势起伏较大，沟壑纵横。所处坡度较陡，落差较大。北侧沿长城墙体方向是与之相连的山梁，南侧沟壑内是羊圈渠村平坦的耕地，山坡上种植被有松树、柳树、柠条、沙蒿等。高程1383米。

烽火台整体保存一般。台体保存三分之一，尚保留矩形形制。台体四壁剥落，坍塌严重，有多条

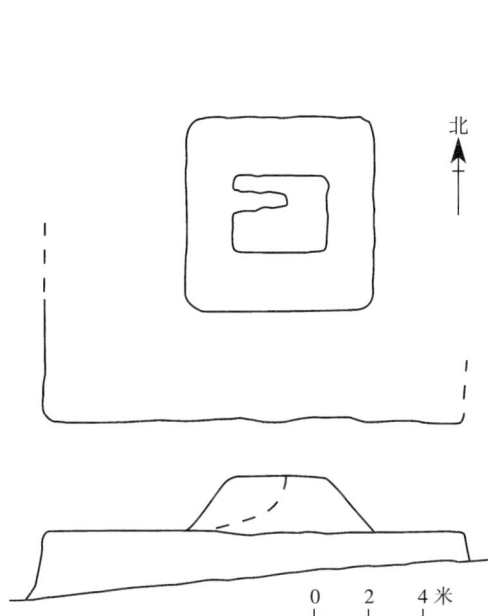

图一三〇二　芦沟村庞庄 2 号烽火台平、立面图　　　图一三〇三　羊圈渠村砖墩梁烽火台平、立面图

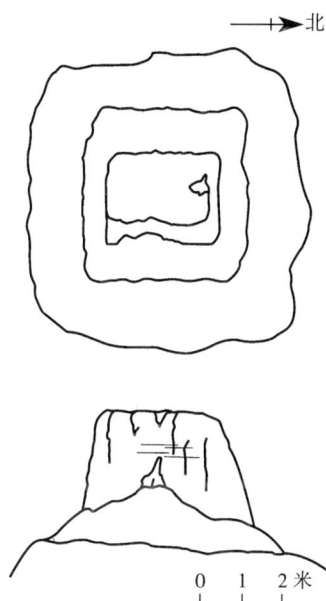

裂缝和多个凹坑。台体东壁坍塌较严重，有许多虫蚁洞穴。台体表面生长有少量植物，根系深入夯土中对台体造成一定破坏。

台体用黄土夯筑而成，质地细密，夯层厚 0.09～0.13 米。台体平面呈矩形，剖面呈梯形，底部边长 7 米，顶部东西 3.7、南北 4.8 米，高 4.1 米。台体包砖被拆除，四周有大量砖。（图一三〇三；彩图二五二）

该烽火台位于长城墙体东侧（内侧）0.087 千米。

（一一一）老庄村烽火台（6108233532011170111）

该烽火台位于白界乡老庄村南 0.33 千米。地处丘陵沟壑地带，南 0.223 千米处有一座铁架电线杆，0.35 千米处有土路；西 0.1 千米处有一座铁架电线杆，0.108 千米处为沟壑地带，0.36 千米处有村庄；北 0.227 千米处为沟壑地带，0.302 千米处有砖厂，0.9 千米处有公路；东 0.062 千米处有一条土路，0.244 千米处有砖厂，0.35 千米处有柏油路，1 千余米处有一座热电厂；东、西 0.3 千米处有一小片林地。高程 1173.9 米。

烽火台整体保存一般。台体保存二分之一，尚保留矩形形制。台体顶部散落有砖，有一个上口径长 1.1、底部径长 0.5、深 0.7 米的圆坑，坑内有水泥基座。台体东壁中上部有 2 个盗洞，靠南的盗洞宽 1、进深 2、高 1 米，靠北的盗洞宽 1、进深 0.7、高 0.6 米；南壁底部 3 米有一个盗墓坑；顶部东北角南 2.8 米处有一个宽 3.4、深 1.8 米的缓坡状豁口，东南角西 0.5 米处有一个人为挖掘加上雨水冲刷形成的宽 2.5、进深 2 米的豁口，呈缓坡状延伸到底部；西壁大部分坍塌，在底部形成缓坡状堆土，底部西北角有一宽 1.2、长 1.8、深 0.7 米的盗洞；北壁中上部有一个人为挖掘宽 1.7、进深 1.6、高 1 米的缺口，缺口内生长有杂草，底部有 6 处人为挖掘的小坑。

台体用黄土夹杂少量料礓石夯筑而成，夯层厚 0.09～0.14 米。台体平面呈矩形，剖面呈梯形，底部东西 15.4、南北 16 米，顶部东西 4.8、南北 6.8 米，高 6 米。（图一三〇四）

该烽火台西南距苏庄则村烽火台 2 千米，南距杨官海子村烽火台 5.75 千米。

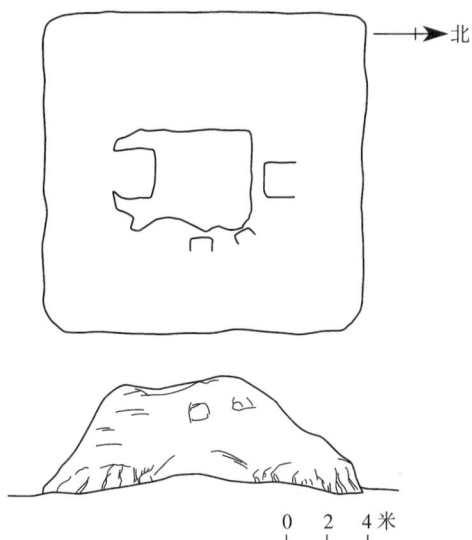

图一三〇四　老庄村烽火台平、立面图

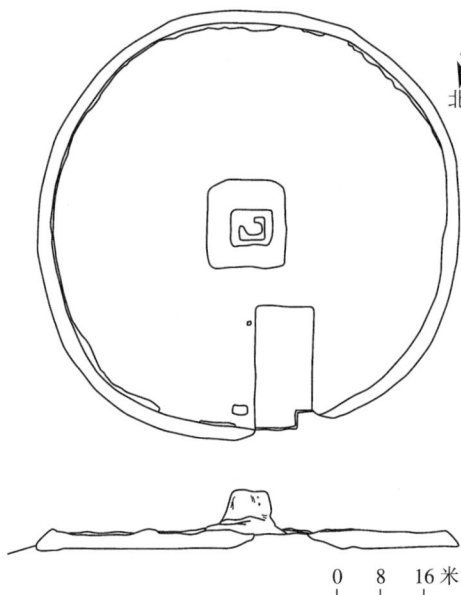

图一三〇五　苏庄则村烽火台平、立面图

（一一二）苏庄则村烽火台（610823353201170112）

该烽火台位于白界乡苏庄则村南 0.14 千米的山峁上。南侧 0.125 千米处为农田，0.153 千米处有一条土路，路两侧种植有杨树、榆树、柳树，0.334 千米处有一座庙；西 0.061 千米处有土路，0.21 千米处有村庄；北 0.02 千米处有一个长 23、宽 10、深 6 米的坑，坑内有废弃的窑洞，0.022 千米处有一个直径 1 米的圆坑，0.026 千米处有一个通向底部窑洞长 2.7、宽 1.6 米的深坑，0.147 千米处有一条柏油路，0.9 千米处为沙丘地带；东 0.302 千米处为农田。高程 1180.5 米。

烽火台整体保存一般。台体顶部西北角南 0.5 米处有一个雨水冲刷形成的豁口，上宽 1.6、下宽 0.4、进深 0.8、高 1.4 米；东南角坍塌严重，东 1.8 米处有一个宽 3、进深 3.5 米的豁口，呈缓坡状延伸至底部，顶部北侧边缘距豁口 1.4 米；西南角有一个宽 0.5、进深 0.7、高 1.4 米的小豁口；南、西壁中部、北壁中上部有动物洞穴。

台体位于基座中部，黄土夯筑而成，夯土内包含少量料礓石，夯层厚 0.1~0.16 米。台体平面呈矩形，剖面呈梯形，底部东西 8、南北 6.3 米，顶部东西 5、南北 4 米，高 6 米。基座平面呈矩形，边长 13.5、高 6 米。围墙位于基座外围，距基座约 30 米，平面呈圆形，直径约 70 米，墙体夯筑而成，夯层厚 0.1~0.14 米，墙体高 0~3.5、厚 0.5~1 米。（图一三〇五）

该烽火台东北距老庄村烽火台 2 千米，东南距杨官海子村烽火台 5.25 千米。

（一一三）杨官海子村烽火台（610823353201170113）

该烽火台位于白界乡杨官海子村东南 1.5 千米的高地上。四周为沙丘、丘陵，生长有沙柳、榆树、柠条。南 0.06 千米处有一排黄土夯筑的土堆，疑为墙体；西 0.05 千米处为沟壑，由西向东发育，0.3 千米处有乡村土路。高程 1194.7 米。烽火台整体保存差。台体濒临消失，因受雨水冲刷侵蚀四壁剥落，在底部形成圆形土堆，生长有杂草、柠条、沙蒿，四壁生长有柠条，东壁中部有一个宽 0.6、高 0.5、进深 2.2 米的盗洞，底部有一个直径 5.7、深 1.4 米的盗洞。台体底部南侧 2 米处有一个呈近椭圆形的坑，最大径 8.3、最小径 5.8、深 1.8 米。

台体用黄土夹杂少量料礓石夯筑而成，夯层厚0.1~0.17米。台体平面呈圆形，剖面呈梯形，底部东西16、南北17.5米，顶部直径4米，高5米。（图一三〇六）

该烽火台西北距苏庄则村烽火台5.25千米，北距老庄村烽火台5.75千米。

（一一四）四台湾村烽火台（610823353201170114）

该烽火台位于波罗镇四台湾村东南0.725千米的高地上。东、南、北侧为沙丘、丘陵地带，生长有杨树、沙柳、榆树、沙生灌木等；西侧为清河谷阶地及丘陵地带，南北向发育，西0.01千米处有南北向60米长的低矮沙梁将沙丘和河谷分开。清河谷阶地内农田遍布，植被较好。高程1075.3米。

烽火台整体保存较差。台体保存四分之一，基座和台体相连，夯土与生土分层不明显，因受雨水冲刷侵蚀四壁剥落成台状。台体西壁中部有一个人为挖掘的豁口由中心向西北角倾斜，由顶部延至基座底部，豁口上宽1.3、底宽4米，对整体破坏很大。基座底部四周人为挖掘取土严重，底部生土由下向上被挖掘高3.1~3.8米，有塌土形成的缓坡；东侧底部有一个直径0.9米的盗洞，深入台体内部。台体四周生长有杂草、柠条、沙蒿。

台体用黄土夯筑而成，夯层厚0.11~0.25米。台体平面呈矩形，剖面呈梯形，底部东西9.3、南北10.8米，顶部东西4.8、南北4.9米，高3.8米。基座底部东西17.3、南北19.6、高6.3米。（图一三〇七）

该烽火台西距明长城大边1千米。

（一一五）张家沟村烽火台（610823353201170115）

该烽火台位于横山镇张家沟村西侧0.16千米的山梁上。地处无定河南、芦河东的黄土沟壑地带，四周为缓坡状山顶，被开垦成农田，种植有李树等。东0.28千米处有一条大沟；南0.048千米处有东西向发育的小沟，0.102千米处有宽30米东西向大沟至张家沟；西0.041千米处为陡坡。高程1093.7米。

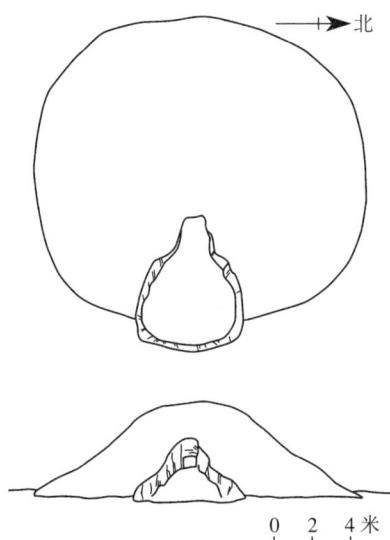

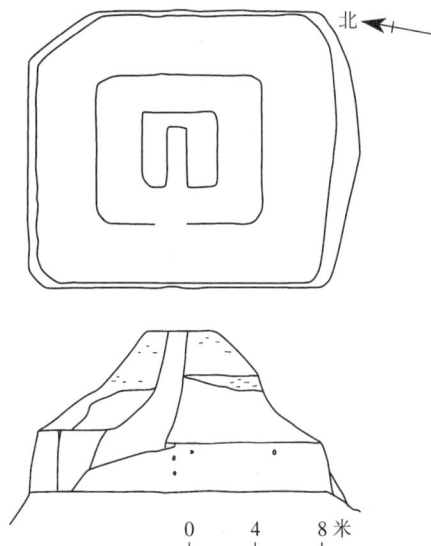

图一三〇六　杨官海子村烽火台平、立面图　　　图一三〇七　四台湾村烽火台平、立面图

烽火台整体保存差。台体坍塌成土丘，濒临消失，基座和台体相连，因受雨水冲刷侵蚀坍塌成土丘状。台体四壁呈坡状，东、北壁下部人为取土挖掘成高 2 米的断土崖。台体剥离严重，夯土松动。台体南壁坍塌较严重，有少量昆虫洞穴及直径 0.06 米的小洞；顶部四周有大小不一的豁口，宽 0.3 ~ 1、高 0.2 ~ 0.3 米。台体上生长有杂草、柠条、沙蒿等。

台体用黄土夯筑而成，夯层厚 0.08 ~ 0.1 米。台体平面呈圆形，剖面呈梯形，顶部直径 4.2 米，高 2 米。基座底部呈不规则椭圆形，东西 17.8、南北 16.8 米，顶部直径约 9.6 米。（图一三〇八）

该烽火台东北距明长城大边 0.839 千米，北距吴家沟村烽火台 1.25 千米。

（一一六）吴家沟村烽火台（610823353201170116）

该烽火台位于横山镇吴家沟村南 0.8 千米的山梁上。地处无定河南、芦河东的黄土沟壑地带，周围为缓坡状山顶，被改造成 5 级梯田，种植有李树等。东 0.137 千米处为沙地，种植有较多杨树等树木；南侧为平坦的山梁；西 0.086 千米处有南北向小沟，向北逐渐扩大；西南侧有坟地，0.104 千米处附近有新坟 4 座；北 0.102 千米处有南北向小沟，沟内种植有杨树等，村舍、耕地较多。高程 1127.1 米。

烽火台整体保存较差。台体保存不足四分之一，矩形形制受到较大破坏。基座底部下第一级梯田有一处新石器时代遗址，为修建梯田所破坏，仅存宽 1.7 米的房屋遗址，炭灰层厚 0.2 米，左侧有长 0.4、宽 0.2、高 0.7 米的烟囱状的洞，有少量新石器时代陶器残片。台体受雨水冲刷侵蚀严重，基座与台体四壁被冲刷成缓坡。基座西南角有一个宽 1.4、高 2.2、进深 2.7 米的豁口，似为盗墓所致。台体东北部坍塌成缓坡；南壁中下部有一宽 0.25、高 0.15、进深 1.3 的虫洞；西南角有一宽 1.6、进深 0.6 米的豁口，由顶至底；北壁中部有一宽 2.2、高 1.3、进深 0.8 米的大豁口，豁口内有一宽 0.8、高 0.7、进深 0.55 米的洞，豁口右侧有一宽 0.15、高 0.3、进深 0.5 米的洞穴。台体顶部西北角有一个西北向水冲沟，宽 1.7、高 0.7 米。台体上杂草丛生，植被以柠条、沙蒿为主，人为破坏较大。

台体用黄土夯筑而成，夯层厚 0.06 ~ 0.11 米。台体平面呈矩形，剖面呈梯形，底部东西 6.2、南北 5.3 米，顶部东西 3.7、南北 3.6 米，高 2.4 米。基座底部东西 15.6、南北 17.8 米，顶部东西 6.6、南北 5.6 米，高 4.4 米。（图一三〇九）

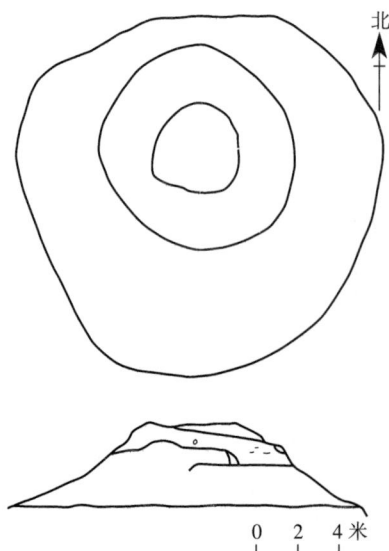

图一三〇八　张家沟村烽火台平、立面图　　　　　　图一三〇九　吴家沟村烽火台平、立面图

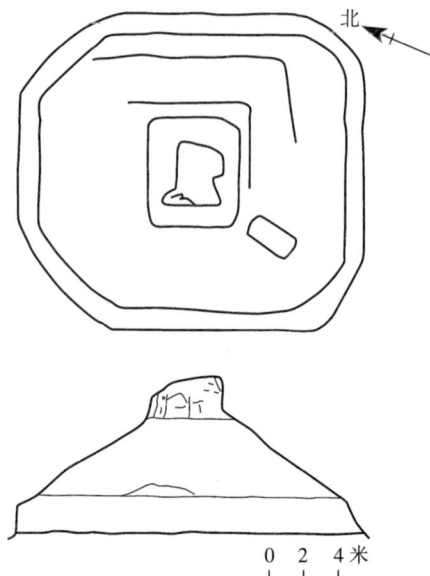

该烽火台南距张家沟村烽火台 1. 25 千米。

（一一七）陶墩村烽火台（610823353201170117）

该烽火台位于横山镇陶墩村西 0. 03 千米的山梁上。地处黄土沟壑地带，周围是缓坡状的山顶，四周被改造成多级梯田，种植有李树等。东侧为陶墩村，东北 9 米处有一根电线杆，东 0. 02、0. 032 千米处各有一个水泥水窖，东南 0. 035 千米处有农舍；南侧为平坦的山梁，南 0. 03 千米处有农舍，西南 0. 032 千米处有水泥水窖，其他地方有小块农田，南 0. 08 千米处有东西向的砖梁沟，南 0. 22 千米处有一座山梁；西侧梯田层数较多至沟底，沟底较平坦，种植有少量农作物；北 1 米处生长有一棵榆树，下为梯田，梯田下有一条东西向大沟，0. 352 千米处有一座山梁。台体紧邻村舍，受农业生产活动影响大。

烽火台整体保存一般。台体保存三分之一，尚保留矩形形制。台体四壁受雨水冲刷成缓坡状，东西两壁较平缓，南北两壁有 2 个大豁口，南北向呈工字形；南壁豁口由顶至底，豁口下部外宽 1. 9、上部内宽 1. 2、上部外宽 2. 8、进深 1. 8 米；北壁豁口下部宽 3、上部内宽 1. 1、上部外宽 3. 2、进深 1. 4 米，由顶至底。台体四壁有虫洞、水冲痕迹，杂草丛生，植被以柠条、沙蒿为主。

台体用黄土夯筑而成，夯层厚 0. 1～0. 15 米。台体平面呈矩形，剖面呈梯形，底部东西 8. 3、南北 7 米，顶部东西 5、南北 4 米，通高 6. 5 米。（图一三一〇）

该烽火台位于明长城大边东侧。

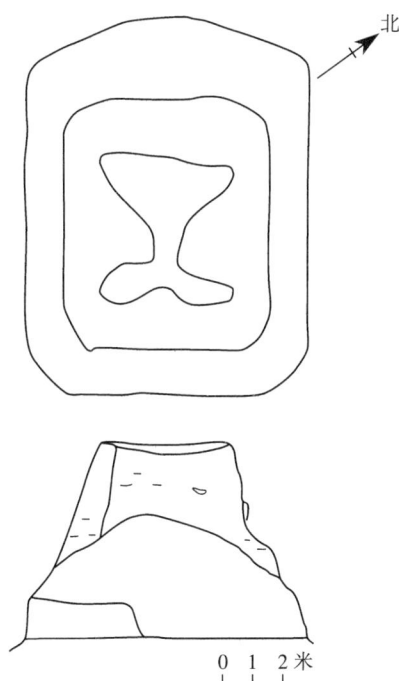

图一三一〇　陶墩村烽火台平、立面图

（一一八）贾家畔村烽火台（610823353201170118）

该烽火台位于横山镇贾家畔村北 0. 95 千米的平缓山坡顶部。周围是沙状缓坡平顶，被改造成梯田，种植有李、枣、榆等树木。东 0. 06 千米处有南北向水冲沟，东南 0. 15 千米处为坟地，有新坟 4 座；南侧为平坦的沙土山梁，0. 043 千米和 0. 09 千米处各有一个大土堆，沙地生长有较多柳树、杨树等；西侧为缓坡，西南 0. 245 千米处有东西向小沟；北 0. 392 千米处有西北向大沟，有纵横小沟相通；东北 0. 101 千米处有一根电线杆，北 0. 86 千米处有一根电线杆，东北向通往贾家畔村。四周沙化严重，沙地分布较广，地势较平坦，附近无较高的山峁，植被稀疏。高程 1221. 7 米。

烽火台整体保存一般。台体保存二分之一，尚保留矩形形制。台体受雨水冲刷侵蚀严重，四壁有大小不等的豁口；东壁 2 米以上坍塌成缓坡，上部中间有一高 3. 5、宽 4. 5、进深 3. 6 米的豁口；南壁上部坍塌，底部堆土高 2 米，上部有 2 处豁口，左豁口宽 2. 4、高 3. 6、进深 3 米，中部豁口宽 3. 6、高 3. 6、进深 3 米；西壁右上部有宽 3. 5、高 6. 8、进深 1. 9 的豁口，塌土在底部堆积成 1. 2 米的缓坡；北壁 2 米以上为上部坍塌堆积的 2. 5 米的缓坡，顶部向下坍塌有 2 处豁口，中部豁口宽 3. 5、高 3. 5、进深 1. 9 米，右上部豁口宽 1. 8、高 1. 4、进深 0. 8 米；顶部西北角有水冲豁口，东西 3. 1、南北 4. 8、高 0. 7 米。台体上杂草丛生，植被以柠条、沙蒿为主。

台体用黄土夯筑而成，夯层厚 0. 1～0. 15 米。台体平面呈矩形，剖面呈梯形，底部边长 17. 5 米，顶部东西 12. 5、南北 12 米，高 8 米。（图一三一一）

该烽火台东距明长城大边 3 千米。

图一三一一　贾家畔村烽火台平、立面图　　　　图一三一二　李家梁村烽火台平、立面图

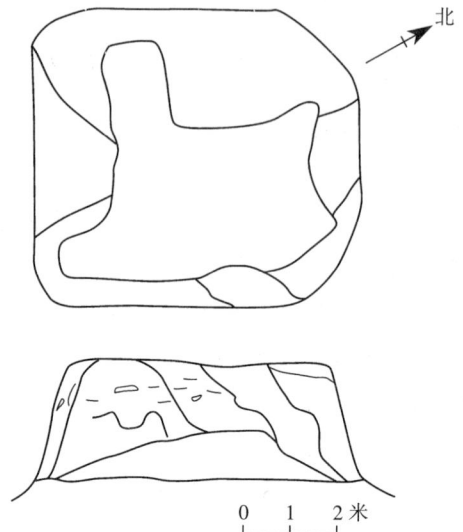

（一一九）李家梁村烽火台（610823353201170119）

该烽火台位于横山镇李家梁村西北 0.31 千米的平缓山坡顶部。地处黄土沟壑地带，周围为平坦的宽阔缓坡，被改造成梯田，种植有枣、榆等树木。东 0.028 千米处有南北向发育的水冲沟，东北部有数条东北向沟壑，形成破碎的黄土沟壑，东南部为平缓山坡，种植有枣树等树木；南侧为平坦山梁，多为农田，种植有经济树种，东南 0.3 千米处有梯田及打谷场；西侧为缓坡，0.28 千米处有东西向小沟；北侧坡度较陡，西北 0.038 千米处有东西向大沟，东北部为破碎的沟壑。四周主要为宽阔山坡，地势较平坦，附近无较高的山峁，农田分布较广。高程 1220.2 米。

烽火台整体保存差。台体濒临消失，四周散落有大量秦汉陶器残片。台体受雨水冲刷侵蚀坍塌成土丘，东、南、北壁成斜坡。台体东壁坍塌，水冲痕迹明显，右上角坍塌成斜坡，斜坡内有 2 道斜向水冲痕，塌土在底部形成 1 米高的堆土，左下方有宽 0.9、高 0.8、进深 0.2 米的凹痕；南壁中部雨水冲刷、坍塌堆积成宽 3.2 米的缓坡延伸至底部，左右两侧底部有少量大小不等的虫洞、羊咬洞；西壁夯土剥离，无明显坍塌痕迹；北壁右上部有由顶部斜向下坍塌至底部的缓坡，左下角有宽 0.3、高 1.5、进深 0.3 米的水冲痕。台体上杂草丛生，植被以柠条、沙蒿为主。

台体用黄土夯筑而成，夯层厚 0.12 ~ 0.2 米。台体平面呈矩形，剖面呈梯形，底部东西 6.3、南北 7 米，顶部东西 5、南北 6 米，高 2.5 米。台体东北 0.011 千米处有东西向 11 米的围墙，墙体底宽 1.2、顶宽 0.2 ~ 0.6、内高 0.5、外高 1 米。（图一三一二）

该烽火台位于明长城大边东侧。

（一二〇）屈家畔村 1 号烽火台（610823353201170120）

该烽火台位于雷龙湾乡屈家畔村东南 1.4 千米的平缓山峁顶部。地处风沙地貌地带，周围沙状缓坡平顶，被改造成梯田，种植有枣、榆等树木。东 0.215 千米处有南北向大沟，沟东为沟壑纵横的黄土区，东北 0.45 千米处有大片梯田及农舍；南侧为平坦的沙土山梁，植被较好，生长有较多柳树、杨树等，南 0.573 千米处有大片梯田；西侧为宽阔平地，生长有杂草、少量柳树、杨树等；北侧为宽谷、缓坡，被改造，种植有经济树木。四周地势较平坦，附近无较高山峁，植被稀疏。高程 1213 米。

烽火台整体保存一般。台体雨水冲刷剥离痕迹较多，东、西、北壁坍塌，下部形成2米高的堆土。台体东壁2米以上坍塌，进深1米，有较多蜂窝状昆虫洞穴；南壁下部有少量直径0.1~0.2米的虫洞；西壁中下部1米处有一个人工挖掘的佛龛，宽、高0.6、进深0.45米；北壁上部中间有大豁口，塌土成陡坡，有人工挖掘的登台小路，左上部大面积夯土将坍塌。台体上杂草丛生，植被以柠条、沙蒿为主。

台体用黄土夯筑而成，夯层厚0.06~0.18米。台体平面呈矩形，剖面呈梯形，底部东西10.5、南北11米，顶部东西6、南北7米，高9.2米。（图一三一三）

该烽火台西距屈家畔村2号烽火台1.3千米。

（一二一）屈家畔村2号烽火台（610823353201170121）

该烽火台位于雷龙湾乡屈家畔村南0.5千米的平缓山坡顶部。地处风沙地貌地带，南、西侧被水库包围；东侧为平缓山坡，有小块农田；南侧平坦山坡上被改造，种植有榆树、枣树等，东南0.06千米处有东西向沟，南0.11千米处为水库，东南0.211千米处有大片梯田，东南0.48千米处有一石油集气站；西0.1~0.16千米附近为水库，西南0.54千米为水库另一侧平坦山梁，有村庄及农田，西北0.438千米处有村庄，约有10户居民；北0.018千米处有一排东西向的电线杆，0.053千米处有一条西北向小沟通向水库，0.09千米处为农田，0.179千米处为梯田，东北部为陡坡，杂草丛生，0.173千米处有2座现代坟墓。四周沙化严重地势较平坦，附近无较高的山峁。高程1139.9米。

烽火台整体保存差。台体受风雨水侵蚀严重，底部有堆土，东、西、北壁底部堆土高1.8米。台体东壁上部中间有一个高4、宽2米的豁口，豁口中部有一个大裂缝；南壁夯土剥离较多，高1.6米处有坍塌，宽1.3、高1.7、进深0.4米；西南角坍塌，东西3、南北3.5米；西壁中上部由顶部坍塌成"V"形豁口，由顶向下约3米；北壁夯土风化、剥离较严重，1米以上进深约0.9米。台体上杂草丛生，植被以柠条、沙蒿为主。

台体用黄土夯筑而成，夯层厚0.07~0.15米。台体平面呈矩形，剖面呈梯形，底部边长10、顶部边长6、高9米。（图一三一四）

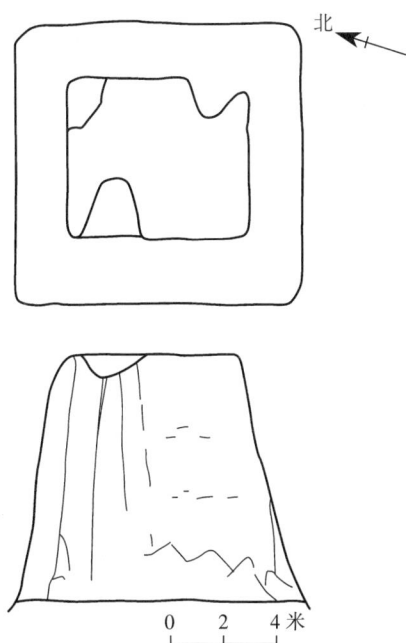

图一三一三　屈家畔村1号烽火台平、立面图　　　图一三一四　屈家畔村2号烽火台平、立面图

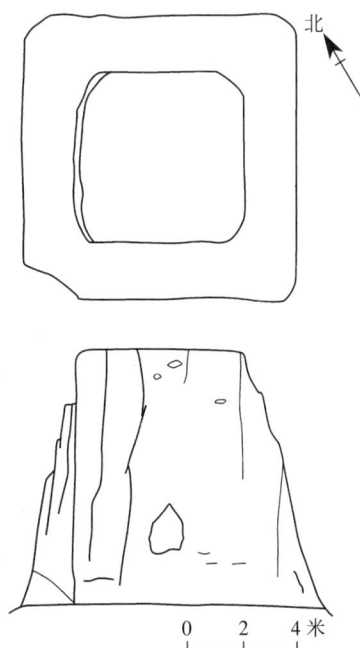

该烽火台东距屈家畔村 1 号烽火台 1.3 千米。

（一二二）麻墩村烽火台（610823353201170122）

该烽火台位于横山镇麻墩村北 0.13 千米的平坦山梁顶部独立山梁上。地处风沙地貌地带，南北两侧有东西向大沟 2 条，地势平坦，四周为农田，种植有玉米、马铃薯、谷子等。南 0.17 千米处有沟，0.28 千米处有一座山梁，山梁上为梯田，0.768 千米处有一座庙，东南 0.71 千米处有垃圾处理厂；西 0.083 千米处有西北向水冲沟，西南 0.49 千米处附近有一排东西向的高压电线铁塔，西 0.923 千米处有一座山梁；北 0.09 千米处有东西向大沟，0.225 千米处有一座山梁，顶部有梯田，周围沙状缓坡平顶，被改造成梯田，种植有李、枣、榆等树木；东 0.06 千米处有南北向水冲沟，东南 0.15 千米处为坟地，有新坟 4 座；南侧为平坦沙土山梁，0.043 千米、0.09 千米处各有一个大土堆，生长有较多柳树、杨树等；西侧为缓坡，西南 0.245 千米处有东西向小沟；北 0.392 千米处有西北向大沟，有纵横小沟相通；东北 0.101 千米处有一根电线杆，北 0.086 千米处有一根电线杆，东北向通往贾家畔村。四周沙化严重沙地分布较广，地势较平坦，附近无较高的山峁，植被相对稀疏。高程 1181.3 米。

烽火台整体保存差。台体受风雨水侵蚀严重，有坍塌及大小不等的豁口；东南壁中部有一个大豁口由顶部至底部成斜坡，宽 3.9～4.4、进深 5.2 米，豁口中部左侧有一个宽 0.6、高 0.8 米的洞穴，直通台体内部；西南壁夯土风化、剥离较多，右上角有一宽 1.2、高 1.8、进深 0.7 米的豁口，右下角有一个宽 0.6、高 0.35 米的动物洞穴，深入台体内部，其他部分有较多土蜂洞等；西北壁左上部有宽 2.9、进深 1.9、高 1.5 米的豁口，塌土在底部形成 3 米的缓坡；东北壁上部左右两侧坍塌至距地面 3 米处，塌土在底部形成缓坡至基座。台体上杂草丛生，植被以柠条、沙蒿为主。

台体用黄土夯筑而成，夯层厚 0.13～0.17 米。台体平面呈矩形，剖面呈梯形，底部东西 11、南北 11.5 米，顶部东西 7.7、南北 7.5 米，高 8 米。基座底部东西 28、南北 31、高 2.5 米。（图一三一五）

（一二三）墩渠村烽火台（610823353201170123）

该烽火台位于塔湾乡墩渠村西 1.2 千米的山峁上。南 0.037 千米处有由东向西发育的沟壑，0.7 千米处有山间小路；西 1 千米处有一户居民，房屋周围种植有树木；北 0.097 千米处有一条山间小道，0.2 千米处有一片沙地；东 0.43 千米处有一条山间土路，0.443 千米处有一座院落，为石油勘探小队驻地，约有 20 余人居住。高程 1309 米。

烽火台整体保存较差。台体保存四分之一，形制受到严重破坏。台体坍塌严重，周围有陶片、瓦片等。台体底部形成堆土，堆土上长满杂草。台体顶部有 2 个人为挖掘的坑，靠北侧的坑为椭圆形，最大径长 2.6、最短径长 1.8、深 0.6 米；靠南侧的坑为圆形，径长 1.2、深 0.4 米，坑内生长有杂草。台体南壁中部有一个宽 4.2、进深 1.8 米雨水冲刷的豁口，缓坡状延伸到底部；西壁中部有 2 个豁口，大豁口宽 1.8、进深 2 米，小豁口宽 1.5 米；西壁豁口及南壁底部有动物洞穴。雨水冲刷侵蚀等自然因素造成台体坍塌、剥落，动物洞穴对台体造成一定程度的破坏。

台体用黄土夯筑而成，夯土内包含有少量的料礓石，夯层厚 0.1～0.16 米。台体平面呈近矩形，剖面呈梯形，底部南侧长 10.4、西侧长 10.3、北侧长 10、东侧长 7.8 米；顶部形状不明，尺寸难以测量，高 3 米。（图一三一六）

该烽火台西距明长城大边 5.5 千米。

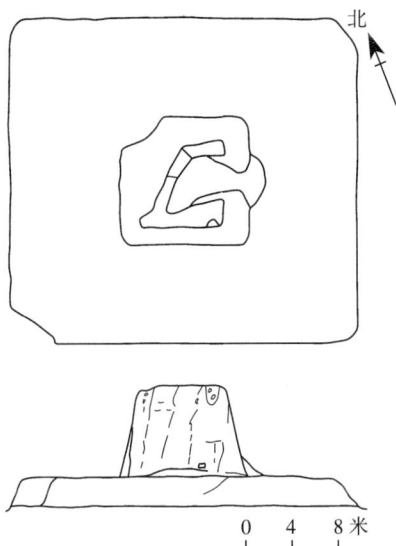

图一三一五　麻墩村烽火台平、立面图

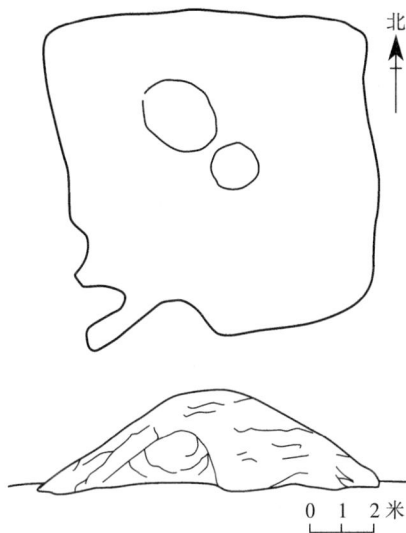

图一三一六　墩渠村烽火台平、立面图

三　关堡

横山县明长城大边共调查关堡24座。其中，关17座、堡7座。关、堡墙均用纯净的黄土夯筑而成，夯层厚0.07~0.2米。关平面呈矩形的有15座，占关总数的88.24%，2座平面呈梯形，大部分关设有门或马面，魏强村关内有一座敌台。堡平面均呈矩形，皆有堡门，2座堡有角楼。

各关、堡分述如下。

（一）魏强村关（610823353101170001）

该关位于横山镇魏强村东约0.5千米的缓坡上。地处无定河南、芦河西的黄土沟壑地带，属于魏强村遗存上的一个单体建筑，周边为沙化黄土丘陵地貌，东南侧有一座山丘，西南侧地势较低，西侧有一片马铃薯地。关内外杂草丛生，主要生长有沙蒿、黄蒿的植物，地表有多条裂缝流水侵蚀形成的凹坑。高程1184.1米。

关整体保存较差，废弃无人居住，关内长满杂草。关墙基本消失，中部坍塌成土包，顶部和四面因风雨侵蚀剥落、流失。关上马面四壁剥落严重，顶部呈不规则形，部分坍塌。对关形成破坏和威胁的自然因素主要有洪灾、风雨侵蚀、植物生长、啮齿动物洞穴破坏等，人为破坏因素主要有修建道路、遗存内部和附近种植粮食、果树及人为铲削等。

关朝向不明，根据痕迹判断平面呈矩形，东西16、南北19米，周长70米，面积304平方米。关

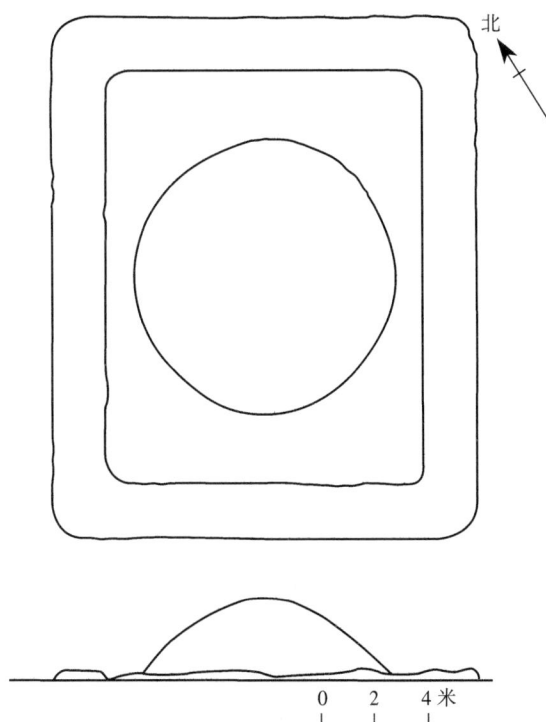

图一三一七　魏强村关平、立面图

连接的长城墙体呈东北—西南走向。关内中部有一座坍塌的土台，平面呈圆形，底部直径10、高3.2米。（图一三一七）

该关位于魏强村遗存（遗存西北侧借用长城墙体）东南角，部分叠压在遗存东南侧墙体上，北距魏强村长城墙体约0.49千米。

（二）马家梁村关（610823353101170002）

该关位于横山镇马家梁村西南约1.6千米的山梁上。地处无定河南、芦河西的沙漠丘陵地带，地势较高，东西侧是斜坡，南侧落差较大，地表为沙质黄土，植被多为沙蒿、柠条等。高程1216.6米。

关整体保存较差，遗存废弃，无人居住。关内长满杂草，散落有大量碎砖。关墙保存较差，东、西墙几乎看不出形状；南墙有长16米的豁口，从远处看，就像是2个阙门。从南墙的断面观察，关墙建在一个很厚的沙质基础上，基宽2～3、高1.7米，夯层厚0.1～0.15米。关墙低于长城墙体，高2～3米。对关形成破坏和威胁的自然因素主要有山体滑坡、洪灾、暴风雨、植物生长、昆虫破坏、啮齿动物破坏等，人为因素破坏主要是土路从关墙门斜向通过，南侧有一个人为挖掘的窑洞。

关坐北朝南，平面呈矩形，东西25、南北18米，周长86米，面积450平方米。北墙借用长城墙体，高于地面约10米。关内北高南低，呈漫坡状。

关北墙中部紧挨一座马面，台体用纯净的黄土夯筑而成，夯层厚0.08～0.12米。台体平面呈矩形，剖面呈梯形，底部边长10米，顶部东西8、南北7.5米，高6.5米。大约与长城墙体同高的位置，距西壁约2米处有一孔矩形窑洞，宽、高均1.2、深1米。（图一三一八）

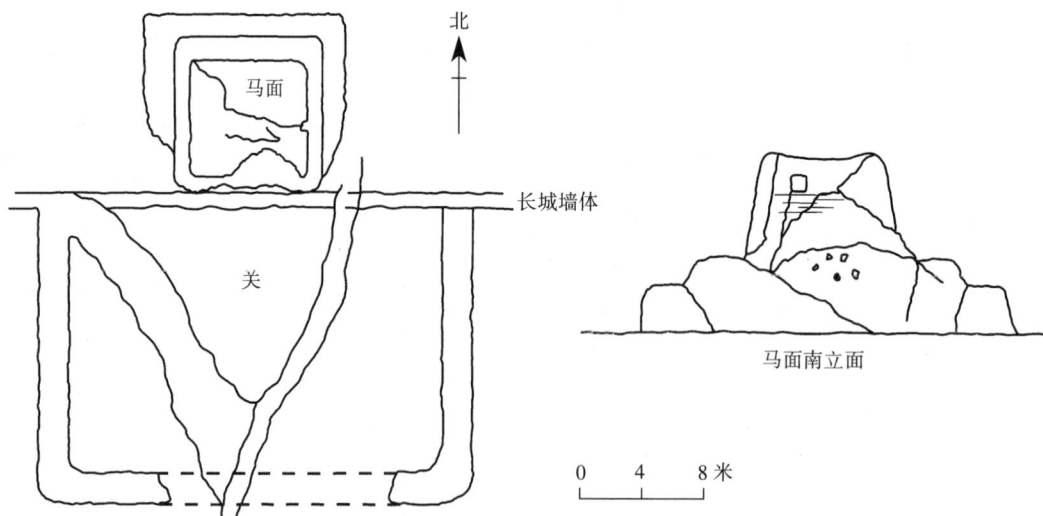

图一三一八　马家梁村关平面及其马面立面图

该关为明代所建，无任何修缮，北墙依长城墙体，东北距魏强村6号马面0.94千米，西南距马家梁村敌台1.19千米。北墙外马面西侧长城墙体上有一个宽5米的缺口，和南墙缺口相对。

（三）刘墙村1号关（610823353101170003）

该关位于横山镇刘墙村的平坦地面上。地处无定河以南、芦河以西的黄土沟壑地带，附近地势较平缓，有刘墙村居民区，居民所修的水窖、菜园等围绕关，种植有柳树、各种蔬菜和果树，东南 0.5 千米、东北 0.3 千米处各有一座环形梯田山峁。高程 1250.9 米。

关整体保存一般，废弃无人居住，关内长满杂草，一条乡村土路顺南墙内侧穿关而过，关内一半为道路，一半为耕地，无遗迹可辨。对关形成破坏和威胁的自然因素主要有洪水冲蚀、植物生长、昆虫破坏等；人为因素破坏主要有生产生活活动，如道路破坏、取土、树立电线杆、遗存附近种植粮食、果树及人为铲削等。

关坐向不明，平面呈矩形，东西 33、南北 17 米，周长 100 米，面积 561 平方米。关墙用黄土夯筑而成，夯层 0.08 ~ 0.1 米，夯土土质纯净、致密。关东、西墙保存较差；南墙底宽约 4、顶宽 0.8、高 7 米；北墙借用长城墙体，中部偏东凸出一座马面。（图一三一九）

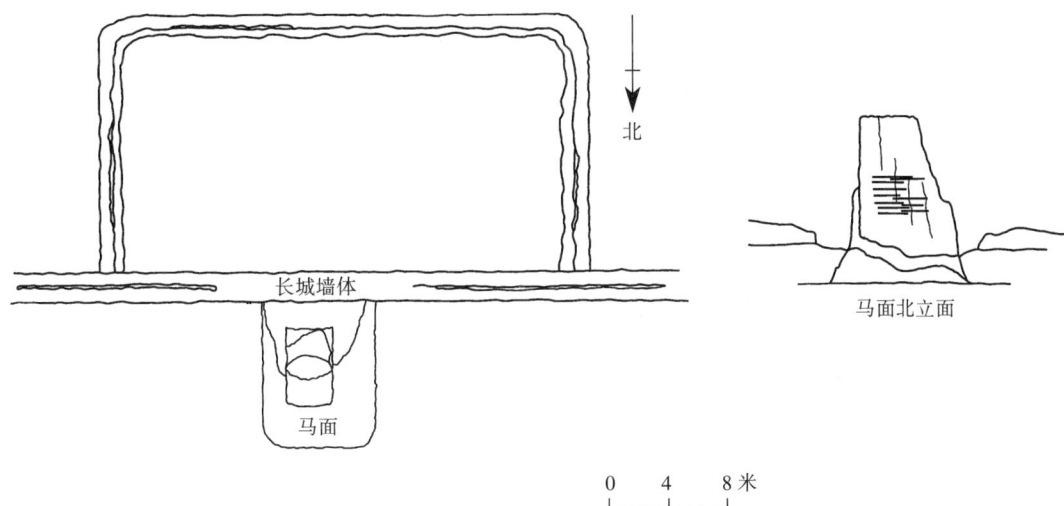

图一三一九　刘墙村 1 号关平面及其马面立面图

马面用纯净的黄土夯筑而成，夯层 0.1 ~ 0.13 米，台体平面呈矩形，剖面呈梯形，底部东西 7、南北 9 米，顶部东西 4、南北 6.5 米，靠关北墙内侧高 6、外侧高 11、高于长城墙体 4 米。台体西壁有登台步道，可从长城墙体登上台顶。

该关北依刘墙村长城 1 段墙体，东北距马墙村 3 号马面约 0.8 千米，西南距刘墙村马面约 0.81 千米。

（四）刘墙村 2 号关（610823353101170004）

该关位于横山镇刘墙村西南约 1.3 千米的山峁上。地处无定河南、芦河西的黄土沟壑地带，周边地势较平缓，西高东低，大多为退耕还林区，植被生长较好，主要生长有沙蒿、黄蒿、柠条等。高程 1262.7 米。

关整体保存较差，废弃无人居住，关内长满杂草。关墙呈驼峰状分布，坍塌严重，部分消失，有多个豁口，马面顶部和四壁因风雨侵蚀而剥落、流失，马面周围有少量的砖。

关坐北朝南，平面呈矩形，东西 26、南北 20 米，周长 92 米，面积 520 平方米。关所处比周围地面高出约 2 米，角部高差最大。关墙夯筑而成，夯土为纯净的黄土，夯层厚 0.08 ~ 0.12 米；墙体依地势而倾斜，西高东低，底部最宽 3、顶宽 0.5 米。关墙东南角为夯筑后又铲削山体形成，内侧最高 3、外侧通高 5、夯筑部分高 3 米。南墙中部有一个 3 米宽的缺口，疑为关门位置。西墙内有一个顺墙体方向长 1.5、宽 0.5、高 0.6 米的小土洞，用途不明。（图一三二〇；彩图二五三）

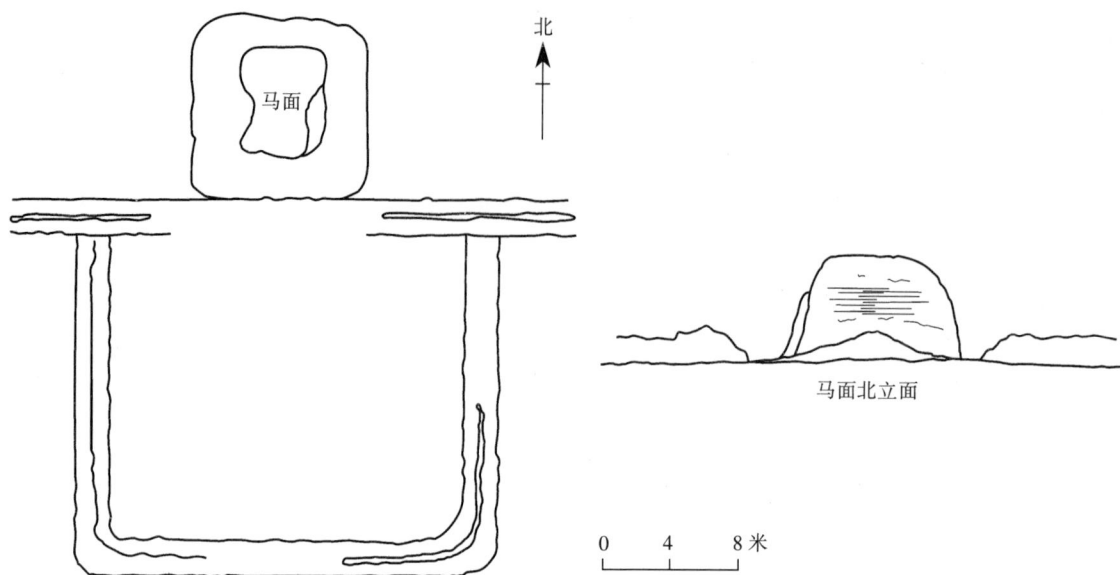

图一三二〇　刘墙村2号关平面及其马面立面图

关北墙外侧（北侧）紧挨一座马面。台体用纯净黄土夯筑而成，夯层厚0.12～0.14米。台体平面呈矩形，剖面为梯形，底部边长11米，顶部东西5.3、南北6.5米，北侧高10.5、南侧高6、高于长城墙体（即关北墙）4.5米。

该关东北距张墙村3号马面1.15千米，西南距高峰村马面1.82千米。

（五）杜羊圈村烂泥沟关（610823353101170005）

该关位于赵石畔镇杜羊圈村烂泥沟西0.25千米的山梁上。又名黑墩，地处无定河南、芦河西的黄土沟壑地带，周边地势起伏较大，北高南低，有多条沟壑，关墙外有一圈冲沟。高程1224.5米。

关整体保存一般，废弃无人居住，关内长满杂草。关墙坍塌严重，马面顶部和四壁因风雨侵蚀而剥落、流失，马面包石、砖脱落或被人为拆除。对关形成破坏和威胁的自然因素主要有山体滑坡、洪灾、暴风雨、植物生长、昆虫破坏、啮齿动物破坏等；人为破坏因素主要有生产生活活动，如道路、取土、铺的管线、关附近种植粮食、果树及人为铲削等。

关位于长城墙体北侧（外侧），依墙而建。关坐南朝北，平面呈矩形，东西26、南北20米，周长92米，面积520米。关墙保存较好，墙体用黄土夯筑而成，夯层0.13～0.19米。墙体顶部最宽1.2、内侧最高1.7、外侧最高5.3米。关南墙借用长城墙体，东墙中部有一个较大的豁口，应为关门位置。（图一三二一；彩图二五四）

关内紧靠长城墙体北侧有一座马面，台体建在高约4米的矩形夯土基座上，基座顶部边长11米。台体用纯净黄土筑成，夯层厚0.1～0.2米，原有包砖，20世纪70年代被拆除，只在台体周围存有少量碎砖。台体3.5米高处收分加大，四壁有裂缝。台体平面呈矩形，剖面呈梯形，底部东西9.5、南北12米，顶部中间稍凹陷，东西6、南北6.5米，高9.8米。台体南壁有登台脚窝，可登台体顶部。

该关依长城墙体北侧（外侧），东北距杜羊圈村烂泥沟马面0.65千米。

（六）杜羊圈村龙池峁 1 号关（610823353101170006）

该关位于赵石畔镇杜羊圈村龙池峁村（组）东北约 1.2 千米的山峁上。地处无定河南、芦河西，周边地势西高东低。山峁呈斜坡状与沟壑相连，有多条流水冲沟，地表植被由于干旱发育较差，植被有沙蒿、黄蒿、柠条等，黄土裸露。高程 1260.4 米。

关整体保存一般，废弃无人居住，关内长满杂草，散布有砖、瓷片，关墙濒临消失。马面坍塌严重，台体有裂缝，顶部断裂成 2 大块、数小块，西高东低。

关坐向不明，平面呈矩形，东西 15、南北 29 米，周长 88 米，面积 435 平方米。关所处高于周围地面约 2.5 米。关墙基本消失，西墙借用长城墙体，外侧中部紧挨一座马面。（图一三二二）

马面建在一个矩形土台上，土台东西 13、南北 18、高约 2 米。台体西壁有一条长 10、宽约 5、深约 2 米的壕沟，可能是修筑马面时取土所致，因此形成了马面下的土台。台体用黄土夯筑而成，夯层厚 0.09～0.15 米，质地均匀、细密。台体平面呈矩形，剖面呈梯形，底部东西 8、南北 9 米，顶部东西 5、南北 6 米，高 6.4 米。台体顶部有少量砖；中间为一道土壕，当是登台步道位置。台体包砖被拆除，周围散落有大量碎砖。台体西壁南部保留有 2 处包砖的内部填充物，系三合土和砖筑成，高 1.2、1.5 米，宽约 1、厚 0.7 米。台

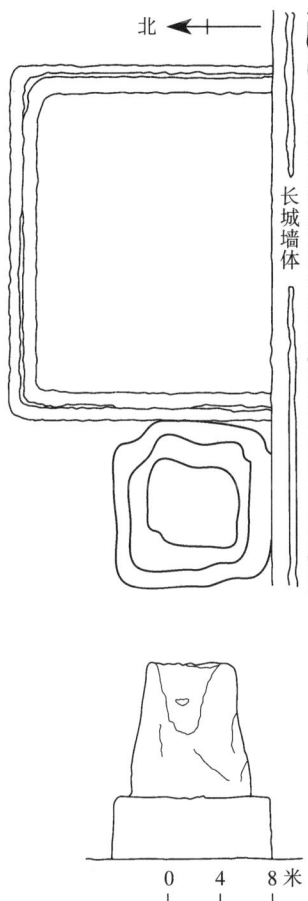

图一三二一　杜羊圈村烂泥沟关平、立面图

体旁边还保留有版筑面，地面上还有一堆新拆下来未运走的砖。台体南北两侧分别有 3 处、2 处浅坑，用来加固包砖。

该关和马面分别位于长城墙体东西两侧，依长城墙体而建，东北距杜羊圈村龙池峁 1 号马面 0.17 千米，西南距杜羊圈村龙池峁马面 0.206 千米。

（七）杜羊圈村龙池峁 2 号关（610823353101170007）

该关位于赵石畔镇杜羊圈村龙池峁村（组）东北约 0.8 千米的山峁上。地处无定河南、芦河西黄土沟壑地带，周围地势呈南高北低缓坡状，地表凹凸不平，冲沟较多，植被主要为黄蒿、沙蒿等。高程 1286.8 米。

关整体保存较差，废弃无人居住，关内长满杂草，散布砖、瓷片。马面顶部和关墙因风雨侵蚀剥落，关墙坍塌严重，濒于消失。对关形成破坏和威胁的自然因素主要有风雨侵蚀、洪水冲刷、植物根系破坏、虫蚁洞穴破坏等，人为破坏因素主要为攀登道路破坏、铲削取土、关附近种植粮食、果树等。

关坐向不明，平面呈矩形，边长 23 米，周长 114 米，面积 782 平方米。关墙用黄土夯筑而成，夯层厚 0.09～0.2 米，土质纯净、致密；墙体底宽约 4、顶宽 1.4、内侧最高 3、外侧最高 5 米，南部保存较好，长 20 米，东北部无存；西墙借用长城墙体，外侧紧挨一座马面。

北 ←——

图一三二二　杜羊圈村龙池峁1号关平面及其马面立面图

　　马面建在一个矩形土台上，土台东西23、南北34、高3米。台体用纯净的黄土夯筑而成，夯层不明。台体平面呈矩形，剖面呈梯形，顶部仅四角可见，底部东西11、南北12米，顶部边长7.8米（西南角达10米），高3.5米，高于长城墙体约3米。（图一三二三）

　　该关西依杜羊圈村龙池峁长城墙体，东北0.352千米处有杜羊圈村龙池峁2号马面，西南0.32千米处有杜羊圈村龙池峁3号关。

（八）杜羊圈村龙池峁3号关（610823353101170008）

　　该关位于赵石畔镇杜羊圈村龙池峁村（组）东北0.4千米。地处无定河南、芦河西的黄土沟壑地带，周边地势波状起伏，有大量梯田。西侧呈缓坡状，有多条流水冲沟。地表植被主要为酸枣树、柠条、黄蒿等。高程1252.2米。

　　关整体保存较差。关墙坍塌严重，部分消失，呈驼峰状分布。马面顶部和四壁因风雨侵蚀而剥落、流失，底部有挖掘痕迹，应为拆取包砖石所致。马面因坍塌开裂成两部分，东壁与长城墙体相连部分坍塌低矮，有长期踩踏形成的步道可通台顶。

　　关坐向不明，平面呈矩形，东西16、南北29米，周长90米，面积464平方米。关墙用黄土夯筑而成，夯层厚0.12～0.14米，土质纯净、细密，墙体顶宽0.8、内侧最高0.5、外侧最高1.8米。关内无遗迹可辨。

　　关西墙保存一般，外侧中部紧挨一座马面。台体用纯净黄土夯筑而成，夯层均匀、平直，厚0.08～0.12米。台体平面呈矩形，剖面呈梯形，底部东西8、南北8.6米，顶部边长6.5米，靠墙体

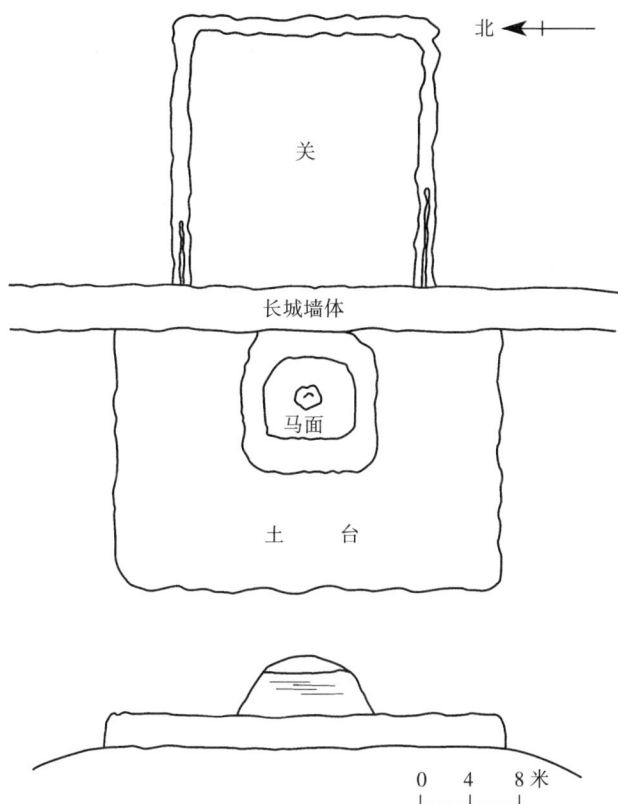

图一三二三　杜羊圈村龙池峁2号关平面及其马面立面图

的内侧高4、外侧高6、高于墙体3米。台体东壁有登台步道，可从长城墙体登上台顶。台体顶部分成东中西三部分，西部最高，宽3.5米，保留少量石灰层和一些碎石灰渣；中部和东部平面呈狭长的矩形，宽3米，各占一半，中部南端为一座平台，北端2.5米塌陷；东部北端为一座平台，南端3米塌陷，中、东部分别比台体低1.7米和1.5米。台体下部东北角有券洞从东向北盘旋而上，至北壁坍塌处露出，宽1、高0.4~0.9、残长1.5米，原有包砖被拆除；南、西、北壁各有2~5处宽0.7~1.2、深0.2~0.4、长1.5~5米的浅槽，用于固定包砖。台体周围堆积有一些碎砖瓦、石灰渣、瓷片等。（图一三二四）

该关西依长城墙体，东北0.32千米处有杜羊圈村龙池峁2号关，西南0.24千米处有杜羊圈村龙池峁3号马面。

（九）杜羊圈村寨城峁1号关（610823353101170009）

该关位于赵石畔镇杜羊圈村寨城峁（组）西北约0.7千米的较平坦山峁上。地处无定河南、芦河西的黄土丘陵，周边地势较高。西侧为耕地，地表植被较少；东侧为荒草丛生的缓坡，植被主要有沙蒿、柠条等，有多条流水冲沟。高程1267.4米。

关整体保存较差，废弃无人居住，关内长满杂草。关墙近于消失，仅存大轮廓。马面顶部及四面因侵蚀而剥落塌圮，表面有多个冲蚀或放牧羊群啃噬形成的凹坑，底部有一圈挖掘形成的小沟。马面周围残留有少量砖块、瓦片、瓷片。

关坐西朝东，平面呈矩形，东西16.5、南北29米，周长91米，面积587平方米。关墙用黄土夯筑而成，夯层厚0.08~0.1米，土质纯净；墙体大部分消失，断断续续存在，高约0.6米。关东墙中

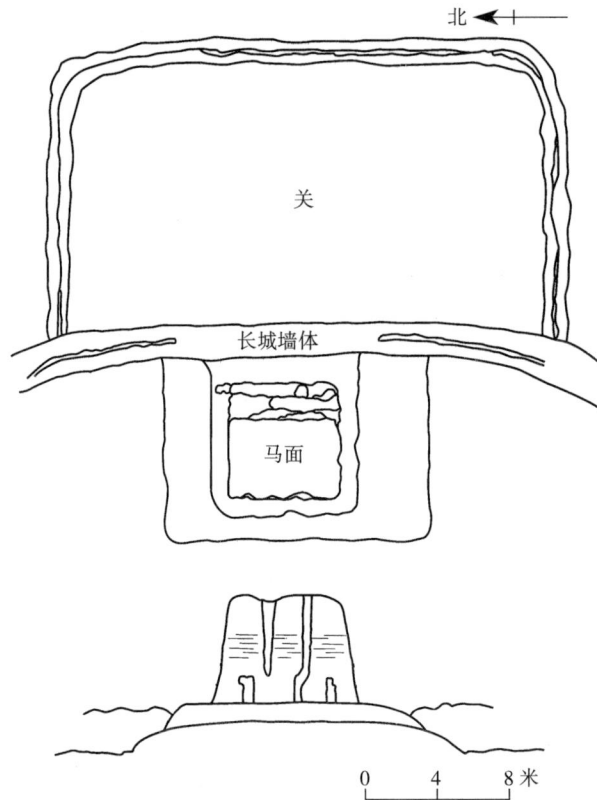

图一三二四　杜羊圈村龙池峁 3 号关平面及其马面立面图

部有一个豁口，当为关门位置；西墙借用长城墙体，外侧中部紧挨一座马面。

　　马面用黄土夯筑而成，夯层厚 0.1~0.13 米。台体平面呈矩形，剖面呈梯形，底部东西 7.5、南北 8.2 米，顶部边长 6 米，通高 6.3 米。台体底部有一道人为挖掘的壕沟，壕沟内堆积有大量的石灰残渣，应为挖取包砖、石所致。（图一三二五）

　　该关西依长城墙体，东北距杜羊圈村寨城峁 1 号马面 0.17 千米。

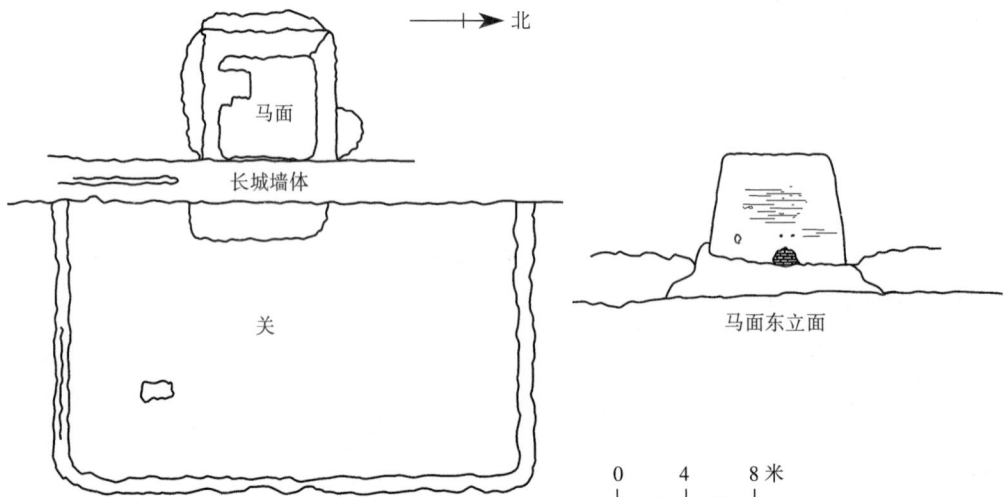

图一三二五　杜羊圈村寨城峁 1 号关平面及其马面立面图

（一〇）杜羊圈村寨城峁 2 号关（610823353101170010）

该关位于赵石畔镇杜羊圈村寨城峁村（组）西 0.6 千米。地处无定河南、芦河西的黄土沟壑地带，所处山梁地势较平，植被以柠条、黄蒿等为主，地表裸露较多，西约 0.15 千米处有一条较大沟壑。高程 1269.5 米。

关整体保存一般，废弃无人居住，关内长满杂草。关墙近于消失，仅存矩形土台，边缘有多个雨水冲刷的豁口。马面顶部及四壁因侵蚀而剥落、流失，西壁顶部有一个豁口，顶部生长有大量杂草，坍塌落土呈斜坡状堆积在底部。

关坐西向东，平面呈矩形，东西 29、南北 16.5 米（以中心线计），周长 86 米，面积 450 平方米。关内西高东低，落差约 2 米，散落有大量碎石块。关建在生土基础上，墙体用黄土夯筑而成，夯层 0.1~0.12 米，土质纯净、细密。墙体高 1.7 米，低于长城墙体。关东墙有一个豁口，当是门的位置；北墙借用长城墙体，外侧中部偏东紧挨一座马面。

马面用纯净的黄土夯筑而成，夯层厚 0.07~0.1 米。台体平面呈矩形，剖面呈梯形，底部东西 8.3、南北 9 米，顶部边长 6.5 米，高 6.5 米。马面周围保存有少量砖、瓦片、瓷片，基础条石有被挖掘的痕迹，附近发现有长 85、宽 65、厚 25 厘米的条石。（图一三二六）

该关南依长城墙体，东北距杜羊圈村寨城峁 1 号关 0.4 千米，南距杜羊圈村寨城峁 2 号马面 0.15 千米。

（一一）水掌村杨窑则关（610823353101170011）

该关位于赵石畔镇水掌村杨窑则村（组）东北 0.7 千米的较平坦地面上。地处无定河南、芦河西的沙化黄土沟壑地带，周边地势高低起伏，西约 0.2 千米处有一条沟壑。所处为缓坡地，地表土壤部分沙化，植被主要有黄蒿、柠条等。高程 1379.7 米。

关整体保存较差，废弃无人居住，关内长满杂草。内外 2 座关，在外关水冲洞口边有少量碎砖，砖宽 21.5、厚 7.5 厘米。关墙坍塌严重，有较多的豁口、裂缝。马面顶部和四壁因风雨侵蚀而剥落、塌，西壁有多条垂直裂缝，南壁坍塌落土堆积较高，顶部杂草丛生，底部有少量土蜂洞穴。

关坐西向东，平面呈矩形，边长 26 米，周长 104 米，面积 676 平方米。关墙为黄土夹杂少量碎砖石夯筑而成，夯层厚 0.05~0.14 米；墙体底宽 3、顶宽 0.5、最高 3.5 米（外侧）；东墙有一个缺口，宽 5 米，可能为关门位置；西墙借用长城墙体，中部外侧紧挨一座马面。台体用黄土夯筑而成，夯层厚 0.1~0.13 米，平面呈矩形，剖面呈梯形，底部东西 12、南北 13.5 米，顶部东西 7.5、南北 10.5 米，靠长城墙体的部分内侧高 5.8、外侧高 9 米。台体南壁有缺口；东壁有登台步道，可从长城墙体登上台顶。（图一三二七）

马面周围还有一座关遗迹，保存较差，平面呈矩形，东西 25、南北 40 米，南墙保存 1 米高（外侧），关东南角有一个水冲洞，穿过墙体连接关内外；内侧口为椭圆形，南北 4.2、东西 2.5 米，呈井状。

该关西依长城墙体，东北距水掌村杨窑则 1 号马面 1.2 千米（直线距离 1 千米），西南距水掌村杨窑则 2 号马面 0.52 千米，有一条土路顺关西墙南侧穿关而过。

（一二）卢沟村边墙梁 1 号关（610823353101170012）

该关位于塔湾镇卢沟村边墙梁村（组）北侧 0.6 千米较平坦的山梁上。地处无定河南、芦河西的沙化黄土沟壑地带，周边地势起伏较大，沟壑众多。长城墙体西侧为靖边县地域，东侧为横山县地域。西侧坡度较大，东侧坡度较缓，植被主要为沙柳、黄蒿等。高程 1359 米。

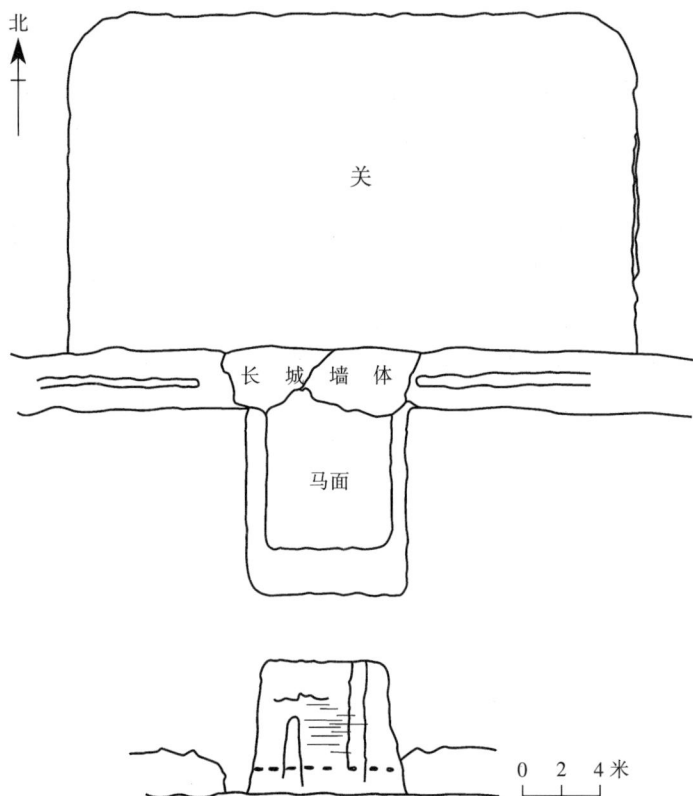

图一三二六　杜羊圈村寨城峁2号关平面及其马面立面图

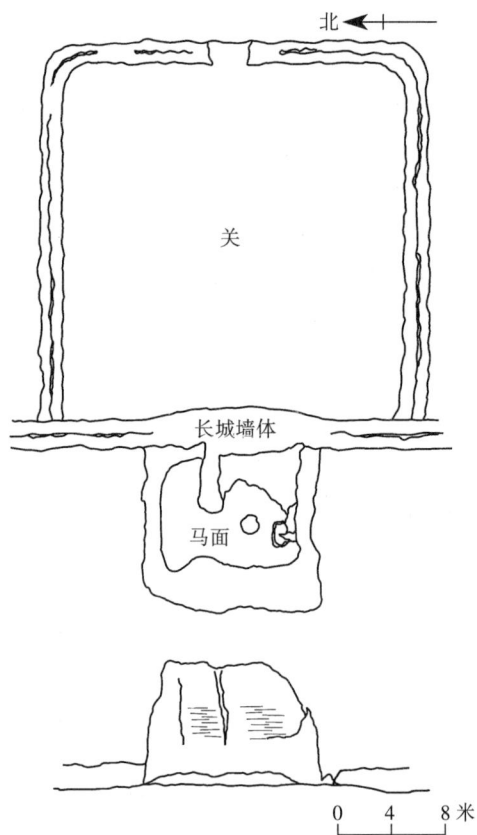

图一三二七　水掌村杨窑则关平面及其
马面立面图

　　关整体保存差，废弃无人居住，关内长满杂草。关墙较低，剥落严重，有多个豁口。马面顶部坍塌成条状的两段，壁面有大量凹坑、裂缝，仅存上部；紧靠台体西壁有一块界碑，为竖碑将台体底部铲削严重；顶部原有建筑、外部包砖全部脱落或被拆除，仅在周围及关门等处保存有少量砖、瓦片、瓷片。

　　关坐西朝东，平面呈矩形，东西23、南北35米，周长116米，面积805平方米。关墙保存较好，黄土夯筑而成，夯层不清，夯层厚约0.1米；墙体宽2~3、高0.5~2.5米。关东墙正中有一个下宽2、上宽3.5米的缺口，当是关门位置；南、东、北墙外侧有一道壕沟，人工挖掘而成，壕沟地面高于关内地面约0.5米，东侧壕沟宽10、南侧壕沟宽6、北侧壕沟宽7米，依地势自东向西而下如水沟；西墙（即长城墙体）中部外侧紧挨一座马面。（图一三二八）

　　马面东、西壁夯筑而成，夯土内夹杂有砖，夯层厚0.08~0.125米，中部似用夯土夹杂碎砖堆积而成，没经过夯实。台体平面呈近矩形，剖面呈不规则形，底部东西6.3、南北9米；顶部分为西、中、东三部分，被破坏所致，西部东西0.4~0.8、南北4.5、高1.6米，中部被挖成宽2.7米的壕沟状，东部东西2.8、南北9、高约5米；露出部分高2.5米，塌土部分约2.5米。紧靠马面有一块横山县界碑。

　　该关西依边墙梁村长城1段墙体，距芦沟村边墙梁1号烽火台0.088千米，北距水掌村杨窑则3号马面1.8千米、芦沟村边墙梁1号敌台1.2千米。

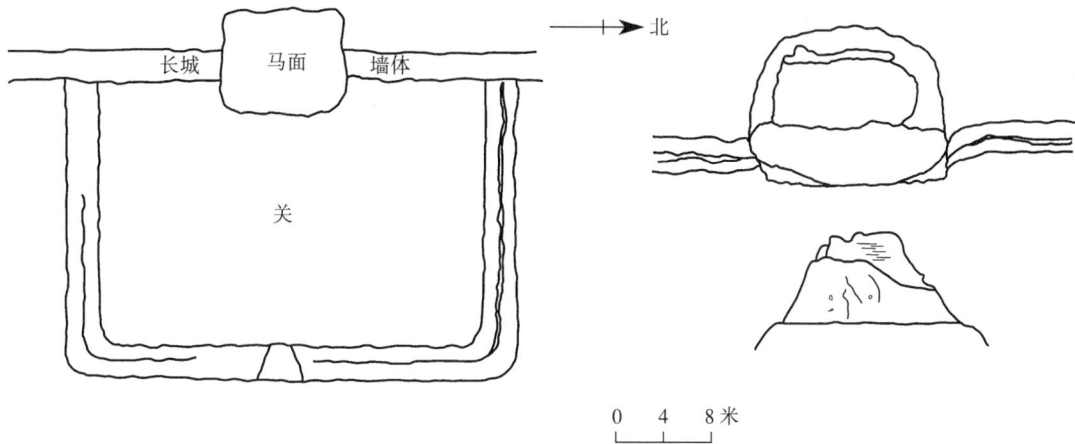

图一三二八　芦沟村边墙梁1号关平面及其马面立面图

（一三）芦沟村边墙梁2号关（610823353101170013）

该关位于赵石畔镇芦沟村边墙梁村（组）西南约2千米的山梁高处。地处无定河南、芦河西的沙化黄土沟壑带，周边地势高低不平，沟壑纵横，梁峁起伏。关内凹凸不平，有一个雨水冲刷的洞；关外东、南、北侧与沟壑相连，西侧较平坦，地表植被多为柠条。

关整体保存差。关墙内外壁面剥落严重，西墙较高，其余仅存圆角土梁。马面顶部坍塌严重，东壁呈斜坡状，西壁底部中间有一个动物洞穴。高程1335.8米。

关坐向不明，平面呈矩形，东西14.8（以中心线计）、南北25.6米，周长约80米，面积380平方米。关墙保存较差，除借用长城墙体的东墙保存较好外，仅西北角保存较好，最高1米，其余消失；关墙用黄土夯筑而成，夯层厚0.08～0.1米，土质纯净、细密。南北两侧是壕沟。（图一三二九）

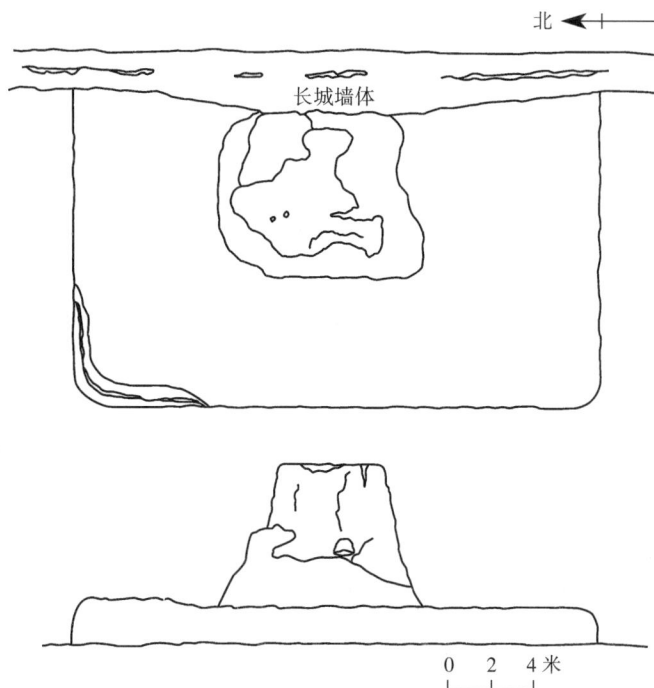

图一三二九　芦沟村边墙梁2号关平面及其马面立面图

关内东侧中部紧靠关墙有一座马面。台体顶部坍塌严重，西壁曲折，略呈丁字形。台体用纯净的黄土夯筑而成，夯层厚 0.09～0.13 米。台体平面呈矩形，剖面呈梯形，底部东西 7.7、南北 10 米，顶部东西 6、南北 5～3.6 米，高 6.7 米，上部 2.7 米露出虚土。台体西壁离地面 2.5 米处有一个登台土洞，洞宽、高 0.8 米，被落土填充。台体顶部建筑损毁，外部包砖全部脱落，下部有动物洞穴。

该关东依边墙村～庞庄村长城墙体，北距芦沟村边墙梁 2 号敌台、南距芦沟村边墙梁 3 号敌台约 1.1 千米。

（一四）庞庄村关（610823353101170014）

该关位于塔湾镇芦沟村庞庄村村（组）西约 1.7 千米的较陡山峁顶部。地处无定河南、芦河西的沙化黄土沟壑地带，四周向沟壑延伸，地表凹凸不平，生长有大沙蒿、柠条等植被。

关整体保存较差，废弃无人居住，关内长满杂草。关墙坍塌严重，马面顶部及四壁因风雨侵蚀而剥落、塌圮，马面周围保存有少量砖、瓦片、瓷片。高程 1298.5 米。

关坐向不明，平面呈矩形，东西 15（以中心线计）、南北 35 米，周长 100 米，面积 525 平方米。关墙保存较差，除借用长城墙体的东墙外，其余断断续续保存 3 段；墙体用黄土夯筑而成，夯层厚 0.08～0.1 米，土质纯净、细密；墙体内高 0.6、外高 1.5 米。关门位置不清。关内西高东低，落差约 2 米。（图一三三○）

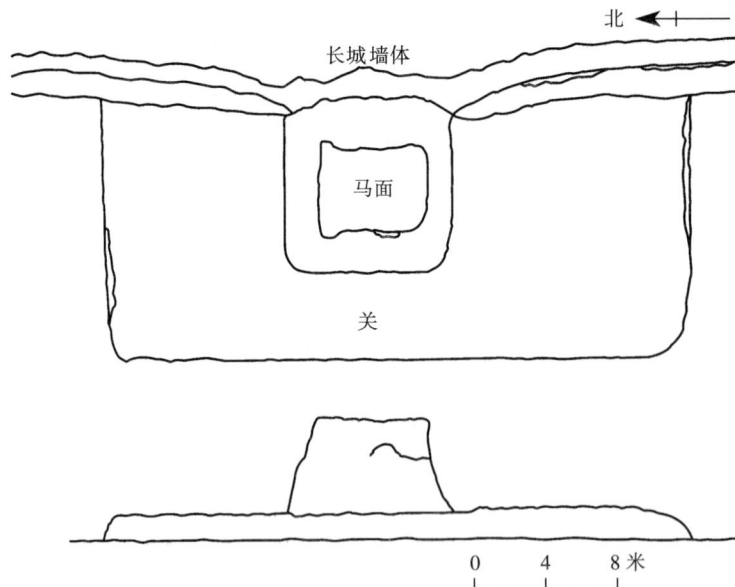

图一三三○　庞庄村关平、立面图

关内东侧中部仅靠东墙（长城墙体）有一座马面。台体用纯净的黄土夯筑而成，土质较疏松，夯层不清，厚约 0.11～0.12 米。台体平面呈矩形，剖面呈梯形，底部东西 9、南北 10 米，顶部东西 5、南北 6.5 米，高 5.5 米。台体顶部建筑损毁，外部包砖全部脱落或被拆除。

该关东依长城墙体，东北芦沟村庞庄 2 号马面 0.864 千米。

（一五）清河村瓦窑界关（610823353101170015）

该关位于塔湾镇清河村瓦窑界村（组）西北 0.7 千米的山梁顶上。地处无定河南、芦河西的沙化黄土沟壑地带，周边地势起伏较大，沟壑纵横，黄土部分裸露。高程 1326.2 米。

关整体保存较差，关呈斜坡状，西高东低，内外杂草丛生，废弃无人居住。关墙坍塌严重，东、西墙濒于消失，马面顶部和四壁因风雨侵蚀而剥落、流失，马面周围保存有少量砖、瓦片、瓷片。

关坐西朝东，平面呈矩形，东西 25、南北 20 米（以中心线计），周长 90 米，面积 500 平方米。关墙保存较差，除借用长城墙体的西墙外，仅南、北墙保存稍好；墙体内高 3、外高 5 米；墙体用黄土夯筑而成，夯层厚 0.08～0.1 米，土质纯净、细密。关东墙中部有一个宽 8 米的豁口，当为关门位置。关内西高东低，落差约 6 米。（图一三三一）

关西墙（长城墙体）内侧中部紧挨墙体处有一座马面。台体用纯净的黄土夯筑而成，密度低，夯层不清，厚约 0.11～0.12 米。台体平面呈矩形，剖面呈梯形，底部边长 5 米，顶部东西 3.7、南北 3.6 米，通高 3.2 米。台体顶部建筑损毁，外部包砖全部脱落或被拆除。

该关西依长城墙体，北距杜羊圈村龙池峁号马面 0.7 千米，西南距清河村羊圈渠 1 号关 0.4 千米。

（一六）清河村羊圈渠 1 号关（610823353101170016）

该关位于塔湾镇清河村羊圈渠村（组）西北 2 千米的山梁上。地处无定河南、芦河西的沙化黄土沟壑地带，周边地势起伏较大，沟壑纵横。东侧地势较缓，西侧有一条略平坦的川道，南、北侧各有一条较深的沟壑，地表植被多为沙蒿、沙棘、柠条等。高程 1303 米。

关整体保存一般，废弃无人居住，关内长满杂草。马面顶部和四壁因风雨侵蚀而剥落、流失，北壁有许多小凹坑，为昆虫洞穴和羊群啃噬所致，周围保存有少量砖、瓦片、瓷片，西壁坍塌呈斜坡状。关墙坍塌严重，呈圆角矩形，西南角呈锐角，东墙有几个大的冲刷豁口，中部较大的豁口当为门的位置；南、北墙与西墙（长城墙体）的连接处各有一个断口，墙体基本消失。关内和台体表面杂草较多。

关坐西朝东，平面呈近梯形，东西 19、南北 35 米，周长 99 米，面积 333 平方米。关墙用黄土夯筑而成，夯层 0.08～0.1 米，土质纯净、致密；墙体内高约 1、外高 5 米。关西墙借用长城墙体，外侧南部紧挨墙体有一座马面。

马面建在一座人工土台上，土台西南角保存，西北角被冲毁，几乎与台体北壁平齐，东西 31、南北 25、高约 4.5 米，上部 0.5 米夯筑而成。台体用纯净的黄土夯筑而成，夯层厚 0.1～0.13 米。台体平面呈矩形，剖面呈梯形，底部东西 9、南北 7.5 米；顶部坍塌严重，呈花瓣状，中心高四角低，东西 7、南北 6.3 米，高 4.5 米。台体顶部建筑损毁，外部包砖全部脱落或被拆除。

该关与其他关不同之处有二。其一，平面呈不规则矩形，近偏梯形；其二，马面不在关墙一侧正中，偏于一隅。

该关西依长城墙体，北距清河村瓦窑界关 0.4 千米，南距清河村羊圈梁 2 号关 1.02 千米。

（一七）清河村羊圈渠 2 号关（610823353101170017）

该关位于塔湾镇清河村羊圈渠村（组）西北 1.55 千米的山梁下部（南北两侧各有一条川道）。地处无定河南、芦河西的沙化黄土沟壑地带，东侧地势较缓，南侧有一座高山，地表生长有许多杨树、沙蒿、柠条等植物。高程 1289.2 米。

关整体保存较差，废弃无人居住，关内长满杂草。关墙坍塌严重，地势较低，有多个冲刷豁口。

马面顶部和四壁因风雨侵蚀而剥落、流失，坍塌呈斜坡状，南北两壁较低，台体上生长有柠条、杏树等植物。

关坐向不明，平面呈梯形，西墙长 32、东墙长 29 米，南、北墙长 25 米；墙体用黄土夯筑而成，夯层 0.08~0.1 米，土质纯净、细密；墙体底宽 2、顶宽 0.5、内高 0.5~1.2、外高 2~4 米。关东、西墙有自然形成的豁口；西墙借用长城墙体，外侧南端紧挨一座马面。（图一三三二）

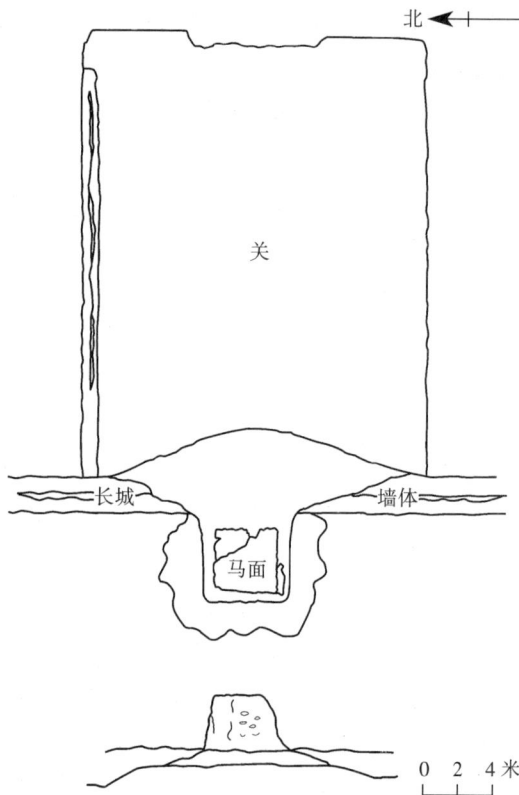

图一三三一　清河村瓦窑界关平面及其马面立面图

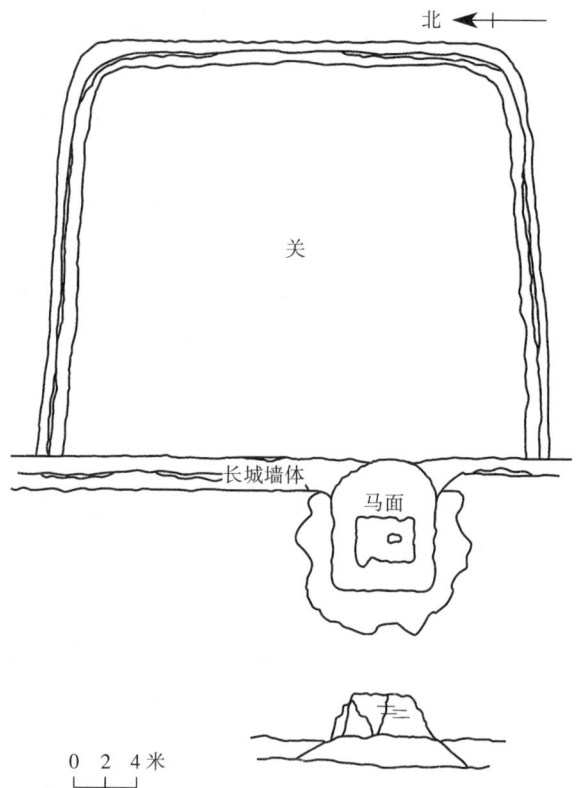

图一三三二　清河村羊圈渠 2 号关平面及其马面立面图

马面用纯净黄土夯筑而成，夯层厚约 0.1 米，土质较疏松。台体平面呈矩形，剖面呈梯形，底部东西 6、南北 6.5 米，顶部东西 3、南北 3.7 米，高 2.7 米。台体顶部建筑损毁，外部包砖全部脱落或被拆除，仅保存有少量砖、瓦片、瓷片等。

该关西依长城墙体，北距清河村羊圈渠 1 号关南 1.02 千米。

（一八）双河村堡（610823353102170018）

该堡位于波罗镇双河村西北约 0.9 千米的较高平缓沙丘上。又名马圈墩圐圙，地处无定河北的波状沙丘地带，周围有高低起伏的沙丘，生长大量沙柳、沙蒿等植物，有多条便道，流水在便道上形成多条冲沟。高程 1148.6 米。

堡整体保存一般，废弃无人居住。堡内有多个凹坑，种植有杏树，堡内长满杂草。堡墙、敌楼保存一般，堡内外设施不存。堡墙顶部有起伏，部分墙体坍塌有裂缝，有豁口。对堡形成威胁的自然因素有山体滑坡、洪水冲蚀、风雨侵蚀、植物根系和动物洞穴破坏等，人为因素较少，最大的威胁是风雨和洪水，主要病害是马蜂巢穴侵蚀墙体。

堡坐北朝南，平面呈矩形，东西58、南北60米，周长120米，面积750平方米。堡墙保存较差，顶部凹凸不平，有豁口；墙体夯筑而成，夯土以黄土为主，夯层厚0.1~0.12米；墙体底宽4、顶宽2、内高5.4、外高7米。堡南墙正中有一个下宽3.5、上宽6米的缺口，当为堡门位置；北墙内侧中部偏西有一座敌楼，平面呈不规则形，底部东西12、南北14米，顶部东西5.5、南北11米，高11米。堡内未发现其他遗迹。距堡墙约18米处有一道断断续续的土墙，墙体高、宽均不足1米，可能是罗城，被沙土掩埋，仅见轮廓。（图一三三三；彩图二五五、二五六）

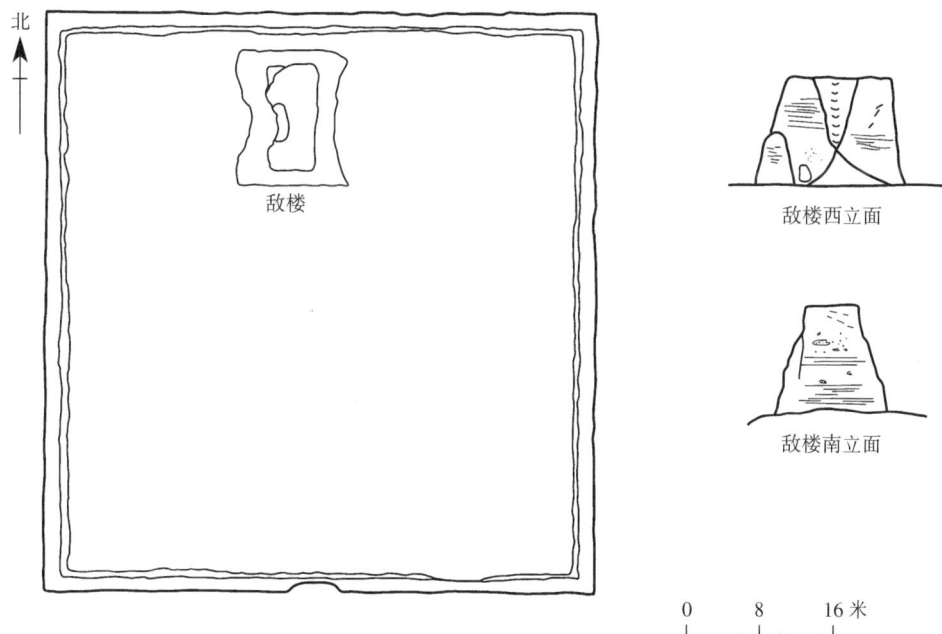

图一三三三　双河村堡平面及其敌楼立面图

该堡北距马家梁村敌台约0.18千米，西北距双河村2号马面0.18千米。

（一九）肖家滩村堡（6108233553102170019）

该堡位于波罗镇肖家滩村东北0.6千米的地势较高山顶上。地处无定河北的沙化黄土丘陵地带，四周为斜坡，较平缓，与周边落差约10米，生长有大量柠条、沙柳、沙蒿等植物，附近有3条大冲沟。高程1136.8米。

堡整体保存较差，废弃无人居住，堡内长满杂草。堡墙保存一般，部分坍塌有裂缝，东墙有一个洪水冲开宽2.7米的缺口。堡内外遗存基本不存，只有少量不很清晰的遗迹，对堡形成威胁的自然因素有山体滑坡、洪水、风雨、植物根系、动物洞穴等，人为因素较少。

堡坐北朝南，平面呈矩形，东西60、南北53米，周长226米，面积约3180平方米。堡墙用黄土夯筑而成，夯层厚0.1~0.15米；墙体底宽3、顶宽0.6、高2~6米，呈锯齿状分布。堡西墙保存稍好，最高6米；南、北墙中部各有一个缺口，可能为堡门位置，南墙缺口下宽3.7、上宽约12米，北墙缺口下宽5、上宽15米。堡墙东北角内侧距地面1.8~2.5米，外侧有垛墙，垛墙最高1.2、最宽3.1米。堡内沿南北缺口连线的两侧分布有土堆，形状不可辨，最高约0.8米，遗迹性质不明，疑为堡内贯穿南北的通道。（图一三三四）

该堡位于四台湾村~肖家滩村长城墙体拐点南侧，距长城墙体约0.02千米，东北距四台湾村7号

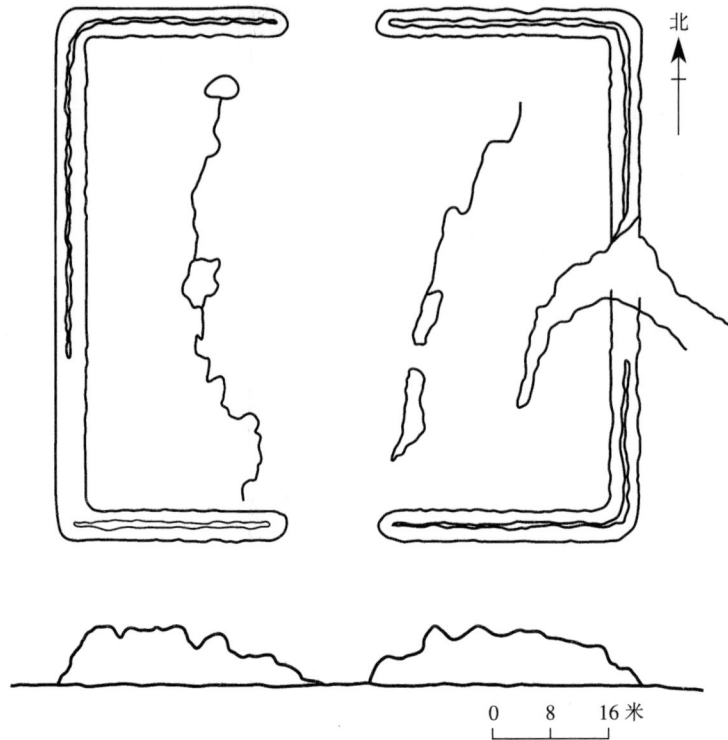

图一三三四　肖家滩村堡平、立面图

马面 0.12 千米，西南距肖家滩村敌台 0.1 千米。

（二〇）创业村寨城堡（6108233531102170020）

该堡位于横山镇创业村南约 0.5 千米的寨城梁（山名）。北侧山底是无定河平川，南侧为黄土丘陵沟壑区，四周地势较平，东南侧被开垦为耕地。高程 1077.7 米。

堡整体保存较好，废弃无人居住，堡内长满酸枣、黄蒿等植物及大量杂草，保存有少量砖、瓷片。堡墙顶部原有垛墙，多损毁，仅存少量，高约 0.2 米。堡外被开垦为耕地，堡墙有铲削痕迹。

堡坐西北朝东南，平面呈矩形，东西 36、南北 44 米，周长 160 米，面积 1584 平方米。堡墙保存较好，宽、高基本一致，没有明显的豁口或大面积坍塌，顶部外侧断断续续存有垛墙。堡墙为夯筑土墙，夯层厚 0.07～0.15 米，夯窝直径 0.06 米，夯窝间距 0.12～0.15 米；墙体底宽 2～3.8、顶宽 2.5、高 6 米，垛墙高、宽约 0.5 米。南墙中部有一个因坍塌而呈不规则形的圆拱形门洞，门洞高、宽均约 2 米，可进入堡内；西墙中部有一条登城步道通到堡墙顶部。（图一三三五；彩图二五七、二五八）

该堡位于无定河河险起点附近，距河险约 0.3 千米，西南距创业村烽火台 0.3 千米。

（二一）魏强村羊圈梁堡（6108233531102170021）

该堡位于横山镇魏强村东北约 1 千米。地处无定河南、芦河西的黄土沟壑地带，地势较平缓，柠条、沙蒿、沙柳、杏树等生长茂盛，附近有多条冲沟。高程 1184.8 米。

堡整体保存一般，废弃无人居住，堡内平坦，杂草丛生。堡墙因风雨侵蚀而剥落严重，墙体上保存有前人开凿的窑洞，主要位于角部，南墙上的一孔窑洞甚至穿透了墙体；东墙中部外侧有长约 7 米坍塌。

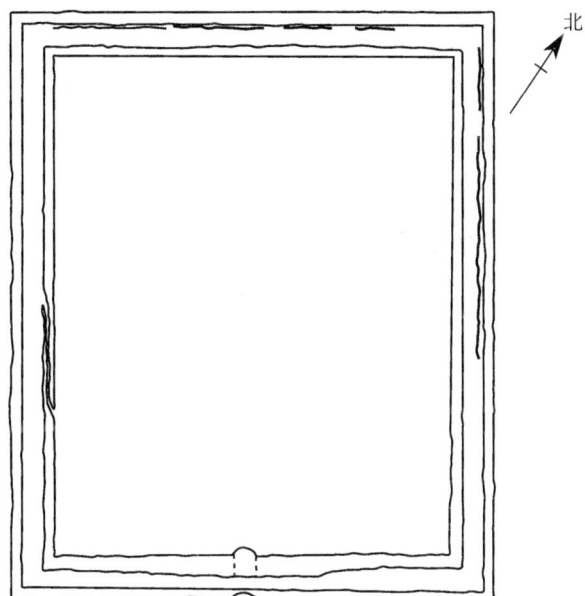

图一三三五　创业村寨城堡平面图

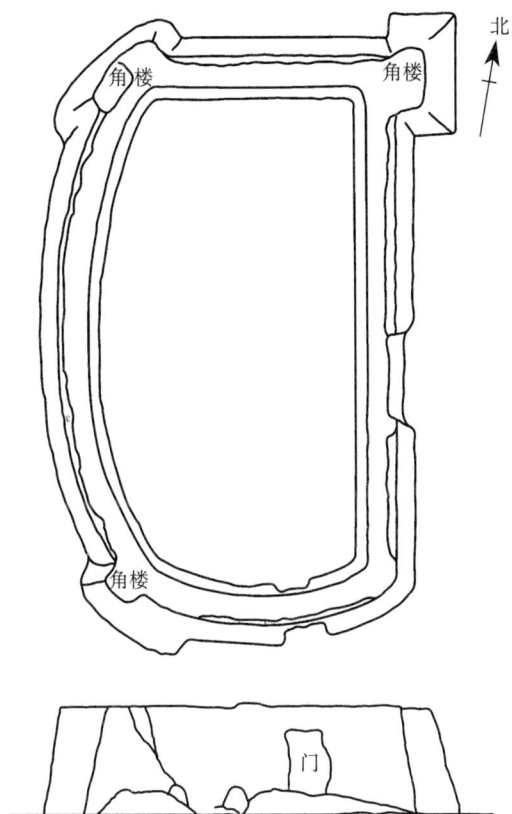

图一三三六　魏强村羊圈梁堡平、立面图

堡坐东南朝西北，平面呈近矩形（西墙向外弧出），东墙内长 40、北墙内长 18 米，西墙明显向外弧出（比角部宽 6 米），南墙略向外弯曲。堡内东西 24、南北 42 米，周长 164 米，面积 1600 平方米。堡墙用黄土夯筑而成，夯层厚 0.1 ~ 0.15 米，墙体底宽约 5、顶宽 2.5 米，高基本一致，内高 2.5、外高 9 米。（图一三三六）

堡门位于南墙，距东南角 4.3 米，堡内雨水只能从堡门排出，堡门处被冲出约 3 米深的沟，加上坍塌，堡门宽约 2.5、高约 7 米。堡东南角有一个缓坡，应是登墙步道的位置。

堡墙上有垛墙，保存较好，垛墙高 0.6 ~1.7、厚 0.8 米，垛口宽 0.4 ~1 米。东墙垛墙上等距分布有 9 个垛口。西墙垛墙上可见 2 个射孔（或瞭望孔、礌石孔），完整的一个呈圆形，内侧直径 0.35、外侧直径 0.2 米，射孔（或瞭望孔、礌石孔）距堡墙顶部 0.2 ~0.4 米。

堡东北、西北、西南角各有一座角楼。东北角楼平面呈矩形，下部东西 5.5、南北 10 米，顶部坍塌。西北角楼为弧形，顶部长 7 米，向外凸出 1.3 米；底部边长 15 米，向外凸出约 3 米；角楼上有一座高台，长 4、高 1.6 米。西南角楼底部边长 12 米，顶部坍塌，边长 3.7 米，向外凸出 2.1 米。

堡内地面高于周围地面数米，西、北高，东、南低。堡当是利用了当时的地面，在筑好墙体后，再沿墙面向下铲削出高大的墙体。从北（西北）墙外侧观察，当时地势西高东低，西端比现地面高约 6 米，东端仅高 1 ~2 米。北、西墙外有宽约 5 米的堑壕，是否和堡同时完成尚待进一步研究。

该堡位于长城墙体南侧，距长城墙体 0.45 千米，东距魏强村遗存 0.14 千米。

（二二）马家梁村堡（610823353102170022）

该堡位于横山镇马家梁村东北约1.2千米的山梁上。地处无定河南、芦河西的黄土沟壑地带，周围地势起伏较大。高程1216.1米。

堡整体保存较差，废弃无人居住，堡内长满杂草，种植有许多桃树、杏树，堡门外有一条废弃的乡村土路。堡墙坍塌严重，有多处裂缝，保存较差，呈驼峰或锯齿状，东南、东北、西北角近于消失。

堡坐东朝西，平面呈矩形，内侧边长33米，周长132米，面积1089平方米。堡墙用黄土夯筑而成，夯层厚0.1米；墙体底宽2.8、顶宽0.5、内侧最高3.5、外侧最高6米。堡门位于西墙中部，下宽3.7、上宽约7米，距北墙外侧18米，堡门地面呈慢坡状。堡内地面中间低四周高，当和堡墙的垮塌有关。堡内地面比周围地面高出约3米，未发现任何遗迹，保存有许多碎砖瓦、瓷片。（图一三三七）

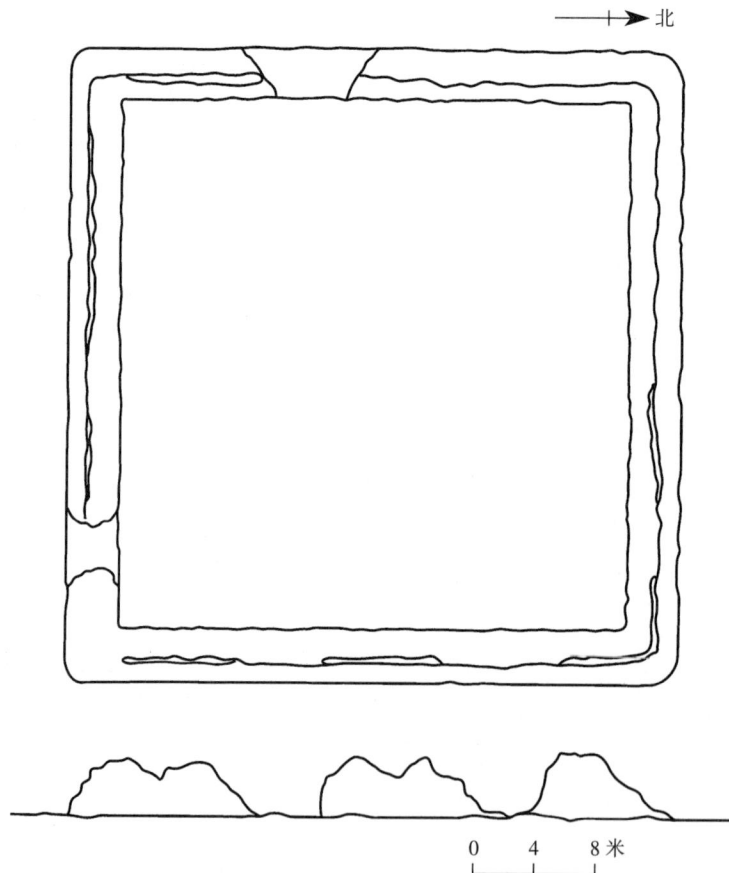

→北

0　4　8米

图一三三七　马家梁村堡平、立面图

该堡北距长城墙体0.12千米、距马家梁村关0.11千米。

（二三）杜羊圈村寨城峁堡（610823353102170023）

该堡位于赵石畔镇杜羊圈村寨城峁村（组）居民区东北约0.15千米。地处无定河南、芦河西的黄土沟壑地带，东南侧有一条深沟，沟底部是一道水坝，地表有许多凹坑，周边地势波状起伏。高程1222.3米。

堡整体保存一般，废弃无人居住，堡内长满黄蒿等杂草。西墙外开垦为梯田，种植谷物。堡墙和马面局部坍塌，有多处裂缝，顶部有少量砖。北墙西段有 3 个自东向西由大到小排列的半井状迹象，自底达顶，顶部直径 1~2 米，用途不详。存在的病害主要有风雨侵蚀、植物根系破坏、啮齿动物洞穴。

堡建在经铲削形成的较为平坦的土台上，东、北、西面有土台，东西 63（不计西台）、南北 55 米，高 1.6（北侧）~8 米（东侧深沟处）。东、北侧土台基本同高，西侧宽约 10 米，低于北侧 2 米。堡东侧和东南侧各有一条深沟，沟中有一座水库。

堡坐西朝东，平面呈矩形，边长 50 米，周长 200 米，面积 2500 平方米。堡墙用纯净的黄土夯筑而成，夯层厚 0.11~0.13 米；墙体底宽 6.2、顶宽约 2、内高 5.8、外高 10~15 米。堡墙外侧建有垛墙，高 0.4、宽 0.5 米。堡门位于东墙正中，顶部坍塌，为两边垂直的宽 3.8 米的豁口。北墙中部偏东距东北角 13.2 米、西北角 27.5 米处各有一座马面。（一三三八；彩图二五九）

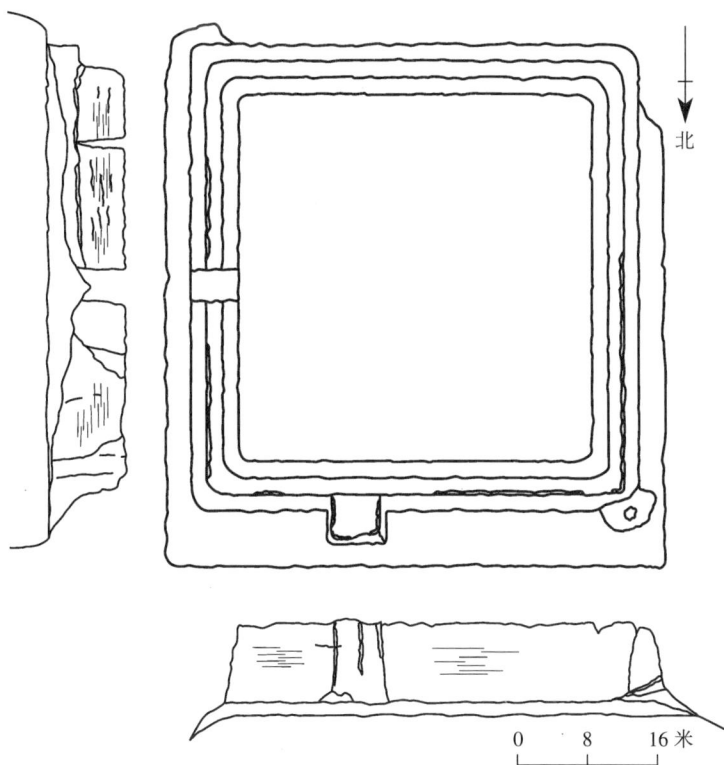

图一三三八　杜羊圈村寨城峁堡平、立面图

马面平面呈矩形，底部向外凸出 6 米，外侧宽 9、内侧宽 10 米；顶部凸出 5.6 米，外侧宽 6、内侧宽 7.5 米。台体顶部外侧有垛墙，稍低于墙体。堡墙西北角有一座向西北凸出的角楼，下部和堡墙相连，平面呈近圆形，东西 5.5、南北 10.6 米，向外凸出约 2 米；顶部和堡墙分离，仅余长 1.5、宽 1 米的椭圆形平台，比堡墙低约 0.5 米。

该堡西距杜羊圈村寨城峁长城墙体 0.47 千米。

（二四）芦沟村高粱湾堡（610823353102170024）

该堡位于塔湾镇芦沟村高粱湾村（组）西侧 0.45 千米的山梁上。又名墩寨城，地处无定河南、芦河西的沙化黄土沟壑地带，周边地势起伏较大，沟壑纵横。西侧有一条沟壑，落差约 35 米；东、北、南侧是丘陵。高程 1348.6 米。

　　堡整体保存较差，废弃无人居住，堡内长满芨芨草、黄蒿等杂草，堡内外有少量碎砖、瓷片。堡墙因风雨侵蚀而剥落，坍塌严重。

　　堡坐西向东，平面呈矩形，边长 35 米，周长 140 米，面积 1225 平方米。堡墙保存较好，用纯净的黄土夯筑而成，密实度一般，夯层厚 0.1~0.13 米；墙体底宽 4.5、顶宽 0.6 米，内高 1.5~2.8、外高 6.2 米。因为坍塌，堡内地面呈平底锅状。堡门位于东墙正中，下宽 2.8、上宽 9、高 4.5 米。堡西侧壕沟宽 5（南端）~20 米（北端），底部南高北低，呈斜坡状；东侧壕沟宽 11 米，外侧有墙体迹象，可能是挡马墙，长约 30、宽 1~4、高约 1 米。堡内没有发现其他遗迹。（图一三三九）

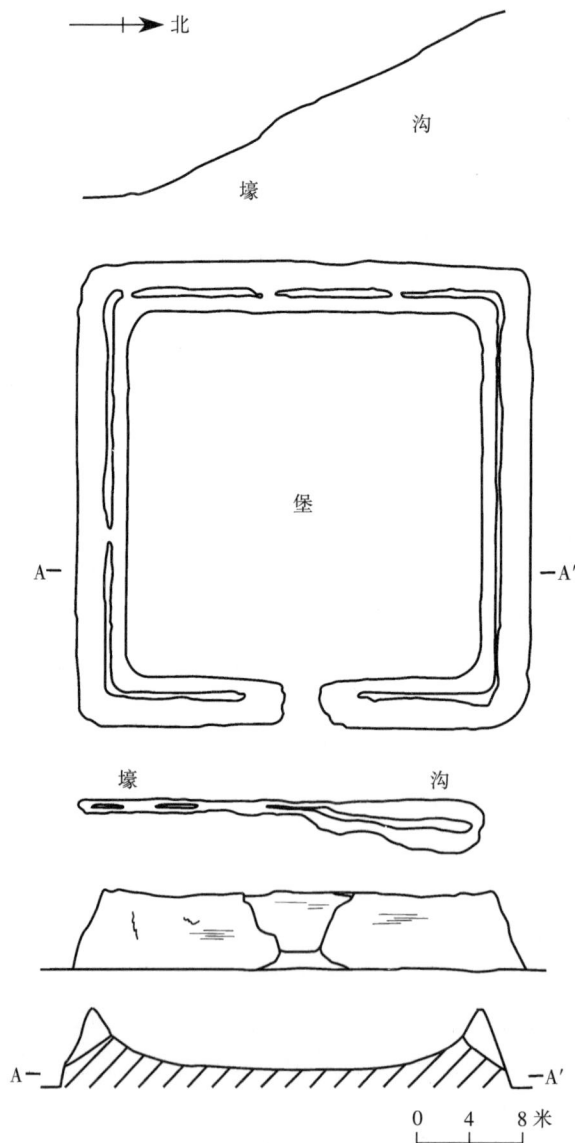

图一三三九　芦沟村高梁湾堡平、立、剖面图

　　该堡西距长城墙体 0.7 千米，西北距高梁湾村敌台 0.6 千米，北距芦沟村高梁湾马面 0.65 千米，南距石井村龙口界马面 0.7 千米。

四　相关遗存

横山县明长城大边沿线共有相关遗存8处。

（一）龙泉墩村遗址（610823354107170001）

该遗址位于波罗镇龙泉墩村西南约0.5千米。地处无定河以北的波状沙丘地带，地势较平坦，生长有大量柠条、沙柳、沙蒿等植被。

遗址整体保存差。只能看见长城墙体东侧的一片平坦沙地，生长有沙蒿等植被。

遗址平面呈近圆形，直径约50米，占地面积约2000平方米。遗址地表散布有较多的灰陶、红陶细泥陶片和夹砂陶片，陶片纹饰有绳纹、篮纹，有手指涂抹、按压的痕迹，有少量黑釉、黄绿釉瓷片及明代残砖。

该遗址位于横山县龙泉墩村～双河村长城墙体起点南侧的一片洼地中，东北距龙泉墩村4号马面0.75千米，西南距龙泉墩村敌台约0.28千米。

（二）沙界沟村遗址（610823354107170002）

该遗址位于波罗镇沙界沟村西南约2千米。地处沙漠丘陵地带，周边地势较平缓，地表植被较少，多为沙蒿、柠条、沙柳等。附近有多条冲沟，沟里生长有芦苇等。高程1145.3米。

遗址整体保存差。遗址内有一处汉代墓群，墓群的存在，使包括沙界沟村4号敌台在内的遗址成了盗墓者疯狂盗掘的对象，遍布盗洞。自然破坏因素主要有洪灾、风雨、植物生长、昆虫破坏、啮齿动物破坏等，人为破坏因素主要有生产、生活活动如修筑道路、铲削取土、盗挖等。

遗址内面积约8000平方米，东西、南北各延伸100米。遗址地面散落有较多的绳纹筒瓦残片、灰陶、红陶细泥和夹砂陶片，陶片纹饰有绳纹、篮纹有少量黑釉、白釉瓷片及碎砖等。

该遗址位于波罗镇沙界沟村～榆横界碑长城墙体起点南侧、沙界沟村4号敌台东南。

（三）二道峁村遗址（610823354107170003）

该遗址位于横山镇二道峁村西南约0.7千米的山上平缓地带。地处无定河南的黄土沟壑地带，北侧是无定河形成的平川，落差约50米，无定河两侧是主要的耕种区，主要种植水稻；南侧是黄土沟壑地带，部分土地沙化，地势平缓，主要生长有杨树、柳树、柠条等。高程1120米。

遗址整体保存较差。东北侧断崖处有一座砖窑遗址，洞口高约1.5、进深约3米。遗址内长满杂草，有多条流水冲沟。

遗址边长80余米，占地面积约7000平方米。遗址内散布较多的灰陶、红陶细泥和夹砂陶片，陶片纹饰有绳纹、篮纹，另有少量黑釉、白釉瓷片及碎砖。遗址西北约0.1千米处有一处窑址，年代可能为明代。

该遗址位于横山镇创业村～边墙壕村长城墙体北侧，西距二道峁村敌台0.725千米。

（四）边墙壕村遗址（610823354107040004）

该遗址位于横山镇边墙壕村东约0.7千米的平缓山坡上。地处无定河南的黄土沟壑波状沙丘地带，地表种植有大量的臭槐，生长有沙蒿、柠条等植物。高程1126.6米。

遗址边长约 200 米，占地面积约 40000 平方米。遗址内散布较多的灰陶、红陶细泥和夹沙陶片，陶片纹饰有绳纹、篮纹，还有素面陶片，器形有盆、钵、罐等。遗址时代为汉代。

该遗址位于创业村～边墙壕村长城墙体北侧。

（五）魏强村遗存（610823354199170005）

该遗存位于横山镇魏强村的缓坡上。地处无定河南、芦河西的黄土沟壑地带，地势西南高东北低，是由长城墙体延伸出的两段墙体形成的一个不规则矩形空间。高程 1177 米。

遗存整体保存差。墙体坍塌严重，有多处消失，裂缝较多，有多条冲沟冲断墙体。树木根系、虫蚁洞穴侵蚀等对遗存造成了破坏。遗存内地表凹凸不平，有多处耕地和林地，墙体上生长有柠条、沙棘等植物。

遗存实际上是一段被废弃的长城，因为和主体长城的线路不同，故不列入长城的分段当中，称之为遗存墙体。墙体位于主体长城南侧，起止点与主长城墙体相连。遗存墙体和长城墙体围成一个圈圈，据当地群众讲，这是当年军队散养马匹的地方。

遗存墙体和长城墙体有两个相交点，第一点高程 1174.1 米。此点南 0.03 千米处可见遗存墙体底宽 8.8、高 0.6 米，当是长城墙体的一个拐点。第二点高程 1177 米，有一条土路和一条冲沟将交点和遗存墙体隔开，主体长城墙体南侧还有一段遗存墙体，与南侧遗存墙体呈一条直线，当是同一遗存的部分遗迹。因此，在第二点主体长城和遗存墙体相交。遗存墙体保存较差，被多条冲沟切断，有的地段消失。墙体一般底宽 3～4、顶宽约 0.5、高一般 1～2、最高 5、最低 0.6 米。（图一三四〇）

该遗存东距魏强村 1 号烽火台约 0.02 千米，第一点南 0.2 千米处的遗存墙体上有一个小型关（魏强村关）。长城墙体南约 0.04 千米、遗存墙体西约 0.2 千米处各保存有一段土墙，附近有几孔窑洞，年代和性质不明。

（六）马家梁村 1 号遗址（610823354107170006）

该遗址位于横山镇马家梁村西约 2 千米。地处无定河南、芦河西的沙漠丘陵地带，周边地势较平缓，地表土壤沙化严重。东北约 0.27 千米有多座小沙梁，地势较高；西南侧是地势较缓的斜坡，地表多生长有沙柳、柠条等植被。高程 1210.2 米。

遗址整体保存较差，仅存矩形夯土墙基，墙内杂草丛生，墙体受风雨侵蚀剥落严重。

遗址由 4 间房屋组成，房屋前发现一些很碎的明代瓷片，推测遗址年代可能为明代，也可能是明代之后。房屋是在把长城墙体铲削半边后依墙体而建，通长 20、宽 9 米。房屋呈一字排列，北侧一间最大，东西 9、南北 8 米，其余为东西 9、南北 4 米。墙体为夯土墙，厚、高 0.7 米。南 0.02 千米处有一座人工土坑和夯土墙形成的院落，院内有四五孔窑洞。

该遗址位于横山镇马家梁村长城墙体东侧。

（七）马家梁村 2 号遗址（610823354199170007）

该遗址位于横山镇马家梁村西约 2.5 千米的台垣上。地处无定河南、芦河西的沙漠丘陵地带，周围地势波状起伏。遗址位于一个缓坡中部，向南侧的一个山梁延伸，地表凹凸不平，种植有沙蒿、柠条和少量柳树，部分地表沙层裸露。高程 1209.3 米。

遗址整体保存较差。是一段垂直于长城墙体的夯土墙，仅存 207 米，较低矮，表面剥落严重。墙体上生长有杂草，有土蜂洞穴和多个豁口。墙体用黄土夯筑而成，夯层厚 0.18 米。墙体底宽 2.2、顶宽 0.6、高 1.5～3 米。（图一三四一）

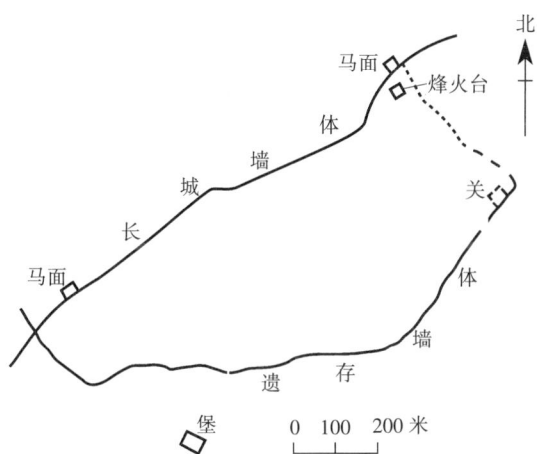

图一三四〇　魏强村遗存平面图

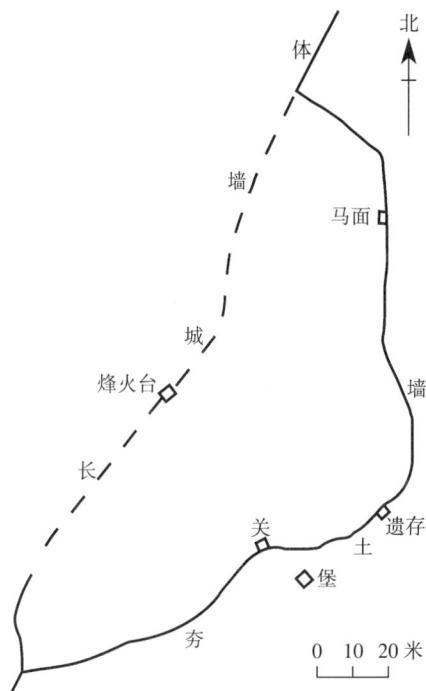

图一三四一　马家梁村 2 号遗址平面图

该遗址位于横山镇马家梁村～张沙塌村长城墙体起点西侧，与长城墙体相连。根据墙体的延伸状况来看，应是一段废弃的长城墙体，长城经过改线才形成现在的走向。

（八）马家梁村 3 号遗址（610823354199170008）

该遗址位于横山镇马家梁村西南约 2.7 千米的山峁上。地处无定河南、芦河西的沙化黄土沟壑地带，地势起伏较大，沟壑纵横。高程 1253.9 米。

遗址整体保存差。仅存一段墙体，平行于长城墙体，剥落坍塌严重，流水冲出多条小沟，基部石灰层裸露，生长有大量杂草。遗址内外受洪水冲蚀严重，有大量凹坑，生长有大量柠条、沙棘，地表生土裸露。

该遗址位于马家梁村～张沙塌村长城墙体西侧，东西 39、南北 13 米，仅存与长城墙体平行的一道夯土墙。遗址内地面因自然原因不平坦，北端长城墙体下有一些防水层，长城墙体建在防水层上。防水层用石灰渣夹杂少量砖筑成，至少可分上下两层。遗址西侧为一道山沟，南北两端各有一条土路，估计遗址原长可能大于现在。距墙体 13 米为外墙，用纯净的黄土夯筑而成，夯层厚 0.13～0.18 米；墙体底宽 4 米，高（露出）2 米。防水层南有大量碎砖、黑釉瓷片、黑釉瓷片、缸口沿等，分 3 堆集中分布。根据遗址所处位置及形制推测，可能是一处关址。

第三节　横山县明长城二边

横山县明长城二边东北接榆阳区明长城二边，沿无定河、芦河分布，西南接靖边县明长城二边，全长 99420 米。包括墙体 99420 米、单体建筑 41 座、关堡 4 座、相关遗存 3 处。

一　墙体

横山县明长城二边均为山险，全长99420米，占全部二边山险长度的16.8%。

（一）阴湾村～庙湾村山险（610823382106170037）

该段长城为悬崖、沟壑、河流等自然地貌形成的山险。起点位于党岔镇阴湾村北0.8千米，高程944.59米；止点位于塔湾镇庙湾村西南1千米，高程1187.01米。整体呈东北—西南走向，长99420米。山险位于无定河北的波状沙丘地带，起止点间是一道沟壑，落差约20米。沟壑里是平川，为居民生产生活区，大多为耕地，地势平坦。沟壑两侧长满柳树，灌溉水渠围绕农田。（图一三四二）

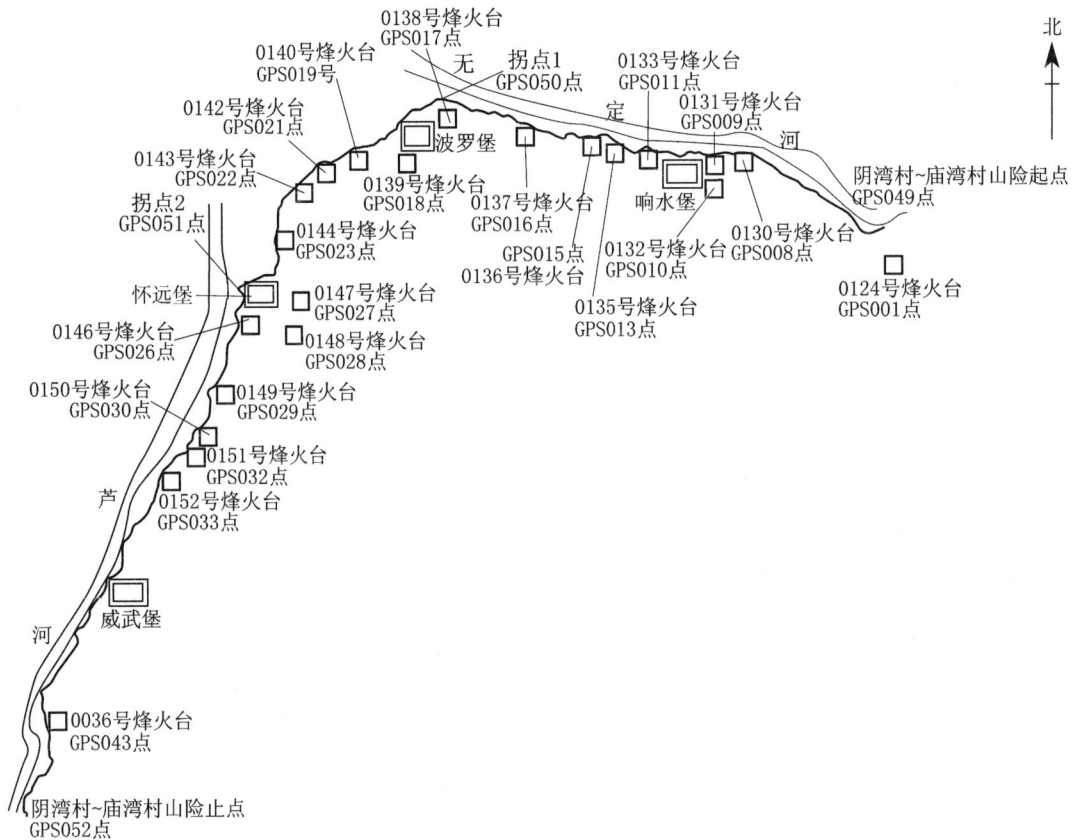

图一三四二　阴湾村～庙湾村山险位置示意图

山险起点至拐点1呈东—西走向，略偏西北，长39420米；从起点出过无定河达无定河西南岸，向西经响水堡到波罗堡西拐点1处拐向西南。拐点1至拐点2呈东北—西南走向，长22000米，从拐点1沿无定河西南岸向西南10千米至波罗镇杨家湾村，向前沿无定河南侧一条东北向支流溯流继续向西南4千米至斩贼关村东河东岸上，向前过河西沿沟壑继续向西南8千米到达芦河东岸横山县城关镇怀远堡。拐点2至止点呈东北—西南走向，长38000米，从拐点2达芦河东岸，向西南经过塔湾镇塔湾村威武堡西北，再向西南到达止点。

二　单体建筑

横山县明长城二边单体建筑仅烽火台一类，共41座。台体皆以纯净黄土为主（个别夹杂有少量的料礓石等）夯筑而成，夯层厚0.1～0.25米，以0.08～0.2米为主。有台基者13座，占烽火台总数的31.71%。带围墙者有2座，1座有包砖，均没有券洞。台体平面呈矩形者39座，占烽火台总数的95.12%，其他形状者有2座。现存烽火台尺寸各不相同，底部边长2.4～28米，以5～12米为主（超过12米的有8座，其中有4座20米以上）；顶部边长1.3～21.5米，以2～8米为主（超过10米的有6座，其中有2座约20米）；高2.3～11米，以4～8米为主。横山县明长城二边烽火台均有不同程度的损毁。

（一）阴湾村烽火台（610823353201170124）

该烽火台位于党岔镇阴湾村旁的山峁上。地处无定河南、芦河东的黄土沟壑地带，地势北高南低，南侧无定河两岸是宽阔的平川耕种区。周围植被生长良好，多为沙蒿，生长有少量杨树。高程975.7米。

烽火台整体保存差。台体顶部及四壁因侵蚀而剥落、塌圮，东壁坍塌，下部有较多塌土。紧靠台体有一座高压线铁塔，对台体破坏严重。台体西侧有一个直径约0.5米的凹坑。台体上生长有旱地植被，根系深入夯土层中对台体造成一定破坏。台体四周尤其是下部存在较多大小不等的动物洞穴。

台体用纯净的黄土夯筑而成，夯层不清，夯层厚约0.1米，密实度一般。台体平面呈近矩形，底部东西12、南北12.5米，顶部东西4、南北5米，高10米。（图一三四三）

该烽火台西距党岔村北庄烽火台1.5千米，北距无定河约0.8千米。阴湾村以汉族为主，村北有一条乡村土路，村南山脚下有204省道通过。

（二）党岔村北庄烽火台（610823353201170125）

该烽火台位于党岔镇党岔村北庄西约1.2千米的山顶上。地处无定河南、芦河东的黄土沟壑地带，所处与周边相比海拔最高，周边地势高低不平，沟壑梁峁起伏。周围植被生长发育良好，主要生长有沙蒿。高程1128米。

烽火台整体保存一般。台体四壁坍塌较严重，基座保存，基座上的围墙不存。台体上杂草丛生，有几个口直径约0.4米的动物洞穴。台体南壁有人为铲削的痕迹，底部裸露在外，与地面几乎垂直；北壁因风雨冲刷与地面成斜坡。

台体和基座用纯净的黄土夯筑而成，台体夯层厚0.14～0.18米，基座夯层厚约0.1米。台体底部东西9.2、南北5.5米，顶部东西4、南北3.5米，高7米。基座东西22.5、南北23、高1.5～4米。台体周围散落有少量石块、瓦片，应是当时顶部建筑的构件。（图一三四四）

该烽火台东距阴湾村烽火台1.5千米，北距无定河约0.8千米。党岔村北庄村居民以汉族为主，村中有多条乡村土路，村南山脚有204省道通过。

（三）党岔村南庄烽火台（610823353201170126）

该烽火台位于村南庄村东0.5千米的山顶上。地处无定河南、芦河东的黄土沟壑地带，周边地势高低不平，沟壑梁峁起伏，西侧有一条较宽的沟壑，周围植被一般，主要是新种植的杨树。高程1086.5米。

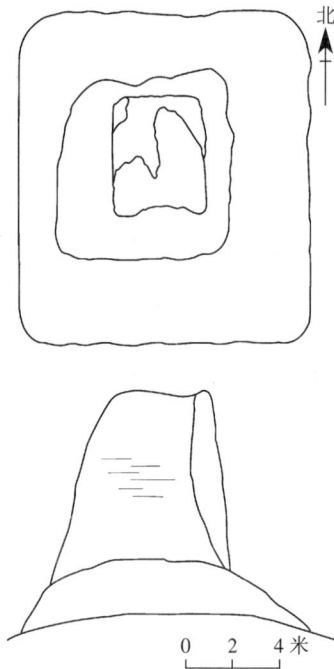

图一三四三　阴湾村烽火台平、立面图　　　　　图一三四四　党岔村北庄烽火台平、立面图

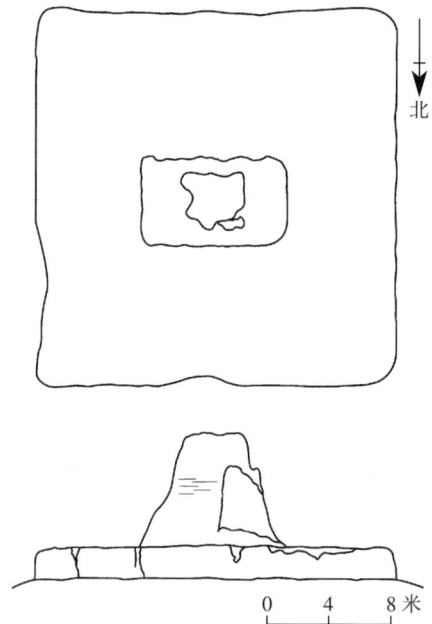

　　烽火台整体保存一般。台体四壁坍塌，顶部不规则，棱角消失。台体底部有一个盗洞；西壁有一根高压电线杆，对台体有很大影响；东壁有一条较宽的冲沟，生长有茂密的杨树和杂草；南壁由于风雨冲刷而塌陷，有宽约0.01米的裂缝。

　　台体用纯净的黄土夯筑而成，夯层厚0.06～0.1米。台体平面呈矩形，剖面呈梯形，底部东西12、南北9.5米，顶部东西6、南北5.2米，高6.5米。（图一三四五）

　　该烽火台西北距党岔村北庄烽火台1.5千米，南距无定河约0.8千米。

（四）七里庙村烽火台（610823353201170127）

　　该烽火台位于党岔镇七里庙村北约0.7千米的山峁上。地处无定河南、芦河东的黄土沟壑地带，周边地势高低不平，沟壑梁峁起伏，为梯田和沟壑，满布杂草、荆棘。周围地势较复杂，附近较平坦，为耕地，再远处是起伏跌宕的小沙丘。高程1112.4米。

　　烽火台整体保存差。台体因长期的风雨侵蚀四壁塌陷；南壁有一个盗洞，洞口直径1～1.8、深8米，从顶部至基座下。台体上有多条宽约0.05米的裂缝，顶部坍塌呈凹字形，顶部和底部生长有杂草，周围有种植粮食的大片耕地，开垦耕地时对台体有铲削。

　　台体用纯净的黄土夯筑而成，夯层厚0.08～0.13米，密实度一般。台体底部东西9.5、南北9.7米，顶部东西7、南北7.5米，高6米。（图一三四六）

　　该烽火台南距郭阳畔村烽火台0.35千米。七里庙村有一条小河、多条乡村土路，村附近有一条县道。

（五）郭阳畔村烽火台（610823353201170128）

　　该烽火台位于党岔镇郭阳畔村。地处无定河南、芦河东的黄土沟壑地带，周边地势起伏较大，沟壑纵横。北侧因风雨冲刷泥沙堆积与台体呈斜坡状，东南侧是梯田，周围植被茂盛，有大片草地。高程1125.6米。

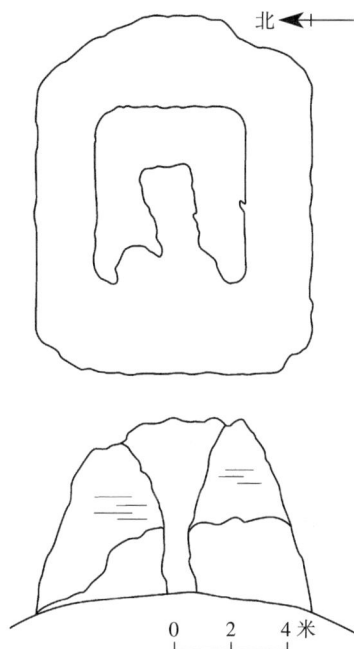

图一三四五　党岔村南庄烽火台平、立面图

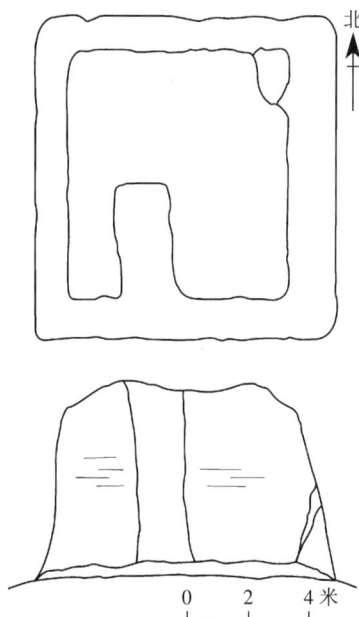

图一三四六　七里庙村烽火台平、立面图

烽火台整体保存较差。台体受风雨侵蚀呈不规则形，四壁有大量裂缝，中部稍鼓。台体南壁有明显的人为铲削痕迹，顶部和周围生长有许多杂草。基座上种植有杨树，根系深入夯土中对台体造成一定破坏。台体四周尤其是下部存在较多大小不等的动物洞穴，北壁有一条较宽的冲刷凹沟，四壁有蜂巢洞穴。由于台体破坏严重，原有形制不可见。

台体用纯净的黄土夯筑而成，夯层厚 0.13~0.16 米，密实度一般。台体平面呈近圆形，剖面呈不规则形，底部东西 6、南北 6.4 米，顶部东西 4、南北 3.5 米，高 4.5 米。（图一三四七）

该烽火台北距七里庙村烽火台 0.35 千米，附近无河流。

（六）白岔峁村烽火台（610823353201170129）

该烽火台位于响水镇白岔峁村西北 1.5 千米的山顶上。地处无定河南、芦河东的黄土沟壑地带，周边地势起伏较大，沟壑纵横，地形非常复杂。一侧有一条洪水冲沟，周围是大量的梯田，植被稀疏，生长有零星的茇茇草、沙蒿。高程 1060.7 米。

烽火台整体保存较差。矩形夯土基座南、西侧保存稍好，东、北侧边缘不清。台体四壁坍塌较严重，顶部呈近半圆形。台体上裂缝、动物洞穴较多，生长有少量杂草，根系深入夯土对台体造成一定破坏。

台体用纯净的黄土夯筑而成，夯层厚 0.16~0.18 米。台体平面呈矩形，底部边长 5 米，顶部东西 3.8、南北 2.5 米，高 3 米。基座东西长 23 米，南北不详，高 1.8 米。（图一三四八）

该烽火台西距边墙壕村遗址约 1 千米，西北距屈家畔村 1 号烽火台 2 千米。白岔峁村东约 0.6 千米处的盐子沟中有一条南北向季节性河流，村中有多条乡村土路。

（七）季家圪村烽火台（610823353201170130）

该烽火台位于响水镇季家圪村东南 0.555 千米的山顶上。地处无定河南、芦河东的黄土沟壑地带，周边沟壑纵横，地势起伏较大，植被稀疏，较为荒凉，大部分黄土层裸露。高程 1105.5 米。

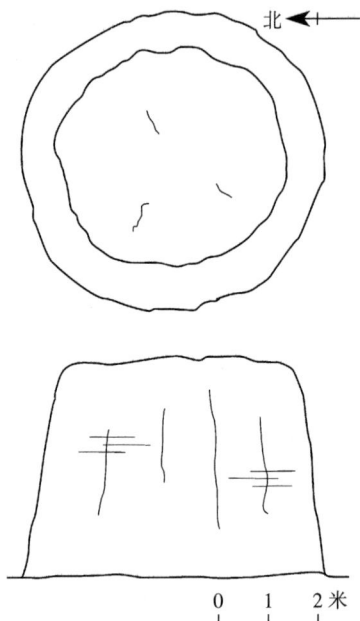

图一三四七　郭阳畔村烽火台平、立面图

图一三四八　白岔峁村烽火台平、立面图

烽火台整体保存差。台体北、东、西壁坍塌较严重，顶部因侵蚀而剥落、流失呈不规则形，中央有一个长0.8、宽0.6、深约3米的矩形盗洞。台体上生长有许多芨芨草、柠条等植物，根系深入夯土层中对台体造成一定破坏。台体四壁有约15个盗洞，四周尤其是下部存在较多大小不等的动物洞穴。台体周边有多个墓葬，时代不明，多被盗掘。

台体用纯净黄土夯筑而成，夯层厚0.7～0.12米，密实度一般。台体底部东西10.05、南北12米，顶部边长4米，高5.7米。（图一三四九）

该烽火台西南距白岔峁村烽火台2千米。季家圪村北平川中为无定河，村中有多条乡村土路，村北山脚下有204省道通过。

（八）响水堡东北角烽火台（610823353201170131）

该烽火台位于响水镇响水堡东北角0.225千米。地处无定河南、芦河东的黄土沟壑地带，周边地形较复杂。北侧为无定河，南侧为黄土沟壑地貌，东南侧有一条宽约1米的冲沟及数条小冲沟，东侧有耕地。周围植被生长良好，种植有许多杨树，主要生长有沙蒿。高程1076.8米。

烽火台整体保存一般。台体保存四分之三，基座保存较好。台体西壁有一个直径约1米的凹坑，南壁有一条水冲沟槽，北壁东部有一条登台步道。台体上有少许裂缝。台体顶部生长有许多沙蒿，根系深入夯土对台体造成一定破坏。台体和基座上有一些动物洞穴，周围是耕地，开垦耕作时对基座有铲削，基座附近栽有电线杆。

台体用纯净的黄土夯筑而成，夯层厚0.1～0.13米，密实度较高。台体底部东西12、南北11.5米，顶部东西7、南北5（西）～7.5（东）米，高7.2米。基座东西27.5、南北22、高2.8米；西侧呈弧形，外有沟状迹象，可能是壕沟，宽约3、深1.5米；东侧平直，外侧有墙体的迹象，长约15米，高、宽0.5米；南侧偏东（正对台东南角）有一个小缺口，可能是门。（图一三五〇）

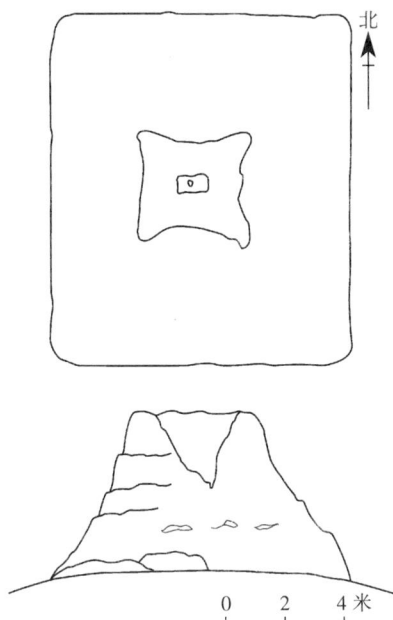

图一三四九　季家坬村烽火台平、立面图

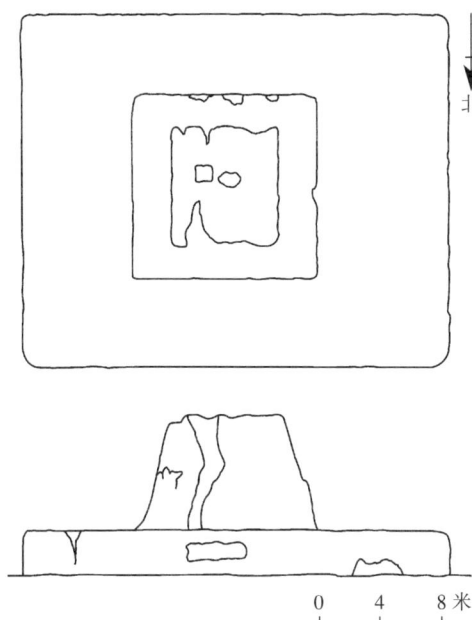

图一三五〇　响水堡东北角烽火台平、立面图

该烽火台西南距响水堡东南角烽火台约 0.38 千米，北侧平川中有无定河，无定河由西向东流。响水堡村有多条乡村土路，村北山脚下有榆（林）横（山）三级公路。

（九）响水堡东南角烽火台（610823353201170132）

该烽火台位于响水镇响水堡东南角南 0.2 千米的山峁上。地处无定河南、芦河东的黄土沟壑地带，北侧平川为无定河，南侧为黄土沟壑。周围植被生长一般，种植有杨树，少量耕地上种植有高粱等。高程 1046.1 米。

烽火台整体保存一般。台体保存二分之一，顶部及四壁夯土因风雨侵蚀而坍塌、剥落，南壁和北壁底部各有一个登台门洞，门洞内因堆土朝向不明；南壁有坍塌，有一个射孔或瞭望孔；西壁坍塌较为严重；顶部呈凹字形，有一条宽约 0.1 米的裂缝。台体不远处建有一座高压输电塔，四周有农田，对台体有铲削。台体上生长有旱地植被，根系深入台体造成一定破坏。

台体用纯净的黄土夯筑而成，夯层厚 0.11～0.13 米，密实度一般。台体底部东西 11、南北 12.2 米，顶部东西 6、南北 7 米，高 7 米。（图一三五一；彩图二六〇）

该烽火台西距韭菜沟村烽火台 3.62 千米，北约 1 千米处平川内有由西向东流的无定河。

（一〇）韭菜沟村烽火台（610823353201170133）

该烽火台位于响水镇韭菜沟村东 0.35 千米的山峁上。地处无定河南、芦河东的黄土沟壑地带，地势西高东低。北侧为无定河平川，南侧为黄土沟壑地貌，西侧有几个小沙丘。周围植被稀疏，主要生长有沙蒿，有少量的耕地。高程 1051.8 米。

烽火台整体保存一般。台体保存三分之一。基座保存一般，东南角呈斜坡状与耕地相连，其余各角保存较好。围墙不存。台体顶部及四壁因风雨侵蚀而剥落、流失。台体上生长有杂草，根系深入台体产生许多裂缝。台体北壁有步道可登台顶，顶部呈凹字形，西、北壁底部各有一个盗洞。基座上种植有农作物，对台体产生一定破坏。

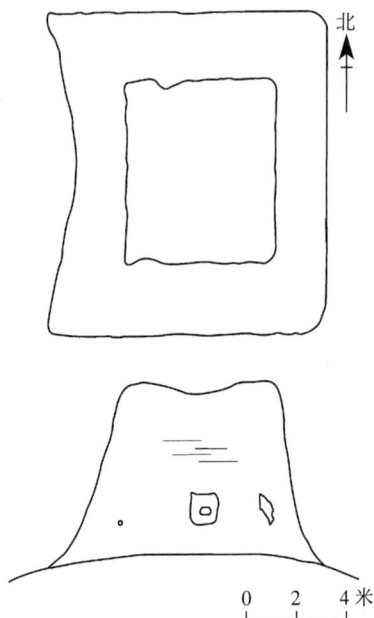

图一三五一　响水堡东南角烽火台平、立面图　　　　图一三五二　韭菜沟村烽火台平、立面图

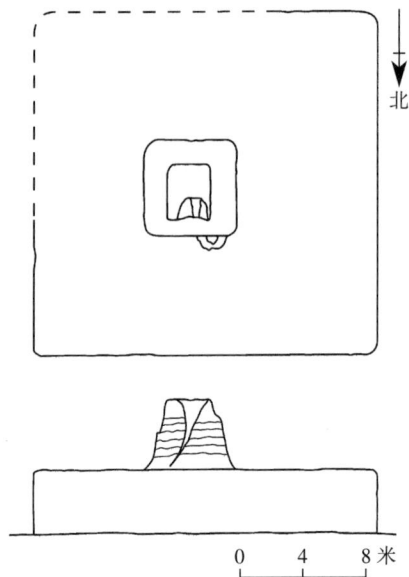

台体用纯净的黄土夯筑而成，夯层厚 0.08 ~ 0.12 米，密实度一般。台体底部边长 6 米，顶部东西 2.8、南北 3.5 米，高 4.4 米（西北角）。基座东西 22、南北 21.5、高 4 米（上部 1.2 米为夯土）。（图一三五二）

该烽火台东距响水堡东南角烽火台 3.62 千米，北约 0.8 千米处有由西向东流的无定河。

（一一）庙湾村 1 号烽火台 （610823353201170134）

该烽火台位于响水镇庙湾村东 0.5 千米的山峁上。地处无定河南、芦河东的黄土沟壑地带，地势北高南低。北侧为无定河平川，南侧为黄土沟壑。周围植被稀疏，主要生长有杨树和沙蒿，种植有少量庄稼。高程 1082.5 米。

烽火台整体保存差。台体顶部及四壁夯土剥落流失严重，东壁有明显的挖掘取土痕迹，底部有直径约 1 米的盗洞。台体周围种植有农作物，顶部和四周生长有杂草。

台体用纯净的黄土夯筑而成，夯层厚 0.16 ~ 0.19 米，密实度较低。台体顶部坍塌呈三角形，剖面呈不规则梯形，底部边长 9 米，顶部东西 5、南北 3.5 米（东端不足 1 米），高 5 米。（图一三五三）

该烽火台西距庙湾村 2 号烽火台 0.7 千米，南侧有一条土路。

（一二）庙湾村 2 号烽火台 （610823353201170135）

该烽火台位于响水镇庙湾村中的山峁上。地处无定河以南、芦河东的黄土沟壑地带，北侧为无定河平川，南侧为黄土沟壑。高程 1002.9 米。

该烽火台整体保存差。台体顶部因风雨侵蚀西南角坍塌，底部裸露，使台体剖面呈不规则梯形。台体西壁有一条步道通往台顶，东壁有明显的挖掘痕迹。台体旁边有居民区，周围种植有粮食，有一片杨树林，有用做粮食晾晒的场地。台体旁有一根电线杆，拉线位于顶部。

台体用黄土夹杂碎石夯筑而成，夯层厚 0.15 米，密实度低。台体底部东西 8.75、南北 7.25 米，顶部东西 3、南北 4.4 米，高 5.75 米。（图一三五四）

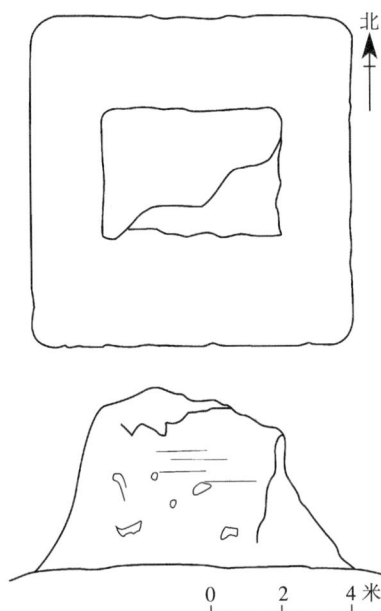

图一三五三　庙湾村1号烽火台平、立面图　　　　图一三五四　庙湾村2号烽火台平、立面图

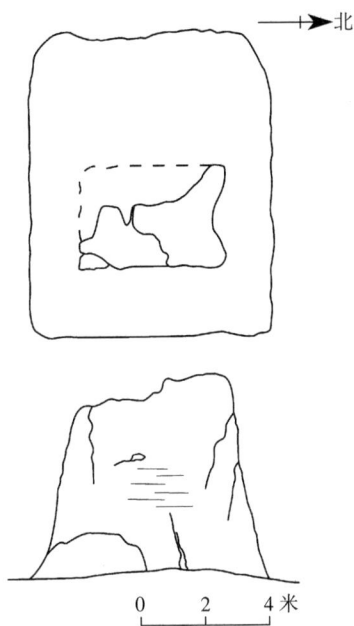

该烽火台东距庙湾村1号烽火台0.7千米，西距魏强村遗存0.56千米。庙湾村有多条乡村土路，村北山脚下有204省道通过。

（一三）砭家洼村烽火台（610823353201170136）

该烽火台位于波罗镇砭家洼村附近的公路北侧。地处无定河南、芦河东的平川内，周边地势平坦，周围植被良好，有当地居民种植的庄稼、柳树。高程999.5米。

烽火台整体保存较差。台体因风雨侵蚀顶部与四壁夯土流失，西壁呈斜坡状，东壁有一个边长约1米的矩形盗洞。台体上有宽约0.03米的裂缝，有一些动物的洞穴。台体上生长有许多杂草，大多是沙蒿，根系深入台体造成一定破坏。紧挨台体北壁有居民打粮场地，南壁底部立有一根电线杆，电线杆旁则有一条公路，在修筑过程中对台体进行了铲削。

台体北壁下部中间偏东有一个六七层自然板岩砌顶的土洞，洞高0.8、宽0.7、长2米，内部长度不知。台体下部为土石混合基础，上部用纯净的黄土夯筑而成，夯层0.1～0.13米，密实度较低。台体底部东西6.5、南北6米，顶部边长3米，高4.8米。（图一三五五）

砭家洼村有多条乡村土路，村南紧靠204省道。

（一四）曹沟村烽火台（610823353201170137）

该烽火台位于波罗镇曹沟村东南0.5千米的山峁上。地处无定河南、芦河东的黄土沟壑地带，北侧为无定河平川，南侧为黄土沟壑地，西侧有一座小沙丘。周围地形较复杂，植被良好，主要生长有沙蒿、柠条等。高程1124米。

烽火台整体保存差。台体位于一处墓群上，有墓葬数百座，全部被盗，遍地都是盗洞。台体四壁有数个较大的盗洞，南壁一个盗洞导致台体坍塌半边，北壁一个井状盗洞直径1、深2米。台体上生长有旱地植被，根系深入夯土中对台体造成一定破坏。台体四周尤其是下部存在较多大小不等的动物洞穴。

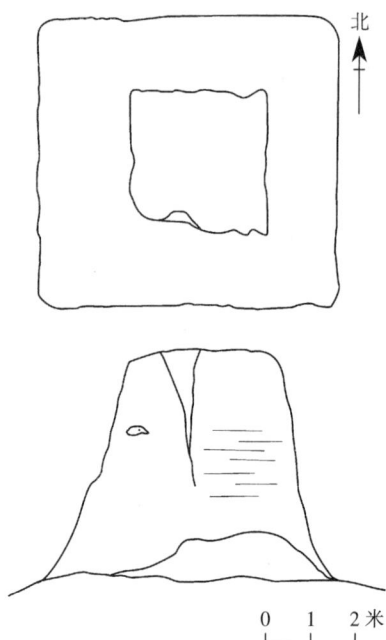

图一三五五　砭家洼村烽火台平、立面图　　　　　图一三五六　曹沟村烽火台平、立面图

台体用纯净的黄土夯筑而成，夯层厚 0.12～0.15 米，密实度较高。台体底部东西 12、南北 9.5 米，顶部东西 4.7、南北 3.1 米，高 4.3 米。台体四周有一些秦代瓦片、陶器口沿。（图一三五六）

该烽火台西距柳家沟村烽火台 2.1 千米。曹沟村居民以汉族为主，村内有多条乡村土路，村北山脚下有 204 省道通过。

（一五）柳家沟村烽火台（610823353201170138）

该烽火台位于波罗镇柳家沟东 1.5 千米的山峁上。地处无定河南、芦河东的黄土沟壑地带，北侧为无定河平川，南侧为黄土沟壑地。周围地势较平坦，植被生长发育良好，种植有大量的杨树，草本植物以沙蒿为主。高程 1095.6 米。

该烽火台整体保存一般。台体顶部及四壁夯土因风雨侵蚀而剥落、流失、坍塌，西壁有步道可登上台顶，顶部呈凹字形。台体上零星生长有沙柳等植物，有多处宽度不等的裂缝，蜂巢土穴非常多。台体周围有数块坟地，还有一条乡村土路。

台体用纯净的黄土夯筑而成，夯层厚 0.1～0.12 米，密实度较高。台体底部东西 9、南北 9.5 米，顶部边长 8 米，高 4.5 米。（图一三五七）

该烽火台东距波罗堡烽火台 2.1 千米，西距波罗堡 1.2 千米。柳家沟村有多条乡村土路，村北山脚下有 204 省道通过。

（一六）波罗堡烽火台（610823353201170139）

该烽火台位于波罗镇波罗堡西南 1.5 千米的山峁上。地处无定河南、芦河东的沙化黄土沟壑地带，周边地势较平缓，植被发育良好，主要生长有杨树、沙蒿等。高程 1157.8 米。

该烽火台整体保存一般。基座、台体顶部及四壁夯土因风雨侵蚀而剥落、流失。台体北壁有一条较宽的冲沟使台体呈不规则形，东南壁有长期踩踏形成的脚窝步道可登台顶。台体上有多条裂缝，零星生长有沙蒿等植物，附近有一片沙漠和树林、一处现代坟地。

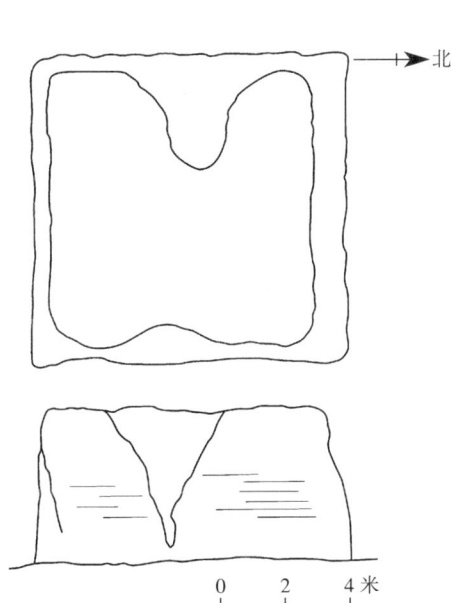

图一三五七　柳家沟村烽火台平、立面图

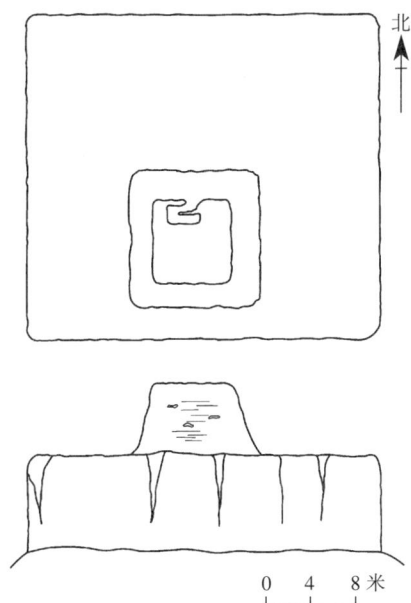

图一三五八　波罗堡烽火台平、立面图

台体不在基座正中，偏南，南壁距基座 2.5 米，北壁距基座 13 米，分为两层，下层高 2.2、下宽约 8 米，上层高 2.7、下宽约 5 米。台体用纯净的黄土夯筑而成，夯层厚 0.18～0.24 米，密实度一般。基座四周经过铲削，形成一个不规则的矩形台。台体底部边长 11.5、顶部边长 7 米，高 6 米。基座东西 31、南北 27、高 4.9～8 米。基座四周有壕沟，壕沟最宽约 8、最深 8 米。（图一三五八）

该烽火台位于波罗堡西南 1.5 千米，西距小咀村 1 号烽火台约 4.4 千米。

（一七）小咀村 1 号烽火台（610823353201170140）

该烽火台位于波罗镇小咀村南的山峁上。地处无定河南、芦河东的黄土沟壑地带，地势南高北低。东侧有一条乡村小路，东北侧生长有一棵较大的榆树，北侧为无定河平川，南侧为沙化黄土沟壑区。周围植被良好，生长有一片杨树林。高程 1030.3 米。

烽火台整体保存较差。台体因风雨侵蚀损坏较大，东壁有坍塌。台体上有多条裂缝。台体处在一个居民区，旁边有挖掘的窑洞，有居民晾晒粮食的场地。

台体建在村庄旁的半山腰上，有矩形基座，可能是村庄自建用于防御。台体用黄土夹石块夯筑而成，夯层不明，密实度一般。台体底部东西 4.7、南北 3.7 米，顶部东西 2.8、南北 2.6 米，高 4 米。基座东西约 7、南北约 6、高约 1.5 米。（图一三五九）

该烽火台东距波罗堡烽火台 4.4 千米，西南距小咀村 2 号烽火台 1.85 千米。

（一八）小咀村 2 号烽火台（610823353201170141）

该烽火台位于波罗镇小咀村南 0.2 千米的山峁上。地处无定河南、芦河东的黄土沟壑地带，地势西高东低。北侧为无定河平川，南侧为黄土沟壑区，西侧有耕地，东侧是居民区。周围植被一般，主要生长有沙蒿。高程 1085 米。

烽火台整体保存一般。基座南半部被水冲毁，只保存 2～5 米宽；东侧保留围墙痕迹；北侧中部有

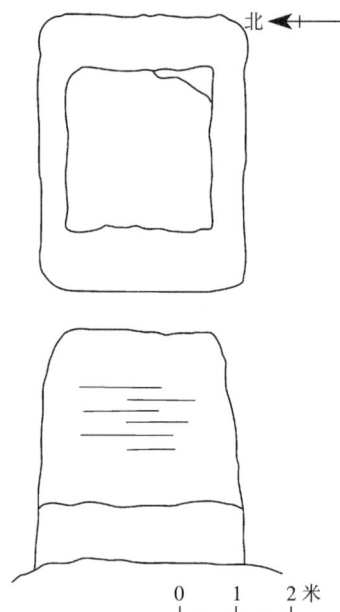

图一三五九　小咀村 1 号烽火台平、立面图

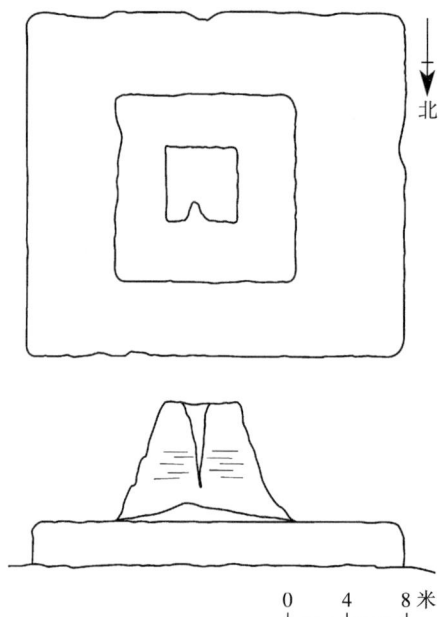

图一三六〇　小咀村 2 号烽火台平、立面图

一个 4 米宽的缺口，可能是围墙的门。台体顶部及四壁夯土因风雨侵蚀而剥落、流失，北壁有步道可登台顶，顶部平面呈凹字形。台体上生长有旱地植被，根系深入夯土层中，造成一定破坏。台体四周尤其是下部存在较多大小不等的动物洞穴。

台体用纯净的黄土夯筑而成，夯层厚 0.1～0.15 米，密实度较高。台体底部边长 12、顶部边长 5、高 8 米。基座平面呈矩形，东西 26、南北 23、高 3 米。台体周围有一些石块和石质构件。（图一三六〇；彩图二六一）

该烽火台东北距小咀村 1 号烽火台 1.85 千米，西南距斩贼关村烽火台 3.08 千米，东侧有一条公路。小咀村有多条乡村土路，村北山脚有 204 省道通过。

（一九）斩贼关村烽火台（6108233532011170142）

该烽火台位于波罗镇斩贼关村附近的山顶上。地处无定河南、芦河东的黄土沟壑地带，周边沟壑纵横，地势起伏较大，植被稀疏。南、北两侧有沟壑，南侧有一条乡村小路。周围由于风沙堆积地面呈斜坡状，生长有沙蒿等植物。高程 1235.4 米。

烽火台整体保存一般。台体顶部及四壁夯土因风雨侵蚀而剥落、塌圮、开裂，有多个雨水冲刷形成的豁口。台体东北角有步道可登台顶，顶部平面呈不规则矩形，东北角因步道有较大豁口。

台体用纯净的黄土夯筑而成，夯层厚 0.14～0.25 米，密实度较低。台体底部边长 20 米，顶部东西 15、南北 14 米，下部 3 米被落土覆盖，露出高 8、通高 11 米。台体顶部有少量砖，周围有一些石块、石构件及一件石夯。（图一三六一）

该烽火台东北距小咀村 2 号烽火台 3.08 千米，南距沙坪沟村烽火台 4.3 千米。东 0.025 千米处有一个矩形土台，底部东西 23、南北 9 米，顶部东西 13、南北 5 米，高约 3 米。土台顶部和四面坡上有大量砖、石块、瓦片、瓷片，当是建筑物的构件，瓦宽 15、厚 1.7 厘米，砖宽 16、厚 4.5 厘米。土台南 5 米处有 2 个呈垂直相邻的人为矩形土坑，其中一个长 10、宽 8、深 2.4 米，另一个长 8.6、宽 6.5、深 2.2 米，坑壁垂直，应是 2 座房屋的遗迹，时代不明，不排除现代遗迹的可能。

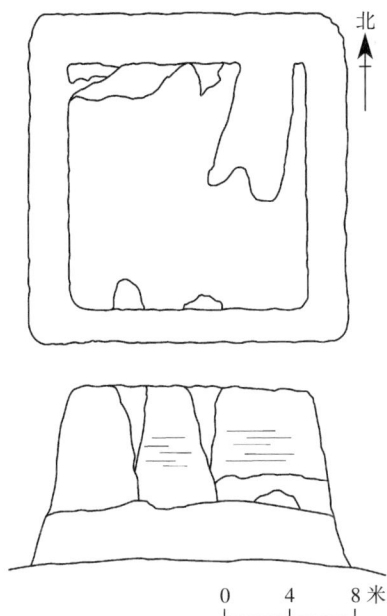

图一三六一　斩贼关村烽火台平、立面图

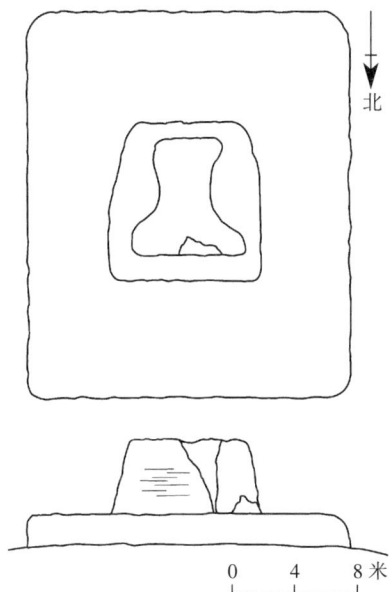

图一三六二　魏家塌村烽火台平、立面图

（二〇）魏家塌村烽火台（610823353201170143）

该烽火台位于横山镇魏家塌村旁的山峁上。地处无定河南、芦河东的黄土沟壑地带，周边被开垦为梯田，较平缓，西北略高于东北，大部分为耕地。高程 1203.1 米。

烽火台整体保存较差。台体顶部及四壁因风雨侵蚀而剥落、塌圮；顶部大致呈工字形，建有一座测量塔。台体壁面有凹坑，北壁有一条步道通往顶部，壁面和基座上有许多动物洞穴。基座上有现代水窖，周围是农田，开垦时对基座进行了铲削。

台体用纯净的黄土夯筑而成，夯层厚 0.18 米，密实度一般。台体底部边长 9.5、顶部边长 7、高 4.5 米。基座东西 20、南北 23、最高 2 米。（图一三六二；彩图二六二）

该烽火台东南距党家峁村堡 0.55 千米。魏家塌村附近无河流，有多条乡村土路。

（二一）沙坪沟村烽火台（610823353201170144）

该烽火台位于横山镇沙坪沟村的山峁上。地处无定河南、芦河东的沙化黄土沟壑地带，周边地势平坦，主要为梯田，大部分黄土裸露，植被稀疏，主要生长有沙柳等。高程 1190.4 米。

烽火台整体保存一般。台体南壁由于塌土堆积呈斜坡状，疑为登台步道；顶部平面呈凹字形。台体上有多条裂缝，四壁有许多土蜂巢穴，四周生长有许多杂草。

台体用纯净的黄土夯筑而成，夯层厚 0.21～0.24 米，密实度较高。台体底部边长 6.5 米，顶部东西 4.2、南北 4.5 米，高 4.2 米。（图一三六三）

该烽火台西距党家峁村堡 0.72 千米，南距石窑则村烽火台 1.9 千米，附近无河流。

（二二）石窑则村烽火台（610823353201170145）

该烽火台位于横山镇石窑则村南的山峁上。地处无定河南、芦河东的黄土沟壑地带，周边沟壑纵横，地势起伏较大，西高东低。南侧有一条很宽的洪水冲沟，西侧有耕地。周围植被生长较差，大部分黄土裸露。高程 1211.5 米。

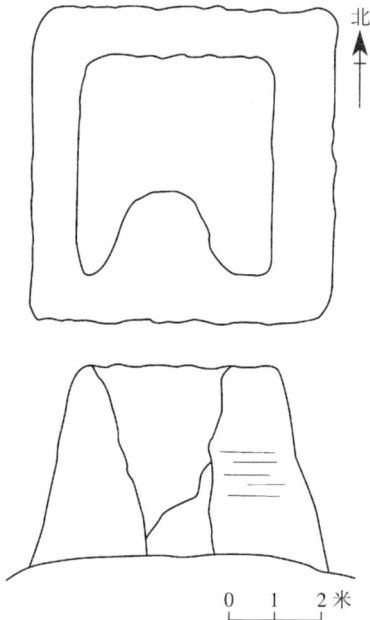

图一三六三　沙坪沟村烽火台平、立面图　　　　图一三六四　石窑则村烽火台平、立面图

　　烽火台整体保存一般。台体因风雨冲刷、侵蚀呈不规则形，顶部呈凹字形，西壁有长期踩踏形成的脚窝步道可登台顶，四壁有许多动物洞穴、土蜂巢穴等。台体上生长有杂草。

　　台体建在自然基础上，用纯净的黄土夯筑而成，夯层厚 0.1 ~ 0.12 米，密实度一般。台体底部东西 8.5、南北 9 米，顶部东西 3、南北 3.5 米，高 4 米（西侧 5.5 米）。基座东西 17.5、南北 15.5、高 7.5 米（西侧 6.5 米）。（图一三六四；彩图二六三）

　　该烽火台北距沙坪沟村烽火台 1.9 千米，附近无河流，石窑则村有多条乡村土路。

（二三）柴兴梁村 1 号烽火台（610823353201170146）

　　该烽火台位于横山县城东北怀远堡东北角外 0.5 千米的山顶梯田。地处无定河南、芦河东的黄土沟壑地带，周围梯田上种植有玉米。所处地势较平坦，植被稀疏，大部分黄土裸露，除农作物外主要的植被为芨芨草，周边有数条沟壑。高程 1128.6 米。

　　烽火台整体保存一般。台体下部系修整梯田时铲削而成，剖面呈不规则矩形。台体因风雨侵蚀出现多条凹字形冲沟，虫蚁、动物洞穴较多，南壁有步道通上台顶。台体上生长有大量芨芨草。

　　台体用纯净的黄土夯筑而成，夯层约 0.1 米，密实度较低。台体底部东西 10、南北 12 米，顶部边长 8 米，高 5 米。台体下部 1.3（北壁）~ 2（东壁）米为生土，北壁生土和夯土结合部位有一层炭屑。台体附近有砖，砖长 35、宽 15、厚 7 厘米。（图一三六五）

　　该烽火台南距柴兴梁村 2 号烽火台 0.8 千米，西侧有芦河。柴兴梁村有多条乡村土路，村西芦河东岸有 204 省道通过。

（二四）柴兴梁村 2 号烽火台（610823353201170147）

　　该烽火台位于横山县城东 1 千米柴兴梁村的山峁上。地处无定河南、芦河东的黄土沟壑地带，周围被梯田环绕，有数条沟壑。附近植被生长较差，主要生长有沙蒿等。高程 1161.3 米。

　　烽火台整体保存一般。台体顶部及四壁因风雨侵蚀而剥落、塌圮，北壁有倒人字形步道可登台顶，

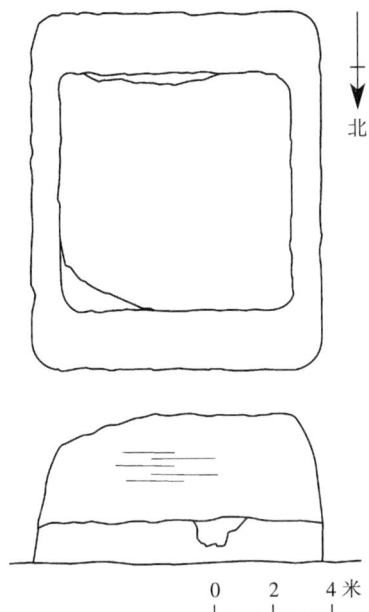

图一三六五　柴兴梁村 1 号烽火台平、立面图　　　　图一三六六　柴兴梁村 2 号烽火台平、立面图

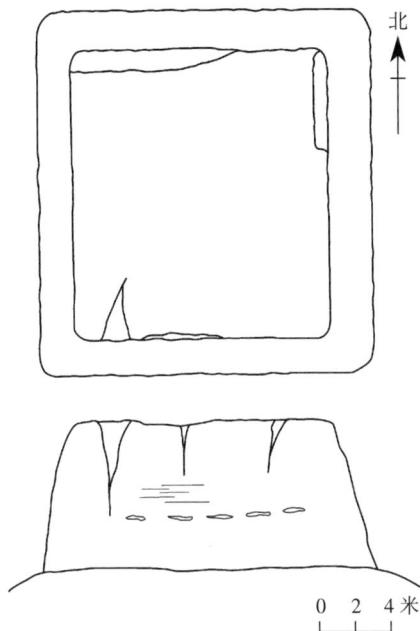

顶部四周高中间低。台体上有动物洞穴，南壁底部有一个边长约 1 米的矩形盗洞，生长有稀疏的杂草。

台体建在自然基础上，用纯净的黄土夯筑而成，夯层厚 0.1 米，密实度一般。台体底部东西 19.5、南北 20.5 米，顶部东西 15、南北 16.3 米，高 8.5 米。台体顶部南、北半部保存墙体，高约 0.3 米，可能有铺舍之类的建筑；北部两墙平行，相距 7 米，长 3 米，东南角、东北角高于其他部分，东南角有长约 4、宽约 3（南北向）、高约 1.1 米的不规则矩形土台，当是某个建筑物的遗迹。（图一三六六）

该烽火台北距柴兴梁村 1 号烽火台 0.8 千米，西北距柴兴梁村 3 号烽火台 0.95 千米，西侧有芦河。

（二五）柴兴梁村 3 号烽火台（610823353201170148）

该烽火台位于横山县城东南 0.5 千米的山峁顶部梯田上。地处无定河南、芦河东的黄土沟壑地带，周边有数条沟壑。周围为耕地，种植有农作物。高程 1107.6 米。

烽火台整体保存差。台体经铲削平面呈椭圆形，剖面呈馒头状，顶部不规则。台体西壁因风雨侵蚀冲刷而塌陷，北壁有明显的铲削痕迹。台体上有许多动物洞穴，西南侧生长有一棵杨树。台体用纯净的黄土夯筑而成，夯层厚 0.08～0.12 米，密实度一般。台体底部东西 7、南北 5 米，顶部东西 2.3、南北 1.3 米，高 4 米。台体包石基本脱落，散落在周围。（图一三六七）

该烽火台东南距柴兴梁村 2 号烽火台 0.95 千米，东北距柴兴梁村 1 号烽火台 0.7 千米，西侧有芦河。

（二六）元坪村烽火台（610823353201170149）

该烽火台位于横山镇元坪村东庙山南 1 千米的山顶梯田平台上。地处无定河南、芦河东的黄土沟壑地带，周边沟壑纵横，地势起伏较大，东高西低。周围植被稀疏，种植有粮食作物。高程 1217 米。

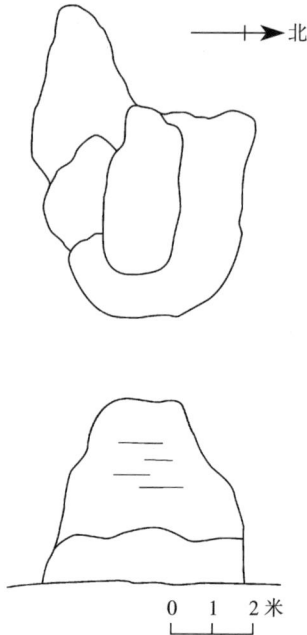

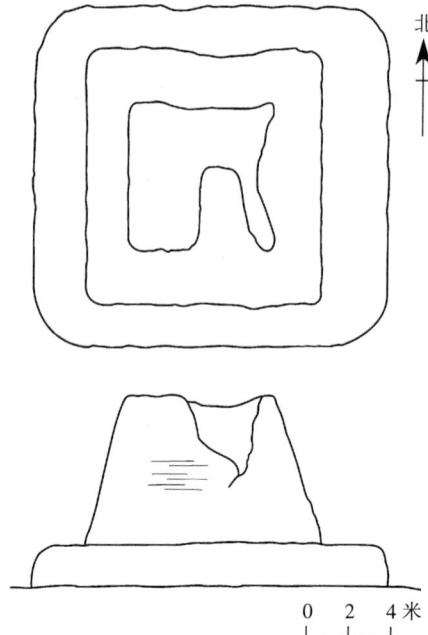

图一三六七　柴兴梁村 3 号烽火台平、立面图　　　　　图一三六八　元坪村烽火台平、立面图

　　烽火台整体保存较差。台体下部被铲削成近圆形的高台，顶部及四壁因风雨侵蚀而剥落、流失，壁面略内凹。台体西南壁有踩踏形成的脚窝步道可登台顶；北壁有明显的铲削痕迹，与底部垂直；顶部平面呈凹字形。台体上有动物洞穴，零星生长有沙柳。

　　台体由纯净的黄土夯筑而成，夯层厚 0.15～0.23 米，密实度一般。台体底部东西 11.8、南北 12 米，顶部边长 7 米，高 7 米。基座东西 17、南北 16、高 2 米。（图一三六八）

　　该烽火台东南距古水村烽火台 2.63 千米，西侧有芦河。元坪村有多条乡村土路，村西的芦河东岸有 204 省道通过。

（二七）古水村烽火台（610823353201170150）

　　该烽火台位于横山镇古水村旁的山梁最高土丘上。地处无定河南、芦河东的黄土沟壑地带，地形较复杂。西侧有一条较宽、较深的沟壑，落差超过 10 米。周围植被良好，主要生长有沙蒿等。高程 1013.6 米。

　　烽火台整体保存差。台体顶部及四壁因风雨侵蚀坍塌严重，南壁有步道可登台顶，北壁有几个动物洞穴，顶部平面呈凹字形。台体四周长满杂草。

　　台体用纯净的黄土夯筑而成，夯层厚 0.24 米，密实度一般。台体底部边长 5 米，顶部东西 2、南北 2.7 米，高 3（东壁）～6 米（南壁）。（图一三六九）

　　该烽火台西北距元坪村烽火台 2.63 千米，南距石家峁子村烽火台 3.65 千米，北侧有无定河，西侧有芦河。古水村有多条乡村土路，村西的芦河东岸有 204 省道通过。

（二八）胡家湾村烽火台（610823353201170151）

　　该烽火台位于赵石畔镇胡家湾村龙凤山庙玉皇阁北 0.015 千米的山梁上。地处无定河南、芦河东的黄土沟壑地带，西侧是芦河川道，周围沟壑纵横，地表生长有松树、沙蒿等植被。高程 1126.4 米。

　　烽火台整体保存差。台体因风雨侵蚀损害严重，仅存哑铃状的很小部分，壁面有几个动物洞穴。台体一侧有一座寺庙，附近有电线杆，周围种植有杨树、松树等。

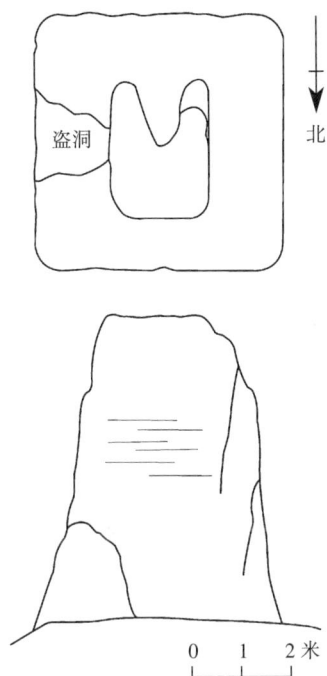

图一三六九　古水村烽火台平、立面图　　　　图一三七〇　胡家湾村烽火台平、立面图

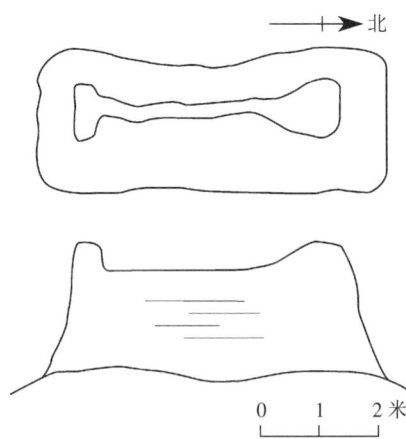

台体用纯净的黄土夯筑而成，夯层厚 0.1 米，密实度一般。台体底部东西 2.4、南北 6 米，顶部东西 0.3、南北 4.6 米，高 2.3 米。(图一三七〇)

该烽火台西距胡家湾村堡 1.1 千米，北侧有无定河，西侧有芦河。胡家梁村有多条乡村土路，村西山脚下有 204 省道通过。

(二九) 石家峁子村烽火台 (610823353201170152)

该烽火台位于赵石畔镇石家峁子村的山梁上。地处无定河南、芦河东的黄土沟壑地带，地势较高，周围沟壑纵横。四周为缓坡状的耕地，种植有大豆，耕地以外杂草丛生。高程 1248.3 米。

烽火台整体保存一般。台体顶部及四壁因风雨侵蚀而剥落、流失，东壁有一个登台步道豁口，西南角一个水冲坍塌形成的宽 4.2、进深 1.5～3 米的大豁口。台体周围散落有一些瓦片、黑瓷片。

台体用纯净的黄土夯筑而成，夯层厚 0.1～0.15 米，密实度一般。台体底部东西 24、南北 21 米，顶部边长 20 米，高 6 米。(图一三七一)

该烽火台西北距太保庄村堡 1.66 千米，北侧有无定河，西侧有芦河。石家峁子村有多条乡村土路，村西的芦河东岸有 204 省道通过。

(三〇) 王皮庄村 1 号烽火台 (610823353201170153)

该烽火台位于赵石畔镇王皮庄村东南 0.2 千米的山梁上。地处无定河南、芦河东的黄土沟壑地带，地势西高东低，西侧是芦河川道，川道内有梯田和杨树林，西侧有缓坡状的耕地，西北侧有几户居民，东北侧有耕地。高程 1140.4 米。

烽火台整体保存一般。台体顶部及四壁因风雨侵蚀而剥落、流失，边角呈圆弧状，东壁有步道可登台顶，顶部平面呈凹字形，西南角有一个上部与台体分离的土柱。

图一三七一　石家峁子村烽火台平、立面图　　　图一三七二　王皮庄村 1 号烽火台平、立面图

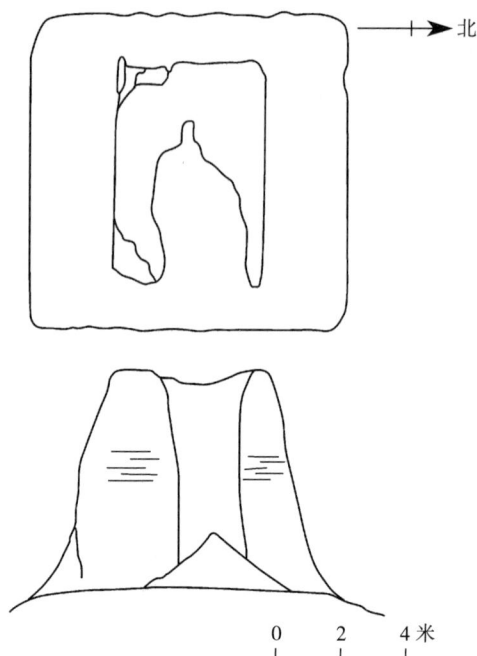

台体用纯净的黄土夯筑而成，夯层厚 0.13～0.18 米，密实度一般。台本底部东西 9.3、南北 9.5 米，顶部东西 6.5、南北 4.5 米，高 6.7 米。（图一三七二；彩图二六四）

该烽火台东南距王皮庄村堡 0.145 千米，北侧有无定河，西侧有芦河。王皮庄村有多条乡村土路，村西的芦河东岸有 204 省道通过。

（三一）王皮庄村 2 号烽火台（610823353201170154）

该烽火台位于赵石畔镇王皮庄村东 4 千米。地处无定河南、芦河东的黄土沟壑地带，周边沟壑纵横，四周有缓坡状的耕地，植被生长差。高程 1297.8 米。

烽火台整体保存较差。台体北壁坍塌处宽约 3 米，东壁有登台步道，登顶的豁口较大，顶部平面呈凹字形。台体一侧有明显人为铲削痕迹。

台体用纯净的黄土夯筑而成，夯层厚 0.15～0.2 米，密实度一般。台体底部边长 11 米，顶部东西 6.5、南北 7.5 米，高 5.5 米。（图一三七三）

该烽火台北距石家峁子村烽火台 2.8 千米，北侧有无定河，西侧有芦河，附近有一条乡村土路。

（三二）贺马畔村墩山烽火台（610823353201170155）

该烽火台位于赵石畔镇贺马畔村墩山的山梁上。地处无定河南、芦河东的黄土沟壑地带，地势较高，周边为沟壑梁峁。两侧为斜坡状的耕地，种植有马铃薯和玉米，一侧有 2 条较长的冲沟。高程 1323.7 米。

烽火台整体保存较差。台体东壁中间有一个较大的豁口，可能是风雨冲蚀台体坍塌所致，可能是登台步道的位置。台体顶部有围墙，保存一般。围墙西墙消失，墙体底宽约 3、顶宽 0.5～1.2 米，高 1～1.9 米；东墙中部有一个下宽 4、上宽 6 米的豁口，似为门。台体上生长有较多的旱地植物，根系深入夯土对台体造成一定破坏。台体上有多处动物洞穴。台体一侧有一片耕地，有一座民房，开垦耕地对台体进行了铲削。

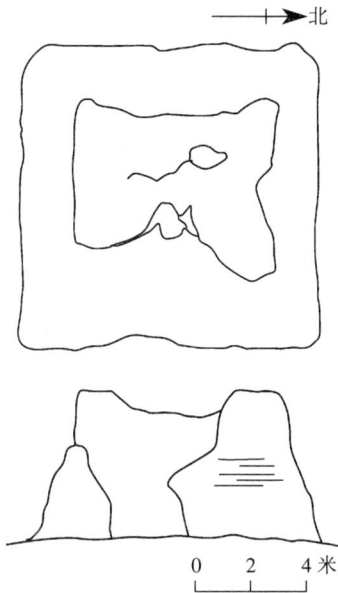

图一三七三 王皮庄村 2 号烽火台平、立面图

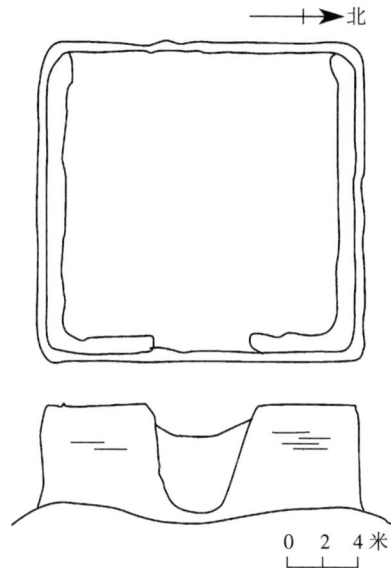

图一三七四 贺马畔村墩山烽火台平、立面图

台体顶部向下 2~3 米用纯净的黄土夯筑而成，以下部分为铲削墙，夯层厚 0.1~0.2 米，密实度较高。台体底部东西 18、南北 19 米，顶部东西 17、南北 18 米，高 6 米。台体东北角内侧呈弧形；外侧向北凸出，形成一个东西 4.5、南北 4.5 米的三角形平台，类似角楼，很矮小。（图一三七四；彩图二六五）

该烽火台北侧有无定河，西侧有芦河。贺马畔村有多条乡村土路，村西的芦河东岸有 204 省道通过。

（三三）杨娄界烽火台（610823353201170156）

该烽火台位于横山县塔湾镇杨娄界的山梁上。地处无定河南、芦河东的黄土沟壑地带，地势较高，周边为台垣沟壑，东高西低。北侧较平坦，西侧有一条深沟。周围植被较差，主要生长有沙蒿。高程 1492.4 米。

烽火台整体保存一般。台体顶部及四壁夯土因风雨侵蚀而剥落、流失；顶部围墙部分消失，墙体高 0~1、最宽 2 米；东墙中部有一个宽 4 米的豁口，是门的位置。台体南侧的铺舍濒于消失，台体及铺舍下部各有数孔窑洞，窑洞宽、高 1.2~1.5、深 2~3 米。台体上生长有旱地植被，根系深入夯土中对台体造成一定破坏。台体四周尤其是下部存在较多大小不等的动物洞穴，北侧不远处有一座高压电线架，南侧有铺舍。

台体用纯净的黄土夯筑而成，顶部 0.6~2 米为夯筑而成，以下铲削而成，夯层厚 0.2~0.24 米，密实度较高。台体底部东西 26、南北 28 米，顶部东西 20、南北 21.5 米，高 6 米。台体南侧有铺舍，有 2 间，长约 14、宽 8~8.5 米，中间墙体厚 0.4~1 米。（图一三七五）

该烽火台西南距付园则村烽火台约 3 千米，附近无河流。

（三四）付园则村烽火台（610823353201170157）

该烽火台位于塔湾镇付园则村东 5 千米的山梁上。地处无定河南、芦河东的黄土沟壑地带，四周有沟壑。西北侧为缓坡状的梯田，东侧有一条冲沟。周围地势较平坦，植被生长较好，主要生长有沙蒿等。高程 1344.6 米。

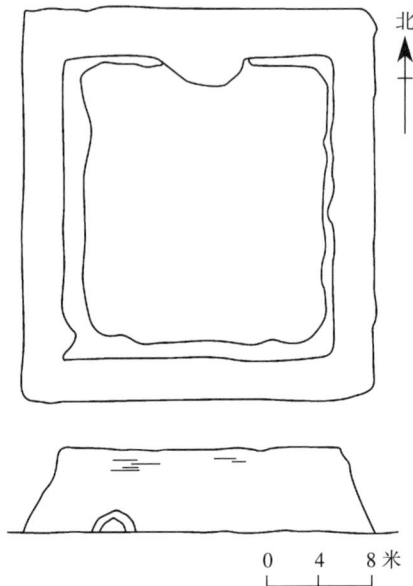

图一三七五　杨娄界烽火台平、立面图　　　　图一三七六　付园则村烽火台平、立面图

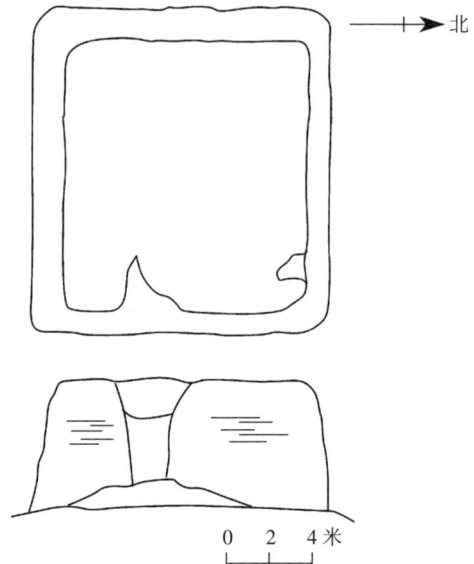

烽火台整体保存一般。台体东北角有坍塌，东壁有步道可登台顶，顶部平面呈凹字形，因风雨冲刷东、南壁各有一个较大的豁口。

台体用纯净的黄土夯筑而成，夯层厚 0.2～0.24 米，密实度一般。台体底部东西 15、南北 14 米，顶部东西 12.5、南北 11.5 米，高 6 米。台体上及附近有少量黑瓷片、瓦片和碎石片。（图一三七六；彩图二六六）

该烽火台东北距杨娄界烽火台约 3 千米，附近无河流。付园则村有多条乡村土路，村西山脚下有 204 省道通过。

（三五）塔湾村烽火台（610823353201170158）

该烽火台位于塔湾镇塔湾村南 1 千米的山梁上。地处无定河南、芦河东的黄土沟壑地带，北、西侧为川道和河道，东西两侧为沙土堆积的斜坡，南北两侧较平坦。周围植被稀疏，部分沙土裸露，植被主要以沙蒿为主。高程 1194.5 米。

烽火台整体保存较差。台体顶部及四壁因风雨侵蚀而剥落、流失，平面呈圆角矩形，东西两壁有坍塌形成的步道可登台顶，顶部平面呈工字形。基座西侧偏南有一个长 3、宽 2 米的房屋基址，有土坯。台体上有较多的土蜂洞穴，生长有一些旱地植物，根系深入夯土对台体造成一定破坏。

台体用纯净的黄土夯筑而成，夯层不清，厚 0.08～0.1 米，密实度较低。台体底部东西 7.7、南北 8.6 米，顶部边长 3.5 米，高 3.5 米。基座东西 26、南北 25 米，铲削形成，四周高度因地势而不同，高 0.6（东侧中部）～3.6 米（西北角）。（图一三七七）

该烽火台东北距威武堡 0.74 千米，西南距塔湾村遗址 0.12 千米。

（三六）墩渠村前房则烽火台（610823353201170159）

该烽火台位于塔湾镇墩渠村前房则小组南 0.3 千米。地处无定河南、芦河东的沙化黄土沟壑地带，周边地势起伏较大，有多条沟壑，四周沙土堆积呈斜坡状。周围植被稀疏，主要生长有沙蒿、沙柳，附近有一小片耕地。高程 1173.8 米。

图一三七七　塔湾村烽火台平、立面图　　　　　　图一三七八　墩渠村前房则烽火台平、立面图

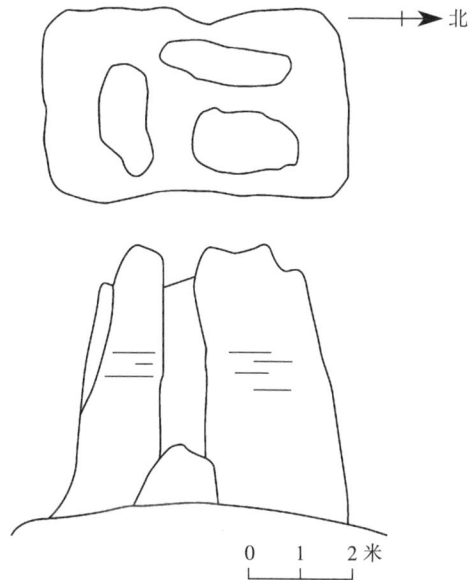

烽火台整体保存较差。台体因风雨侵蚀和基础沉降坍塌开裂，有三道从顶部至底部的裂缝将台体分裂，两道宽0.2米，使台体成为互不连接的三个部分，顶部成三个圆头，如三块靠在一起的大土柱。台体上有少量土蜂洞穴。

台体用纯净的黄土夯筑而成，夯层厚0.1~0.12米，密实度较高。台体下部裸露，可看出最下面为灰黄色沙质基础，厚度不知，其上是0.2米厚的灰色基础层，以上为黄土夯筑的台体。台体底部东西3.6、南北5.5米，顶部东西2、南北3米，高5米。（图一三七八；彩图二六七）

墩渠村前房则小组附近有沟壑，有小路与204省道相连。

（三七）八岔村 1 号烽火台 （610823353201170160）

该烽火台位于塔湾镇八岔村附近狄青塬南缘的宽阔平地（狄青塬）边缘。地处无定河南、芦河东的黄土沟壑地带，地势较高。西北侧有一条沟壑；东北侧为沙土堆积的斜坡，与另一座沙丘相连。周围植被发育较差，生长有零星的沙柳、沙蒿。高程1488.9米。

烽火台整体保存较差。台体顶部及四壁因风雨侵蚀而剥落、塌圮。台体西南角被挖去一块，形成一个边长1.5、深2米的方坑，壁面有数个凹坑；东壁南部有一条宽约0.5米的裂缝；北壁坍塌呈缓坡状，形成步道通往台顶。台体上有许多动物洞穴。

台体用纯净的黄土夯筑而成，夯层厚0.12~0.15米，密实度一般。台体平面呈矩形，剖面呈梯形，底部东西8、南北7.5米，顶部边长6.2米，高4米。（图一三七九）

该烽火台西南距八岔村 2 号烽火台约 2 千米，隔一条川道，附近无河流。八岔村有多条乡村土路，村西山脚下有204省道通过。

（三八）八岔村 2 号烽火台 （610823353201170161）

该烽火台位于塔湾镇八岔村东南2.7千米的山梁上。地处无定河南、芦河东的黄土沟壑地带，北侧是一条沟壑，南侧不远处有一条乡村土路，四周沙土堆积成斜坡。周围植被稀疏，主要生长有沙蒿，大部分沙土裸露。高程1361.7米。

图一三七九　八岔村 1 号烽火台平、立面图　　　　图一三八○　八岔村 2 号烽火台平、立面图

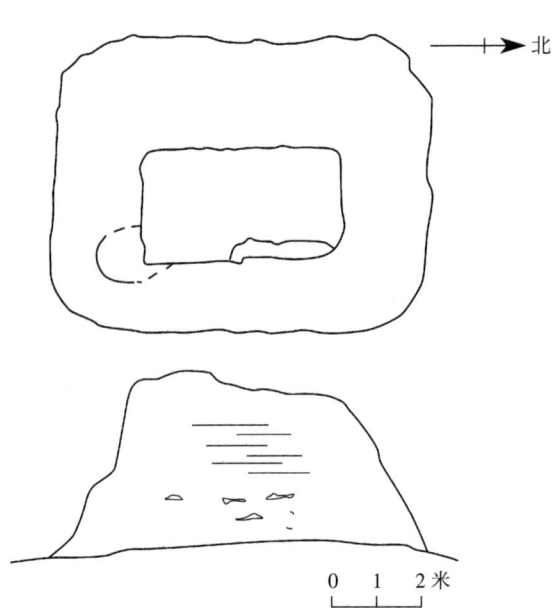

烽火台整体保存差。台体顶部及四壁因风雨侵蚀而剥落、坍塌，有多道裂缝。台体东南壁有一条长期踩踏形成的脚窝步道通往台顶，东、南壁有大量土蜂窝。台体顶部生长有少量杂草，根系深入夯土使台体形成裂缝。

台体用黄土夹杂料礓石夯筑而成，夯层厚 0.1～0.15 米，密实度一般。台体底部东西 6.5、南北 8.5 米，顶部东西 2.66、南北 4.5 米，高 4 米。（图一三八○）

该烽火台东北距八岔村 1 号烽火台约 2 千米，隔一条川道，附近无河流。八岔村有多条乡村土路，村西山脚下有 204 省道通过。

（三九）李界沟村 1 号烽火台（610823353201170162）

该烽火台位于横山镇李界沟村旁无定河南的公路和河道之间高约 0.03 千米的山峁上。地处芦河东的黄土沟壑地带，东侧紧靠有 204 省道，西侧有芦河川道。东侧以黄土沟壑为主，地势东高西低，落差约 30 米。东侧山坡是当地居民区，有大量窑洞和数条土路。高程 1032.3 米。

烽火台整体保存较差。台体顶部及四壁因风雨侵蚀而剥落、流失，西壁有坍塌形成的步道可登台顶，几乎把台体分成两半，顶部平面呈凹字形。台体北壁下部有一个宽 0.9、高 0.9 米的土洞，进入台体 1 米后拐向东，长不详。台体上生长有旱地植物，紧挨西壁底部生长有一棵树，根系对台体造成一定的破坏。

台体用纯净的黄土夯筑而成，夯层厚 0.1～0.14 米，密实度一般。台体底部东西 5.5、南北 7.5 米，顶部东西 3、南北 4.5 米，高 6 米。（图一三八一）

该烽火台南距李界沟村 2 号烽火台约 1.5 千米，西侧有芦河。八岔村有多条乡村土路。

（四○）李界沟村 2 号烽火台（610823353201170163）

该烽火台位于横山镇李界沟村南 1.5 千米的山梁上。地处无定河南、芦河东的黄土沟壑地带，西侧是芦河川道，地势较平坦，四周是松树林区，地表黄土裸露较多。高程 1115.3 米。

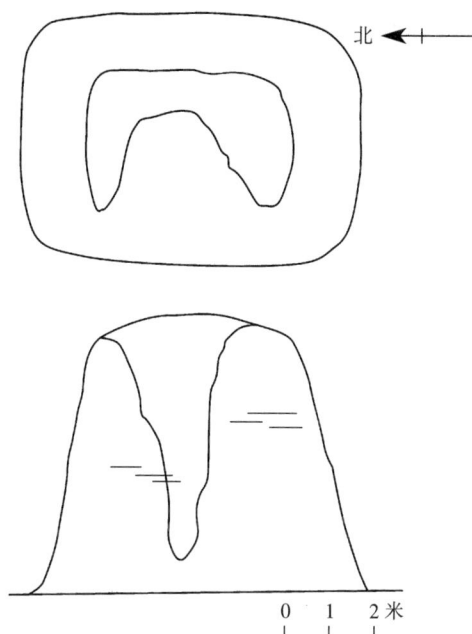

图一三八一　李界沟村 1 号烽火台平、立面图

烽火台整体保存较差。基座西北部有一个宽、进深约 10 米的水冲坍塌豁口。台体顶部及四壁因风雨侵蚀而剥落、流失。台体南壁被铲削，因坍塌和长期踩踏形成脚窝步道可登台顶；顶部平面呈凹字形，生长有一棵小松树。台体上生长有旱地植物，基座上生长有许多果树苗。台体上有许多动物洞穴。

台体用纯净的黄土夯筑而成，夯层厚 0.2 ~ 0.22 米，密实度较高，层次清晰。台体底部东西 11、南北 9.5 米，顶部东西 7、南北 6.3 米，高 6.5 米。基座东西 23、南北 28、高 2 ~ 4 米。（图一三八二）

该烽火台北距李界沟村 1 号烽火台约 1.5 千米，西侧沟中有芦河，芦河由南向北流。

（四一）杨园子村烽火台（610823353201170164）

该烽火台位于横山镇杨园子村南 0.1 千米的山梁上。地处无定河南、芦河东的黄土沟壑地带，可俯瞰横山县城和芦河河道。西侧是芦河川道；南侧为横山县城；东侧地势较高，有较多的冲沟，土地多为退耕林区。附近种植有大量松树和各种果树，生长有大量黄蒿。高程 1057.5 米。

烽火台整体保存较差。台体顶部及四壁因风雨侵蚀而剥落、流失。台体南壁中部有一个较大的豁口纵向从上而下陡坡状延伸至底部；北壁有一条长期踩踏形成的小路可登台顶；东壁有坍塌；顶部保存较差，平面因南侧豁口而呈凹字形，西半部比东半部大，高出约 1 米。

台体用纯净的黄土夯筑而成，夯层厚 0.19 ~ 0.24 米，密实度一般。台体平面呈矩形，剖面呈梯形，底部东西 9.5、南北 8 米，顶部东西 6、南北 5 米，高 5（东侧）、8.5（西侧）米。（图一三八三；彩图二六八）

该烽火台西侧沟中有芦河，芦河由南向北流。

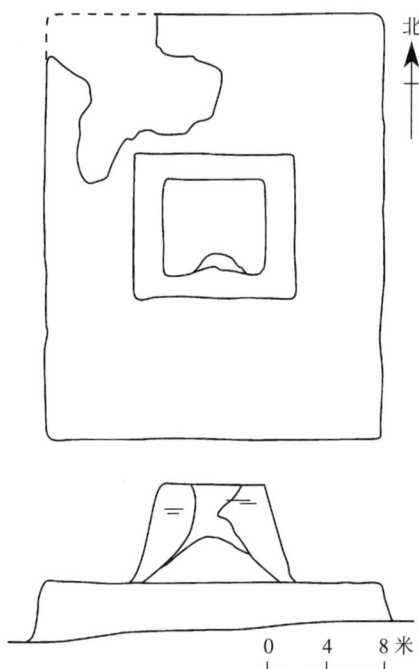

图一三八二　李界沟村 2 号烽火台平、立面图

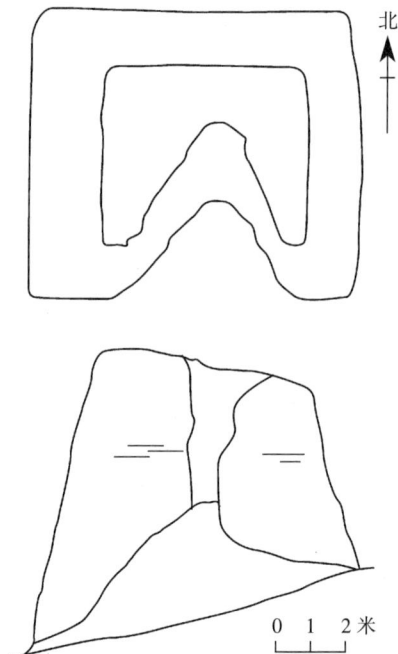

图一三八三　杨园子村烽火台平、立面图

三　关　堡

横山县调查关堡 4 座，皆为堡址，详述如下。

（一）党家峁村堡（610823353102170028）

该堡位于横山镇党家峁村东南的山峁上。又名古寨子，地处无定河南、芦河东的黄土沟壑地带，周边地势较复杂，多为梯田、建筑物，南侧有一条冲沟。附近植被生长良好，种植有大量的杨树。高程 1192.8 米。

堡整体保存一般。堡墙因风雨侵蚀而剥落、塌圮，有大量人为挖掘的洞穴，洞口直径约 0.5 米，有多条宽约 0.05 米的裂缝，墙体内侧有 8 孔窑洞。墙体上挖掘有许多家用烟道，紧靠墙体有一条乡村土路。南墙生长有许多沙蒿，根系深入墙体形成裂缝。堡墙上有明显的挖掘痕迹，堡系铲削加夯筑而成，平面呈五边形，基本为北偏西向。四面墙体长度不同，南墙长 75、西墙长 32、西北墙长 55、东北墙长 28、东墙长 46 米。分述如下。（图一三八四；彩图二六九～二七一）

堡南墙略向外弯曲，弯曲处有一个转折，从东侧看似马面，顶部向外凸出 1.7 米，底部凸出约 2.5 米，西侧没有凸出，此处墙体最厚，加上内侧 1.6 米，总计厚 3.3 米。往东最窄处仅 0.9 米，内侧最低 0.9 米，外侧略高，为垛墙残存。往西至西南角楼渐窄，外侧有垛墙，内高 1.8～2.5、外高 6.4 米。夯层厚 0.17～0.2 米。西墙顶宽 2.2 米，两侧有垛墙和女墙，高 0.5、宽 0.4 米，夯层 0.08～0.1 米，中间部分宽 1.3 米。西北墙顶宽 2.5 米。东北墙长 28、顶宽 2.5、内高 1～4、外高 6.5 米。东墙长 46 米，顶宽 2.3 米。南墙外侧 3～3.7 米处有 60 米羊马墙，两墙中间有一个平台，据老人讲，当初绕堡一周都有羊马墙，其余被破坏。

堡坐北朝南，周长 237 米，面积 3500 平方米，内部分为南北两部分，北高南低，高差 4～5.5 米，

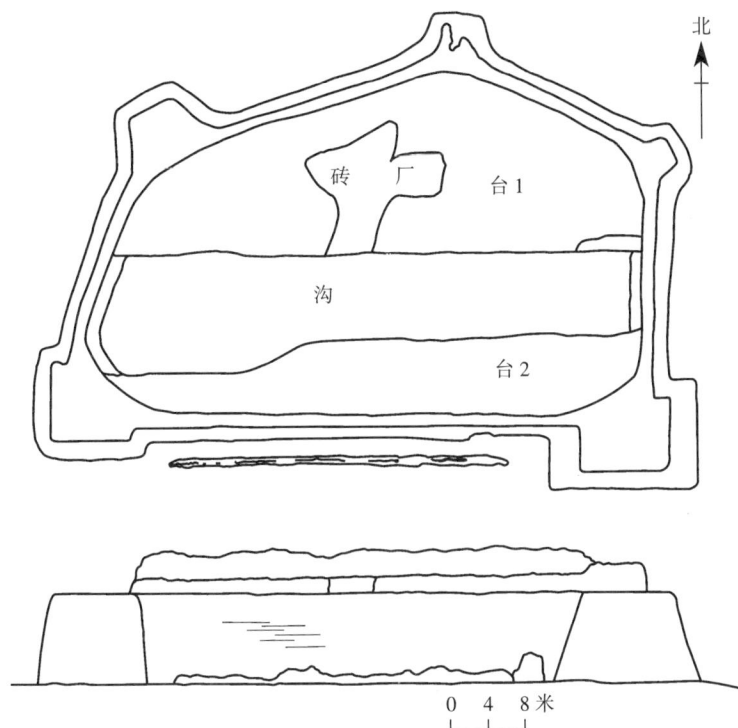

图一三八四　党家峁村堡平、立面图

南部形成一个东西64、南北15米的矩形坑。堡门位于南墙东端东南角楼旁,系在夯土墙体上挖掘的土洞,门洞呈梯形,下宽2、上宽1.2、高1.4米。堡墙基宽5.1米,用纯净黄土的夯筑而成,夯层0.2~0.23米。堡门内11.5米处有一个丁字路口,丁头部分宽2.5米,顺东墙根斜坡向上,通向较高的北半部;丁尾部分宽2.5米,呈较平缓的坡道,通向较低的南半部。

　　堡各角有角楼,西南角楼南北6米,向外凸出1.7米;向南凸出部分宽1.7、凸出1.7米;内侧凸出一个平台,总体东西5.7、南北7米。西角楼顶部南北4、东西5.5、高5.1(北)~8(西)米,西侧向外凸出2.6、北侧向外凸出2.8米。北角楼东西4米,南北因坍塌宽0.5米,中心有一个宽2、深0.8米的缺口。东北角楼长3、宽2、高6.5米,夹角超过90°。东南角楼南北8.5米,向外凸出2米;东西11米,向外凸出5.2米,高7米。堡墙外侧有垛墙,高0.1~0.4、厚0.3~0.7米;北墙内侧大致等距离有8孔窑洞和一个现代砖窑。

　　该堡西北距魏家塔村烽火台0.55千米,东距沙坪沟村烽火台0.72千米,附近无河流,有多条乡村土路。

(二) 胡家湾村堡 (610823353102190025)

　　该堡位于赵石畔镇胡家湾村东南0.1千米的山峁上。地处无定河南、芦河东的黄土沟壑地带,地势东南高西北低。西侧为芦河沟壑,附近地形复杂,沟壑纵横。西北侧植被稀疏;东南侧植物生长一般,大部分黄土裸露,生长有柳树,主要植被是沙蒿。高程1126.8米。

　　堡整体保存差。堡墙仅存西南部2段连接成弧形的墙体,长40、底宽3、顶宽2、内高2.3、外高5.5米,因风雨侵蚀而剥落。堡墙上生长有大量杂草,有数条宽约0.05米的裂缝,有人为铲削痕迹,墙体呈不规则形,生长有一棵较大的柳树。堡内及周边遗物有砖、瓷片。(图一三八五)

　　堡坐向不明,周长约40米,面积不明,平面推测呈圆形,西、北、东墙消失,或者没有墙体,因

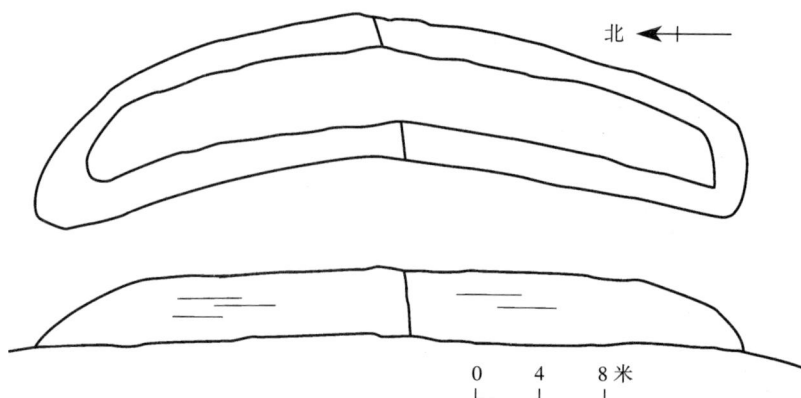

图一三八五　胡家湾村堡平、立面图

为此处以外为断崖。西北侧为斜坡状，长数十米，以外是断崖。中央是一个山峁。

　　该堡东距胡家湾村烽火台 1.1 千米，东南距石家峁子村烽火台 2.35 千米，据村民讲，该堡可能是清代回民起义时所建，附近无河流。

（三）太保庄村堡（610823353102170026）

　　该堡位于赵石畔镇太保庄东南 0.5 千米的山峁上。地处无定河南、芦河东的黄土沟壑地带，周边为沟壑，一面与山坡相连，地形非常复杂，东侧有一条大深沟，植被稀疏，大部分黄土裸露，植被主要是沙蒿。高程 1124.2 米。

　　堡整体保存较差。堡墙因风雨侵蚀而剥落、流失，有直径约 0.6 米的凹坑，有数条洪水冲沟，杂草丛生，生长有少量树木，东墙上有草根。墙体底部受蜂巢侵蚀严重，有宽约 0.06 米的裂缝。

　　堡系铲削加夯筑而成。堡墙只存北墙至东墙呈弧形的一段，其余保存局部，多处墙体消失，或根本没有墙，因为此堡处于 2 条深约 50 米的沟交汇地，多处为悬崖，有可能是沟壑发育侵蚀了堡墙。北至东与山梁连接处是一段 37 米长的弧形墙，顶宽 1.7~2.4 米，内高 3~4、外高 10 米，上部约 2.5 米为夯筑而成，以下为铲削而成。堡墙内、外侧分别有垛墙、女墙，外侧垛墙高 0.3、厚 0.5 米。堡墙东端有一段空心墙，内长 5 米，外包墙体，内侧厚 0.3、外侧厚 0.6、端厚 0.5 米。墙体外侧距内角 0.55、高 0.8 米处有一个瞭望孔，宽 0.45、高 0.6、厚 0.7 米。

　　堡门朝向西北，周长 221 米，占地面积 3000 平方米，平面呈不规则形。堡北墙外有一条壕沟，下宽 5、上宽 10、长约 5 米。堡西侧有一座长约 60、宽 4~8 米的自然平台，距堡地面高差 6~10 米。堡西南部有一个约 8 米见方的坑，有一个豁口与下面的自然平台连接，可能是堡门的位置，其下平台为出入的道路。

　　堡四角各有角楼。西北角楼破坏严重，为当地人进出堡的必经之路，平面呈不规则三角形，原应呈矩形，东北部保存稍好，下端长、高约 8 米，顶部有一些较大的方石，东壁外侧坍塌。西北角楼东 27 米处墙体转折，有一个角楼，宽 4.8、凸出 2.2 米；外侧有垛墙，高 0.6、厚 0.5 米，顶部有一个长 2、宽 1.5、高 0.5 米的梯形土台，两侧可能是瞭望窗。空心墙西南 20 米处有一个角楼，两者之间为断崖，角楼宽 2.2、凸出 2 米，上部 1.8 米为夯筑而成，以下为铲削而成，高约 10 米。西北角楼南 57 米处为西南角楼，东西 3.4、凸出 3 米，呈不规则形；北 7 米处为门的位置；角楼东侧有一道宽 0.85、长 2.8 米的排水沟，显示墙基宽 2.8 米。堡东墙上有一座马面，台体底宽 3、顶宽 2、高 7 米。（图一三八六；彩图二七二）

　　该堡距无定河约 0.8 千米，东南距石家峁子村烽火台 1.66 千米，东北距胡家湾村堡 1.5 千米。

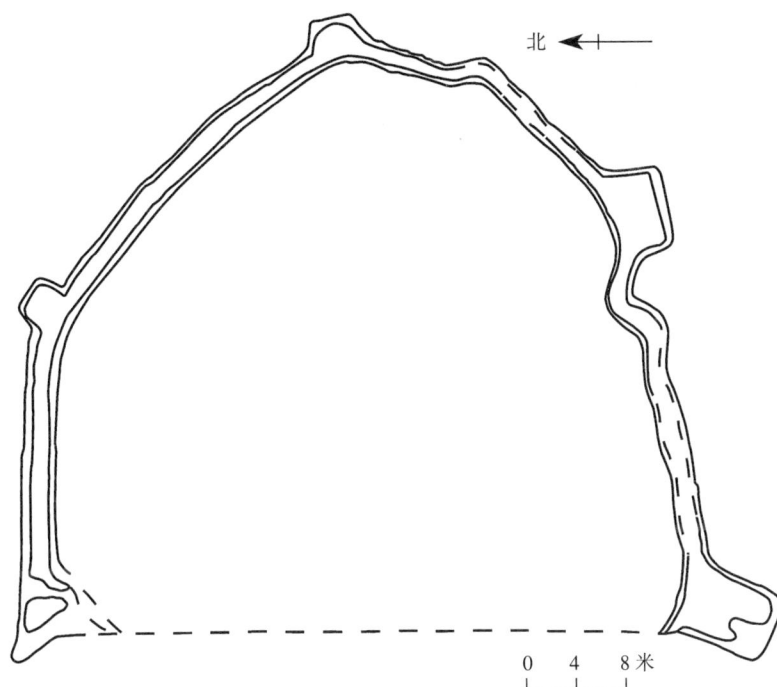

图一三八六　太保庄村堡平面图

（四）王皮庄村堡（610823353102170027）

该堡位于赵石畔镇王皮庄村东南0.3千米的山梁上。地处无定河南、芦河东的黄土沟壑地带，周围是耕地。西侧是芦河川道，基本没有其他植被，只有少量的芨芨草；东侧有一条较深的沟壑，沟内植被生长良好，生长有大片杨树林。高程1150.4米。

堡整体保存一般，废弃无人居住，堡内长满杂草，部分用作耕地。堡墙因风雨侵蚀而剥落、流失，只存一段圆弧形遗迹，墙体上有一条乡村土路，有部分耕地，生长有大量沙蒿等杂草。堡墙上栽有一根电线杆，四周因焚烧而呈现黑色。

堡残存东、西墙，南、北墙无存，外临沟壑。东墙北端是2段相连的阶梯状墙体，宽约4米，长度不等。自上而下第一级向东折8.5米后与长城墙体相连。第二级长5.5、高4米，黄土夯筑而成，夯层厚0.1米，台阶下为陡峭的深沟；南端与北端类似，经铲削和夯筑形成屏障，向西折5米后外有2层，上层与堡外平面相连，长约10、宽约7米，之后又向南延伸5米，宽1~2米，再向南为深沟。西墙北端最下层长9.5、宽6.5、高约2米，黄土夯筑而成，夯层厚0.1米。第二层为铲削墙，上层用黄土夯筑而成，长22、宽1~2米，向西拐6米后又折向南；西墙南端与北端类似，保存明显不如北端，向南约35米处有类似墙体的迹象；中段有缺口，散落有一些石块。

堡坐西朝东，平面呈矩形，周长270米，占地面积4550平方米。堡东、西墙残存，墙体高1~8米，黄土夯筑而成，夯层厚0.08~0.14米，夯土为纯净的黄土，质地较粗糙。堡东西70米，由南至北45米处有一座方台，方台长7、宽5米；再向南20米有一个角楼，东西7、南北7.5、高8米；转向西8.5米又转向北有4座方台。西南角有一个角楼，顶部长5、宽4米，底部有大量坍塌落土。东墙长度与西墙基本相同，中部有一个长9米的豁口，应为门，门北25米处是最北端的方台。堡周边发现有篮纹陶片、玉璧残环和鬲足等。（图一三八七）

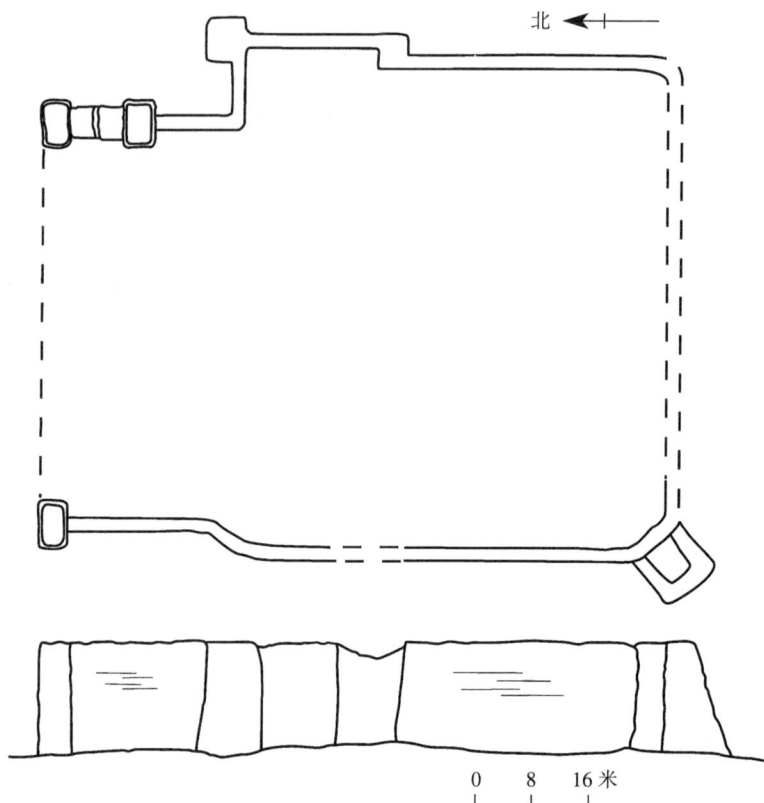

图一三八七　王皮庄村堡平、立面图

该堡位于一处龙山时代的遗址上，西北距王皮庄村 1 号烽火台约 0.145 千米。

四　相关遗存

横山县明长城二边沿线有相关遗存 3 处。

（一）白岔峁村遗址（610823354107170009）

该遗存位于响水镇白岔峁村西北 2.5 千米的山顶上。地处无定河南、芦河东的黄土沟壑地带，周边沟壑纵横，地势起伏较大，植被稀疏，沙层裸露，生长有少量的沙蒿。高程 1099.6 米。

遗址整体保存较差。遗址上有一座高压电线塔，有许多瓦片残留。遗址平面大致呈圆形，直径约 100 米，占地面积约 10000 平方米。遗址上散布有较多的灰陶、红陶细泥和夹沙陶片，有较厚的灰陶两面绳纹陶片、灰陶素面陶片、白釉瓷片等。

该遗址东距白岔峁村烽火台 1 千米，附近无河流。

（二）庙湾村遗址（610823354199190010）

该遗址位于响水镇庙湾村西南 0.43 千米的山峁上。地处无定河南、芦河东的黄土沟壑地带，地势西南高东北低。北侧为无定河平川，南侧为黄土沟壑区，沟内有民居周边主要分布有梯田，植物生长良好。高程 1073.1 米。

遗址整体保存差。为一段长城墙体，时代可能是秦代。墙体断续存在，呈锯齿状，西墙被当地居